Anonymous

Saint Michael the Archangel

Three enconiums by Theodosius, archbishop of Alexandria; Severus, patriarch of Antioch; and Eustathius, bishop of Trake: the Coptic texts with extracts from Arabic and Ethiopian versions

Anonymous

Saint Michael the Archangel

Three enconiums by Theodosius, archbishop of Alexandria; Severus, patriarch of Antioch; and Eustathius, bishop of Trake: the Coptic texts with extracts from Arabic and Ethiopian versions

ISBN/EAN: 9783744795272

Printed in Europe, USA, Canada, Australia, Japan

Cover: Foto ©Lupo / pixelio.de

More available books at **www.hansebooks.com**

SAINT MICHAEL THE ARCHANGEL:

THREE ENCOMIUMS

BY THEODOSIUS, ARCHBISHOP OF ALEXANDRIA,

SEVERUS, PATRIARCH OF ANTIOCH, AND

EUSTATHIUS, BISHOP OF TRAKE

THE COPTIC TEXTS WITH EXTRACTS FROM

ARABIC AND ETHIOPIC VERSIONS, EDITED, WITH A TRANSLATION BY

E. A. WALLIS BUDGE, Litt. D.,

FORMERLY SCHOLAR OF CHRIST'S COLLEGE, CAMBRIDGE, AND TYRWHITT
HEBREW SCHOLAR, KEEPER OF THE DEPARTMENT OF EGYPTIAN
AND ASSYRIAN ANTIQUITIES BRITISH MUSEUM.

LONDON:
KEGAN PAUL, TRENCH, TRÜBNER & Co., Ltd.
PATERNOSTER HOUSE, CHARING CROSS ROAD.
1894.

CONTENTS

	PAGE
PREFACE	V
INTRODUCTION	IX
ENGLISH TRANSLATION OF THE COPTIC TEXTS	1*—108*
THE ENCOMIUM BY ABBA THEODOSIUS, ARCHBISHOP OF ALEXANDRIA	1
THE ENCOMIUM BY SEVERUS, PATRIARCH OF ANTIOCH	63
THE ENCOMIUM BY EUSTATHIUS, BISHOP OF TRAKE	93
THE ARABIC VERSION OF THE ENCOMIUM BY THEODOSIUS (EXTRACT)	137
THE ARABIC VERSION OF THE ENCOMIUM BY SEVERUS (EXTRACT)	155
THE ARABIC VERSION OF THE ENCOMIUM BY EUSTATHIUS (EXTRACT)	170
THE ETHIOPIC VERSION OF THE ENCOMIUM BY SEVERUS	193
THE COPTIC FORMS OF GREEK WORDS WHICH OCCUR IN THE ENCOMIUMS	217
LIST OF PROPER NAMES	238

PREFACE.

IN the summer of the year 1892 I had the pleasure of showing to the Marquess of Bute, at the British Museum, a bilingual Coptic and Arabic manuscript containing three unpublished Encomiums upon Saint Michael the Archangel by Abba Theodosius, Archbishop of Alexandria, Severus of Antioch, and Eustathius, Bishop of Trake, respectively; this manuscript is the property of Lord Zouche, who was so kind as to allow me to take a complete copy of it so far back as 1885. Lord Bute enquired concerning the contents of the Encomiums, and regretted that these interesting documents were not accessible to the students of the early history and literature of Egyptian Christianity, and subsequently he undertook to defray the expenses connected with the printing of the same.

To Lord Bute we already owe a work on the Coptic Liturgy,* and it is to his help that those who occupy themselves with the Christian literature of Egypt owe the appearance of this contribution to printed Coptic texts.

There is no reason for doubting that the three Encomiums were written about the beginning of the

* *The Coptic Morning Service for the Lord's Day*, translated into English by John, Marquess of Bute, K. T., with the original Coptic of those parts said aloud, London, 1882.

VIIth century of our era, and in them we see some of the earliest specimens of this class of Coptic literature in existence. The most ardent lover of Coptic literature must confess that the lives of Coptic saints and the Encomiums upon them are generally too full of miracles and somewhat monotonous exhortations to the listener and reader, but the Encomiums now published for the first time are interesting exceptions to the rule, for they contain narratives which are full of importance, not only for the philologist and antiquary, but also for the student of comparative folk-lore and demonology. To the Coptic texts are appended the complete narrative portions of the Arabic translation of the Encomiums, and the Ethiopic version of the Encomium upon Saint Michael by Severus of Antioch, edited from a venerable manuscript of the XVth century in the British Museum.

The Encomium by Eustathius, Bishop of Trake, is of special interest, for it supplies details concerning the making of an εἰκών of Saint Michael, and contains an extract from the Coptic version of *Physiologus*, which we now know existed. To my friend Prof. I. Guidi of Rome I am indebted for valuable assistance in reading the proof sheets of the Arabic portion of the work.

May 15. 1894.

E. A. WALLIS BUDGE.

INTRODUCTION.

The manuscript from which the Coptic texts printed in this volume are taken is the property of Lord Zouche, and was brought from Cairo by Curzon, the famous author of *Visits to Monasteries in the Levant*, London, 1849, some fifty years ago. It consists of 187 leaves of thick brownish-white paper, which now measure $11\frac{5}{8}$ in. by $9\frac{5}{8}$; the edges have been trimmed and gilded, and the book is bound in modern binding. On the inside of the front cover is written: —

"History of the wonders produced by the cabalistic "use of the name of the Archangel Michael. A very "early, and very fine Coptic Manuscript, with the Arabic "translation on the margin. It came from Cairo, and "is the finest Coptic manuscript on Paper I have seen."

Whether this is Mr. Curzon's handwriting I am unable to say.

Each page is occupied by one column of 21 lines of Coptic text, and to the right is a narrower column of Arabic which forms a version of the Coptic text; the paragraphs are short, and each begins with a capital letter. Nearly every page of the manuscript is bespattered with grease which fell from the candles, by the light of which it was read in church on the twelfth day of the month Athór. The quires are twenty-three in number, and are signed with letters on the top corners of the pages; twenty-one quires consist each of eight leaves, one of ten, and one of eleven. The page opposite to the first leaf inscribed with text is ornamented with a cross painted in gold, over which an intricate lace pattern in blue is traced, and bears upon it traces of inscriptions in red ink. The book is complete with the exception of a few lines of the title of the first Encomium therein, and a few lines at the end of the third or last Encomium; the titles of the Encomiums are written in red and black, and on fol. 88*a* are some designs in gold and blue somewhat similar to those reproduced from the Xth century Coptic MS. (Borgia Collection, No. 108) by M. Hyvernat in his splendid *Album de Paléographie Copte*, Paris, 1888, pl. 13. The manuscript, when finished, was carefully read by some one who made a number of alterations and corrections in the text (see foll. 14*a*, 31*b*, 43*a*, 48*a*, 50*b*, 51*b*, 59*a*, 149*b* &c.), who occasionally added variant readings (see fol. 69*b*), and who added in the margins words which the scribe had omitted.

Bound up with the manuscript, at the end, is a leaf which belongs to another book which seems to have been written about the same period, and by the same scribe.

The colophon reads: —

ⲃⲉⲛ ⲫⲣⲁⲛ ⲙ̅ ⲫⲓⲱⲧ ⲛⲉⲙ ⲡϣⲏⲣⲓ ⲛⲉⲙ ⲡⲓⲡⲛⲁ ⲉ̅ⲑ̅ ⲟⲩⲁⲃ ϯⲧⲣⲓⲁⲥ ⲉ̅ⲑ̅ ⲟⲩⲁⲃ ⲟⲩⲟϩ ⲛ̅ ⲟⲙⲟⲟⲩⲥⲓⲟⲥ ⲉⲥⲭⲏ ⲃⲉⲛ ⲟⲩⲙⲉⲑⲛⲟⲩϯ ⲛ̅ ⲟⲩⲱⲧ ⲫⲁⲓ ⲅⲁⲣ ⲡⲉ ⲡⲉⲛ ⲛⲟⲩϯ

INTRODUCTION.

ϧⲉⲛ ⲟⲩⲙⲉⲑⲙⲏⲓ ⲁⲛⲟⲛ ϩⲁ ⲛⲓⲭⲣⲏⲥⲧⲓⲁⲛⲟⲥ ⲧⲉⲛⲟⲩⲱϣⲧ ⲙ̀ⲙⲟⲥ ⲧⲉⲛϯⲱⲟⲩ ⲛⲁⲥ.

Ⲁϥϣⲱⲡⲓ ⲛ̀ϫⲉ ⲡⲁⲓ ϣⲉ ⲛ̀ ⲉⲣ ⲫ̀ⲙⲉⲩⲓ ⲉⲟ ⲛⲁⲛⲉϥ ⲛ̀ⲧⲉ ⲡⲁⲓ ⲁⲅⲓⲟⲛ ⲛ̀ ⲥⲱⲙ ⲉ̀ⲃⲟⲗϩⲓⲧⲉⲛ ⲡⲓⲟⲩⲁⲅ̀ⲥⲁϩⲛⲓ ⲛⲉⲙ ⲧ̀ⲡⲣⲟⲛⲓⲁ ⲙ̀ ⲡⲉⲛⲓⲱⲧ ⲉⲧ ⲧⲁⲓⲏⲟⲩⲧ ⲡⲓ ⲡⲁⲧⲣⲓⲁⲣⲭⲏⲥ ⲉ̄ⲑ ⲟⲩⲁⲃ ⲁⲃⲃⲁ ⲓⲱⲁⲛⲛⲏⲥ ⲡⲓⲣⲉϥⲉⲣϩⲉⲙⲓ ⲛ̀ ⲛⲉⲛⲯⲩⲭⲏ ⲡⲓ ⲙⲁ ⲛ̀ ⲉ̀ⲥϣⲟⲩ ⲉⲧ ⲉⲛϩⲟⲧ ⲫⲏ ⲉ̀ⲧⲁϥ ⲉⲣ ⲟⲩⲱⲓⲛⲓ ϧⲉⲛ ϯ ⲉⲕⲕⲗⲏⲥⲓⲁ ⲛ̀ⲧⲉ ⲛⲓⲟⲣⲑⲟⲇⲟⲝⲟⲥ ϩⲓⲧⲉⲛ ⲛⲉϥⲥ̀ⲃⲱⲟⲩⲓ ⲛ̀ ⲡ̀ⲛⲁⲧⲓⲕⲟⲛ ⲉⲑ ⲃⲉⲃⲓ ⲉ̀ⲃⲟⲗϧⲉⲛ ⲣⲱϥ ⲡ̀ⲟ̄ⲥ̄ ⲧⲁⲭ̀ⲣⲟϥ ϩⲓϫⲉⲛ ⲡⲉϥ ⲑ̀ⲣⲟⲛⲟⲥ ⲛ̀ ϩⲁⲛ ⲙⲏϣ ⲛ̀ ⲣⲟⲙⲡⲓ ϧⲉⲛ ϩⲁⲛ ⲥⲏⲟⲩ ⲛ̀ ϩⲓⲣⲏⲛⲓⲕⲟⲛ ⲧⲉϥⲁⲓⲧⲉⲛ ⲛ̀ ⲉⲙⲡ̀ϣⲁ ⲙ̀ ⲡⲉϥⲥ̀ⲙⲟⲩ.

Ⲉ̀ⲃⲟⲗϩⲓⲧⲉⲛ ⲟⲩⲥϩⲓⲙⲓ ⲙ̀ ⲙⲁⲕⲁⲣⲓⲁ ⲙ̀ ⲙⲁⲓ ⲭ̀ⲥ̄ ⲙ̀ ⲙⲁⲓ ⲁⲅⲁⲡⲏ ⲙ̀ ⲙⲁⲓ ⲡ̀ⲣⲟⲥⲫⲟⲣⲁ ⲙ̀ ⲙⲁⲓ ϣⲉⲙⲙⲟ ⲙ̀ ⲙⲁⲓ ⲡ ⲉⲑ ⲛⲁⲛⲉϥ ⲛⲓⲃⲉⲛ ⲁⲥⲑⲁⲙⲓⲟϥ ⲉ̀ⲃⲟⲗϧⲉⲛ ⲡⲉⲥϫⲓⲛ ϩⲓⲥⲓ ⲙ̀ ⲙⲓⲛⲓ ⲉⲩ ⲉⲣ ⲫ̀ⲙⲉⲩⲓ ⲛⲁⲥ ⲉⲑⲃⲉ ⲡⲟⲩϫⲁⲓ ⲛ̀ ⲧⲉⲥ ⲯⲩⲭⲏ ϩⲁ ⲧ̀ ϫⲓϫ ⲛ̀ ⲟⲩⲥϩⲓⲙⲓ ⲟⲩ ⲙⲁⲓ ⲛⲟⲩϯ ⲉⲩⲙⲟⲩϯ ⲉ̀ ⲡⲉⲥⲣⲁⲛ ϫⲉ ⲙⲉⲗⲟⲭ ⲟⲩⲟϩ ⲁⲥⲧⲏⲓϥ ⲛ̀ ϯⲁⲅⲓⲁ ⲛ̀ ⲉ̀ⲕⲕⲗⲏⲥⲓⲁ ⲛ̀ⲧⲉ ⲡⲓⲁⲣⲭⲏⲁⲅⲅⲉⲗⲟⲥ ⲉ̄ⲑ ⲟⲩⲁⲃ ⲙⲓⲭⲁⲏⲗ ⲣⲁⲥ ⲉⲗ ϩⲁⲗⲓϫ ⲥⲁ ⲣⲏⲥ ⲛ̀ ⲃⲁⲃⲩⲗⲱⲛ.

Ⲡ̀ⲟ̄ⲥ̄ ⲓⲏ̄ⲥ̄ ⲡⲭ̄ⲥ̄ ⲡⲓⲁⲗⲏⲑⲓⲛⲟⲥ ⲛ̀ ⲛⲟⲩϯ ⲉϥⲉ ϭⲓ ⲛ̀ⲧⲉⲥ ⲑⲩⲥⲓⲁ ⲛ̀ ⲧⲟⲧ ⲥ ⲛ̀ ⲫ̀ⲣⲏϯ ⲉ̀ⲧⲁϥ ϣⲱⲡ ⲉ̀ⲣⲟϥ ⲙ̀ ⲡⲓⲇⲱⲣⲟⲛ ⲛ̀ⲧⲉ ⲁ̀ⲃⲉⲗ ⲡⲓⲑ̀ⲙⲏⲓ ⲛⲉⲙ ϯⲑⲩⲥⲓⲁ ⲛ̀ⲧⲉ ⲡⲉⲛ ⲓⲱⲧ ⲁⲃⲣⲁⲁⲙ ⲛⲉⲙ ⲡⲓⲥⲑⲟⲓ ⲛ̀ ⲟⲩϧⲓ ⲛ̀ⲧⲉ ⲍⲁⲭⲁⲣⲓⲁⲥ ⲡⲓⲟⲩⲏⲃ ⲛⲉⲙ ϯ ⲧⲉⲃⲓ ⲥⲛⲟⲩϯ ⲛ̀ⲧⲉ ϯⲭⲏⲣⲁ ⲛ̀ⲧⲉϥⲁⲣⲉϩ ⲉ̀ ⲡⲉⲥⲱⲛϧ ⲛ̀ ϩⲁⲛ ⲙⲏϣ ⲛ̀ ⲣⲟⲙⲡⲓ ⲉ̀ⲃⲟⲗϩⲁ ⲡⲓⲣⲁⲥⲙⲟⲥ ⲛⲓⲃⲉⲛ ⲟⲩⲟϩ ⲉ̀ϣⲱⲡ ⲁⲥϣⲁⲛⲓ ⲉ̀ⲃⲟⲗϧⲉⲛ ⲥⲱⲙⲁ ⲙ̀ ⲫ̀ⲣⲏϯ ⲛ̀ ⲣⲱⲙⲓ ⲛⲓⲃⲉⲛ ⲛ̀ⲧⲉ ⲡⲓⲁⲣⲭⲏⲁⲅⲅⲉⲗⲟⲥ ⲉ̄ⲑ ⲟⲩⲁⲃ ⲙⲓⲭⲁⲏⲗ ⲧⲱⲃϩ ⲙ̀ ⲡⲟ̄ⲥ̄ ⲛ̀ⲧⲉϥ ⲭⲁ ⲛⲉⲥⲛⲟⲃⲓ ⲛⲁⲥ ⲉ̀ⲃⲟⲗ ⲟⲩⲟϩ ⲛ̀ⲧⲉϥⲥϧⲁⲓ ⲙ̀ ⲡⲉⲥⲣⲁⲛ ϩⲓ ⲡ̀ϫⲱⲙ ⲙ̀ ⲡⲱⲛϧ ⲧⲉϥ ⲛ̀ⲧⲟⲛ ⲙ̀ⲙⲟⲥ ⲛⲉⲙ ⲛⲏ ⲉ̄ⲑ ⲟⲩⲁⲃ ⲧⲏⲣⲟⲩ ϧⲉⲛ ⲕⲉⲛ ϥ ⲛ̀ ⲛⲉⲛⲓⲟϯ ⲉ̄ⲑ ⲟⲩⲁⲃ ⲁⲃⲣⲁⲁⲙ ⲛⲉⲙ ⲓⲥⲁⲁⲕ ⲛⲉⲙ ⲓ̀ⲁⲕⲱⲃ ϧⲉⲛ ⲡⲓⲡⲁ-

ⲣⲁⲇⲓⲥⲟⲥ ⲛ̀ⲧⲉ ⲡⲟⲩⲛⲟϥ ϧⲉⲛ ⲑⲙⲉⲧⲟⲩⲣⲟ ⲛ̀ⲧⲉ ⲛⲓⲫⲏⲟⲩⲓ̀
ⲁⲙⲏⲛ ⲉ̀ⲥⲉϣⲱⲡⲓ ⲗⲁⲥ ⲛⲓⲃⲉⲛ ⲉⲑ ⲛⲁⲝⲟⲥ ϫⲉ ⲁⲙⲏⲛ
ⲉϥⲉϭⲓ ⲕⲁⲧⲁ ⲡⲓⲥⲙⲟⲩ ⲁⲙⲏⲛ.
ⲡⲉ̀ϩⲟⲟⲩ ϥⲁⲓ ⲥⲟⲩⲍ̅ ⲛ̀ ⲡⲁⲱⲛⲓ $\frac{\text{ⲣ}}{\text{ⲙ}}\frac{\text{ⲡ}}{\text{ⲙ}}$ ⲣⲕⲉ.

"In the name of the Father, and of the Son, and of the
"Holy Spirit, the Holy and Consubstantial Trinity, which
"existeth in One Godhead; this in very truth is our
"God, and we Christians worship it and glorify it.

"This copy of this holy book, a memorial of good,
"was written by the command and by the care of our
"glorious father, the holy Patriarch, Abba John,[1] the
"governor of our souls, the shepherd whom we reve-
"rence, who illumineth the churches of the orthodox by
"means of the spiritual instruction which poureth from
"his mouth (may God confirm him upon his seat for
"many years of peaceful time, and may He make us
"worthy of his blessing!), by a blessed woman, who
"loved Christ, who loved [to make] alms and oblations,
"who loved strangers, and who loved all things that
"were good, and she by the God-loving woman, whose
"name is called Melokh, had it made by her own true
"labour that it might be a memorial for her for the sal-
"vation of her soul, and she gave it to the holy church
"of the holy Archangel Michael at Râs el-Khalij,[2] to the

---

[1] *I. e.*, Yûnas ibn Ali Ghâlib, who sat from A. D. 1189—1216;
see Renaudot, *Historia Patriarcharum Alexandrinorum*, p. 554;
Wansleb, *Histoire de l'Église d'Alexandrie*, p. 325; Malan, *A
Short History of the Copts*, p. 95; and Le Quien, *Oriens Chris-
tianus*, tom. ii. p. 488.

[2] *I. e.*, راس الخليج "the head of the canal," which is often

"south of Babylon.¹ May the Lord Jesus Christ, the true "God, receive her offering from her hand, even as He "received the gifts of Abel² the righteous man, and of "our father Abraham,³ and the incense of Zacharias⁴ the

called خليج مصر, "the canal of Miṣr," الخليج الكبير "the great canal," and خليج امير المومنين "the canal of the Commander of the Faithful." This canal is said to have been dug by ʿAmr ibn el-ʿĀṣi, A. H. 23, and it is supplied with water from the narrow arm of the Nile which flows to the east of the Island of Rôda; the mouth of it is situated a little to the N. W. of Old Cairo, and it lies due west of the Christian cemeteries and "mounds of rubbish" which are found to the south of the modern city of Cairo. Following a course more north than east, it runs through the entire city, and an authority quoted by Yâḳût says that it formerly extended as far as the Gulf of Suez (من النيل الى بحر القلزم), and that ships sailed upon it carrying food to Mecca and Medina. See Dozy, *Supplément*, tom. i. p. 389. col. 2; Wüstenfeld, *Yâḳût*, tom. ii. p. 466, at the top. For native explanations of خليج see *Ḳâmûs*, ed. Bûlâḳ, vol. i. p. ١٨٥; and for the descriptions of the buildings at Fûm el-Khalîj, see Baedeker, *Lower Egypt*, p. 304.

¹ As M. Amélineau has pointed out (*La Géographie de l'Égypte*, p. 551), the use of the name Babylon here is somewhat loose, and the writer has clearly identified Babylon with Old Cairo. In the list of churches in Maṣr given by *Ibn Dakmâḳ* in his كتاب الانتصار لواسطة عقد الامصار, ed. Bûlâḳ, ١٨٩٣, p. ١٠٧ the church of St. Michael is said to be situated "to the south of Maṣr, opposite to the pool in the neighbourhood of the mosque" (كنيسة ميكائيل هذه الكنيسة بظاهر مصر قبالة بركة الشعيبية بجوار المسجد); and Makrizi, ed. Bûlâḳ, vol. i. p. ٥١٧, says that there was a church of Michael "near the Khalîj of the Beni Wâʾil, at the southern exit of the city of Miṣr" عند خليج بني وائل خارج مدينة مصر قبلي.

² Genesis iv. 4. ³ Genesis xv. 9. ⁴ St. Luke i. 9.

he had written upon the season of the new year, and upon the festivals, and upon Saint John the Baptist, he declares his intention of speaking once again on the occasion of the festival of Saint Michael.

According to Theodosius Michael is, after Christ, the chief of those who feast in the Palace of the heavenly kingdom, and there he sits surrounded by Adam, Seth, Enoch, Methuselah, Noah, Abraham, Isaac, Jacob, Joseph, Moses, Aaron, Joshua, Gideon, Barak, Samson, Jephthah, David, Solomon, Ezekiel, Isaiah, Jeremiah, Ananias, Azarias, Misael, Elijah, Elisha, John the Baptist, the Twelve Apostles, and the armies of the saints and martyrs; in the same place are the Angels, Archangels, Cherubim, Seraphim, Thrones, Divinities, and Powers. The feast is made ready, and Theodosius, going to each of the Patriarchs, Prophets, and Apostles, asks him if he doth not rejoice on the day of the festival of Michael; each of these calls to remembrance some tribulation from which he was delivered by the Archangel Michael, and declares the joy with which he celebrates the festival. Michael entreated God to forgive Adam, he carried Abel's sacrifice up to God, he nourished Seth when his mother's milk failed, he took Methuselah's prayers up to God, he guided Noah's ark, together with Gabriel he ate with Abraham under the tree of Mamre, he took the knife from Abraham's hand when he was about to slay Isaac,[1] he fixed Jacob's wages

---

works of his extant in Syriac see Wright, *Cat. Syr. MSS. in the British Museum*, iii. p. 1329, col. 2; Assemâni, *B. O.*, ii. 80; and Zotenberg, *Catalogue*, p. 27.

[1] When Abraham bound Isaac, "Michael, the high-priest above,

in Mesopotamia, he caused Joseph to be made ruler of
Egypt, he led the Israelites' under Moses' and Aaron
unto the promised land, he helped Gideon to war
against Midian, he gave Samson to his parents, he
helped Solomon³ to build the temple, he slew 185,000
Assyrians, he comforted Isaiah and Jeremiah in their

---

bound Gabriel," מיכאל כהן גדול של מעלה עקרו לגבריאל; see Eisen-
menger, *Entdecktes Judenthum*, Bd. i. p. 816.

¹ Michael is essentially the angel of the Jews, who derive his
name, מיכאל, from מי + כאל in the passages מי כמוכה באלהים
(Exodus xv. 11) and אין כאל ישרון (Deuteronomy xxxiii. 26).
He is one of the four angels (Michael, Gabriel, Uriel and Raphael)
who stand round God's throne, and his position is at His right
hand; he is God's banner-bearer. The seventy nations of the
world have each a prince like Michael, and these princes are
their gods; but Michael acts only under the orders and direc-
tion of אלהים, Who taketh care for Israel. Michael is often
associated with Gabriel, and together with him set fire to the
Temple in Jerusalem; he is the prince of the Jews, and the "gover-
nor of Jerusalem," and at the coming of the Messiah it is he who
will blow the trumpet. See Daniel x. 13, 21: xii. 1: Buxtorf
(ed. Fisher), p. 609; and Eisenmenger, *Entdecktes Judenthum*,
Bd. i. pp. 850—853; ii. pp. 383, 713.

² Michael is said to have been the teacher of Moses, and
זגנו״גאל also was his teacher; now by taking the numerical values
of the letters forming these names we have:

מיכאל = 40 + 10 + 20 + 1 + 30 = 101
זגנו״גאל = 30 + 1 + 3 + 7 + 50 + 3 + 7 = 101

See Eisenmenger, *Entdecktes Judenthum*, Bd. i. p. 858; ii. 375.

³ On the day when Solomon married Pharaoh's daughter,
Michael the great prince came down from heaven and set a
great reed in the sea; round about this reed a forest sprang up,
and on this spot was the city of Rome built. See Eisenmenger,
Entdecktes Judenthum, Bd. i. p. 736.

affliction, he shut the lions' mouths for Daniel, he rolled the stone from the sepulchre wherein Christ had lain, he cooled the furnace for the Three Children, and he strengthened every saint and martyr to endure affliction and torture. To this great Archangel Theodosius exhorts his hearers to make offerings, and these he will present unto God, and deliver the donors thereof from everlasting punishment. Whatsoever a man giveth unto Michael will be returned unto him two-fold in this world, and God will shew mercy unto him in His kingdom. That his hearers may have no doubt about the ready help of Michael, Theodosius narrates what he did for the pious Dorotheos, and his wife Theopisthe, in a time of great trouble and affliction.

Dorotheos and Theopisthe lived in the city of Senahor,[1] where they possessed much land, and flocks and herds, and great wealth; they were devout Christians, and loved the Archangel Michael, and on the eleventh day of each month they sent large gifts and wine to his church, that his festival might be celebrated on the morrow with due pomp and reverence. After they had visited the church on the day of the festival, it was their custom to entertain the poor, and the maimed, and the halt, and the blind, and the destitute, and to feed them with food and wine, and this they did until their name spread throughout the whole land of Egypt. After a time it fell out that no rain came upon the

---

[1] Or ⲥⲉⲛⲉⲱⲡⲓ, Arab. ﺳﻨﻬﻮر, a city in the Delta at no great distance from Saïs; see Amélineau, *La Géographie de l'Égypte*, Paris, 1893, p. 415*f*.

earth, and that for three years in succession the waters of the Nile did not rise to their usual height; many people died, and the cattle perished of thirst. During two of these years Dorotheos and his wife continued to give alms and oblations as usual, but when the third drew nigh they found that all their cattle were dead, with the exception of a single sheep; moreover, all their stores had come to an end, and they had no wearing apparel left except the dress in which they were wont to celebrate the Sacrament. Having sacrificed their last sheep on the eleventh day of Paôpi (*i. e.*, October 8), they had nothing left wherewith to celebrate the annual festival of Saint Michael which took place on the twelfth day of Athôr (*i. e.*, November 8), and in these straits Dorotheos determined to sell his own and his wife's apparel that he might obtain the wherewithal to buy a sheep. He exchanged his own festal garments for corn, but the shepherd to whom he went refused to give him a sheep of the value of one third of a *dinâr*[1] in exchange for Theopisthe's silken dress, on the ground that no one in his house wore anything but woollen garments. When Dorotheos had left him and was walking along the road sadly, he met a general riding upon a white horse, and accompanied by soldiers, who asked him why he was thus carrying his wife's garments; he explained to him that a great man had come to visit him, and that he had no money to buy a sheep to slay in his honour, and that he was going to sell his wife's garments to buy one. The general, who was, of

---

[1] The *dinâr* was worth about ten shillings in English money.

course, Michael, promised to obtain a sheep for him if he would receive him and his company into his house, and Dorotheos having gladly undertaken to do this, the general sent a soldier to the shepherd for a sheep of the value of a third of a *dinár*. Next the general sent a soldier to the fish market for a fish, also of the value of a third of a *dinár*, and when he had brought it, the company moved on to the house of Dorotheos. Having arrived at the door the general knocked and was admitted by Theopisthe, who bade him welcome on Saint Michael's day, and who looked upon the sheep and the fish in glad surprise; the general gave orders that the sheep should be killed, but commanded them not to touch the fish until he had himself done what he wished with it. The happy husband and wife made ready cushions whereon the general was to recline, they had the sheep killed, and did all in their power to make their house fit to receive the general, who they thought to be a local governor. Now when Dorotheos went into the wine-cellar to bring out what little wine was left, he found it filled with vessels of wine up to the very door; and when he went to the place where the oil was kept for food and anointing purposes, he found there seven jars filled with oil to the very brim, and other vessels which contained butter, cheese, vinegar, and every other household necessary. And when he and his wife had gone into their bed-chamber they found a chest filled with richer and more goodly raiment than that which they had worn at their wedding. Out of their newly gotten abundance they prepared a great feast, and laid the tables for the brethren, they arrayed themselves in rich apparel, and went into the church of the Archangel Michael, and partook of the Mysteries, and knelt down before the image of the saint, and offered up prayer and thanksgiving for the great thing which had been done for them.

Soon after they had returned to their house the general and his soldiers arrived, and when he had taken his seat, he asked for the fish, and told Dorotheos to open it; when this had been done he took out the maw, which was very large, and found therein a bundle sealed with seals. The general took the bundle, and opened it, found it full of gold money, and when it had been counted there were found to be three hundred golden *danánír*,[1] and three small pieces each of the value of a third of a *dinár;* these he gave to Dorotheos and told him to give one third of a *dinár* to the shepherd, another to the fishmonger, and another to the man from whom he had obtained corn in exchange for his own garments, and to keep the three hundred *danánír* as an earnest of what should yet be given unto them. When Dorotheos protested against receiving all this great gift, the general shewed him who he was, and told them that all the gifts which they had made unto the Archangel Michael had been made unto himself, for he himself was Michael. What he had given them was only the interest upon the capital which was laid up for them with God in the heavenly Jerusalem; having thus spoken he went up

---

[1] *I. e.*, about one hundred and fifty pounds in English money.

into heaven. With exhortations to a godly life and almsgiving Theodosius brings his Encomium to an end.

II. THE ENCOMIUM[1] OF SEVERUS, PATRIARCH OF ANTIOCH.[2]

This Encomium was pronounced on the day of the festival of Saint Michael, which happened to fall upon a Sunday. After a series of quotations from the Psalms and Saint Matthew's Gospel, Severus proceeds to tell the story of Ketsôn the merchant, and of his conversion from Paganism to Christianity. Ketsôn was a native of Entikê, and was a very rich merchant, who on one occasion loaded a ship with his wares and sailed to Kalônia; he arrived on the first day of Athôr, and stayed there and sold his merchandise. On the eleventh day of Athôr he saw men draping the shrine of Saint Michael with cloth, and crowning it with lanterns, and he tarried there to see what would be the end of the matter; in the evening men lit the lamps and sang hymns, and Ketsôn determined to pass the night by the door of the shrine to

---

[1] The Ethiopic version of this Encomium printed on pp. 294—216 is taken from Brit. Mus. MS. Orient. No. 691, foll. 156a—170a; see Wright, *Catalogue of the Ethiopic MSS. in the British Museum*, p. 163. For a French version of the Coptic text see Amélineau, *Contes et Romans*, tom. i. p. 85.

[2] He sat from A. D. 512—519. For lists of his works see Wright, *Catalogue of the Syriac MSS. in the British Museum*, pp. 1322—1324; Assemâni, *B. O.*, ii. pp. 46, 80, 96, 120, 126, 158, 205, 283, 298; Zotenberg, *Catalogue*, pp. 27, 37, 64, 123; Cave, *Hist. Lit.*, tom. i. p. 499 ff; and Fabricius, *Bibl. Graec.* tom x. p. 614 ff.

see what would take place therein. When the night had come the clergy and the congregation performed the service, and in the morning Ketsôn set out to visit two Christians of his acquaintance, and to ask them the meaning of what he had seen. When he had heard from them of Saint Michael's power, he asked them where he could find him, for he wished to ask him to deliver him from evil, but they told him that he could only see Michael when he had become a Christian; Ketsôn promised to give each of them money[1] if they would help him to become a Christian, and they agreed to take him to the Bishop to be baptized. On the morrow the three men went to the Bishop, who asked the stranger whence he came, what god he worshipped, and if he had a wife and family; and when he learned that Ketsôn had a wife and family in his native town, he sent him away to persuade his wife to become a Christian, lest, being baptized without her knowledge, she should cause him to apostatize. During the return of Ketsôn by sea to his native city the Devil raised up a mighty storm which well-nigh swamped the ship, but when he had cried out to Christ, the winds sank to rest, and the waves went down, and he arrived at home in safety; his wife decided to become a Christian without any hesitation, and having made all ready they set out for Kalônia. And when they had returned to

---

[1] On page 54, line 28, strike out the words "a basket of." The Arabic version reads, "I will give to you a *dînâr* apiece"; ⲕⲟⲧ ⲛⲟⲙⲓⲥⲙⲁ must then mean some coin like a *dînâr*, or of that value.

the Bishop he baptized Ketsôn, and his wife, and their four sons, giving them the names of Matthew, Irene, John, Stephen, Joseph and Daniel. Ketsôn tarried in Kalônia for one whole month to be instructed in the things of his new religion, and he gave six hundred *mathaḳîl*[1] to the shrine of the Archangel.

Soon after Matthew, who was formerly called Ketsôn, had returned to his city, he died, and his fellow citizens began to persecute his widow and sons, probably because they had changed their religion, and they went so far as to plunder their storehouse. By the advice of John, the eldest son, the whole family went and lived in the "royal city", but scarcely had they taken up their abode there when the house of a nobleman called Sylôn was broken into and plundered, and the Devil, who had taken upon himself the form of a man, went about throughout the city accusing Matthew's sons of having committed the robbery, and the young men were dragged before Kesanthos the governor to answer for the crime. While the examination was taking place Michael, in the form of a patrician, came and sat down by the governor, and suggested that Matthew's youngest son should go to house of the chief watchman, and command the stolen things to appear in the name of Jesus Christ; when this had been done a voice bade them go into the cellar, and having done so they found all Sylôn's property hidden therein.

Shortly afterwards a certain man invited some

---

[1] *I. e.*, about three hundred pounds in English money.

friends to a feast in his house one evening, and as
one of them was returning home, a scorpion stung
him, and he fell down and died immediately. The
watchmen of the city found the body, and seeing no
traces of violence upon it, they buried it in the mor-
ning. And again the Devil, who took upon himself
the form of a man, went about the city accusing the
four young men of the murder, and they were brought
into the governor's presence with their hands tied be-
hind them, and with heavy chains upon their necks.
Once more Michael appeared in the form of a nobleman,
and having heard the accusation which had been brought
against the young men, he suggested that the dead
man himself should be brought into the court, and
asked to say who or what had killed him; when this
had been done Michael commanded Daniel, the youngest
son of Matthew, to adjure the dead man in the name
of Christ to say what had happened unto him, and he
stated straightway that the bite of a scorpion had
killed him. After this Michael went up into heaven with
great glory, taking the soul of the dead man with him.

By the advice of John, Kesanthos the governor
wrote to the Emperor Constantine,[1] and informed him
of the wonderful thing which had happened, and asked
him to send to his city a Bishop who should enlighten
his town with the true faith; when the Emperor heard
this he wrote to John,[2] Archbishop of Ephesus, and

[1] He was Emperor from A. D. 306—337.

[2] There is clearly a mistake here, for John of Ephesus was
not born until A. D. 516, but it is equally clear that John of
Ephesus is meant by the writer of the Encomium, for he was

asked him to go and baptize the people of the city of Entias. Shortly after, John set out with two deacons, an elder, a reader, three singers of Psalms, and twelve other men, and they took with them an altar, altar coverings, sacramental vessels, books, and everything that was necessary for the founding of a church. On the arrival of the Archbishop, the governor of Entias, and John the son of Matthew, and all the people of the city went out to meet him, and they escorted him into the city and were blessed by him. On the morrow they began to build a church to the Virgin Mary, and by the help of every man in the city it was finished in sixteen days; the baptism of the people by the Archbishop next took place in a pool of water situated to the east of the city, and John, the son of Matthew, was consecrated bishop over them. A few days later the new bishop suggested to Kesanthos the governor that they should build a church in honour of Saint Michael, and after eight months the coping stone was put on, and the building was consecrated to Saint Michael on the twelfth day of Athôr. After the bishop and the governor had taken part in the Communion they went into the city with the multitude, and set fire to the temple of Zeus, and a large church dedicated to the Apostles was afterwards built upon the spot where the pagan edifice had stood. These things were duly reported to the Emperor Constantine (sic), and he glorified God. The Encomium ends with exhortations to a godly life.

famous as a founder of churches and monasteries. For Constantine we should probably read "Justinian".

III. THE ENCOMIUM OF EUSTATHIUS,[2]
BISHOP OF THE ISLAND OF TRAKE.[3]

The third and last Encomium on Saint Michael by Eustathius is perhaps the most interesting in the book. It was composed for recitation on the Archangel's festival, which took place on the twelfth day of Paôni (*i. e.*, June 6), and in it Eustathius sets forth the history of the noble lady Euphemia, the wife of Aristarchus, a general in the service of the Emperor Honorius, by whom he had

---

[1] A French version of this Encomium, translated from another MS. I believe, is published by M. Amélineau in his *Contes et Romans de L'Égypte Chrétienne*, tom. 1. p. 21 ff.

[2] The name is given as Anastasius by M. Amélineau, but in any case I am unable to identify the bishop to whom this Encomium is attributed.

[3] I have translated the word ⲚⲎⲤⲞⲤ by "island", but it is not by any means clear that Trakê was an island in the ordinary sense of the word. In the Coptic text (see *infra* p. 14, l. 25) Jacob says ⲀⲒⲪⲰⲦ ϢⲀ ⲦⲚⲎⲤⲞⲤ "I fled to the Island", and ⲚⲎⲤⲞⲤ here is the exact translation of جزيرة, "Island", an Arabic name for Mesopotamia, that is the land between the two rivers, or the land entirely surrounded by the Tigris and Euphrates. As our author says that Trakê was "the Island to which the Empress ⸢Eudoxia⸥ banished Saint John Chrysostom", and as this famous man was banished first to Cucusus, a village in the mountains on the borders of Cilicia and the Lesser Armenia, secondly to Arabissus, about sixty miles from Cucusus, and thirdly to Pityus, at the foot of the Caucasus, on the N. E. of the Black Sea, we must assume that this district represents the "Island of Trakê" referred to by Eustathius. M. Amélineau translates "l'île de Turquie", and adds the pertinent remark, "Les Coptes n'ont jamais eu de notions bien précises en fait de géographie" (*op. cit.*, p. 21).

been appointed governor of Traké. He was a Christian, and had received baptism at the hands of Saint John Chrysostom,[1] and for many years he made gifts and offerings on the twelfth, twenty-first, and twenty-ninth days of every month, on the festivals of Saint Michael, of the Virgin Mary,[2] and of the birthday of our Lord[3] respectively; finally he was seized with mortal sickness, and knowing that his death was nigh, he called Euphemia his wife to him, and charged her to neglect in no way the "offering of the holy Archangel Michael", and to continue to do alms, and to make the customary gifts to the church after his death; the pious lady promised not only to make the customary gifts, but to increase them. She then begged her husband before his death to instruct a painter to paint a picture of the Archangel Michael upon a wooden tablet, that she might hang it in her bed-chamber to induce the saint to protect her, and to be her guardian after the death of Aristarchus. The dying man straightway sent for a cunning painter, and told him to paint upon a wooden tablet the figure of the Archangel, and to cover it with a plate of fine gold inlaid with precious stones; when this was done and brought to him, he gave it to Euphemia, who rejoiced over it with great joy. Aristarchus marvelled when he saw his wife's gladness, but being touched by the mournful words with which she described the

---

[1] Born about A. D. 347, and died 407.
[2] The annual commemoration takes place upon the twenty-first day of Tôbi.
[3] The annual commemoration takes place upon the twenty-ninth day of Khoiak.

widow's lonely condition, he took her hand and laid it
upon that of the figure of the Archangel, and, in a
solemn address to the Saint, committed his wife to his
care; Euphemia was comforted by this act of her husband, and she believed that no wiles of the Devil could
prevail over her. Aristarchus died shortly afterwards,
and his pious widow continued to give the gifts which
her husband was wont to give, and added thereunto.

Meanwhile, however, the envy of the Devil was
stirred up, and taking upon himself the form of a nun,
he went to Euphemia's house accompanied by devils,
also in the forms of nuns, and having gained admittance
to her presence, he began to tempt her to promise to
marry Hilarichus, the chief prefect in the service of
the Emperor Honorius,[1] whose wife had recently died;
the Devil shewed her many gold and silver ornaments
to persuade her, and at length Euphemia told him
that she would marry a second time without hesitation
provided that her guardian gave her the permission
to do so. The Devil asked who the guardian was,
and thinking that it must necessarily be a man, began
to charge her with infidelity and deceit, until finally,
at the Devil's request, she agreed to shew him who
her guardian was, on the condition that the Devil
should turn to the east, and pray to God to be forgiven for the evil thoughts which he had harboured
concerning herself. This the Devil refused to do, and
excused himself by saying that he had vowed to pray
nowhere except in his own cell, and when Euphemia

---

[1] He reigned from A. D. 395—423.

gained the better of him in the argument which followed upon this statement, he threatened to do violence unto her; and when, seeing that he changed his form and appearance frequently, she cried out for help to Saint Michael, and made the sign of the Cross over herself, the Devil and all his works disappeared "like a spider's web".

And the Devil appeared a second time to her in the form of an Ethiopian, with the head of a goat, and with bloody eyes, and his hair stood up like the bristles on a mountain pig; he carried a sharp two-edged, drawn sword in his hands, and at the sight of him Euphemia fled for help to the tablet with the Archangel's likeness upon it. When the Devil saw this he was afraid to enter the bed-chamber, and standing outside he began to curse the wooden tablet which Euphemia had in her hands. Calling to remembrance, one after another, his evil deeds in days of old, and admitting that this piece of wood has baffled his wiles, even as the wood of the Cross baffled him before, he threatens that he will come again to Euphemia on a twelfth day of Paôni (*i. e.*, June 6), for on that day Michael will be kneeling in prayer before God, and entreating Him to make the Nile to rise to its proper height during the inundation,[1] and to make the rain and dew to fall, and

---

[1] This is interesting as shewing how completely the attributes of Ḥâpi, the old Egyptian god of the Nile, had been transferred by the Copts to a Jewish Archangel; in Eisenmenger (*Entdecktes Judenthum*, ii. p. 379) a passage is quoted wherein Michael is said to be the prince of the waters, under whom are seven princes.

as he must continue in prayer ceaselessly for three whole days and nights, it will be impossible for him to come to help her; and the Devil threatens that when he comes, he will break the wooden tablet in pieces over her head. When Euphemia ran towards him holding the tablet he disappeared.

When the next twelfth day of Paòni had come, at the first hour of the day, the Devil appeared to Euphemia in the form of the Archangel Michael; on his head was a crown set with pearls of great price, a girdle of gold inlaid with precious stones encircled his loins, in his hand was a golden sceptre, but it lacked the figure of the Holy Cross, and he was provided with wings.[1] After speaking to her words of comfort he told her that he had been sent to her by God to say that her husband had already inherited the good things of the kingdom, and to advise her to desist from squandering all her wealth in giving gifts to the poor. He shewed her what evils the Devil had brought upon Job because of his envy of him, and how he had blinded Tobit by devils who had taken the form of birds, and he then advised her in the name of God to marry Hilarichus, that she might bear him a son to inherit all her possessions after her death. Perceiving at once that her visitor was the Devil himself, she challenged him to shew her any passage in the Scriptures which directed her to cease from doing alms and

---

[1] In Coptic MSS. Michael's head is surrounded with a halo; see Hyvernat, *Album de Paléographie Copte*, Paris, 1888, plate LI.

deeds of charity, and to marry a second time; in support of the quotations which she makes from the Bible and of her arguments in favour of the life which she was then leading, she appeals to the testimony of the book *Physiologus* wherein it is said: — "When the first "mate of the turtle-dove dieth, it doth not dwell with "a second mate, but it departeth unto the wilderness, "where it hideth itself until the day of its death.[1] And "he also sheweth us that the raven family doth not "dwell with any mate save one,[2] and that as we rend

---

[1] The Greek has (Lauchert, Geschichte des Physiologus, p. 258): — ὁ Φυσιολόγος ἔλεξεν περὶ τῆς τρυγόνος· ὅτι ἀναχωρεῖ κατ' ἰδίαν τοῖς ἐρήμοις, διὰ τὸ μὴ ἀγαπᾶν μέσον πλήθους ἀνδρῶν εἶναι, and with this compare ἔχει δὲ τὸν ἄρρενα ἡ τρυγὼν τὸν αὐτὸν καὶ φάττα, καὶ ἄλλον οὐ προσίενται, καὶ ἐπωάζουσιν ἀμφότεροι καὶ ὁ ἄρρην καὶ ἡ Θέλεια; see Aristotle, *H. A.* ix. 7. The Syriac version reads (Land, *Anecdota*, tom. iv. p. 63): — ܐܪܒ ܟܠܐ ܣܒ ܢܣܒܘܢ ܢܩܒܐ ܡܪܝܡ ܣܟܢܝܢ ܗܘܐ ܕܣܟܕ ܥܘ ܩܒܠܝ ܗܘ ܚܒܪܗ ܕܝܢ ܚܕ ܚܒܪܬܗ ܠܐ ܥܘܕ ܢܟܝܢ "but if one of them dieth before "its fellow, the one that remaineth behind doth not mate again. "The turtle-dove goeth to the wilderness, and loveth not to be "in the world"; and the Ethiopic (Hommel, *Physiologus*, text, p. 23): — ሞዖቀ ፡ ጎሐፈት ፡ ተቀ ፡ ውስተ ፡ ገዳም ፡ ወኢየፈቅ ፡ ምስለ ፡ ብዙኃን ∷ "the turtle-dove departeth far away into the desert, and "abideth not with the multitude." An Arabic version is given by Land, *Anecdota*, iv. p. 159.

[2] The Greek has (Lauchert, *op. cit.*, p. 257): — ὁ Φυσιολόγος ἔλεξε περὶ αὐτῆς, ὅτι μονόγαμός ἐστιν· ὅταν γὰρ ὁ ταύτης ἄρρην τελευτήσῃ οὐκέτι συγγίνεται ἀνδρὶ ἑτέρῳ, οὔτε ὁ ἄρρην ἑτέρᾳ γυναικί. In the Ethiopic version (Hommel, *op. cit.*, p. 22) we have ሶበ ፡ ሞት ፡ ምት ፡ ቅዐ ፡ ኢትነሥአ ፡ ካልእ ፡ ምት ፡ ተሰተፅእ ፡ ኢፀንሥአ ፡ ካልእት ፡ በእስት ∷ "when the male raven dieth, the female taketh not a second mate; and similarly if the female bird dieth the

"our garments for our brother when he dieth, even so
"likewise when a raven dieth his mate draweth out
"her own tongue, and splitteth it with her claws, so
"that when she uttereth her cry every one may know
"that her mate is not there, and if another raven de-
"sireth to take her by violence she crieth out straight-
"way, and when all the other ravens hear her cry they
"know by [the sound of] her cleft tongue that some
"other raven wisheth to take her by violence, and they
"gather together to help her, and to rebuke the raven
"that wisheth to marry her by force. When children
"see ravens gathered together in this manner, and
"uttering cries wishing to rebuke the raven that desired
"to take her by violence, and that desired to go astray
"from that which God hath commanded them, those
"ignorant children are wont to say, 'The ravens are
"celebrating a marriage to-day,' and they know not
"that the ravens wish to rebuke the raven that desireth
"to make to sin the raven whose mate is dead."[1] However,
although it is difficult to say where the quotations from
Physiologus end, or whether, in the Coptic version,
the statements about the turtle-dove and raven formed
one chapter or section or not, this part of Euphemia's
speech to the Devil is of peculiar value, for it shews

---

male taketh not another mate"; but in the Syriac version this
statement is made to apply to the turtle-dove, ܐܢܘܢܐ; see Land,
op. cit., IV. p. 63, chap. 36.

[1] In the French version by M. Amélineau it is said, "Le
sage Salomon dit que la tourterelle et les corneilles ne prennent
qu'un seul mari", but what follows is quite different from what
we have above.

that a version of Physiologus had been made in Coptic at an early period; in no other version, however, which I have been able to consult could I find any reference whatever to the female raven slitting her tongue with her claws.

When Euphemia had declared her intention of continuing to do acts of charity and of not marrying a second time, the Devil, who was in the form of Michael, artfully reminded her that he had promised to come to her on a twelfth day of Paôni, and went on to say that God had sent him unto her to protect her until sunset, and tried to persuade her that it was he who had cast Satan forth from heaven. Then Euphemia asked him where was the figure of the Holy Cross which should be upon his sceptre, and referred to the picture of the Archangel which was painted on the tablet; the Devil answered that painters decorated their pictures with such things wishing to glorify their art, but that he and his angels had not the figure of the Cross with them. To this Euphemia made answer that all persons and letters coming from the Emperor bear his tokens and seal, and that similarly the angels which bear not the figure of the Cross must be devils in the form of angels, and that if he wished her to believe that he is Michael, he must salute the picture of the Archangel which she will bring to him. As she rose up to bring the tablet, the Devil changed his form into that of a raging, roaring lion, and he laid hold of her by the neck and strangled her until she was well nigh dead, but with the little strength which remained Euphemia cried out to Michael, who straightway appeared in all his glory, and chastised the Devil, and drove him away in disgrace. This done, he spake comforting words to her, and told her that when she had performed that day the service which she was wont to do in his name, he would come with his angels and take her up into the rest of God, and giving her the salutation of peace he went up into heaven.

After the departure of the Archangel Euphemia went to the Bishop of the city, Abba Anthimus, who was the first-fruits of the ministry of Saint John Chrysostom, and when she had told him what had happened, he quickly administered the Sacrament unto her, and after she had ministered unto the poor brethren in her own house, she sent and begged Bishop Anthimus to come to her. When he had come with his priests (of whom Eustathius the writer of this Encomium was one) and deacons, the pious lady opened the doors of her house, and gave every thing to the Bishop for distribution among the poor, and sinking down upon her bed she entreated him to pray for her. After a time she revived sufficiently to ask that the tablet upon which the figure of the Archangel was painted might be brought to her to kiss before she died, and when it was brought she kissed it and entreated Michael to be with her in that terrible hour; then suddenly there was a sound like the roaring of a cataract, and all present in the chamber saw the Archangel appear in great glory, and take the soul of Euphemia and lay it in his shining apparel, and bear it up to heaven, while the sound of a multitude was heard singing, "God knoweth the way of the righteous, and their inheritance shall abide for ever."

Now the picture which had been lying on Euphemia's face when she died had disappeared in a mysterious manner, and none knew where it had gone, but when they had buried her and had come into the church to celebrate the Sacrament, it was seen to be hanging in air in the apse without any support whatever, and it was as firm as a "pillar of adamant". The news of this miracle reached Constantinople in due course, and the Emperors Arcadius[1] and Honorius,[2] and the Empress Eudoxia,[3] came to the Island of Trakê and saw the miracle, and bowed in prayer at the couch whereon Saint John Chrysostom had died; any sick person who lay upon that couch straightway rose up healed. After the death of Euphemia, the olive wood tablet upon which the figure of the archangel Michael was painted, on the twelfth day of each month, which is the day of the Archangel, put forth olive leaves at each of its four corners together with "fine, fresh fruit", and a number of cures and healings were performed thereby. After a few laudatory words of Saint John Chrysostom and some deprecatory observations concerning his own ability, Eustathius brings his Encomium to a close.

In his *Contes et Romans de L'Égypte Chrétienne*, M. Amélineau gives versions of two stories which, like the above Encomium of Eustathius, were to be read on the twelfth day of Paôni. In the first of these the

---

[1] Born A. D. 383, died 408.   [2] Born A. D. 384, died 423.
[3] This may have been a royal lady called Eudoxia, but it can hardly have been the Empress, because she died about the year 604, while Chrysostom did not die until 607.

causes of the conversion of Aristarchus from paganism to Christianity are given, and in the second we have the account of the temptation of Eusebius, a man who subsequently became a monk in the Scete desert, by the beautiful wife of a merchant his close friend; in both of these occur some interesting and remarkable instances of the belief in the almighty power which Michael the Archangel was thought to possess.

TRANSLATION.

IN THE NAME OF GOD.

[Page 1] [The Encomium which was pronounced by the one] mighty in all blessings, the most holy and blessed man, the man filled with the Holy Spirit, and perfect in all virtues, Abba Theodosius, the son of the Apostolic Fathers, and the friend of angels, the Archbishop of the city of Alexandria...... on the day of the festival of the holy Archangel Michael, that is to say, on the twelfth day of the blessed month Athôr[1], wherein he spake many things concerning the alms and charities, which [the blessed Dorotheos and his wife Theopisthe] used to [make] unto God, [in the name of the holy Archangel] Michael every month, on the day of the festival, and how the holy Archangel ministered unto them and brought their good works up into God's presence, and how he fulfilled all their petitions,......joyfully, for God loveth him; and Theodosius spake, moreover, concerning the Saints who are [mentioned] in the Scriptures, all of whom the holy Archangel Michael helped and delivered out of their tribulation and affliction. In the peace of God. Amen.

---

[1] *I. e.*, November 8.

[p. 2] I find the source of my discourse in Him Who comforteth and strengtheneth me in all things, Who knoweth all the earth, Who trieth the reins, Who openeth the door of speech of every man, and Who searcheth out things diligently.

Who is this?

It is the Word of God, Whose Body I break in my hands, and Whose glorious Blood I pour out into the cup and give to those who believe upon Him. It is my Lord and God, Jesus Christ, the Saviour of all, Who speaketh with His truth-speaking mouth, Who careth for all mankind, and Who is filled with mercy and grace towards the image of God.[1]

Who is this?

It is Michael, the holy Archangel, the commander of the hosts of heaven.

Now, I beseech you, O my beloved and dear children of the Word, to assist me in this great undertaking, lest, having put out on this great and boundless sea, I be unable to bring my little bark to shore. For ye all know of my poverty, and ye know that I have no merchandise wherewith to load a great ship, which could sail across the sea, and [be strong enough] to resist the buffetings of the winds. Moreover, the sailor is feeble, and my boat is a little one, and [I am afraid] that if I put out to sea [p. 3] from this harbour in which there is no danger to go into another, the winds will raise up waves and tempests against me on the sea; and I know not how to sail a ship even to save my own life [and to bring myself] to the shore. Doth any one then say,

---

[1] The allusion is to Genesis i. 27.

"This man hath found favour [with God], and is delivered?" For the soul of man is to Him more precious than the whole world filled with gold and silver, and I am therefore afraid to cast away my own soul. I know well that my bark is frail, and that my merchandise is without value, and that I have no knowledge of the craft of the mariner, and [I am afraid] to launch out into the deep, lest having once put out to sea I should never return again in peace. And although I might endure the perils of the sea and the tempests thereof, I could not bear the scorn of those who would make a mock of me, and say, "O thou fool, who made thee to undertake that "which was more than thy strength could bear? Thou "didst know full well that thou wast feeble and that thou "hadst nothing in thy power wherewith to do that which "is beyond thy strength. And besides, merchants are "many, why then didst thou not sell thy few wares to "them and let them trade therewith? Thus wouldest thou "have gained thy profit therefrom, and thus wouldest "thou have saved thyself, and thy merchandise entirely, "and thy boat, and that which belongeth to thee—for thou "hadst no knowledge of the craft of the mariner."

And now, my brethren, I will show unto you of what kind is my boat and who is the sailor. [p. 4] My boat is my sinful flesh, which I am not able to govern rightly, and the sailor is my own heart, in which there is neither understanding nor the knowledge of celestial seamanship. Now celestial seamanship is the Holy Scriptures which I understand not, and for this reason ye may [truly] tell me this day that I am attempting to do that which is beyond my strength, especially as ye compel me to speak concerning the glory of one who is not of the earth like ourselves but of heaven, and of the matters concerning his God. He is not a being of flesh, but he is incorporeal and is a creature of light. He is not a being made with clay, but is of the Holy Ghost. He is not of those servants of earth, but is a minister, a flame of fire. He is not a governor of this earth, but an archangel of the hosts of heaven. He is not a general of this earth whose king can dismiss him whenever he pleaseth, but he is a commander of the forces of heaven, and, together with his King, endureth for ever. He never uttereth the word for the destruction of souls, but he is at all times an ambassador before God our Creator for the salvation of our souls and bodies. He maketh accusations against no man, but is careful for all. He hateth not mankind, but loveth every image of God. He is not our adversary, but is at peace with every man. [p. 5] He is not unmerciful, but a compassionate being in whom abideth the long-suffering of God. Whosoever asketh [from him] receiveth; whosoever seeketh findeth; and whosoever knocketh it shall be opened unto him.[1] And I myself, having seen that my God doth give, will joyfully stretch out my hands to Him this day unhesitatingly, and I will ask that I may receive abundantly, and will knock that it may be opened unto me.

But perhaps thou wilt say, O man, filled with virtue and loving understanding, "What is this that thou seek-"est this day at His hand, [seeing that] thou hast already "begun to speak? Thou hast already pronounced en-"comiums at the season of the new year and at the "beginnings of all the festivals of God, and thou hast

---

[1] Compare St. Matthew vii. 7.

"likewise made a discourse upon him than whom of those
"who have been born of women¹ none greater hath arisen.
"[I mean] the kinsman of Christ, Saint John the Baptist,
"the friend of the holy Bridegroom. Moreover, knowest
"thou not, O my father, that moderation in all things is
"good? As thou art moderate in thy eating, and drinking,
"and praying, even so shouldst thou be moderate in all
"things, as Paul, the greatest of the Apostles, saith, 'The
"training of God is great gain, and if thou canst bear it
"thou shalt be perfect.'" And I will answer thee and say
unto thee, "Beloved, thou sayest rightly, and in showing
"solicitude [for me thou doest well], but nevertheless I
"will behold, and will speak unto God as did Abraham,
"the friend of God and the chief of the patriarchs, who
"became the father of a multitude of nations, saying, [p. 6]
"'Let me speak, O Lord, with my God even this once
"also²', even although I should make myself like unto the
"friend of God in speaking this once. And if I dared to
"speak even unto three times He would not turn away
"from me, for He is One God and One Lord, and to
"Him belongeth the mercy which abideth for ever. With
"this too will I convince you, that it is God Who hath
"commanded us to ask that we may receive³. And why
"did ye entreat me to come into your midst on this
"great festival, which hath spread abroad not only over
"all the earth but likewise in heaven, and why [if ye did
"not wish me to speak] did ye, little and great, men and
"women, cry out to me, saying, 'We beseech thee not
"to keep silent concerning this great visitation, but show

---

¹ St. Matthew xi. 11; St. Luke vii. 28.   ² Genesis xviii. 32.
³ St. Matthew vii. 7; St. Luke xi. 9.

"us concerning the great festival, and concerning the glory
"of him whom we celebrate in it, who is an ambassador
"to God for us all.'"

Who are the nobles of the palace except Christ and the captain of all His hosts, the holy Michael? Moreover, let us ourselves follow after them, each following the other in fitting order, O my beloved, for humility exalteth and leadeth aright; come now then, and follow me, for the nobles of the palace have already gone into the feast of the holy Archangel Michael, and have sat down to meat.

Who are these nobles who have sat down to meat with the Archangel Michael? [p. 7]

Hearken unto me, and I will show you. [They are] Adam, Seth, Enoch, Methuselah, Noah, Abraham, Isaac, Jacob, Joseph, Moses, Aaron, Joshua, Gideon, Barak, Samson, Jephthah, David, Solomon, Ezekiel, Isaiah, Jeremiah, Ananias, Azarias, Misael, Elijah, Elisha, and the rest of the prophets, Zachariah the priest, John the Baptist, and the Twelve Apostles, the holy Stephen, the old man Simeon the holy priest, the army of the saints, and the army of the righteous. But what profit have I in speaking of earthly beings only? for in that place is the God of glory with all the host of heaven, Angels, Archangels, Cherubim, Seraphim, Thrones, Divinities and Powers, and they all ascribe glory to God and to Michael the great and holy Archangel, whom He hath made ruler over them all. And now I wish to return to the feast-chamber of the holy and mighty Archangel Michael to ask the great ones of this earth in what manner they keep with us this great and holy festival this day, and if they [keep it] with rejoicings, that I may "rejoice with

them that rejoice", according to the words of the
Apostle.¹ Briefly, I will begin with the father of all
mankind whom God hath created in His own image and
likeness, [p. 8] and I will ask my lord and father Adam,
for he it is whom I have seen to be the chief of the
feast. And although I am terrified and afraid because I
see the whole company of those who are rejoicing with
him at the feast this day, and paying honour unto him,
still I will ask him, and I will mingle in their midst. And
although I be a sinner yet will I salute him in the joy
of my heart, saying, "Hail, my lord, holy father! Hail,
"father of all fatherhood! Hail, father of all our human
"race, both of those who have lived and of those who
"shall yet come into existence!" And when I shall have
given to him this threefold salutation, he will perforce
call me as a father calls his son, saying, "Come, O my
"son, and keep with us this great festival which we
"celebrate this day"; thus shall I find freedom of speech
before that being whose name is never proclaimed to
his King [before his entering to Him], but he goeth into
His presence without advocate or mediator to proclaim
his name.

This being is not the ruler of one company only, but
he is over all the hosts of heaven, and over everything
according to the command of God; he standeth not at
the left but at the right hand of God, and entreateth
Him at all times on behalf of the race of men.

Who then is this that is clothed with such great honour
and glory?

Hearken, it is Michael the mighty Archangel of the
hosts of heaven.

¹ Romans xii. 15.

Who is this whose festival all ranks of beings celebrate?

[p. 9] It is Michael the ruler of the kingdom of heaven.

Who is this being whom the King hath made to bear such a mighty sceptre, who is filled with majestic glory, who is robed with rich raiment, and who is girt about with a golden girdle set with precious stones, the like of which existeth not?

It is Michael the mighty and exalted Archangel.

Who is this in whom the angels and the armies of the heavens have hope, and whose festival they celebrate with him this day?

It is Michael, whom God hath appointed to be ruler over all His kingdom.

Who is this who giveth [his] commands to all the armies of heaven, and they obey him?

It is Michael the Archangel, who was obedient to the command of God, and who cast out from Him the evil slanderer and rebel.

Who is this, for whose sake all handicraftsmen in the world cease from their labours, and whose festival they celebrate this day?

It is Michael the Archangel, who hath ordered the denizens of heaven and redeemed the peoples of the earth, and who, by reason of his great love for us, maketh mention of us before God our Creator. The inhabitants of heaven celebrate his festival this day without opposition, and it is also the work of the peoples of the earth to do likewise this day, and to rejoice and to celebrate the festival with the holy Archangel Michael.

Michael is not a man, and no being that liveth upon earth hath seen him in his glory, as it is written in another place, "He is a Spirit¹ [p. 10] and not flesh." Michael is incorporeal, and no corporeal being that eateth can see him, or endure his glory. And I will answer and say unto you, and I will convince you and prove to you that the inhabitants of heaven will never again sin; and in their midst there will nevermore be enmity, nor envy, nor hatred, nor slander, nor adultery, nor murder, nor theft, nor any impurity; but they are holy, and they shall rest in holiness—now those things shall never exist among the saints in this world—and they shall keep an endless feast with Christ the King for ever, because they have cast forth from their midst Satan, the slanderer and enemy of the Creator and the adversary of all truth. For this reason they celebrate this day the festival of the holy Archangel Michael, the ruler of the hosts of heaven, who hath prepared for us this table, of which we are [un]worthy, that is to say, the table of this festival which is set for us in heaven and [upon] earth according to the command of our Saviour Jesus Christ, Whose command is the command of His Father—for Father and Son and Holy Spirit are One God, and One consubstantial and indivisible Kingship, inscrutable and without origin which can be found out—Who is the Cause of all things; and under His dominion alone are the inhabitants of heaven and of earth.

[p. 11] And now, my beloved, having made known unto you the greatness of this feast which is spread for us this day, it is meet that we ourselves should celebrate the festival of him whose festival the angels of God celebrate this day, and we must beautify ourselves, both in our outer and in our inner man, that we may go into

---

¹ Compare St. John iv. 24.

this glorious feast this day, and eat of all the good things which God hath prepared for us. But perhaps ye will say, "Behold this is a royal feast, and it is meet that "we should not sit down until the nobles of the palace "have first been invited." Then will I ask [Adam], saying, "Art thou not he whom God did create with His "own hands, in His own image and likeness, and did fill "with glory and call thy name 'Adam'? I entreat now "thy goodness and majesty and I beseech thee to tell me "if thou dost not thyself also rejoice at the feast of the "holy Archangel Michael." Hearken now, for Adam speaketh, "Yea, I am Adam, and it is for me to invite "all men to this festival this day. But I rejoice more than "they all, for when I had angered God, and He had "brought me out from Paradise, because I had trans"gressed His command by reason of my helpmeet Eve "making me to eat of the fruit of the tree, concerning "which He commanded me not to eat, it was Michael who "prayed to God for me until He forgave me my sin: "[p. 12] for this reason I rejoice at his festival this day."

"O Abel, thou noble younger son, tell me if thou "dost rejoice this day at the festival of the holy and "mighty Archangel Michael?"

[Abel saith,] "I rejoice and I keep the festival this "day, for it was he whose festival they celebrate this "day who carried my sacrifice and offering up to God, "Who did not regard the sacrifice of my brother, because "he brought it not with an upright heart; for this reason "I rejoice this day."

"And thou, O Seth, do I see thee rejoicing on the "day of the holy Archangel Michael?"

[He saith,] "Indeed I rejoice and am glad [this day],

"for when Cain had destroyed my brother [Abel] God
"gave me to my parents [in his stead]; and when my
"mother found no milk wherewith to suckle me—now her
"milk had dried up by reason of her sorrow for my brother
"Abel -the holy Archangel Michael nourished me with spi-
"ritual food from heaven, and therefore I rejoice this day."

"O Enoch, the just man, whom God removed from
"this world, do I see thee rejoicing this day?"

He saith, "Indeed I rejoice and am glad [this day],
"because the whole race of man hath sprung from my
"seed, and because Michael hath never ceased to entreat
"God to show mercy unto sinners, and to make them to
"live for ever, [p. 13] and I rejoice at his festival because
"he prayeth for my children."

"O Methuselah, the old man whose days were lengthen-
"ed, whose white and pure garments I see in the midst
"of the feast, why dost thou rejoice this day?"

He saith, "How can I help rejoicing? I am the eighth
"from Adam, and I am the man whose prayers were taken
"by the holy Archangel Michael and carried up to heaven,
"and finally God blessed me with a long life which ex-
"ceeded that of my father Adam by thirty-eight years."

"O Noah, the just man, I say unto thee, 'Hast thou—
"but I see thou hast—great joy this day?'"

He saith, "How can I help rejoicing and being glad? for
"when God was angry with the world, and wished to destroy
"it, He placed me in the ark with my wife, and children,
"and creatures of every kind that moveth upon earth, and
"He opened the cataracts of heaven and poured out rain
"upon us for forty days and forty nights, and we saw
"neither sun, nor moon, nor stars; but Michael guided
"and directed us, and ceased not to pray to God until

"the waters which had increased abated, and the dry
"land appeared, and I and those who were with me were
"delivered."

"O Abraham, the father of the patriarchs, dost not
"thou rejoice this day on the festival of the holy Arch-
"angel Michael?"

[p. 14] He saith, "Yea, I rejoice especially, for I was
"the first man with whom Michael and his brother angel
"Gabriel sojourned, and he entreated God for me that I
"might be worthy of [my son] Isaac, and I ate with them
"under the tree of Mamre."

"O Isaac, the holy vow and sacrifice acceptable to the
"living God, what doest thou in this place this day? Dost
"thou console thyself with great consolation on the festival
"of the holy Archangel Michael?"

He saith, "Indeed I am comforted, for I was the only
"child of my parents, and my mother was barren and
"bore no other child besides me. Afterwards my father
"bound me hand and foot, and laid me upon stones on
"a desert mountain, and with my own eyes I saw the knife
"in the hands of my father who wished to slay me; but
"Michael stood up and took the knife out of my father's
"hand, and gave him a ram in my stead, and the sa-
"crifice was completed."

"O Jacob, prince of patriarchs, who prevailed with
"God, and who wast a giant among men, dost not thou
"rejoice this day at the festival of the holy Archangel
"Michael?"

He saith, "Yea, I do rejoice this day, for when my
"brother Esau cast me forth I fled to Mesopotamia, to
"Laban my mother's brother, and Michael came to me
"and decreed my wages from the sheep, and he blessed

"me, and my children, [p. 15] and my wives, and he made "all Israel to be blessed for my sake."

"O Joseph, the just man, whose brethren were jealous "of him, what doest thou in this place this day? Dost "thou rejoice at the festival of the Archangel Michael?"

And straightway Joseph, the just man, answereth at once, saying, "Verily, it behoveth me to rejoice this day, "for when my brethren were jealous of me, and drove "me forth into a strange land, and I became a miserable "alien without any one to comfort me, and with a mul- "titude of evils round about me, the Archangel Michael "came to me, and comforted me in them all, and finally "he prayed to God and He made me ruler over Egypt."

"O Moses, and Aaron, and Joshua the son of Nun, "what is your part in this festival this day?"

These saints make answer, saying, "Joy is our part, "for Michael was our leader and the guide of our people "until we had overcome our enemies, and he prepared "the way for us into the land of promise; on this account "we rejoice this day."

[O Gideon]..............[1]

"I am Gideon, and I rejoice especially, for it was "Michael who came to me and filled me with strength, "and I went forth and fought against Midian, and delivered "my people."

"O Jephthah[2], and Anna thy wife, what is your work "in this festival to-day?"

[p. 16] These Judges answer and say, "Verily, our "joy is great, for we were barren from our youth up,

---

[1] The scribe has omitted the address to Gideon.
[2] We should probably read Manoah; see Judges xiii.

"and we had no child. But we rose up, and prayed, and
"offered up a sacrifice to God, and the holy Archangel
"Michael looked upon our feebleness, and carried our
"prayers and sacrifice to God, and made mention of us
"before Him, and He blessed us with the mighty man
"Samson, therefore we and our son rejoice this day."

"O David, the just king, the father of Christ according
"to the flesh, behold I see thee this day rejoicing and
"playing upon thy ten-stringed lyre at the feast to which
"the holy Archangel hath invited us this day."

David saith, "Verily I rejoice this day and am glad.
"The songs and music for each one of the festivals of
"all the saints are written upon my heart, but that be-
"fitting this festival of the holy Archangel Michael which
"I sing is, 'The angel of the Lord encampeth round about
"those that fear him, and delivereth them.'"[1]

"O Solomon, the wise man, dost not thou rejoice on
"this festival of the Archangel Michael?"

He saith, "I rejoice especially, for it was the Arch-
"angel Michael who was with me from my youth up,
"and who made peace to exist in my days, and he
"entreated God, Who commanded me to build a house
"for Him."

[p. 17] "O Hezekiah, the just king, dost not thou rejoice
"this day at the festival of the holy Archangel Michael?"

He saith, "How can I help rejoicing? for when the
"wicked Assyrians afflicted me and my people, it was the
"holy Archangel Michael who destroyed one hundred and
"four-score and five thousand of their men in one night,
"and delivered me and my people."

---

[1] Psalm xxxiv. 7.

"O Isaiah, the mighty prophet, what is thy joy this "day at the festival of the holy Archangel Michael?"

He saith, "This is [the cause of] my joy: in all the "sufferings which Manasseh and his friends brought upon "me the holy Archangel Michael stood by me, and "strengthened me, and comforted me until they sawed "me in twain with a wood saw."

"O holy father Jeremiah, thou mighty light-giving "lamp, do I see thee rejoicing this day at the festival of "the holy Archangel Michael?"

He saith, "I rejoice exceedingly, for when all the kings "of Judah wrought evil things upon me, and afflicted me "in the dungeon, Michael stood by me, and helped me, "and strengthened me."

"O Ezekiel, the mighty prophet, come and show us "what is thy joy this day at the feast of the holy Arch-"angel Michael."

He saith, "I rejoice and am glad, for it was Michael "who brought unto me a paper which was written upon, "and I swallowed it, [p. 18], and it filled me with "prophecy."

"O Daniel the prophet, the man to be desired, dost "not thou rejoice this day at the feast of the holy Arch-"angel Michael?"

He saith, "What joy is there like unto mine? for "when they cast me into the den of lions, and sealed it "with a seal, the Archangel Michael came to me, not "once nor twice, and he shut the mouths of the lions, "and they came not nigh unto me at all. And when I "was an-hungered Habakkuk came to me, and brought "me good food, and gave me to drink."

"O ye twelve Apostles, why do ye rejoice this day at the festival of the holy Archangel Michael?"

They say, "We rejoice indeed, for were we not in "great sorrow when the lawless Jews crucified our Lord "Jesus Christ, and were we not in sorrow and in hiding "for fear of the Jews, until Mary the Virgin and those "who were with her went into the sepulchre on the first "day of the week, and she showed us that she had found "that the holy Archangel Michael had rolled away the "stone from it, and was sitting upon it, and announcing "the glorious tidings, 'The Lord hath risen?'"

"O Zacharias, and John thy son, do not ye keep the "festival of the Archangel Michael this day?"

[p. 19] He saith, "I rejoice, because Michael the Arch-"angel hath sealed us, me to be a priest, and John my "son, the child of Elisabeth, the kinswoman of Mary the "mother of God according to the flesh, to be the Baptist; "for this reason we rejoice this day."

"O Stephen, the archdeacon and protomartyr, dost "not thou rejoice with us in this great festival?"

He saith, "Yea, for when they cast stones at me I saw "the heavens open, and the Archangel Michael and all "the angels were gazing at our Lord Jesus Christ at the "right hand of the Good Father."

"O ye three children, Ananias, Azarias, and Misael, "do not ye rejoice this day at the festival of the Arch-"angel Michael?"

They say, "How can we help rejoicing? for when "Nebuchadnezzar the king cast us into the furnace filled "with fire, God commanded Michael and he scattered the "flames of fire, and made the furnace to become like dew."

"O ye company of martyrs and saints, do not ye

"rejoice this day at the festival of the Archangel
"Michael?"

All the saints say, "Verily our joy is great, for Michael
"the Archangel hath strengthened us in every need and
"sorrow which we have suffered, and [hath strengthened
"us] to endure the torture and to fulfil our martyrdom and
"strife, for which we have received the great good things
"which we have; [p. 20] for this reason we rejoice this
"day."

"O all ye armies of heaven, do not ye rejoice this
"day?"

They say, "In truth, all joy is ours." For, O my
beloved, great is the honour of this feast which is spread
for us not only upon earth, but also in heaven.

And now, O my wise and beloved ones, let us keep
ourselves with all diligence, and let us guard our souls
on the festival of the holy Archangel Michael. Let us
put on fine garments meet for the marriage-feast, lest if
we enter therein arrayed in torn and foul garments, and
having our bodies full of uncleanness, they turn us out
in disgrace from before those who are clothed in glorious
apparel, and who will remove their garments from our
path lest they be in any way defiled by us. And after
being cast forth in great disgrace these same beings will
mock at us, saying, "O senseless and abominable men,
"how is it that ye are not ashamed [to do this thing]?
"If ye be not ashamed before men, how is it that ye are
"not ashamed before God the King, and before His holy
"governor Michael? Do ye not know whose chamber
"this is, and whose feast it is? Do ye not know that it
"is the feast of the King and of His chief captain who
"hath obtained all power before his God the King. Who

"hath given him all these honours because of his true
"valour? [p. 21] And I marvel much at your boldness
"[in coming] into this inner place, for God hath already
"given unto you the command, 'Come not into the marriage
"chamber without the marriage garment upon you', but
"ye have not hearkened thereunto. Have ye not heard
"what befell the man who dared to go into the feast in
"unclean garments like unto your own? It is written that
"He made them bind him hand and foot and cast him
"into outer darkness, where there is weeping and gnashing
"of teeth."[1]

And now, O beloved, let me lead you through into the
outer chamber, and sit ye down for a little, so that when
God the King shall have come in with Michael His chief
captain, Michael may entreat him to show mercy unto
you, and to the other suppliants, and to those who sit at
the gate; for the Archangel whose festival ye keep this
day is compassionate, and will not forsake you. And
strengthen your hearts and souls, and I will entreat him
not to take vengeance upon you during this festival lest
ye bring suffering upon yourselves here. Briefly then I
have shown you and ye know, O beloved, that the ob-
jections which I have brought before you, and especially
the things which have been spoken by ourselves, are made
by men like unto ourselves, and not by God. But perhaps
some one will say to me, "What are unclean, or what
"are beautiful garments? [p. 22] What is the beautifying
"of the body? Is there any hypocrisy with God, or doth
"He love the rich more than the poor man? Cannot I
"of my own will become poor, or if I desire cannot I be-
"come rich, and if any man wish it can he not become of

[1] St. Matthew xxii. 1—14.

"no account?" God forbid that it should be thus. God is no hypocrite, neither doth He love the rich man more than the poor man; God forbid! But I will show you what is the beautiful apparel which ye must put on if ye wish to go into the feast of Michael. "Anoint thy head "with oil, and wash thy face,"¹ the interpretation of which is that thou must cast forth from thee all evil deeds, and keep the festival with the holy Archangel Michael. And when they bid thee to the feast of Michael the Archangel, cleanse thy heart from all evil things, and take out from thyself every impure thought, and put on thy fine raiment, and go to the church of God which is this house of prayer. Drive forth from thee all fornication, and anger, and impurity, and array thyself in innocency, and peace, and truth, and enter into His courts with joy, and rejoice with the Archangel Michael. And when they bid thee to the marriage chamber of the true King and of His chief captain, let thy alms and thy charities open the door thereof for thee, and whatsoever thou shalt give to Him, [p. 23] verily thou shalt find it upon the table before thee. If thou wouldst glorify the Archangel Michael, the chief captain of the true King, send the widows and orphans forth from thee with their faces bright and full of joy, and with their bodies clothed with the measure of thy power; I say unto thee that thy sacrifice shall be accepted before God and before His holy Archangel Michael, and thou thyself shalt be gratified. Receive the stranger on his holy festival, and show mercy unto him, and the Archangel Michael will have mercy upon thee, and will receive thee joyfully, and will carry thee into the court of the

---

¹ St. Matthew vi. 17.

King with joy, and thy face shall be light. If any man ask anything at thy hand on the day of the Archangel Michael delay not to give it to him. For I say unto thee, O beloved, that whatsoever a man giveth, Michael taketh it from his hand and carrieth it up to God; he will give it back to thee twofold upon earth, and God will show mercy unto thee in His kingdom, for "charity maketh man to be praised in judgment." Again it is written, "Be merciful, that [men] may be merciful to you."[1] And if thou shalt keep the festival of the Archangel Michael every month—now the twelfth day is the day of his commemoration—and art mindful of gifts for him with joy according to thy power, the Archangel himself will pray to God for thee at all times, [p. 24] that He may bless thee [by granting] all thy petitions according to the measure of thy remembrance [of Him]. But perhaps, O beloved, thou wouldst say unto me, "If I give alms or gifts, I give them to thee in the name of God; Michael is not God that sacrifices should be offered unto him." On this I make answer, Verily thou hast well spoken, O man upright in the belief of God; but hearken and I will show thee. Is there not set over the country a governor in whose hands are all the companies of soldiers and all the army, in which thou findest one man of higher rank than another, but is not the governor higher than they all? Now although the governor may establish a friendship between himself and one of the army, and may bestow great honours upon him, he doth not act thus with all the company in which his friend serveth, but he acteth thus because he knoweth that the company in

[1] St. Matthew v. 7 (?).

which his friend is stationed is many in number. And this friend is at all times near the governor, who is able to deliver him from all the many trials of this world which is full of trouble and affliction, and he findeth freedom of speech before him after the manner of a noble, and thus the rest of the company findeth favour in the sight of the governor by reason of him. And likewise every one who doeth alms or giveth a gift in the name of the Archangel Michael, receiveth his gift and carrieth it to God, as Christ our God in truth said, "[p. 25] Whosoever receiveth a prophet in the name of a pro-"phet shall receive the reward of a prophet; and whosoever "shall receive a righteous man in the name of a righteous "man shall receive the reward of a righteous man. And "whosoever shall give you a cup of cold water in my "name"—and ye are Christ's—"verily I say unto you that "his reward shall not perish."[1] If thou bringest a gift unto God in the name of His holy Archangel Michael, or any alms or charity, whether it be great or whether it be little, on the festival of Michael—be not thou halting between two opinions in the matter, lest thou thyself shalt cause thy labour to be in vain, but believe wholly and firmly without any stumblingblock—the Archangel Michael will receive it and bring it before God, and its savour will be like the smell of incense, and he will take counsel for them that great good things be prepared for them, and he will take them from the hand of God to deliver them from everlasting punishment. And now would ye know what things God will give in return to those who bring sacrifices, and charities, and alms to give to Him

---

[1] St. Matthew x. 41, 42.

in the name of the holy Archangel Michael—ye must know also that He will minister unto them in this world, and that when they are removed from this life He will receive them unto Himself in the mansions of His kingdom—listen then, and I will tell you concerning this mighty power (?) that ye may glorify [p. 26] the God of the holy Archangel Michael.

There was a righteous and God-loving man in the city of Senahór whose name was Dorotheos, and he loved to give alms and charities, and this man had as his helpmeet a woman called Theopisthe, who was as pious and as perfect in mercy and charity as her husband; and these people had given great gifts in the name of the God of the holy Archangel Michael from the time when they had first come together. And they were both young, and the parents of both had left them a goodly inheritance, and they were very rich, and they had many possessions, and much wealth, and sheep, and oxen, and cattle, and other goods of this world. And these two people had great love for God, and for His holy Archangel Michael, and when the twelfth day of the month drew nigh they were wont to be careful for it, and to make ready offerings from the morning of the eleventh day of the month; and they sent with great zeal and without sparing gifts and wine to the church of the holy Archangel Michael. After this they were wont to slay sheep, and to devote themselves to the preparation of the food and gifts which were needed for the wants of the people. And after they had received the life-giving Mysteries on the twelfth day of the month, [p. 27] they gathered together every one to partake of the food, the blind, and the deaf, and the destitute, and the orphans, and widows, and strangers,

and they stood up and ministered unto them with great
enjoyment of soul, and joy of spirit, and gladness of heart,
until they had eaten their fill; then they brought to them
choice wine and drew for them until they had drunk their
fill, and they anointed their heads with fine oil, saying,
"Go in peace, O beloved brethren: we have been ac-
"counted worthy of great honour this day in that your
"holy feet have entered into the house of your servants."
And thus Dorotheos and Theopisthe continued to do on
the twelfth day of each month, and at length the fame
of their goodness reached unto every place in all the
land of Egypt, and multitudes of people honoured them
by reason of the glory of their good works, and glorified
God Who had created them, and praised and blessed
their parents who had begotten them, and all men ascribed
honour to them by reason of the noble deeds which they
manifested in the name of the God of Michael. And they
fled from vain-glory, for their hope was strong in God
and in the Archangel Michael.

And it came to pass that after they had continued to
do thus for a long time God commanded the heavens to
pour no rain upon the earth for three years, by reason
of the [p. 28] sins of the children of men, and the whole land
of Egypt and all those that were therein were troubled
because of their sufferings by thirst and by the destruction
of food, as it is written, "Then the multitude came to
"an end and died, and the cattle perished with them."
And moreover, the waters of Gihon (Nile) did not rise,
and no rain fell upon the earth for a space of three whole
years. Now this holy man Dorotheos and his wife did
not cease to do according to their wont every month,
and they prayed to God and to His Archangel Michael,

saying, "O God of Michael, take not away from us Thy
"gifts and charities, for we are Thy servants." And as
they continued to do these things ill-luck fell upon them,
and multitudes of their cattle perished. Now when two
years of the famine were ended and the third was drawing
nigh, everything which they had had come to an end, and
at length of the very few beasts which they had left
all died except one sheep. Then the pious man said to
his blessed wife, "O my sister, thou knowest that to-day
"is the eleventh day of Paopi¹, and that to-morrow is the
"festival of the holy Archangel Michael. Let us be careful
"for the gift which we are wont to give to the steward,
"and let us slay this one sheep that we may make it
"ready for the festival of the holy Archangel Michael. If
"we die we belong to God, and if we live we are also
"His; [p. 29] blessed be the name of God for ever." His
wife saith to him, "As God liveth, O my brother, this
"care hath been in my mind since yesterday, but I could
"find no occasion to ask thee concerning it, for I know
"what hath happened to thee; but I rejoice greatly that
"thou hast not forgotten the gift for God, and do thou,
"O my brother, even as thou hast said." And when the
morning of the twelfth day of Paopi had come they rose
up early at dawn, and performed all their ministration,
and they omitted nothing which they were wont to do
in the time of their wealth; and there was left to them
nothing except a little oil and a little wine, and also they
had no garments at all except those in which they were
wont to receive the Eucharist. Nevertheless at this time
they blessed God and the holy Archangel Michael, and

---

¹ *I. e.*, the 8th of October.

they hymned and praised Him day and night with floods
of tears, saying, "O God Jesus Christ, help us. O thou
"Archangel Michael, pray to God for us that He may
"open to us the hand of His mercy and blessing, lest the
"hope of thy offering and gift which we bring to God
"in thy holy name, O Archangel Michael, perish from our
"hands. Thou knowest our hearts and our love towards
"thee. We have no helper besides thee, for thou [p. 30] hast
"been our helper from our youth up, and thou hast been
"an ambassador for us before God our Saviour. And now
"we beseech thee, O kind guardian, holy Archangel, if it
"be meet that after all the oaths which we have sworn
"with God and with thee, this great affliction should over-
"take us at the end of our lives and we must cease from
"thy gift and alms to thee, let thy goodness prevent us
"and do thou entreat God to show great mercy unto us,
"and to remove us from this vain life like all our fathers—
"for behold, O our helper, thou seest what things have
"befallen us for our sins' sake, and it is good for us to
"die, for the death of every man is better than life without
"good fruit—lest if this affliction continueth with us we
"forget thy gift and thy charity which we have offered
"unto God and to thee, for poverty produceth multitudes
"of evils, which bring on death and make men to become
"doers of what is amiss. And now, O Archangel Michael,
"we have shown forth our weakness before thee, forget
"us not because of our sins, but do unto us as it is written,
"'The angel of God encampeth round about every one
"'that feareth Him, and delivereth them.'[1] And David saith
"concerning the peoples, [p. 31] 'God feedeth them in their

---

[1] Psalm xxxiv. 7.

"'hunger',¹ and he saith also, 'The righteous man seeketh
"'after bread all the day, but God is merciful and giveth
"'it to him'. And now, O our helper, thou holy Archangel
"Michael, thou seest all the matters of thy servants and
"there is nothing more left for us to say except, 'We are
"'willing and ready to die'. Help us, O God our Saviour,
"and we utter these words blessing God, 'God hath given
"'and God hath taken away; may God's will be done,
"'and may God's name be blessed for ever. Amen'".²

And these and such like words did the righteous man and his wife say from the twelfth day of Paopi, and they continued to entreat the God of Michael until the ninth hour of the eleventh day of the month Athor, the morrow of which, that is to say the twelfth day, was the great day³ of the festival of the holy Archangel Michael, just as we are gathered together one with another to celebrate his festival this day.

Now when the time for the customary monthly preparation of the holy sacrifice had arrived, that is to say the evening of the eleventh day, which is the night before the twelfth day, the truly believing man Dorotheos began to say to his pious wife, "O my sister, what canst thou "do by sitting down? Knowest thou not that to-morrow "is the festival? Forget not the good gift, and let not "the glorious commemoration of the Archangel Michael, "which is pleasant to thy heart be [p. 32] burdensome to thee, "O my sister, lest thou be deprived of the hope in God, "for it is He who showeth grace to us in everything." And that blessed woman said, "Well dost thou agree

---

¹ Compare Psalm xxxiv. 9, 10.   ² Job i. 21.
³ *I. e.*, the day of the annual commemoration.

"with me, and well hast thou brought before me the
"delight, and joy, and riches of our soul, which is the
"glorious commemoration of the holy Archangel Michael.
"Verily, O my brother, from the dawn of this day until
"now, neither have floods of tears ceased to well up in
"my eyes nor fire to burn within me, by reason of the
"festival of our helper the holy Archangel Michael. And
"now, O my brother, let us see what thou canst do, lest
"our gift come to an end, and we defraud the being to
"whom we have been accustomed to make it. We have
"heard, moreover, how the great Apostle Paul said,
"'Whosoever hath begun to do a good work let him
"'complete it against the day of the manifestation of our
"'God Jesus Christ';[1] behold, we have begun to do a good
"work, and let us be careful to complete it". Dorotheos
saith to her, "What have we left, my sister? peradventure
"it may suffice for our need." Theopisthe saith, "We have
"a vessel full of bread which is fit to be set before the
"brethren, and a little oil sufficient for the food and for
"the anointing of the heads of the brethren, but we have
"neither wheat nor flour." Dorotheos saith, "Verily, my
"sister, we have these things, although we have no sheep
"to slay; but the will of God be done. [p. 33] God
"asketh from us nothing but what we have the might [to
"give], as it is written, 'I will love Thee, O God, my
"'strength';[2] it is better that we should give a little than
"that we should give nothing at all. And now let me
"give utterance to that which is in my heart. Behold
"each of us still has left festal apparel. I will take my
"garments first, and will buy flour therewith for the

---

[1] Philippians i. 6.   [2] Psalm xviii. 1.

"preparation of our gift, which shall suffice for the gift "for the people, and for the flour offerings, and when "to-morrow cometh, I will take thy garments, and will "go and buy with them a sheep which we will slay "for this festival to-morrow, which is the great [day] of "the festival of the holy Archangel Michael. If we find "[a sheep] we will eat of him, and if we find him not we "will glorify God; and if we die it is God Who will "receive us unto Himself because we did not cease from "[making] His offering." The prudent woman saith to him, "O my brother, there are not only thy clothes and "mine, but my vail also. I would give my soul for the "sake of making a gift to God and for charity's sake". Her husband saith unto her, "The zeal which thou hast "manifested towards these things is well, but keep thy "vail to cover thy head, according to the words of [our] "master Paul."[1]

And after these things Dorotheos took the apparel in which he was wont to receive the Mysteries, and sold it for corn. [p. 34] and he gave the corn to the steward; then he returned to his house joyfully, and said, "Behold, "God hath provided for us in the matter of the gift." And it came to pass that when it was the morning of the twelfth day of Athôr the pious woman sought [Dorotheos], and said to him, "O my brother, arise, take my "apparel that thou mayest see if thou canst not find a "sheep that we may make ready for the brethren who "are coming to us." Now Dorotheos, wishing to try her zeal, said to her, "O my sister, if I take thy apparel "what wilt thou do when thou wishest to receive the

---

[1] 1 Corinthians xi. 5—13.

"Blessings on this great festival to-day? I am a man, "and I can go into every place alike without shame to "myself, but a woman may not uncover herself, especially "not in the church". And when the pious woman heard these things she wept bitterly, and said, "Woe is me, O "my beloved brother, what is that which thou hast spoken "to me this day? Are we separated this day, and have "we become twain? Am not I with thee one body? "Have I no part with thee in the offering? Wilt not "thou take from me my share on the festival of the "Archangel Michael? Nay, my brother, think not thus "within thyself that I should be uncovered, for those "who are in the church are neither male nor female in "Christ, but are even as angels, and archangels, and Che-"rubim and Seraphim, with the Saviour in their midst;" [p. 35] and saying these things she wept bitterly. When Dorotheos saw the exceeding zeal of her spirit he was moved concerning her, and he rejoiced in the strength of her belief, and said to her, "Rise up, and have a care "for the offering and the oil, which we are going to send "to the church, and let us set out the table and the little "bread thereupon, and make ready the little wheat [which "we have]. And I will go out, and perhaps God will "give us a sheep wherewith we may make ready food "for the brethren on this great festival this day."

And he rose up with great zeal and good confidence towards God and His holy Archangel Michael, and he took the garment, and went along his way, praying to the God of Michael that He would make his way prosperous. Now as he was going along the way he came upon a shepherd and he said to him, "Peace [be upon thee], my beloved;" and the shepherd said to him, "And upon thee also." The pious man said to the shepherd, "Can I not find with you a sheep to-day? for a great man hath visited us this day." The shepherd said to him, "What price shall he be?" Dorotheos answered, "The third of a *dinár* will be enough [for me to give]." And the shepherd said, "Give me the price of him that I may give him to thee." Then the pious man handed to him the garment of his wife, saying, "Take this into "thy care for three days, and if I do not bring thee the "third of a *dinár* take away the garment, and thou shalt "have full power over it." The shepherd answered and said, "What can I do with this garment? [p. 36] I have "no one in my house who weareth any but woollen gar- "ments;" and the shepherd turned away from the pious man who was holding the garment in his hand. Then Dorotheos went upon his way weeping bitterly, and pondered in his heart, "What shall I do, or what can I say "to my wife?" And as he was walking along his road weeping, and having his eyes heavy with crying, he looked before him and saw the holy Archangel Michael coming along riding upon a white horse like a royal governor, with angels marching by his side in the form of soldiers; and Dorotheos was greatly afraid, and withdrew from the way, leaving the path for the governor and his soldiers. And when the holy Archangel Michael had come up with him, he drew bridle and stood by him, and said, "Hail, Dorotheos, good and faithful man, "whither goest thou, and whence comest thou that thou "art thus carrying this garment, and art walking along "the road by thyself?" And Dorotheos, standing at a distance from him, answered and said, "Peace also be to "thee! O my lord and master and governor, thy coming

"to us this day is well." The governor, who was Michael,
said to him, "Is not Theopisthe alive?" and Dorotheos,
with his head bent towards the ground by reason of the
glory of the governor, replied, "Master, thy handmaid
"liveth." The governor saith to him, "What is this in
"thy hand?" [p. 37] and Dorotheos answered shamefacedly,
"The garment of my wife." The governor saith to him,
"What wouldst thou do with it?" Dorotheos saith to him,
"A mighty man hath visited us this day, and I am not
"able to find for him that which befitteth his rank. By
"reason of the season [of dearth] which hath come upon
"us we have no money in our hands, and I took this
"garment to give in exchange for a sheep, but the shep-
"herd would not take it, and I neither know what to do,
"nor what to set before the governor." The governor,
who was Michael, said to him, "If I pledge myself to
"obtain a sheep for thee, wilt thou receive me and those
"who are with me into thy house this day?" Dorotheos
answered and said unto him, "Yea, master, hold thou thy
"servant worthy that thou shouldst come under the roof
"of his house."

Then the governor, who was Michael, said to one of
the angels who were with him in the forms of soldiers,
"Go with Dorotheos to the shepherd and say to him,
"The governor who passed by thee [this day] saith to
"thee, Send me now a sheep of the value of the third
"of a *dinâr*, and I pledge myself to obtain the price
"thereof before mid-day this day, and to send it to thee."
And Dorotheos and the angel, who was in the form of
a soldier, went to the shepherd in the name of the Arch-
angel, and took a sheep.

Then the governor, who was Michael, looked at Do-

rotheos and said to him, "Behold, [p. 38] the sheep is
"ready for the great man whom thou hast received into
"thy house at thy bidding this day; see now if thou
"canst not find a fish for my own want, for I do not
"eat sheep's flesh." Dorotheos saith to the governor joyfully, "If God provideth it I shall buy it." The governor
saith to him, "How wilt thou buy it?" Dorotheos answered, "I will leave this garment for it until I can send
"the price of it to the fish merchant." And the governor
called to one of the soldiers who were with him, and
said, "Go to the market(?) and say to those who catch
"fish, 'The governor who hath lately passed by you saith
"to you, Send me a fine, large fish, the price of which
"is the third of a *dinár*, and I will send the price of it
"to you with Dorotheos by mid-day to-day;'" and the
angel, who was in the form of a soldier, went to the
catchers of fish in the name of the governor and took
from them a fish and brought it to the governor. The
governor then said to Dorotheos, "What wilt thou do
"next? for thy business is now complete;" and Dorotheos
said to him, "Yea, master, everything is now completed."
And the governor said, "Let us go on;" and they took
up everything, that is to say the sheep and the fish,
and they went forward and Dorotheos walked along, thinking within himself, [p. 39] Where shall I find the money
to pay for this sheep and this fish, and where shall I
find the bread, and the wine, and the cushions upon
which the governor may recline, and everything else
which he needeth? And it came to pass, that multitudes
of thoughts as to what he should do were in his heart,
and he continued to pray to God and to the holy Archangel, saying, "O holy Archangel, O faithful helper, stand

"thou by me this day, for I am thy servant, and thou "knowest that I have done all these things in the name "of our Lord Jesus Christ." Now while Dorotheos was walking along meditating these things the Archangel knew the thoughts of his heart, but he waited in order that he might see his faithful zeal for him.

And it came to pass that when they had arrived at the house of Dorotheos Michael knocked first at the door of the dwelling, and Theopisthe, the free-woman, the wife [of Dorotheos] came out; and Michael said. "Peace [to "thee], O Theopisthe, thou beloved God-loving woman, "how doest thou in these days?" Theopisthe answered, "Peace be upon thee, my lord, and master, and governor! "Well has God brought thee to us this day with Michael "the holy Archangel. Come in, master, stand not without." And while Theopisthe the wife was saying these things, behold her husband Dorotheos came with the sheep in his hand, and the fish, and the garment, and laid them down before her. She saith to him, "O my master and "brother, where didst thou find these things which thou "hast brought with thee here? [p. 40] I see that the "garment is still with thee." Dorotheos saith to her, "The governor pledged himself for me and gave them "to me." And Theopisthe said to him, "Well hath God "brought to us this day the governor and those that are "with him with the holy Archangel Michael, and verily "we will partake of the things for which he hath pledged "himself for us;" and she spake these things joyfully. And the governor, who was Michael, said, "I will go to "the Offering, for to-day is the festival of the holy Arch- "angel Michael, and when the hour hath come make "ready the place with care, and kill the sheep and the

"fish, but see that no one goeth near the fish until I
"have come and done with it according to my will."
And they said, "According to the command of our master
"so shall it be;" and he went out from them, and they
knew not who he was, but they thought that he was a
governor of the district.

Then Dorotheos said to Theopisthe his wife, "What
"shall we spread upon the ground for the governor [to
"recline upon], and where shall I find bread meet for
"his honour? Let us devote ourselves to doing this day
"what lieth in our power for him." His wife said to
him, "O my brother, God hath not forsaken us. Arise,
"find a man to kill the sheep, and let us make ready
"the things in the house;" and he did so. And his wife
said to him, "Bring out a little wine that we may know
"if it is fit for the governor or not", [p. 41] and when
he had gone and had opened the door of the cellar he
found it filled with wine to the very door. And Doro-
theos was afraid, and went back to his wife and asked,
"Hath any one brought wine here since I went out?"
She saith to him, "As God liveth, when I brought out
"a little wine for the Offering this day there was nothing
"left in the cellar except one bottle;" and Dorotheos said
to her, "Let us wait until we see what is the end of
"the matter." And they gave themselves to bringing out
a little oil for the food of the brethren, and for the an-
ointing of their heads, and when they had gone into the
place where the oil was kept they found [there] seven
jars filled to the brim with fine oil, and vessels which
were filled with everything which they wanted in the
house, butter, and cheese, and honey, and vinegar, and
every other household matter; and they were afraid to go in.

After these things, when they had gone into their bed-chamber, they found a chest filled with all kinds of fine raiment of greater beauty and richer than that which they had worn at their wedding and in the days which were past; and after these things they went into the place where the bread was made, and there they found good and excellent bread. And straightway they knew that an act of grace had been done to them, and they glorified the God of the Archangel Michael. And Dorotheos said to Theopisthe his wife, "God hath pro-"vided all things, come, let us spread them ready for the "governor, [p. 42] for the hour hath come for us to go "in to the holy offering." And when they had made all things ready, and had laid out a place upon which the governor might recline according to his rank, and had dressed the tables for the brethren according to their custom, they arranged themselves in goodly apparel, and went into the holy ministration in the church of the holy Archangel Michael; and they prayed there with great joy. And when they had come into the church they both bowed down before the place for prayer, and prayed to God giving great thanks, and they uttered blessings before the image of the holy Archangel Michael, and said, "We give thanks unto Thee, O our God Jesus "Christ, and to Thy good Father, and to the Holy Spirit "for ever, Amen. And we bless Thy holy Archangel "Michael because Thou hast not hidden Thy mercy from "us, neither hast Thou forgotten our gift; but Thou hast "sent unto us Thy loving-kindness quickly." After these things they partook of the Mysteries and received the blessing of peace. Then they came out quickly into the presence of the brethren, and they sat down, and waited for the governor with great expectation; and there were gathered together there men and women until the whole place was filled with them. And Dorotheos and Theopisthe girded up their loins, and stood up and ministered unto them in every thing which they needed, [p. 43] and they served them with good wine and choice oil and excellent food. And it came to pass that while they were thus ministering the governor, that is to say Michael, came with his soldiers, and knocked at the door. And Dorotheos and Theopisthe went out quickly with joy, and they opened the door, and received them, saying, "Happy are we in that we are held worthy of thy coming "to us this day, O our master and governor, with thy "soldiers; verily we rejoice this day, for this day is a "great day, the festival of the holy Archangel Michael. "Come thou in, O blessed one, and may God make thee "joyful." Now when the governor had come in and found the whole place filled with women, and with small and great, he made as if he were astonished, and said to Dorotheos and Theopisthe, "O my brethren, what need have ye "of all this multitude of men and women whom I see "here? Lay not trouble upon yourselves this day by "reason of our coming to you. Have ye not considered the "affliction in which ye now are, and would it not be better "to act thus in times of abundance?" And they answered and said, "O master and governor, forgive us. We have "not laid trouble upon ourselves for thy sake, we only "render thanksgiving to our God and to His Archangel "Michael. Among those whom thou seest here to-day "there is no stranger, they all are kinsmen of ours "and are united to us in God;" and while these saints were saying these things [p. 44] the Archangel Michael rejoiced at the perfectness of their natural dispositions.

And after these things Michael and those who were with him went into the place which Dorotheos and Theopisthe had prepared for him, and when they had gone in they made the Archangel to sit down upon a seat. And he said to Dorotheos, "Bring me the fish before "thou doest anything to him." And when they had brought him he said to Dorotheos, "Sit down and open his belly;" and he did so. The governor said, "Take out his maw," and he took it out, and found that it was very large. And Dorotheos said, "What is this, master?" and Michael said, "Open it;" and when he had opened it he found a bundle inside it sealed with seals. And he marvelled at the thing and said, "What is this, master?" and the governor, who was Michael, said to him, "Large fishes "like this swallow everything which they find in the water, "but open the packet, that thou mayest see what is "inside it." Dorotheos said to him, "Master, how can I "open it? it is sealed." Then the Archangel Michael stretched out his hand and took the bundle, and he found it to be full of fine gold money; and when they had counted it they found that it amounted to three hundred *dinárs*, and among the money were three pieces each of the value of a third of a *dinár*. And when Dorotheos had taken them he lifted up his eyes to heaven, and said, "Righteous art thou, O God, and to Thee belong "those who are upright, [p. 45] and those who put their "confidence in Thee shall never be ashamed."

Then the governor said to Dorotheos and Theopisthe his wife, "Come hither to me, O my beloved brethren, "and let me speak with you. Because ye are people of

"charity and because of the exceeding great trouble which
"ye have undertaken for the sake of my coming unto
"you this day, behold, God hath given to you this money
"under this seal, which is that of the finger of God my
"King, and which belongeth unto Him. And now in
"return for your charities and for the trouble which ye
"have endured for the race of man, and for those things
"which ye have done unto me and unto those who are
"with me this day, God hath shown a favour unto you
"this day by [the gifts of] these three hundred *dinârs*
"and these three pieces each of the value of a third of
"a *dinâr*. Take them, and give one to the shepherd,
"and one to the fisherman in exchange for the fish, and
"take this last and give it as payment for the corn to
"the man unto whom thou didst give thy garments yes-
"terday in pledge for the sake of the gift [to the church]."
And they, I mean Dorotheos and Theopisthe, threw them-
selves down upon the ground, and bowing low before
the governor, said, "What is this that thou sayest to us,
"O our lord, and master, and governor? Hast thou come
"to us thy servants that we should take aught from thee?
"Are not all men bound to minister unto the soldiers of
"the king? Art thou not set over us to do with us that
"which thou wilt? And, moreover, thou hast taken nothing
"except the grace of God and His gift. Knowest thou
"not, O our master and governor, [p. 46] what day this
"is, and that the little piece of bread which thou hast
"eaten with our kinsfolk is not ours, but that of God
"and His holy Archangel Michael, whose festival we
"celebrate this day? Nevertheless, O master and gov-
"ernor, if it be thy wish, we will take only the three
"pieces of money each of the value of a third of a *dinâr*,

"that we may give them in payment, one for the sheep,
"[one for] the fish, and the third for the redemption of
"the apparel which is pledged according to thy com-
"mand." And the governor, who was Michael, said to
them, "Verily, by the life of my God and King ye must
"perforce take all, and ye must not leave one behind, if
"ye fear my God and King. For if He heard that ye had
"not done so He would be wroth, and I should receive
"rebuke before my God and King for your sakes; and
"I will persuade Him to be pleased to grant unto you
"even greater gifts than these. And since ye must wish
"to know the truth, it is not only these things which are
"entrusted to me to give to you, but when I shall have
"returned to my city I will give unto you your riches
"as aforetime, and many exceeding great honours; and
"now take these things which are the usury upon them."

And when Dorotheos and Theopisthe his wife heard
these things they marvelled, and said unto him, "Master,
"we beseech thee, mock not at thy servants, and say not
"things which are beyond our nature to bear. Our master
"came unto us and did we give [him] money that we
"might receive usury at his hands? Verily we never saw
"thee, master, [p. 47] before thou camest into our house,
"and we never looked upon thy face before this day,
"and yet how sayest thou that thou hast received any-
"thing from our hands?" The governor answered and
said, "Listen unto me, and I will show you. The time
"when I [first] came into your house was when your
"parents died, and ye inherited possessions and money.
"From that time until this day I have come into your
"house once every month, and after I have departed ye
"have sent to me, yea, ye have sent large gifts to my

"city unto my God and King, and your names have been
"written upon them all until the time when ye shall come
"into the presence of my God and King, that He may
"give them to you two-fold." And Dorotheos and his
wife Theopisthe answered and said, "We entreat thee,
"O our master and governor, to show us this favour
"only to tell us what thy name is, that we may never
"be slack by reason of these things which thou hast
"spoken unto us." Then the governor, who was Michael,
answered and said unto them, "Since ye wish to hear I
"will show you my name and the name of my city. I
"am Michael, the governor of the denizens of heaven
"and of the peoples of the earth. I am Michael, the
"chief captain of the powers of heaven. I am Michael,
"the ruler of the worlds of light. I am Michael, [p. 48]
"who decide all battles before the king. I am Michael,
"the glory of all beings in heaven and in earth. I am Mi-
"chael, the mighty one, by whom all the mercy of God hath
"taken place. I am Michael, the steward of the kingdom
"of heaven. I am Michael, the Archangel, who stand
"by the hands of God. I am Michael, who bring in
"the gifts and offerings of men to God my King. I am
"Michael, who walk with those men whose trust is in
"God. I am Michael the Archangel, who minister unto
"all mankind in uprightness, and I have ministered unto
"you from your youth up until this hour, and I will
"never cease to minister unto you until I have brought
"you to Christ my eternal King. Inasmuch as ye have
"ministered unto me and unto my God with fulness of
"strength I will never forget your gifts, and I will never
"put your offerings and charities which ye have done
"to God in my name behind me. Did not I stand in

"your midst yesterday and hear what ye said to each
"other in respect of your wonted gifts at the festival?
"Was not I with you when ye wept, and besought me,
"saying, "Entreat God to take us out of this world
"since the hope of thy charity is taken away from us?"
"[p. 49] Did not I see you when ye brought forth your
"garments in which ye were accustomed to receive the
"Blessings, and wished to sell them for the sake of the
"sacrifice? I say unto you that I was present at all these
"times, and will be with you, and I will never forget
"any of the things which ye have done from your youth
"up until this present, and I will show forth them all for
"you before God, Who is my King; and verily your
"offerings have been received like those of Abel, and
"Noah, and Abraham, because ye gave them in upright-
"ness of heart. Blessed are ye, and good shall come
"unto you, and as are your names, so shall your blessing
"be; for the interpretation of Dorotheos is 'sacrifice of
"God', and the interpretation of Theopisthe is 'charity
"'of God'."

"I am the Archangel Michael who stand by the hands
"of God, and ye have gotten for yourselves one to pray
"for you. I am Michael who receive your prayers, and
"supplications, and charities, and bring them up to God.
"And likewise it was I who went to Cornelius[1] and
"showed him the way of the life by baptism, which he
"received at the hands of Peter the chief of the Apostles.
"Fear ye not, for I will not depart from you, and I will
"be near unto you when my God draweth nigh unto you,
"because of your great charity towards me, [p. 50] as it

---
1 See Acts x. 30.

"is written, 'Draw nigh to God, and He will draw nigh "unto you'."[1]

"And now, O Dorotheos and Theopisthe, be strong, "and take these things from my hands, for I have already "told you that it is the increase (*or* usury), and that the "crown(?) is in the heavenly Jerusalem, the city of the "King of all the beings of heaven and earth. And I "have already given thanks unto you before God in return "for your gifts and charities". And when he had said these things unto them, he gave them the money with the [salutation of] peace, and went up to heaven with his angels; and Dorotheos and Theopisthe looked after him with fear until he had gone into heaven in the peace of God; Amen.

And Dorotheos and Theopisthe his wife did as the holy Archangel Michael commanded them, and they finished the festival with joy, and they ate and glorified God; and they ceased not from the works of charity which they were wont to do in the name of Michael until they ended their life.

And now, O my beloved, will not ye profit a little by what ye have just heard? Is not this narrative sufficient to persuade your minds? Be ye not prevented from bringing [your offerings] to God in the name of Michael, for are ye not now certain that it is Michael the Archangel who will receive whatsoever ye give to God, [p. 51] and that he will make it manifest before Him on your behalf, and also that whatsoever ye give in the name of the God of Michael, He will give a twofold increase to you through him, as He did to these

---

[1] St. James iv. 8.

holy men? Ye have already heard, O my beloved, of the great gifts to God which these holy people, Dorotheos and Theopisthe, whose minds were right with Him, set apart for Him, and how God extended His love towards them, and how He sent to them the Archangel Michael, who provided great and boundless riches, and a ladder to the kingdom of heaven for them. And I, O beloved brethren, know of a truth that whatsoever ye give in the name of the holy Archangel Michael ye shall receive twofold in this world, even before ye attain unto heaven.

And now, O men filled with virtue, restrain not yourselves, and set not a limit upon your power [of giving], for ye know that it is not for what ye have given, or for what ye will give, that the Archangel Michael will minister unto you with joy, and whether it be little or much he will receive it from you as [the gift of] your zeal. God seeketh from you nothing which is beyond your power, He only looketh for an offering of goodwill; listen, and I will show you. When the Saviour was with us upon earth [p. 52] men were wont to bring their rich gifts, and to cast them into the treasury [of the temple], but God did not justify them greatly. But when the widow woman searched in her house and found only two mites, she brought them with uprightness of heart, and cast them into the treasury; and He gave her a blessing, and praised her, saying, "Everything which she hath she "hath given; she hath given all her life".[1] And do thou likewise, O my beloved, be zealous to give gifts unto God in the name of the Archangel Michael, and he himself will give unto thee a multitude of good things, and will

---

[1] St. Mark xii. 42; St. Luke xxi. 2.

minister unto thee by them. If thou givest a gift in the name of the Archangel Michael, God will give to thee of that gift, and Michael will ascribe honour unto thee; and if thou givest a gift in the name of the God of Michael, it is God Who will help thee in His mercy in His never-ending kingdom in heaven. If thou shalt receive a stranger in the name of the God of Michael, God will receive thee in the courts of peace. If thou givest drink to the thirsty in the name of the God of Michael, God will give thee to drink of the good things of His kingdom. If thou clothest a naked person in the name of the God of Michael, God will clothe thee in a robe of glory in the heavens. If thou givest a cup of wine to anyone in the name of the God of Michael, [p. 53] God will give thee to drink of the wine of the true, rich vine; and if thou hast not wine, give a cup of cold water only, according to the words of God in the Gospel which say, "Whoso-"ever shall give you a cup of cold water in My name "(and ye are Christ's) shall not lose his reward,"[1] and God will give thee to drink of the fountain of life which cometh forth from His holy throne. If thou visitest a sick person in the name of the God of Michael, God will send His angel to visit thee in thy great sickness, which is the day of thy death. If thou goest to those who are in prison, and comfortest them on the festival of the Archangel Michael, God will send Michael to deliver thee from the prison of Amenti,[2] and God shall say unto thee, "I "was in prison and thou camest unto Me."[3] If thou buildest a church in the name of the God of Michael, God will

---

[1] St. Matthew x. 42.   [2] *I. e.*, the Egyptian 𓇋𓅓𓈖𓏏𓏭
[3] St. Matthew xxv. 36.

bless thee with a house, not built with hands, in heaven. And if thou seest anyone feeble with bodily infirmity, and ministerest unto them with medicines, the God of Michael shall heal thee of the sickness of Amenti, for it is written, "Be merciful that mercy may be shown unto you;"[1] and again, "Blessed are the merciful, for mercy shall be shown "unto them;"[2] and again, "Charity shall make a man to "be praised in judgment;" and again, [p. 54] "Charity shall "cover the multitude of sins."[3]

O beloved brethren, it is meet for us to strive to show mercy by means of gifts to God, and charity in the name of the God of Michael, for we know that it is meet and right so to do; and God is nigh at all times, and He giveth to each one according to his works. And let us stretch out our hands in charity at all times, O my beloved, for charity is of God, and charity is mercy. He showed mercy unto our father Adam, and unto our mother Eve, and He accepted their repentance, and forgave them their transgressions through the prayers of Michael. He shewed love towards the righteous man Abel, and accepted his sacrifice through the prayers of Michael. He shewed mercy unto Enoch, and removed him from this life without letting him see death, through the prayers of Michael. He shewed mercy unto Noah, and made him an ark, and delivered him and all his house through the prayers of Michael. He shewed mercy unto Abraham our father, according to His covenant with him, and He gave him Isaac through the prayers of Michael. He shewed mercy unto Isaac at first when he was about to be sacrificed, and gave a ram

---

[1] Prov. xiii. 21, 22; Zech. vii. 9; St. Luke vi. 36, 37.
[2] St. Matthew v. 7.   [3] St. Peter iv. 8.

in his stead [,through the prayers of Michael]. He shewed
mercy unto Jacob, and gave him grace in the sight of
his brother Esau, through the prayers of Michael. And
God shewed mercy unto Joseph, |p. 55] and delivered him
out of the hands of his brethren, and from the Egyptian
woman, through the prayers of Michael. And God shewed
mercy unto Moses, the greatest of the prophets, and filled
him with grace more than any other man, through the
prayers of Michael. He shewed mercy unto Joshua the
son of Nun, and made the sun stand more than a whole
day until he had overthrown his foes, through the prayers
of Michael. He shewed mercy unto David the king, and
He chose him out from among his brethren, and anointed
him king over His people, through the prayers of Michael.
He shewed mercy unto Solomon, and commanded him to
build the temple of God, through the prayers of Michael.
He shewed mercy unto the righteous king Hezekiah, and
He added fifteen years of grace to his days, through the
prayers of Michael. He hath shewed mercy unto the
whole race of Adam, and our God hath wrought exceed-
ing grace with them, for He bowed the heavens, and
came down upon earth, and took flesh in the holy Virgin,
and gave His own soul as a redemption for us, to deliver
us from Amenti, through the prayers of Michael. And
God shewed mercy unto our fathers the Apostles, and
chose them out from the whole world, and He gave them
power to turn all men to the knowledge of the truth
through the prayers of Michael.

|p. 56| And now, my beloved, behold we know that
God's whole will existeth in mercy and love, and that
the holy Archangel Michael is a comforter and ambassador
for us with God. Let us then ourselves follow and seek

after mercy and love, for it is written, "Mercy exalteth," "and love maketh upright;" and our Master and God and Saviour, Jesus Christ the merciful One, cried out, saying, "Be merciful, that mercy may be shown to you,"[1]—that is to say, give to God that gifts may be given to you— and again, "With what measure ye mete, it shall be measured unto you."[2] Let us then mete with good measure to-day, on the festival of the holy Archangel Michael, that he may mete to us good measure in the kingdom of heaven; and let us keep a spiritual festival this day in the name of the Archangel Michael, that we may keep with him and with God the festival which endureth for ever in heaven. Let us put away from us all injustice on the festival of the holy Archangel Michael, that we may array ourselves in the apparel of light, and let us glorify God, and His holy Archangel Michael on this day of his holy festival, that he may glorify us with great and perfect beauty. And let us draw nigh to the Archangel Michael in his holy festival, [p. 57] having our bodies cleansed with holy water and made beautiful with glorious apparel, and our hands full of incense, saying, "O ruler "of the heavens, O Archangel, pray to God that He may "mercifully grant us bread of sufficiency, and all things, and "entreat Him on our behalf to forgive us. O holy Arch- "angel Michael, pray to God for us, that He may merci- "fully grant us to be at peace with each other, for thou "art our peace. Thou knowest, O our champion, that we "are earth, and dust, and ashes, but God is merciful to "forgive us; we have sinned, and to thee it belongeth to "pray to God to forgive us. O Michael the holy Archangel,

---

[1] Compare St. Luke vi. 36, 37.   [2] St. Matthew vii. 2.

"We have sinned, and thou must pray to God our King
"for us. We know of a truth, O Archangel Michael, that
"thou art the wall of the loving-kindness of God, the
"merciful One, and that thou art an ambassador for us be-
"fore God, the Father of blessed compassion in everything
"for us, that He may forgive us all the sins which we have
"wrought, wittingly and unwittingly, wilfully and against
"our will, and that He may grant unto us a way to leave
"them behind us and to press forward, and that He may
"stablish us spotless before Himself. It is thou, O holy
"Archangel Michael, the general of the hosts of heaven,
"[p. 58] who dost take care for us, and who dost glorify
"every one who keepeth the festival in thy holy name in
"every place."

O my beloved, verily I have put my hand to a great undertaking, one which is beyond my power, and I have sought a great and wide sea which I am not able to pass over; but I said at the beginning of this encomium that my ship was small, that my merchandise was without value, that I knew not the craft of the sailor, and that the great deep—which is the deep of this encomium in which I ascribe honour to the holy and mighty Archangel—was very difficult to pass over. And I beseech you, my brethren, to help me to save myself from this great and boundless abyss, that I may come to land again in safety, for I have begun to speak to you concerning the glory and honour which belong to, and are meet for the Archangel Michael, whose festival we celebrate this day. But my tongue is a tongue of flesh, and my flesh is the flesh of weakness, and I have not power to describe the measure of his glory, nor the greatness of his rank. Thou art, O holy Archangel Michael, with God, the joy of my heart, the ornament of my tongue, the speech of my mouth, and the director of my heart towards God. What mouth, or what tongue, or what heart filled with power is able to describe the measure of thy worth, [p. 59] or to arrive at the knowledge of the measure of the majesty and glory with which God hath endowed thee? All these things which I have said, O ruler of the kingdom of heaven, are meet for the glory of thy majesty, but forgive me, O my lord Michael, for I am a sinner, and my works are feeble. I beseech thee, O Michael my helper, to accept this my little sacrifice which I have brought in to give to thee at this holy festival, and restrain not thyself from hearkening unto thy servant because my gift is miserable; but accept my zeal, even as thou didst accept the two mites, for I know that thou art merciful and gracious, and therefore I seek thee, for I have no other ambassador with God but thee, O Archangel Michael. And if thou wilt do good unto me, and wilt receive my little offering, even though it be poor, I will be watchful henceforth to ascribe honour to thee with my sinful mouth, and halting tongue, and heart, all the days of my life. And moreover, I verily believe that if I forget thy name and do not keep it always in remembrance in my heart all the days of my life, O Archangel, that I shall bear no fruit, and be without reward from God; for it is the remembrance of thy holy name, [p. 60] O great and holy Archangel, which delivereth me in my lying down and rising up. O holy Archangel Michael, through whom the whole race of Adam hath found freedom of speech before God, it is thou who comest and makest mention of us before Him, that He may show mercy upon us; be thou with us on this day of thy great festival wherein thou art an ambassador before God for us; that He may accept our zeal which we show in thy holy commemoration. O Michael our holy Archangel, that He may direct all our paths so that we may walk always before Him in the will of God; that He may deliver us from all the snares which the enemy of all truth and the evil liar spreadeth for us; and that He may stablish us to Himself in the kingdom and priesthood to be a holy family and a living people by the prayers which the Lady of us all, the bearer of God the Word, maketh for us— for verily the holy Mary, who was Virgin at all times, is our ambassadress before the holy and mighty Archangel Michael, whose festival we celebrate this day, and who prayeth to God always for us—and by the prayers of the whole company of our incorporeal associates; and by the prayers of Saint John the Baptist, the forerunner and holy martyr [of Christ], than whom among those born of women none greater hath arisen; [p. 61] and by the prayers of the Patriarchs, and Prophets, and the chief Apostles who follow the true Bridegroom, our Life, our Lord Jesus Christ; by the prayers of the three holy children Shadrach, Meshach, and Abednego; by the prayers of Saint Stephen, and of the whole company of the holy martyrs, and of the holy men who bore the cross, who stand before the royal throne of God the Word, and entreat Him day and night to have mercy upon His people. He is our Lord and our God, Jesus Christ, to Whom be all glory, and honour, and adoration, and reverence, which are meet for the Father with Him, and the Holy and vivifying and consubstantial Spirit with Him, now and always, and for ever and ever. Amen.

[P. 63] [Here beginneth] the discourse of Abba Severus, the holy patriarch and Archbishop of Antioch, in which he shewed forth the compassion of God, and spake concerning the presence of the holy Archangel Michael, and of his love towards man, and how he delivereth men from the snares of the Devil. In it he also spake briefly concerning the holy Lord's Day—now in that year the festival of the holy Archangel Michael happened to fall upon the holy Lord's Day—and he spake, moreover, concerning Matthew the merchant, and his wife, and his son, and of how they believed in God through the prayers of the holy Archangel Michael. This discourse was pronounced on the twelfth day of the month Athôr, at the gathering together of the multitude to celebrate the festival of the holy Archangel Michael at his shrine, in the peace of God. Amen.

I hear David, the holy Psalmist, inviting us to assemble together on this festival to-day, [p. 64] and crying out, and saying, "The angel of God encampeth round about "all those who fear Him, and delivereth them."[1] My beloved, the festival this day is two-fold: it is the festival of the holy Archangel Michael, and the festival of

[1] Psalm xxxiv. 7.

the holy Lord's Day, [the day of] the resurrection of our Saviour. Behold I see that a great calm hath come, and that there is not a breath of wind to disturb us, and that ye all are ready to receive the words of instruction; so then, whether it be I who speak, or ye who listen, let there be wholly fulfilled in us the words, "And "some brought forth an hundredfold, some sixty, and some "thirty."[1] And moreover, ye know that the Giver of the true reward, our Lord Jesus Christ, the Son of the Living God, is not far from us, for He saith with His lifegiving and truthful mouth, "Where two or three are gathered "together in My name, there am I in the midst;"[2] and since our God is with us let us accept the words of David, the Prophet and Psalmist, which say, "Be still, "and know that I am God. I am exalted over the heathen, "I am exalted over the whole earth."[3] Ye know also, O my beloved, that to-day is the festival of our salvation, the holy Lord's Day, in which, first of all, it is meet that we should hymn, and bless, and glorify God—to Whom all honour is due always, |p. 65| and for ever and ever, Amen—and afterwards, that we should direct our discourse to the honour of Michael, the mighty and holy Archangel. Hear ye also Him in the holy Gospel according to Matthew: "The Archangel of God said to the women, "Fear ye not, for I know that ye seek Jesus Who was "crucified. He is not here; for He is risen, as He said "to His disciples."[4] And Saint Matthew saith, "He was "like lightning, and his clothing was white like snow,"[5]

---

[1] St. Matthew xiii. 8.
[2] St. Matthew xviii. 20.
Ps. xlvi. 10.
[4] St. Matthew xxviii. 5.
St. Matthew xxviii. 3.

that was the holy Archangel Michael, the ruler of the hosts of heaven. Let us then keep the feast this day, my beloved, for God is in our midst, and the whole company of the angels keep the festival of the holy Archangel with us, for it is Michael who entreateth God always to forgive the whole race of man their sins. With which of all the saints was not the Archangel present to deliver him out of all his afflictions? and to which of all the martyrs did not the Archangel Michael give strength by God's command until he received his crown? And now, my beloved, if ye wish to know whether the Archangel Michael be present with those who walk after God with all their hearts, or whether he prayeth unto God that he may be their helper, listen, and I will show you this great miracle which took place through the power of God and through the prayers of the holy Archangel Michael, [p. 66] which is related by men worthy of belief.

There was once a merchant whose name at first was Ketsôn, and he sprang from the country of Entikê, and he was very rich and he had there much business; but he knew not God, for he was a pagan and worshipped the sun, and he lived in his heathenism, and God wished to deliver him. And it came to pass on a time that he loaded a ship with his wares, and departed to a city in the country of Philippi (?) called Kalônia, in which they worshipped God alone, and he entered therein on the first day of the month Athôr, and stayed there and sold his wares. And when the eleventh day of the month Athôr had come, at the time of noon on that day he passed by the shrine of the Archangel Michael, and saw [men] crowning it with lanterns and draping it with cloth, and he marvelled greatly, and sat down there according

to the dispensation of God to see what would be the
end of the matter. And when the evening was come
he saw that all the multitude was gathered together
there, and they lit the lamps and sang sweet hymns of
praise; and the man marvelled, and because of his exceed-
ingly great astonishment he slept by the door of the
shrine. [p. 67] And during the night the clergy and the
law-loving gathered together and performed the service,
and the man marvelled greatly at what he heard. And
when the morning had come he set out to go unto two
Christians who dwelt in that city, and he asked them,
saying, "My brethren, what hath happened, and what is
"[the meaning of] the crowd which is in this city to-day?"
And the men said to him, "To-day is the twelfth day of
"Athôr on which we celebrate the festival of the holy
"Archangel Michael, for it is he who prayeth for us to
"God that He will forgive us our sins, and will deliver
"us from all evil." And the merchant said to them,
"Where is he? for I myself would speak with him and
"ask him to deliver me from all evil." And they answered
and said to him, "Thou wilt not be able to see him until
"thou art perfect, but if thou wilt become a Christian
"thou canst ask not only him who is the servant, but
"thou shalt also see his God, and become a participator
"in his glory, and He will deliver thee from all evil."
The merchant saith to them, "My brethren, I beseech
"you to bring me with you to-morrow that I may become
"a Christian, and I will give each of you a basket of
"money, for my heart inclineth greatly to the object of
"your worship." And the men said to him, "Thou canst
"not become like unto ourselves until our Father the
"Bishop hath prayed over thee, [p. 68] and hath sancti-

"fied thee and baptized thee in the name of the Father, and
"the Son, and the Holy Ghost; then wilt thou have become
"a Christian. But wait until our Father the Bishop hath
"a convenient season, and then we will take thee to him,
"and he will make thee like unto ourselves;" and he did
as they spake to him, and he waited that day.

And on the morrow he came to them and said, "My
"good brethren, take me with you, that the God of Whom
"ye spake may give you your reward;" and the two
believing men took him to the Bishop and shewed him
everything which had taken place. And the Bishop said
to the merchant, "From what country comest thou?" and
the merchant said, "I am from the country of Entikê."
And the Bishop said to him, "Art thou persuaded to
"become a Christian?" and the merchant said, "Yea, of
"a certainty, O my Father, for by what I have seen and
"heard in this city it seemeth good to me to become a
"Christian." And the Bishop said to him, "What god
"dost thou worship?" and the merchant said, "I worship
"the Sun". And the Bishop said to him, "When the sun
"hath set and hath gone down into the earth, if a
"necessity arise where canst thou find him to help thee?"
The merchant said to him, "My Father, be graciously
"pleased to help me, and baptize me, and I entreat thee
"to make me a Christian like all the men of this city."
[p. 69] And the Bishop said to him, "Hast thou a wife
"or children?" and the merchant said to him, "My wife
"and my children are at home in my city." And the
Bishop said to him, "If it be so, we will not invoke
"God's blessing upon thee, lest the minds of thy wife and
"children be not in accordance with thine, and there
"arise a stumblingblock between you and between us,

"and it happen that either she is separated from thee, "or she causeth thee to apostatize from the service of "God and from the baptism which thou wilt have received "—for the first transgression took place through a wo-"man—but if her heart be in accordance with thine, come, "and I will make thee a Christian." When the merchant heard these things he rejoiced greatly, and having been blessed by the hand of the Bishop, he came forth and made ready to depart to his city.

And when the Devil, the hater of all good, knew that the man had given his heart to God he was envious of him, and it came to pass that when Ketson had come upon the sea, he raised up a mighty storm, and he made the waves to rise up round about the ship, so that all those who were therein were well nigh drowned. Then the merchant cried out, saying, "O my Lord Jesus Christ, "help me in this great need, and I will believe in the "great glory which I have seen in the shrine of the holy "Archangel Michael, and henceforth, until the day of our "death, [p. 70] I and all my house will be Christians." And straightway at that moment a voice came to him, saying, "Be not afraid, for no evil shall betide thee;" and immediately the crests of the waves bowed down and sank to rest, and the ship righted herself and sailed along smoothly, and by the command of God the merchant arrived in his own city, and no evil happened to him.

And when he had gone into his house he rejoiced with exceeding great joy, and he told his household of the marvellous thing which had happened to him in the ship, and of all that had befallen him in the city of Ka-lônia. And he spake to them, saying, "Verily, the sun "which we worship is not a god, but he is the servant

"of the great God of heaven. Jesus Christ, the Son of
"the living God, Who He is, and it is He who is the
"God of the universe, and it is through Him that all
"things exist;" and he told them also concerning the
honour of the holy Archangel Michael, his mighty son,
and they marvelled greatly. Then the man turned to
his wife, and said to her, "If thou wilt be obedient unto
"me, arise, come with me, and let us become Christians,
"and let us make ourselves servants of Christ, and let
"us not halt between two opinions. If, however, thou wilt
"not be persuaded I will not force thee. Behold I have
"eight thousand *mithḳâls* remaining to me, and of these
"I will give thee one thousand, and thou shalt abide in
"thine own worship; but as for me, I will go and receive
"remission for my sins." [p. 71] And his wife said to him
gladly, "Verily, my master and brother, whatsoever way
"thou goest, that will I travel with thee, and whatsoever
"death thou shalt die, that will I myself die;" so they
made everything ready, and they embarked and came
to the city of Kalônia, and the man marvelled how God
had helped them. And they went to the two men whom
[Ketsòn had] first [seen], and they saluted them, and made
known to them that they had come to be made Christians,
and they took them to the Bishop, and shewed him, say-
ing, "This is the man who came recently to be made a
"Christian, and behold, he hath now come with his wife
"and child to become Christians." And the Bishop rejoiced
with an exceeding great joy at the conversion of their
souls, and when they had been brought in to him he said,
"Do ye in very truth wish to become Christians?" And
the merchant answered humbly, "Yea, by God's will, and
"by thy holy prayers, O Father." Then the Bishop caused

them to make ready a Jordan in the shrine of the holy Archangel Michael, and he instructed the man, and his wife, and his four sons, and their servants, and he baptized them in the name of the Father, and the Son, and the Holy Ghost. Now the name of the merchant was at first Ketsón, but the Bishop changed it, and called his name Matthew, [p. 72] and his wife he called Irene; and he called the first of the four sons John, the second, Stephen, the third, Joseph, and the fourth, Daniel. And he made ready the Communion and gave to them of the holy Mysteries, the Body and Blood of our Lord Jesus Christ. And after their baptism they tarried a month with the Bishop, and he instructed them in the things of their upright faith. And Matthew the merchant, by reason of the exceeding great joy which had come to him, gave six hundred *mithḳâls* to the shrine of the Archangel as a thanksgiving offering for his salvation. And they received blessing at the hands of the Bishop before returning to their own country, and they bade farewell to the chief men of the city and to the law-loving men with great joy, and by the will of God they returned to their country, being guided and directed by the holy Archangel Michael.

And when they had gone into their house they made a great feast for their people, and they distributed great charity to the needy, and widows, and orphans, and their village marvelled at them, and their name was in the mouth of every one; and they made their country to shine by their good deeds.

And it came to pass after these things, when two months had passed by, that the excellent man Matthew went to his rest; he had come [to work in the vineyard] at the eleventh hour, [p. 73] but through the prayers of the holy Archangel Michael he received the wages of the whole day. And his little sons and their mother ceased not from the good things which they were wont to do in abundance while their father was alive. Now the Devil and his fiends could not bear to see the good deeds which these holy people were doing, and he stirred up the people of their city against them, and he made them to hate them with a great hatred, and at length they rose up against them and seized their possessions by violence, and the things which were in their storehouse. Then John said to his mother and brethren, "Behold, ye see how much they have afflicted us since "our father died, arise now and let us leave this place, "and go to the royal city, and live there; for it is written "in the holy Gospel, 'If they persecute you in one city, "'flee to another'.[1] And behold they have persecuted "and afflicted us here; but God's will be done." So they arose secretly, and took what things remained unto them, and they went into the royal city, and lived there, saying, "May the God of the Archangel Michael be our helper;" and they multiplied the charities which they were wont to do of old.

And again the Devil could not bear it, but was disturbed when he saw these pious people giving their charities in faith—now he knew not that the holy Archangel Michael would put him to shame—and at length he roared like a lion. [p. 74] And it came to pass that when a few days had gone by, the watchmen of the city went in and robbed the house of one of the chief

---

[1] St. Matthew x. 23.

nobles of the city, and they carried off much booty; and the nobleman told the governor who was over the city, and he made an enquiry into the matter by the hand of the controller of the city, who straightway laid hold of the watchmen and compelled them to find for him the nobleman's property. And while they were disturbed concerning this matter, behold the Devil took the form of a man, and went about throughout the city, and cried out, saying, "I know who stole the property of Sylôn the "nobleman, for I saw these four strange young men, who "came here a few days ago, go into the house, and "plunder it, and we know of a truth that this hath been "their business from the time when they lived in their "country." And when the men of the city heard these things they told the governor, and straightway they dragged them along by the hair of their head by the governor's command, and brought them in before him. Now they dragged them along without mercy, and their mother followed after them weeping, and she comforted them, saying, "Fear ye not, my children, for God, in "Whom we believe, and His holy Archangel Michael are "able to deliver you from all evil, [p. 75] and from those "who speak falsely against you for His sake." And as she spake these things a voice came to them out of heaven, saying, "Fear ye not, for I will not allow any "evil to betide you: I am Michael, and I will watch over "you to guard you from all evil."

And it came to pass that while they were standing before the governor who was questioning them, the Archangel [Michael] came and stood a little way off in the form of a patrician of the empire; and when the governor saw him he rose and stood up and besought him, saying,

"Prithee come, sit down, and listen to this dispute." And
when he had sat down the governor made them bring
the four young men before him, and he said to them,
"Be quick and give back to the nobleman the stolen
"things before I inflict punishment upon you." And they
answered and said, "As the Lord God of the Christians
"liveth, and by the glory of His holy Archangel Michael
"we have never taken part in this matter." And the
Archangel Michael said to the governor, "I am sure that
"the truth will be manifest by these means. Let them
"take the youngest brother of these men, and carry him
"into the house of the chief watchman, whose heart is
"inflamed against these men, and let him cry out, saying,
"'In the name of my Lord Jesus Christ, let the stolen
"'things which belong to Sylôn the nobleman, [p. 76] on
"'account of which they have accused us, appear;' and
"straightway the truth will be made manifest." And
straightway the governor commanded them to take the
little child into the house of the chief watchman, as the
Archangel Michael had said, and he cried out, saying,
"In the name of my Lord Jesus Christ and of the holy
"Archangel Michael, let the things stolen from Sylôn
"the nobleman appear." And straightway a voice came,
and everyone heard it, saying, "Go down into the cellar,
"and ye will find everything; these young men are inno-
"cent of the offence;" and they went down straightway
into the cellar, and found all the stolen things. And
when they told the governor what had happened he
marvelled greatly, and when he turned round to tell him
that had taken the form of a patrician, that is to say
Michael, what had happened, he did not know where he
had gone; and he marvelled greatly. And he set the

young men free, and they went to their house glorifying God and His holy Archangel Michael; and these pious people did not cease from doing the good deeds which they were wont to do unto everyone, and everyone marvelled at their good life.

And it came to pass some time after these things had happened that a certain man accused two men before the governor of not having paid the debt awarded by a former judgment, and the governor gave the two men over to certain soldiers that they might compel them each to pay one hundred *mithḳâls*, [p. 77] but they had not the wherewithal to pay. And it happened opportunely that the good man John met them, and when he saw the soldiers mercilessly driving them along with blows, he said to the soldiers, "For what reason do ye "beat these men?" And the soldiers said, "We have "seized them because each [oweth] one hundred *mithḳâls*." And John said to them, "Will they be set free if the two "hundred *mithḳâls* be paid?" and the soldiers answered, "Yea, but if they pay not the money they will be slain." Then John entreated the soldiers, saying, "Wait a little, "and I will come back to you;" and he went into his house and brought out two hundred *mithḳâls*, and he gave them to the soldiers, and they set the two men free, and he also gave unto each of the four soldiers, who had been set over the two men, a *mithḳâl*.

And again the Devil, the enemy of all truth, could not bear [to see this], and was filled with envy against the pious brethren because of their good works, and he stirred up a great and exceedingly hard and severe trial, which was this. And it came to pass after these things that a certain man in the city had invited some friends

and neighbours into his house—now it was eventide—
and this man lived nigh unto the house of the pious
brethren; and when they had eaten and drunk, a certain
man rose up to go to his house. And as he was walking
across the open ground of the city, a scorpion stung him,
and he fell down and died immediately, and no man
knew what had happened to him. [p. 78] And when the
watchmen of the city were going about on their rounds
together, they found the dead man, and they brought
him into the light, and although they examined the body
they knew not what had happened to him; and they
made him ready for burial and when it was morning
they carried him to the sepulchre.

And the Devil, taking upon himself the form of a
man, cried out to the whole city, saying, "This wicked
"murder of the man who is dead—the cause of his
"death and his murderer being known unto no man—
"cannot have been committed by any one except those
"four strange young men, and I am [ready] to bear
"witness to this fact." And these words spread through-
out the whole city, and the general went and told the
governor Kesanthos, who straightway commanded and
they brought the four young men [before him] with their
hands tied behind them, and chains round their necks.
And as they were bringing them before the governor, a
voice came to them, saying, "Fear ye not, for behold
"the time of tribulation passeth by, and peace shall come
"unto you from God;" and they set them before the
governor as condemned criminals. And behold straight-
way the holy Archangel Michael took the form of a
great general of the Greek Emperor, and when Kesanthos
saw him, he rose up and stood upon his feet before him;

and when he had come up to him they sat down together. And when the Archangel Michael saw the young men standing there, [p. 79] he said to Kesanthos the governor. "What is the business of these young men?" and the governor told him what had happened. And Michael said to him, "It is not known then, who slew the man?" and the governor said to him, "They have brought these "young men in to me, saying that they slew him." And Michael said to him, "It seemeth to me that if the matter "be thus, and that a man hath died, we cannot know "who hath slain him until we bring the dead man here "in our midst, and we ask him, and he tell us and shew "us who hath slain him; so then if thou wishest to know "the truth let them bring the dead man himself here, "and we will question him, and he will speak to us, and "shew us who hath slain him." And straightway the governor commanded, and they brought the dead man into the midst [of them]. And the Archangel Michael said unto Daniel, the youngest brother of the pious men, "Go, say to the dead man. In the name of my Lord "Jesus Christ, the God of heaven and earth, show us "what did happen unto thee;" and the child did so. Then God, Who loveth mankind, and Who wisheth to make His holy name glorious in all places, so that men may believe in Him, made the soul of the man to return to his body, and he came to life for the salvation of the governor and of the whole multitude of the people of that country. And the man cried out, saying, "Woe "unto thee, O Kesanthos the governor, for thou hast been "bold to sit down with the holy Archangel Michael, [p. 80] "the general-in-chief of the powers of heaven; and, more-"over, these men who have been accused are innocent

"of the offence, and are just men, for it is not they who
"have slain me, but the scorpion which bit me, and caused
"me to die. And it is by reason of the excellence of
"these men that hath happened unto thee the great
"blessing that thou hast been deemed worthy to see the
"holy Archangel Michael. And behold, the marvellous
"things of God which thou hast seen set thou in thy
"heart, and forsake these pleasures, and these dead idols
"in which there is no profit, that God may forgive you
"the offences of your previous life. And as for me, a
"great act of grace hath been shewn unto me, for through
"these just men I have seen the Archangel Michael." And
straightway the Archangel Michael went up into heaven
with great glory, and the governor and all the multitude
saw him go up into heaven, taking up with him the soul
of the dead man; and the governor and all they who
were with him were in exceeding great fear.

And after a long time the heart of the governor
became quiet after the fearful, and mighty, and marvellous
thing which he had seen, and he rose up and kissed
John, saying. [p. 81] "Blessed be the hour in which ye
"came into this city. We beseech you to show us your
"God in Whom ye believe, and we ourselves will believe
"in Him for our salvation." And John said to them,
"We believe in the Lord Jesus Christ, the Son of the
"living God;" and the governor and all the multitude
cried out, saying, "Verily, Jesus Christ is the living God,
"and there is no other God besides Him." And John
said to the governor, "Arise, and write to Constantine,
"the Emperor of the Greeks, and tell him of everything
"[that hath happened]; and entreat him to send to us
"one of the Bishops of your country that he may instruct

"you in the name of the Father, and of the Son, and of "the Holy Ghost." And Kesanthos the governor wrote to the Emperor Constantine, saying, "Kesanthos, whom "men call governor, dareth to write to the mighty Ruler "and Emperor, Constantine, the servant of Jesus Christ, "sending greeting. A mighty act of grace hath come "to us from the good God, Who hath had us in re-"membrance, and He hath brought us from the service of "polluted idols, and hath turned us to Himself by His "great and exceeding goodness through the prayers of "the holy Archangel Michael, and we have been ac-"counted worthy to see him with our eyes, and he made "a dead man to speak with us mouth to mouth, after "he was dead, and afterwards he went up to heaven "with great glory, and we all saw him. And further-"more, [p. 82] we entreat thy majesty to send unto us "one of the Bishops who are with thee, that he may "enlighten us in the right faith, and that he may shew "us the way wherein we should travel unto God, and "that he may give unto us the holy sign of the Cross. "And if thou wilt do this for us, thou wilt receive a great "crown from Christ by reason of this thing; may the "God-loving Emperor be strong through the strength of "Christ the King of the Universe."

And the Emperor Constantine received the letter with great readiness, and he read it and marvelled greatly at what had happened, and he glorified God. And he wrote to Saint John, the Archbishop of Ephesus, with great solicitude, saying, "First of all I kiss thy holy hands "which hold the flesh of the Son of God in truth. Great "joy hath come unto us from God, and behold, we send "unto thee to tell thee also thereof, for we know that

"thou wilt rejoice exceedingly. I desire that thou wilt under-
"take a small toil—now thou art prompt [to labour] with
"all thy heart, for thou knowest that thy labour shall not
"be in vain—and that thou wilt do it for the sake of
"Christ Who hath suffered for the race of man. Trouble
"thou thyself and go unto the city of Entias, and heal
"those who are sick therein in the name of Christ, and
"lead them away from the service of ministering unto
"polluted idols, and baptize them in the name of the
"Father, and of the Son, and of the Holy Ghost; and
"this shall be for thee an acceptable thing with God and
"His holy angels. [p. 83] May we both be strong through
"the strength of Christ our God."

And the Emperor Constantine sent this letter to Abba
John, Archbishop of Ephesus, together with the letter of
Kesanthos the governor; and when the Archbishop had
read the letters he rejoiced greatly at the conversion of
the whole country. Then he took with him two deacons,
and an elder, and a reader, and three singers of Psalms,
and twelve workers, and he took with him for the stab-
lishing of the altar a golden table, and four cups of silver,
and three cups of gold, and a cloth made of finest bys-
sus, and a covering made wholly of silk, and the four
Gospels, and the Psalter, and the Epistles of Paul, and
the Acts, and the Catholic Epistle of St. James, and in
short everything necessary for a church; and they prayed,
and set out upon the road rejoicing. And when they
had drawn nigh unto the city, the men thereof told the
governor of the arrival of the Archbishop and of those
who were with him; and the governor, and John, and
all the people of the city came forth to meet the Arch-
bishop, and when they came up to him the governor

and all the multitude bowed down before him, and were blessed by him. And the governor told the Archbishop everything that had happened, and he showed him John, saying, "Through this man and his brethren hath God "shown mercy unto us;" and thus they went into the city in great peace. [p. 84] And the governor entreated the Archbishop [to come with him,] and brought him into the palace, for as yet there was no church built in the city. And on the morrow the Archbishop said to the governor, "Let us mark out a place for a church," and the governor said to him, "My father, I have here "a new site upon which they were going to build, let us "look at it, and if it be suitable we will make a church "there." And the Archbishop and the governor went there together, and they looked at the place upon which they were going to build; and it pleased the Archbishop. Then the governor made the herald to cry out throughout all the city, saying, "Let every man come, and labour "at the building of the church," and straightway the whole city was gathered together to work at the church, whether it were nobleman, or whether it were poor man, and even the governor himself laboured with his own hands, and everyone believed that he would receive a blessing from Christ. And by the will of God they finished the building in sixteen days, and the Archbishop consecrated the church to the name of the Holy Virgin, the God-bearer Mary.

And when the Archbishop saw the great multitude who wished to be baptized, he said to the governor, "Where shall we baptize this multitude?" Now a church with a place for water for baptism therein had not yet been built. And the wise John answered and said to the governor and the Archbishop, "The pool of water

"which lieth to the east of the city is, I say, suitable for
"this great honour." [p. 85] And straightway a voice came
from heaven, and everyone heard it, saying, "This is the
"place, which hath been set apart by God, O John, son
"of the apostle;" and the Archbishop, and the governor,
and all the multitude who heard this marvelled. And
the Archbishop and the governor commanded, and all
the multitude were gathered together to the place of
the pool of water, and the Archbishop prayed over the
water on every side of the pool. Now at that time a
great and wonderful thing happened, for when the Archbishop came to the consecration the whole multitude heard
voices in the water which repeated the consecration with
the Archbishop. And when the Archbishop had finished
the prayers, he commanded that all the multitude should
go into the water, and they all leaped into the water,
and cried out, saying, "We receive baptism in the name
"of the Father, and of the Son, and of the Holy Ghost."
And when the governor and all the multitude had been
baptized, the Archbishop took them to the church, and
ordained John to be [their] bishop, and one of his three
brethren he ordained elder, and the other two he made
deacons. And a son of the governor called Echillas he
made deacon, and all the multitude rejoiced in God.

Then the Archbishop was careful concerning the Offering, and he laid it up upon the altar, [p. 86] and made
the Offering. And the governor and all the multitude
marvelled at what they saw and at what they heard, for
they had never before heard such things, and they had
never before seen the like, for this was the first time
that the Offering had been offered up in that country;
and when they had all partaken of the Holy Mysteries,

the Archbishop pronounced over them the benediction of peace, and each one went to his own house. And the Archbishop tarried with them a month of days, and he instructed them, and taught them the ordinances of the Church; and afterwards he went to his city with great joy.

And Kesanthos the governor, and all the multitude of the city glorified God, and they paid honour unto Saint John the Bishop, and unto his brethren, for they grew in the doctrine of God. And after a few days the holy Bishop said to the governor, "Let us build a church "in the name of the holy Archangel Michael," and the governor said to him, "Do whatsoever thy soul desireth, "O our father, for we are ready to listen unto thee." Then the holy Bishop John laid the foundation of the church, and the whole city helped him, and he finished it with great zeal, and he put on its coping-stone in eight months; [p. 87] and the holy Bishop John consecrated the shrine on the twelfth day of the month Athôr, in the name of the Archangel Michael. Now this festival of the Archangel Michael was a double one; for it was the festival of the Archangel Michael, and also the festival of the consecration of the church.

And it came to pass after the Communion that the Bishop, and the governor, and all the multitude went together into the city to the temple of Zeus, and they burnt it with fire; and the dumb fiend which was in the statue cried out, saying, "Thou inflictest great pain upon "me, O John, for thou hast cast me out of my dwelling-"place." And the governor caused a large church to be built on the spot where the temple had stood, and he dedicated it to the name of the Apostles; and Saint John confirmed everyone in the faith, and everyone praised him.

When the Emperor Constantine heard concerning the good deeds which John was doing, he glorified God, and he wrote to John a letter in which he besought him to bless him and his empire, and called him a new Daniel, the destroyer of idols; and the whole country of Entias grew daily in doctrine all the days of Saint John, through the multitude of the miracles which God wrought by his hand.

Ye see, then, O my beloved, the power of God and the loving-kindness of the holy Archangel Michael. [p. 88] In the growth of all the seeds of the field we find the entreaty of Michael, and through the prayers of Michael the trees bear fruit. In the ships, whether they be sailing on the sea, or anchored in port we find the entreaty of Michael. In the ascetics who live in the mountains we find the entreaty of Michael, and he giveth them strength to live their ascetic life. In the assembly of the monks we find the entreaty of Michael, who is a peacemaker in their midst. In the prayers of the Bishops, and elders, and deacons at the altar we find the entreaty of Michael. With the sick we find the entreaty of Michael, who giveth them strength, and healeth them. We find the entreaty of Michael with those who are afflicted at the tribunal, and he becometh their helper. We find the entreaty of Michael the Archangel with those who are suffering punishment, and he becometh their helper. In short, to those who live he giveth strength in their time of need, and for those who are dead, he prayeth God to shew mercy unto them. Who is there among all the righteous unto whom the Archangel Michael did not go, and to whom he did not give strength in all his times of need? Among the martyrs who is there unto whom the Archangel Michael did not go and deliver out of all his affliction and torture, and give strength?

And behold, O my beloved, we know the love of God towards man, and we know the prayers of the Archangel Michael, who hath become an ambassador for all mankind, [p. 89] for whom he prayeth to God the Father that He may shew mercy unto them all, and make their paths straight, and let us give unto him the things which he desireth, that he may bestir himself for us on account of them, and that he may love us exceedingly, and may pray to God for us. Let us love each other in the love of God, and let us live in the unity of brotherly love, and let no slander be upon our lips, for slander is a poisoned dart. Fornication is a stinking sin, and one which is greatly hated by God and His angels, and it is the poverty and death of the soul and of the body. Fornication is the friend of the Devil, it is the enemy of God and His angels, it is hated of Christians, and it is the friend of vain-glory.

And now, my children, let us put away from us all impure ways, and let us walk in the straight paths of virtue; let us walk in sinlessness and in unspottedness, for a pure marriage never polluteth a man. Consider Moses, who spake with God five hundred and seventy times, for he had a wife and children, and these prevented him not from ministering in the Holy of Holies. But let us not multiply our words overmuch concerning these things, for the testimony of the things which are old and of those which are new sufficeth us; and finally let us end our discourse and come to him whose festival we celebrate this day, the holy Archangel Michael. This festival to-day hath not need of the money of him that eateth, and drinketh, and rejoiceth, and is glad by himself, [p. 90] while he leaveth the poor, and the orphan, and the widow hungry and thirsty. This festival hath no need of [thy] money, O thou who deckest thyself in an abundance of rich apparel, while the poor man naked perisheth with cold at [thy] gate. This festival hath no need of the money of those men who live at ease in their decorated houses, while the poor man perisheth with cold in the open spaces of the village. This festival hath no need of [the money of] anyone who eateth and maketh merry, while the poor man lieth in affliction in prison. This festival hath no need of the man who maketh himself glad while the poor man lieth sick and unvisited. The commandments are not of man, but of God, and God gave to the race of man the commandments which are written in the Gospels.

And finally, my brethren, with an upright heart let us beseech the Archangel Michael to obtain pardon for us from God, and I say unto you that the whole world standeth through the prayers of Michael, and through the prayers of the Holy Virgin, the God-bearer Mary; therefore let us ascribe unto them the glory which is their due on this festival, for the time hath come when we must go to celebrate the Holy Mysteries. And let us ascribe glory unto Him, to Whom all glory is due, our Lord, and God, and Saviour, Jesus Christ, [p. 91] through Whom and with Whom all glory, and honour, and adoration are due to the Father, and to the life-giving and consubstantial Holy Spirit with Him, now and always, and for ever and ever. Amen.

[P. 93] The Encomium which was composed by Apa Eustathius, Bishop of Trakè, the Island to which the Empress banished Saint John Chrysostom, and where he finished his course. It was composed for the festival of the holy Archangel Michael, which took place on the twelfth day of the month Paôni, and was recited by the blessed man before he laid down his body. And he spake, moreover, in this Encomium concerning the righteous man whose name was Aristarchus, and concerning his God-loving wife, the honourable lady Euphemia, and he likewise spake, at the end of this Encomium, a few things of Saint John Chrysostom which glorify the holy Trinity. In the peace of God. Amen.

"I will open my mouth in parables, and with my "tongue will I declare hidden things,"[1] according to the words of the sacred Psalmist David, the father of Christ, according to the flesh. [p. 94] and I will cry out louder than any sounding reed, or instrument of music, or cymbal, or harp, and I myself will proclaim with the righteous man, saying. "The angel of God encampeth round about "those that fear Him, and delivereth them;"[2] and let us also add the words of the prophet, and say, "This is

---

[1] Psalm lxxviii. 2.   [2] Psalm xxxiv. 7.

"the day which He hath made, let us gather together, and "rejoice, and be glad in it,"[1] not with noise only, but with the joy of gladness which exceedeth all other joy, for we shall see the Creator of all things assembled with us this day at the feast of His mighty and holy Archangel Michael, the general of the hosts of the heavens. Who is there among us that will not celebrate this festival when he seeth that the King of Kings, and the God of all flesh hath come into this house to-day to do honour unto Michael, His mighty and glorious General, the ruler of light? And who is there among us that will not put on glorious apparel to come into this holy house to-day, to eat of the good things which the King and the King's son have prepared for us at the feast, the feast of the holy Archangel Michael? The things which are set before us to eat this day are not after the flesh, the pleasure of which ye will forget after ye have eaten of them, but that which is made ready for us this day is the Body of God, which He took upon Himself in the womb of the holy Virgin Mary, [p. 95] the spotless Lamb, Who gave Himself for us to deliver us from the Adversary. The wine which is set before us this day is not material wine, of which, when we have taken, we become drunken, and things which are unseemly happen in us, but it is the Blood from the side of God the Word on the Cross, which the soldier pierced, and He poured it out for us to cleanse us from our sins; and it is not pieces of meat which, if left for a day or two, perish and putrefy, that are set before us this day, but the thoughts of the Holy Scriptures, which shed abroad glory though they last for

---

[1] Psalm cxviii. 24.

ever. O who can [not] understand with his mind a celestial being this day, when he seeth the mighty joy which is spread abroad in heaven and upon earth by reason of the commemoration of the holy Archangel Michael? Let us turn, now, to the mighty deeds and miracles which have come to pass through the Archangel Michael, in whose shrine—the shrine which we have built to his holy name—we are to-day gathered together to celebrate his noble commemoration.

Do ye not call to mind the honourable lady Euphemia, the wife of Aristarchus, the governor whom the pious Emperor Honorius appointed over the Island of Trakê? Now, ye all know, O Christ-loving people, that this general was an exceedingly pious man, unto which fact was borne witness by everyone, [p. 96] and his prayers and his alms came before God like those of Cornelius[1] of old. And this noble man, Aristarchus the governor, from the time when he received holy baptism at the hands of our glorious father and teacher, John the Great, did not cease to make gifts and offerings on the twelfth day of every month in the name of the holy Archangel Michael, and on the twenty-first day of every month in the name of the holy Virgin Mary, and on the twenty-ninth day of every month (which is the day of the birth of our God Jesus Christ, when men make innumerable offerings and give alms in commemoration of God the Word), and thus this righteous man continued to do for a long time. And it came to pass after these things, when his course was ended, and he was about to depart, after the manner of all men, unto Christ, that he called his wife, the honourable lady Euphemia, unto him, and said to her, "Behold,

---

[1] Acts x. 31.

"my sister, thou seest that my course is run, and that I "must depart unto God after the manner of all my fathers. "Thou thyself hast heard the doctrines of life with which "we have been charged by the thrice-blessed John, through "whom this whole island hath become enlightened and "hath learned to know God, and thou hast with thine "own ears heard him say in thine own house, 'There is "nothing so great as charity', [p. 97] and, 'Mercy shall "make a man glorious at the judgment', and, in short, "all the other words of consolation which that mighty "man John spake unto us for the salvation of our souls. "And moreover, behold, I charge thee this day, and I "set God between thee and me, before I go forth from "this world, that thou cease not to do the things which "we now do on the twelfth day of each month (which "is the day of the holy Archangel Michael), and on the "twenty-first day (which is the day of the Queen, the "Mother of the King of Kings), and on the twenty-ninth "day also (which is the day of the birth of God the "Word). Take heed, then, that thou despisest not the "offering of the holy Archangel Michael (for it is he who "prayeth for all men), that he may pray for us before "God, that God may shew loving mercy unto us, and "may receive unto Himself my miserable soul."

And that prudent woman said unto her husband, "O "my master and brother, as God in Whom we have be-"lieved liveth, I will not neglect to do the things which "thou hast commanded me to do, nay, I will add greatly "unto them; but there is a matter on my mind, which I "wish thee to fulfil for me, and to complete before thou "layest down the body;" and Aristarchus said to her, "Whatsoever thou wishest, tell me, and by the will of

"God I will perform it for thee." [p. 98] Euphemia saith to him, "I wish that thou wouldst command a painter to "paint for me the picture of the holy Archangel Michael "upon a wooden tablet, and that thou wouldst give it to "me that I may place it in my bed-chamber where I sleep. "And I wish thee to commit me into his hands as an "object of trust, so that when thou shalt have departed "from the body he may become my guardian, and deliver "me from every evil thought of Satan; for when thou "shalt have gone forth from the body I shall eat my "bread in tears and with a sorrowful heart, because from "the very moment that a woman's husband departeth "from her, she hath no longer any hope in life, and she "is like unto a body without a head, and the body with- "out a head is without a soul, and it perisheth of its own "accord. And moreover, the wise man Paul hath said, "'The head of a woman is her husband',[1] and a woman "without a husband is like unto a ship without a rudder, "which is ready to sink, together with the merchandise "with which it is laden. And now, O my master and "brother, just as in times past thou hast never caused "me sorrow [by refusing] anything which I have asked "from thee, cause me not now sorrow [by refusing] this "thing also, and peradventure the holy Archangel Michael "will protect me, for I have no [other] hope here, but I look "for the mercy of God and of his holy Archangel Michael."

[p. 99] And when the general heard these things he made haste to perform that which she had asked from him, and he straightway commanded them to bring a cunning painter, and he commanded him to paint the

---

[1] Ephesians v. 23.

picture of the holy Archangel Michael upon a wooden tablet, and to lay upon it a plate of fine gold inlaid with precious stones; and when the painter had finished it Aristarchus gave it to Euphemia, and she rejoiced over it like him that found much treasure, even as it is written,[1] and she said unto him, "O my master and brother, "let thy mercy be with me, and do thou gratify my wish "in this thing also, so that when my courage faileth, and "I become weak and helpless, no treacherous plots may "rise up against me when thou hast laid down the body." And Aristarchus said to her, "Whatsoever thou askest I "am ready to perform for thee, for thou knowest that I "never grieved thee at any time about anything." Euphemia saith to him, "I wish thee to commit me into "the hands of the holy Archangel Michael whom thou "hast had painted upon this wooden tablet, and also to "entreat him on my behalf that he may become my "guardian until the day of my death: for when thou shalt "have gone forth from the body I shall have no hope in life "except in God and His Archangel Michael, for thou knowest "that a widow eateth her bread with sighs and tears."

[p. 100] Now when the general had heard these things he became sad at heart by reason of the melancholy words which she spake to him, but he marvelled at her great faith in the holy Archangel Michael. And at length he took her hand and laid it upon the figure of the holy Archangel Michael which had been painted upon the wooden tablet, and he cried out, saying, "O thou holy "Archangel Michael, who didst slay the serpent of old, "who didst cast out the haughty rebel against his God,

---

[1] St. Matthew xiii. 44.

"and didst hurl him chained into the fiery pool filled with "fire and sulphur, who dost at all times bow thyself down "in supplication before the Good Father for the sake of "the race of men, thou likeness and similitude of God "Almighty, behold I place in thy hands this day my wife "Euphemia as a deposit, that peradventure thou mayest "watch over her, and deliver her from all the plots and "wiles of the Devil who will rise up against her; and "when she prayeth unto thee for help, do thou hearken "unto her, and deliver her, for we have no hope save in "God and in thee." And when Euphemia heard these things she rejoiced greatly, and she believed confidently with great faith that no wile of the Adversary would prevail over her from this hour, because the Archangel Michael would watch over her.

And it came to pass after these things that she took the figure of the image of the Archangel which had been painted for her, [p. 101] and she placed it in the bed-chamber in which she slept, and she used to offer up to the figure precious incense, and a lamp was burning before it by day and by night continually, and she used to pray unto it three times a day and ask it to help her; and after these things God visited the pious general Aristarchus, whose name we have mentioned a little way back, and he departed the way of all men. Now the wise and honourable lady Euphemia, the wife of Aristarchus the general, ceased not to give the alms which she was wont to give, nor to make the offerings which the general used to make in his lifetime before he died in the name of the holy Archangel Michael, and she hastened to increase those which were made in former times while her husband was alive.

And the Devil, who hath hated every good thing in our race from the beginning, could not bear to see the noble deeds which this woman wrought in the name of the holy Archangel Michael, and he was envious of her, and wished to destroy the reward which she hoped to receive thereby from God. And it came to pass one day that he took the form of a nun, [p. 102] and having put on golden[1] apparel—now devils went with him in the form of virgins—he came and stood at the door of Euphemia's house, and he sent in her servant to her, saying, "Go and tell the honourable lady Euphemia, the wife "of Aristarchus the general, behold a virgin nun standeth "at the door wishing to make obeisance unto thee, and "her daughters also are with her." And when the prudent woman heard these words she came out to the fourth door of her house, and she commanded them to bring her in to her, thinking that she was in truth a nun; and when the servants came out and saw the Devil standing there wearing a false garb, they made obeisance unto him, and commanded him and those who were with him to come in, and the Devil came in, and his face was bent towards the ground like a true nun, and those who were with him did likewise. Now when the honourable lady saw her in such a garb, she marvelled greatly at her exceedingly great humility and she rose up, and quickly taking him [by the hand]—now he was wearing the dress of a woman—she brought him unto her house, and when he and those who were with him came to the bed-chamber where the image of the Archangel Michael was, he was afraid to enter therein. And the prudent woman Eu-

---

[1] Read ⲚⲞⲨⲤ "false".

phemia did honour unto her, saying, [p. 103] "Prithee, "dear sister, come into this bed-chamber wherein holy "prayers are made, for I bear witness, before God and "before His holy Archangel Michael, that from the day "on which my blessed husband Aristarchus died until now, "no man hath passed through the door of this bed-cham-"ber, but only the women servants who minister unto the "wants of my body, and the noble and honourable ladies "who have come to visit me according to the love of "God."

And the Devil, who was in the form of a nun, an-swered and said, "Why hath no man passed through the "door of thy bed-chamber? for, certainly, where there is "no man there is no help of God therein. And all the "women who have ever lived upon the earth have dwelt "with their husbands, one alone, Mary the Mother of Christ, "excepted; and moreover, if thou wishest to please God "with all thy heart, I will give thee counsel concerning "a matter which is acceptable before God." Euphemia saith, "What is it?" And the Devil said, "Knowest thou "my lord Hilarichus, the chief prefect, who standeth high "in the affection of the Emperor Honorius? He is my "kinsman, and he is also of near kin unto the Emperor. "And his wife died in these last days, and when he heard "that thy glorious husband Aristarchus was dead, [p. 104] "he said, Is it not meet that I should take to wife a "woman who is my equal in rank? I will arise and take "to wife the honourable lady Euphemia—that is to say "thyself—and I will give her more of the purple than she "had in former times. And behold Hilarichus hath given "me these splendid gifts, and grant thou that I may per-"suade thee to marry him, for he is powerful in the "palace and the Emperor loveth him;" and straightway he shewed her many ornaments of gold and much gold and silver to seduce her to his evil design. And Euphemia restrained herself greatly, and answered very quietly, "How can I do such a thing as this of my own "will? But first of all let me go and take counsel with "my guardian, to whose care my blessed husband com- "mitted me before he went forth from the body, and if "he commandeth me to live with a husband, then I will "do so without hesitation, but if he doth not command "me to do so I will never do so of my own free will."

And the Devil answered, "Who is this guardian?" and Euphemia said, "Behold, he hath been with me in "my bed-chamber day and night from the time when my "blessed husband committed me to his care, until now, "watching over me." And the Devil answered, and said unto her, "Dost thou not know that if thou failest to keep "[one of] the commandments of God in thy heart, thou "wilt become guilty of offending in all? [p. 105] And more- "over, God hath said, 'Whosoever shall offend in one "'commandment shall be guilty of them all,'[1] and thou "knowest that God hateth falsehood exceedingly. And "again David saith in the fifth Psalm, 'God shall destroy "'everyone that speaketh falsehood',[2] and if thou speakest "falsehood God will destroy thee speedily. Didst thou "not say unto me a short time since, 'From the day on "'which my husband went forth from the body until now, "'no man hath passed through the door of my bed-cham- "'ber, not even my servants'?" And Euphemia answered, "What I say is true, and there is no falsehood in my

---

[1] St. James ii. 10.   [2] Psalm v. 6.

"words, O my noble sister. I swear to thee by God
"Almighty and by His holy and mighty Archangel Mi-
"chael, who slew the dragon of old, that from the day
"wherein my husband went forth from the body until this
"day no man hath passed through the door of my bed-
"chamber, neither have I permitted any man to approach
"me, nor even to look upon my face."

And the Devil, who was in the form of a nun, said
to the honourable lady Euphemia, "First of all thou didst
"say, 'No man hath come nigh me since my husband died,'
"and behold, [p. 106] now thou dost commit sin and ful-
"fillest iniquity, for behold, thou hast sworn a false oath.
"Didst thou not but a little time back say, 'First I will
"go into my bed-chamber, and take counsel with the
"guardian into whose hands my husband committed me,
"before he went out of the body?' Is not a guardian a
"man? Have not men ever been made the guardians of
"women? Is there not then a man in thy bed-chamber?
"And now, inasmuch as I find this man, concerning whom
"thou hast spoken falsehood, and hast sworn a lying oath,
"in thy bed-chamber, I would never acknowledge thee
"to be my kinswoman even if thou wert to give me all
"thy wealth." And the mouth of the prudent woman
Euphemia smiled a spiritual smile, and she said to the
Devil who was in the form of a nun, "O my sister, this
"thing—to dwell with a man—is impossible for me to do,
"and I tell thee that neither for the wealth and the orna-
"ments which thou hast brought unto me [to cause me to
"do] this thing, nor, in truth, if they were to give me all
"the riches which are in the palace of the pious Emperor
"Honorius, and all the ornaments which he hath, and the
"wealth of the whole world, could I break the compact

"which I made with my blessed husband Aristarchus, the
"glorious general, [p. 107] and live together with a strange
"man until I depart unto him. And I am pure from all
"uncleanness. I did say that my guardian was in my bed-
"chamber, and in saying this I did not lie. The guardian,
"into whose hands my master and husband committed me,
"is mightier than any other guardian and than all the kings
"of the world. He hath no need of any one to inform
"him concerning sin, or what is good, or that which we
"decide concerning him, but that which we think upon,
"and that upon which we meditate in our hearts and minds,
"he knoweth straightway. If it be a little thought of the
"Devil which entereth into the heart of anyone, from the
"moment when he prayeth in the mere name of that
"guardian his heart gaineth confidence, and if a legion of
"the Devil's army besiegeth him, or appeareth to encamp
"round about him, if that guardian cometh he maketh it
"to disappear like smoke. If thou wishest, O my sister,
"I will commit thee into the hands of that guardian that
"he may be thy helper until the day wherein thou must
"depart from the body, and at thy death he will give
"thee over into the hands of the Good God as a precious
"gift, and thou shalt inherit everlasting life."

And the Devil, who was in the form of a nun, an-
swered and said unto her, "Shew me this man, then, for
"according to what thou sayest he must be very rich."
Euphemia answered and said to him, [p. 108] "First of all
"rise up, and let us turn our faces to the east, and let
"us pray and offer up supplication before God. And do
"thou make confession concerning that which thou didst
"think in thy heart about that guardian, and say these
"words: 'O God, forgive me for what I have imagined

"concerning that guardian and this woman whose hus-
"band committed her into his hands, and I will never
"again turn to such a thought or allow it to come into
"my heart concerning the holy one of God.' If thou wilt
"make this confession I will shew thee my guardian, face
"to face, and afterwards thou shalt ask him to help and
"protect thee." The Devil saith unto her, "A command-
"ment was given unto me before I assumed this holy dress
"never to spread out my hands in prayer until I returned
"to my cell, and never to eat with any person who liveth
"in the world unless he weareth our garb." And Eu-
phemia answered and said to the Devil, "Thou didst say
"unto me, 'He that keepeth all the law and offendeth in
"'one particular is guilty of the whole of it', and now, out of
"thine own mouth, I can shew that thou hast transgressed
"the commandments of God, that is to say, those which
"He gave to His Apostles from olden time." And the
Devil said to her, [p. 109] "What commandments have I
"transgressed? Shew me. If thou dost not shew me at
"once I will raise up against thee a mighty war unto
"death." And the honourable lady Euphemia answered
and said unto the Devil, "In olden time our Good Saviour
"commanded His disciples and sent them forth to preach
"the Gospel, saying, 'Whatsoever house ye enter into,
"'salute it and say, Peace be upon this house, and your
"'peace shall be in it; and if not, let it return unto you'.'
"And did He not command them to pray in whatsoever
"place they entered into, (and also to eat with everyone
"except those who deny that Christ hath come in the
"flesh), saying, 'Whatsoever they set before you that eat

---

[1] St. Matthew x. 13.

"'without enquiry, and eat with thanksgiving.'¹ And again
"the Apostle hath commanded us in his Epistle, saying,
"'Pray without ceasing, and in everything give thanks.'²
"and no man of God ceaseth from praying by day and
"by night. If then, thou art a woman and there is no
"root of craftiness hidden in thy heart, arise, and let us
"pray together, and after the prayer I will bring that
"Guardian, and thou shalt see him, and shalt salute him
"mouth to mouth, if by any means thou art worthy to
"look upon his face."

[P. 110] Now when the Devil knew that the honourable lady Euphemia had vanquished him on every side, he sought to take flight, and he began to change his appearance, and he took upon himself exceedingly varied forms. And when the honourable and noble lady Euphemia saw that he changed his appearance, she feared greatly, and cried out, saying, "O Michael, the Archangel, who "didst destroy all the might of the Adversary, help me "in this hour of necessity, for thou knowest, O my master, "that thou art he, into whose hands my blessed husband "committed me before he went forth from the body, that "thou mightest watch over me, and be a strong tower "for me against the devices of the Enemy;" and when she had said these words she made the sign of the Cross over herself in the name of the Father, and the Son, and the Holy Spirit, and straightway the Devil and all his works disappeared from before her like a spider's web.

And it came to pass some time after these things that the Devil appeared unto her in the form of an Ethiopian

---

¹ St. Luke x 8; 1 Corinthians x. 27.   ² 1 Thess. v. 17, 18.

of huge stature, and he was like a he-goat, and his eyes were very full of blood, and the hair of his head stood up straight like the bristles of a mountain boar, and he had a bright two-edged sword drawn in his hands, and as he stood before her a strong foetid smell came to her from him. [p. 111] And when the honourable lady Euphemia saw that he had changed his appearance, straightway she went into her bed-chamber, and took the tablet upon which the picture of the holy Archangel Michael was painted, and she embraced it, and cried out, saying, "O "holy Archangel Michael, help me, and deliver me out "of the hand of the crafty one." Now the Devil was standing outside the door of the bed-chamber, for he was not able to enter therein by reason of the glory of the holy Archangel Michael which filled the chamber, and he laid his finger upon his nose, and he drew harsh noises from his throat, and cried out, saying, "By Hercules, what "would I do unto thee, O Euphemia, if I could come to "thee! I wished to seduce thee, and to drag thee down "to perdition with me, but I find that thou hast conquered "me through this wooden tablet to which thou clingest. "In days of old I stirred up the Jewish nation against the "Messiah, Whom they call Christ, for I thought that I "should destroy His power, but He hath humbled me and "my power by the wood of the Cross. It was I who in "the beginning seduced Adam and Eve, and made them "transgress the commandment of God, and I made them "aliens unto Paradise and the habitation of light. And "again, it was I who led astray the angels until they "were cast out from their glory, and it was I who made "the giants to sin until God destroyed them by the "waters of the Deluge. [p. 112] It was I who shewed the

"inhabitants of Sodoma, and Gomorrah, and Thedôim,[1] and
"Zôboim, how to commit wickedness so great that at length
"God rained upon them fire and sulphur, and destroyed
"them. It was I who shewed Jezebel how to sin, and I
"slew Ahab also with her in her sin. It was I who stirred
"up the children of Israel against Aaron, and they wearied
"him until he made a calf for them to worship, and God
"was angry with them, and destroyed them, and, in short,
"it is I who have made all sin to come into being. Was
"it not thou, O Michael, who didst cast me and my angels
"forth from heaven down into a pit filled with fire? And
"behold, O Michael, I have left thee heaven and earth,
"and we fly by ourselves in the air, hither and thither,
"and we overcome those whom we are able to destroy,
"one by fornication, another by adultery, another by swear-
"ing falsely, another by backbiting, another by craftiness,
"another by fraud, another by envy, another by scorn,
"and another by theft; and if we know that we are not
"able to overcome a man by such wiles, we bring upon
"him a sleep so deep that he is unable to watch and to
"make an opportunity wherein he may pray for his sins.
"Behold, moreover, we have left thee heaven and earth
"so that we might not see thy face, for thy form terrifieth
"us greatly, [p. 113] and thy apparel in the painting which
"is painted upon this wooden tablet in divers colours by
"sorcery overcometh my mighty power this day. It was
"wood, which they made into a Cross, that tore me up

---

[1] ⲐⲈⲆⲰⲒⲚ is clearly a mistake for ⲀⲆⲀⲘⲀ; compare Ⳉ ⲤⲞ-
ⲆⲞⲘⲀ ⲚⲈⲘ ⲄⲞⲘⲞⲢⲢⲀ ⲀⲆⲀⲘⲀ ⲚⲈⲘ ⲤⲈⲂⲰⲒⲚ. Genesis x. 19
(Lagarde, *Der Pentateuch Koptisch*, p. 21). The Arabic trans-
lator, following the Coptic orthography writes تادوم.

"by the roots in days of old, and now, again, it is wood, "upon which thy effigy is painted, which hindereth me, "and overcometh me and all my host this day, and which "doth not allow me to work my will upon the honourable "lady Euphemia this day. By Hercules, this day doth "Michael afflict me on all sides, and I am in sore straits! "What shall I do unto thee, O thou honourable lady Eu- "phemia? Thou art saying at this moment that I shall "not overcome thee so long as thou trustest in this little "wooden tablet which is in thy hands, and if it be so, "know that I will come to thee another time on a day "which thou shalt not know, that is to say, on the twelfth "day of the month Paôni,¹ for on that day Michael will "be in conclave with the angels, and will be bowing down "and praying with all the angel host outside the veil of "the Father for the waters of the River (*i. e.*, the Nile) "of Egypt, and for dew, and for rain. And I know that "it will happen that he will continue in prayer ceaselessly "for three days and three nights, and in prostrations and "bowings down, without standing up, until God shall hear "him and grant him his requests. And moreover, I will "come on that day, yea, I will come to thee prepared "with my mighty power, and I will lay hold of this tablet "of wood which is in thy hands, and I will smash it in "pieces upon thy head, [p. 114] and we shall see if thou "canst bring the Archangel Michael here to help thee on "that day." And when the prudent woman heard these things she took the picture of the Archangel Michael and ran out of her bed-chamber after the Devil, and straight-way he disappeared from before her.

¹ *I. e.*, The 6th of June.

And it came to pass that the noble and honourable lady Euphemia continued to make much prayer and supplication day and night, from the day upon which the Devil departed from her until the day concerning which he said, "I will come, and I will contend with thee," that is to say, until the twelfth day of Paôni; and she besought God and the holy Archangel Michael to be unto her a helper and defender. Now on the twelfth day of Paôni —the day of the Archangel Michael—Euphemia made ready the things which were necessary for the festival of Michael, both the offerings and the first-fruits for the people in the shrine [of the Archangel], and the preparations for the brethren in her house after the Blessing, and briefly, she made it her care to provide abundantly for the feast, according to her wont, for she was very rich.

Now the Devil, who at all times hateth that which is good, could not bear to see the good works which this woman was doing, and the things which she was making ready to give away on the festival of the holy Archangel Michael. And when the light had gone forth on the morning of the twelfth day of Paôni, whilst Euphemia was still standing in prayer at the first hour, [p. 115] and was asking God in the name of the Archangel Michael to stand by her until she had fulfilled the ministration which she had undertaken, and to deliver her from all the wiles of the Devil, behold the Devil came and stood before her in the form of an archangel; and he had mighty wings, and he was girded round the loins with a girdle of gold inlaid with precious stones, and he had upon his head a crown set with pearls of great price, and in his right hand was a golden sceptre, but the figure of the Holy Cross was not upon it. And he came and stood before her in this great glory and magnificence, and when Euphemia saw him she feared greatly, and fell upon the ground. And he took her by the hand, and lifted her up, and said unto her, "Fear not, O noble "woman, before God and His holy angel. Hail, thou "woman, whose blessed husband hath found favour before "God, and whose own blessing hath become like a light-"giving lamp before God! Hail, thou woman, whose "sacrifices and oblations have become as it were a bul-"work of adamant for the whole world; the accursed "Devil shall never lead thee astray. Put thy trust in me, "O blessed woman, for I have come from God Almighty, "and I have seen that the prayers which thou hast made "this day have come up before God. [p. 116] and they "are a thousand times brighter than the sun, and they "send forth light which terrifieth all the angel hosts. God "hath sent me unto thee, and He hath told me the things "which I shall tell thee; hearken, then, unto the things "which shall come forth from my mouth that thou mayest "find great honour before God. Thou knowest that God "hath said, 'To hearken is better than to make sacrifice,'[1] "and if thou hearkenest not unto the things which I am "about to tell thee, it is not unto me that thou wilt be "disobedient, but unto God, and it is written, 'Whosoever "hearkeneth not shall be destroyed'."[2] And the prudent woman Euphemia answered and said, "Shew me what "are the things which God hath commanded thee to say "unto me, and I will do and keep them." And the Devil answered saying, "God hath commanded me to come from "Him unto thee and to say unto thee, 'Thou art wasting

---

[1] 1 Samuel xv. 22. [2] Acts iii. 23.

"thy husband's possessions. Thou sayest, 'I will give alms
"'for the salvation of his soul', but behold, he hath already
"inherited the good things of the kingdom of heaven.
"It is not for thee to increase the offerings and all the
"oblations which thou makest, and the many prayers which
"thou offerest up. Give a little, and keep a little in thy
"house lest, after a time, thou come to the end of thy
"wealth; and besides this, if the Devil seeth thee making
"alms in this wise he will become envious of thee, |p. 117|
"and he will scatter thy possessions as he scattered those
"of Job; for he did thus to the poor, and therefore the
"Devil destroyed everything which he had, and he even
"put loathsome worms in his body, and sorrow for his
"sons and his daughters, for he made the house in which
"they were to fall upon them, and they died together.
"And the Devil also was envious of the holy man Tobit
"because of the deeds of mercy which he was wont to
"do, for he used to bury the bodies of the dead[1] which
"he found unburied, and the Devil envied him and brought
"him to poverty—now he was very rich—and at length
"he made birds to void dung in his eyes and they
"became blind; now it was not mere birds that did this,
"but it was the Devil himself and his demons who took
"upon themselves the forms of birds, and made him blind
"because they were envious of him. And, moreover, my
"daughter, if thou wilt hearken unto me according to the
"commands of God, cease from such works as those
"which thou doest. And, moreover, God hath told me
"to say unto thee, 'Behold, thou hast no son by thy
"'blessed husband Aristarchus the general, arise now, and

---

[1] Tobit xii. 12.

"take a noble husband, and bear him a son, so that when
"thou shalt have gone forth from the body he may inherit
"the possessions which thou hast, and may perform thy
"commemoration when thou hast gone forth from the
"body; for what wilt thou do? [p. 118] if thou remainest
"childless there is no hope for thee for ever.' And,
"moreover, God hath commanded me to say unto thee,
"'If thou wilt hearken unto Me, and wilt take a husband,
"marry Hilarichus who is about to go to war with the
"Emperor Honorius, for behold he wisheth to make ready
"his army, and to snatch his empire out of his hands,
"and to make himself master of all the wealth of the
"'Greeks'."

Then the prudent woman Euphemia perceived the
wiles of the Devil, and she knew that it was he who
was speaking with her, by reason of words which were
full of passion, and she said to him, "Shew me where it
"is written in the Scriptures, Make neither charities nor
"offerings, or, Thou shalt not pray, or, Thou shalt marry
"a second husband. On the other hand we find that God
"commandeth in several places, saying, 'Charity shall cover
"the multitude of sins';¹ and again, 'Mercy maketh a man
"to be praised in the judgment'; and again, we hear the
"prophet crying out, saying, 'Bring your sacrifices, and go
"into His courts';² and again, in another place, 'Sacrifice
"and words of blessing glorify Me';³ and again, 'The
"'sacrifice of God is a holy heart';⁴ and again, we hear
"Paul the teacher preaching unto us with his sweet words,
"saying, 'Pray without ceasing, and in everything give

---

1 St. Peter iv. 8.   ² Psalm xcvi. 8.   ³ Psalm l. 14, 15, 23
⁴ Psalm li. 17.

"'thanks'.¹ And besides, thou sayest unto me, [p. 119] "'Marry a second husband', but the man, whose name "thou hast first mentioned to me, and with whom I am "to dwell, is a heretic and an atheist, whom God shall "destroy without delay, and He will put a bridle in his "mouth, and bind him in the depths of the sea, and He "will humble him and all his hosts before the pious Ho-"norius."

"And again as concerning marriage with a second "husband, Solomon hath informed us in *Physiologus* that "when the first mate of the turtle-dove dieth, it doth not "dwell with a second mate, but it departeth into the "wilderness, where it hideth itself until the day of its "death. And he also sheweth us that the raven family "doth not dwell with any mate save one, and that as we "rend our garments for our brother when he dieth, even "so likewise when a raven dieth his mate draweth out "her own tongue, and splitteth it with her claws, so that "when she uttereth her cry every one may know that "her mate is not there, and if another raven desireth to "take her by violence she crieth out straightway, and "when all the other ravens hear her cry they know by "her cleft tongue that some other raven wisheth to take "her by violence, and they gather together to help her, "and to rebuke the raven that wisheth to take her by "violence. Now therefore when children see ravens ga-"thered together in this manner, [p. 120] and uttering cries "wishing to rebuke the raven that desireth to take her "by violence, and that desireth to go astray from that "which God hath commanded them, those ignorant chil-

¹ 1 Thess. v. 17, 18.

"dren are wont to say, 'The ravens are celebrating a
"marriage to-day', and they know not that the ravens
"wish to rebuke the raven that desireth to make to sin
"the raven whose mate is dead. And moreover, far be
"it from me ever to bring anyone else into my marriage
"with my master and husband Aristarchus, and I will never
"cease to make the offerings and to do the charities which
"my blessed husband was wont to do before he died, in
"the name of the holy Archangel Michael. And now,
"shew me who thou art that thus bearest such great glory
"and majesty, and whence hast thou come, and what is
"thy name, for thy coming unto me hath disturbed me
"greatly."

And the Devil answered saying, "Art not thou she
"who hath made supplication unto God from the day
"when the Devil came unto thee in the form of a nun
"wishing to seduce thee? And did he not say unto thee,
"'I will come unto thee on the twelfth day of Paôni, which
"'is the day of the Archangel [Michael]', and did he not
"say unto thee, 'The Archangel Michael will not cease
"'on that day from bowing down in prayer before God
"'for the waters of the River (*i. e.*, the Nile), and the
"'rain, and the dew'? I, then, am Michael the Archangel
"whom God hath sent to thee to help thee until the sun
"setteth this day, in order that the wicked hunter may
"not come and do that which is evil unto thee, [p. 121]
"and therefore it is meet that thou shouldst come and
"kneel in adoration unto me; and I have left my angels
"that I might come unto thee." And the honourable lady
Euphemia answered and said unto him, "I have heard in
"the Holy Gospel that when the Devil came unto our
"Good Saviour to tempt Him, he said unto Him, 'Fall

"'down and worship me, and I will give Thee all the "'kingdoms of the world, and the glory thereof',' and that "Christ knew at once that he was the Evil One and "rebuked him; perhaps thou art he who wisheth to lead "me astray?" And the Devil answered, "I am not he "—and far be it from me ever to become so—and how "could such as he be found [arrayed] in such glory as I "bear? For from the time when he disobeyed God's "command, He was angry with him, and He commanded "me, Michael, and I stripped him of all his glory." And the noble woman answered, saying, "If thou art Michael, "where is the figure of the Cross which should be upon "thy sceptre, according to what I see painted in this "picture wherein the figure of Michael is depicted?" And the Devil answered, saying, "Painters wish to decorate their "pictures in order that their art may be the more glorified, "[p. 122] but the figure of the Cross is not with us nor "with all the other angels." And Euphemia answered, saying, "How can I believe thy words? For no man will "fulfil the behest for which any soldier hath come from "the Emperor, neither will he by any means receive him, "unless he bear the token of the Emperor; and, moreover, "thus is it with the letters which the Emperor sendeth "forth from his kingdom, no man believeth that they are "genuine unless they be sealed with the Emperor's seal; "and thus also is it with the angels who come upon the "earth, for if the figure of the Cross of the King of glory "be not with them, men will not believe that they are "angels, but they will flee from them [believing] them to "be devils; and especially in the case of the Archangel

---

¹ St. Matthew iv. 9.

"of all the angels, for how could he come upon the earth
"without bearing the armour of the seal of salvation of
"his Emperor Who is to come, that is to say, the Holy
"Cross of Jesus Christ, the Son of the living God? Now
"if thou wishest me to believe that thou art Michael the
"deliverer, let me bring to thee his picture for thee to
"salute, and then I will worship thee without any hesi-
"tation whatever."

Now when the Devil saw that she was pressing him on all sides, [p. 123] and he could not find any excuse to utter before her, and that she rose up from the place wherein she was sitting, wishing to bring to him the picture of the holy Archangel Michael, he changed his form and took that of a raging lion, the roars of which filled the whole city, and he laid hold of her neck quickly, and strangled her until she was well nigh dead, and he spake these words unto her, saying, "This is the day
"wherein thou hast fallen into my hands. I have taken
"pains to catch thee for a long time past, but I could
"not do so until to-day; let now him in whom thou put-
"test thy confidence come and deliver thee out of my
"hand." And that prudent woman was in exceedingly great tribulation, for she was nigh unto death, and she cried out, saying, "O Michael the Archangel, help me in
"this hour of need." And it came to pass that while the Devil was seeking to inflict more suffering upon her, behold the holy Archangel Michael appeared unto her straightway, bearing upon himself royal rank and dignity, and he held in his right hand a golden sceptre which bore upon it the figure of the holy Cross; and the whole place shone a thousand times more brightly than the sun. And when the Devil saw him he cried out in terror,

saying. "O thou Archangel Michael, my master, I have
"sinned against heaven and in thy sight, [p. 124] for I
"have dared to come into the place wherein is thy pic-
"ture; I entreat thee not to destroy me before my time,
"for the Creator hath granted me a few days. And thou,
"O Archangel, art he who made me an alien unto the
"mansions of heaven, and now I will depart and flee from
"before thee until the day of my great disgrace, and I
"promise and swear unto thee before God that I will not
"return from this time forth to tempt men or women in
"the place wherein thou art." Now while the Devil was
saying these things he was gripped fast in the hand of
the holy Archangel Michael, like a bird in the hand of
a little child, and when the Archangel had made him
suffer greatly he set him free in great disgrace.

And the Archangel Michael spake unto the honour-
able lady Euphemia, saying, "Be strong, and of good
"courage, and be not afraid of the Devil, for he shall
"not have power to overcome thee from this time forth.
"I am Michael the Archangel whom thou servest, into
"whose hands thy blessed husband Aristarchus the general
"committed thee. I am Michael, and it is before the pic-
"ture in thy bed-chamber upon which my form is painted
"that thou offerest up prayer every day, and I am Mi-
"chael who take thy prayers before God. It was I who
"stood by at the time when thou saidst unto thy hus-
"band. 'Let be painted for me a picture of the Archangel
"'Michael that I may place it in my house as a protector,
"'[p. 125] and thou shalt commit me into his hands that
"'he may be my guardian, and may be my helper before
"'God until He visit me, and I depart to Him after the
"'manner of all men'. I am Michael who hearken unto

"everyone who prayeth unto God in my name. Be not
"afraid, for behold after thou hast performed the service
"which thou art wont to do in my name, I and a mul-
"titude of angels will come for thee, and I will take thee
"up into the rest of God which thy husband hath inherited.
"Peace be with thee." And when the Archangel Michael
had said these things he went up into heaven with great
glory, and she stood looking after him.

And it came to pass after these things that Euphe-
mia went to the church of Abba Anthimus, the Bishop
of this city, who was the first-fruits of the ministry of
Saint John Chrysostom, the Archbishop of Constantinople,
through whom the whole of this island hath been enlight-
ened, and she shewed him all the things which the Arch-
angel had spoken unto her, and he glorified God and the
mighty Archangel Michael; and he gathered together the
elements for the Sacrament, and he performed the service
thereof quickly and with great honour. And after the
Sacrament she came out from the church and went in
to her house, and she fulfilled her ministrations unto the
poor brethren, and did service unto them, [p. 126] and
when they had eaten and drunk she sent for the Father,
the Bishop, and she begged him to hold her house worthy
to enter into, and he went to her quickly. And when
they brought to her the news that he had come to her
she went out to him to the third door of her house, and
she cast herself down at his feet, and kissed them a long
time, and the holy Bishop raised her up, and said unto
her, "Rise up, O woman, blessed of God and man! Verily
"God hath accepted thy sacrifices from thee like [those]
"of Abel the righteous man, and He hath smelled the
"[savour of thy] offering like that of Melchisedec, the

"King of Salem, the priest of God the Highest, because "thou hast brought them in uprightness." And she took him with great honour and brought him into her bedchamber, wherein was the picture of the Archangel Michael, and she placed an ivory throne for him to sit upon, and a bench of silver for the priests and deacons, and when they had prayed and had sat down, she opened the doors [of the cupboards] of her house, and brought out all her possessions, from the most precious thing to that of least value, that which was of great price, and that which was of no account, and she laid them before her. And she said to the Bishop, "O my holy father, "receive these few possessions from my hands, and dis-"tribute them among the poor, for me and for my blessed "husband, in the name of the holy Archangel Michael, "[p. 127] that he may pray for me and for my blessed "husband, Aristarchus the general, before God, and that "He may shew mercy unto my wretched soul at His "terrible judgment seat;" and the Bishop commanded them to carry all the things which belonged unto her into the church, and Euphemia set her servants free and sent them away.

And it came to pass on that same day, which was the twelfth day of Paôni, while we were sitting in converse with the Bishop, that we smelled a choice smell of incense, the like of which we never smelled before (now I myself was there sitting with Father Anthimus, the holy Bishop, the first-fruits of the ministry of Saint John Chrysostom, and I was at that time a priest), and when we had smelled this choice smell of incense, we were astonished to see this wonderful sight. And afterwards she turned to Father Anthimus, the Bishop, and said to

him, "I beseech thee, O my father, to pray for me that
"I may meet God in a favourable hour, for behold the
"hour draweth nigh unto me when my soul shall be sepa-
"rated from my poor body until the day of the great
"judgment, for behold the Archangel Michael hath come
"for me, and with him are my husband Aristarchus and
"a multitude of angels;" and when she had lain down
upon her bed, and had spread out her hands, the Bishop
prayed over her for a long time. [p. 128] And afterwards
she lifted up her face to the Bishop and to all the people
there, and said to them, "I entreat thee for God's sake
"to shew me a favour and to give me the picture of the
"Archangel Michael, that I may kiss it yet once more
"before I depart from the body," and straightway the
Bishop took the picture and gave it unto her, and she
kissed it, saying, "O my master, thou holy Archangel
"Michael, stand by me in this terrible hour." Now when
we had heard her say these words, we and all the people
also heard the sound [as] of a mighty multitude [of waters]
falling violently upon each other, like the roaring of a
cataract, and the eyes of all, little and great, men and
women, saw the holy Archangel Michael shining like the
sun, and standing by the honourable lady Euphemia, and
his feet were like fine brass pouring out flames of fire,
and he had a harp in his right hand, and in his left a
wheel (*or* disk), like [that of] a chariot, upon which was
a cross, and he wore apparel a thousand times finer than
that of the kings of [this] world, and when we had looked
upon him in this guise we were astonished and afraid by
reason of [our] fear of him. And we saw him standing
and spreading out his garment of light to invite the soul
of that blessed woman, [p. 129] the honourable lady Eu-

phemia, to come unto his holy apparel, and thus she gave up the ghost with the picture of the Archangel Michael laid upon her eyes before she departed from the body. And we heard the noise of a multitude singing hymns, and saying, "God knoweth the way of the righteous, and "their inheritance shall abide for ever."[1]

Now the picture of the Archangel Michael which was upon the face of the woman when she gave up the ghost, flew away straightway, and we knew not whither it had gone; and we laid the woman in the sepulchre of Aristarchus her husband.

And it came to pass when we had buried her that we came into the church to celebrate the Sacrament, and the Bishop came into the place wherein we are now gathered together in the name of the holy Archangel Michael; and when he had gone into the place of offering up the sacrifice according to his wont, he saw the picture of the Archangel, which had flown from the house of Euphemia, hanging in the air without [support by] the hand of man in the apse of the holy place. And the Bishop cried out, saying, "O men of the island of Traké, "come and see this great miracle of the holy Archangel "Michael;" and all the multitude ran into the place of offering up sacrifice, and we saw with our own eyes the image of the Archangel Michael hanging in the air without [support by] the hand of man or anything else, [p. 130] but it was as firm and immovable as a pillar of adamant which cannot move at all from its place. O what cries were uttered at that time when all the multitude shouted glory to God and to the holy Archangel Michael!

[1] Psalm i. 6.

And it came to pass that the news of this exceedingly great miracle reached the God-loving Emperor Arcadius, and the Empress Eudoxia in Constantinople, and the Emperor Honorius in Rome, and they determined to visit this island together, and thereupon they came together with the Empress, and they saw with their own eyes the miracle of the picture of the holy Archangel Michael, and they bowed themselves down to the ground in prayer at the couch of the blessed John Chrysostom on which he had died, and which wrought such great cures in this island, for immediately any [sick] man lay upon the couch of Saint John Chrysostom, he gained his health straightway.

O who can tell the marvellous things which happened through that picture of the Archangel Michael (which we see at this moment with our own eyes appearing in his holy shrine), in whose holy commemoration we are gathered together this day! And, moreover, on the twelfth day of every month (which is the day of the Archangel Michael), [p. 131] that picture putteth forth olive leaves at its four corners, together with fine, fresh fruit, and it doeth thus because the tablet upon which the picture is painted is [made] of olive wood.

And, of a surety, ye have in remembrance the woman who had in her a certain sickness which is called "abscess", that is to say, "tumour" (?), and who wasted away and became exceedingly weak by reason of the sickness and pain which were in her, and having come into this holy shrine, and partaken of the fruit of the olive which the picture put forth on the twelfth day of the month which was passed, ye saw that as she ate of the fruit of the picture, the sore which was in her burst straightway, and she was cleansed, and became whole, and departed to her house, glorifying God and the holy Archangel Michael, and never became diseased again.

And hear ye also this great miracle which took place, and which it is not our desire to omit. Ye also saw the sick man who suffered so much pain in one side of his head that his right eye was well nigh falling out of his head, and when he came into this holy shrine, and had taken a little of the oil in the lamp, and had made the sign of the Cross upon his face, in the name of the Father, and the Son, and the Holy Ghost, and had taken one of the leaves which the picture put forth, [p. 132] and had laid it upon the afflicted part of his head, he became whole straightway, and departed to his house in peace.

What shall we say [of thee], or what shall we omit, O my master and lord, after God? Verily thou art the governor of all men and of all animals, and thou art the steward of them all before God. With what honour ought we to honour thee, O thou chief general of the hosts of heaven! I know that no honour is equal unto that which is thine, because thou standest at all times before the throne of the Almighty, entreating Him concerning the stablishing of all mankind, and we know that the power is thine to go within the veil of God Almighty, none preventing thee. And, at this point, let us consider to be sufficient that which we have spoken concerning the angel of God, His minister of flaming fire, the holy Archangel; and we will say here also, with the prophet David, the words which we have placed at the beginning of this discourse, "The angel of the Lord encampeth round about "all those that fear him, and delivereth them."[1]

[1] Psalm xxxiv. 7.

And here let us direct our discourse to him who hath conquered and who hath taken the crown, the charioteer who hath gained the victory in all visible and invisible conquests, who hath received the gift of the Holy Spirit, [p. 133] who hath destroyed a second Chedorlaomer, who hath illumined Constantinople, and not that city only, but also this island, and the whole world, I mean my master and Father, John [Chrysostom], Archbishop of Constantinople, nay, rather of the whole world. O who can tell [the number of] thy writings, full of life and full of all spiritual consolation (*or* ornament)? O who can declare and count the multitude of the commentaries which thou hast composed, O holy Archbishop John, the golden tongued! If thou wouldst declare thy honour thou wouldst need thine own tongue, for no tongue of flesh could describe the glory of thy holy life. Thou didst boldly rebuke the kings who had turned away from the truth, even as David prophesied concerning our Fathers the Apostles, saying, "Their sound hath gone out over the "whole earth, and their words have reached unto the "ends of the world."[1] And as for thee thyself, O mighty John, what place is there, or what monastery, throughout the whole inhabited world, wherein thou wilt not find [some account of] thy life, and thy sweet commentaries? even those which are upon the Two Natures of Christ, and they have gone from city to city, and from country to country, and thy discourses have been transmitted and have been made things to guard safely which shall be preserved for all time.

[1] Psalm xix. 4.

And moreover, [p. 134] I will be so bold as to declare that the Empress banished thee by the dispensation of God to this island, and thou didst soften our nature which was as hard as stone and didst make us exceedingly gentle; and we have abandoned the service of idols, and have become servants of God, the Creator of the universe. And thou didst come to this island as a stranger, and thou didst come and didst make thyself like unto the solid wall which standeth firm in the palace of kings, and thou didst take the prisoners, and thou didst make them free, and didst send them back to their country in peace and glory; for the Devil had made them prisoners from the beginning, and had cast them into the blackest darkness, but the King of Kings held them to be precious, and sent thee unto this island to redeem us out of the captivity of the Devil, and thou didst give us unto the King of Kings as a gift [more precious] than any royal gift (now what is more choice, or what is more glorious than all the souls which thou hast delivered out of the hand of the Devil?), and thou hast brought us into the palace of the King of Kings.

And I entreat thee, O my master and my holy father, that peradventure thou mayest grant unto me thy forgiveness, for behold, I have been so bold as to attempt a work which is above my ability, that is to say, to speak words in thy honour. And I think, O my beloved, that in any case I must now moderate my speech, otherwise the length of the discourse will make thee to forget that to which thou hast listened at the beginning; [p. 135] for in everything there should be moderation. And finally, let us present ourselves before the holy Archangel Michael, and let us beseech him to pray for us to the Good God to forgive us our sins, for he is mighty with our Lord Jesus Christ, through Whom be all glory, and honour, [and all adoration, which are meet for the Father with Him, and the Holy, and lifegiving, and consubstantial Spirit with Him, now, and at all times, and for ever and ever. Amen.]

. . . .
Ⲛⲓϣϯ ϧⲉⲛ ⲛⲓⲥⲙⲟⲩⲧ ⲧⲏⲣⲟⲩ ⲡⲉⲛⲁⲅⲓⲟ̀ⲧⲁⲧⲟⲥ ⲉⲧ
ⲥⲙⲁⲣⲱⲟⲩⲧ. ⲫⲏ ⲉⲑ ⲙⲉϩ ⲉ̀ⲃⲟⲗϧⲉⲛ ⲡⲓ ⲡⲛ̅ⲁ̅ ⲉ̀ⲑ
ⲟⲩⲁⲃ ⲟⲩⲟϩ ⲉϥϫⲏⲕ ⲉⲃⲟⲗ ϧⲉⲛ ⲁⲣⲉⲧⲏ ⲛⲓⲃⲉⲛ ⲁⲃⲃⲁ
ⲑⲉⲟ̀ⲇⲟⲥⲓⲟⲥ. Ⲡϣⲏⲣⲓ ⲛ̀ ⲛⲓⲛⲓϯ ⲛ̀ ⲁⲡⲟⲥⲧⲟⲗⲟⲥ
ⲟⲩⲟϩ ⲡϣⲫⲏⲣ ⲛ̀ ⲛⲓⲁⲅⲅⲉⲗⲟⲥ ⲡⲓⲁⲣⲭⲏⲉ̀ⲡⲓⲥⲕⲟⲡⲟⲥ
ⲛ̀ⲧⲉ ϯ Ⲃⲁⲕⲓ ⲣⲁⲕⲟϯ(?) . . . ϧⲉ̄ⲛ ⲡⲓⲉ̀ϩⲟⲟⲩ ⲛ̀
ⲁ̅. ⲁ̅. ϣⲁⲓ ⲙ̀ ⲡⲓⲁⲣⲭⲁⲅⲅⲉⲗⲟⲥ ⲉ̀ⲑ ⲟⲩⲁⲃ ⲙⲓⲭⲁⲏⲗ. Ⲉⲧⲉ
ⲫⲁⲓ ⲡⲉ ⲥⲟⲩ ⲓ̅ⲃ̅ ⲙ̀ ⲡⲓⲁ̀ⲃⲟⲧ ⲉⲧ ⲥⲙⲁⲣⲱⲟⲩⲧ ⲁⲑⲱⲣ.
ⲟⲩⲟϩ ⲁϥⲭⲱ ⲛ̀ ϩⲁⲛ ⲙⲏϣ ⲛ̀ ⲥⲁϫⲓ ⲉⲑⲃⲉ ⲛⲓⲙⲉⲧ-
ⲛⲁⲏⲧ ⲛⲉⲙ ⲛⲓⲁⲅⲁⲡⲏ ⲉⲧⲟⲩ . . . ⲛ . . . .
. . ⲉⲧⲥ . . ⲛ̀ⲫϯ . . ⲙⲓⲭⲁⲏⲗ . . ⲉϩⲟⲟⲩ ⲛ̀ ϣⲁⲓ
ⲕⲁⲧⲁ ⲁ̀ⲃⲟⲧ ⲇⲉ ⲡⲓⲁⲣⲭⲁⲅⲅⲉⲗⲟⲥ ⲉ̀ⲑ ⲟⲩⲁⲃ ϥ ⲉⲣ
ⲇⲓⲁ̀ⲕⲱⲛⲓⲛ ⲇⲉ ⲛ̀ⲙⲱⲟⲩ ⲟⲩⲟϩ ⲉϥⲓⲛⲓ ⲛ̀ ⲛⲟⲩϩⲃⲛⲟⲩⲓ
ⲉⲑⲛⲁⲛⲉⲩ ⲉ̀ ⲡϣⲱⲓ ⲛ̀ ⲡⲉⲛⲑⲟ ⲛ̀ ⲫϯ ϥϫⲱⲕ ⲉ̀ⲃⲟⲗ
ⲛ̀ ⲛⲟⲩ ⲉⲧⲏⲙⲁ ⲧⲏⲣⲟⲩ ⲟⲩⲟϩ ⲟⲩⲛ . . . ⲉⲧϯ ϧⲉⲛ
ⲟⲩⲣⲁϣⲓ ϥⲁⲓⲉⲣⲉ ⲫϯ ⲛⲉⲓ ⲛ̀ⲙⲟϥ Ⲟⲩⲟϩ ⲁϥⲥⲁϫⲓ ⲟⲩⲛ
ⲓ̅. ⲃ̅. ⲉⲑⲃⲉ ⲛⲏ ⲉ̀ⲑ ⲟⲩⲁⲃ ⲉⲧ ϧⲉⲛ ⲛⲓⲅⲣⲁⲫⲏ ⲛⲁⲓ ⲉ̀ⲧⲁϥ
ϯ ⲧⲟⲧϥ ⲛⲉⲙⲱⲟⲩ ⲛ̀ϫⲉ ⲡⲓⲁⲣⲭⲁⲅⲅⲉⲗⲟⲥ
ⲉ̀ⲑ ⲟⲩⲁⲃ ⲙⲓⲭⲁⲏⲗ ⲟⲩⲟϩ ⲁϥⲛⲁϩⲙⲟⲩ
ⲉ̀ⲃⲟⲗϧⲉⲛ ⲛ̀ ⲟⲩϩⲟϫϩⲉϫ ⲧⲏⲣⲟⲩ
ⲛⲉⲙ ⲛ̀ ⲟⲩ ⲁ̀ⲛⲁⲅⲕⲏ ϧⲉⲛ
ⲟⲩϩⲓⲣⲏⲛⲏ ⲛ̀ⲧⲉⲫϯ ⲁ̀ⲙⲏⲛ

---

[1] The first leaf of the MS. is torn in many places and several lacunae occur in the text.

Ⲁⲛⲟⲕ ϯϫⲓⲙⲓ ⲛ̀ ⲧⲁⲣⲭⲏ ⲙ̀ ⲡⲓⲥⲁϫⲓ ⲉ̀ⲃⲟⲗϧⲉⲛ ⲫⲏ
ⲉ̀ⲧⲟⲓ ⲛ̀ ⲥⲟⲗⲥⲉⲗ ⲛⲓⲙ ϩⲓ ⲛⲟⲙϯ ϧⲉⲛ ϩⲱⲃ ⲛⲓⲃⲉⲛ ⲫⲏ
ⲉ̀ⲧ ⲥⲱⲟⲩⲛ ⲙ̀ ⲡⲕⲁϩⲓ ⲧⲏⲣϥ ⲟⲩⲟϩ ϥ̀ⲃⲟⲧⲃⲉⲧ ⲛ̀
ⲛⲓⲃ̀ⲗⲱⲧ ⲫⲏ ⲉ̀ⲧ ⲟⲩⲱⲛ ⲙ̀ ⲫ̀ⲣⲟ ⲙ̀ ⲡⲓⲥⲁϫⲓ ⲛ̀ ⲟⲩⲟⲛ
ⲛⲓⲃⲉⲛ ⲉ̀ⲧ ⲕⲱϯ ϧⲉⲛ ⲟⲩⲥⲡⲟⲩⲇⲏ. Ⲛⲓⲙ ⲡⲉ ⲫⲁⲓ. 5
ⲛ̀ⲑⲟϥ ⲡⲉ ⲡ̀ⲗⲟⲅⲟⲥ ⲙ̀ ⲫϯ ⲫⲁⲓ ⲉ̀ⲧⲉ ⲁⲛⲟⲕ ϯϥⲱϣ
ⲙ̀ ⲡⲉϥⲥⲱⲙⲁ ϧⲉⲛ ⲧⲁϫⲓϫ ⲟⲩⲟϩ ϯⲥⲱ ⲙ̀ ⲡⲉϥ-
ⲥⲛⲟϥ ⲉ̀ⲧ ⲧⲁⲓⲏⲟⲩⲧ ⲉ̀ ⲡⲓⲡⲟⲧⲏⲣⲓⲟⲛ ⲟⲩⲟϩ ϯϯ ⲙ̀-
ⲙⲟϥ ⲛ̀ ⲛⲏ ⲉ̀ⲑ ⲛⲁϩϯ ⲉ̀ⲣⲟϥ. ⲛ̀ⲑⲟϥ ⲡⲉ ⲡⲁ⳪
ⲟⲩⲟϩ ⲡⲁⲛⲟⲩϯ ⲓ̅ⲏ̅ⲥ̅ ⲡⲭ̅ⲥ̅ ⲡⲓⲥⲱⲧⲏⲣ ⲙ̀ ⲡ̀ⲧⲏⲣϥ ⲫⲏ 10
ⲉ̀ⲧ ⲱϣ ⲉ̀ⲃⲟⲗϧⲉⲛ ⲣⲱϥ ⲛ̀ ⲁⲗⲏⲑⲓⲛⲟⲛ ⲫⲏ ⲉ̀ⲧ ϥⲓ
ⲫ̀ⲣⲱⲟⲩϣ ϧⲁ ϯⲙⲉⲧⲣⲱⲙⲓ ⲧⲏⲣⲥ ⲫⲏ ⲉ̀ⲧ ⲙⲉϩ ⲛ̀
ⲛⲁⲓ ⲛⲉⲙ ⲙⲉⲧϣⲁⲛⲑⲙⲁϧⲧ ⲉ̀ϧⲟⲩⲛ ⲉ̀ ⲧϩⲓⲕⲱⲛ ⲙ̀
ⲫϯ. Ⲛⲓⲙ ⲡⲉ ⲫⲁⲓ. ⲫⲁⲓ ⲡⲉ ⲡⲓⲁⲣⲭⲏⲁⲅⲅⲉⲗⲟⲥ
ⲉ̀ⲑ ⲟⲩⲁⲃ ⲙⲓⲭⲁⲏⲗ ⲡⲁⲣⲭⲏⲅⲟⲩⲥ ⲛ̀ⲧⲉ ⲧϫⲟⲙ ⲛ̀ 15
ⲛⲓⲫⲏⲟⲩⲓ̀. Ⲁⲗⲗⲁ ϯϯϩⲟ ⲉ̀ⲣⲱⲧⲉⲛ ⲛⲁⲙⲉⲛⲣⲁϯ ⲛⲉⲙ
ⲛⲁϣⲏⲣⲓ ⲙ̀ ⲙⲉⲛⲣⲓⲧ ⲛ̀ⲧⲉ ⲡⲓⲥⲁϫⲓ ϩⲓⲛⲁ ⲉⲑⲣⲉⲧⲉⲛϯ
ⲧⲟⲧⲉⲛ ⲛⲉⲙⲏⲓ ϧⲉⲛ ⲧⲁⲓ ⲛⲓϣϯ ⲛ̀ ⲁⲣⲭⲏ ⲙⲏⲡⲟⲧⲉ
ⲛ̀ⲧⲁ ϩⲓ ⲧⲟⲧ ⲉ̀ ⲡⲁⲓ ⲛⲓϣϯ ⲙ̀ ⲡⲉⲗⲁⲅⲟⲥ ⲫⲏ ⲉ̀ⲧⲉ
ⲙ̀ⲙⲟⲛ ⲁⲩⲣⲏϫϥ ⲛ̀ⲧⲁϥ ⲟⲩⲟϩ ⲙ̀ⲙⲟⲛ ϣ̀ϫⲟⲙ ⲙ̀ⲙⲟⲓ 20
ⲉ̀ ⲥⲱⲕ ⲛ̀ ⲧⲁ ⲕⲟⲩϫⲓ ⲛ̀ ⲕⲩⲃⲱⲧⲟⲥ ⲉ̀ ⲡⲓⲭ̀ⲣⲟ. ⲇⲉ
ⲟⲩⲏⲓ ⲧⲉⲧⲉⲛⲥⲱⲟⲩⲛ ⲛ̀ ⲧⲁ ⲙⲉⲧϩⲏⲕⲓ ⲧⲏⲣⲟⲩ ⲟⲩⲟϩ
ϫⲉ ⲙ̀ⲙⲟⲛ ⲧⲏⲓ ⲛ̀ ϩⲗⲓ ϧⲉⲛ ⲧⲁ ⲙⲉⲧⲓⲉⲃϣⲱⲧ ϩⲓⲛⲁ
ⲛ̀ⲧⲁϣⲱⲧ ⲛ̀ ⲟⲩⲛⲓϣϯ ⲛ̀ ⲕⲩⲃⲱⲧⲟⲥ ⲉ̀ ⲟⲩⲟⲛϣ̀ϫⲟⲙ
ⲙ̀ⲙⲟⲥ ⲉ̀ ⲉⲣ ϫⲓⲛⲓⲟⲣ ϧⲉⲛ ⲫⲓⲟⲙ ⲉ̀ⲛⲁϣⲱ ⲟⲩⲟϩ 25
ⲛ̀ⲧⲉⲥϥⲁⲓ ϧⲁ ⲧ̀ϧⲣⲉϣⲓ ⲛ̀ ⲛⲓⲑⲛⲟⲩ. Ⲁⲗⲗⲁ ⲟⲩⲕⲟⲩ-
ϫⲓ ⲡⲉ ⲡⲓⲁ̀ⲃⲓⲛ ⲟⲩⲟϩ ⲟⲩⲕⲟⲩϫⲓ ⲡⲉ ϯⲕⲩⲃⲱⲧⲟⲥ ⲟⲩⲛ
ⲉ̀ⲧⲉ ⲛ̀ⲧⲏⲓ ⲧⲉⲣ ϩⲟϯ ⲙⲏⲡⲟⲧⲉ ⲛ̀ⲧⲁⲓ ⲉ̀ⲃⲟⲗϧⲉⲛ ⲧⲁⲓ

λυμνη ετε ν̄μον λυμιιι ν̄τας ϣα κε λυμνη
ες̄ϣθεροωρ ν̄τε ιιιθηογ τωογη ὲπωι ογος
ν̄τε ιιι ϩωιμι ιιεμ ιιιχολ ϩιτὲθαλασσα ν̄
†σωογη ν̄ ιιηβι αιι πε ϩινα ν̄ταιιοϩεμ ν̄
ταψγχη ν̄μαγατσὲ πιχρο. Τοτε ογοιι
ιιιβειι ιιαχος πε ὰ ϥαι πιμι ν̄ ογϩμοτ ϧατειι
ϕ†︱ πε αϥιιοϩεμ πε ογει τ̄ ψγχη ν̄ πιρωμι
ν̄ τοτϥ σταιιογτ ὲϩοτε πικοσμος τηρϥ ὲτ
μεϩ ν̄ ιιογβ ϩι ϩατ. Εθβε ϕαι †· ερ ϩοτ
μηπως ν̄ταϩιογὶ ν̄ ταψγχη ογοϩ †εμι πε
τακγβωτος πωπεβ ογοϩ ται εβϣωτ ογκογπι
πε ογοϩ †εμι ὰιιοκ ν̄ ιιηβι αιι μηποτε
ν̄ταϩι τοτ ὲθαλασσα ν̄ταϣτεμτασθοι ϧειι
ογϩιρηιιη. Ογοϩ ὰιιοκ αιϣαιιϥαι ϧα ιιιβισι
ν̄τε ϕιομ ιιεμ ιιιϩωιμι ν̄ †ιιαϣϥαι αιι ϧα
ογϣϕιτ ν̄τε ϕη ὲθ ιια †· ϣωϣ ιιηι ν̄σεχος
πε ὼ πιὰτὲμι ︱ ν̄ ρωμι ιιιμ πε ϕη ὲταϥ ερ
ὰιιαγκαπιιι ν̄μοκ εθρεκὶρι σα πϣωι ν̄ τεκχομ
ισπε κὲμι πε κοι ν̄ ϩικι ογοϩ ν̄μοιι ϩλι ν̄
τοτκ ν̄περὶρι σα πϣωι ὶ· τεκχομ. Αλλα
ϩαιιμιϣ ιιε ιιιϣωτ πως ν̄πε κ† ιιωογ ν̄
τεκκογπι ν̄ πεκὶεβϣωτ εθρογ ερ ϣωτ ν̄ ϧιτσ
ϩιιια ν̄τεκϭι ν̄ πιχϕο ιιεμ †μετιεβϣωτ ιιεμ
†κγβωτος ογιι ογοϩ ακιιοϩεμ ν̄τεκψγχη
ιιεμ †κγβωτος ιιεμ π ὲτ ειιτακ ογιι ϧειι
ογϩιρηιιη ὲϣωπ κὲμι ν̄ ιιηβι αιι. Αιιοκ πε
†ιιαταμωτειι ︱ ὼ ιιασιιηογ πε αϣ τε †κγβω-
τος ὶε ογ πε πιὰβιιι †κγβωτος πε τασαρξ

ⲛ̀ ⲣⲉϥⲉⲣⲛⲟⲃⲓ ⲑⲁⲓ ⲉⲧⲉ ⲙ̀ⲡⲓ ⲉⲣ ⲕⲟⲓⲛⲟⲙⲓⲛ ⲛ̀ⲙⲟⲥ
ⲛ̀ ⲕⲁⲗⲱⲥ. ⲡⲓⲁ̀ⲃⲓⲛ ⲇⲉ ⲡⲉ ⲡⲁ ϩⲏⲧ ⲫⲁⲓ ⲉ̀ⲧⲉ
ⲛ̀ⲙⲟⲛ ⲉ̀ⲙⲓ ⲛ̀ ϧⲏⲧϥ ⲟⲩⲇⲉ ⲛⲓⲃⲓ ⲉ̀ ⲡϣⲱⲓ ⲟⲩⲟϩ
ⲡⲓⲛⲓⲃⲓ ⲉ̀ ⲡϣⲱⲓ ⲉ̀ ϯⲥⲱⲟⲩⲛ ⲛ̀ⲙⲟϥ ⲁⲛ. ⲛⲁⲓ ⲛⲉ
ⲛⲓⲅⲣⲁⲫⲏ ⲉ̀ⲧⲉ ⲙ̀ⲡⲓⲥⲟⲅⲟⲛⲟⲩ. Ⲉⲑⲃⲉ ⲫⲁⲓ ⲛ̀ⲑⲱⲧⲉⲛ 5
ⲧⲉⲧⲉⲛⲥⲁϫⲓ ⲛⲉⲙⲏⲓ ⲛ̀ ⲫⲟⲟⲩ ϩⲓⲛⲁ ⲉⲑⲣⲓ ⲉⲣ ⲥⲁ
ⲡϣⲱⲓ ⲛ̀ ⲧⲁ ϫⲟⲙ ⲙⲁⲗⲓⲥⲧⲁ ϥⲏ ⲉ̀ⲧⲉⲧⲉⲛ ⲉⲣ ⲁ̀ⲛⲁⲅ-
ⲕⲁⲍⲓⲛ ⲙ̀ⲙⲟⲓ ⲉⲑⲣⲓⲥⲁϫⲓ ⲉ̀ ⲡⲉϥⲧⲁⲓⲟ̀ ⲛⲉⲙ ⲫⲁ ⲡⲉϥ

ⲅ̄. ⲁ. ⲟ̄ⲥ̄. Ⲟⲩ ⲉ̀ⲃⲟⲗϧⲉⲛ ⲡⲕⲁϩⲓ ⲛⲉⲙⲁⲛ | ⲁⲛ [ⲡⲉ] ⲁⲗⲗⲁ
ⲟⲩ ⲉ̀ⲃⲟⲗϧⲉⲛ ⲧⲫⲉ ⲡⲉ ⲛ̀ ⲟⲩⲥⲁⲣⲕⲓⲛⲟⲛ ⲁⲛ ⲡⲉ 10
ⲁⲗⲗⲁ ⲟⲩ ⲁ̀ⲥⲱⲙⲁⲧⲟⲥ ⲡⲉ ⲟⲩⲟⲩⲱⲓⲛⲓ ⲡⲉ ⲟⲩⲑⲁⲙⲓⲟ̀
ⲁⲛ ⲡⲉ ⲉ̀ⲃⲟⲗϧⲉⲛ ⲡⲓⲟ̀ⲙⲓ ⲁⲗⲗⲁ ⲟⲩⲡ̄ⲛ̄ⲁ̄ ⲉϥ ⲟⲩⲁⲃ
ⲡⲉ ⲛ̀ ⲟⲩ ⲉ̀ⲃⲟⲗϧⲉⲛ ⲛⲓⲇⲓⲁⲕⲱⲛ ⲛ̀ⲧⲉ ⲡⲕⲁϩⲓ ⲁⲛ ⲡⲉ
ⲁⲗⲗⲁ ⲟⲩⲇⲓⲁⲕⲱⲛ ⲉ̀ⲃⲟⲗϧⲉⲛ ⲟⲩϣⲁϩ ⲛ̀ ϩⲣⲱⲙ.
Ⲟⲩⲁⲣⲭⲱⲛ ⲛ̀ⲧⲉ ⲡⲕⲁϩⲓ ⲁⲛ ⲡⲉ ⲁⲗⲗⲁ ⲟⲩⲁⲣⲭⲏ- 15
ⲁⲅⲅⲉⲗⲟⲥ ⲛ̀ⲧⲉ ⲧϫⲟⲙ ⲛ̀ⲧⲉ ⲛⲓⲫⲏⲟⲩⲓ̀ ⲡⲉ ⲛ̀ ⲟⲩⲁⲣⲭⲏ-
[ⲥⲧⲣⲁⲧⲩ]ⲅⲟⲩⲥ ⲛ̀ⲧⲉ ⲡⲕⲁϩⲓ ⲁⲛ ⲡⲉ ⲫⲁⲓ ⲉ̀ⲧ ⲉϥⲛⲁ-
ⲕⲟⲣϥϥ ⲛ̀ϫⲉ ⲡⲉϥⲟⲩⲣⲟ ϧⲉⲛ ⲡⲓⲛⲁⲩ ⲉ̀ⲧ ⲉϥⲟⲩⲱϣ
ⲁⲗⲗⲁ ⲟⲩⲁⲣⲭⲏⲥⲧⲣⲁⲧⲩⲅⲟⲩⲥ ⲛ̀ⲧⲉ ⲧϫⲟⲙ ⲛ̀ ⲛⲓ-

ⲅ̄. ⲃ. ⲫⲏⲟⲩⲓ̀ ϥⲙⲏⲛ ⲉ̀ⲃⲟⲗ ⲛⲉⲙ ⲡⲉϥⲟⲩⲣⲟ ϣⲁ ⲉ̀ⲛⲉϩ. 20
Ⲁϥⲥⲁϫⲓ ⲁⲛ ϧⲁ ⲡⲧⲁⲕⲟ̀ ⲛ̀ ⲛⲓⲯⲩⲭⲏ ⲁⲗⲗⲁ ⲟⲩⲣⲉϥⲉⲣ-
ⲡⲣⲉⲥⲃⲉⲩⲓⲛ ϧⲁ ⲡⲛⲟϩⲉⲙ ⲛ̀ ⲛⲉⲛⲯⲩⲭⲏ ⲛⲉⲙ ⲛⲉⲛ-
ⲥⲱⲙⲁ ⲛ̀ ⲥⲏⲟⲩ ⲛⲓⲃⲉⲛ ϧⲁⲧⲉⲛ ⲫϯ ⲡⲉⲛⲣⲉϥⲑⲁⲙⲓⲟ̀.
Ⲛ̀ ⲟⲩⲣⲉϥⲥⲉⲙⲓ ⲁⲛ ⲁⲗⲗⲁ ⲟⲩϥⲁⲓⲣⲱⲟⲩϣ ϧⲁ ⲡⲧⲏⲣϥ
ⲛ̀ ⲟⲩⲙⲁⲥⲧⲉ ⲣⲱⲙⲓ ⲁⲛ ⲁⲗⲗⲁ ⲟⲩⲙⲉⲛⲣⲓⲧ ⲛ̀ⲧⲉ 25
ⲧϩⲓⲕⲱⲛ ⲛ̀ ⲫϯ ⲧⲏⲣⲟⲩ. Ⲛ̀ ⲟⲩϫⲁϫⲓ ⲛ̀ⲧⲁⲛ ⲁⲛ
ⲡⲉ ⲁⲗⲗⲁ ϥⲟⲓ ⲛ̀ ϩⲓⲣⲏⲛⲏ ⲛⲉⲙ ⲟⲩⲟⲛ ⲛⲓⲃⲉⲛ ⲛ̀ ⲟⲩ
ⲁⲧ ⲛⲁⲓ ⲁⲛ ⲡⲉ ⲁⲗⲗⲁ ⲟⲩⲣⲉϥϣⲉ ⲛ̀ ϩⲏⲧ ⲡⲉ ⲉⲣⲉ

ⲅ̄. ⲁ̄. ⲑⲙⲉⲧⲛⲁⲩⲧ ⲙ̄ ⲫϯ ϣⲟⲡ ⲛ̀ ⲃⲏⲧϥ | ϫⲉ ⲫⲏ ⲉ̀ⲧ
ⲉⲣⲉ̀ⲧⲓⲛ ϣⲁϥϭⲓ ⲫⲏ ⲉ̀ⲧ ⲕⲱϯ ϣⲁϥϫⲓⲙⲓ ⲟⲩⲟϩ ⲫⲏ
ⲉ̀ⲧ ⲕⲱⲗϩ ⲥⲉⲛⲁⲟⲩⲱⲛ ⲛⲁϥ. ⲟⲩⲟϩ ⲁ̀ⲛⲟⲕ ϩⲱ
ⲉ̀ⲧⲁⲛⲁⲩ ⲉ̀ ⲧϫⲓⲛϯ ⲛ̄ ⲡⲁ ϭⲥ̄ ϧⲉⲛ ⲟⲩⲣⲁϣⲓ ⲁⲓϭⲓ-
ⲧⲟⲧ ⲟⲩⲛ ⲉ̀ⲣⲟϥ ⲙ̄ ⲫⲟⲟⲩ ⲁⲧϭⲛⲉ ⲙⲉⲧⲁⲣⲕⲟⲥ. 5
ⲉⲓⲉⲣⲉ̀ⲧⲓⲛ ϩⲓⲛⲁ ⲛ̀ⲧⲁϭⲓ ⲛ̀ ⲟⲩⲙⲏϣ ⲟⲩⲟϩ ⲉⲓⲕⲱⲗϩ
ϩⲓⲛⲁ ⲛ̀ⲥⲉⲁⲟⲩⲱⲛ ⲛⲏⲓ ⲁⲗⲗⲁ ϥⲛⲁϫⲟⲥ ⲛ̀ⲑⲟⲕ ⲱ̀
ⲫⲏ ⲉ̀ⲑ ⲙⲉϩ ⲛ̀ ⲁ̀ⲣⲉⲧⲏ ⲟⲩⲟϩ ϥⲙⲉⲓ ⲛ̀ ϯⲥⲃⲱ ϫⲉ
ⲟⲩ ϩⲁⲣⲁ ⲡⲉ ⲉ̀ⲧ ⲉⲕϣⲓⲛⲓ ⲛ̀ⲥⲱϥ ⲛ̀ ⲧⲟⲧϥ ⲙ̀ ⲫⲟⲟⲩ
ⲙⲉⲛⲉⲛⲥⲁ ⲑⲣⲉⲕ ⲉⲣ ϣⲟⲣⲡ ⲛ̀ⲧⲉⲕϫⲱ. ⲁⲕⲕⲓⲙ 10
ⲅ̄. ⲃ̄. ⲛ̀ϫⲱ ⲛ̀ ⲟⲩⲉⲩⲅⲉⲣⲕⲱⲙⲓⲟⲛ | ⲉ̀ϫⲉⲛ ϯⲣⲟⲙⲡⲓ ⲙ̄ ⲃⲉⲣⲓ
ⲛⲉⲙ ⲧⲁ̀ⲣⲭⲏ ⲛ̀ ⲛⲓϣⲁⲓ ⲛ̀ⲧⲉ ⲡϭ̄ⲥ̄ ⲧⲏⲣⲟⲩ ⲟⲩⲟϩ ⲡⲁⲓ
ⲣⲏϯ ⲟⲩⲛ ⲁⲕϫⲱ ⲛ̀ ⲕⲉ ⲗⲟⲅⲟⲥ ⲉ̀ϫⲉⲛ ⲫⲏ ⲉ̀ⲧⲉ ⲙ̀ⲡⲉ
ⲟⲩⲟⲛ ⲧⲱⲛϥ ϧⲉⲛ ⲛⲓⲙⲓⲥⲓ ⲛ̀ⲧⲉ ⲛⲓϩⲓⲟ̀ⲙⲓ ⲉ̀ ⲛⲁⲁϥ
ⲉ̀ϩⲟⲧ ⲉ̀ⲣⲟϥ ⲡⲥⲩⲛⲅⲉⲛⲓⲥ ⲙ̀ ⲡⲭ̄ⲥ̄ ⲡⲓⲁ̀ⲅⲓⲟⲥ ⲓⲱⲁⲛⲛⲓⲥ 15
ⲡⲓⲣⲉϥϯ ⲱⲙⲥ ⲡϣⲫⲏⲣ ⲙ̀ ⲡⲓⲡⲁⲧϣⲉⲗⲉⲧ ⲉ̀ⲑ ⲟⲩⲁⲃ.
ⲙⲏ ⲕⲉ̀ⲙⲓ ⲁⲛ ⲱ̀ ⲡⲁ ⲓⲱⲧ ϫⲉ ⲛⲁⲛⲉ ⲡⲓϣⲓ ϧⲉⲛ
ϩⲱⲃ ⲛⲓⲃⲉⲛ ⲙ̀ ⲫⲣⲏϯ ⲉ̀ ⲁⲕⲟⲩⲱⲙ ⲓⲉ̀ ⲛ̀ⲧⲉⲕⲥⲱ
ⲓⲉ̀ ⲛ̀ⲧⲉⲕϣⲗⲏⲗ ⲭⲁⲟⲩⲁϣ ⲡⲓϣⲓ ϧⲉⲛ ϩⲱⲃ ⲛⲓⲃⲉⲛ
ⲙ̀ⲫⲣⲏϯ ⲉ̀ⲧⲉϥϫⲱ ⲙ̀ⲙⲟⲥ ⲛ̀ϫⲉ ⲡⲉⲛⲥⲁϩ ⲛ̀ ⲁ̀ⲡⲟⲥ- 20
ⲍ̄. ⲁ̄. ⲧⲟⲗⲟⲥ | ⲡⲁⲩⲗⲟⲥ ϫⲉ ϯⲁ̀ⲥⲕⲩⲥⲓⲥ ⲛ̀ⲧⲉ ⲫϯ ⲟⲩⲛⲓϣϯ
ⲡⲉ ϧⲉⲛ ⲡⲓϩⲛⲟⲩ ⲁⲕϣⲁⲛϫⲱⲕ ⲉ̀ⲃⲟⲗ ⲛ̀ⲧⲉⲕⲧⲱⲟⲩⲛ
ϩⲁⲣⲟⲥ. ⲁ̀ⲛⲟⲕ ⲇⲉ ϯⲛⲁ ⲉⲣ ⲟⲩⲱ̀ ⲛⲁⲕ ⲟⲩⲟϩ
ⲛ̀ⲧⲁϫⲟⲥ ⲛⲁⲕ ⲱ̀ ⲡⲁ ⲙⲉⲛⲣⲓⲧ ϫⲉ ⲁⲕⲥⲁϫⲓ ⲛ̀ ⲕⲁⲗⲱⲥ
ⲟⲩⲟϩ ⲁⲕⲟⲩⲱⲛϩ ⲛ̀ ⲟⲩϭⲓⲣⲱⲟⲩϣ ⲉ̀ⲃⲟⲗ ⲁⲗⲗⲁ ϯⲛⲁ 25
ⲉⲣ ⲧⲟⲗⲙⲁⲛ ⲟⲩⲟϩ ⲛ̀ⲧⲁϫⲟⲥ ⲙ̀ ⲫⲣⲏϯ ⲙ̀ ⲡϣⲫⲏⲣ
ⲙ̀ ⲡϭ̄ⲥ̄ ⲁⲃⲣⲁⲁⲙ ⲡⲁ̀ⲣⲭⲱⲛ ⲛ̀ ⲛⲓⲡⲁⲧⲣⲓⲁⲣⲭⲏⲥ ⲫⲏ
ⲉ̀ⲧⲁϥ ⲉⲣ ⲓⲱⲧ ⲛ̀ ⲟⲩⲛⲓϣϯ ⲛ̀ ⲉⲑⲛⲟⲥ ⲉ̀ⲧⲁϥϫⲟⲥ ⲛ̀

ⲫϯ ϫⲉ ⲓⲥϫⲉ ⲟⲩⲟⲛϣϫⲟⲙ ⲛ̀ ⲥⲁϫⲓ ⲛⲉⲙ ⲡⲁ ⲟ̅ⲥ̅ ⲛ̀
ⲡⲁⲓ ⲕⲉ ⲥⲟⲡ ⲟⲩⲟⲅ ⲕⲁⲛ ⲫⲁⲓ ⲟⲩⲍⲟⲩⲟ̀ | ⲥⲁϫⲓ
ⲛ̀ⲧⲉⲓ ⲉⲑⲣⲓⲧⲉⲛⲑⲱⲛⲧ ⲉ̀ ⲡ̀ϣⲫⲏⲣⲓ ⲛ̀ ⲫϯ ⲁⲗⲗⲁ
ⲁ̀ⲛⲟⲕ ⲉⲓ̇ⲉ ⲉⲣ ⲧⲟⲗⲙⲁⲛ ϣⲁ ⲅ̅ ⲛ̀ ⲥⲟⲡ ϩⲱⲗⲟⲥ
ⲟⲩⲟϩ ϥ̀ⲛⲁⲧⲁⲥⲑⲟⲓ ⲁⲛ. ϫⲉ ⲟⲩⲉⲓ ⲛ̀ⲑⲟϥ ⲡⲉ ⲟⲩⲛⲟⲩϯ 5
ⲛ̀ ⲟⲩⲱⲧ ⲟⲩⲟϩ ⲟⲩⲟ̅ⲥ̅ ⲛ̀ ⲟⲩⲱⲧ ⲟⲩⲟϩ ⲑⲱϥ ⲧⲉ
ϯⲙⲉⲧϣⲁⲛⲁϩⲑⲏϥ ⲉⲑ ⲙⲏⲛ ⲉ̀ⲃⲟⲗ ϣⲁ ⲉ̀ⲛⲉϩ. ϧⲉⲛ
ⲫⲁⲓ ϯⲑⲱⲧ ⲛ̀ ⲡⲉⲕϩⲏⲧ ϫⲉ ⲫϯ ⲫⲏ ⲉ̀ⲧⲁϥϩⲟⲛϩⲉⲛ
ⲛⲁⲛ ϫⲉ ⲛ̀ⲧⲉⲛⲉ̀ⲣⲉⲧⲓⲛ ϩⲓⲛⲁ ⲛ̀ⲧⲉⲛϭⲓ ⲙ̀ⲙⲟⲛ ϫⲉ
ⲉⲑⲃⲉ ⲟⲩ ⲧⲉⲧⲉⲛⲉ̀ⲣⲉⲧⲓⲛ ⲙ̀ⲙⲟⲓ ⲉⲑⲣⲓⲣⲁⲃϣ ϧⲉⲛ 10
ⲧⲉⲧⲉⲛⲙⲏϯ ϧⲉⲛ ⲡⲁⲓ ⲛⲓϣϯ ⲛ̀ ϣⲁⲓ ⲉ̀ⲧ ⲫⲱⲣϣ
ⲉ̀ⲃⲟⲗ ϧⲉⲛ ⲡⲓⲕⲟⲥⲙⲟⲥ ⲧⲏⲣϥ ⲙ̀ⲙⲁⲩⲁⲧϥ ⲁⲛ ⲁⲗⲗⲁ
ⲛⲉⲙ ϧⲉⲛ ⲛⲓⲫⲏⲟⲩⲓ̇ | ⲟⲩⲟϩ ⲛ̀ⲑⲱⲧⲉⲛ ⲧⲉⲧⲉⲛϣϣ
ⲉ̀ⲃⲟⲗ ⲉ̀ϫⲱⲓ ⲛⲓⲕⲟⲩϫⲓ ⲛⲉⲙ ⲛⲓⲛⲓϣϯ ⲛⲓϩⲱⲟⲩⲧ ⲛⲉⲙ
ⲛⲓϩⲓⲟ̀ⲙⲓ ⲉ̀ⲣⲉⲧⲉⲛϫⲱ ⲙ̀ⲙⲟⲥ ϫⲉ ⲧⲉⲛϯϩⲟ̀ ⲉ̀ⲣⲟⲕ ⲙ̀ⲡ 15
ⲉⲣ ⲭⲁ ⲣⲱⲕ ⲉ̀ⲃⲟⲗϩⲁ ⲡⲁⲓ ⲛⲓϣϯ ⲛ̀ ϣⲓⲛⲓ ⲟⲩⲟϩ
ⲛ̀ⲧⲉⲕⲧⲁⲙⲟⲛ ⲉ̀ ⲡⲁⲓ ⲛⲓϣϯ ⲛ̀ ϣⲁⲓ Ⲛⲉⲙ ⲡ̀ⲧⲁⲓⲟ̀
ⲛ̀ ⲫⲏ ⲉ̀ⲧⲟⲩ ⲉⲣ ϣⲁⲓ ⲛⲁϥ ⲛ̀ ϧⲏⲧϥ ⲫⲁⲓ ⲉ̀ⲧ ⲉⲣ
ⲡ̀ⲣⲉⲥⲃⲉⲩⲓ̇ⲛ ϧⲁⲣⲟⲛ ⲧⲏⲣⲉⲛ ϧⲁⲧⲉⲛ ⲫϯ. Ⲛⲓⲙ ⲛⲉ
ⲛⲓϣϯ ⲛ̀ⲧⲉ ⲡⲓⲡⲁⲗⲗⲁⲧⲓⲟⲛ ⲉ̀ⲃⲏⲗ ⲉ̀ ⲡ̅ⲭ̅ⲥ̅ ⲛⲉⲙ ⲡⲉϥⲁⲣ- 20
ⲭⲓⲥⲧⲣⲁⲧⲩⲅⲟⲩⲥ ⲉ̀ⲑ ⲟⲩⲁⲃ ⲙⲓⲭⲁⲏⲗ. Ⲟⲩⲟϩ ⲙⲉⲛⲉⲛ-
ⲥⲱⲥ ⲧⲉⲛⲛⲁⲟⲩⲁϩⲧⲉⲛ ⲛ̀ⲥⲱⲟⲩ ϩⲱⲛ ⲛⲁⲛ ⲉ̀ ⲡⲉⲧⲉⲛ
ϫⲓⲛϣⲓⲛⲓ ⲱ̀ ⲛⲁⲙⲉⲛⲣⲁϯ ϫⲉ ⲡⲓⲑⲉⲃⲓⲟ̀ | ⲁϥϭⲓⲥⲓ
ⲟⲩⲟϩ ϥ̀ⲥⲟⲩⲧⲱⲛ ⲁⲗⲗⲁ ⲁⲙⲱⲓⲛⲓ ⲟⲩⲁϩⲑⲏⲛⲟⲩ ⲛ̀ⲥⲱⲓ
ϫⲉ ⲟⲩⲉⲓ ⲁ̀ ⲛⲓⲛⲓϣϯ ⲛ̀ⲧⲉ ⲡⲓⲡⲁⲗⲗⲁⲧⲓⲟⲛ ⲕⲏⲛ ⲛ̀ 25
ϩⲱⲗ ⲉ̀ ⲡⲓⲇⲓⲡⲛⲟⲛ ⲛ̀ⲧⲉ ⲡⲓⲁⲣⲭⲏⲁ̀ⲅⲅⲉⲗⲟⲥ ⲉⲑ ⲟⲩⲁⲃ
ⲙⲓⲭⲁⲏⲗ ⲟⲩⲟϩ ⲛ̀ⲧⲟⲩⲣⲱⲧⲉⲃ ⲛⲓⲙ ⲛⲉ ⲛⲁⲓ ⲛⲓϣϯ
ⲉ̀ⲧⲁⲩ ⲉⲣ ϣⲟⲣⲡ ⲛ̀ ⲣⲱⲧⲉⲃ ⲛⲉⲙ ⲡⲓⲁⲣⲭⲏⲁ̀ⲅⲅⲉⲗⲟⲥ

ⲙⲓⲭⲁⲏⲗ. ⲥⲱⲧⲉⲙ ⲁⲛⲟⲕ ⲇⲉ ϯⲛⲁⲧⲁⲙⲱⲧⲉⲛ ⲉⲣⲱⲟⲩ.
ⲁⲇⲁⲙ. ⲥⲏⲑ. ⲉⲛⲱⲭ. ⲙⲁⲑⲟⲩⲥⲁⲗⲁ. ⲛⲱⲉ.
ⲁⲃⲣⲁⲁⲙ. ⲓⲥⲁⲁⲕ. ⲓⲁⲕⲱⲃ. ⲓⲱⲥⲏⲫ. ⲙⲱⲩⲥⲏⲥ.
ⲁⲁⲣⲱⲛ. ⲓⲏⲥⲟⲩ. ⲅⲉⲇⲉⲱⲛ. ⲃⲁⲣⲁⲭ. ⲥⲁⲙⲯⲱⲛ.
ⲓⲉⲫⲑⲁⲉ. ⲇⲁⲩⲓⲇ. ⲥⲟⲗⲟⲙⲱⲛ. | ⲓⲉⲍⲉⲕⲓⲏⲗ. ⲏⲥⲁⲓⲁⲥ. 5
ⲓⲉⲣⲉⲙⲓⲁⲥ. ⲁⲛⲁⲛⲓⲁⲥ. ⲁⲍⲁⲣⲓⲁⲥ. ⲙⲓⲥⲁⲏⲗ. ⲏⲗⲓⲁⲥ.
ⲉⲗⲓⲥⲉⲟⲥ. ⲛⲉⲙ ⲡⲥⲱϫⲡ ⲛ̀ ⲛⲓ ⲕⲉ ⲡⲣⲟⲫⲏⲧⲏⲥ.
ⲍⲁⲭⲁⲣⲓⲁⲥ. ⲡⲓⲟⲩⲏⲃ. ⲛⲉⲙ ⲓⲱⲁⲛⲛⲏⲥ ⲡⲓⲣⲉϥ ϯ
ⲱⲙⲥ ⲛⲉⲙ ⲡⲓ ⲓ̄ⲃ̄ ⲛ̀ ⲁⲡⲟⲥⲧⲟⲗⲟⲥ. ⲛⲉⲙ ⲡⲓⲁⲅⲓⲟⲥ
ⲥⲧⲉⲫⲁⲛⲟⲥ. ⲛⲉⲙ ⲛⲓⲃⲉⲗⲗⲟ ⲥⲩⲙⲉⲱⲛ ⲡⲓⲟⲩⲏⲃ ⲉⲑ 10
ⲟⲩⲁⲃ. ⲛⲉⲙ ⲡⲭⲱⲣⲟⲥ ⲛ̀ⲧⲉ ⲛⲏ ⲉⲑ ⲟⲩⲁⲃ. ⲛⲉⲙ
ⲡⲭⲱⲣⲟⲥ ⲛ̀ⲧⲉ ⲛⲓⲑⲙⲏⲓ. ⲟⲩⲟϩ ⲟⲩ ⲡⲉ ⲡⲁϣⲫⲟ
ⲗⲓⲥⲁϫⲓ ⲉ̀ ⲛⲁ ⲡⲕⲁϩⲓ ⲛ̀ⲙⲁⲩⲁⲧⲟⲩ ⲁⲗⲗⲁ ϥⲉⲙⲙⲁⲩ
ⲛ̀ϫⲉ ⲡ̄ⲟ̄ⲥ̄ ⲛ̀ⲧⲉ ⲡⲱⲟⲩ ⲛⲉⲙ ⲡⲧⲁⲅⲙⲁ ⲧⲏⲣϥ ⲛ̀ⲧⲉ
ⲛⲓⲫⲏⲟⲩⲓ ⲛⲓⲁⲅⲅⲉⲗⲟⲥ ⲛⲉⲙ ⲛⲓⲁⲣⲭⲏⲁⲅⲅⲉⲗⲟⲥ | ⲛⲓ- 15
ⲭⲉⲣⲟⲩⲃⲓⲙ ⲛⲉⲙ ⲛⲓⲥⲉⲣⲁⲫⲓⲙ ⲛⲓⲑⲣⲟⲛⲟⲥ ⲛⲓⲙⲉⲧⲟ̄ⲥ̄
ⲛⲉⲙ ⲛⲓϫⲟⲙ ⲉⲩⲛⲙⲁⲩ ⲛ̀ϫⲉ ⲛⲁⲓ ⲧⲏⲣⲟⲩ ⲉⲩ ϯ
ⲱⲟⲩ ⲙ̀ ⲫϯ ⲛⲉⲙ ⲫⲏ ⲉⲧ ⲁϥⲁⲓϥ ⲛ̀ ⲁⲣⲭⲱⲛ ⲉ̀ϫⲱⲟⲩ
ⲧⲏⲣⲟⲩ ⲡⲓⲛⲓϣϯ ⲛ̀ ⲁⲣⲭⲏⲁⲅⲅⲉⲗⲟⲥ ⲉⲑ ⲟⲩⲁⲃ ⲙⲓ-
ⲭⲁⲏⲗ. ⲁⲗⲗⲁ ϯⲟⲩⲱϣ ⲁⲛⲟⲕ ⲉⲑⲣⲓⲕⲟⲧ ⲛ̀ ⲕⲉ ⲥⲟⲡ 20
ⲉ̀ ϯⲁⲩⲗⲏ ⲛ̀ⲧⲉ ⲡⲓⲛⲓϣϯ ⲛ̀ ⲁⲣⲭⲏⲁⲅⲅⲉⲗⲟⲥ ⲉⲧ ⲟⲩⲁⲃ
ⲙⲓⲭⲁⲏⲗ ⲟⲩⲟϩ ⲛ̀ⲧⲁϣⲉⲛ ⲛⲓⲛⲓϣϯ ⲛ̀ ⲣⲱⲙⲓ ⲛ̀ⲧⲉ
ⲡⲕⲁϩⲓ ϫⲉ ⲡⲱⲥ ⲥⲉⲭⲏ ϧⲉⲛ ⲡⲁⲓ ⲛⲓϣϯ ⲛ̀ ϣⲁⲓ ⲉⲑ
ⲟⲩⲁⲃ ⲛⲉⲙⲁⲛ ⲙ̀ ⲫⲟⲟⲩ. ⲓⲥϫⲉ ⲥⲉⲣⲁϣⲓ ϩⲓⲛⲁ ⲛ̀ⲧⲁ-
ⲣⲁϣⲓ ⲛⲉⲙ ⲛⲏ ⲉⲑ ⲣⲁϣⲓ | ⲕⲁⲧⲁ ⲡⲥⲁϫⲓ ⲙ̀ ⲡⲓⲁⲡⲟⲥ- 25
ⲧⲟⲗⲟⲥ. ⲁⲡⲗⲱⲥ ϯⲛⲁϩⲓ ⲧⲟⲧ ⲉ̀ⲃⲟⲗϧⲉⲛ ⲫⲓⲱⲧ ⲛ̀
ϯⲙⲉⲧⲣⲱⲙⲓ ⲧⲏⲣⲥ ⲫⲏ ⲉⲧ ⲁ ⲫϯ ⲑⲁⲙⲓⲟϥ ⲕⲁⲧⲁ
ⲡ ⲉⲧⲉ ⲫⲱϥ ⲛ̀ ⲓⲛⲓ ⲛⲉⲙ ϩⲓⲕⲱⲛ ⲡⲁ ⲟ̄ⲥ̄ ⲛ̀ ⲓⲱⲧ

ⲁⲇⲁⲙ ⲛ̄ⲑⲟϥ ⲡⲉ ⲉ̄ⲧ ⲁⲓⲛⲁⲩ ⲉ̄ⲣⲟϥ ⲉϥⲟⲓ ⲛ̄ ϣⲟⲣⲡ
ϧⲉⲛ ⲡⲓⲁ̀ⲣⲓⲥⲧⲟⲛ Ⲟⲩⲟϩ ⲛ̀ⲧⲁϣⲉⲛϥ ⲁ̀ⲛⲟⲕ .ⲉⲓⲟⲓ ⲛ̀
ⲥⲟϯ ⲟⲩⲟϩ ϯⲥⲑⲉⲣⲧⲉⲣ ⳓⲉ ⲟⲩⲉⲓ ϯⲛⲁⲩ ⲉ̀ ϯⲑⲱⲟⲩⲧⲥ
ⲧⲏⲣⲥ ⲛ̀ⲧⲉ ⲛⲏ ⲉ̄ⲧ ϧⲉⲛ ⲡⲓⲁ̀ⲣⲓⲥⲧⲟⲛ ⲉⲩⲣⲁϣⲓ ⲛⲉⲙⲁϥ
ⲛ̀ ⲫⲟⲟⲩ ⲟⲩⲟϩ ⲉⲩⲧⲁⲓⲟ̀ ⲛ̀ⲙⲟϥ ⲁ̀ⲛⲟⲕ ⲇⲉ ϯⲛⲁ- 5

Ⲓ. ⲃ. ⲙⲟⲩⲥ̄ⲧ ⲛⲉⲙⲱⲟⲩ. Ⲕⲁⲛ ⲁ̀ⲛⲟⲕ ⲟⲩⲣⲉϥⲉⲣⲛⲟⲃⲓ
ⲟⲩⲟϩ ⲁⲓϣⲁⲛϯ ⲛⲁϥ ⲙ̄ ⲫⲣⲁϣⲓ ⲙ̄ ⲡⲁ ϩⲏⲧ. ⲭⲉⲣⲉ
ⲡⲁ ⳓⲥ ⲛ̀ ⲓⲱⲧ ⲉ̄ⲑ ⲟⲩⲁⲃ ⲭⲉⲣⲉ ⲫⲓⲱⲧ ⲛ̄ ⲛⲓⲙⲉⲧⲓⲱⲧ
ⲧⲏⲣⲟⲩ ⲭⲉⲣⲉ ⲫⲓⲱⲧ ⲙ̄ ⲡⲅⲉⲛⲟⲥ ⲧⲏⲣϥ ⲛ̀ⲧⲉ ϯⲙⲉⲧ-
ⲣⲱⲙⲓ ⲙⲙⲉ(sic) ⲉ̀ⲧⲁⲩϣⲱⲡⲓ ⲛⲉⲙ ⲛⲏ ⲉ̄ⲟ ⲛⲁϣⲱⲡⲓ 10
ⲟⲩⲛ. Ⲟⲩⲟϩ ⲁ̀ⲛⲟⲕ ϩⲱ ⲉ̀ϣⲱⲡ ⲁⲓϣⲁⲛϯ ⲛⲁϥ ⲙ̄
ⲡⲁⲓ ⲭⲉⲣⲉⲧⲓⲥⲙⲟⲥ ⲉ̄ⲧ ⲟⲓ ⲙ̄ ⲙⲁϩ Ḡ ⲁⲛⲁⲅⲕⲏ ϩⲱϥ
ⲛ̀ⲧⲉϥⲙⲟⲩϯ ⲛⲏⲓ ⲙ̀ ⲫⲣⲏϯ ⲛ̀ ⲟⲩⲓⲱⲧ ⲙ̀ ⲡⲉϥϣⲏⲣⲓ
ⳓⲉ ⲁ̀ⲙⲟⲩ ⲱ̄ ⲡⲁϣⲏⲣⲓ ⲛ̀ⲧⲉⲕ ⲉⲣ ϣⲁⲓ ⲛⲉⲙⲁⲛ ϩⲱⲕ
ϧⲉⲛ ⲡⲁⲓ ⲛⲓϣϯ ⲛ̀ ϣⲁⲓ ⲙ̄ ⲫⲟⲟⲩ ⲟⲩⲟϩ ⲁⲓϣⲁⲛⲭⲓⲛⲓ 15
ⲛ̀ ⲟⲩⲡⲁⲣⲣⲏⲥⲓⲁ̀ ϧⲁ ⲧⲟⲧⲕ Ⲥ̀ⲛⲁⲅⲓ̀ⲣⲓ ⲙ̀ⲡⲉϥⲙⲉⲩⲓ̀

Ⲓ̄ⲁ̄. ⲁ. ⲁⲛ | ϧⲁⲧⲉⲛ ⲡⲉϥⲟⲩⲣⲟ ⲁⲗⲗⲁ ⲁϥϩⲏⲗ ⲉ̀ϧⲟⲩⲛ
ⲭⲱⲣⲓⲥ ⲙⲉⲥⲓⲧⲏⲥ ⲓⲉ̀ ⲣⲉϥⲉⲣⲫⲙⲉⲩⲓ̀. Ϥⲟⲓ ⲛ̀ ⲁⲣⲭⲱⲛ
ⲁⲛ ⲉ̀ϫⲉⲛ ⲟⲩⲇⲁⲝⲓⲥ ⲛ̀ ⲟⲩⲱⲧ ⲁⲗⲗⲁ ⲉ̀ϫⲉⲛ ⲡⲭⲱⲣⲟⲥ
ⲧⲏⲣϥ ⲛ̀ⲧⲉ ⲛⲓⲫⲏⲟⲩⲓ ⲕⲁⲧⲁ ⲡⲟⲩⲅⲉϩⲥⲁϩⲛⲓ ⲙ̄ ⲡ̄ⲥ̄ 20
ⲟⲩⲟϩ ⲛⲉⲙ ϩⲱⲃ ⲛⲓⲃⲉⲛ ⲛ̀ϥⲟ̀ϩⲓ ⲉ̀ⲣⲁⲧϥ ⲥⲁ ⲥⲁ̀ⲃⲛ
ⲁⲛ ⲁⲗⲗⲁ ϥⲟ̀ϩⲓ ⲇⲉ ⲉ̀ ⲣⲁⲧϥ ⲥⲁ ⲟⲩⲓ̀ⲛⲁⲙ ⲙ̄ ⲫϯ
ⲉϥⲕⲱϯ ⲛ̀ ⲧⲟⲧϥ ⲛ̀ ⲥⲛⲟⲩ ⲛⲓⲃⲉⲛ ⲉ̀ϫⲉⲛ ⲡⲅⲉⲛⲟⲥ
ⲛ̀ ⲛⲓⲣⲱⲙⲓ. Ⲛⲓⲙ ⲡⲉ ⲫⲁⲓ ⲉ̀ⲣⲉ ⲛⲁⲓ ⲛⲓϣϯ ⲛ̀ ⲧⲁⲓⲟ̀
ⲧⲟⲓ ϩⲓⲱⲧϥ ⲙ̄ ⲡⲁⲓ ⲣⲏϯ ⲛⲉⲙ ⲡⲁⲓ ⲛⲓϣϯ ⲛ̀ ⲱ̀ⲟⲩ. 25

Ⲓ̄ⲁ̄. ⲃ. Ⲥⲱⲧⲉⲙ ⲫⲁⲓ ⲡⲉ ⲙⲓⲭⲁⲏⲗ ⲡⲓⲛⲓϣϯ ⲛ̀ ⲁⲣⲭⲏⲁⲅⲅⲉⲗⲟⲥ |
ⲛ̀ⲧⲉ ⲧϫⲟⲙ ⲛ̀ ⲛⲓⲫⲏⲟⲩⲓ̀. Ⲛⲓⲙ ⲡⲉ ⲫⲁⲓ ⲉ̀ⲧⲉ ⲥⲉ ⲉⲣ
ϣⲁⲓ ⲛⲁϥ ⲛ̀ϫⲉ ⲛⲓⲁ̀ⲣⲉⲧⲏ ⲧⲏⲣⲟⲩ. Ⲛ̀ⲑⲟϥ ⲡⲉ ⲙⲓⲭⲁⲏⲗ

ⲡⲁⲣⲭⲱⲛ ⲛ̀ ⲑⲙⲉⲧⲟⲩⲣⲟ ⲛ̀ ⲛⲓⲫⲏⲟⲩⲓ̀. ⲛⲓⲙ ⲡⲉ ⲫⲁⲓ
ⲉⲧ ⲁ ⲡⲟⲩⲣⲟ ⲉⲣ ⲫⲱⲣⲓⲛ ⲙ̀ⲙⲟϥ ⲛ̀ ⲧⲁⲓ ⲛⲓϣϯ ⲛ̀
ϭⲣⲏⲡⲓ ⲉⲑ ⲙⲉϩ ⲉ̀ⲃⲟⲗϧⲉⲛ ⲡⲁⲓ ⲛⲟⲭ ⲛ̀ ⲱⲟⲩ ⲟⲩⲟϩ
ⲁϥϯ ϩⲓⲱⲧϥ ⲛ̀ ⲛⲟⲭ ⲛ̀ ⲥⲧⲟⲗⲏ ⲟⲩⲟϩ ⲁϥⲙⲟⲣϥ ϧⲉⲛ
ⲡⲁⲓ ⲙⲟⲭϧ ⲛ̀ ⲛⲟⲩⲃ ⲛ̀ ⲛⲟⲩⲃ ϩⲓ ⲱⲙⲓ ⲛ̀ ⲙⲏⲓ ⲉ̀ⲧⲉ ⲙ̀ⲡⲉ 5
ⲟⲩⲟⲛ ϣⲱⲡⲓ ⲛ̀ ⲡⲉϥ ⲣⲏϯ ⲫⲁⲓ ⲡⲉ ⲙⲓⲭⲁⲏⲗ ⲡⲓⲛⲓϣϯ
ⲛ̀ ⲁⲣⲭⲏⲁⲅⲅⲉⲗⲟⲥ ⲉⲧ ϭⲟⲥⲓ. ⲛⲓⲙ ⲡⲉ ⲫⲁⲓ ⲉ̀ⲣⲉ

ⲓⲃ. ⲁ. ⲛⲓⲁⲅⲅⲉⲗⲟⲥ ⲛⲉⲙ ⲛⲓⲧⲁⲅⲙⲁ ⲛ̀ⲧⲉ ⲛⲓⲫⲏⲟⲩⲓ ⲉⲣ
ϩⲉⲗⲡⲓⲥ ⲛ̀ ⲫⲟⲟⲩ ⲟⲩⲟϩ ⲉⲩⲉⲣ ϣⲁⲓ ⲛⲉⲙⲁϥ ϧⲉⲛ
ⲡⲉϥϣⲁⲓ ⲛ̀ⲑⲟϥ ⲡⲉ ⲙⲓⲭⲁⲏⲗ ⲫⲏⲉ̀ⲧ ⲁ ⲫϯ ⲑⲁϣϥ ⲛ̀ 10
ⲁⲣⲭⲱⲛ ⲛ̀ ⲧⲉϥⲙⲉⲧⲟⲩⲣⲟ ⲧⲏⲣⲥ. ⲛⲓⲙ ⲡⲉ ⲫⲁⲓ
ⲉ̀ⲧⲉ ⲥⲉϩⲟⲛϩⲉⲛ ⲛ̀ ⲛⲓⲧⲁⲅⲙⲁ ⲧⲏⲣⲟⲩ ⲛ̀ⲧⲉ ⲛⲓⲫⲏⲟⲩⲓ̀
ⲥⲉⲥⲱⲧⲉⲙ ⲛⲁϥ ⲛ̀ⲑⲟϥ ⲡⲉ ⲙⲓⲭⲁⲏⲗ ⲡⲓⲁⲣⲭⲏⲁⲅⲅⲉⲗⲟⲥ
ⲉ̀ⲧⲁϥⲥⲱⲧⲉⲙ ⲛ̀ ⲥⲁ ⲫⲟⲩⲁϩⲥⲁϩⲛⲓ ⲙ̀ ⲡϭⲥ ⲉ̀ ⲉϥϩⲓⲟⲩⲓ̀
ⲉ̀ⲃⲟⲗϩⲁⲣⲟϥ ⲙ̀ ⲡⲓⲣⲉϥⲥⲉⲙⲓ ⲉⲧ ϩⲱⲟⲩ. ⲛⲓⲙ ⲡⲉ ⲫⲁⲓ 15
ⲉⲧ ⲉⲣⲉ ⲧⲉⲭⲛⲏ ⲛⲓⲃⲉⲛ ⲉⲧ ϧⲉⲛ ⲡⲓⲕⲟⲥⲙⲟⲥ ⲧⲏⲣϥ
ⲉⲩⲕⲱⲣϥ ⲟⲩⲟϩ ⲉⲩⲉⲣ ϣⲁⲓ ⲛⲁϥ ⲛ̀ ⲫⲟⲟⲩ. ⲫⲁⲓ

ⲓⲃ. ⲃ. ⲡⲉ ⲙⲓⲭⲁⲏⲗ ⲡⲓⲁⲣⲭⲏⲁⲅⲅⲉⲗⲟⲥ ⲫⲏ ⲉⲧ ⲥⲟⲃϯ ⲛ̀
ⲛⲁ ⲛⲓⲫⲏⲟⲩⲓ̀ ⲟⲩⲟϩ ϥⲥⲱⲧ ⲛ̀ ⲛⲁⲡⲕⲁϩⲓ ϥ̀ⲓⲣⲓ ⲙ̀
ⲡⲉⲛⲙⲉⲩⲓ̀ ⲙ̀ ⲡⲉⲙⲑⲟ ⲙ̀ ⲫϯ ⲡⲉⲛ ⲣⲉϥⲑⲁⲙⲓⲟ̀ ⲉⲑⲃⲉ 20
ⲧⲉϥⲛⲓϣϯ ⲛ̀ ⲁ̀ⲅⲁⲡⲏ ⲉ̀ⲃⲟⲩⲛ ⲉ̀ⲣⲟⲛ. ⲡⲗⲏⲛ ⲁⲧϭⲛⲉ
ⲥⲕⲁⲛⲇⲁⲗⲟⲛ ⲛⲁ ⲛⲓⲫⲏⲟⲩⲓ ⲉⲣ ϣⲁⲓ ⲙ̀ ⲫⲟⲟⲩ ⲟⲩ
ⲡⲉ ⲡϩⲱⲃ ⲛ̀ ⲛⲁ ⲡⲕⲁϩⲓ ϧⲉⲛ ⲫⲁⲓ ⲙ̀ ⲡⲁⲓ ⲣⲏϯ ϣⲁⲧ
ⲟⲩⲣⲁϣⲓ ⲙ̀ ⲡⲁⲓ ⲣⲏϯ ⲟⲩⲟϩ ⲛ̀ⲧⲟⲩⲉⲣ ϣⲁⲓ ⲛⲉⲙ
ⲡⲓⲁⲣⲭⲁⲅⲅⲉⲗⲟⲥ ⲉⲑ ⲟⲩⲁⲃ ⲙⲓⲭⲁⲏⲗ. ⲟⲩⲟϩ ⲛⲉ 25
ⲟⲩⲣⲱⲙⲓ ⲁⲛ ⲡⲉ ⲟⲩⲟϩ ⲛⲉ ⲙ̀ⲙⲟⲛ ⲣⲱⲙⲓ ⲛⲁⲛⲁⲩ
ⲉ̀ⲣⲟϥ ϧⲉⲛ ⲡⲉϥⲱ̀ⲟⲩ ⲛ̀ⲧⲉϥⲱⲛϧ ϩⲓⲭⲉⲛ ⲡⲓⲕⲁϩⲓ ⲙ̀

ⲓⲅ. ⲁ. ⲫⲣⲏϯ ⲉ̀ⲧ ⲥϧⲏⲟⲩⲧ ϧⲉⲛ ⲕⲉ ⲙⲁ ϫⲉ ⲟⲩⲡⲛⲁ

ⲟⲩⲟϩ ⲟⲩⲥⲁⲣⲝ ⲁⲛ. Ⲙⲓⲭⲁⲏⲗ ⲟⲩⲥⲱⲙⲁ ⲁⲛ ⲡⲉ ⲟⲩⲟϩ ⲙ̀ⲙⲟⲛ ϣϫⲟⲙ ⲛ̀ ⲟⲩⲥⲱⲙⲁ ⲛ̀ ⲣⲉϥⲟⲩⲱⲙ ⲛⲁⲩ ⲉⲣⲟϥ ⲓⲉ ⲛ̀ⲧⲉϥϥⲁⲓ ϧⲁ ⲡⲉϥⲱ̀ⲟⲩ. Ⲁⲛⲟⲕ ⲇⲉ ϯⲛⲁ ⲉⲣ ⲟⲩⲱ̀ ⲛ̀ⲧⲁϫⲟⲥ ⲛⲱⲧⲉⲛ ⲟⲩⲟϩ ⲛ̀ⲧⲁⲑⲱⲧ ⲙ̀ ⲡⲉⲧⲉⲛ ϩⲏⲧ ϧⲉⲛ ⲡⲁⲓ ⲥⲩⲥⲟⲛ ϫⲉ ⲛⲁ ⲧⲫⲉ ⲛⲁⲉⲣ- 5
ⲛⲟⲃⲓ ⲁⲛ ⲟⲩⲇⲉ ⲙ̀ⲙⲟⲛⲙⲉⲧϫⲁϫⲓ ϧⲉⲛ ⲧⲟⲩⲙⲏⲧ ⲛ̀ ⲕⲉ ⲥⲟⲡ ⲁⲛ. Ⲟⲩⲇⲉ ⲭⲟϩ ⲟⲩⲇⲉ ⲙⲟⲥϯ ⲟⲩⲇⲉ ⲕⲁⲧⲁⲗⲁⲗⲓⲁ ⲟⲩⲇⲉ ⲛ̀ϣⲓⲕ ⲟⲩⲇⲉ ϧⲱⲧⲉⲃ ⲟⲩⲇⲉ ϭⲓⲟⲩⲓ ⲟⲩⲇⲉ ϩⲗⲓ ⲉ̀ⲃⲟⲗ ϧⲉⲛ ⲡⲓϭⲱϧⲉⲛ ⲁⲗⲗⲁ
ⲥⲉⲟⲩⲁⲃ ⲉⲩⲛ̀ⲧⲟⲛ ⲙ̀ⲙⲱⲟⲩ ϧⲉⲛ ⲛⲏ ⲉⲑ ⲟⲩⲁⲃ 10
ⲟⲩⲇⲉ ⲉⲩϣⲟⲡ ϧⲉⲛ ⲛⲏ ⲉⲑ ⲟⲩⲁⲃ ϧⲉⲛ ⲡⲓⲕⲟⲥⲙⲟⲥ ϣⲁ ⲉ̀ⲛⲉϩ ⲥⲉⲉⲣ ϣⲁⲓ ⲛ̀ ⲥⲛⲟⲩ ⲛⲓⲃⲉⲛ ϧⲁⲧⲉⲛ ⲡⲓⲟⲩⲣⲟ ⲭ̅ⲥ̅ ϧⲉⲛ ⲟⲩϣⲁⲓ ⲛ̀ ⲁⲧ ⲕⲱⲣϥ. ϫⲉ ⲟⲩⲛⲓ ⲁⲩⲕⲓⲙ ⲉ̀ϩⲓⲟⲩⲓ ⲉ̀ⲃⲟⲗϧⲉⲛ ⲧⲟⲩⲙⲏϯ ⲙ̀ ⲡⲓⲣⲉϥⲥⲉⲙⲓ ⲡϫⲁϫⲓ ⲛ̀ ⲡⲓⲣⲉϥⲑⲁⲙⲓⲟ̀ ⲡϫⲁϫⲓ ⲛ̀ ⲙⲉⲑⲙⲏⲓ ⲛⲓⲃⲉⲛ 15
ⲡⲥⲁⲇⲁⲛⲁⲥ(sic) Ⲉⲑⲃⲉ ⲫⲁⲓ ⲥⲉⲉⲣ ϣⲁⲓ ⲙ̀ ⲡⲓⲁⲣⲭⲏⲁⲅⲅⲉⲗⲟⲥ ⲉⲑ ⲟⲩⲁⲃ ⲙⲓⲭⲁⲏⲗ ⲙ̀ ⲫⲟⲟⲩ ⲡⲁⲣⲭⲉⲅⲟⲩⲥ ⲛ̀ⲧⲉ ⲧϫⲟⲙ ⲛ̀ ⲛⲓⲫⲏⲟⲩⲓ̀ ⲫⲏ ⲉ̀ⲧⲁϥⲭⲱ ⲛⲁⲛ ⲉ̀ⲡⲉⲥⲏⲧ ⲛ̀ ⲧⲁⲓ ⲧⲣⲁⲡⲏⲍⲁ ⲉ̀ⲧⲉⲛ ⲙ̀ⲡϣⲁ ⲙ̀ⲙⲟⲥ ⲉ̀ⲧⲉ ϯⲧⲣⲁⲡⲏⲍⲁ ⲙ̀ ⲡⲁⲓ ϣⲁⲓ ⲫⲁⲓ ⲉ̀ⲧ ⲭⲏ ⲛⲁⲛ ⲉ̀ϩⲣⲏⲓ ϧⲉⲛ 20
ⲧⲫⲉ ⲛⲉⲙ ϩⲓϫⲉⲛ ⲡⲕⲁϩⲓ ⲟⲩⲛ ⲕⲁⲧⲁ ⲫⲟⲩⲁϩⲥⲁϩⲛⲓ ⲛ̀ ⲡⲉⲛⲥⲱⲧⲏⲣ ⲓ̅ⲏ̅ⲥ̅ ⲡ̅ⲭ̅ⲥ̅ ϫⲉ ⲡⲉϥⲟⲩⲁϩⲥⲁϩⲛⲓ ⲫⲁ ⲡⲉϥⲓⲱⲧ ⲡⲉ. Ϫⲉ ⲫⲓⲱⲧ ⲛⲉⲙ ⲡϣⲏⲣⲓ ⲛⲉⲙ ⲡⲓⲡ̅ⲛ̅ⲁ̅ ⲉⲑ ⲟⲩⲁⲃ ⲟⲩⲛⲟⲩϯ ⲛ̀ ⲟⲩⲱⲧ ⲡⲉ ⲟⲩⲙⲉⲧⲟⲩⲣⲟ ⲛ̀ ⲟⲩⲱⲧ ⲟⲩⲟ̀ⲙⲟⲟⲩⲥⲓⲟⲥ ⲛ̀ ⲟⲩⲱⲧ ⲛ̀ⲙⲟⲛ ⲫⲱⲣϫ ⲛ̀ⲧⲁϥ. ⲟⲩ 25
ⲁⲧ ϧⲉⲧϧⲱⲧϥ ⲟⲩ ⲁⲧ ϩⲟⲡϥ ⲁⲗⲗⲁ ⲛ̀ⲑⲟϥ ⲡⲉ ⲡⲱⲡ ⲛ̀ ⲡⲧⲏⲣϥ ⲥⲁ ϧⲣⲏⲓ ⲙ̀ ⲡⲉϥⲉⲣ ϣⲓϣⲓ ⲛ̀ⲙⲁⲩⲁⲧϥ ⲛⲁ ⲛⲓⲫⲏⲟⲩⲓ̀ ⲛⲉⲙ ⲛⲁ ⲡⲕⲁϩⲓ. Ⲟⲩⲟϩ ⲁⲛⲟⲛ

ϩⲱⲛ ⲧⲛⲟⲩ ⲱ̄ ⲛⲁ ⲙⲉⲛⲣⲁϯ ⲉⲑⲃⲉ ϫⲉ ⲁⲛⲕⲏⲛ ⲛⲁ-
ⲓ̄ⲇ̄. ⲃ. ⲉⲛⲥⲟⲩⲟⲛ ⲑⲙⲉⲧⲛⲓϣϯ ⲙ̄ ⲡⲁⲓ ϣⲁⲓ ⲉⲧ ⲫⲱⲣϣ
ⲛⲁⲛ ⲉ̄ⲃⲟⲗ ⲙ̄ ⲫⲟⲟⲩ ⲥⲉⲙ̄ⲡϣⲁ ⲉⲑⲣⲉⲛ ⲉⲣ ϣⲁⲓ ϩⲱⲛ
ⲙ̄ ⲫⲏ ⲉⲧ ⲉⲣⲉ ⲛⲓⲁⲅⲅⲉⲗⲟⲥ ⲛ̄ⲧⲉ ⲫ̄ϯ ⲉⲣ ϣⲁⲓ ⲛⲁϥ
ⲙ̄ ⲫⲟⲟⲩ. ⲞⲩⲞϩ ⲛ̄ⲧⲉⲛⲥⲟⲗⲥⲉⲗ ⲙ̄ ⲡⲉⲛ ⲥⲁ ϧⲟⲩⲛ 5
ⲛⲉⲙ ⲥⲁ ⲃⲟⲗ ϧⲉⲛ ⲡⲉϫⲓⲛϩⲱⲗ ⲉ̄ϧⲟⲩⲛ ⲉ̄ ⲡⲁⲓⲇⲓⲡⲛⲟⲛ
ⲫⲁⲓ ⲉ̄ⲧ ⲙⲉϩ ⲛ̄ ⲱ̄ⲟⲩ ⲙ̄ ⲫⲟⲟⲩ ϩⲓⲛⲁ ⲛ̄ⲧⲉⲛⲟⲩⲱⲙ
ⲉ̄ⲃⲟⲗϧⲉⲛ ⲛⲓⲁⲅⲁⲑⲟⲛ ⲧⲏⲣⲟⲩ ⲛⲁⲓ ⲉ̄ⲧⲁϥⲥⲉⲃⲧⲱⲧⲟⲩ
ⲛⲁⲛ ⲛ̄ϫⲉ ⲫ̄ϯ. Ⲁⲗⲗⲁ ⲁ̄ⲧⲉⲧⲉⲛ ϫⲟⲥ ϫⲉ ⲓⲥϫⲉ ⲟⲩⲁ̄ⲣⲓ-
ⲥⲧⲟⲛ ⲛ̄ ⲟⲩⲣⲟ ⲡⲉ ⲥⲉⲙ̄ⲡϣⲁ ⲛ̄ⲧⲉⲛϩⲉⲙⲥⲓ ϣⲁⲧ 10
ⲟⲩⲑⲱϣⲉⲙ ⲛ̄ ⲛⲓⲛⲓϣϯ ⲛ̄ⲧⲉ ⲡⲓⲡⲁⲗⲗⲁⲇⲓⲟⲛ ⲛ̄
ⲓ̄ⲉ̄. ⲁ. ϣⲟⲣⲡ. Ⲉⲓϣⲉⲛϥ ⲁ̄ⲛⲟⲕ ϫⲉ ⲱ̄ ⲡⲁ ⲟ̄ⲥ̄ ⲙⲏ ⲛ̄ⲑⲟⲕ
ⲁⲛ ⲡⲉ ⲉ̄ⲧ ⲁ ⲫ̄ϯ ⲑⲁⲙⲓⲟⲕ ϧⲉⲛ ⲛⲉϥϫⲓϫ ⲙ̄ⲙⲓⲛ
ⲙ̄ⲙⲟϥ ⲕⲁⲧⲁ ⲡⲉϥⲓ̄ⲛⲓ ⲛⲉⲙ ⲧⲉϥϩⲓⲕⲱⲛ ⲟⲩⲟϩ ⲁϥ-
ⲙⲁϩⲕ ⲉ̄ⲃⲟⲗϧⲉⲛ ⲡⲉϥⲱ̄ⲟⲩ ⲟⲩⲟϩ ⲁϥⲙⲟⲩϯ ⲉ̄ ⲡⲉⲕ- 15
ⲣⲁⲛ ϫⲉ ⲁ̄ⲇⲁⲙ ⲟⲩⲟϩ ⲁ̄ⲛⲟⲕ ϯⲛⲟⲩ ϯⲉ̄ⲣⲉ̄ⲧⲓⲛ ⲉ̄ⲃⲟⲗ-
ϩⲓⲧⲉⲛ ⲧⲉⲕⲙⲉⲧⲁⲅⲁⲑⲟⲥ ⲛⲉⲙ ⲧⲉⲕⲙⲉⲑⲛⲓϣϯ ⲟⲩⲟϩ
ϯⲧϩⲟ ⲉ̄ⲣⲟⲕ ⲉⲑⲣⲉⲕ ⲧⲁⲙⲟⲓ ϫⲉ ⲙⲏ ⲛ̄ⲑⲟⲕ ϩⲱⲕ
ⲕⲣⲁϣⲓ ϧⲉⲛ ⲡϣⲁⲓ ⲙ̄ ⲡⲓⲛⲓϣϯ ⲛ̄ ⲁⲣⲭⲏⲁⲅⲅⲉⲗⲟⲥ
ⲉ̄ⲑ ⲟⲩⲁⲃ ⲙⲓⲭⲁⲏⲗ. Ⲥⲱⲧⲉⲙ ⲡⲉϫⲁϥ ⲛ̄ϫⲉ ⲁ̄ⲇⲁⲙ 20
ϫⲉ ⲁϩⲁ ⲁ̄ⲛⲟⲕ ⲡⲉ ⲁ̄ⲇⲁⲙ ⲟⲩⲟⲥ ⲁ̄ⲛⲟⲕ ⲉ̄ⲧ ⲉⲥⲧⲟⲓ
ⲓ̄ⲉ̄. ⲃ. ⲛ̄ⲛⲓ ⲉⲑⲣⲓⲑⲱϩⲉⲙ ⲛ̄ ⲟⲩⲟⲛ ⲛⲓⲃⲉⲛ ⲉ̄ ⲡⲁⲓ ϣⲁⲓ ⲙ̄
ⲫⲟⲟⲩ ⲛ̄ⲧⲁⲣⲁϣⲓ ϧⲉⲛ ⲟⲩⲙⲉⲧϩⲟⲩⲟ̄ ⲉ̄ⲣⲱⲟⲩ ⲧⲏⲣⲟⲩ
ⲉⲑⲃⲉ ϫⲉ ⲉ̄ⲧⲁⲓϯ ϫⲱⲛⲧ ⲙ̄ ⲫ̄ϯ ⲟⲩⲟϩ ⲁϥⲉⲛⲧ
ⲉ̄ⲃⲟⲗϧⲉⲛ ⲡⲓⲡⲁⲣⲁⲇⲓⲥⲟⲥ ⲉⲑⲃⲉ ϫⲉ ⲁⲓⲉⲣ ⲡⲁⲣⲁⲃⲉⲛⲓⲛ 25
ⲛ̄ⲧⲉϥ ⲛ̄ⲧⲟⲗⲏ. ϧⲉⲛ ⲡϫⲓⲛⲑⲣⲉ ⲧⲁⲃⲟⲏⲑⲟⲥ ⲉⲩⲁ̄ ⲑⲣⲓ
ⲟⲩⲱⲙ ⲉ̄ⲃⲟⲗϩⲓ ⲡⲟⲩⲧⲁϩ ⲙ̄ ⲡⲓϣϣⲏⲛ ⲉ̄ⲧⲁϥϩⲟⲛϩⲉⲛ
ⲛⲏⲓ ⲉϣⲧⲉⲙⲟⲩⲱⲙ ⲉ̄ⲃⲟⲗ ⲛ̄ ϧⲏⲧϥ. Ⲙⲓⲭⲁⲏⲗ ⲇⲉ

ⲛ̅ⲑⲟϥ ⲁϥⲧ̅ϩⲟ ⲛ̅ ⲡϭⲥ ⲉ̀ϫⲱⲓ ϣⲁⲧ ⲉϥⲭⲁ ⲡⲁⲛⲟⲃⲓ
ⲛⲏⲓ ⲉ̀ⲃⲟⲗ ⲉ̀ⲑⲃⲉ ⲫⲁⲓ ϯⲣⲁϣⲓ ϧⲉⲛ ⲡⲉϥϣⲁⲓ ⲛ̅
ⲫⲟⲟⲩ. Ⓦ ⲁⲃⲏⲗ ⲡⲓⲕⲟⲩϫⲓ ⲛ̀ ϣⲏⲣⲓ ⲉ̅ⲧ ⲧⲁⲓⲏⲟⲩⲧ

ⲓϛ̅. ⲁ. ⲙⲁⲧⲁⲙⲟⲓ ϩⲱⲕ ⲓⲥϫⲉ ⲕⲣⲁϣⲓ ⲛ̅ ⲫⲟⲟⲩ ϧⲉⲛ ⲡϣⲁⲓ
ⲛ̅ ⲡⲓⲛⲓϣϯ ⲛ̅ ⲁⲣⲭⲏⲁⲅⲅⲉⲗⲟⲥ ⲉ̅ⲑ ⲟⲩⲁⲃ ⲙⲓⲭⲁⲏⲗ. 5
Ⲁⲛⲟⲕ ⲇⲉ ϯⲣⲁϣⲓ ⲟⲩⲟϩ ϯ ⲉⲣ ϣⲁⲓ ⲛ̅ ⲫⲟⲟⲩ ϫⲉ
ⲟⲩⲉⲓ ⲫⲏ ⲉ̀ⲧⲟⲩⲉⲣ ϣⲁⲓ ⲛⲁϥ ⲛ̅ ⲫⲟⲟⲩ ⲛ̅ⲑⲟϥ ⲡⲉ
ⲉ̅ⲧⲁϥ ϥⲁⲓ ⲛ̅ ⲡⲁ ϣⲟⲩϣⲟⲩ ⲛⲉⲙ ⲡⲁ ϭⲗⲓⲗ ϩⲁ
ⲫϯ ⲟⲩⲟϩ ⲙ̀ⲡⲉ ϥⲥⲟⲙⲥ ⲉ̀ ⲡϣⲟⲩϣⲟⲩϣⲓ ⲛ̅ ⲡⲁ
ⲥⲟⲛ ⲉⲑⲃⲉ ϫⲉ ⲙ̀ⲡⲉ ϥⲉⲛϥ ϧⲉⲛ ⲟⲩⲥⲱⲟⲩⲧⲉⲛ ⲉ̀ⲑⲃⲉ 10
ⲫⲁⲓ ⲁⲛⲟⲕ ϯⲉⲣ ϣⲁⲓ ⲛ̅ ⲫⲟⲟⲩ. Ⲛ̅ⲑⲟⲕ ⲇⲉ ϩⲱⲕ
ⲱ̅ ⲥⲏⲑ ϯⲛⲁⲩ ⲉ̀ⲣⲟⲕ ⲛ̅ ⲫⲟⲟⲩ ⲉⲕⲑⲉⲗⲏⲗ ϧⲉⲛ ⲡϣⲁⲓ
ⲛ̅ ⲡⲓⲁⲣⲭⲏⲁⲅⲅⲉⲗⲟⲥ ⲉ̅ⲑ ⲟⲩⲁⲃ ⲙⲓⲭⲁⲏⲗ ⲡⲉϫⲁϥ ϫⲉ

ⲓϛ̅. ⲃ. ⲁ̀ⲛⲟⲕ ⲙⲉⲛ ϯⲣⲁϣⲓ ⲟⲩⲟϩ ϯⲑⲉⲗⲏⲗ. Ⲉⲑⲃⲉ ϫⲉ
ⲉ̅ⲧⲁ ⲕⲁⲓⲛ ⲣⲱϧⲧ ⲛ̅ ⲁⲃⲏⲗ ⲡⲁ ⲥⲟⲛ ⲁ̀ ⲫϯ ⲧⲏⲓⲧ 15
ⲛ̅ ⲛⲁ ⲓⲟϯ ⲟⲩⲟϩ ⲙ̀ⲡⲉ ⲧⲁ ⲙⲁⲩ ϫⲓⲙⲓ ⲛ̅ ⲟⲩⲉⲣⲱϯ
ⲉⲑⲣⲉ̀ ⲥϣⲁⲛⲟⲩϣⲧ ⲉⲑⲃⲉ ϫⲉ ⲁϥϣⲱⲅⲓ ⲛ̀ϫⲉ ⲡⲉ-
ⲥⲉ̅ⲣⲱⲧ ⲉⲑⲃⲉ ⲡⲉⲥⲙ̅ⲕⲁϩ ⲛ̅ ϩⲏⲧ ⲉ̀ϫⲉⲛ ⲁⲃⲏⲗ ⲡⲁ
ⲥⲟⲛ. Ⲁⲗⲗⲁ ⲡⲓⲁⲣⲭⲏⲁⲅⲅⲉⲗⲟⲥ ⲉ̅ⲑ ⲟⲩⲁⲃ ⲙⲓⲭⲁⲏⲗ
ⲁϥϣⲁⲛⲟⲩϣⲧ ϧⲉⲛ ⲟⲩϩⲣⲉ ⲛ̅ ⲡⲡ̅ⲛ̅ⲁ̅ⲧⲓⲕⲟⲛ ⲉ̀ⲃⲟⲗϧⲉⲛ 20
ⲧⲫⲉ ⲉⲑⲃⲉ ⲫⲁⲓ ϩⲏⲡⲡⲉ ϯⲣⲁϣⲓ ⲛ̅ ⲫⲟⲟⲩ. Ⓦ ⲉ̀ⲛⲱⲭ
ⲡⲓⲑⲙⲏⲓ ⲫⲏⲉ̅ⲧ ⲁ̀ ⲫϯ ⲟⲩⲟⲑⲃⲉϥ ⲉ̀ⲃⲟⲗϧⲉⲛ ⲡⲓⲕⲟⲥⲙⲟⲥ

ⲓⲍ̅. ⲁ. ϩⲏⲡⲡⲉ ϯⲛⲁⲩ ⲉ̀ⲣⲟⲕ ⲕⲣⲁϣⲓ   ⲛ̅ ⲫⲟⲟⲩ ⲡⲉϫⲁϥ ϫⲉ
ⲁ̀ⲛⲟⲕ ⲙⲉⲛ ϯⲣⲁϣⲓ ⲟⲩⲟϩ ϯⲑⲉⲗⲏⲗ ⲉⲑⲃⲉ ϫⲉ ⲡⲅⲉⲛⲟⲥ
ⲧⲏⲣϥ ⲛ̅ⲧⲉ ϯⲙⲉⲧⲣⲱⲙⲓ ϩⲁⲛ ⲉ̀ⲃⲟⲗϧⲉⲛ ⲡⲁϫⲣⲟϫ 25
ⲡⲉ ⲟⲩⲟϩ ⲙⲓⲭⲁⲏⲗ ⲛ̀ϥⲭⲱ ⲛ̅ ⲧⲟⲧϥ ⲉ̀ⲃⲟⲗ ⲁⲛ ⲉϥⲧϩⲟ
ϩⲁ ⲫϯ ⲉⲑⲣⲉϥⲛⲁⲓ ⲛ̅ ⲛⲓⲣⲉϥⲉⲣⲛⲟⲃⲓ ⲟⲩⲟϩ ⲛ̀ⲧⲉϥⲧⲁⲛ
ϧⲱⲟⲩ ϣⲁ ⲉ̀ⲛⲉϩ ⲁ̀ⲛⲟⲕ ⲙⲉⲛ ϯⲣⲁϣⲓ ϧⲉⲛ ⲡⲉϥ ϣⲁⲓ

ⲉⲑⲃⲉ ⲝⲉ ϥ̇ⲧϩⲟ̀ ⲉ̇ⲝⲉⲛ ⲛⲁϣⲏⲣⲓ. (Ⲁ̀) ⲙⲁⲑⲟⲩⲥⲁⲗⲁ
ⲡⲓ ϧⲉⲗⲗⲟ ⲉ̇ⲧⲁϥⲁⲓⲁⲓ ϧⲉⲛ ⲛⲉϥⲉ̇ϩⲟⲟⲩ ⲡⲱⲥ ⲕⲣⲁϣⲓ
ⲛ̇ⲑⲟⲕ ϩⲱⲕ ⲝⲉ ⲟⲩⲉⲓ ϯⲛⲁⲩ ⲉ̇ ⲡⲉⲕⲟⲩⲱⲃϣ ⲛⲉⲙ

ⲓ̅ⲍ̅. ⲃ. ⲡⲥⲱⲧϥ ⲛ̀ ⲛⲉϥϩⲃⲱⲥ ϧⲉⲛ ⲑⲙⲏϯ ⲙ̀ ⲡⲁⲓ ⲁ̇ⲣⲓⲥⲧⲟⲛ
ⲡⲉⲝⲁϥ ⲇⲉ ⲛ̀ⲝⲉ ⲙⲁⲑⲟⲩⲥⲁⲗⲁ ⲝⲉ ⲡⲱⲥ ⲁ̀ⲛⲟⲕ 5
ϯⲛⲁⲣⲁϣⲓ ⲁⲛ ⲟⲩⲟϩ ⲁ̀ⲛⲟⲕ ⲡⲉ ⲡⲓⲙⲁϩ ⲓ̅ ⲓⲥⲝⲉ ⲛ̀
ⲁ̀ⲇⲁⲙ. Ⲉ̀ ⲁ̀ ⲡⲓⲁⲣⲭⲏⲁⲅⲅⲉⲗⲟⲥ ⲉⲑ ⲟⲩⲁⲃ ⲙⲓⲭⲁⲏⲗ
ϭⲓ ⲛ̀ ⲛⲁⲉⲩⲭⲏ ⲁϥⲉⲛⲟⲩ ⲉ̀ ⲡϣⲱⲓ ϣⲁ ⲫ̇ϯ ⲉ̀ ⲁϥⲉⲣ
ϩⲙⲟⲧ ⲛⲏⲓ ⲛ̀ ⲟⲩⲛⲟⲝ ⲛⲁϩⲓ ϣⲁⲧ ⲉϥⲉⲣϩⲟⲩⲟ̀ ⲉ̀ ⲫⲁ
ⲁ̀ⲇⲁⲙ ⲡⲁⲓⲱⲧ ⲛ̀ ⲗ̅ⲏ̅ ⲛ̀ ⲣⲟⲙⲡⲓ. (Ⲁ̀) ⲛ̀ϣⲉ̀ ⲡⲓⲑⲙⲏⲓ 10
ⲁ̀ⲛⲟⲕ ⲙⲉⲛ ϯⲝⲱ ⲙ̀ⲙⲟⲥ ⲝⲉ ⲛⲁⲕⲟⲓ ⲙ̀ ⲫⲣⲏϯ ⲉ̀
ϯⲛⲁⲩ ⲉ̀ⲣⲟⲕ ⲝⲉ ⲛⲁⲕⲟⲓ ϧⲉⲛ ⲟⲩⲛⲓϣϯ ⲛ̀ ⲣⲁϣⲓ
ⲙ̀ ⲫⲟⲟⲩ ⲡⲉⲝⲁϥ ⲝⲉ ⲡⲱⲥ ϯⲛⲁⲣⲁϣⲓ ⲁⲛ ⲟⲩⲟϩ ⲛ̀

ⲓ̅ⲏ̅. ⲁ. ⲧⲁⲑⲉⲗⲏⲗ ⲝⲉ ⲟⲩⲉⲓ ⲉ̀ⲛⲁⲓⲭⲏ ϧⲉⲛ ⲡⲓⲛⲁⲩ ⲉⲧ ⲁ̀
ⲫ̇ϯ ⲝⲱⲛⲧ ⲉ̀ ⲡⲓⲕⲟⲥⲙⲟⲥ ⲉ̀ ⲡⲝⲓⲛϥⲟⲧϥ ⲉ̀ⲃⲟⲗ ⲁϥϩⲓⲧϥ 15
ⲉ̀ϧⲟⲩⲛ ⲉ̀ ϯⲕⲩⲃⲱⲧⲟⲥ ⲛⲉⲙ ⲧⲁⲥϩⲓⲙⲓ ⲛⲉⲙ ⲛⲁϣⲏⲣⲓ
ⲛⲉⲙ ⲉ̀ⲃⲟⲗϧⲉⲛ ⲅⲉⲛⲟⲥ ⲛⲓⲃⲉⲛ ⲉⲧ ⲕⲓⲙ ϩⲓⲝⲉⲛ
ⲡⲕⲁϩⲓ ⲟⲩⲟϩ ⲁϥⲟⲩⲱⲙ ⲛ̀ ⲛⲓ ⲕⲁⲧⲁⲣⲁⲕⲧⲏⲥ ⲛ̀ⲧⲉ
ⲧⲫⲉ. Ⲉ̀ ⲁϥⲝⲱϣ ⲉ̀ⲝⲱⲛ ⲛ̀ ⲡⲓⲙⲟⲩ ⲛ̀ ϩⲱⲟⲩ ⲛ̀
ϩⲙ ⲛ̀ ⲉ̀ϩⲟⲟⲩ ⲛⲉⲙ ϩⲙ ⲛ̀ ⲉ̀ϩⲱⲣϩ ⲟⲩⲇⲉ ⲙ̀ⲡⲉ ⲛ 20
ⲛⲁⲩ ⲉ̀ ⲫⲣⲏ ⲟⲩⲇⲉ ⲡⲓⲟϩ ⲟⲩⲇⲉ ⲛⲓⲥⲓⲟⲩ. Ⲁ̀ⲗⲗⲁ
ⲙⲓⲭⲁⲏⲗ ⲉⲧ ⲉⲣ ⲟⲓⲕⲱⲛⲟⲙⲓⲛ ⲙ̀ⲙⲟⲛ ⲟⲩⲟϩ ⲙ̀ⲡⲉ
ϥ ⲭⲁ ⲧⲟⲧϥ ⲉ̀ⲃⲟⲗ ⲉϥϯϩⲟ̀ ⲉ̀ ⲫ̇ϯ ϣⲁⲧⲉ ϥⲧⲁϩⲛⲟ

ⲓ̅ⲏ̅. ⲃ. ⲛ̀ ⲛⲓⲙⲱⲟⲩ ⲉ̀ ⲁⲩⲁⲥⲓⲁⲓ ⲁϥⲟⲩⲱⲛϩ ⲉ̀ⲃⲟⲗ ⲛ̀ⲝⲉ
ⲡⲓϣⲟⲩⲉ ⲉ̀ ⲁⲓⲛⲟϩⲉⲙ ⲁ̀ⲛⲟⲕ ⲛⲉⲙ ⲛⲏ ⲉⲑ ⲛⲉⲙⲏⲓ. 25
(Ⲁ̀) ⲁ̀ⲃⲣⲁⲁⲙ ⲫⲓⲱⲧ ⲛ̀ⲧⲉ ⲛⲓⲡⲁⲧⲣⲓⲁⲣⲭⲏⲥ ⲛⲏ ⲛ̀ⲑⲟⲕ
ϩⲱⲕ ⲕⲣⲁϣⲓ ⲙ̀ ⲫⲟⲟⲩ ϧⲉⲛ ⲡϣⲁⲓ ⲙ̀ ⲡⲓⲁⲣⲭⲏⲁⲅⲅⲉⲗⲟⲥ
ⲉⲑ ⲟⲩⲁⲃ ⲙⲓⲭⲁⲏⲗ ⲡⲉⲝⲁϥ ⲝⲉ ⲁ̀ϩⲁ ⲁ̀ⲛⲟⲕ ϧⲉⲛ

ⲟⲩⲙⲉⲧⲥϩⲟⲩⲟ ϯⲣⲁϣⲓ ϫⲉ ⲁ̀ⲛⲟⲕ ⲡⲉ ⲡⲓϣⲟⲣⲡ ⲛ̀ ⲣⲱⲙⲓ
ⲉ̀ⲧ ⲁ ⲙⲏⲭⲁⲏⲗ ϫⲱⲓⲗⲓ ⲉ̀ⲣⲟϥ ⲡⲉϥϣⲫⲏⲣ ⲛ̀ ⲁⲅⲅⲉⲗⲟⲥ
ⲅⲁⲃⲣⲓⲏⲗ ⲟⲩⲟⲥ ⲁϥϯϩⲟ̀ ⲙ̀ ⲡϭⲥ̅ ⲉ̀ϫⲱⲓ ϩⲓⲛⲁ ⲁⲓⲉⲣ
ⲡⲉⲙⲡϣⲁ ⲛ̀ ⲓⲥⲁⲁⲕ ⲟⲩⲟϩ ⲁⲓⲟⲩⲱⲛ ⲛⲉⲙϣⲟⲩ ϧⲁⲧⲉⲛ

ⲓⲏ̅. ⲁ. ⲡⲓϣϣⲏⲛ ⲛ̀ⲧⲉ ⲙⲁⲙⲣⲏ. Ⲱ̀ ⲓ̀ⲥⲁⲁⲕ ⲡⲓϣϣ ⲉⲑ ⲟⲩⲁⲃ 5
ⲛⲉⲙ ⲡⲓϣⲟⲩϣⲱⲟⲩϣⲓ ⲉⲧ ϣⲏⲡ ⲙ̀ ⲫϯ ⲉⲧ ⲟⲛϧ.
Ⲛ̀ⲑⲟⲕ ϩⲱⲕ ⲕⲉⲣ ⲟⲩ [ϧⲉⲛ ⲡⲁⲓ ⲙⲁ ⲙ̀ ⲫⲟⲟⲩ] ⲕⲥⲉⲗ-
ⲥⲱⲗ ϧⲉⲛ ⲡⲁⲓ ⲛⲓϣϯ ⲛ̀ ⲥⲟⲗⲥⲉⲗ ϧⲉⲛ ⲡϣⲁⲓ ⲙ̀
ⲡⲓⲁⲣⲭⲏⲁ̀ⲅⲅⲉⲗⲟⲥ ⲉ̀ⲑ ⲟⲩⲁⲃ ⲙⲓⲭⲁⲏⲗ ⲡⲉϫⲁϥ ϫⲉ
ⲁ̀ⲛⲟⲕ ⲙⲉⲛ ϯⲥⲉⲗⲥⲱⲗ ϫⲉ ⲟⲩⲉⲓ ⲁ̀ⲛⲟⲕ ⲟⲩϣⲏⲣⲓ 10
ⲙ̀ⲙⲁⲩⲁⲧϥ ⲛ̀ⲧⲉ ⲙⲁ ⲓⲟϯ ⲟⲩⲟϩ ⲧⲁ ⲙⲁⲩ ⲟⲩⲁϭⲣⲏⲛ
ⲡⲉ ⲙ̀ⲡⲉ ⲥⲙⲓⲥⲓ ⲛ̀ ⲟⲩϣⲏⲣⲓ ⲉ̀ⲃⲏⲗ ⲉ̀ⲣⲟⲓ. Ⲟⲩⲟϩ
ⲙⲉⲛⲉⲛⲥⲁ ⲫⲁⲓ ⲁ̀ ⲡⲁ ⲓⲱⲧ ⲥⲟⲛϩ ⲛ̀ ⲧⲟⲧ ⲛⲉⲙ ⲣⲁⲧ
ⲟⲩⲟϩ ⲁϥⲟⲗⲧ ⲉ̀ϫⲉⲛ ϩⲁⲛϣⲙ̀ⲓ ϩⲓϫⲉⲛ ⲟⲩⲧⲱⲟⲩ
ⲉϥϣⲟⲩⲓ̀ⲧ ⲉ̀ ⲁⲓⲛⲁⲩ ⲉ̀ ϯⲙⲁⲭⲉⲣⲁ ϧⲉⲛ ⲛⲁⲃⲁⲗ ϧⲉⲛ 15

ⲓⲑ̅. ⲃ. ⲧϫⲓϫ ⲙ ⲡⲁ ⲓⲱⲧ ϥⲟⲩⲱϣ ⲉ̀ ϧⲟⲑⲃⲉⲧ , ⲉ̀ⲃⲏⲗ ϫⲉ
ⲁ̀ ⲙⲓⲭⲁⲏⲗ ⲣⲁⲃⲁϣ̀ ⲁϥⲁ̀ⲙⲟⲛⲓ ⲛ̀ ϯⲙⲁⲭⲏⲣⲁ ⲉ̀ⲃⲟⲗ-
ϧⲉⲛ ⲧϫⲓϫ ⲙ̀ ⲡⲁ ⲓⲱⲧ ⲟⲩⲟϩ ⲁϥ ⲧ ⲛⲁϥ ⲛ̀ ⲟⲩⲱⲓⲗⲓ
ⲛ̀ ⲉⲥⲱⲟⲩ ⲛ̀ ⲧⲁ ϣⲉⲃⲓⲱ̀ ⲁϥϫⲱⲕ ⲉ̀ⲃⲟⲗ ⲛ̀ϫⲉ ⲡⲁ
ϣⲟⲩϣⲱⲟⲩϣⲓ. Ⲱ̀ ⲡⲁⲣⲭⲱⲛ ⲛ̀ ⲛⲓⲡⲁⲧⲣⲓⲁⲣⲭⲏⲥ 20
ⲓⲁⲕⲱⲃ ⲫⲏ ⲉ̀ⲧⲁϥϣⲱⲡⲓ ⲛ̀ ϫⲱⲣⲓ ϧⲉⲛ ⲫϯ ⲟⲩⲟϩ ⲛ̀
ⲁϥⲱϥ ϧⲉⲛ ⲛⲓⲣⲱⲙⲓ ⲛⲏⲛ ⲕⲣⲁϣⲓ ⲛ̀ⲑⲟⲕ ⲙ̀ ⲫⲟⲟⲩ
ϧⲉⲛ ⲡϣⲁⲓ ⲙ̀ ⲡⲓⲁⲣⲭⲁⲅⲅⲉⲗⲟⲥ ⲉ̀ⲑ ⲟⲩⲁⲃ ⲙⲓⲭⲁⲏⲗ.
Ⲡⲉϫⲁϥ ⲇⲉ ⲛ̀ϫⲉ ⲓⲁⲕⲱⲃ ϫⲉ ⲁϩⲁ ϯⲣⲁϣⲓ ⲙ̀ ⲫⲟⲟⲩ
ϫⲉ ⲁ̀ ⲡⲁ ⲥⲟⲛ ⲛ̀ⲥⲁⲩ ⲕⲟⲗⲧ ⲉ̀ⲃⲟⲗ ⲁⲓⲫⲱⲧ ⲉ̀ ϯⲛⲏ- 25

ⲕ̅. ⲁ. ⲥⲟⲥ ϣⲁ ⲗⲁⲃⲁⲛ ⲡⲥⲟⲛ ⲛ̀ ⲧⲁ ⲙⲁⲩ. Ⲁϥⲓ ϣⲁ ⲣⲟⲓ
ⲛ̀ϫⲉ ⲙⲓⲭⲁⲏⲗ ⲁϥⲥⲉⲙⲛⲉ ⲡⲁⲃⲉⲭⲉ ⲛⲏⲓ ⲉ̀ⲃⲟⲗϧⲉⲛ
ⲛⲉϥⲉ̀ⲥⲱⲟⲩ ⲟⲩⲟϩ ⲁϥⲥⲙⲟⲩ ⲉ̀ⲣⲟⲓ ⲛⲉⲙ ⲛⲁϣⲏⲣⲓ

ⲛⲉⲙ ⲛⲁϩⲓⲟⲙⲓ ⲁϥⲑⲣⲉ ⲡⲓⲥⲗ̅ ⲧⲏⲣϥ ϭⲓ ⲥⲙⲟⲩ ⲉⲃⲟⲗ
ⲛ̀ ϩⲏⲧ. Ⲱ ⲓⲱⲥⲏⲫ ⲡⲓⲑⲙⲏⲓ ⲫⲏ ⲉⲧⲁⲩⲭⲟϩ ⲉ̀ⲣⲟϥ
ⲛ̀ϫⲉ ⲛⲉϥⲥⲛⲏⲟⲩ ⲕⲉⲣ ⲟⲩ ϧⲉⲛ ⲡⲁⲓ ⲙⲁ ⲙ̀ ⲫⲟⲟⲩ
ⲕⲣⲁϣⲓ ϧⲉⲛ ⲡⲱⲁⲓ ⲙ̀ ⲡⲓⲁⲣⲭⲁⲅⲅⲉⲗⲟⲥ ⲙⲓⲭⲁⲏⲗ.
Ⲁⲡⲁⲝ ⲁⲡⲗⲱⲥ ⲡⲉϫⲁϥ ⲛ̀ϫⲉ ⲓⲱⲥⲏⲫ ⲡⲓⲑⲙⲏⲓ ϧⲉⲛ 5
ⲟⲩⲙⲉⲑⲙⲏⲓ ϥⲧⲟⲙⲓ ⲉⲑⲣⲓ ⲣⲁϣⲓ ⲙ̀ ⲫⲟⲟⲩ. ϫⲉ ⲟⲩⲉⲓ
ϧⲉⲣ ⲡⲓϫⲓⲛⲑⲣⲟⲩⲭⲟϩ ⲉ̀ⲣⲟⲓ ⲛ̀ϫⲉ ⲛⲁ ⲥⲛⲏⲟⲩ ⲟⲩⲟϩ

ⲕ̅. ⲃ. ⲁⲓⲧⲏⲓⲧ ⲉ̀ⲃⲟⲗ ϣⲁ ⲟⲩⲕⲁϩⲓ ⲛ̀ ϣⲉⲙⲙⲟ ⲟⲩⲟϩ ⲁⲓⲉⲣ
ϣⲉⲙⲙⲟ ⲛ̀ ϫⲱⲃ ⲭⲱⲣⲓⲥ ⲣⲉϥϯ ⲛⲟⲙϯ ⲛⲓⲙ ⲉ̀ ⲁ̀
ϩⲁⲛ ⲕⲉⲙⲏϣ ⲙ̀ ⲡⲉ̀ⲧ ϩⲱⲟⲩ̀ⲓ ⲉ̀ϫⲱⲓ. Ⲁϥⲓ̀ ϣⲁ 10
ⲣⲟⲓ ⲛ̀ϫⲉ ⲙⲓⲭⲁⲏⲗ ⲡⲓⲁⲣⲭⲏⲁⲅⲅⲉⲗⲟⲥ ⲁϥⲛⲁϩⲙⲉⲧ
ⲉ̀ⲃⲟⲗ ⲛ̀ ϩⲏⲧⲟⲩ ⲧⲏⲣⲟⲩ ⲁⲡ ϩⲁⲉ̀ ⲇⲉ ⲁϥϯϩⲟ̀ ⲉ̀ ⲫϯ
ⲁϥⲁⲓⲧ ⲛ̀ ⲟⲩⲣⲟ ⲉ̀ ⲭⲏⲙⲓ. Ⲱ ⲙⲱⲩⲥⲏⲥ ⲛⲉⲙ ⲁ̀ⲁ̀
ⲣⲱⲛ ⲛⲉⲙ ⲛ̀ⲥⲟⲩ ⲛ̀ⲧⲉ ⲛⲁⲩⲏ̀ ⲟⲩ ⲡⲉ ⲡⲉⲧⲉⲛⲑⲱϣ
ⲛ̀ⲑⲱⲧⲉⲛ ⲟⲩⲛ ⲛⲉⲙ ⲡⲁⲓ ϣⲁⲓ ⲙ̀ ⲫⲟⲟⲩ. Ⲡⲉϫⲉ ⲛⲏ 15
ⲉ̀ⲑ ⲟⲩⲁⲃ ϫⲉ ⲡⲓⲣⲁϣⲓ ⲫⲱⲛ ⲡⲉ ϫⲉ ⲟⲩⲉⲓ ⲙⲓⲭⲁⲏⲗ
ⲇⲉ ⲁⲧ(sic) ⲉⲣ ϭⲁⲩ ⲙⲱⲓⲧ ϧⲁϫⲱⲛ ⲛⲉⲙ ⲡⲉⲛ ⲗⲁⲟⲥ

ⲕ̅ⲅ̅. ⲁ. ϣⲁⲧ ⲉⲛϭⲣⲟ ⲉ̀ϫⲉⲛ ⲛⲉⲛ ϫⲁϫⲓ ⲟⲩⲟϩ ⲁϥϭⲓ ⲙⲱⲓⲧ
ⲛⲁⲛ ⲉ̀ⲡⲓⲕⲁϩⲓ ⲛ̀ⲧⲉ ϯ ⲉ̀ⲡⲁⲅⲅⲉⲗⲓⲁ ⲉⲑⲃⲉ ⲫⲁⲓ ⲧⲉⲛ-
ⲣⲁϣⲓ ⲙ̀ ⲫⲟⲟⲩ. Ⲁⲛⲟⲕ ⲡⲉ ⲅⲉⲇⲉⲱⲛ¹ ϯⲣⲁϣⲓ ϧⲉⲛ 20
ⲟⲩⲙⲉⲧϩⲟⲩⲟ̀ ⲉⲑⲃⲉ ϫⲉ ⲙⲓⲭⲁⲏⲗ ⲡⲉ ⲉ̀ⲧⲁϥⲓ̀ ϣⲁ ⲣⲟⲓ
ⲁϥⲙⲁϩⲧ ⲛ̀ ϫⲟⲙ ⲟⲩⲟϩ ⲁⲓⲓ̀ ⲉ̀ⲃⲟⲗ ⲁⲓⲃⲱⲧⲉ ⲉ̀ ⲡⲕⲁϩⲓ
ⲙ̀ ⲙⲁⲇⲓⲁⲙ ⲁⲓⲛⲟϩⲉⲙ ⲙ̀ ⲡⲁⲗⲁⲟⲥ. Ⲱ ⲓⲉⲫⲑⲁⲓⲉ
ⲛⲉⲙ ⲁⲛⲛⲁ ⲧⲉϥⲥϩⲓⲙⲓ ⲟⲩ ⲡⲉ ⲡⲉⲧⲉⲛ ϩⲱⲃ ϧⲉⲛ
ⲡⲁⲓ ϣⲁⲓ ⲙ̀ ⲫⲟⲟⲩ. ⲁⲩⲉⲣ ⲟⲩⲱ̀ ⲛ̀ϫⲉ ⲛⲓⲕⲣⲓⲧⲏⲥ 25
ⲟⲩⲟϩ ⲡⲉϫⲱⲟⲩ ϫⲉ ⲧⲁⲫⲙⲏⲓ ⲡⲉⲛⲣⲁϣⲓ ⲟⲩⲛⲓϣϯ

---

¹ The scribe has omitted the address to Gideon.

ⲡⲉ ϫⲉ ⲡⲁⲛⲟⲓ ⲛ̀ ⲁⲃⲣⲏⲛ ⲓⲥϫⲉⲛ ⲧⲉⲛⲙⲉⲧⲕⲟⲩϫⲓ ϣⲁⲧ

ⲕ̅ⲁ̅. ⲃ. ⲉⲛⲙⲉⲧⲛⲟϫ ⲙ̀ⲡⲉ ϣⲏⲣⲓ ϣⲱⲡⲓ ⲛⲁⲛ ⲁⲛⲟϩⲓ ⲇⲉ
ⲉ̀ⲣⲁⲧⲉⲛ ⲉ̀ⲛⲉⲣ ⲡⲣⲟⲥⲉⲩⲭⲏⲥⲑⲉ ⲁⲛϭⲁⲓ ⲛ̀ ⲟⲩϣⲟⲩ-
ϣⲟⲩϣⲓ ⲛ̀ ⲫϯ ⲁϥⲥⲱⲙⲥ ⲛ̀ϫⲉ ⲡⲓⲁⲣⲭⲏⲁⲅⲅⲉⲗⲟⲥ
ⲉⲑ ⲟⲩⲁⲃ ⲙⲓⲭⲁⲏⲗ ⲉ̀ϫⲉⲛ ⲡⲉⲛⲑⲉⲃⲓⲟ ⲟⲩⲟϩ ⲁϥⲱⲗⲓ 5
ⲛ̀ⲧⲉⲛⲡⲣⲟⲥⲉⲩⲭⲏ ⲛⲉⲙ ⲡⲉⲛϣⲟⲩϣⲟⲩϣⲓ ϣⲁ ⲫϯ
ⲁϥⲉⲣ ⲡⲉⲛⲙⲉⲩⲓ̀ ⲙ̀ⲡⲉⲙⲑⲟ ⲙ̀ ⲫϯ ⲁϥⲉⲣ ϩⲙⲟⲧ ⲛⲁⲛ
ⲙ̀ ⲡⲓϫⲱⲣⲓ ⲥⲁⲙⲯⲱⲛ ⲁⲛⲟⲛ ⲇⲉ ⲛⲉⲙ ⲡⲉⲛϣⲏⲣⲓ ⲧⲉⲛ-
ⲣⲁϣⲓ ⲙ̀ ⲫⲟⲟⲩ. ⲱ̀ ⲇⲁⲩⲓ̀ⲇ ⲡⲟⲩⲣⲟ ⲛ̀ ⲑⲙⲏⲓ ⲟⲩⲟϩ
ⲫⲓⲱⲧ ⲡⲭ̅ⲥ̅ ⲕⲁⲧⲁ ⲥⲁⲣⲝ̄ ϩⲏⲡⲡⲉ ϯⲛⲁⲩ ⲉ̀ⲣⲟⲕ ⲙ̀ 10
ⲫⲟⲟⲩ ⲕⲣⲁϣⲓ ⲟⲩⲟϩ ⲉⲕⲕⲓⲙ ⲛ̀ ⲧⲉⲕ ⲕⲩⲑⲁⲣⲁ ⲑⲁ ⲡⲓ

ⲕ̅ⲃ̅. ⲁ. ⲓ̀ ⲛ̀ ⲕⲁⲡ ϧⲉⲛ ⲡⲁⲓ ⲁ̀ⲣⲓⲥⲧⲟⲛ ⲉ̀ⲧⲁϥⲑⲁϩⲙⲉⲛ ⲉ̀ⲣⲟϥ
ⲛ̀ϫⲉ ⲡⲓⲁⲣⲭⲏⲁⲅⲅⲉⲗⲟⲥ ⲉⲑ ⲟⲩⲁⲃ ⲙⲓⲭⲁⲏⲗ ⲙ̀ ⲫⲟⲟⲩ.
ⲡⲉϫⲁϥ ⲛ̀ϫⲉ ⲇⲁⲩⲓ̀ⲇ ϫⲉ ϧⲉⲛ ⲟⲩⲙⲉⲑⲙⲏⲓ ϯⲣⲁϣⲓ
ⲙ̀ ⲫⲟⲟⲩ ⲟⲩⲟϩ ϯⲑⲉⲗⲏⲗ ϫⲉ ⲛⲓϣⲁⲓ ⲧⲏⲣⲟⲩ ⲛ̀ⲧⲉ 15
ⲛⲏ ⲉⲑ ⲟⲩⲁⲃ ⲟⲩⲯⲁⲗⲙⲱⲇⲓⲁ ⲛ̀ⲧⲉ ⲫⲟⲩⲁⲓ ⲫⲟⲩⲁⲓ
ⲛ̀ⲙⲱⲟⲩ ⲉⲧ ⲥ̀ϧⲏⲟⲩⲧ ϩⲓϫⲉⲛ ⲡⲁϣⲛⲧ ⲡⲓⲉⲣ ⲯⲁⲗⲓⲛ
ⲇⲉ ⲉⲧ ⲧⲟⲙⲓ ⲉ̀ ⲡⲁⲓ ϣⲁⲓ ⲫⲁⲓ ⲛ̀ⲧⲉ ⲡⲓⲁⲣⲭⲏⲁⲅⲅⲉⲗⲟⲥ
ⲉⲑ ⲟⲩⲁⲃ ⲙⲓⲭⲁⲏⲗ ⲉ̀ⲧⲉ ⲫⲁⲓ ⲡⲉ ⲭⲉ ⲡ̀ⲁⲅⲅⲉⲗⲟⲥ ⲙ̀
ⲡ̀ⲥ̅ ϩⲓⲕⲟⲧ ⲙ̀ ⲡⲕⲱϯ ⲛ̀ ⲟⲩⲟⲛ ⲛⲓⲃⲉⲛ ⲉⲧ ⲉⲣ ϩⲟϯ 20
ϧⲁ ⲧⲉϥⲭⲏ ⲟⲩⲟϩ ϥⲛⲁϩⲙⲟⲩ. ⲱ̀ ⲥⲟⲗⲟⲙⲱⲛ

ⲕ̅ⲃ̅. ⲃ. ⲡⲓⲥⲟⲫⲟⲥ ⲙⲏ ⲭⲣⲁϣⲓ ⲁⲛ ϧⲉⲛ ⲡϣⲁⲓ ⲙ̀ ⲡⲓⲁⲣⲭⲏ-
ⲁⲅⲅⲉⲗⲟⲥ ⲙⲓⲭⲁⲏⲗ ⲡⲉϫⲁϥ ϫⲉ ϧⲉⲛ ⲟⲩⲙⲉⲧϩⲟⲩⲟ̀
ϯⲣⲁϣⲓ ⲉⲑⲃⲉ ⲡⲓⲁⲣⲭⲏⲁⲅⲅⲉⲗⲟⲥ ⲉⲑ ⲟⲩⲁⲃ ⲙⲓⲭⲁⲏⲗ
ⲛ̀ⲑⲟϥ ⲁϥϣⲱⲡⲓ ⲛⲉⲙⲏⲓ ⲓⲥϫⲉⲛ ⲧⲁ ⲙⲉⲧⲕⲟⲩϫⲓ ⲟⲩⲟϩ 25
ⲁϥⲉⲣⲉ ϯϩⲓⲣⲏⲛⲏ ϣⲱⲡⲓ ϧⲉⲛ ⲛⲁⲉ̀ϩⲟⲟⲩ ⲁϥϯϩⲟ̀ ⲙ̀
ⲫϯ ⲁϥⲥⲟⲛϩⲉⲛ ⲛⲏⲓ ⲉⲑⲣⲓ ⲕⲱⲧ ⲛ̀ ⲟⲩⲏⲓ ⲙ̀ ⲡϭⲥ̅.
ⲱ̀ ⲓ̀ⲉⲍⲉⲕⲓⲁⲥ ⲡⲟⲩⲣⲟ ⲛ̀ ⲑⲙⲏⲓ ⲛⲏⲓ ⲛ̀ⲑⲟⲕ ϩⲱⲕ ⲕⲣⲁϣⲓ

ⲛ̀ ⲫⲟⲟⲩ ϧⲉⲛ ⲡϣⲁⲓ ⲛ̀ ⲡⲓⲁⲣⲭⲏⲁⲅⲅⲉⲗⲟⲥ ⲉⲑ ⲟⲩⲁⲃ
ⲙⲓⲭⲁⲏⲗ. Ⲡⲉϫⲁϥ ⲇⲉ ⲡⲱⲥ †ⲛⲁⲣⲁϣⲓ ⲁⲛ ϫⲉ ⲁ

ⲕⲅ̅. ⲁ. ⲛⲓⲥⲩⲣⲓⲟⲥ ⲉⲣ ⲥⲟⲟⲩ ⲥⲟⲩⲥⲉⲥ ⲙ̀ⲙⲟⲓ ⲛⲉⲙ ⲡⲁ
ⲗⲁⲟⲥ ⲡⲓⲁⲣⲭⲏⲁⲅⲅⲉⲗⲟⲥ ⲉⲑ ⲟⲩⲁⲃ ⲙⲓⲭⲁⲏⲗ ⲛ̀ⲑⲟϥ
ⲡⲉ ⲉ̀ⲧⲁϥϣⲁⲓ̀ⲣⲓ ⲉ̀ⲣⲱⲟⲩ ϧⲉⲛ ⲡⲓⲉ̀ϫⲱⲣϩ ⲉ̀ⲣⲉ ⲧⲟⲩⲏ̀ⲡⲓ 5
ⲓ̀ⲣⲓ ⲛ̀ ⲣ̅ⲡ̅ⲉ̅ ϣⲟ ⲛ̀ ⲣⲁⲛ ⲉ ⲁϥⲛⲁϩⲙⲉⲛ ⲁ̀ⲛⲟⲕ ⲛⲉⲙ
ⲡⲁ ⲗⲁⲟⲥ ⲧⲏⲣϥ. Ⲱ̀ ⲏ̀ⲥⲁⲓⲁⲥ ⲡⲓⲛⲓϣ† ⲛ̀ ⲡⲣⲟ-
ⲫⲏⲧⲏⲥ ⲟⲩ ⲡⲉ ⲡⲉⲕⲣⲁϣⲓ ϩⲱⲕ ⲛ̀ ⲫⲟⲟⲩ ϧⲉⲛ ⲡϣⲁⲓ
ⲛ̀ ⲡⲓⲁⲣⲭⲏⲁⲅⲅⲉⲗⲟⲥ ⲉⲑ ⲟⲩⲁⲃ ⲙⲓⲭⲁⲏⲗ. Ⲡⲉϫⲁϥ
ϫⲉ ⲫⲁⲓ ⲡⲉ ⲡⲁ ⲣⲁϣⲓ ϫⲉ ⲛⲓⲃⲓⲥⲓ ⲧⲏⲣⲟⲩ ⲉ̀ⲧ ⲁ 10
ⲙⲁⲛⲁⲥⲥⲏ ⲛⲉⲙ ⲛⲉϥϣⲫⲏⲣ ⲉ̀ⲛⲟⲩ ⲉ̀ϫⲱⲓ ⲛⲁϥⲟ̀ϩⲓ
ⲉ̀ⲣⲁⲧϥ ⲛⲉⲙⲏⲓ ⲛ̀ϫⲉ ⲡⲓⲁⲣⲭⲏⲁ̀ⲅⲅⲉⲗⲟⲥ ⲙⲓⲭⲁⲏⲗ ⲉϥ†

ⲕⲅ̅. ⲃ. ϫⲟⲙ ⲛⲏⲓ, ⲛⲉⲙ ⲛⲟⲙ† ϣⲁⲧ ⲟⲩⲃⲁⲥⲧ ϧⲉⲛ ⲧⲁ
ⲙⲏ† ϧⲉⲛ ⲟⲩⲃⲁϣⲟⲩⲣ ⲛ̀ ϣⲉ. Ⲱ̀ ⲡⲁ ⲓⲱⲧ ⲉⲑ
ⲟⲩⲁⲃ ⲓ̀ⲉⲣⲉⲙⲓⲁⲥ ⲁ̀ⲛⲟⲕ †ⲛⲁⲩ ⲉ̀ⲣⲟⲕ ⲛ̀ ⲫⲟⲟⲩ ⲛⲉⲙ 15
ⲡⲁⲓ ⲛⲓϣ† ⲛ̀ ϧⲏⲃⲥ ⲉ̀ⲧ ⲉⲣ ⲟⲩⲱⲓⲛⲓ ⲟⲩⲟϩ ⲕⲣⲁϣⲓ
ϧⲉⲛ ⲡϣⲁⲓ ⲛ̀ ⲡⲓⲁⲣⲭⲏⲁⲅⲅⲉⲗⲟⲥ ⲉⲑ ⲟⲩⲁⲃ ⲙⲓ-
ⲭⲁⲏⲗ ⲡⲉϫⲁϥ ϫⲉ ⲁ̀ⲛⲟⲕ ⲙⲉⲛ †ⲣⲁϣⲓ ⲛ̀ ϩⲟⲩⲟ̀
ϫⲉ ⲁ̀ ⲛⲓⲟⲩⲣⲱⲟⲩ ⲧⲏⲣⲟⲩ ⲛ̀ⲧⲉ ⲓⲟⲩⲇⲁ ⲓ̀ⲣⲓ ⲛⲉⲙⲏⲓ
ⲛ̀ ⲛⲓⲡⲉⲧϩⲱⲟⲩ ⲧⲏⲣⲟⲩ ⲟⲩⲟϩ ⲛⲁⲩⲃⲱⲧⲥ ⲟⲩⲃⲏⲓ 20
ϧⲉⲛ ⲟⲩϭⲱⲗⲕ ⲛⲁⲣⲉ ⲙⲓⲭⲁⲏⲗ ⲇⲉ ⲟ̀ϩⲓ ⲉ̀ⲣⲁⲧϥ ⲛⲉ-
ⲙⲏⲓ ⲁϥϣⲱⲡⲓ ⲛⲏⲓ ⲛ̀ ⲟⲩⲃⲟⲓ̀ⲑⲟⲥ ⲛⲉⲙ ⲟⲩⲁ̀ⲙⲁϩⲓ.

ⲕⲇ̅. ⲁ. Ⲱ̀ ⲓ̀ⲉⲍⲉⲕⲓⲏⲗ ⲡⲓⲛⲓϣ† ⲛ̀ ⲡⲣⲟⲫⲏⲧⲏⲥ ⲁ̀ⲙⲟⲩ ϫⲉ
ⲛ̀ⲧⲉⲕⲧⲁⲙⲟⲛ ⲉ̀ⲡⲉⲕⲣⲁϣⲓ ϩⲱⲕ ⲛ̀ ⲫⲟⲟⲩ ϧⲉⲛ
ⲡϣⲁⲓ ⲛ̀ ⲡⲓⲁⲣⲭⲏⲁⲅⲅⲉⲗⲟⲥ ⲉⲑ ⲟⲩⲁⲃ ⲙⲓⲭⲁⲏⲗ. 25
Ⲡⲉϫⲁϥ ϫⲉ ⲁ̀ⲛⲟⲕ ⲙⲉⲛ †ⲣⲁϣⲓ ⲟⲩⲟϩ †ⲟⲩⲛⲟϥ ϫⲉ
ⲙⲓⲭⲁⲏⲗ ⲡⲉ ⲉ̀ⲧⲁϥⲓ̀ⲛⲓ ⲛⲏⲓ ⲙ̀ ⲡⲓⲭⲁⲣⲧⲏⲥ ⲉ̀ⲧ
ⲥϧⲏⲟⲩⲧ ⲟⲩⲟϩ ⲁⲓⲟⲙⲕϥ ⲁⲥϩⲱⲕ ⲛⲏⲓ ⲉ̀ⲃⲟⲗ ⲛ̀ϫⲉ

ⲧⲁ ⲡⲣⲟⲫⲏⲧⲓⲁ. Ⲱ ⲇⲁⲛⲓⲏⲗ ⲡⲓⲡⲣⲟⲫⲓⲧⲏⲥ ⲫⲣⲱⲙⲓ
ⲛ̀ⲧⲉ ⲛⲓⲉ̀ⲡⲓⲑⲩⲙⲓⲁ ⲙⲏ ⲛ̀ⲑⲟⲕ ϩⲱⲕ ⲕⲣⲁϣⲓ ⲙ̀ ⲫⲟⲟⲩ
ϧⲉⲛ ⲡϣⲁⲓ ⲙ̀ ⲡⲓⲁⲣⲭⲏⲁⲅⲅⲉⲗⲟⲥ ⲉ̅ⲑ ⲟⲩⲁⲃ ⲙⲏⲭⲁⲏⲗ.
Ⲡⲉϫⲁϥ ⲛ̀ϫⲉ ⲇⲁⲛⲓⲏⲗ ϫⲉ ⲁⲱ ⲛ̀ ⲣⲁϣⲓ ⲉ̀ⲑ ⲛⲁϣϥⲟϩ

ⲕ̅ⲇ̅. ⲃ. ⲉ̀ ⲡⲁ ⲣⲁϣⲓ ϫⲉ ⲟⲩⲉⲓ ⲡⲓⲁⲣⲭⲏⲁⲅⲅⲉⲗⲟⲥ ⲙⲓⲭⲁⲏⲗ 5
ⲟⲩⲥⲟⲡ ⲁⲛ ⲟⲩⲇⲉ ⲃ̅ ⲁϥⲓ̀ ϣⲁ ⲣⲟⲓ ⲉ̀ⲧⲁⲩ ϩⲓⲧ ⲇⲉ
ⲉ̀ ⲫⲗⲁⲕⲕⲟⲥ ⲛ̀ ⲛⲓⲙⲟⲩⲓ ⲁⲩⲉⲣ ⲥⲫⲣⲁⲅⲓⲍⲓⲛ ⲉ̀ϫⲱⲓ
ϧⲉⲛ ϩⲁⲛ [ⲥ] ⲫⲣⲁⲅⲓⲥ. Ⲙⲓⲭⲁⲏⲗ ⲇⲉ ⲡⲓⲁⲣⲭⲏⲁⲅ-
ⲅⲉⲗⲟⲥ ⲁϥⲙⲗⲁϣⲑⲁⲙ ⲛ̀ ⲣⲱⲟⲩ ⲛ̀ ⲛⲓⲙⲟⲩⲓ ⲛ̀ⲡⲟⲩϣ-
ⲃⲱⲛⲧ ⲉ̀ⲣⲟⲓ ⲉ̀ ⲡⲧⲏⲣϥ ⲉ̀ⲧⲁⲓϩⲕⲟ ⲇⲉ ⲟⲩⲛ ⲁϥⲓⲛⲓ 10
ⲛⲏⲓ ⲛ̀ ⲁⲃⲃⲁⲕⲟⲩⲙ ⲉϥⲟⲡⲧ ⲛ̀ ϧⲁⲛϩⲣⲏⲟⲩⲓ̀ ⲉⲩⲕⲉ-
ⲛⲓⲱⲟⲩⲧ ⲟⲩⲟϩ ⲁϥⲧⲥⲟⲓ. Ⲱ ⲡⲓ ⲓ̅ⲃ̅ ⲛ̀ ⲁ̀ⲡⲟⲥⲧⲟⲗⲟⲥ
ⲉⲑⲃⲉ ⲟⲩ ⲧⲉⲧⲉⲛⲣⲁϣⲓ ⲛ̀ⲑⲱⲧⲉⲛ ⲟⲩⲛ ⲙ̀ ⲫⲟⲟⲩ
ϧⲉⲛ ⲡⲁⲓ ⲛⲓϣϯ ⲛ̀ ϣⲁⲓ ⲛ̀ⲧⲉ ⲡⲓⲁⲣⲭⲏⲁⲅⲅⲉⲗⲟⲥ ⲉ̅ⲑ
ⲟⲩⲁⲃ ⲙⲓⲭⲁⲏⲗ. Ⲡⲉϫⲱⲟⲩ ϫⲉ ⲁ̀ⲛⲟⲛ ⲙⲉⲛ ⲧⲉⲛ- 15

ⲕ̅ⲉ̅. ⲁ. ⲣⲁϣⲓ ⲁⲛ ϫⲉ ⲙⲏ ⲛ̀ⲭⲓ | ϧⲉⲛ ⲟⲩⲛⲓϣϯ ⲛ̀ ⲉⲙⲕⲁϩ
ⲛ̀ ϩⲏⲧ ϧⲉⲛ ⲡϫⲓⲛⲑⲣⲉ ⲛⲓⲡⲁⲣⲁⲛⲟⲙⲟⲥ ⲛ̀ ⲓⲟⲩⲇⲁⲓ̀
ⲉⲣ ⲥⲧⲁⲩⲣⲱⲛⲓⲛ ⲙ̀ ⲡⲉⲛ ⲟ̅ⲥ̅ ⲓ̅ⲏ̅ⲥ̅ ⲡ̅ⲭ̅ⲥ̅ ⲉ̀ ϯⲉⲛⲭⲏ
ϧⲉⲛ ⲡⲉⲛⲉ̀ⲕⲁϩ ⲛ̀ ϩⲏⲧ ⲛⲉⲙ ⲡⲓⲭⲱⲡ ⲉⲑⲃⲉ ⲧϩⲟϯ
ⲛ̀ ⲛⲓ ⲓⲟⲩⲇⲁⲓ. Ⲁⲥⲧⲁⲙⲟⲛ ⲛ̀ϫⲉ ⲙⲁⲣⲓⲁⲙ ϯⲡⲁⲣ- 20
ⲑⲉⲛⲟⲥ ϫⲉ ⲁⲥϩⲱⲗ ⲉ̀ ⲡⲓⲛ̀ϩⲁⲩ ⲛ̀ ϣⲟⲣⲡ ⲛ̀ ⲧⲕⲩ-
ⲣⲓⲁ̀ⲕⲏ ⲛ̀ⲑⲟⲥ ⲛⲉⲙ ⲛⲏ ⲉⲑ ⲛⲉⲙⲁⲥ ⲁⲥϫⲓⲙⲓ ⲙ̀
ⲡⲓⲁⲣⲭⲏ ⲁⲅⲅⲉⲗⲟⲥ ⲉ̅ⲑ ⲟⲩⲁⲃ ⲙⲓⲭⲁⲏⲗ ⲉ̀ ⲁϥⲥⲕⲉⲣ-
ⲕⲉⲣ ⲙ̀ ⲡⲓⲱⲛⲓ ⲉ̀ⲃⲟⲗϩⲓ ⲣⲱϥ ⲙ̀ ⲡⲓⲛ̀ϩⲁⲩ ⲟⲩⲟϩ
ⲁϥϩⲉⲙⲥⲓ ϩⲓϫⲱϥ ⲉϥϩⲓ ϣⲉⲛⲛⲟⲩϥⲓ ⲛ̀ ⲱⲟⲩ ϫⲉ ⲁ 25

ⲕ̅ⲉ̅. ⲃ. ⲡⲟ̅ⲥ̅ ⲧⲱⲛϥ. Ⲱ ⲍⲁⲭⲁⲣⲓⲁⲥ ⲛⲉⲙ ⲓⲱⲁⲛⲛⲏⲥ ⲡⲉϥ-
ϣⲏⲣⲓ ⲙⲏ ⲛ̀ⲑⲱⲧⲉⲛ ⲧⲉⲧⲉⲛⲉⲣ ϣⲁⲓ ϩⲱⲧⲉⲛ ⲙ̀ ⲫⲟⲟⲩ
ϧⲉⲛ ⲡϣⲁⲓ ⲙ̀ ⲡⲓⲁⲣⲭⲏⲁⲅⲅⲉⲗⲟⲥ ⲙⲓⲭⲁⲏⲗ. Ⲡⲉϫⲁϥ

ϫⲉ ϯⲣⲁϣⲓ ϫⲉ ⲁϥⲉⲣ ⲥⲫⲣⲁⲅⲓⲍⲓⲛ ⲙⲁϥ ⲛ̇ϫⲉ ⲙⲓⲭⲁⲏⲗ
ⲡⲓⲁⲣⲭⲏⲁⲅⲅⲉⲗⲟⲥ ⲁⲛⲟⲕ ⲇⲉ ⲛ̇ ⲟⲩⲏⲃ ⲓⲱⲁⲛⲛⲏⲥ ⲇⲉ
ⲡⲁϣⲏⲣⲓ ⲛ̇ ⲣⲉϥϯⲱⲙⲥ ⲛ̇ⲑⲟϥ ⲡⲉ ⲡϣⲏⲣⲓ ⲛ̇ ⲉⲗⲓⲥⲁⲃⲉⲧ
ⲧⲥⲩⲅⲅⲉⲛⲏⲥ ⲛ̇ ⲙⲁⲣⲓⲁⲙ ⲑⲙⲁⲩ ⲙ̇ ⲡⲟ̅ⲥ̅ ⲕⲁⲧⲁ ⲥⲁⲣⲝ
ⲉⲑⲃⲉ ⲫⲁⲓ ⲧⲉⲛⲣⲁϣⲓ ⲙ̇ ⲫⲟⲟⲩ. (Ⲱ) ⲥⲧⲉⲫⲁⲛⲟⲥ 5
ⲡⲓⲁⲣⲭⲏⲇⲓⲁⲕⲱⲛ ⲙ̇ ⲡⲣⲟⲇⲟⲙⲁⲣⲧⲩⲣⲟⲥ (sic) ⲙⲏ
ⲕⲣⲁϣⲓ ϩⲱⲕ ⲛⲉⲙⲁⲛ ϧⲉⲛ ⲡⲁⲓ ⲛⲓϣϯ ⲛ̇ ϣⲁⲓ ⲡⲉϫⲁϥ
ϫⲉ ⲁϫⲁ ϫⲉ ϧⲉⲛ ⲡⲓⲛⲁⲩ ⲉ̇ⲧⲁⲩϫⲓ ⲱⲛⲓ ⲉ̇ϫⲱⲓ ⲁⲓ-
ⲕ̅ⲋ̅. ⲁ. ⲛⲁⲩ ⲉ̇ ⲛⲓⲫⲛⲟⲩⲓ̇ ⲉⲩⲟⲩⲏⲛ· ⲉ̇ⲣⲉ ⲡⲓⲁⲣⲭⲏⲁⲅⲅⲉⲗⲟⲥ
ⲙⲓⲭⲁⲏⲗ ⲛⲉⲙ ⲛⲓⲁⲅⲅⲉⲗⲟⲥ ⲧⲏⲣⲟⲩ ⲥⲟⲙⲥ ⲉ̇ ⲡⲉⲛ 10
ⲟ̅ⲥ̅ ⲓⲏⲥ ⲡⲭ̅ⲥ̅ ⲉϥⲥⲁ ⲟⲩⲓⲛⲁⲙ ⲛ̇ ⲫⲓⲱⲧ ⲛ̇ ⲁⲅⲁⲑⲟⲥ.
(Ⲱ) ⲡⲓ ⲅ̅ ⲛ̇ ⲁⲗⲟⲩ ⲁⲛⲁⲛⲓⲁⲥ ⲁⲍⲁⲣⲓⲁⲥ ⲙⲓⲥⲁⲏⲗ ⲙⲏ
ⲧⲉⲧⲉⲛⲣⲁϣⲓ ϩⲱⲧⲉⲛ ⲙ̇ ⲫⲟⲟⲩ ϧⲉⲛ ⲡϣⲁⲓ ⲙ̇ ⲡⲓⲁⲣ-
ⲭⲏⲁⲅⲅⲉⲗⲟⲥ ⲙⲓⲭⲁⲏⲗ. ⲡⲉϫⲱⲟⲩ ⲛ̇ϫⲉ ⲛⲏ ⲉⲑ ⲟⲩⲁⲃ
ϫⲉ ⲡⲱⲥ ⲧⲉⲛⲛⲁⲣⲁϣⲓ ⲁⲛ ϫⲉ ϧⲉⲛ ⲡϫⲓⲛⲑⲣⲉ ⲛⲁ- 15
ⲃⲟⲩⲭⲟⲇⲟⲛⲟⲥⲟⲣ ⲡⲟⲩⲣⲟ ϩⲓⲧⲉⲛ ⲉ̇ ϯϩⲣⲱ ⲛ̇ ⲭⲣⲱⲙ
ⲉ̇ⲑ ⲙⲟϩ ⲁϥⲟⲩⲁϩⲥⲁϩⲛⲓ ⲛ̇ϫⲉ ⲫϯ ⲙ̇ ⲙⲓⲭⲁⲏⲗ
ⲁϥⲛⲉϩ ⲡϣⲁϩ ⲛ̇ ⲡⲓⲭⲣⲱⲙ ⲉ̇ⲃⲟⲗ ⲁϥⲉⲣⲉ ϯϩⲣⲱ
ⲕ̅ⲋ̅. ⲃ. ⲉⲣ ⲙ̇ ⲫⲣⲏϯ ⲛ̇ ⲟⲩⲓ̇ⲱϯ· (Ⲱ) ⲡⲭⲱⲣⲟⲥ ⲛ̇ ⲛⲓⲙⲁⲣ-
ⲧⲩⲣⲟⲥ ⲛⲉⲙ ⲛⲏ ⲉ̇ⲑ ⲟⲩⲁⲃ ⲙⲏ ⲧⲉⲧⲉⲛⲣⲁϣⲓ ⲛ̇ⲑⲱ- 20
ⲧⲉⲛ ⲙ̇ ⲫⲟⲟⲩ ϧⲉⲛ ⲡϣⲁⲓ ⲙ̇ ⲡⲓⲁⲣⲭⲏⲁⲅⲅⲉⲗⲟⲥ
ⲙⲓⲭⲁⲏⲗ. ⲡⲉϫⲉ ⲛⲏ ⲉ̇ⲑ ⲟⲩⲁⲃ ⲧⲏⲣⲟⲩ ϫⲉ ϧⲉⲛ
ⲟⲩⲙⲉⲑⲙⲏⲓ ⲟⲩⲛⲓϣϯ ⲡⲉ ⲡⲉⲛⲣⲁϣⲓ ϫⲉ ⲟⲩⲉⲓ ⲁⲛⲁⲅⲕⲏ
ⲛⲓⲃⲉⲛ ⲛⲉⲙ ⲛ̇ⲕⲁϩ ⲉ̇ⲧ ⲁⲛϭⲁⲓ ϧⲁⲣⲱⲟⲩ ⲡⲓⲁⲣⲭⲏⲁⲅ-
ⲅⲉⲗⲟⲥ ⲙⲓⲭⲁⲏⲗ ⲁϥϯ ϫⲟⲙ ⲛⲁⲛ ϣⲁⲧ ⲉⲛϥⲁⲓ ϧⲁ 25
ⲛⲓⲃⲁⲥⲁⲛⲟⲥ ⲉ̇ⲧⲉⲙⲙⲁⲩ ⲟⲩⲟϩ ⲛ̇ⲧⲉⲛϫⲱⲕ ⲛ̇ⲧⲉⲛ-
ⲙⲁⲣⲧⲩⲣⲓⲁ̇ ⲉ̇ⲃⲟⲗ ⲛⲉⲙ ⲡⲉⲛⲁ̇ⲅⲱⲛ ⲟⲩⲟϩ ⲉⲑⲃⲏⲧϥ
ⲁⲛϭⲓ ⲛ̇ ⲛⲁⲓ ⲛⲓϣϯ ⲛ̇ ⲁ̇ⲅⲁⲑⲟⲛ ⲉⲑⲃⲉ ⲫⲁⲓ ⲧⲉⲛⲣⲁϣⲓ

3*

κ̄ζ̄. ⲁ. ⲛ̀ ⲫⲟⲟⲩ. (ⲱ̀) ⲛⲓⲧⲁⲅⲙⲁ ⲧⲏⲣⲟⲩ ⲛ̀ⲧⲉ | ⲫⲛⲟⲩⲓ̀
ⲛⲉⲙ ⲧⲉⲧⲉⲛⲣⲁϣⲓ ⲍⲱⲧⲉⲛ ⲛ̀ ⲫⲟⲟⲩ. Ⲡⲉϫⲱⲟⲩ ⲇⲉ
ⲧⲁⲫⲙⲏⲓ ⲡⲓⲣⲁϣⲓ ⲧⲏⲣϥ ⲫⲱⲛ ⲡⲉ ⲛⲁ ⲛⲉⲛⲣⲁϯ
ⲟⲩⲛⲓϣϯ ⲅⲁⲣ ⲡⲉ ⲡⲧⲁⲓⲟ̀ ⲛ̀ ⲡⲁⲓ ϣⲁⲓ ⲫⲁⲓ ⲉ̀ⲧ ⲫⲱⲣϣ
ⲛⲁⲛ ⲉⲓϫⲉⲛ ⲡⲕⲁϩⲓ ⲛ̀ⲙⲁⲩⲁⲧϥ ⲁⲛ ⲁⲗⲗⲁ ϧⲉⲛ ϯ 5
ⲕⲉ ⲫⲉ ⲟⲩⲛ. ϯⲛⲟⲩ ⲇⲉ ⲱ̀ ⲛⲓⲙⲉⲛⲣⲁϯ ⲛ̀ ⲕⲁⲧ
ϩⲏⲧ ⲁⲙⲱⲓⲛⲓ ⲛ̀ⲧⲉⲛ ⲉⲣ ⲥⲡⲟⲇⲁⲍⲓⲛ ϩⲱⲛ ⲟⲩⲛ
ⲛ̀ⲧⲉⲛⲁ̀ⲣⲉϩ ⲉ̀ ⲛⲉⲛⲯⲩⲭⲏ ϧⲉⲛ ⲡϣⲁⲓ ⲛ̀ ⲡⲓⲁⲣⲭⲏⲁⲅ-
ⲅⲉⲗⲟⲥ ⲉ̀ⲑ ⲟⲩⲁⲃ ⲙⲓⲭⲁⲏⲗ ⲟⲩⲟϩ ⲛ̀ⲙⲟⲛ ϩⲉⲃⲥⲱ
ⲉ̀ ⲛⲁⲛⲉⲩ ⲉⲩⲉⲣ ⲡⲣⲉⲡⲓ ⲛ̀ ⲡⲓϩⲟⲡ ⲧⲟⲓ ϩⲓⲱⲧⲉⲛ 10
κ̄ζ̄. ⲃ. ⲙⲏ ⲡⲟⲧⲉ ⲛ̀ⲧⲉⲛ ϩⲱⲗ ϩⲉⲛ ϩⲁⲛⲥⲧⲟⲗⲏ ⲉⲩⲥⲁⲓⲱⲟⲩ
ⲉⲩ ⲭⲱⲛⲥ ⲉ̀ⲣⲉ ⲛⲉⲛⲥⲱⲙⲁ ⲙⲉϩ ⲛ̀ ⲑⲱⲗⲉⲃ ⲛ̀ⲥⲉⲕⲱⲗ-
ⲧⲉⲛ ⲉ̀ⲃⲟⲗ ϧⲉⲛ ⲟⲩϣⲓⲡⲓ ⲛ̀ ⲡⲉⲙⲑⲟ ⲛ̀ ⲛⲏ ⲉ̀ⲧⲉ
ⲛⲓϩⲉⲃⲥⲱ ⲉ̀ⲧ ⲫⲉⲣⲓ ⲱ̀ⲟⲩ ⲧⲟⲓ ϩⲓⲱ̀ⲧⲟⲩ ⲟⲩⲟϩ ⲛ̀ⲥⲉⲟⲩ-
ⲛⲟⲩ ⲥⲁⲃⲟⲗ ⲛ̀ⲙⲟⲛ ⲛ̀ϫⲉ ⲛⲁ ⲛⲓϩⲉⲃⲥⲱ ⲛ̀ ⲕⲁⲑⲁⲣⲟⲥ 15
ϫⲉ ⲙⲏⲡⲟⲧⲉ ⲛ̀ⲧⲟⲩⲑⲱⲗⲉⲃ ϩⲱⲟⲩ ⲛ̀ ϧⲏⲧⲉⲛ.
Ⲙⲉⲛⲉⲛⲥⲁ ⲡⲁⲓ ⲛⲓϣϯ ⲇⲉ ⲛ̀ ϣⲓⲡⲓ ⲛⲥⲉϩⲓⲧⲉⲛ ⲉ̀ⲃⲟⲗ
ⲛ̀ⲥⲉϯ ϣⲱϣ ⲛⲁⲛ ϧⲉⲛ ⲡⲁⲓ ⲥⲁϫⲓ ⲛ̀ϫⲉ ⲛⲏ ⲉ̀ⲧⲉⲛ-
ⲙⲁⲩ ⲉⲩϫⲱ ⲙ̀ⲙⲟⲥ ϫⲉ ⲱ̀ ⲛⲓⲥⲁϧϩⲛⲧ ⲉ̀ⲧ ⲗⲟⲃⲓ ⲡⲱⲥ
ⲧⲉⲧⲉⲛϣⲓⲡⲓ ⲁⲛ ⲓ̀ⲥϫⲉ ⲧⲉⲧⲉⲛϣⲓⲡⲓ ⲁⲛ ϧⲁ ⲧϩⲏ ⲛ̀ 20
κ̄ⲏ̄. ⲁ. ⲛⲓⲣⲱⲙⲓ ⲡⲱⲥ ⲛ̀ ⲡⲉⲧⲉⲛϣⲓⲡⲓ ϧⲁ ⲧϩⲏ | ⲛ̀ ⲡⲟⲩⲣⲟ
ⲫϯ ⲛⲉⲙ ⲡⲉϥⲁⲣⲭⲏⲥⲧⲣⲁⲧⲩⲅⲟⲥ ⲉ̀ⲑ ⲟⲩⲁⲃ ⲙⲓⲭⲁⲏⲗ
ⲡⲓⲁⲣⲭⲏⲁⲅⲅⲉⲗⲟⲥ. Ⲙⲏ ⲧⲉⲧⲉⲛ ⲉ̀ⲙⲓ ⲁⲛ ϫⲉ ⲧⲁⲓ
ⲁⲩⲗⲏ ⲑⲁ ⲛⲓⲙ ⲡⲉ ⲟⲩⲟϩ ⲫⲁ ⲛⲓⲙ ⲡⲉ ⲡⲁⲓ ⲁⲣⲓⲥ-
ⲧⲟⲛ ⲇⲉ ⲑⲁ ⲡⲟⲩⲣⲟ ⲧⲉ ⲛⲉⲙ ⲡⲉϥⲁⲣⲭⲏⲥⲧⲣⲁ- 25
ⲧⲩⲅⲟⲥ ⲫⲏ ⲉ̀ⲧ ⲫⲱⲣϫ ⲛ̀ ⲙⲉⲧϫⲱⲣⲓ ⲛⲓⲃⲉⲛ
ⲛ̀ⲡⲉⲙⲑⲟ ⲛ̀ ⲡⲉϥⲥ̄ ⲡⲟⲩⲣⲟ ⲉ̀ ⲁϥϯ ⲛⲁϥ ⲛ̀ ⲛⲁⲓ
ⲧⲁⲓⲟ̀ ⲧⲏⲣⲟⲩ ⲉⲑⲃⲉ ⲧⲉϥⲙⲉⲧϫⲱⲣⲓ ⲧⲁⲫⲙⲏⲓ. ϯⲟⲓ

ⲛ̀ ϣⲫⲏⲣⲓ ⲇⲉ ⲛ̀ⲧⲉⲧⲉⲛ ⲡⲁⲣⲣⲏⲥⲓⲁ ϣⲁ ⲡⲁⲓ ⲙⲁ
ⲉⲧ ⲥⲁ ϧⲟⲩⲛ ⲟⲩⲟϩ ⲁϥϯ ⲛⲱⲧⲉⲛ ⲛ̀ ⲡⲁⲓ ⲣⲏϯ ⲛ̀

ⲕ̅ⲏ̅. ⲃ. ⲟⲩⲥⲩⲅⲭⲱⲣⲏⲥⲓⲥ ⲛⲏ ⲛ̀ ⲡⲉⲧⲉⲛ ⲥⲱⲧⲉⲙ ⲉ̀ⲣⲟϥ.
ⲉϥϫⲱ ⲛ̀ⲙⲟⲥ ϫⲉ ⲛ̀ⲡ ⲉⲣ ⲓ̀ ⲉ̀ ϧⲟⲩⲛ ⲉ̀ ⲫⲙⲁ ⲛ̀
ⲡⲓϩⲟⲡ ⲛ̀ ⲧϩⲉⲃⲥⲱ ⲛ̀ ϩⲓϣⲱⲡ ⲧⲟⲓ ⲉⲓ ⲑⲏⲛⲟⲩ ⲁⲛ 5
ⲙⲏ ⲙ̀ⲡⲉⲧⲉⲛⲥⲱⲧⲉⲙ ⲉⲑⲃⲉ ⲫⲏ ⲉ̀ⲧⲁϥ ⲉⲣ ⲧⲟⲗⲙⲁⲛ
ⲁϥϩⲱⲗ ⲉ̀ ϧⲟⲩⲛ ϧⲉⲛ ⲟⲩϩⲉⲃⲥⲱ ⲉⲥϫⲁⲓⲱⲟⲩ ⲛ̀
ⲡⲉⲧⲉⲛ ⲣⲏϯ ϫⲉ ⲟⲩ ⲡⲉ ⲉ̀ⲧⲁϥϣⲱⲡⲓ ⲙ̀ⲙⲟϥ. ⲥⲉ-
ϧⲛⲟⲩⲧ ϫⲉ ⲁϥⲑⲣⲟⲩⲥⲱⲛϩ ⲛ̀ ⲧⲟⲧϥ ⲛⲉⲙ ⲣⲁⲧϥ
ⲟⲩⲟϩ ⲁⲩϩⲓⲧϥ ⲉ̀ ⲡⲭⲁⲕⲓ ⲉⲧ ⲥⲁⲃⲟⲗ ⲡⲓⲙⲁ ⲉ̀ⲧⲉ 10
ⲫⲣⲓⲙⲓ ⲛⲁϣⲱⲡⲓ ⲛ̀ⲙⲟϥ ⲛⲉⲙ ⲡⲓⲥⲑⲉⲣⲧⲉⲣ ⲛ̀ⲧⲉ ⲛⲓ-
ⲛⲁϫϩⲓ. ϯⲛⲟⲩ ⲇⲉ ⲱ̀ ⲛⲉⲛⲙⲉⲛⲣⲁϯ ⲙⲁⲣⲉⲛⲥⲟⲩⲧⲱⲛ
ⲑⲏⲛⲟⲩ ⲉ̀ ϯⲁⲩⲗⲏ ⲉⲧ ⲥⲁ ⲃⲟⲗ ϩⲉⲙⲥⲓ ⲛ̀ ⲟⲩⲕⲟⲩϫⲓ

ⲕ̅ⲑ̅. ⲁ. ϩⲓⲛⲁ ⲁϥϣⲁⲛⲓ̀ ⲉⲧ ϧⲟⲩⲛ ⲛ̀ϫⲉ ⲡ̅ⲟ̅ⲥ̅ ⲡⲟⲩⲣⲟ ⲛⲉⲙ
ⲡⲉϥⲁⲣⲭⲏⲥⲧⲣⲁⲧⲏⲅⲟⲥ ⲙⲓⲭⲁⲏⲗ ⲛ̀ⲧⲉϥ ϯϩⲟ ⲉ̀ⲣⲟϥ 15
ϩⲓⲛⲁ ⲉⲑⲣⲉϥⲉⲣ ⲟⲩⲛⲁⲓ ⲛⲉⲙⲱⲧⲉⲛ ⲛⲉⲙ ⲡⲓⲥⲱϫⲡ ⲛ̀
ⲛⲏ ⲉⲑ ϣⲁⲧⲙⲉⲑⲛⲁⲓ ⲛⲉⲙ ⲛⲏ ⲉⲑ ϩⲉⲙⲥⲓ ϩⲁⲧⲉⲛ
ⲡⲓⲣⲟ ϫⲉ ⲡⲓⲁⲣⲭⲏⲁⲅⲅⲉⲗⲟⲥ ⲟⲩⲛⲁⲏⲧ ⲫⲏ ⲉ̀ⲧⲉⲧⲉⲛⲉⲣ
ϣⲁⲓ ⲛⲁϥ ⲛ̀ ⲫⲟⲟⲩ ⲟⲩⲟϩ ϥⲛⲁⲭⲁ ⲑⲏⲛⲟⲩ ⲥⲁ ⲃⲟⲗ ⲁⲛ.
ⲁⲗⲗⲁ ⲧⲁϫⲣⲉ ⲛⲉⲧⲉⲛϩⲏⲧ ⲛⲉⲙ ⲙⲉⲧⲉⲛⲯⲩⲭⲏ ⲛ̀ ϣⲟⲣⲡ 20
ⲟⲩⲟϩ ϯϩⲟ ⲉ̀ⲣⲟϥ ϫⲉ ⲟⲩⲉⲓ ⲛϧⲃⲓ ⲛ̀ ⲡϣⲓϣⲓ ϧⲉⲛ ⲑⲙⲏϯ
ⲛ̀ ⲡⲁⲓ ϣⲁⲓ ⲛ̀ ⲫⲟⲟⲩ ⲁⲛ ⲙⲏ ⲡⲟⲧⲉ ⲛ̀ⲧⲉⲧⲉⲛⲥⲱⲕ ⲛⲱⲧⲉⲛ

ⲕ̅ⲑ̅. ⲃ. ⲛ̀ ⲟⲩϧⲓⲥⲓ ϧⲉⲛ ⲡⲁⲓ ⲙⲁ ⲫⲁⲓ. ⲁⲡⲁⲝ ⲁ̀ⲡⲗⲱⲥ ⲁⲓⲕⲏⲛ
ⲛ̀ⲧⲁⲙⲱⲧⲉⲛ ⲟⲩⲟϩ ⲁ̀ ⲧⲉⲧⲉⲛⲉ̀ⲙⲓ ⲱ̀ ⲛⲉⲛⲙⲁⲣⲁ(sic).
ϫⲉ ⲛⲓϣⲱϣ ⲉ̀ⲧⲁⲓϧⲁⲓ ⲛ̀ⲙⲱⲟⲩ ⲙⲁⲗⲓⲥⲧⲁ ⲛⲏ ⲉⲧ ⲥⲁϫⲓ 25
ⲛⲉⲙⲁⲛ ϩⲱⲟⲩ ϩⲁⲛⲣⲱⲙⲓ ⲛⲉ ⲙ̀ⲡⲉⲛⲣⲏϯ ⲟⲩⲟϩ ⲫϯ ⲁⲛ
ⲡⲉ. ⲁⲗⲗⲁ ⲙⲏ ⲛⲁⲣⲉ ⲟⲩⲁⲓ ⲛⲁϫⲟⲥ ⲛⲏⲓ ϫⲉ ⲁϣ ⲛⲉ
ⲛⲓϩⲉⲃⲥⲱ ⲉⲧ ϫⲁⲓⲱⲟⲩ ⲓⲉ ⲉⲧ ⲥⲁⲓⲱⲟⲩ ⲓⲉ ⲁϣ ⲡⲉ

ⲡⲥⲟⲗⲥⲉⲗ ⲛ̅ ⲡⲓⲥⲱⲙⲁ ⲙⲏ ⲟⲩⲟⲛ ⲙⲉⲧϣⲟⲃⲓ ϧⲁⲧⲉⲛ
ⲫϯ ⲓⲉ ⲫϯ ⲙⲉⲓ ⲛ̅ ⲡⲓⲣⲁⲙⲁⲟ ⲉϩⲟⲧⲉ ⲡⲓϩⲏⲕⲓ ⲙⲏ
ⲃⲉⲛ ⲡⲗⲟⲅⲱϣ ⲗⲓⲉⲣ ϩⲏⲕⲓ ⲓⲉ ϯⲟⲩⲱϣ ⲁⲛ ⲉ̀ ⲉⲣ
ⲣⲁⲙⲁⲟ ⲓⲉ ⲟⲩⲟⲛ ⲟⲩⲣⲱⲙⲓ ⲛ̅ⲗⲟⲅⲱϣ ⲉⲑⲣⲉϥϣⲱⲡⲓ
ⲃⲉⲛ ⲟⲩⲑⲉⲃⲓⲟ ⲙⲏ ⲛ̅ⲡ ⲉⲥϣⲱⲡⲓ ⲛ̅ ⲡⲁⲓ ⲣⲏϯ ⲱ̀ 5

ⲗ̅. ⲁ. ⲛⲁⲙⲉⲛⲣⲁϯ ⲛ̅ⲙⲟⲛ ⲫϯ ⲟⲓ ⲛ̀ ϣⲟⲃⲓ ⲓⲉ ϥⲙⲉⲓ ⲛ̅
ⲡⲓⲣⲁⲙⲁⲟ ⲉϩⲟⲧⲉ ⲡⲓϩⲏⲕⲓ ⲓⲓ ⲛⲉⲥϣⲱⲡⲓ ⲁⲗⲗⲁ ϯⲛⲁ
ⲧⲁⲙⲟⲕ ⲉ̀ ⲙϩⲉⲃⲥⲱ ⲉⲧ ⲥⲁⲓⲱⲟⲩ ⲛⲉⲙ ⲛⲓ ⲁⲕ-
ϣⲁⲛⲟⲩⲱϣ ⲉ̀ ϩⲱⲗ ⲉ̀ ⲡⲁⲣⲓⲥⲧⲟⲛ ⲛ̅ ⲙⲓⲭⲁⲏⲗ ⲥⲉⲙ-
ⲡϣⲁ ⲛ̀ⲧⲉⲕⲧⲛⲓⲧⲟⲩ ϩⲓⲱⲧⲕ. ⲑⲱϩⲥ ⲛ̀ⲧⲉⲕ ⲁ̀ⲫⲉ 10
ⲃⲉⲛ ⲟⲩⲛⲉϩ ⲟⲩⲟϩ ⲓ̀ⲁϩ ⲡⲉⲕϩⲟ ⲉ̀ⲃⲟⲗ ⲉ̀ⲧⲉ ⲡⲉϥ
ⲟⲩⲱϩⲉⲙ ⲫⲁⲓ ⲡⲉ ⲛ̅ ⲡⲁⲓ ⲣⲏϯ ⲉⲟⲣⲉⲕϩⲓⲟⲩⲓ̀ ⲉ̀ⲃⲟⲗ-
ϩⲁⲣⲟⲕ ⲛ̅ ⲡ ⲉⲧ ϩⲱⲟⲩ ⲛⲓⲃⲉⲛ ⲟⲩⲟϩ ⲛ̀ⲧⲉⲕⲉⲣ ϣⲁⲓ

ⲗ̅. ⲃ. ⲛⲉⲙ ⲡⲓⲁⲣⲭⲏⲁⲅⲅⲉⲗⲟⲥ ⲉⲟ ⲟⲩⲁⲃ ⲙⲓⲭⲁⲏⲗ ⲕⲁⲗⲱⲥ
Ⲟⲩⲟϩ ⲁⲩϣⲁⲛⲑⲁϩⲙⲉⲕ ⲉ̀ ⲡⲁⲣⲓⲥⲧⲟⲛ ⲛ̅ ⲙⲓⲭⲁⲏⲗ 15
ⲡⲓⲁⲣⲭⲏⲁⲅⲅⲉⲗⲟⲥ ⲧⲟⲩⲃⲟ ⲛ̅ ⲡⲉⲕϩⲏⲧ ⲉ̀ⲃⲟⲗϩⲁ
ⲡⲉⲧϩⲱⲟⲩ ⲛⲓⲃⲉⲛ ⲟⲩⲟϩ ⲁⲗⲓⲟⲩⲓ̀ ⲉ̀ⲃⲟⲗϩⲁⲣⲟⲕ ⲛ̅
ⲙⲉⲩⲓ̀ ⲛⲓⲃⲉⲛ ⲉⲧ ⲥⲱϥ ⲟⲩⲟϩ ⲧⲉⲕⲥⲧⲟⲗⲏ ⲉⲧ ⲥⲁ-
ⲓⲱⲟⲩ ⲟⲩⲟϩ ⲁⲕϣⲁⲛϣⲉ ⲛⲁⲕ ⲉ̀ ⲧⲉⲕⲕⲗⲏⲥⲓⲁ ⲛ̅ ⲫϯ
ⲉ̀ⲧⲉ ⲑⲁⲓ ⲧⲉ ⲡⲏⲓ ⲛ̀ⲧⲉ ϯⲡⲣⲟⲥⲉⲩⲭⲏ ϭⲟϫⲓ ⲉ̀ⲃⲟⲗ- 20
ϩⲁⲣⲟⲕ ⲛ̅ ⲡⲟⲣⲛⲓⲁ̀ ⲛⲓⲃⲉⲛ ⲛⲉⲙ ⲛⲓⲛ̅ⲕⲁⲩϩ ⲛⲉⲙ
ⲛⲓⲑⲱⲗⲉⲃ ⲟⲩⲟϩ ϯϩⲓⲱⲧⲕ ⲛ̅ ⲡⲓ ⲧⲟⲩⲃⲟ ⲛⲉⲙ ϯϩⲓ-
ⲣⲏⲛⲏ ⲛⲉⲙ ϯⲙⲉⲑⲙⲏⲓ ⲟⲩⲟϩ ⲉⲕϩⲛⲗ ⲉ̀ ϧⲟⲩⲛ ⲉ ⲛⲉ-
ϥⲁⲩⲗⲓⲟⲩ ⲃⲉⲛ ⲟⲩⲣⲁϣⲓ ⲉⲑⲣⲉⲕⲣⲁϣⲓ ⲛⲉⲙ ⲡⲓⲁⲣ-
ⲭⲏⲁⲅⲅⲉⲗⲟⲥ ⲙⲓⲭⲁⲏⲗ. Ⲁⲩϣⲁⲛⲑⲁϩⲙⲉⲕ ⲉ̀ ⲫⲙⲱⲓⲧ 25
ⲛ̅ ⲡϩⲟⲡ ⲛ̅ ⲡⲟⲩⲣⲟ ⲛ̅ ⲙⲏⲓ ⲛⲉⲙ ⲡⲉϥⲁⲣⲭⲏⲥⲧⲣⲁ-

ⲗ̅ⲅ̅. ⲁ. ⲧⲩⲅⲟⲩⲥ | ⲭⲱ ⲛ̀ ⲛⲉⲕⲙⲉⲑⲛⲁⲏⲧ ⲛⲉⲙ ⲛⲉⲕⲁ̀ⲅⲁⲡⲏ
ⲛ̀ⲥⲉⲗⲟⲩⲱⲛ ⲛ̅ ⲡⲣⲟ ⲙ̅ⲡⲓ ϩⲟⲡ ⲫⲏ ⲇⲉ ⲉⲧ ⲉⲕ-

ⲛⲁⲧⲏⲓϥ ⲭⲛⲁⲝⲉⲙϥ ⲧⲁϥⲙⲏⲓ ϩⲓⲝⲉⲛ ϯⲧⲣⲁⲡⲏⲍⲁ
ⲛ̀ ⲡⲉⲕⲛⲓⲑⲟ ⲁⲕϣⲁⲛⲟⲩⲱϣ ⲉⲑⲣⲉⲕ ϯⲱⲟⲩ ⲛ̀ ⲡⲓⲁⲣ-
ⲭⲏⲁⲅⲅⲉⲗⲟⲥ ⲙⲓⲭⲁⲏⲗ ⲡⲁⲣⲭⲏⲥⲧⲣⲁⲧⲏⲅⲟⲥ ⲛ̀ ⲡⲓ-
ⲟⲩⲣⲟ ⲛ̀ ⲙⲏⲓ. Ⲭⲱ ⲛ̀ ⲛⲓⲭⲣⲁ ⲛⲉⲙ ⲙⲟⲣⲫⲁⲛⲟⲥ
ⲉⲑⲣⲟⲩ ⲓ̀ ⲉ̀ⲃⲟⲗϩⲁ ⲧⲟⲧⲕ ⲉ̀ⲣⲉ ⲛ̀ ⲟⲩϩⲟ ⲉⲣ ⲟⲩⲱⲓⲛⲓ 5
ⲉⲩⲙⲉϩ ⲛ̀ ⲣⲁϣⲓ ⲉ̀ⲣⲉ ⲛ̀ ⲟⲩⲥⲱⲙⲁ ϩⲱⲃⲥ ⲛ̀ ⲡϣⲓ ⲛ̀
ⲧⲉⲕⲝⲟⲙ. ϯⲝⲱ ⲙ̀ⲙⲟⲥ ⲛⲁⲕ ⲝⲉ ⲡⲉⲕϣⲟⲩϣⲟⲩϣⲓ
ⲛⲁϣⲱⲡⲓ ⲉϥϣⲏⲡ ⲛ̀ ⲡⲉⲛⲑⲟ ⲛ̀ ⲫϯ ⲛⲉⲙ ⲡⲓⲁⲣ-
ⲗ̄ⲁ̄. ⲃ̄. ⲭⲏⲁⲅⲅⲉⲗⲟⲥ ⲉⲑ ⲟⲩⲁⲃ ⲙⲓⲭⲁⲏⲗ ⲟⲩⲟϩ ⲁⲕⲥⲉⲗ-
ⲥⲱⲗⲕ ϣⲟⲡ ⲉ̀ⲣⲟⲕ ⲛ̀ ⲟⲩϣⲉⲙⲙⲟ ϧⲉⲛ ⲡⲉϥϣⲁⲓ ⲉⲑ 10
ⲟⲩⲁⲃ ⲟⲩⲟϩ ⲁⲣⲓ ⲟⲩⲛⲁⲓ ⲛⲉⲙⲁϥ. Ⲡⲓⲁⲣⲭⲏⲁⲅⲅⲉⲗⲟⲥ
ⲇⲉ ⲙⲓⲭⲁⲏⲗ ⲛⲁⲓ̀ ⲉ̀ⲃⲟⲗϩⲁ ⲝⲱⲕ ⲛ̀ⲧⲉϥϣⲟⲡⲕ ⲉ̀ⲣⲟϥ
ϧⲉⲛ ⲟⲩⲣⲁϣⲓ ⲛ̀ⲧⲉϥⲟⲗⲕ ⲉ̀ ϧⲟⲩⲛ ⲉ̀ ⲧⲁⲩⲗⲏ ⲛ̀
ⲡⲟⲩⲣⲟ ϧⲉⲛ ⲟⲩⲟⲩⲛⲟϥ ⲉ̀ⲣⲉ ⲡⲉⲕϩⲟ ⲛ̀ ⲟⲓ ⲛ̀ ⲟⲩⲱⲓⲛⲓ.
Ⲉϣⲱⲡ ⲁⲣⲉϣⲁⲛ ⲟⲩⲣⲱⲙⲓ ⲉ̀ⲣⲉ̀ⲧⲓⲛ ⲛ̀ ϩⲗⲓ ⲛ̀ ⲧⲟⲧⲕ 15
ϧⲉⲛ ⲡⲉϩⲟⲟⲩ ⲙ̀ ⲡⲓⲁⲣⲭⲏⲁⲅⲅⲉⲗⲟⲥ ⲙⲓⲭⲁⲏⲗ ⲙ̀ⲡ
ⲉⲣ ⲉⲣ ⲁⲣⲕⲟⲥ ⲉ̀ϯ ⲛⲁϥ ϯⲝⲱ ⲙ̀ⲙⲟⲥ ⲛⲁⲕ ⲱ̀ ⲡⲓⲙⲉⲛⲣⲓⲧ
ⲝⲉ ⲫⲏ ⲉ̀ⲧⲉ ⲡⲓⲣⲱⲙⲓ ϯ ⲙ̀ⲙⲟϥ ⲙⲓⲭⲁⲏⲗ ⲡⲉ ⲉ̀ⲧ
ⲗ̄ⲃ̄. ⲁ̄. ϣⲱⲡ ⲙ̀ⲙⲟϥ ⲛ̀ ⲧⲟⲧϥ ⲟⲩⲟϩ ϥϥⲁⲓ ⲙ̀ⲙⲟϥ ϣⲁ ⲫϯ
ⲉ̀ⲝⲱⲕ ϥⲕⲱⲃ ⲙ̀ⲙⲟϥ ⲛⲁⲕ ⲛ̀ ⲃ̄ ⲛ̀ ⲕⲱⲃ ⲛ̀ ⲥⲟⲡ ϩⲓⲝⲉⲛ 20
ⲡⲕⲁϩⲓ ⲟⲩⲟϩ ⲫϯ ⲛⲁⲛⲁⲓ ⲛⲁⲕ ϧⲉⲛ ⲧⲉϥⲙⲉⲧⲟⲩⲣⲟ
ⲝⲉ ⲡⲓⲛⲁⲓ ϣⲟⲩϣⲟⲩ ⲙ̀ⲙⲟϥ ⲉ̀ⲝⲉⲛ ⲡⲓϩⲁⲡ. Ⲡⲁⲗⲓⲛ
ⲥⲥϧⲛⲟⲩⲧ ⲝⲉ ⲛⲁⲓ ⲛ̀ⲧⲟⲩⲛⲁⲓ ⲛⲱⲧⲉⲛ ⲁⲕϣⲁⲛϣⲱⲡⲓ
ⲉ̀ⲕ ⲉⲣ ϣⲁⲓ ⲙ̀ ⲡⲓⲁⲣⲭⲏⲁⲅⲅⲉⲗⲟⲥ ⲙⲓⲭⲁⲏⲗ ⲕⲁⲧⲁ
ⲁ̀ⲃⲟⲧ ⲉ̀ⲧⲉ ⲥⲟⲩ ⲓ̄ⲃ̄ ⲡⲉϩⲟⲟⲩ ⲛ̀ ⲡⲉϥ ⲉⲣ ϥⲙⲉⲩⲓ̀ 25
ⲛ̀ⲧⲉⲕϥⲓⲣⲱⲟⲩϣ ϧⲁ ⲡⲉϥ ⲇⲱⲣⲟⲛ ϧⲉⲛ ⲟⲩⲣⲁϣⲓ
ⲕⲁⲧⲁ ⲧⲉⲕⲝⲟⲙ. Ⲛⲑⲟϥ ϩⲱϥ ⲡⲓⲁⲣⲭⲏⲁⲅⲅⲉⲗⲟⲥ
ⲗ̄ⲃ̄. ⲃ̄. ϥⲛⲁϣⲱⲡⲓ ϥⲙⲏⲛ ϥⲧϩⲟ ⲛ̀ ⲫϯ ⲉ̀ ⲝⲱⲕ ⲛ̀ ⲥⲛⲟⲩ

ⲛⲓⲃⲉⲛ ϩⲓⲛⲁ ⲛ̀ⲧⲉϥ ⲉⲣ ϩⲙⲟⲧ ⲛⲁⲕ ⲛ̀ ⲛⲉⲕⲉⲑⲩⲙⲁ
ⲧⲏⲣⲟⲩ ⲕⲁⲧⲁ ⲡϣⲓ ⲛ̀ ⲡⲉⲕⲙⲉⲩⲓ̀. Ⲓⲉ ⲭⲟⲩⲱϣ ⲱ̀
ⲡⲙⲉⲛⲣⲓⲧ ⲉ̀ ϫⲟⲥ ⲛⲏⲓ ϫⲉ ⲁⲓϣⲁⲛϯ ⲛ̀ ⲟⲩⲙⲉⲧⲛⲁⲛⲧ
ⲓⲉ ⲇⲱⲣⲟⲛ ⲁ̀ⲛⲟⲕ ϯⲛⲁϯ ⲛⲁⲕ ϧⲉⲛ ⲫⲣⲁⲛ ⲛ̀ ⲫϯ
ⲛⲉⲙ ⲟⲩⲛⲟⲩϯ ⲡⲉ ⲙⲓⲭⲁⲏⲗ ϣⲁ ⲧⲁ ⲧⲁⲗⲉ ⲑⲩⲥⲓⲁ 5
ⲛⲁϥ ⲁ̀ⲛⲟⲕ ϩⲱ ϯⲛⲁⲉⲣ ⲟⲩⲱ̀ ⲛⲁⲕ ⲱ̀ ⲡⲓⲙⲉⲛⲣⲓⲧ
ⲛ̀ⲧⲁϫⲟⲥ ⲕⲁⲗⲟⲥ ϧⲉⲛ ⲟⲩⲙⲉⲑⲙⲏⲓ. ⲱ̀ ⲫⲏ ⲉⲧ
ⲥⲟⲩⲧⲱⲛ ϧⲉⲛ ⲡⲓⲛⲁϩϯ ⲛ̀ⲧⲉ ⲡϭ̅ⲥ̅. Ⲡⲗⲏⲛ ⲥⲱⲧⲉⲙ
ⲁ̀ⲛⲟⲕ ϯⲛⲁⲧⲁⲙⲟⲕ ⲙⲏ ⲟⲩⲟⲩⲣⲟ ⲛ̀ ⲟⲩⲱⲧ ⲁⲛ ⲉⲧ
ⲕⲉⲫ. ⲁ. ⲑⲏϣ ⲉ̀ϫⲉⲛ ϯⲭⲱⲣⲁ ⲟⲩⲟϩ ⲥⲉⲭⲏ   ϧⲉⲛ ⲛⲉϥϫⲓϫ 10
ⲛ̀ϫⲉ ϩⲁⲛⲧⲁⲅⲙⲁ ⲛⲉⲙ ϩⲁⲛⲙⲉⲧⲙⲁⲧⲟⲓ ⲟⲩⲟϩ ϧⲉⲛ
ⲛⲁⲇⲁⲝⲓⲥ(sic) ⲧⲏⲣⲟⲩ ϣⲁ ⲕⲥⲉⲛ ⲟⲩⲁⲓ ⲉϥϭⲟⲥⲓ ⲉ̀
ⲕⲉ ⲟⲩⲁⲓ ⲟⲩⲟϩ ⲡⲓⲟⲩⲣⲟ ⲥⲁ ⲡϣⲱⲓ ⲛ̀ ⲡⲧⲏⲣϥ.
Ⲁⲣⲉϣⲁⲛ ⲟⲩⲁⲓ ⲥⲉⲙⲛⲉ ⲟⲩⲙⲉⲧϣⲫⲏⲣ ⲟⲩⲧⲱϥ ⲛⲉⲙ
ⲟⲩⲁⲓ ⲛ̀ⲧⲉ ⲛⲁⲇⲁⲝⲓⲥ ⲟⲩⲟϩ ⲛ̀ⲧⲉϥ ⲛⲁϥ ⲛ̀ ϩⲁⲛ- 15
ⲧⲁⲓⲟ ⲉⲩⲟⲓ ⲛ̀ ⲛⲟϫ. Ⲙⲏ ⲁϥⲓⲣⲓ ⲛ̀ ⲡⲁⲓ ⲣⲏϯ ⲟⲩⲃⲉ
ⲧⲉϥⲇⲁⲝⲓⲥ ϩⲟⲗⲱⲥ ⲑⲏ ⲉⲧ ⲉϥⲭⲏ ⲛ̀ ϧⲩⲧⲥ ⲁⲗⲗⲁ
ⲁϥⲓⲣⲓ ⲛ̀ ⲫⲏ ⲉ̀ⲧⲉⲙⲙⲁⲩ ϫⲉ ϥⲥⲱⲟⲩⲛ ⲛ̀ϫⲉ ⲟⲩⲛⲓϣϯ
ⲧⲉ ⲧⲉϥⲇⲁⲝⲓⲥ ⲟⲩⲟϩ ϧⲉⲛⲧ ⲉ̀ ⲡⲟⲩⲣⲟ ⲛ̀ ⲥⲛⲟⲩ
ⲕⲉⲫ. ⲃ. ⲛⲓⲃⲉⲛ ⲟⲩⲟϩ ⲟⲩⲟⲛϣϫⲟⲙ ⲙ̀ⲙⲟϥ ⲉ̀ ⲛⲁϩⲙⲉϥ ϩⲁ 20
ⲛⲉⲛϩⲉϫⲓⲥ ⲙ̀ ⲡⲓⲕⲟⲥⲙⲟⲥ ⲉⲧ ⲟϣ ⲛ̀ ⲧⲁ ⲃⲓⲥⲓ ϩⲓ ⲑⲗⲓⲯⲓⲥ
ϩⲓⲛⲁ ⲛ̀ⲧⲉϥϫⲓⲙⲓ ⲛ̀ ⲟⲩⲡⲁⲣⲣⲏⲥⲓⲁ ϧⲁⲧⲉⲛ ⲡⲟⲩⲣⲟ
ⲙ̀ ⲫⲣⲏϯ ⲛ̀ ⲟⲩⲛⲓϣϯ ⲛ̀ ⲣⲱⲙⲓ ϣⲁⲧⲉ ϩⲁⲛⲕⲉⲭⲱ-
ⲟⲩⲛⲓ ϫⲓⲙⲓ ⲛ̀ ⲟⲩϩⲙⲟⲧ ⲉ̀ⲃⲟⲗϩⲓ ⲧⲟⲧϥ. Ⲡⲁⲓ ⲣⲏⲧ
ⲟⲩⲟⲛ ⲛⲓⲃⲉⲛ ⲉⲧ ϯ ⲛ̀ ⲟⲩⲁⲅⲁⲡⲏ ⲓⲉ ⲟⲩⲇⲱⲣⲟⲛ ϧⲉⲛ 25
ⲫⲣⲁⲛ ⲙ̀ ⲡⲓⲁⲣⲭⲏⲁⲅⲅⲉⲗⲟⲥ ϥϣⲟⲡ ⲉ̀ⲣⲟϥ ⲛ̀ⲛⲟⲩ-
ⲇⲱⲣⲟⲛ ⲟⲩⲟϩ ϥⲓⲛⲓ ⲛ̀ⲙⲱⲟⲩ ⲛ̀ ⲫϯ ⲛ̀ ⲫⲣⲏϯ ⲉⲧ
ⲉϥϫⲱ ⲙ̀ⲙⲟⲥ ⲛ̀ϫⲉ ⲡⲭ̅ⲥ̅ ⲡⲉⲛⲛⲟⲩϯ ϧⲉⲛ ⲟⲩⲙⲉⲑⲙⲏⲓ.

Ⲇⲉ ⲫⲏ ⲉⲧ ϣⲱⲡ ⲛ̀ ⲟⲩⲡⲣⲟⲫⲏⲧⲏⲥ ϧⲉⲛ ⲫⲣⲁⲛ ⲙ̀

ⲗⲇ̅. ⲁ. ⲛ̀ ⲟⲩⲡⲣⲟⲫⲏⲧⲏⲥ ⲉϥⲉϭⲓ ⲙ̀ ⲡⲃⲉⲭⲉ ⲛ̀ ⲟⲩⲡⲣⲟⲫⲏⲧⲏⲥ. ⲟⲩⲟϩ ⲫⲏ ⲉⲧ ϣⲱⲡ ⲉ̀ⲣⲟϥ ⲛ̀ ⲟⲩⲑⲙⲏⲓ ϧⲉⲛ ⲫⲣⲁⲛ ⲛ̀ ⲟⲩⲑⲙⲏⲓ ⲉϥⲉϭⲓ ⲙ̀ ⲡⲃⲉⲭⲉ ⲛ̀ ⲟⲩⲑⲙⲏⲓ ⲟⲩⲟϩ ⲫⲏ ⲉⲑ ⲛⲁⲧⲥⲉ ⲑⲏⲛⲟⲩ ⲛ̀ ⲟⲩⲁ̀ⲫⲟⲧ ⲛ̀ ⲙⲱⲟⲩ ⲍⲟⲝ ⲍⲉⲛ 5 ⲡⲁ ⲣⲁⲛ ϫⲉ ⲛ̀ⲟⲱⲧⲉⲛ ⲛⲁ ⲡⲭ̅ⲥ̅ ⲁⲙⲏⲛ ϯϫⲱ ⲙ̀ⲙⲟⲥ ⲛⲱⲧⲉⲛ ϫⲉ ⲛ̀ⲛⲉ ϥⲧⲁⲕⲟ̀ ⲛ̀ϫⲉ ⲡⲉϥⲃⲉⲭⲉ. Ⲉ̀ϣⲱⲡ ⲇⲉ ⲁⲕϣⲁⲛⲓ̀ⲛⲓ ⲟⲩⲇⲱⲣⲟⲛ ⲛ̀ ⲫϯ ⲉ̀ϫⲉⲛ ⲫⲣⲁⲛ ⲙ̀ ⲡⲉϥⲁⲣⲭⲏⲁⲅⲅⲉⲗⲟⲥ ⲉⲑ ⲟⲩⲁⲃ ⲙⲓⲭⲁⲏⲗ ⲓ̀ⲉ ⲟⲩⲙⲉⲑⲛⲁⲏⲧ ⲓ̀ⲉ ⲕⲉ ⲍⲗⲓ ⲛ̀ ⲁ̀ⲅⲁⲡⲏ ⲓ̀ⲧⲉ ⲕⲟⲩϫⲓ ⲓ̀ⲧⲉ 10 ⲛⲓϣϯ ϧⲉⲛ ⲡϣⲁⲓ ⲙ̀ ⲙⲓⲭⲁⲏⲗ ⲙ̀ⲡⲉ ⲉⲣⲉⲣ ϩⲏⲧ ⲃ̅ ϧⲉⲛ ⲡⲓϩⲱⲃ ⲙⲏⲡⲟⲧⲉ ⲛ̀ⲧⲉⲕⲧⲁⲕⲟ̀ ⲙ̀ ⲡⲉⲕⲯⲓⲥⲓ ⲙ̀ⲙⲓⲛ

ⲗⲇ̅. ⲃ. ⲙ̀ⲙⲟⲕ ⲁⲗⲗⲁ ⲛⲁϩϯ ϩⲟⲗⲱⲥ ϧⲉⲛ ⲟⲩⲧⲁϫⲣⲟ ⲁⲧ̀ϭⲛⲉ ⲥⲕⲁⲛⲇⲁⲗⲟⲛ. Ⲇⲉ ⲡⲓⲁⲣⲭⲏⲁⲅⲅⲉⲗⲟⲥ ⲙⲓⲭⲁⲏⲗ ϥϣⲱⲡ ⲙ̀ⲙⲱⲟⲩ ⲟⲩⲟϩ ϥⲓⲛⲓ ⲙ̀ⲙⲱⲟⲩ ⲙ̀ⲡⲉⲙⲑⲟ ⲙ̀ 15 ⲫϯ ⲉⲩⲥⲑⲟⲓ ⲛ̀ ⲥⲑⲟⲓ ⲛ̀ ⲟⲩϥⲓ ⲟⲩⲟϩ ϥϭⲓ ⲛ̀ ⲡⲥⲟϭⲛⲓ ⲉ̀ϫⲱⲟⲩ ϩⲓⲛⲁ ⲛ̀ⲧⲟⲩ ⲥⲟⲃϯ ⲛⲱⲟⲩ ⲛ̀ ϩⲁⲛⲁ̀ⲅⲁⲑⲟⲛ ⲉⲩⲟⲓ ⲛ̀ ⲛⲓϣϯ ⲟⲩⲟϩ ⲛ̀ⲧⲉϥϭⲓⲧⲟⲩ ⲛ̀ ⲧⲟⲧϥ ⲙ̀ ⲫϯ ϩⲓⲛⲁ ⲛ̀ⲧⲟⲩⲛⲟϩⲉⲙ ⲉ̀ⲃⲟⲗϩⲁ ⲛⲓⲕⲟⲗⲁⲥⲓⲥ ϣⲁ ⲉ̀ⲛⲉϩ. Ⲁⲗⲗⲁ ⲧⲉⲛⲟⲩⲱϣ ⲉ̀ ⲉ̀ⲙⲓ ⲉ̀ ⲛⲏ ⲉ̀ⲧⲉ ⲫϯ ϯ ⲙ̀ⲙⲱⲟⲩ 20 ⲛ̀ ϣⲉⲃⲓⲱ ⲛ̀ ⲛⲓⲣⲱⲙⲓ ⲉⲧ ⲓ̀ⲛⲓ ⲟⲩϣⲟⲩϣⲱⲟⲩϣⲓ ⲛⲉⲙ ⲛⲓⲁ̀ⲅⲁⲡⲏ ⲛⲉⲙ ⲛⲓⲙⲉⲑⲛⲁⲏⲧ ⲉⲧⲟⲩϯ ⲙ̀ⲙⲱⲟⲩ ⲙ̀

ⲗⲉ̅. ⲁ. ⲫϯ ϧⲉⲛ ⲫⲣⲁⲛ ⲙ̀ ⲡⲓⲁⲣⲭⲏⲁⲅⲅⲉⲗⲟⲥ ⲉⲑ ⲟⲩⲁⲃ ⲙⲓⲭⲁⲏⲗ. Ⲛⲑⲟϥ ⲇⲉ ϥⲉⲣ ⲇⲓⲁⲕⲱⲛⲓⲛ ⲙ̀ⲙⲱⲟⲩ ϧⲉⲛ ⲡⲓⲕⲟⲥⲙⲟⲥ ⲟⲩⲟϩ ⲁⲩϣⲁⲛⲟⲩⲱⲧⲉⲃ ⲉ̀ⲃⲟⲗϩⲁ ⲡⲁⲓ 25 ⲉⲱⲛ ϣⲁϥϣⲟⲡⲟⲩ ⲉ̀ⲣⲟϥ ⲉ̀ ⲛⲉⲙⲁϥⲗⲏⲟⲩ ⲙ̀ ⲡⲉϥⲟⲩⲣⲟ. Ⲥⲱⲧⲉⲙ ⲉⲑⲣⲓⲧⲁⲙⲱⲧⲉⲛ ⲉ̀ ⲧⲁⲓ ⲁⲣⲭⲏ ⲉⲧ ⲟⲓ ⲛ̀ ⲛⲓϣϯ ϩⲓⲛⲁ ⲛ̀ⲧⲉⲧⲉⲛϯ ⲱ̀ⲟⲩ ⲛ̀ ⲫϯ ⲛ̀ ⲡⲓⲁⲣⲭⲏⲁⲅ-

ⲅⲉⲗⲟⲥ ⲉⲑ ⲟⲩⲁⲃ ⲙⲓⲭⲁⲏⲗ. Ⲛⲉ ⲟⲩⲟⲛ ⲟⲩⲙⲁⲓⲛⲟⲩϯ
ⲛ̀ ⲣⲱⲙⲓ ⲛ̀ ⲑⲙⲏⲓ ϧⲉⲛ ⲥⲉⲛⲁϩⲱⲣ ϯⲃⲁⲕⲓ ϧⲙⲉⲓ ⲛ̀
ϯⲙⲉⲧⲙⲁⲓⲣⲱⲙⲓ ⲛⲉⲙ ϯⲁⲅⲁⲡⲏ ⲉ̀ ⲡⲉϥⲣⲁⲛ ⲡⲉ ⲇⲱ-
ⲗⲉ̄. ⲃ. ⲣⲟⲑⲉⲟⲥ. Ⲟⲩ ⲟϩⲛⲉ ⲟⲩⲟⲛ ⲛ̀ⲧⲉ ⲫⲁⲓ ⲛ̀ ⲟⲩⲃⲟⲏⲑⲟⲥ
ⲙ̀ⲙⲁⲩ ⲉ̀ ⲡⲉⲥⲣⲁⲛ ⲡⲉ ⲑⲉⲟ̀ⲡⲓⲥⲑⲉ ⲛⲉ ⲟⲩⲉⲩⲥⲉⲃⲏⲥ 5
ⲟⲩⲛ ⲧⲉ ⲑⲁⲓ ⲉⲥⲭⲏⲕ ⲉ̀ⲃⲟⲗ ϧⲉⲛ ⲡⲓⲛⲁⲓ ⲛⲉⲙ ϯⲁ̀-
ⲅⲁⲡⲏ ⲙ̀ ⲫⲣⲏϯ ⲙ̀ ⲡⲉⲥϩⲁⲓ ⲟⲩⲟϩ ⲛⲉ ⲟⲩⲟⲛ ⲛ̀ⲧⲱⲟⲩ
ⲛ̀ ⲟⲩⲛⲓϣϯ ⲛ̀ ⲇⲱⲣⲟⲛ ⲉ̀ϫⲉⲛ ⲫⲣⲁⲛ ⲙ̀ ⲫϯ ⲙ̀ ⲡⲓⲁⲣ-
ⲭⲏⲁ̀ⲅⲅⲉⲗⲟⲥ ⲉⲑ ⲟⲩⲁⲃ ⲙⲓⲭⲁⲏⲗ Ⲓⲥϫⲉⲛ ⲡⲓⲥⲛⲟⲩ
ⲉ̀ⲧⲁⲩⲑⲱϯ ⲛⲉⲙ ⲛⲟⲩ ⲉ̀ⲣⲏⲟⲩ ⲟⲩⲟϩ ⲛⲁⲩⲟⲓ ⲛ̀ 10
ⲁ̀ⲗⲟⲩ ⲛ̀ ⲡⲓⲃ ⲟⲩⲟϩ ⲁ̀ ⲛⲟⲩⲓⲟϯ ⲥⲱϫⲡ ⲛⲱⲟⲩ ⲛ̀
ⲟⲩⲛⲓϣϯ ⲛ̀ ⲕⲗⲏⲣⲟⲛⲟⲙⲓⲁ̀ ⲉⲥⲟⲩⲉⲥⲑⲱⲛ ϧⲉⲛ ⲟⲩ-
ⲙⲉⲧⲣⲁⲙⲁⲟ̀ ⲛⲉⲙ ϩⲁⲛⲭⲣⲏⲙⲁ ⲉⲩⲟϣ ⲛⲉⲙ ϩⲁⲛⲙⲏϣ
ⲗⲋ̄. ⲁ. ⲛ̀ ϩⲙⲟⲧ ⲓⲥϫⲉⲛ ⲉ̀ⲥⲱⲟⲩ ϣⲁ ⲉ̀ϩⲣⲱⲟⲩ ϣⲁ ⲧⲉⲃⲛⲱⲟⲩⲓ̀
ⲉ̀ ⲛⲁϣⲱⲟⲩ ⲛⲉⲙ ⲡⲥⲱϫⲡ ⲛ̀ ⲛⲉⲙⲕⲟⲥⲙⲏⲥⲓⲥ ⲙ̀ ⲡⲓ- 15
ⲕⲟⲥⲙⲟⲥ. Ⲟⲩⲟϩ ⲡⲁⲓ ⲓⲃ ⲛⲉ ⲟⲩⲟⲛ ⲛ̀ⲧⲱⲟⲩ ⲛ̀
ⲟⲩⲥⲩⲛⲏⲇⲉⲥⲓⲥ ⲉ̀ ⲛⲁⲛⲉⲥ ⲉ̀ϧⲟⲩⲛ ⲉ̀ ⲫϯ ⲛⲉⲙ ⲡⲉ-
ϥⲁⲣⲭⲏⲁ̀ⲅⲅⲉⲗⲟⲥ ⲉⲑ ⲟⲩⲁⲃ ⲙⲓⲭⲁⲏⲗ. Ⲁⲩϣⲁⲛⲫⲟϩ
ⲇⲉ ⲉ̀ ⲥⲟⲩⲓⲃ ⲕⲁⲧⲁ ⲁ̀ⲃⲟⲧ ϣⲁⲩϭⲓⲣⲱⲟⲩϣ ⲉ̀ ϯⲑⲩ-
ⲥⲓⲁ̀ ⲓⲥϫⲉⲛ ϣⲱⲣⲡ ⲛ̀ ⲥⲟⲩ ⲓⲁ ⲉ̀ⲧⲉ ⲓⲃ ⲕⲁⲧⲁ ⲁ̀ⲃⲟⲧ 20
ⲉⲩⲟⲩⲱⲣⲡ ⲙ̀ ⲡⲓⲇⲱⲣⲟⲛ ⲛⲉⲙ ⲡⲓⲏⲣⲡ ⲉ̀ ϯⲉⲕⲕⲗⲏⲥⲓⲁ̀
ⲛ̀ⲧⲉ ⲡⲓⲁⲣⲭⲏⲁ̀ⲅⲅⲉⲗⲟⲥ ⲉⲑ ⲟⲩⲁⲃ ⲙⲓⲭⲁⲏⲗ ϧⲉⲛ
ⲟⲩⲛⲓϣϯ ⲛ̀ ⲥⲡⲟⲩⲇⲁⲏ ⲭⲱⲣⲓⲥ ⲙⲉⲧⲁⲣⲕⲟⲥ. Ⲙⲉⲛⲉⲛⲥⲁ
ⲗⲋ̄. ⲃ. ⲫⲁⲓ ϣⲁⲩϧⲱⲧⲉⲃ ⲛ̀ ⲟⲩⲉ̀ⲥⲱⲟⲩ ⲉ̀ ⲁⲩϥⲓ ⲧⲟⲧⲟⲩ ⲉ̀ ⲡϥⲓ-
ⲣⲱⲟⲩϣ ⲛ̀ ⲛⲓϧⲣⲏⲟⲩⲓ̀ ⲛⲉⲙ ⲛⲓⲁ̀ⲅⲁⲡⲏ ⲉⲩⲉⲣ ⲡⲣⲉⲡⲓ 25
ⲉ̀ ⲡϩⲱⲃ ⲙ̀ ⲡⲓⲗⲁⲟⲥ ⲟⲩⲟϩ ⲙⲉⲛⲉⲛⲥⲁ ⲡⲓϫⲓⲛϭⲓ ⲉ̀ⲃⲟⲗ-
ϧⲉⲛ ⲛⲓⲙⲩⲥⲧⲏⲣⲓⲟⲛ ⲛ̀ ⲣⲉϥⲧⲁⲛϧⲟ ϧⲉⲛ ⲡⲉ̀ϩⲟⲟⲩ
ⲙ̀ ⲓⲃ ⲕⲁⲧⲁ ⲁ̀ⲃⲟⲧ ϣⲁⲩⲑⲱⲟⲩϯ ⲛ̀ ⲟⲩⲟⲛ ⲛⲓⲃⲉⲛ

ⲉⲧ ϣⲁⲧ ⲛ̀ ϩ̀ⲣⲉ ⲛⲉⲙ ϩⲁⲛⲃⲉⲗⲗⲉⲩ ⲛⲉⲙ ϩⲁⲛϭⲁⲗⲉⲩ
ⲛⲉⲙ ⲛⲏ ⲉ̀ⲧ ⲉⲣ ϧⲁⲉ ϩⲓ ϩⲁⲛⲟⲣⲫⲁⲛⲟⲥ ⲛⲉⲙ ϩⲁⲛ-
ⲭⲏⲣⲁ ⲛⲉⲙ ⲛⲓϣⲉⲙⲙⲱⲟⲩ ⲟⲩⲟϩ ⲉⲩⲟ̀ϩⲓ ⲉ̀ⲣⲁⲧⲟⲩ
ⲉⲩⲉⲣ ⲇⲓⲁⲕⲱⲛⲓⲛ ⲛ̀ⲙⲱⲟⲩ ϧⲉⲛ ⲟⲩⲛⲓϣϯ ⲛ̀ ⲙⲉⲑⲛⲉⲥ

ⲗⲍ̄. ⲁ. ⲛ̀ ⲯⲩⲭⲏ ⲛⲉⲙ ⲟⲩⲟⲩⲱⲥⲑⲉⲛ ⲛ̀ ⲡⲡⲛ̄ⲁ̄ ⲛⲉⲙ ⲟⲩⲣⲁϣⲓ 5
ⲛ̀ ϩⲏⲧ ϣⲁⲧ ⲟⲩϫⲱⲕ ⲉ̀ⲃⲟϩ ⲛ̀ ⲡⲓⲟⲩⲱⲙ. Ⲧⲟⲧⲉ
ϣⲁⲩⲓⲛⲓ ⲛⲱⲟⲩ ⲛ̀ ⲟⲩⲏⲣⲡ ⲉϥⲥⲟⲧⲡ ⲉⲩⲱⲧϩ ⲉ̀ⲣⲱⲟⲩ
ϣⲁⲧ ⲟⲩϫⲱⲕ ⲉ̀ⲃⲟⲗϧⲉⲛ ⲡⲓⲥⲱ ϣⲁⲩⲑⲱϩⲥ ⲛ̀ⲧⲟⲩⲁ̀ⲫⲉ
ϧⲉⲛ ⲟⲩⲛⲉϩ ⲉϥⲧⲁⲓⲏⲟⲩⲧ ⲉⲩϫⲱ ⲙ̀ⲙⲟⲥ ϫⲉ ⲙⲁϣⲉ
ⲛⲱⲧⲉⲛ ϧⲉⲛ ⲟⲩϩⲓⲣⲏⲛⲏ ⲱ̀ ⲛⲉⲛⲙⲉⲛ[ⲣ]ⲁϯ ⲛ̀ ⲥⲛⲓⲟⲩ 10
ϫⲉ ⲁⲛⲉⲣ ⲡⲉⲙⲡϣⲁ ⲛ̀ ⲟⲩⲛⲓϣϯ ⲛ̀ ⲧⲁⲓⲟ̀ ⲙ̀ ⲫⲟⲟⲩ
ϧⲉⲛ ⲡϫⲓⲛⲓ ⲛ̀ ⲙⲉⲧⲉⲛϭⲁⲗⲁⲩϫ ⲉ̀ⲑ ⲟⲩⲁⲃ ⲉ̀ϧⲟⲩⲛ
ⲉ̀ ⲡⲏⲓ ⲛ̀ ⲙⲉⲧⲉⲛ ⲉ̀ⲃⲓⲁⲓⲕ. Ⲫⲁⲓ ⲇⲉ ⲁⲩϫⲉⲙⲟⲩ ⲉⲩⲣⲁ
ⲙ̀ⲙⲟϥ ϧⲉⲛ ⲥⲟⲩ ⲓ̄ⲃ̄ ⲕⲁⲧⲁ ⲁ̀ⲃⲟⲧ ϣⲁⲧⲉ ⲡⲟⲩϣⲉⲛ-

ⲗⲍ̄. ⲃ. ⲛⲟⲩϥⲓ ϣⲟϩ ⲉ̀ ⲙⲁⲓ ⲛⲓⲃⲉⲛ ⲛ̀ⲧⲉ ⲧⲭⲱⲣⲁ ⲧⲏⲣⲥ 15
ⲛ̀ ⲭⲏⲙⲓ ⲟⲩⲟϩ ⲛⲁⲣⲉ ⲟⲩⲙⲏϣ ϣⲟⲩϣⲟⲩ ⲙ̀ⲙⲱⲟⲩ
ⲛ̀ ϧⲏⲧⲟⲩ ⲛ̀ⲥⲉϯ ⲱ̀ⲟⲩ ⲙ̀ ⲫϯ ⲡⲟⲩⲣⲉϥⲑⲁⲙⲓⲟ̀ ⲉ̀ⲑⲃⲉ
ⲡⲱ̀ⲟⲩ ⲛ̀ ⲛⲟⲩϩⲃⲏⲟⲩⲓ̀ ⲉ̀ⲑ ⲛⲁⲛⲉⲩ ⲛ̀ⲥⲉϯ ⲧⲁⲓⲟ̀ ⲛ̀
ⲉⲛⲧⲟⲛ ⲛ̀ ⲛⲟⲩⲓ̀ⲟϯ ⲉ̀ⲧⲁⲩϫⲫⲱⲟⲩ ⲉ̀ⲣⲉ ⲣⲱⲙⲓ ⲛⲓⲃⲉⲛ
ϯ ⲧⲁⲓⲟ̀ ⲛⲱⲟⲩ ⲉ̀ⲑⲃⲉ ⲧⲟⲩⲡⲣⲟϩⲉ[ⲣⲉ]ⲥⲓⲥ ⲉ̀ⲑ ⲛⲁⲛⲉⲥ 20
ⲉ̀ⲧⲁⲩⲟⲩⲱⲛϩⲥ ⲉ̀ⲃⲟⲗ ϧⲉⲛ ⲫⲣⲁⲛ ⲙ̀ ⲫϯ ⲛ̀ ⲙⲏⲭⲁⲏⲗ.
Ⲁⲩϫⲉⲙⲟⲩ ⲇⲉ ⲟⲩⲛ ⲉⲩⲫⲏⲧ ⲉ̀ⲃⲟⲗϩⲁ ⲡⲱ̀ⲟⲩ ⲉ̀ⲧ
ϣⲟⲩⲓ̀ⲧ ⲁⲗⲗⲁ ⲛⲁⲣⲉ ⲧⲟⲩϩⲉⲗⲡⲓⲥ ⲧⲁϫⲣⲏⲟⲩⲧ ϧⲉⲛ

ⲗⲏ̄. ⲁ. ⲫϯ ⲛⲉⲙ ⲡⲓⲁⲣⲭⲏⲁ̀ⲅⲅⲉⲗⲟⲥ ⲉ̀ⲑ ⲟⲩⲁⲃ ⲙⲏⲭⲁⲏⲗ.
Ⲁⲥϣⲱⲡⲓ ⲇⲉ ⲙⲉⲛⲉⲛⲥⲁ ⲟⲩⲥⲏⲟⲩ ⲉϥⲟⲓ ⲛ̀ ⲛⲓϣϯ 25
ⲉⲩⲙⲏⲛ ⲉ̀ ⲡⲁⲓ ϩⲱⲃ ⲫⲁⲓ ⲙ̀ ⲡⲁⲓ ⲣⲏϯ ⲁϥⲟⲩⲁϩ-
ⲥⲁϩⲛⲓ ⲛ̀ϫⲉ ⲫϯ ⲉϣⲧⲉⲙⲑ̀ⲣⲉ ⲧⲫⲉ ⲛ̀ ⲟⲩⲙⲟⲩ ⲛ̀
ϩⲱⲟⲩ ϩⲓϫⲉⲛ ⲡⲕⲁϩⲓ ⲛ̀ ⲅ̄ ⲛ̀ ⲣⲟⲙⲡⲓ ⲉ̀ⲑⲃⲉ ⲛⲓⲛⲟⲃⲓ

4*

ⲛ̀ ⲛⲓϣⲏⲣⲓ ⲛ̀ⲧⲉ ⲛⲓⲣⲱⲙⲓ ϣⲁⲧⲉ ⲡⲕⲁϩⲓ ⲧⲏⲣϥ ⲛ̀
ⲭⲏⲙⲓ ϣⲑⲟⲣⲧⲉⲣ ⲛⲉⲙ ⲛⲏ ⲉ̀ⲧ ϣⲟⲡ ⲛ̀ ϩⲓⲧϥ ⲉⲑⲃⲉ
ⲡⲃⲓⲥⲓ ⲛ̀ ϯⲙⲉⲧⲁⲧⲥⲓ̀ ⲛⲉⲙ ⲡⲧⲁⲕⲟ ⲙ̀ ⲡⲓⲥ̅ⲕⲟ ⲙ̀
ⲫⲣⲏϯ ⲉ̀ⲧ ⲥⲃ̇ⲛⲟⲩⲧ Ⲧⲟⲧⲉ ⲁ̀ ⲟⲩⲙⲏϣ ⲭⲁ ⲧⲟⲧⲟⲩ
ⲉ̀ⲃⲟⲗ ⲁⲩⲙⲟⲩ ⲛⲉⲙ ⲛⲓⲧⲉⲃⲛⲱⲟⲩⲓ̀ ⲁⲩϥⲱϯ ⲉ̀ⲃⲟⲗ 5

λπ. ʙ. ⲉⲩⲥⲟⲡ ⲥ̅ⲉ ⲟⲩⲉⲓ | ⲙ̀ⲡⲉ ⲡⲓⲙⲱⲟⲩ ⲛ̀ⲧⲉ ⲅⲉⲱⲛ ⲓ̀ ⲉ̀
ⲡϣⲱⲓ ⲟⲩⲇⲉ ⲟⲩⲙⲟⲩ ⲛ̀ ϩⲱⲟⲩ ⲙ̀ⲡ ⲉϥⲓ̀ ⲉ̀ ⲡⲉⲥⲏⲧ
ϩⲓⲭⲉⲛ ⲡⲕⲁϩⲓ ⲛ̀ ⲅ̅ ⲛ̀ ⲣⲟⲙⲡⲓ ⲉⲩⲙⲏⲛ. Ⲡⲁⲓ ⲣⲱⲙⲓ
ⲇⲉ ⲉ̀ⲑ ⲟⲩⲁⲃ ⲛⲉⲙ ⲧⲉϥⲥϩⲓⲙⲓ ⲙ̀ⲡ ⲟⲩⲭⲁ ⲧⲟⲧⲟⲩ
ⲉ̀ⲃⲟⲗ ⲃⲉⲛ ⲫⲏ ⲉ̀ ⲛⲁⲩⲓ̀ⲣⲓ ⲙ̀ⲙⲟϥ ⲕⲁⲧⲁ ⲁ̀ⲃⲟⲧ 10
ⲉⲩⲧⲱⲃϩ ⲙ̀ ⲫϯ ⲛⲉⲙ ⲡⲉϥⲁⲣⲭⲏⲁ̀ⲅⲅⲉⲗⲟⲥ ⲙⲓⲭⲁⲏⲗ
ⲉⲩⲭⲱ ⲙ̀ⲙⲟⲥ ⲥ̅ⲉ ⲫϯ ⲙ̀ ⲙⲓⲭⲁⲏⲗ ⲙ̀ⲡ ⲉⲣⲱⲗⲓ ⲛ̀
ⲡⲉⲕⲇⲱⲣⲟⲛ ⲟⲩⲇⲉ ⲧⲉⲕⲁⲅⲁⲡⲏ ⲉ̀ⲃⲟⲗϩⲁⲣⲟⲛ ⲁ̀ⲛⲟⲛ
ϩⲁ ⲛⲉⲕⲉ̀ⲃⲓⲁⲓⲕ ⲟⲩⲟϩ ⲉ̀ⲧⲓ ⲉⲩⲃⲉⲛ ⲛⲁⲓ ⲁⲩϩⲓⲧⲟⲧⲟⲩ
ⲛ̀ ϣⲓⲃⲧ ϩⲱⲟⲩ ⲟⲩⲛ ⲟⲩⲟϩ ⲁ̀ ⲟⲩⲙⲏϣ ⲛ̀ⲧⲉ ⲛⲟⲩ- 15

λθ. ᴀ. ⲧⲉⲃⲛⲱⲟⲩⲓ̀ ⲧⲁⲕⲟ̀. Ⲉⲧⲁⲩϭⲱⲕ ⲇⲉ ⲉ̀ⲃⲟⲗ | ⲛ̀ ⲣⲟⲙⲡⲓ
ⲉ̅ϯ ⲁⲩϩⲓⲧⲟⲧⲟⲩ ⲉ̀ ϯⲙⲁϩ ⲅ̅ϯ ⲁ̀ ϩⲱⲃ ⲛⲓⲃⲉⲛ ⲉ̀ⲧ
ⲧⲟⲓ ⲛⲱⲟⲩ ⲕⲏⲛ ⲉ̀ ⲁⲩⲉⲣ ⲃⲁⲉ ⲉ̀ⲃⲏⲗ ⲉⲩⲕⲟⲩⲍⲓ
ⲁⲥⲥⲱⲧⲡ ⲛⲱⲟⲩ ⲛ̀ ⲟⲩⲧⲉⲃⲛⲱⲟⲩⲓ̀ ⲧⲏⲣⲟⲩ ⲁⲩⲙⲟⲩ
ⲉ̀ⲃⲏⲗ ⲉ̀ ⲟⲩⲉ̀ⲥⲱⲟⲩ ⲛ̀ ⲟⲩⲱⲧ. Ⲡⲉⲥ̅ⲉ ⲡⲓⲉⲩⲥⲉⲃⲏⲥ 20
ⲛ̀ ⲣⲱⲙⲓ ⲉ̀ ⲧⲉϥⲙⲁⲕⲁⲣⲓⲁ̀ ⲛ̀ ⲥϩⲓⲙⲓ ⲥ̅ⲉ ⲱ̀ ⲧⲁ ⲥⲱⲛⲓ
ⲁ̀ⲣⲓ ⲉ̀ⲙⲓ ⲥ̅ⲉ ⲫⲟⲟⲩ ⲡⲉ ⲥⲟⲩ ⲓ̅ⲃ̅ ⲙ̀ ⲡⲁⲟ̀ⲡⲓ ⲡⲉϥⲣⲁⲥϯ
ⲇⲉ ⲡⲉ ⲡϣⲁⲓ ⲙ̀ ⲡⲓⲁⲣⲭⲏⲁ̀ⲅⲅⲉⲗⲟⲥ ⲉ̀ⲑ ⲟⲩⲁⲃ ⲙⲓ-
ⲭⲁⲏⲗ. Ⲙⲁⲣⲉⲛ ϥⲓⲣⲱⲟⲩϣ ⲉ̀ ⲡⲓⲇⲱⲣⲟⲛ ⲛ̀ⲧⲉⲛⲧⲏⲓϥ
ⲉ̀ ⲡⲓⲟⲓⲕⲟⲛⲟⲙⲟⲥ ⲛ̀ⲧⲉⲛϣⲱⲧ ⲉ̀ ⲡⲁⲓ ⲕⲉ ⲉ̀ⲥⲱⲟⲩ 25

λθ. ʙ. ϩⲓⲛⲁ ⲛ̀ⲧⲉⲛⲥⲟⲃϯ ⲙ̀ ⲡϣⲁⲓ ⲙ̀ ⲡⲓⲁⲣⲭⲏⲁ̀ⲅⲅⲉⲗⲟⲥ
ⲉ̀ⲑ ⲟⲩⲁⲃ ⲙⲓⲭⲁⲏⲗ ⲁⲛϣⲁⲛⲙⲟⲩ ⲇⲉ ⲁ̀ⲛⲟⲛ ⲛⲁ
ⲡϭⲥ ⲁⲛϣⲁⲛ ⲱⲛϧ ⲁ̀ⲛⲟⲛ ⲛⲟⲩϥ ⲟⲩⲛ ⲛⲉ ⲟⲩⲟϩ

ⲙⲁⲣⲉ ⲫⲣⲁⲛ ⲙ̄ ⲡϭ̄ⲥ̄ ϣⲱⲡⲓ ⲉϥⲥⲙⲁⲣⲱⲟⲩⲧ ϣⲁ
ⲉⲛⲉϩ. Ⲡⲉϫⲉ ⲧⲉϥⲥϩⲓⲙⲓ ⲇⲉ ⲛⲁϥ ϫⲉ ϥⲱⲛϩ ⲛ̄ϫⲉ
ⲡϭ̄ⲥ̄ ⲱ̇ ⲡⲁ ⲥⲟⲛ ϫⲉ ϥ ⲛⲉⲙⲏⲓ ⲛ̄ϫⲉ ⲡⲁⲓ ⲙ̄ⲕⲁϩ̇ ⲥⲁ
ⲃⲟⲩⲛ ⲙ̄ ⲡⲁϩⲏⲧ ⲓⲥϫⲉⲛ ⲃⲁⲧϩⲏ ⲛ̄ ⲥⲁϥ ⲁⲗⲗⲁ
ⲙ̄ⲡⲓϫⲉⲙ ⲣⲉⲡⲓ ⲛ̄ⲧⲁⲉⲣⲉⲧⲓⲛ ⲙ̇ⲙⲟⲕ ϫⲉ ⲟⲩⲉⲓ ϯⲥⲱⲟⲩⲛ 5
ⲛ̄ ⲛⲏ ⲉⲧⲁⲩϣⲱⲡⲓ ⲙ̇ⲙⲟⲛ. Ϯⲛⲟⲩ ⲇⲉ ⲟⲩⲛⲓϣϯ ⲡⲉ
ⲡⲁ ⲣⲁϣⲓ ϫⲉ ⲙ̄ⲡ ⲉⲕⲉⲣ ⲡⲱⲃϣ ⲙ̄ ⲡⲁ ⲇⲱⲣⲟⲛ ⲙ̄

ⲡ̄. ⲗ. ⲫϯ ⲁⲣⲓⲟⲅⲓ̀ ⲱ̇ ⲡⲁ ⲥⲟⲛ ⲙ̄ ⲫⲣⲏϯ ⲉ̇ⲧⲁⲕϫⲟⲥ | ⲉ̇ⲧ
ⲁ ⲧⲟⲟⲩⲓ̀ ⲇⲉ ϣⲱⲡⲓ ⲛ̄ ⲥⲟⲩ ⲓⲃ̄ ⲙ̄ ⲡⲁⲟ̇ⲡⲓ ⲁⲩⲧⲱⲟⲩ-
ⲛⲟⲩ ⲓⲥϫⲉⲛ ϣⲱⲣⲡ ⲉ̇ⲙⲁϣⲱ ⲁⲩϣⲱⲕ ⲙ̄ⲡⲟⲩϣⲉⲙϣⲓ 10
ⲉ̇ⲡⲧⲏⲣϥ ⲉ̇ⲃⲟⲗ ⲟⲩⲟϩ ⲙ̄ⲡ ⲟⲩϫⲱϫⲓ ⲛ̄ ϩⲗⲓ ⲛ̄ⲧⲉ
ⲡⲥⲛⲟⲩ ⲙ̄ⲡⲟⲩ ⲱⲥⲑⲉⲛ ⲟⲩⲟϩ ⲙ̄ⲡⲉ ϩⲗⲓ ⲥⲱϫⲡ
ⲛⲱⲟⲩ ⲉ̇ⲃⲉⲗ ⲉ̇ⲅⲕⲟⲩϫⲓ ⲛ̄ ⲛⲱⲓⲧ ⲛⲉⲙ ⲟⲩⲕⲟⲩϫⲓ ⲛ̄
ⲏⲣⲡ ϣⲁⲧⲉ ⲛⲟⲩ ⲕⲉ ϩⲉⲃⲥⲱ ⲁⲩⲕⲏⲛ ⲉ̇ⲃⲏⲗ ⲉ̇ ⲛⲏ
ⲉ̇ⲧ ⲟⲩϭⲓⲥⲙⲟⲩ ⲛ̄ ⲃⲏⲧⲟⲩ ϩⲟⲗⲱⲥ. Ⲛⲁⲩⲭⲏ ⲇⲉ 15
ⲃⲉⲛ ⲛⲁⲓ ⲛⲁⲩ ⲥⲙⲟⲩ ⲉ̇ ⲫϯ ⲛⲉⲙ ⲡⲓⲁⲣⲭⲏⲁⲅⲅⲉⲗⲟⲥ
ⲉⲑ ⲟⲩⲁⲃ ⲙⲓⲭⲁⲏⲗ ⲉⲩϩⲱⲥ ⲟⲩⲟϩ ⲉⲩⲥⲙⲟⲩ ⲉ̇ ⲫϯ
ⲙ̄ ⲡⲓⲉ̇ϩⲟⲟⲩ ⲛⲉⲙ ⲡⲓⲉ̇ϫⲱⲣϩ ⲃⲉⲛ ϩⲁⲛ ⲉⲣ ⲛ̄ⲱⲟⲩⲓ̀

ⲡ̄. ⲃ. ⲉⲩⲱϣ | ⲉ̇ⲃⲟⲗ ⲉⲩϫⲱ ⲙ̄ⲙⲟⲥ ϫⲉ ⲱ̇ ⲡⲉⲛϭ̄ⲥ̄ ⲓⲏ̄ⲥ̄ ⲡⲭ̄ⲥ̄
ⲁ̇ⲣⲓ ⲃⲟⲏⲑⲓⲛ ⲉ̇ⲣⲟⲛ ⲱ̇ ⲡⲓⲁⲣⲭⲏⲁⲅⲅⲉⲗⲟⲥ ⲙⲓⲭⲁⲏⲗ 20
ⲙⲁⲧϩⲟ ⲙ̄ ⲡϭ̄ⲥ̄ ⲉ̇ϫⲱⲛ ϩⲓⲛⲁ ⲛ̄ⲧⲉϥⲁ̇ⲟⲩⲱⲛ ⲛⲁⲛ ⲛ̄
ⲧϫⲓϫ ⲙ̄ ⲡⲉϥϩⲙⲟⲧ ⲛⲉⲙ ⲡⲉϥⲥⲙⲟⲩ ⲙⲏⲡⲟⲧⲉ ⲛ̄ⲧⲉϥ-
ⲧⲁⲕⲟ ⲛ̄ⲧⲟⲧⲉⲛ ⲛ̄ϫⲉ ⲧϩⲉⲗⲡⲓⲥ ⲛ̄ⲧⲉ ⲧⲉⲕ ⲁ̇ⲅⲁⲡⲏ
ⲛⲉⲙ ⲡⲉⲕⲇⲱⲣⲟⲛ ⲫⲁⲓ ⲉ̇ⲧ ⲉ̇ⲛⲓⲛⲓ ⲙ̇ⲙⲟϥ ⲙ̄ ⲫϯ
ⲉ̇ϫⲉⲛ ⲡⲉⲕⲣⲁⲛ ⲉⲑ ⲟⲩⲁⲃ ⲱ̇ ⲡⲓⲁⲣⲭⲏⲁⲅⲅⲉⲗⲟⲥ 25
ⲙⲓⲭⲁⲏⲗ. Ⲛ̇ⲑⲟⲕ ⲉ̇ⲧ ⲥⲱⲟⲩⲛ ⲛ̄ ⲛⲉⲛϩⲏⲧ ⲛⲉⲙ
ⲧⲉⲛⲁ̇ⲅⲁⲡⲏ ⲉ̇ⲃⲟⲩⲛ ⲉ̇ⲣⲟⲕ ⲟⲩⲟϩ ⲙ̇ⲙⲟⲛ ⲛ̄ⲧⲁⲛ ⲛ̄
ⲟⲩⲡⲣⲟⲥⲧⲁⲧⲏⲥ ⲉ̇ⲃⲏⲗ ⲉ̇ⲣⲟⲕ ⲛ̇ⲑⲟⲕ ⲉ̇ⲧ ⲟⲓ ⲛⲁⲛ ⲙ̄

ⲙ̅ⲁ̅. ⲗ. ⲡⲣⲟⲥⲧⲁⲧⲏⲥ | ⲓ̀ⲥϫⲉⲛ ⲧⲉⲛⲙⲉⲧⲕⲟⲩϫⲓ ϣⲁ ϯⲛⲟⲩ
ϩⲓⲛⲁ ⲛ̀ⲧⲉⲕⲉⲣ ⲡⲣⲉⲥⲃⲉⲩⲓⲛ ⲉ̀ϫⲱⲛ ⲙ̀ⲡⲉⲙⲑⲟ ⲙ̀ ⲫϯ
ⲡⲉⲛⲥⲱⲧⲏⲣ. Ⲁⲛⲟⲛ ⲙⲉⲛ ϯⲛⲟⲩ ⲧⲉⲛϯϩⲟ ⲉ̀ⲣⲟⲕ
ⲱ̀ ⲡⲓϧⲁⲓⲣⲱⲟⲩϣ ⲛ̀ ⲁ̀ⲅⲁⲟⲟⲥ ⲙⲓⲭⲁⲏⲗ ⲡⲓⲁⲣⲭⲏⲁⲅ-
ⲅⲉⲗⲟⲥ ⲉ̀ⲑ ⲟⲩⲁⲃ ⲓ̀ⲥϫⲉ ϩⲱⲧ ⲡⲉ ⲓ̀ⲧⲉ ⲡⲁⲓ ⲛⲓϣϯ 5
ⲛ ⲉⲙⲕⲁϩ ⲧⲁϩⲟⲛ ϧⲉⲛ ⲧⲉⲛ ⲃⲁⲕⲓ ⲙⲉⲛⲉⲛⲥⲁ ⲙⲓⲁ̀-
ⲛⲁⲩϣ ⲉ̀ⲧⲁⲛⲥⲉⲙⲛⲏⲧⲟⲩ ⲛⲉⲙ ⲫϯ ⲟⲩⲟϩ ⲛⲉⲙⲁⲕ
ⲟⲩⲛ ϫⲉ ⲛ̀ ⲛⲉⲙⲥⲱϫⲓ ⲙ̀ ⲡⲉⲕⲇⲱⲣⲟⲛ ⲛⲉⲙ ⲧⲉⲕⲙⲉⲧ-
ⲛⲁⲏⲧ ⲙⲁⲣⲉ ⲧⲉⲕⲙⲉⲧⲁ̀ⲅⲁⲑⲟⲥ ⲉⲣ ϣⲟⲣⲡ ⲛ̀ ⲧⲁϩⲟⲛ.

ⲙ̅ⲁ̅. ⲃ. Ⲕⲱϯ ⲛ̀ⲧⲉⲛ ⲫϯ ⲛ̀ⲧⲉϥⲉⲣ ⲟⲩⲛⲓϣϯ ⲛ̀ ⲛⲁⲓ ⲛⲉⲙⲁⲛ 10
ⲟⲩⲟϩ ⲛ̀ⲧⲉϥⲟⲗⲧⲉⲛ ⲉ̀ⲃⲟⲗϧⲉⲛ ⲡⲁⲓ ⲃⲓⲟⲥ ⲛ̀ ⲉ̀ⲫⲗⲏⲟⲩ
ⲙ̀ ⲫⲣⲏϯ ⲛ̀ ⲛⲉⲛⲓⲟϯ ⲧⲏⲣⲟⲩ ϫⲉ ⲟⲩⲉⲓ ϩⲏⲡⲡⲉ ⲱ̀
ⲡⲉⲛⲡⲣⲟⲥⲧⲁⲧⲏⲥ ⲕⲛⲁⲩ ⲉ̀ ⲛⲏ ⲉ̀ⲧⲁⲩⲧⲁϩⲟⲛ ⲉⲑⲃⲉ
ⲛⲉⲛⲛⲟⲃⲓ ⲛⲁⲛⲉⲥ ⲛⲁⲛ ⲛ̀ⲧⲉⲛⲙⲟⲩ ϯⲛⲟⲩ ⲫⲛⲟⲩ
ⲫⲁ ⲟⲩⲟⲛ ⲛⲓⲃⲉⲛ ϥⲥⲱⲧⲡ ⲉ̀ϩⲟⲧⲉ ⲡⲱⲛϧ ⲭⲱⲣⲓⲥ 15
ⲟⲩⲧⲁϩ ⲉ̀ⲑ ⲛⲁⲛⲉϥ ⲙⲏⲡⲟⲧⲉ ⲛ̀ⲧⲉ ⲡⲁⲓ ϩⲟϫϩⲉϫ
ⲙⲟⲩⲛ ⲉ̀ϫⲱⲛ ⲛ̀ⲧⲉⲕⲉⲣ ⲡⲱⲃϣ ⲛ̀ ⲛⲉⲕⲇⲱⲣⲟⲛ ⲛⲉⲙ
ⲛⲉⲕⲙⲉⲧⲛⲁⲏⲧ ⲉ̀ⲧⲁⲛⲥⲉⲙⲛⲏⲧⲟⲩ ⲛⲉⲙ ⲫϯ ⲛⲉⲙⲁⲕ
ϩⲱⲕ ϫⲉ ϯⲙⲉⲧϩⲏⲕⲓ ⲓ̀ⲣⲓ ⲛ̀ ⲟⲩⲙⲛⲓϣ ⲛ̀ ϩⲃⲏⲟⲩⲓ̀

ⲙ̅ⲃ̅. ⲗ. ⲉⲩⲥⲱⲕ ⲉ̀ ⲫⲛⲟⲩ ⲟⲩⲟϩ ϥⲉⲣⲟ ⲛ̀ ⲛⲓⲣⲱⲙⲓ | ⲉⲑⲣⲟⲩ 20
ⲭⲁ ⲧⲟⲧⲟⲩ ⲉ̀ⲃⲟⲗ. Ϯⲛⲟⲩ ⲇⲉ ⲁ̀ⲛⲟⲛ ⲧⲉⲛⲟⲩⲱⲛϩ
ⲛ̀ⲧⲉⲛⲙⲉⲧⲁⲧϫⲟⲛ ⲙ̀ ⲡⲉⲙⲟⲟ ⲛ̀ ⲛⲉⲕϫⲓϫ ⲱ̀ ⲡⲓⲁⲣ-
ⲭⲏⲁⲅⲅⲉⲗⲟⲥ ⲙⲓⲭⲁⲏⲗ ⲙ̀ⲡⲉⲣⲉⲣ ⲡⲉⲛⲱⲃϣ ⲉⲑⲃⲉ
ⲛⲉⲛⲛⲟⲃⲓ ⲁⲗⲗⲁ ⲁ̀ⲣⲓⲟⲩⲓ̀ ⲛⲉⲙⲁⲛ ⲙ̀ ⲫⲣⲏϯ ⲉⲧ
ⲥ̀ⲛⲟⲩⲧ Ⲇⲉ ⲡⲁⲅⲅⲉⲗⲟⲥ ⲙ̀ ⲡϭⲥ ϥϫⲓⲕⲟⲧ ⲙ̀ ⲡⲕⲱϯ 25
ⲛ̀ ⲟⲩⲟⲛ ⲛⲓⲃⲉⲛ ⲉⲧ ⲉⲣ ϩⲟϯ ϧⲁ ⲧⲉϥϩⲏ ⲟⲩⲟϩ
ϥⲛⲁⲛⲁϩⲙⲟⲩ ϥϫⲱ ⲙ̀ⲙⲟⲥ ⲛ̀ϫⲉ ⲇⲁⲩⲓⲇ ⲉⲑⲃⲉ ϩⲁ-
ⲛⲟⲩⲟⲛ ϫⲉ ϥϣⲁⲛϣ ⲙ̀ⲙⲱⲟⲩ ϧⲉⲛ ⲟⲩϩⲃⲱⲛ ϥϫⲱ

ⲙ̄ⲙⲟⲥ ⲟⲩⲛ ϫⲉ ⲡⲓⲑⲙⲏⲓ ϥⲕⲱϯ ⲛ̄ⲥⲁ ⲱⲓⲕ ⲙ̄ ⲡ ⲉ̀ϩⲟⲟⲩ

ⲙ̄ⲃ. ⲃ. ⲧⲏⲣϥ ⲡ̄ⲟ̄ⲥ̄ ⲇⲉ ϥⲛⲁⲓ ⲟⲩⲟϩ ϥϯ | ϯⲛⲟⲩ ⲇⲉ ⲱ̀ ⲡⲉⲛⲡⲣⲟⲥⲧⲁⲧⲏⲥ ⲉ̀ⲑ ⲟⲩⲁⲃ ⲙⲏⲭⲁⲏⲗ ⲡⲓⲁⲣⲭⲏⲁⲅⲅⲉⲗⲟⲥ ⲕⲛⲁⲩ ⲛ̀ⲑⲟⲕ ⲉ̀ ⲡϩⲱⲃ ⲧⲏⲣϥ ⲛ̀ⲧⲉ ⲛⲉⲕⲉⲃⲓⲁⲓⲕ ⲟⲩⲟϩ ⲙ̀ⲙⲟⲛ ⲛ̀ⲧⲁⲛ ⲛ̀ⲟⲩⲥⲁϫⲓ ⲉ̀ⲣⲟϥ ⲉ̀ⲃⲏⲗ 5 ⲉ̀ ⲫⲁⲓ ϩⲟⲗⲱⲥ ϫⲉ ⲁ̀ⲛⲕⲏⲛ ⲉ̀ ⲙⲟⲩ ⲉ̀ⲙⲁϣⲱ ⲁ̀ⲣⲓ ⲃⲟⲏⲑⲓⲛ ⲉ̀ⲣⲟⲛ ⲫ̄ϯ ⲡⲉⲛ ⲥⲱⲧⲏⲣ ⲟⲩⲟϩ ⲧⲉⲛⲥⲱ ⲙ̀ ⲡⲁⲓ ⲕⲉ ⲥⲁϫⲓ ⲫⲁⲓ ϫⲉ ⲧⲉⲛⲥⲙⲟⲩ ⲉ̀ ⲡ̄ⲟ̄ⲥ̄ ⲡ̄ⲟ̄ⲥ̄ ⲡⲉ ⲉ̀ⲧ ⲁϥϯ ⲟⲩⲟϩ ⲡ̄ⲟ̄ⲥ̄ ⲡⲉ ⲉⲧⲁϥϭⲓ ⲫⲟϥⲱϣ ⲙ̀ ⲫ̄ϯ ⲙⲁⲣⲉϥϣⲱⲡⲓ ϥⲥⲙⲁⲣⲱⲟⲩⲧ ⲛ̀ϫⲉ ⲫⲣⲁⲛ ⲙ̀ ⲫ̄ϯ ϣⲁ 10 ⲉⲛⲉϩ ⲁ̀ⲙⲏⲛ. Ⲟⲩⲟϩ ⲉ̀ⲃⲟⲗϧⲉⲛ ⲛⲁⲓ ⲥⲁϫⲓ ⲛⲉⲙ

ⲙ̄ⲅ̄. ⲁ. ⲛⲏ ⲉ̀ⲧ ⲓ̀ⲛⲓ ⲙ̀ⲙⲱⲟⲩ ⲙⲁⲣⲉ ⲛⲓⲑⲙⲏⲓ ϫⲱ ⲙ̀ⲙⲱⲟⲩ ⲓ̀ⲥϫⲉⲛ ⲥⲟⲩ ⲓ̄ⲃ̄ ⲙ̀ ⲡⲁ̀ⲟⲡⲓ ⲟⲩⲟϩ ⲛⲁⲩⲙⲏⲛ ⲉⲩ̀ϯϩⲟ ⲉ̀ ⲫ̄ϯ ⲙ̀ ⲙⲏⲭⲁⲏⲗ ϣⲁ ⲁ̀ⲣⲡ ⲑⲧ ⲛ̀ ⲥⲟⲩ ⲓ̄ⲁ̄ ⲙ̀ ⲡⲓⲁ̀ⲃⲟⲧ ⲁ̀ⲑⲱⲣ ⲉⲧⲉ ⲡⲉϥⲣⲁⲥϯ ⲡⲉ ⲥⲟⲩ ⲓ̄ⲃ̄ ⲛ̀ⲧⲁϥ 15 ⲡⲉ ⲡⲓⲛⲓϣϯ ⲛ̀ ⲉ̀ϩⲟⲟⲩ ⲛ̀ ϣⲁⲓ ⲙ̀ ⲡⲓⲁⲣⲭⲏⲁⲅⲅⲏⲗⲟⲥ ⲉ̀ⲑ ⲟⲩⲁⲃ ⲙⲏⲭⲁⲏⲗ ⲙ̄ ⲫⲣⲏϯ ⲉ̀ⲧⲉⲛⲟⲟⲩⲛⲧ ⲛ̀ ⲫⲟⲟⲩ ⲛ̀ ⲉⲣ ϣⲁⲓ ⲛⲁϥ ⲁ̀ⲛⲟⲛ ⲇⲉ ⲛⲉⲙⲱⲧⲉⲛ ⲱ̀ ⲛⲉⲛⲙⲉⲛⲣⲁϯ ⲉ̀ⲧⲁⲩϥⲟϩ ⲇⲉ ⲉ̀ ⲫⲛⲁⲩ ⲙ̀ ⲡⲓϥⲓⲣⲱⲟⲩϣ ⲉ̀ ϯⲉⲩⲭⲓⲁ̀ ⲉ̀ⲑ ⲟⲩⲁⲃ ⲛⲁ ⲛ̀ ⲁ̀ⲣⲟⲩϩⲓ ⲥⲟⲩ ⲓ̄ⲁ̄ 20 ⲡⲉ ϫⲱⲣϩ ⲛ̀ ⲥⲟⲩ ⲓ̄ⲃ̄ ⲕⲁⲧⲁ ⲁ̀ⲃⲟⲧ ⲧⲟⲩⲥⲩⲛⲏⲑⲓⲁ̀

ⲙ̄ⲅ̄. ⲃ. ⲁϥⲓ̀ ⲧⲟⲧϥ ⲛ̀ϫⲉ ⲡⲓⲡⲓⲥⲧⲟⲥ ⲛ̀ ⲣⲱⲙⲓ | ⲧⲁ ⲫⲙⲏⲓ ⲉ̀ⲧⲉϥⲉⲩⲥⲉⲃⲏⲥ ⲛ̀ ⲥϩⲓⲙⲓ ⲡⲉϫⲁϥ ⲛⲁⲥ ϫⲉ ⲱ̀ ⲧⲁⲥⲱⲛⲓ ⲧⲉ ϩⲉⲙⲥⲓ ⲇⲉ ⲉⲣⲉ ⲉⲣ ⲟⲩ ⲙⲏⲧⲉ ⲉ̀ⲙⲓ ⲁⲛ ϫⲉ ⲣⲁⲥϯ ⲡⲉ ⲡⲓϣⲁⲓ ⲙⲏ ⲁ̀ⲣⲉ ⲉⲣ ⲡⲱⲃϣ ⲙ̀ ⲡⲓⲇⲱ- 25 ⲣⲟⲛ ⲛ̀ ⲁ̀ⲅⲁⲑⲟⲛ ⲙⲏ ⲁ̀ϩⲣⲱϣ ⲉ̀ϫⲱ ⲛ̀ϫⲉ ⲡⲉⲣ ⲫⲙⲉⲩⲓ̀ ⲉⲧ ⲧⲁⲓⲏⲟⲩⲧ ⲛ̀ ⲡⲓⲁⲣⲭⲏⲁⲅⲅⲏⲗⲟⲥ ⲙⲏⲭⲁⲏⲗ ⲫⲁⲓ ⲉ̀ⲧ ϩⲟⲗϫ ϩⲓϫⲉⲛ ⲡⲉϩⲏⲧ ϫⲉ ⲟⲩⲉⲓ ⲱ̀ ⲧⲁ ⲥⲱⲛⲓ

ⲙ̄ⲡⲉ ⲛ̀ ⲑⲣⲉ ⲛⲉ ⲣⲁⲧ ϯϩⲉⲗⲡⲓⲥ ⲛ̀ⲧⲉ ⲫϯ ϫⲉ ⲛ̀ⲑⲟϥ
ⲉⲧ ⲉⲣ ϩⲙⲟⲧ ⲛⲁⲛ ⲛ̀ ϩⲱⲃ ⲛⲓⲃⲉⲛ. ⲡⲉϫⲉ ϯⲙⲁ-
ⲕⲁⲣⲓⲁ ⲇⲉ ⲉ̀ⲧⲉⲙⲙⲁⲩ ϫⲉ ⲕⲁⲗⲱⲥ ⲁⲕⲓ̀ⲛⲓ ⲛⲏⲓ ⲛ̀
ⲧⲁⲥⲩⲙⲫⲟⲛⲓⲁ ⲉ̀ⲑ ⲙⲉϩ ⲛ̀ ⲣⲁϣⲓ ⲕⲁⲗⲱⲥ ⲁⲕⲓ̀ⲛⲓ
ⲙ̄ⲇ. ⲁ. ⲛⲏⲓ ⲛ̀ ⲟⲩⲥⲟⲗⲥⲉⲗ | ⲛⲉⲙ ⲟⲩⲣⲁϣⲓ ⲛⲉⲙ ⲟⲩⲙⲉⲧ- 5
ⲣⲁⲙⲁⲟ̀ ⲛ̀ⲧⲉ ⲛⲉⲛⲯⲩⲭⲏ ⲉ̀ⲧⲉ ⲫⲁⲓ ⲡⲉ ⲡ ⲉⲣ ⲫⲙⲉⲩⲓ̀
ⲉ̀ⲧ ⲧⲁⲓⲏⲟⲩⲧ ⲙ̀ ⲡⲓⲁⲣⲭⲏⲁⲅⲅⲉⲗⲟⲥ ⲉ̀ⲑ ⲟⲩⲁⲃ ⲙⲓ-
ⲭⲁⲏⲗ Ⲧⲁⲫⲙⲏⲓ ⲱ̀ ⲡⲁⲥⲟⲛ ϫⲉ ⲓⲥϫⲉⲛ ϣⲟⲣⲡ ⲛ̀
ⲫⲟⲟⲩ ϣⲁ ϯⲛⲟⲩ ⲙ̀ⲡⲉⲥ ⲧⲁϩⲛⲟ ⲛ̀ϫⲉ ⲟⲩ ⲙⲟⲩⲙⲓ
ⲛ̀ ⲉⲣⲙⲏ ⲃⲉⲛ ⲛⲁⲃⲁⲗ ⲟⲩⲟϩ ⲉ̀ⲣⲉ ⲟⲩⲭⲣⲱⲙ ⲟⲩⲱⲙ 10
ⲃⲉⲛ ⲡⲁ ⲥⲁ ⲃ̀ⲟⲩⲛ ⲉⲑⲃⲉ ⲡϣⲁⲓ ⲛ̀ ⲡⲓⲁⲣⲭⲏⲁⲅⲅⲉⲗⲟⲥ
ⲉ̀ⲑ ⲟⲩⲁⲃ ⲡⲉⲛⲡⲣⲟⲥⲧⲁⲧⲏⲥ ⲙⲓⲭⲁⲏⲗ. ϯⲛⲟⲩ ⲇⲉ
ⲱ̀ ⲡⲁⲥⲟⲛ ⲁⲛⲁⲩ ϫⲉ ⲭⲛⲁⲉ̀ⲣ ⲟⲩ ⲙⲏⲡⲟⲧⲉ ⲛ̀ⲧⲉ
ⲡⲉⲛⲇⲱⲣⲟⲛ ⲧⲁⲕⲟ ⲟⲩⲟϩ ⲛ̀ⲧⲉⲛϯ ⲟ̀ⲥⲓ ⲙ̀ ⲡⲓ ⲕⲉ
ⲙ̄ⲇ. ⲃ. ⲟⲩⲁⲓ ⲉ̀ⲧ ⲁⲛⲕⲏⲛ ⲛ̀ ⲁⲓϥ | ϫⲉ ⲟⲩⲏⲓ ⲁⲛⲥⲱⲧⲉⲛ ⲉ 15
ⲡⲥⲁϩ ⲡⲁⲩⲗⲟⲥ ϥϫⲱ ⲙ̀ⲙⲟⲥ ϫⲉ ⲫⲏ ⲉ̀ⲧⲁϥϣ̀ⲓ ⲧⲟⲧϥ
ⲉ̀ ⲓ̀ⲣⲓ ⲛ̀ ⲟⲩⲁ̀ⲅⲁⲑⲟⲛ ⲙⲁⲣⲉϥϫⲟⲕϥ ⲉ̀ⲃⲟⲗ ϣⲁ ⲡⲉ-
ϩⲟⲟⲩ ⲛ̀ ⲟⲩⲱ̀ⲛϩ ⲉ̀ⲃⲟⲗ ⲙ̀ ⲡⲉⲛ ⲟ̅ⲥ̅ ⲓ̅ⲏ̅ⲥ̅ ⲡ̅ⲭ̅ⲥ̅ ϩⲏⲡⲡⲉ
ⲟⲩⲛ ⲁ̀ⲛⲟⲛ ⲁⲛϩⲓ ⲧⲟⲧⲉⲛ ⲉ̀ ⲡⲓϩⲱⲃ ⲉ̀ⲑ ⲛⲁⲛⲉϥ
ⲙⲁⲣⲉⲛⲣⲱⲓⲥ ⲛ̀ ⲧⲉⲛϫⲟⲕϥ ⲉ̀ⲃⲟⲗ. Ⲡⲉϫⲁϥ ⲇⲉ ⲛⲁⲥ 20
ϫⲉ ⲟⲩ ⲡⲉ ⲉ̀ⲧϣⲟⲡ ⲛⲁⲛ ⲱ̀ ⲧⲁⲥⲱⲛⲓ ⲓⲥϫⲉ ϥⲣⲱϣⲓ
ⲉ̀ ⲫⲏ ⲉ̀ⲧⲉⲛϣⲁⲧ ⲙ̀ⲙⲟϥ ⲡⲉϫⲁⲥ ⲃⲉⲛ ⲟⲩⲣⲁϣⲓ ϫⲉ
ⲟⲩⲟⲛ ⲟⲩⲙⲟⲩⲕⲓ ⲛ̀ ⲱ̀ⲓⲕ ⲛ̀ ⲧⲟⲧⲉⲛ ⲥⲉⲙⲡϣⲁ ⲛ̀ⲧⲉⲛ-
ⲭⲁϥ ⲃⲁ ⲧⲟⲧⲟⲩ ⲛ̀ ⲛⲓⲥⲛⲏⲟⲩ ⲛⲉⲙ ⲟⲩⲕⲟⲩϫⲓ ⲛ̀
ⲛⲉϩ ϥⲣⲱϣⲓ ⲉ̀ ϯⲃⲏⲣⲉ ⲛⲉⲙ ⲡⲟϩϩⲥ ⲛ̀ ⲧⲁⲫⲉ ⲛ̀ 25
ⲙ̄ⲉ. ⲁ. ⲛⲓⲥⲛⲏⲟⲩ ⲁⲗⲗⲁ ⲛ̀ⲙⲟⲛ ⲛ̀ ⲱⲓⲧ ⲛ̀ⲧⲁⲛ ⲟⲩⲇⲉ ⲟⲩⲥⲟⲩⲟ̀
ⲡⲉϫⲁϥ ϫⲉ ⲧⲁⲫⲙⲏⲓ ⲱ̀ ⲧⲁⲥⲱⲛⲓ ⲉ̀ⲣⲉ ⲛⲁⲓ ϣⲟⲡ
ⲛⲁⲛ ⲡⲉ ⲛ̀ⲙⲟⲛⲧⲉⲛ ⲉ̀ⲥⲱⲟⲩ ⲉ̀ϣⲁⲧϥ ⲁⲗⲗⲁ ⲡⲉ ⲉⲧⲉ

ⲉⲛⲁϥ ⲛ̀ ⲫϯ ⲙⲁⲣⲉϥϣⲱⲡⲓ ⲫϯ ⲕⲱⲧ ⲛ̀ⲥⲁ ϩⲗⲓ ⲛ̀
ⲧⲟⲧⲉⲛ ⲁⲛ ⲉⲃⲏⲗ ⲉⲧⲉⲛⲥⲟⲛ ⲛ̀ ⲫⲣⲏϯ ⲉ̀ⲧ ⲥ̀ⲏⲟⲩⲧ
ϫⲉ ϯⲁⲙⲉⲛⲣⲓⲧⲕ ⲡ̀ϭⲥ ⲧⲁϫⲟⲙ ⲛⲁⲛⲉ ⲥ ⲛ̀ⲧⲉⲛ̀ϯ ⲛ̀
ⲟⲩⲕⲟⲩϫⲓ ⲉ̀ϩⲟⲧⲉ ⲛ̀ⲧⲉⲛϣⲧⲉⲙ ϯ ϩⲗⲓ ⲉ̀ ⲡ̀ⲧⲏⲣϥ ⲁⲗⲗⲁ
ⲫⲏ ⲉ̀ⲧⲁϥⲓ̀ ϩⲓϫⲉⲛ ⲡⲁϩⲏϯ ϯⲛⲁϫⲟϥ ⲛⲉ ϩⲏⲡⲡⲉ 5
ⲟⲩⲟⲛ ⲕⲉ ϩⲃⲱⲥ ⲛ̀ⲧⲉ ⲡⲓⲟⲩⲁⲓ ⲡⲓⲟⲩⲁⲓ ⲉⲑⲃⲉ ⲡⲓⲥ̀-
ⲛⲟⲩ ⲁⲩⲕⲏⲛ ⲛ̀ⲥⲉⲡⲓ ⲛⲁⲛ ϯⲛⲁϭⲓ ⲙ̀ ⲡⲁϩⲃⲱⲥ ⲛ̀

ⲛ̄ⲍ̄. ⲃ. ϣⲟⲣⲡ ⲛ̀ⲧⲁϣⲟⲡϥ ⲛ̀ ⲥⲟⲩⲟ ⲉ̀ ⲡⲥⲟⲃϯ ⲙ̀ ⲡⲓⲇⲱⲣⲟⲛ
ⲕⲁⲗⲟⲩ ⲛ̀ⲧⲉϥⲣⲱϣⲓ ⲙ̀ ⲡⲓⲇⲱⲣⲟⲛ ⲉⲑⲃⲉ ⲡⲓⲗⲗⲟⲥ ⲉⲑⲃⲉ
ⲡⲓϩⲱⲛ ⲛⲉⲙ ⲉⲑⲃⲉ ⲡ̀ⲥⲱϥ ⲙ̀ ⲡⲓⲥⲟⲩⲟ̀ ⲁⲣⲉϣⲁⲛ ⲣⲁⲥϯ 10
ⲇⲉ ϣⲱⲡⲓ ϯⲛⲁϭⲓ ⲙ̀ ⲫⲏ ⲉ̀ⲧⲉ ⲫⲱⲛ ⲛ̀ ϩⲃⲱⲥ ⲛ̀ⲑⲟ
ϩⲱ ⲛ̀ⲧⲁϩⲱⲗ ⲛ̀ⲧⲁϣⲱⲡ ⲛ̀ ⲃ̀ⲏⲧϥ ⲛ̀ ⲟⲩⲓ̀ⲥⲱⲟⲩ ⲛ̀
ⲧⲉⲛϣⲁⲧϥ ⲉ̀ ⲡⲓ ϣⲁⲓ ⲛ̀ ⲣⲁⲥϯ ϫⲉ ⲛ̀ⲑⲟϥ ⲡⲉ ⲡⲓ-
ⲛⲓϣϯ ⲛ̀ ϣⲁⲓ ⲛ̀ⲧⲉ ⲡⲓⲁⲣⲭⲏⲁⲅⲅⲉⲗⲟⲥ ⲉⲑ ⲟⲩⲁⲃ
ⲙⲓⲭⲁⲏⲗ ⲟⲩⲟϩ ⲁⲛϣⲁⲛⲥⲓⲛⲓ ⲧⲉⲛⲛⲁⲟⲩⲱⲙ ⲁⲛϣ- 15
ⲧⲉⲛⲥⲓⲛⲓ ⲧⲉⲛⲛⲁϯ ⲱ̀ⲟⲩ ⲙ̀ ⲫϯ. ⲟⲩⲟϩ ⲁⲛϣⲁⲛ-

ⲛ̄ⲏ̄. ⲁ. ⲙⲟⲩ ⲟⲩⲛ ⲡϭⲥ ⲡⲉ ⲉⲑ ⲛⲁϣⲟⲡⲧⲉⲛ ⲉ̀ⲣⲟϥ ϫⲉ ⲟⲩⲉⲓ
ⲙ̀ⲡⲉ ⲛ̀ϫⲱϫⲓ ⲙ̀ ⲡⲉϥⲇⲱⲣⲟⲛ. ⲡⲉϫⲉ ϯⲥⲟⲫⲓⲁⲥⲧⲏⲥ
ⲛ̀ ⲥϩⲓⲙⲓ ⲛⲁϥ ⲱ̀ ⲡⲁ ⲥⲟⲛ ⲡⲁ ϩⲃⲱⲥ ⲛⲉⲙ ⲫⲱⲕ
ⲙ̀ⲛⲁⲅⲁⲑⲟⲩ ⲁⲛ ⲁⲗⲗⲁ ⲛⲉⲙ ⲡⲁ ⲕⲉ ⲉⲣϣⲱⲛ ⲟⲩⲟϩ 20
ϯϯ ⲛ̀ ⲧⲁ ⲯⲩⲭⲏ ⲉϫⲉⲛ ⲡ ⲇⲱⲣⲟⲛ ⲙ̀ ⲡϭⲥ ⲛⲉⲙ
ϯⲙⲉⲧⲛⲁⲏⲧ ⲡⲉϫⲉ ⲡⲉⲥⲥⲁⲓ ⲇⲉ ⲛⲁⲥ ϫⲉ ⲕⲁⲗⲱⲥ
ⲱ̀ ⲧⲁ ⲥⲱⲛⲓ ⲟⲩⲡⲣⲟϩⲉⲣⲉⲥⲓⲥ ⲉ̀ⲛⲁⲛⲉⲥ ⲁⲣⲉ ⲟⲩ-
ⲟⲛϩⲥ ⲉ̀ⲃⲟⲗ ⲡⲗⲏⲛ ⲭⲱ ⲙ̀ⲡⲉ ⲉⲣϣⲱⲛ ⲛⲉ ⲉ̀ ⲡ̀ϫⲓⲛ-
ϩⲱⲃⲥ ϯ ⲛ̀ⲧⲉ ⲕⲉ ⲁⲫⲉ ⲛ̀ ⲃ̀ⲏⲧϥ ⲛ̀ ⲫⲣⲏϯ ⲙ̀ ⲡⲥⲁϫⲓ 25
ⲙ̀ ⲡⲓⲥⲁⲃ ⲡⲁⲩⲗⲟⲥ ⲙⲉⲛⲉⲛⲥⲁ ⲫⲁⲓ ⲁϥϭⲓ ⲙ̀ ⲡⲉϥ-

ⲛ̄ⲏ̄. ⲃ. ϩⲃⲱⲥ ⲫⲏ ⲉ̀ⲧⲉϥϭⲓ ⲛ̀ ⲛⲓⲙⲩⲥⲧⲏⲣⲓⲟⲛ ⲛ̀ ⲃ̀ⲏⲧϥ
ⲁϥⲧⲏⲓϥ ϧⲁ ⲡⲓⲥⲟⲩⲟ̀ ⲟⲩⲟϩ ⲁϥϯ ⲙ̀ ⲡⲓⲥⲟⲩⲟ̀ ⲛ̀

5

ⲡⲓⲟⲓⲕⲟⲛⲟⲙⲟⲥ ⸱ ⲉ̀ ⲁϥⲕⲟⲧϥ ⲉ̀ ⲡⲉϥⲏⲓ ϧⲉⲛ ⲟⲩⲣⲁϣⲓ
ⲉϥϫⲱ ⲙ̀ⲙⲟⲥ ϫⲉ ϩⲏⲡⲡⲉ ⲁ̀ ⲡϭⲥ ⲥⲟⲃϯ ⲛⲁⲛ ⲙ̀ ⲡϩⲱⲃ
ⲙ̀ ⲡⲓⲇⲱⲣⲟⲛ Ⲁⲥϣⲱⲡⲓ ⲇⲉ ⲉ̀ⲧⲁ ϣⲟⲣⲡ ϣⲱⲡⲓ ⲛ̀ ⲥⲟⲩ
ⲓ̅ⲃ̅ ⲛ̀ ⲁⲑⲱⲣ ⲁⲥⲕⲱϯ ⲉ̀ⲣⲟϥ ⲛ̀ϫⲉ ϯⲉⲩⲥⲉⲃⲏⲥ ⲛ̀
ⲥϩⲓⲙⲓ ⲟⲩⲟϩ ⲡⲉϫⲁϥ ⲛⲁϥ ϫⲉ ⲱ̀ ⲡⲁ ⲥⲟⲛ ⲧⲱⲛⲕ 5
ϭⲓ ⲙ̀ ⲡⲁ ϩⲃⲱⲥ ϩⲓⲛⲁ ⲛ̀ⲧⲉⲕⲙⲁⲩ ⲙⲏ ⲕⲛⲁϫⲓⲙⲓ ⲙ̀
ⲡⲓⲉ̀ⲥⲱⲟⲩ ϩⲓⲛⲁ ⲛ̀ⲧⲉⲛⲥⲉⲃⲧ ⲉ̀ ⲡϩⲱⲃ ⲛ̀ ⲛⲓⲥⲙⲟⲩ
ⲉ̀ⲑ ⲛⲏⲟⲩ ϩⲁⲣⲟⲛ. Ⲁϥⲟⲩⲱϣ ⲇⲉ ⲉ̀ ⲉ̀ⲙⲓ ⲉ̀ ⲧⲉⲥⲡⲣⲟ-

ⲙ̅ⲍ̅. ⲁ. ϩⲉⲣⲉⲥⲓⲥ ⲡⲉϫⲁϥ ⲛⲁⲥ ϫⲉ ⲱ̀ ⲧⲁⲥⲱⲛⲓ ⲁⲓϣⲁⲛϭⲓ
ⲙ̀ ⲡⲉ ϩⲃⲱⲥ ⲟⲩⲟϩ ⲛ̀ⲧⲉ ⲉⲣ ⲟⲩⲱϣ ⲉ̀ ϭⲓ ⲥⲙⲟⲩ ⲟⲩ 10
ⲡⲉ ⲉ̀ⲧ ⲉ̀ⲣⲉ ⲁⲓϥ ϧⲉⲛ ⲡⲁⲓ ⲛⲓϣϯ ⲛ̀ ϣⲁⲓ ⲙ̀ ⲫⲟⲟⲩ
ⲇⲉ ⲟⲩⲉⲓ ⲇⲉ ⲁ̀ⲛⲟⲕ ⲟⲩϩⲱⲟⲩⲧ ⲁⲓϣⲁⲛϩⲱⲗ ⲉ̀ ⲙⲁ
ⲛⲓⲃⲉⲛ ⲉⲓⲟⲓ ⲙ̀ ⲡⲁⲓ ⲣⲏϯ ⲙ̀ⲙⲟⲛ ϣⲓⲡⲓ ϩⲓϫⲱⲓ ϯ-
ⲥϩⲓⲙⲓ ⲇⲉ ⲛ̀ⲑⲟⲥ ⲙ̀ⲙⲟⲛ ϣϫⲟⲙ ⲉ̀ⲑⲣⲉⲥⲃⲱϣ ⲙ̀ ⲡⲉⲥ-
ⲥⲱⲙⲁ ⲙⲁⲗⲓⲥⲧⲁ ϧⲉⲛ ϯⲉⲕⲕⲗⲏⲥⲓⲁ. Ⲉⲧⲁⲥⲥⲱⲧⲉⲙ 15
ⲇⲉ ⲉ̀ ⲛⲁⲓ ⲥⲁϫⲓ ⲛ̀ϫⲉ ϯⲑⲉⲟ̀ⲥⲉⲃⲏⲥ ⲛ̀ ⲥϩⲓⲙⲓ
ⲁⲥⲣⲓⲙⲓ ϧⲉⲛ ⲟⲩⲛ̀ϣⲁϣⲓ ⲟⲩⲟϩ ⲡⲉϫⲁⲥ ϫⲉ ⲟⲩⲟⲓ
ⲛⲏⲓ ⲱ̀ ⲡⲁⲙⲉⲛⲣⲓⲧ ⲛ̀ ⲥⲟⲛ ⲟⲩ ⲡⲉ ⲫⲁⲓ ⲉ̀ⲧ ⲉⲕϫⲱ

ⲙ̅ⲍ̅. ⲃ. ⲙ̀ⲙⲟϥ ⲛⲏⲓ ⲙ̀ ⲫⲟⲟⲩ ⲙⲏ ⲁⲛϥⲱⲣϫ ⲙ̀ ⲫⲟⲟⲩ
ⲟⲩⲟϩ ⲁⲛ ⲉⲣ ⲃ̅ ⲙⲏ ⲁ̀ⲛⲟⲕ ⲛⲉⲙⲁⲕ ⲟⲩⲥⲱⲙⲁ ⲛ̀ 20
ⲟⲩⲱⲧ ⲁⲛ ⲙⲏ ⲙ̀ⲙⲟⲛ ⲧⲟⲓ ⲛ̀ⲧⲏⲓ ⲛⲉⲙⲁⲕ ϧⲉⲛ ϯⲡⲣ-
ⲟⲥⲫⲟⲣⲁ ⲙⲏ ⲕⲃϭⲓ ⲛ̀ ⲧⲟⲧ ϩⲱ ⲁⲛ ⲙ̀ ⲡⲁⲓ ⲙⲉⲣⲟⲥ
ϧⲉⲛ ⲡϣⲁⲓ ⲙ̀ ⲡⲓⲁⲣⲭⲏⲁⲅⲅⲉⲗⲟⲥ ⲙⲓⲭⲁⲏⲗ Ⲙ̀ⲙⲟⲛ
ⲱ̀ ⲡⲁⲥⲟⲛ ⲙ̀ⲡ ⲉⲣ ⲙⲉⲩⲓ̀ ⲙ̀ ⲡⲁⲓ ⲣⲏϯ ϧⲉⲛ ⲡⲉⲕϩⲏⲧ
ϫⲉ ⲉⲓⲉ̀ϣⲱⲡⲓ ⲉⲓⲃⲏϣ ⲁⲗⲗⲁ ⲛⲏ ⲉ̀ⲧ ⲣⲁⲃⲛⲟⲩⲧ ϧⲉⲛ 25
ϯⲉⲕⲕⲗⲏⲥⲓⲁ ⲙ̀ⲙⲟⲛ ϩⲱⲟⲩⲧ ⲟⲩⲇⲉ ⲥϩⲓⲙⲓ ϧⲉⲛ ⲡⲭⲥ
ⲁⲗⲗⲁ ϩⲁⲛⲁⲅⲅⲉⲗⲟⲥ ϩⲓ ⲁⲣⲭⲏⲁⲅⲅⲉⲗⲟⲥ ϩⲓ ⲭⲉⲣⲟⲩ-
ⲃⲓⲛ ⲛⲉⲙ ⲥⲉⲣⲁⲫⲓⲛ ⲉ̀ⲣⲉ ⲡⲥⲱⲧⲏⲣ ϧⲉⲛ ⲧⲟⲩⲙⲏϯ

ⲕⲡ̅. ⲁ̅. Ⲁⲥⲭⲱ ⲛ̀ ⲛⲁⲓ ⲉϭⲣⲓⲛⲓ ϧⲉⲛ ⲟⲩⲛ̀ϣⲗⲱϫⲓ ⲉ̀ⲧⲁϥⲛⲁⲩ
ⲉ̀ ⲡϩⲟⲩ̀ⲟ ⲛ̀ ⲡⲣⲱⲕϩ ⲛ̀ ⲡⲉⲥ ⲡⲛⲁ ⲁϥϣⲑⲟⲣⲧⲉⲣ
ⲉⲑⲃⲏⲧⲥ ⲟⲩⲟϩ ⲁϥⲣⲁϣⲓ ⲉ̀ ⲡⲧⲁϫⲣⲟ ⲛ̀ ⲡⲉⲥⲛⲁϩϯ·
Ⲡⲉϫⲁϥ ⲛⲁⲥ ϫⲉ ⲧⲱⲟⲩⲛⲓ ϭⲓⲣⲱⲟⲩϣ ⲉ̀ ϯⲡⲣⲟⲥⲫⲟⲣⲁ
ⲛⲉⲙ ⲡⲓⲛⲉϩ ⲛ̀ⲧⲉⲛ ⲟⲩⲟⲣⲡⲟⲩ ⲉ̀ ϯⲉⲕⲕⲗⲏⲥⲓⲁ ⲟⲩⲟϩ 5
ⲛ̀ⲧⲉⲛ ⲭⲱ ⲛ̀ ϯⲧⲣⲁⲡⲏⲍⲁ ⲛⲉⲙ ⲛⲓⲕⲟⲩϫⲓ ⲛ̀ ⲟⲩⲱⲓⲕ
ⲟⲩⲟϩ ϥⲡⲣⲱⲟⲩϣ ⲛ̀ ⲟⲩⲕⲟⲩϫⲓ ⲛ̀ ⲃⲟϯ ϩⲓⲛⲁ ⲛ̀ⲧⲁϣⲉ
ⲛⲏⲓ ⲉ̀ⲣⲉ ⲫϯ ⲑⲉϣ ⲟⲩⲉ̀ⲥⲱⲟⲩ ⲉ̀ⲣⲟⲛ ⲛ̀ⲧⲉⲛⲥⲟⲃϯ ⲛ̀
ⲧⲃ̀ⲣⲉ ⲛ̀ ⲛⲓⲥⲛⲏⲟⲩ ϧⲉⲛ ⲡⲁⲓ ⲛⲓϣϯ ⲛ̀ ϣⲁⲓ ⲛ̀ ⲫⲟⲟⲩ

ⲕⲡ̅. ⲃ̅. ⲥⲁⲧⲟⲧϥ ⲇⲉ ⲁϥⲧⲱⲛϥ ϧⲉⲛ ⲟⲩⲛⲓϣϯ ⲛ̀ ⲥⲡⲟⲩⲇⲁⲛ 10
ⲛⲉⲙ ⲟⲩⲥⲩⲛⲏⲇⲉⲥⲓⲥ ⲉ̀ ⲛⲁⲛⲉⲥ ⲉ̀ ϧⲟⲩⲛ ⲉ̀ ⲫϯ ⲛⲉⲙ
ⲡⲉϥⲁⲣⲭⲏⲁⲅⲅⲉⲗⲟⲥ ⲉⲑ ⲟⲩⲁⲃ ⲙⲓⲭⲁⲏⲗ Ⲁϥϭⲓ ⲛ̀
ⲡⲓϩⲃⲱⲥ ⲛⲁϥⲙⲟϣⲓ ⲇⲉ ⲉϥϯϩⲟ ⲉ̀ ⲫϯ ⲛ̀ ⲙⲓⲭⲁⲏⲗ
ϩⲓⲛⲁ ⲛ̀ⲧⲉϥⲥⲟⲩⲧⲱⲛ ⲡⲉϥⲙⲱⲓⲧ ⲟⲩⲟϩ ϧⲉⲛ ⲡϫⲓⲛⲑ̀
ⲣⲉϥⲥⲓⲛⲓⲱⲟⲩ ⲁϥⲓ̀ ϩⲓϫⲉⲛ ⲟⲩ ⲙⲁ ⲛ̀ ⲉ̀ⲥⲱⲟⲩ ⲡⲉϫⲁϥ 15
ⲛⲁϥ ϫⲉ ⲧϩⲓⲣⲏⲛⲏ ⲛ̀ ⲡⲓⲙⲉⲛⲣⲓⲧ Ⲡⲉϫⲉ ⲡⲓⲙⲁ ⲛ̀
ⲉ̀ⲥⲱⲟⲩ ⲛⲁϥ ϫⲉ ⲉ̀ϫⲱⲕ ϩⲱⲕ ⲡⲉϫⲉ ⲡⲓⲉⲩⲥⲉⲃⲏⲥ ⲛ̀
ⲣⲱⲙⲓ ⲛ̀ ⲡⲓⲙⲁ ⲛ̀ ⲉ̀ⲥⲱⲟⲩ ϫⲉ ⲙⲏ ϯⲛⲁϫⲓⲙⲓ ⲛ̀ ⲟⲩⲉ̀
ⲥⲱⲟⲩ ϧⲁ ⲧⲟⲧⲕ ⲛ̀ ⲫⲟⲟⲩ ⲉⲑⲃⲉ ⲟⲩⲛⲓϣϯ ⲛ̀ ⲣⲱⲙⲓ

ⲕⲑ̅. ⲁ̅. Ⲁϥⲓ̀ ⲉ̀ϫⲱⲛ ⲡⲉϫⲉ ⲡⲓⲙⲁ ⲛ̀ ⲉ̀ⲥⲱⲟⲩ ⲛⲁϥ ϫⲉ ⲟⲩⲏⲣ 20
ⲧⲉ ⲧⲉϥϯⲙⲏ Ⲡⲉϫⲁϥ ⲇⲉ ⲛⲁϥ ϫⲉ ϥⲣⲱϣⲓ ϧⲁ ⲟⲩ̀
ⲧⲉⲣⲙⲏⲥ ϫⲉ ⲡⲓⲙⲁ ⲛ̀ ⲉ̀ⲥⲱⲟⲩ ϫⲉ ⲙⲟⲓ ⲛⲏⲓ ⲛ̀ⲧⲉϥ
ϯⲙⲏ ϩⲓⲛⲁ ⲛ̀ⲧⲁⲧⲓϥ ⲛⲁⲕ ⲡⲓⲁⲅⲁⲑⲟⲥ ⲇⲉ ⲛ̀ ⲣⲱⲙⲓ
ⲁϥⲥⲱⲟⲩⲧⲉⲛ ⲛⲁϥ ⲙ̀ ⲡϩⲃⲱⲥ ⲛ̀ ϯϭⲏⲛⲓ ⲉϥϫⲱ
ⲙ̀ⲙⲟⲥ ϫⲉ ϭⲓ ⲛ̀ⲟⲗⲓ ϧⲁ ⲧⲟⲧⲕ ϣⲁ ⲅ ⲛ̀ ⲉ̀ϩⲟⲟⲩ 25
ⲁⲓϣⲧⲉⲙⲓ̀ⲛⲓ ⲛⲁⲕ ⲛ̀ ⲟⲩⲧⲉⲣⲙⲏⲥ ⲱⲗⲓ ⲙ̀ ⲡⲓϩⲃⲱⲥ
ⲕⲟⲓ ⲛ̀ ⲣⲉⲙϩⲉ ⲙ̀ⲙⲟϥ Ⲁϥ ⲉⲣ ⲟⲩⲱ̀ ⲛ̀ϫⲉ ⲡⲓⲙⲁ ⲛ̀
ⲉ̀ⲥⲱⲟⲩ ⲡⲉϫⲁϥ ϫⲉ ⲟⲩ ⲡⲉ ⲉ̀ ϯⲛⲁⲁⲓϥ ⲛ̀ ⲡⲁⲓ ϩⲃⲱⲥ

ⲛ̀ⲙⲟⲛ ⳉⲗⲓ ⳉⲉⲛ ⲡⲁ ⲏⲓ ⲉϥϯ ⲛ̀ ⳉⲗⲓ ⳇⲓⲱⲧϥ ⲉ̀ⲃⲏⲗ

ⲡ̄ⲑ̄. ⲃ. ⲉ̀ ⳉⲁⲛⲥⲟⲣⲧ ⲁ̀ ⲡⲓⲙⲁ ⲛ̀ ⲉ̀ⲥⲱⲟⲩ ⲇⲉ ⲧⲁⲥⲑⲟ ⲉ̀
ⲡⲓⲉⲩⲥⲉⲃⲏⲥ ⲛ̀ ⲣⲱⲙⲓ ⲉ̀ⲣⲉ ⲡⲓⲍⲃⲱⲥ ⲛ̀ ⲧⲟⲧϥ ⲁϥⲕⲟⲧϥ
ⳇⲓ ⲡⲉϥⲙⲱⲓⲧ ⲉϥⲣⲓⲙⲓ ⳉⲉⲛ ⲟⲩⲛⲓϣⲁϣⲓ ⲉϥⲙⲉⲩⲓ̀ ⳉⲉⲛ
ⲡⲉϥⳁⲏⲧ ϫⲉ ⲟⲩ ⲡⲉ ⲉ̀ ϯⲛⲁⲁⲓϥ ⲓⲉ ⲟⲩ ⲡⲉ ⲉ̀ 5
ϯⲛⲁϫⲟϥ ⲛ̀ ⲧⲉϥⳅⲓⲙⲓ ⲉϯ ⲉϥⲙⲟϣⲓ ⳇⲓ ⲡⲉϥⲙⲱⲓⲧ
ⲉϥⲣⲓⲙⲓ ⲉ̀ⲣⲉ ⲛⲉϥⲃⲁⲗ ⳅⲟⲣϣ ⲡⲉ ⲉⲑⲃⲉ ⲡⲓⲣⲓⲙⲓ ⲁϥ-
ⲥⲟⲙⲥ ⲉⲛ ⲡⲉϥⲛ̀ⲑⲟ ⲁϥⲛⲁⲩ ⲉ̀ ⲡⲓⲁⲣⲭⲏⲁⲅⲅⲉⲗⲟⲥ ⲉ̀ⲑ
ⲟⲩⲁⲃ ⲙⲓⲭⲁⲏⲗ ⲁϥⲓ̀ ⲉϥⲧⲁⲗⲏⲟⲩⲧ ⲉⲩⳅⲑⲟ ⲛ̀ ⲟⲩⲟⲃϣ
ⲛ̀ ⲫⲣⲏϯ ⲛ̀ ⲟⲩⲛⲓϣϯ ⲛ̀ ⲁⲣⲭⲱⲛ ⲛ̀ⲧⲉ ⲡⲟⲩⲣⲟ ⲉ̀ⲣⲉ 10
ⳉⲁⲛⲁⲅⲅⲉⲗⲟⲥ ⲙⲟϣⲓ ⲛⲉⲙⲁϥ ⲉⲩⲟⲓ ⲛ̀ ⲡⲥⲙⲟⲧ ⲛ̀

ⲡ̄. ⲁ. ⳉⲁⲛⲙⲁⲧⲟⲓ ⲁϥ ⲉⲣ ⳅⲟϯ ⲉ̀ⲛⲁϣⲱ ⲉ̀ ⲁϥⲥⲟⲕϥ | ⲉ̀ⲃⲟⲗ
ⳅⲁ ⲡⲓⲙⲱⲓⲧ ⲛ̀ ⲙⲟϣⲓ ⲁϥⲭⲱ ⲛ̀ ⲡⲓⲙⲁ ⲛ̀ ⲙⲟϣⲓ ⲛ̀
ⲡⲓⲁⲣⲭⲱⲛ ⲛⲉⲙ ⲡⲉϥⲙⲁⲧⲟⲓ. ⲉⲧⲁϥⲑⲟϩ ⲇⲉ ⲉ̀ⲣⲟϥ
ⲛ̀ϫⲉ ⲡⲓⲁⲣⲭⲏⲁⲅⲅⲉⲗⲟⲥ ⲉ̀ⲑ ⲟⲩⲁⲃ ⲙⲓⲭⲁⲏⲗ ⲁϥⲥⲱⲕ 15
ⲛ̀ ⲡⲓⲭⲁⲙⲟⲥ ⲉⲧ ⲧⲟⲓ ⲉ̀ ⲣⲱϥ ⲛ̀ ⲡⲓⳅⲑⲟ ϣⲁ ⲇⲱⲣⲟ-
ⲑⲉⲟⲥ ⲁϥⲟ̀ⳉⲓ ⲉ̀ⲣⲁⲧϥ ⲡⲉϫⲁϥ ϫⲉ ⲭⲉⲣⲉ ⲇⲱⲣⲟⲑⲉⲟⲥ
ⲡⲓⲡⲓⲥⲧⲟⲥ ⲛ̀ ⲁⲅⲁⲑⲟⲥ ⲕⳅⲏⲗ ⲉ̀ⲑⲱⲛ ⲓⲉ ⲉ̀ⲧⲁⲕⲓ̀ ⲉ̀ⲃⲟⲗ
ⲑⲱⲛ ⲉ̀ⲕⲟⲓ ⲛ̀ ⲡⲁⲓ ⲣⲏϯ ⲉ̀ⲣⲉ ⲧⲁⲓ ϣⲑⲏⲛ ⲧⲁⲗⲏⲟⲩⲧ
ⲉ̀ⲣⲟⲕ ⲉⲕⲙⲟϣⲓ ⲛ̀ⲙⲁⲩⲁⲧⲕ ⳇⲓ ⲫⲙⲱⲓⲧ ⲁϥ ⲉⲣ ⲟⲩⲱ̀ 20
ⲛ̀ϫⲉ ⲇⲱⲣⲟⲑⲉⲟⲥ ⲡⲉϫⲁϥ ⲉ̀ ⲛⲁϥ ⲟⲩⲛⲟⲩ ⲇⲉ ⲉ̀ⲃⲟⲗ

ⲡ̄. ⲃ. ⳅⲁ ⲡⲓⲁⲣⲭⲱⲛ ϫⲉ ⲧ̀ⳇⲓⲣⲏⲛⲏ ⲛⲁⲕ ⳅⲱⲕ | ⲱ̀ ⲕⲩⲣⲓ ⲡⲁ
ϭⲥ ⲡⲓⲁⲣⲭⲱⲛ ⲕⲁⲗⲱⲥ ⲁϥϣⲱⲡⲓ ⲛ̀ϫⲉ ⲡⲉⲕϫⲓⲛⲓ̀ ϣⲁ-
ⲣⲟⲛ ⲛ̀ ⲫⲟⲟⲩ. ⲡⲉϫⲉ ⲡⲓⲁⲣⲭⲱⲛ ⲇⲉ ⲛⲁϥ ϫⲉ
ⲛ̀ⲑⲟϥ ⲡⲉ ⲙⲓⲭⲁⲏⲗ ⲙⲏ ⲑⲉⲟ̀ⲡⲓⲥⲑⲉ ⲱⲛⳉ ⲡⲉϫⲉ ⲇⲱ- 25
ⲣⲟⲑⲉⲟⲥ ⲉ̀ⲣⲉ ⲡⲉϥⳅⲟ ⲫⲱ̀ⳃⲧ ⲉ̀ ⲡⲕⲁⳇⲓ ⲉⲑⲃⲉ ⲡⲱ̀ⲟⲩ
ⲛ̀ ⲡⲓⲁⲣⲭⲱⲛ ϫⲉ ⲥⲱⲛⳉ ⲛ̀ϫⲉ ⲧⲉⲕⲃⲱⲕⲓ ⲱ̀ ⲡⲁ ϭⲥ
ⲡⲉϫⲉ ⲡⲓⲥⲧⲣⲁⲧⲩⲗⲁⲧⲏⲥ ⲛⲁϥ ⲟⲩ ϫⲉ ⲡⲉ ⲫⲁⲓ ⲉ̀ⲧⲉ

DISCOURSE OF THEODOSIUS.   37

ⲛ̀ ⲧⲟⲧⲕ Ⲡⲉϫⲉ ⲇⲱⲣⲟⲑⲉⲟⲥ ⲛⲁϥ ⲉϥϣⲓⲡⲓ ϫⲉ ⲡⲍⲃⲱⲥ
ⲛⲁ ⲧⲁ ⲥⲍⲓⲛⲓ ⲡⲉϫⲉ ⲡⲓⲁⲣⲭⲱⲛ ⲇⲉ ⲛⲁϥ ϫⲉ ⲕⲛⲁ
ⲉⲣ ⲟⲩ ⲛⲁⲥ Ⲡⲉϫⲉ ⲇⲱⲣⲟⲑⲉⲟⲥ ⲛⲁϥ ϫⲉ ⲟⲩⲛϣϯ
ⲛ̀ ⲣⲱⲙⲓ ⲁϥⲓ ϣⲁ ⲣⲟⲓ ⲛ̀ ⲫⲟⲟⲩ ⲙ̀ⲡⲓ ϫⲓⲛⲓ ⲛⲁϥ ⲛ̀

ⲡⲝ̅. ⲁ. ϥⲏ ⲉ̀ⲧ ⲧⲟⲓ ⲙ̀ ⲉ̀ ⲡⲉϥⲥⲙⲟⲧ ⲟⲩⲇⲉ ⲙ̀ⲙⲟⲛ ⲛⲟⲩⲃ 5
ⲧⲟⲓ ⲉ̀ ⲛⲉⲛϫⲓϫ ⲉⲑⲃⲉ ⲡⲁⲓ ⲥⲛⲟⲩ ⲉ̀ⲧⲁⲛⲫⲟⲍ ⲉ̀ⲣⲟϥ
ⲁⲓϭⲓⲧⲥ ⲉⲑⲣⲓⲧⲛⲓⲥ ⲃⲁ ⲟⲩⲉ̀ⲥⲱⲟⲩ ⲙ̀ⲡⲉ ϥϭⲓⲧⲥ ⲛ̀ϫⲉ
ⲡⲓⲙⲁ ⲛ̀ ⲉ̀ⲥⲱⲟⲩ ⲟⲩⲟⲍ ϯⲉ̀ⲙⲓ ⲁⲛ ϫⲉ ⲟⲩ ⲡⲉ ⲉ̀
ϯⲛⲁⲁⲓϥ ⲓⲉ ⲟⲩ ⲡⲉ ⲉ̀ ϯⲛⲁⲭⲁϥ ⲃⲁ ⲧⲟⲧϥ ⲙ̀ ⲡⲓⲁⲣ-
ⲭⲱⲛ Ⲡⲉϫⲉ ⲡⲓⲁⲣⲭⲱⲛ ⲛⲁϥ ⲉⲧⲉ ⲛ̀ⲑⲟϥ ⲡⲉ ⲙⲓⲭⲁⲏⲗ 10
ϫⲉ ⲉ̀ϣⲱⲡ ⲁⲛⲟⲕ ⲁⲓϣⲁⲛϣⲑⲱⲣⲓ ⲛ̀ⲙⲟⲕ ⲛ̀ⲧⲁϭⲓ ⲛⲁⲕ
ⲙ̀ ⲡⲓⲉ̀ⲥⲱⲟⲩ ⲭⲛⲁϣⲟⲡⲧ ⲉ̀ⲣⲟⲕ ⲙ̀ ⲫⲟⲟⲩ ⲛⲉⲙ ⲛⲓ
ⲉ̀ⲑ ⲛⲉⲙⲛ Ⲁϥ ⲉⲣ ⲟⲩⲱ̀ ⲛ̀ϫⲉ ⲇⲱⲣⲟⲑⲉⲟⲥ ⲡⲉϫⲁϥ
ϫⲉ ⲁϫⲁ ⲱ̀ ⲡⲁ ϭⲥ ⲁⲣⲓⲧ ⲙ̀ⲡⲉⲙⲡϣⲁ ⲉⲑⲣⲉⲕϣⲱⲡⲓ
ⲃⲁ ⲧⲥⲕⲉⲕⲉⲡⲏ(sic) ⲛ̀ⲧⲉ ⲡⲏⲓ ⲙ̀ ⲡⲉⲧⲉⲛⲃⲱⲕ Ⲡⲉϫⲉ 15
ⲡⲓⲁⲣⲭⲱⲛ ϥⲏ ⲛ̀ⲑⲟϥ ⲡⲉ ⲙⲓⲭⲁⲏⲗ ⲛ̀ ⲟⲩⲁⲓ ⲛ̀ ⲛⲓⲁⲅ-
ⲅⲉⲗⲟⲥ ⲉ̀ⲧⲟⲩⲉⲍ ⲛⲉⲙⲁϥ ⲃⲉⲛ ⲡⲥⲙⲟⲧ ⲛ̀ ⲟⲩⲙⲁⲧⲟⲓ
ϫⲉ ⲙⲟϣⲓ ⲛⲉⲙ ⲡⲁⲇⲱⲣⲟⲑⲉⲟⲥ ϣⲁ ⲡⲓⲙⲁ ⲛ̀ ⲉ̀ⲥⲱⲟⲩ
ⲁϫⲟⲥ ⲛⲁϥ ϫⲉ ⲡⲉϫⲉ ⲡⲓⲁⲣⲭⲱⲛ ⲛⲁϥ ϥⲏ ⲉ̀ⲧⲁϥⲥⲓⲛⲓ
ⲍⲓϫⲱⲕ ϯⲛⲟⲩ ⲟⲩⲱⲣⲡ ⲛⲏⲓ ⲛ̀ ⲟⲩⲉ̀ⲥⲱⲟⲩ ⲉ̀ⲣⲉ ⲧⲉϥ- 20
ϯⲙⲓ ⲟⲓ ⲛ̀ ⲟⲩⲧⲉⲣⲙⲏⲥ ⲟⲩⲟⲍ ⲁ̀ⲛⲟⲕ ⲉⲑⲛⲁϣⲑⲱⲣⲓ
ⲛ̀ⲧⲉϥϯⲙⲓ ϣⲁ ⲧⲫⲁϣⲓ ⲙ̀ⲡⲓⲉ̀ϩⲟⲟⲩ ⲙ̀ ⲫⲟⲟⲩ ⲛ̀ⲧⲁ-
ⲟⲩⲟⲣⲡϥ ⲛⲁⲕ Ⲁϥϣⲉ ⲇⲉ ⲛⲁϥ ⲛ̀ϫⲉ ⲇⲱⲣⲟⲑⲉⲟⲥ ⲛⲉⲙ

ⲡⲝ̅ⲃ̅. ⲁ. ⲡⲓⲁⲅⲅⲉⲗⲟⲥ ⲉ̀ⲧ ⲟⲓ ⲛ̀ ⲡⲥⲙⲟⲧ ⲛ̀ ⲡⲓⲙⲁⲧⲟⲓ ϣⲁ
ⲡⲓⲙⲁ ⲛ̀ ⲉ̀ⲥⲱⲟⲩ ⲉ̀ϫⲉⲛ ⲫⲣⲁⲛ ⲙ̀ ⲡⲓⲁⲣⲭⲏⲁⲅⲅⲉⲗⲟⲥ 25
ⲟⲩⲟⲍ ⲁⲩϭⲓ ⲙ̀ ⲡⲓⲉ̀ⲥⲱⲟⲩ Ⲡⲓⲁⲣⲭⲱⲛ ⲇⲉ ϥⲏ ⲛ̀ⲑⲟϥ
ⲡⲉ ⲙⲓⲭⲁⲏⲗ ⲁϥⲥⲟⲙⲥ ⲉⲇⲱⲣⲟⲑⲉⲟⲥ ⲡⲉϫⲁϥ ⲛⲁϥ
ⲍⲏⲡⲡⲉ ⲓⲥ ⲡⲓⲉ̀ⲥⲱⲟⲩ ⲁϥⲥⲟⲃϯ ⲉⲑⲃⲉ ⲡⲍⲱⲃ ⲙ̀ ⲡⲓ-

ⲛⲓϣϯ ⲛ̄ ⲣⲱⲙⲓ ⲉ̄ⲧⲁⲕϣⲟⲡϥ ⲉ̄ⲣⲟⲕ ⲃⲉⲛ ⲡⲉⲕⲭⲓⲛⲑⲁⲣ-
ⲙⲉϥ ⲛ̄ ⲫⲟⲟⲩ Ⲁⲛⲁⲩ ⲛⲓⲓ ⲭⲛⲁⲝⲓⲛⲓ ⲛ̄ ⲟⲩⲧⲉⲃⲧ ⲛⲓⲓ
ⲉ̄ ⲧⲁ ⲭⲣⲓⲁ ⲁⲛⲟⲕ ϩⲱ ⲝⲉ ⲟⲩⲉⲓ ϯⲟⲩⲉⲙ ⲉ̄ⲥⲱⲟⲩ
ⲁⲛ ⲡⲉⲝⲉ ⲇⲱⲣⲟⲑⲉⲟⲥ ⲛ̄ ⲡⲓⲁⲣⲭⲱⲛ ⲃⲉⲛ ⲟⲩⲣⲁϣⲓ

ⲡ̅ⲏ̅. ⲃ. ⲝⲉ ⲉⲣⲉ ⲫϯ ⲥⲉⲃⲧⲱⲧⲥ ⲛ̄ⲧⲁϣⲟⲡⲥ Ⲡⲉⲝⲉ ⲡⲓⲁⲣ- 5
ⲭⲱⲛ ⲝⲉ ⲭⲛⲁϣⲟⲡⲥ ⲃⲉⲛ ⲟⲩⲡⲉⲝⲁϥ ⲛⲁϥ ⲝⲉ ϯⲛⲁⲭⲱ
ⲛ̄ ⲧⲁⲓ ϩⲃⲱⲥ ⲉ̄ϩⲱⲥ ϣⲁⲧ ⲗⲟⲟⲩⲱⲣⲡ ⲛⲁϥ ⲛ̄ ϯⲧⲓⲙⲏ
Ⲡⲉⲝⲉ ⲡⲓⲁⲣⲭⲱⲛ ⲝⲉ ⲓ̄ⲥⲝⲉ ⲛ̄ ⲡⲁⲓⲣⲏϯ ⲡⲉ ⲭⲱ ⲛ̄
ⲡⲓϩⲃⲱⲥ ⲛⲁⲕ ⲟⲩⲟϩ ϯⲛⲁⲟⲩⲱⲣⲡ ⲃⲉⲛ ⲡⲁⲣⲁⲛ ⲛ̄ⲧⲁϭⲓ
ⲛ̄ ⲡⲓⲧⲉⲃⲧ ϣⲁⲧⲉⲛⲟⲩⲱⲣⲡ ⲛⲁϥ ⲛ̄ ϯⲧⲓⲙⲏ Ⲁϥⲙⲟⲩϯ 10
ⲛ̄ⲝⲉ ⲡⲓⲁⲣⲭⲱⲛ ⲉ̄ ⲟⲩⲁⲓ ⲛ̄ ⲛⲓⲙⲁⲧⲟⲓ ⲉ̄ⲑ ⲛⲉⲙⲁϥ
ⲟⲩⲟϩ ⲡⲉⲝⲁϥ ⲝⲉ ⲛⲁϣⲉ ⲛⲁⲕ ⲉ̄ ⲡⲁ ⲃⲁⲓⲟⲣ ⲟⲩⲟϩ
ⲁ̄ⲥⲟⲥ ⲛ̄ ⲛⲓⲣⲉϥⲧⲁϩⲉ ⲧⲉⲃⲧ ⲝⲉ ⲡⲉⲝⲉ ⲡⲓⲁⲣⲭⲱⲛ

ⲡ̅ⲑ̅. ⲁ. ⲛⲱⲧⲉⲛ ⲫⲏ ⲉ̄ⲧⲁϥⲥⲓⲛⲓ ϩⲓⲝⲱⲧⲉⲛ ⲝⲉ ⲟⲩⲱⲣⲡ ⲛⲓⲓ
ⲛ̄ ⲟⲩⲧⲉⲃⲧ ⲉϥⲧⲉⲛⲛⲓⲟⲩⲧ ⲉⲣⲉ ⲧⲉϥ ⲧⲓⲙⲏ ⲓ̄ⲣⲓ ⲛ̄ 15
ⲟⲩⲧⲉⲣⲛⲓⲥ ⲟⲩⲟϩ ⲁ̄ⲛⲟⲕ ⲉ̄ⲑ ⲛⲁⲟⲩⲱⲣⲡ ϣⲁⲣⲱⲧⲉⲛ
ⲛ̄ⲧⲉϥⲧⲓⲙⲏ ⲛⲉⲙ ⲇⲱⲣⲟⲑⲉⲟⲥ ⲃⲉⲛ ⲧⲫⲁϣⲓ ⲛ̄ ⲡⲓⲉ̄-
ϩⲟⲟⲩ ⲛ̄ ⲫⲟⲟⲩ. Ⲁϥϣⲉ ⲇⲉ ⲛ̄ⲝⲉ ⲡⲓⲁⲅⲅⲉⲗⲟⲥ ⲉⲧ
ⲟⲓ ⲛ̄ ⲡⲥⲙⲟⲧ ⲛ̄ ⲡⲓⲙⲁⲧⲟⲓ ⲃⲉⲛ ⲫⲣⲁⲛ ⲛ̄ ⲡⲓⲁⲣⲭⲱⲛ
ϣⲁ ⲛⲓⲣⲉϥⲧⲁϩⲉ ⲧⲉⲃⲧ ⲁϥϭⲓ ⲛ̄ ⲧⲟⲧⲟⲩ ⲛ̄ ⲡⲓⲧⲉⲃⲧ 20
ⲁϥⲉⲛϥ ϩⲁ ⲡⲓⲁⲣⲭⲱⲛ. Ⲡⲉⲝⲉ ⲡⲓⲁⲣⲭⲱⲛ ⲇⲉ ⲛ̄ ⲇⲱ-
ⲣⲟⲑⲉⲟⲥ ⲝⲉ ⲟⲩ ⲡⲉ ⲉ̄ⲧ ⲉⲕⲛⲁⲁⲓϥ ⲁ̄ ⲡⲉⲕϩⲱⲃ
ⲕⲏⲛ ⲛ̄ ⲝⲱⲕ ⲡⲉⲝⲉ ⲇⲱⲣⲟⲑⲉⲟⲥ ⲛⲁϥ ⲝⲉ ⲁ̄ϩⲁ ⲱ̄ ⲡⲁ

ⲡ̅ⲑ̅. ⲃ. ϭ︤ⲥ︥ ⲁ̄ ϩⲱⲃ ⲛⲓⲃⲉⲛ ⲕⲏⲛ ⲛ̄ ⲝⲱⲕ ⲉ̄ⲃⲟⲗ Ⲡⲉⲝⲉ ⲡⲓⲁⲣ-
ⲭⲱⲛ ⲛⲁϥ ⲝⲉ ⲭⲁⲛ ⲉ̄ⲃⲟⲗ ⲁⲩϣⲁⲓ ⲛ̄ ϩⲱⲃ ⲛⲓⲃⲉⲛ 25
ⲉ̄ⲧⲉ ⲡⲓⲉ̄ⲥⲱⲟⲩ ⲡⲉ ⲛⲉⲙ ⲡⲓⲧⲉⲃⲧ ⲟⲩⲟϩ ⲁⲩϣⲉ ⲛⲱⲟⲩ
ⲛⲁⲣⲉ ⲇⲱⲣⲟⲑⲉⲟⲥ ⲇⲉ ⲙⲟϣⲓ ⲉϥⲙⲉⲩⲓ ⲃⲉⲛ ⲡⲉϥϩⲏⲧ
ⲝⲉ ⲁⲓⲛⲁⲝⲉⲙ ϯⲧⲓⲙⲏ ⲛ̄ ⲡⲁⲓ ⲉ̄ⲥⲱⲟⲩ ⲑⲱⲛ ⲛⲉⲙ

ⲡⲁⲓ ⲧⲉⲃⲧ ⲛⲉⲙ ⲫⲏ ⲉⲧ ⲉϥ ⲉⲣ ⲭⲣⲓⲁ ⲙ̀ⲙⲟϥ ⲛ̀ϫⲉ
ⲡⲁⲓ ⲁⲣⲭⲱⲛ ⲛ̀ ⲱⲓⲕ ⳉ ⲏⲣⲡ ⳁ ⲫⲱⲣϣ ⲕⲁⲧⲁ ϩⲱⲃ
ⲛⲓⲃⲉⲛ ⲛⲁⲣⲉ ⲟⲩⲙⲏϣ ⲛ̀ ⲙⲉⲩⲓ ⲭⲏ ϩⲓϫⲉⲛ ⲡⲉϥϩⲏⲧ
ϫⲉ ⲟⲩ ⲡⲉ ⲉⲧ ⲉϥⲛⲁⲁⲓϥ Ⲟⲩⲟϩ ⲛⲁϥⲙⲏⲛ ⲉϥϣⲗⲏⲗ
ⲡⲅ̄. ⲁ. ϣⲁ ⲫϯ ⲛⲉⲙ ⲡⲓⲁⲣⲭⲏⲁⲅⲅⲉⲗⲟⲥ ⲉⲑ ⲟⲩⲁⲃ ⲙⲓⲭⲁⲏⲗ 5
ⲉϥϫⲱ ⲙ̀ⲙⲟⲥ ϫⲉ ⲱ̀ ⲡⲓⲁⲣⲭⲏⲁⲅⲅⲉⲗⲟⲥ ⲉⲑ ⲟⲩⲁⲃ
ⲡⲉⲛⲡⲣⲟⲥⲧⲁⲧⲏⲥ ⲛ̀ ⲡⲓⲥⲧⲟⲥ ⲟϩⲓ ⲉ̀ⲣⲁⲧⲕ ⲛⲉⲙⲏⲓ ⲙ̀
ⲫⲟⲟⲩ ⲁⲛⲟⲕ ϩⲁ ⲡⲉⲕⲃⲱⲕ Ⲧⲉⲕⲥⲱⲟⲩⲛ ϫⲉ ⲉ̀ⲧ ⲁⲓ̀ⲣⲓ
ⲛ̀ ⲛⲁⲓ ⲧⲏⲣⲟⲩ ⲛⲉⲙ ϩⲓϫⲉⲛ ⲫⲣⲁⲛ ⲙ̀ ⲡⲉⲛϭ̄ⲥ ⲓⲏ̄ⲥ ⲡⲭ̄ⲥ
ⲁ̀ ⲇⲱⲣⲟⲑⲉⲟⲥ ⲇⲉ ⲙⲉⲩⲓ̀ ⲉ̀ ⲛⲁⲓ ⲉϥⲛⲟϣⲓ ⲛⲁⲣⲉ 10
ⲡⲓⲁⲣⲭⲏⲁⲅⲅⲉⲗⲟⲥ ⲇⲉ ⲉ̀ⲙⲓ ⲉ̀ ⲛⲉⲛⲛⲟⲕⲙⲉⲕ ⲛ̀ ⲡⲉϥ-
ϩⲏⲧ ⲉϥϣⲟⲩ ⲛ̀ ϩⲛⲧ ⲉ̀ ϫⲱϥ ϣⲁⲧ ⲉϥⲛⲁⲩ ⲉ̀ ⲧⲉϥ-
ⲡⲣⲟϩⲉⲣⲉⲥⲓⲥ ⲉⲑ ⲛⲁⲛⲉⲥ Ⲉ̀ⲧⲁⲩⲫⲟϩ ⲇⲉ ⲉ̀ ⲡⲏⲓ ⲛ̀
ⲡⲅ̄. ⲃ. ⲇⲱⲣⲟⲑⲉⲟⲥ ⲁϥⲕⲱⲗϩ ⲛ̀ϫⲉ ⲙⲓⲭⲁⲏⲗ ⲛ̀ ϣⲟⲣⲡ ⲉ̀
ⲡⲣⲟ ⲙ̀ ⲡⲓⲙⲁ ⲛ̀ ϣⲱⲡⲓ. Ⲁⲥⲓ ⲉ̀ⲃⲟⲗ ⲛ̀ϫⲉ ⲑⲉⲟⲡⲓⲥⲑⲉ 15
ϯⲥϩⲓⲙⲓ ⲛ̀ ⲉⲗⲉⲩⲑⲉⲣⲟⲥ ⲡⲉϫⲉ ⲙⲓⲭⲁⲏⲗ ϫⲉ ⲧϩⲓⲣⲏⲛⲓ
ⲱ̀ ⲑⲉⲟ̀ⲡⲓⲥⲑⲉ ϯⲁ̀ⲅⲁⲡⲏⲧⲟⲥ ⲛ̀ ⲙⲁⲓⲛⲟⲩϯ ⲛ̀ ⲥϩⲓⲙⲓ
ⲟⲩ ⲡⲉ ⲡⲉϩⲱⲃ ϧⲉⲛ ⲛⲁⲓ ⲉ̀ϩⲟⲟⲩ ⲛⲁⲓ Ⲁⲥ ⲉⲣ ⲟⲩⲱ̀
ⲛ̀ϫⲉ ⲑⲉⲟ̀ⲡⲓⲥⲑⲉ ϫⲉ ⲧϩⲓⲣⲏⲛⲏ ⲉ̀ ϫⲱⲕ ϩⲱⲕ ⲱ̀ ⲕⲩⲣⲓ
ⲡⲁ ϭ̄ⲥ ⲛ̀ ⲁⲣⲭⲱⲛ ⲕⲁⲗⲱⲥ ⲁ̀ ⲫϯ ⲉⲛⲕ ϣⲁⲣⲟⲛ ⲙ̀ 20
ⲫⲟⲟⲩ ⲛⲉⲙ ⲡⲓⲁⲣⲭⲏⲁⲅⲅⲉⲗⲟⲥ ⲉⲑ ⲟⲩⲁⲃ ⲙⲓⲭⲁⲏⲗ
Ⲁ̀ⲙⲱⲓⲛⲓ ⲉ̀ ϧⲟⲩⲛ ⲱ̀ ⲡⲁ ϭ̄ⲥ ⲟⲩⲟϩ ⲙ̀ⲡ ⲉⲣ ⲟϩⲓ ⲥⲁ
ⲃⲟⲗ ⲟⲩⲟϩ ϧⲉⲛ ⲡⲥⲓⲛⲓ ϯ ⲑⲉⲟ̀ⲡⲓⲥⲑⲉ ⲛ̀ ⲥϩⲓⲙⲓ ϫⲱ ⲛ̀
ⲡⲇ̄. ⲁ. ⲛⲁⲓ ⲓⲥ ⲡⲉⲥϩⲁⲓ ⲇⲱⲣⲟⲑⲉⲟⲥ ⲁϥϯ ⲉ̀ⲣⲉ ⲡⲓⲉ̀ⲥⲱⲟⲩ ⲛ̀
ⲧⲟⲧϥ ⲛⲉⲙ ⲡⲓⲧⲉⲃⲧ ⲛⲉⲙ ⲡⲓϩⲃⲱⲥ ⲁϥⲭⲁⲩ ⲉ̀ⲡⲉⲥⲏⲧ 25
ⲛ̀ ⲡⲉⲥⲙ̀ⲑⲟ Ⲡⲉϫⲁⲥ ⲛⲁϥ ϫⲉ ⲱ̀ ⲡⲁ ϭ̄ⲥ ⲡⲁ ⲥⲟⲛ
ⲉ̀ⲧⲁⲕϫⲓⲛⲓ ⲛ̀ ⲛⲁⲓ ⲑⲱⲛ ⲁⲕⲉⲛⲟⲩ ⲛⲉⲙⲁⲕ ⲉ̀ⲙⲛⲁⲓ
ⲙⲁⲗⲓⲥⲧⲁ ϯⲛⲁⲩ ⲉ̀ ⲡⲓ ⲕⲉ ϩⲃⲱⲥ ⲛ̀ ⲧⲟⲧⲕ Ⲡⲉϫⲉ

ⲇⲱⲣⲟⲑⲉⲟⲥ ⲛⲁⲥ ϫⲉ ⲡⲓⲁⲣⲭⲱⲛ ⲁϥϣⲧⲱⲣⲓ ⲙ̇ⲙⲟⲓ
ⲟⲩⲟϩ ⲁⲩⲧⲏⲓⲧⲟⲩ ⲛⲏⲓ ⲡⲉϫⲉ ⲑⲉⲟ̇ⲡⲓⲥⲑⲉ ⲛⲁϥ ϫⲉ
ⲕⲁⲗⲱⲥ ⲁ̀ ⲫϯ ⲓ̇ⲛⲓ ⲙ̀ ⲡⲓⲁⲣⲭⲱⲛ ⲛⲁⲛ ⲙ̀ ⲫⲟⲟⲩ
ⲛⲉⲙ ⲡⲓⲁⲣⲭⲏⲁⲅⲅⲉⲗⲟⲥ ⲉ̇ⲑ ⲟⲩⲁⲃ ⲙⲓⲭⲁⲏⲗ ⲛⲉⲙ ⲛⲏ
ⲡⲋ̄. ⲃ.   ⲉ̇ⲑ ⲛⲉⲙⲁϥ ϧⲉⲛ ⲟⲩⲙⲉⲑⲙⲏⲓ ⲧⲉⲛⲛⲁⲧⲱⲡ ⲓ̀ ⲛⲓ 5
ⲉ̇ⲧⲁϥϣⲧⲱⲣⲓ ⲙ̇ⲙⲟⲛ ⲉ̀ⲣⲱⲟⲩ ⲉⲥϫⲱ ⲛ̀ ⲛⲁⲓ ⲥⲁϫⲓ ϧⲉⲛ
ⲟⲩⲣⲁϣⲓ ⲡⲓⲁⲣⲭⲱⲛ ⲇⲉ ⲉ̀ⲧⲉ ⲛ̀ⲑⲟϥ ⲡⲉ ⲙⲓⲭⲁⲏⲗ
ⲡⲉϫⲁϥ ϫⲉ ϯⲛⲁϩⲱⲗ ⲁ̀ⲛⲟⲕ ⲉ̀ ϯⲡⲣⲟⲥⲫⲟⲣⲁ ϫⲉ ⲛ̀
ⲫⲟⲟⲩ ⲡⲉ ⲡϣⲁⲓ ⲙ̀ ⲡⲓⲁⲣⲭⲏⲁⲅⲅⲉⲗⲟⲥ ⲉ̇ⲑ ⲟⲩⲁⲃ
ⲙⲓⲭⲁⲏⲗ ⲟⲩⲟϩ ⲁ̀ ⲡⲓⲛⲁⲩ ϣⲱⲡⲓ ϩⲉⲙⲥⲓ ⲛⲱⲧⲉⲛ 10
ϭⲓ ⲛ̀ ⲫⲣⲱⲟⲩϣ ⲛ̀ ⲡⲓ ⲙⲁ ⲛ̀ ⲕⲁⲗⲱⲥ ϣⲱⲧ ⲛ̀
ⲡⲓⲉ̀ⲥⲱⲟⲩ ⲟⲩⲟϩ ⲡⲁⲓ ⲧⲉⲃⲧ ⲇⲉ ⲁ̀ⲛⲁⲩ ⲙ̀ⲡ ⲉⲣ ⲫⲟϩ
ⲉ̀ⲣⲟϥ ϣⲁⲧ ⲁⲓ̀ ⲛ̀ⲧⲁⲓ̀ⲣⲓ ⲛ̀ ϧⲏⲧϥ ⲕⲁⲧⲁ ⲡⲉⲧⲉϩ ⲛⲏⲓ.
Ⲡⲉϫⲱⲟⲩ ⲇⲉ ϫⲉ ⲉ̀ⲥⲉϣⲱⲡⲓ ⲕⲁⲧⲁ ⲫⲟⲩⲁϩⲥⲁϩⲛⲓ
ⲡ̄ⲍ. ⲁ. ⲛ̀ ⲡⲉⲛ ϭ̄ⲥ̄ ⲁϥϩⲱⲗ ⲇⲉ ⲉ̀ⲃⲟⲗ ϩⲁ ⲣⲱⲟⲩ ⲛ̀ ⲑⲱⲟⲩ | 15
ⲇⲉ ⲛⲁⲩⲉ̇ⲙⲓ ⲁⲛ ⲡⲉϫⲉ ⲛⲓⲙ ⲡⲉ ⲁⲗⲗⲁ ⲁⲩϫⲉⲙⲟⲩ
ⲉⲩⲙⲉⲩⲓ̀ ϫⲉ ⲟⲩⲁⲣⲭⲱⲛ ⲉ̀ⲃⲟⲗϧⲉⲛ ⲡⲓⲕⲁϩⲓ ⲡⲉ Ⲡⲉϫⲉ
ⲇⲱⲣⲟⲑⲉⲟⲥ ⲇⲉ ⲛ̀ ⲑⲉⲟ̇ ⲡⲓⲥⲑⲉ ⲧⲉϥⲥϩⲓⲙⲓ ϫⲉ ⲟⲩ ⲡⲉ
ⲉ̇ⲧ ⲉⲛⲛⲁⲁⲓϥ ⲓ̇ⲉ ⲟⲩ ⲡⲉ ⲉ̇ⲧ ⲉⲛⲛⲁⲫⲱⲣϣϥ ⲥⲁ ϧⲣⲏⲓ
ⲛ̀ ⲡⲓⲁⲣⲭⲱⲛ ⲓⲛⲁϫⲉⲙ ⲱⲓⲕ ⲛ̀ⲑⲱⲛ ⲉϥⲉⲙⲡϣⲁ ⲛ̀ 20
ⲡⲉϥⲧⲁⲓⲟ ⲭⲁ ϣⲉⲛ ⲙ̀ ⲫⲟⲟⲩ ϫⲉ ⲁⲛⲓ̀ⲣⲓ ⲙ̀ ⲫⲏ ⲉ̀ⲧ
ⲁⲛϫⲉⲙϫⲟⲙ ⲉ̀ⲣⲟϥ Ⲡⲉϫⲉ ⲧⲉϥⲥϩⲓⲙⲓ ⲛⲁϥ ϫⲉ ⲱ̀
ⲡⲁ ⲥⲟⲛ ⲫϯ ⲭⲱ ⲙ̀ⲙⲟⲛ ⲓ̇ⲥⲱϥ ⲁⲛ ⲧⲱⲛⲕ ϩⲓⲛⲁ
ⲛ̀ⲧⲉⲕϫⲉⲙ ⲟⲩⲣⲱⲙⲓ ⲛ̀ⲧⲉϥϣⲱⲧ ⲙ̀ ⲡⲓⲉ̀ⲥⲱⲟⲩ ⲟⲩⲟϩ
ⲡ̄ⲍ. ⲃ. ⲛ̀ⲧⲉⲛⲥⲉⲃⲧ ⲉ̀ ⲛⲉⲛⲥⲕⲉⲩⲟⲥ   ⲛ̀ ⲡⲓⲛⲓ ⲟⲩⲟϩ ⲁϥⲓ̀ⲣⲓ 25
ⲛ̀ ⲡⲁⲓ ⲣⲏϯ ⲡⲉϫⲁⲥ ⲇⲉ ⲛⲁϥ ⲟⲩⲛ ϫⲉ ⲁ̀ⲛⲓⲟⲩⲓ̀ ⲉ̀ⲃⲟⲗ
ⲛ̀ ⲡⲓⲕⲟⲩϫⲓ ⲛ̀ ⲏⲣⲡ ϩⲓⲛⲁ ⲛ̀ⲧⲉⲛⲉ̇ⲙⲓ ϫⲉ ϥ ⲉⲣ ⲡⲣⲉ-
ⲡⲓ ⲛ̀ ⲡⲓⲁⲣⲭⲱⲛ ϣⲁⲛ ⲙ̇ⲙⲟⲛ Ⲉ̇ⲧⲁϥϣⲉ ⲛⲁϥ ⲇⲉ

ⲁϥⲟⲩⲱⲛ ⲛ̀ ⲡⲣⲟ ⲛ̀ ⲡⲓⲁⲅⲟ ⲓ̇ ⲁϥϫⲉⲙϥ ⲉϥⲙⲉϩ ⲛ̀
ⲏⲣⲡ ϣⲁ ⲡⲓⲣⲟ ⲁϥⲉⲣ ϩⲟϯ ⲇⲉ ⲛ̀ϫⲉ ⲇⲱⲣⲟⲑⲉⲟ ⲥⲁϥ-
ⲕⲟⲧϥ ⲉ̇ ⲧⲉϥⲥϩⲓⲙⲓ ⲁϥϣⲉⲛϥ ⲁ̀ ⲟⲩⲁⲓ ⲓ̇ⲛⲓ ⲛ̀ ⲟⲩⲏⲣⲡ
ⲛ̀ ⲡⲁⲓ ⲙⲁ ⲓ̇ⲥϫⲉⲛ ⲉ̇ⲧⲁⲓϩⲱⲗ ⲉ̀ⲃⲟⲗ Ⲡⲉϫⲁⲥ ⲛⲁϥ
ϫⲉ ϥⲱⲛϩ ⲛ̀ϫⲉ ⲡϭⲥ ϫⲉ ⲓ̇ⲥϫⲉⲛ ⲡⲓⲛⲁⲩ ⲉ̇ⲧⲁⲓⲓ̇ⲛⲓ ⲛ̀ 5
ⲡⲓⲕⲟⲩϫⲓ ⲛ̀ ⲏⲣⲡ ⲉ̀ⲃⲟⲗ ⲛ̀ ϯⲡⲣⲟⲥⲫⲟⲣⲁ ⲛ̀ ⲫⲟⲟⲩ ⲛ̀ⲡⲉ

ⲡ̅ⲍ̅. ⲁ. ϩⲗⲓ ⲥⲱϫⲡ ⲃⲉⲛ ⲡⲓ 'ⲁⲅⲟ ⲉ̀ⲃⲏⲗ ⲉⲩⲕⲉⲗⲗⲁ ⲛ̀ ⲟⲩⲱⲧ ⲥⲁ
ⲃⲟⲩⲛ ⲙ̀ⲙⲟϥ. Ⲡⲉϫⲁϥ ⲛⲁⲥ ⲟⲩⲛ ⲛ̀ϫⲉ ⲱⲟⲩ ⲛ̀
ϩⲏⲧ ϣⲁ ⲧⲉⲛⲛⲁⲩ ⲉ̀ ⲡϫⲱⲕ ⲛ̀ ⲡϩⲱⲃ ⲁⲩϩⲓ ⲧⲟⲧⲟⲩ
ⲇⲉ ⲉ ⲡϫⲓⲛ ⲓ̇ⲛⲓ ⲉ̀ⲃⲟⲗ ⲙ̀ ⲡⲓⲕⲟⲩϫⲓ ⲛ̀ ⲛⲉϩ ⲉⲑⲃⲉ 10
ⲡⲓⲧⲁⲡⲁⲙⲓ ⲛⲉⲙ ⲧⲁⲡⲟⲕⲣⲓⲥⲓⲥ ⲛ̀ ⲛⲓⲥⲛⲏⲟⲩ Ⲉ̇ⲧⲁⲩϣⲉ
ⲇⲉ ⲉ̀ ⲃⲟⲩⲛ ⲉ̀ ⲫⲙⲁ ⲛ̀ ⲡⲓⲛⲉϩ ⲁⲩϫⲓⲙⲓ ⲛ̀ ⲍ̅ ⲛ̀
ⲃⲓⲧⲏⲥ ⲉⲩⲙⲉϩ ⲛ̀ ⲛⲉϩ ⲛ̀ ⲙⲏⲓ ϣⲁ ⲥⲁ ⲡϣⲱⲓ ⲙ̀ⲙⲱⲟⲩ
ⲛⲉⲙ ϩⲁⲛⲙⲉⲇⲣⲓⲧⲏⲥ ⲉⲩⲙⲉϩ ⲉ̀ⲃⲟⲗⲃⲉⲛ ϩⲱⲃ ⲛⲓⲃⲉⲛ
ⲉ̀ ⲛⲁⲣⲉ ⲡⲓⲏⲓ ϣⲁⲧ ⲙ̀ⲙⲱⲟⲩ ⲧⲏⲣⲟⲩ Ϩⲁⲛⲁⲧⲁⲣⲓⲕⲓ 15

ⲡ̅ⲍ̅. ⲃ. ⲛⲉⲙ ⲁ̀ⲗⲱⲛ ⲛⲉⲙ ⲉ̀ⲃⲓⲱ̀ ⲛⲉⲙ ϩⲉⲙϫ ⲛⲉⲙ ⲡⲥⲱϫⲡ
ⲛ̀ ⲛⲉⲛϩⲱⲃ ⲛⲓⲃⲉⲛ ⲛ̀ ⲡⲓⲏⲓ Ⲛ̇ⲑⲱⲟⲩ ⲇⲉ ⲁⲩϩⲟϯ ⲓ̇
ⲉ̀ϩⲣⲏⲓ ⲉ̀ ϫⲱⲟⲩ ⲙⲉⲛⲉⲛⲥⲁ ⲫⲁⲓ ⲇⲉ ⲁⲩϩⲱⲗ ⲉ̀ ⲃⲟⲩⲛ
ⲉ̀ ⲡⲟⲩⲕⲟⲓⲧⲱⲛ ⲁⲩϫⲓⲙⲓ ⲛ̀ ⲛⲟⲩⲕⲁⲡⲥⲓ ⲉⲩⲙⲉϩ ⲉ̀ⲃⲟⲗ
ⲃⲉⲛ ⲥⲙⲟⲧ ⲛⲓⲃⲉⲛ ⲛ̀ⲧⲉ ⲛⲓϩⲉⲃⲥⲱ ⲉ̇ⲧ ⲧⲁⲓⲏⲟⲩⲧ 20
ⲉⲩϭⲟⲥⲓ ⲇⲉ ⲉ̀ϩⲟⲧⲉ ⲡⲥⲛⲟⲩ ⲛ̀ⲧⲉ ⲧⲟⲩⲙⲉⲧⲡⲁⲧϣⲉⲗⲉⲧ
ⲛⲉⲙ ⲛ̀ ⲟⲩⲁⲣⲭⲉⲟⲥ ⲛ̀ ⲉϩⲟⲟⲩ Ⲙⲉⲛⲉⲛⲥⲁ ⲛⲁⲓ ⲇⲉ
ⲁⲩϩⲱⲗ ⲉ̀ ⲫⲙⲁ ⲛ̀ ⲥⲟⲃϯ ⲛ̀ ⲡⲓⲱⲓ̇ⲕ ⲁⲩϫⲉⲙϥ ⲛ̀ⲛⲱⲓⲕ
ⲉ̇ⲧ ⲥⲱⲧϥ ⲉϥⲥⲱⲧⲡ ⲃⲉⲛ ϯⲟⲩⲛⲟⲩ ⲇⲉ ⲁⲩϫⲓⲙⲓ ⲉ̀

ⲡ̅ⲏ̅. ⲁ. ⲡⲓϩⲙⲟⲧ ⲉ̇ⲧⲁϥⲓ̀ ⲛⲱⲟⲩ ⲁⲩϯ ⲱ̇ⲟⲩ ⲇⲉ ⲙ̀ ⲫϯ   ⲛ̀ 25
ⲡⲓⲁⲣⲭⲏⲁⲅⲅⲉⲗⲟⲥ ⲙⲏⲭⲁⲏⲗ. Ⲟⲩⲟϩ ⲡⲉϫⲉ ⲇⲱⲣⲟⲑⲉⲟⲥ
ⲛ̀ ⲑⲉⲟ̇ⲡⲓⲥⲟⲉ ⲧⲉϥⲥϩⲓⲙⲓ ϫⲉ ⲁ̀ ⲫϯ ⲕⲏⲛ ⲛ̀ ⲥⲟⲃϯ ⲛ̀
ϩⲱⲃ ⲛⲓⲃⲉⲛ ⲁⲙⲱⲓⲛⲓ ⲛ̀ⲧⲉⲛⲫⲱⲣϣ ⲙ̀ ⲡⲓⲁⲣⲭⲱⲛ ϫⲉ

ογει ⲁ̀ ⲡⲓⲛⲁⲩ ϣⲱⲡⲓ ⲉⲑⲣⲉⲛⲣⲁⲃⲁⲱ̀ ⲉ̀ ϯⲁ̀ⲛⲁⲫⲟⲣⲁ
ⲉⲑ ⲟⲩⲁⲃ Ⲉ̀ ⲁⲩⲥⲉⲃⲧⲉ ϩⲱⲃ ⲛⲓⲃⲉⲛ ⲟⲩⲟϩ ⲁⲩⲫⲱⲣϣ
ⲛ̀ ⲟⲩⲛⲟϫ ⲛ̀ ⲫⲣⲏϣ ⲉϥⲟⲓ ⲛ̀ ⲛⲓϣϯ ⲕⲁⲧⲁ ⲡⲧⲁⲓⲟ̀
ⲛ̀ ⲛⲓⲁⲣⲭⲱⲛ ⲟⲩⲟϩ ⲁⲩⲥⲉⲙⲛⲉ ϩⲁⲛⲧⲣⲁⲡⲉⲍⲁ ⲛ̀
ⲛⲓⲥⲛⲟⲩ ⲕⲁⲧⲁ ⲧⲟⲩⲥⲩⲛⲏⲑⲓⲁ ⲟⲩⲟϩ ⲁⲩϯ ϩⲓⲱⲧⲟⲩ 5
ⲛ̀ ϩⲁⲛⲥⲧⲟⲗⲏ ⲉⲩⲥⲱⲧⲡ ⲉ̀ ⲁⲩϩⲱⲗ ⲉ̀ ⲡⲓϣⲉⲙϣⲓ ⲉⲑ
ⲡⲏ. ⲃ. ⲟⲩⲁⲃ ϧⲉⲛ ⲧⲉⲕⲕⲗⲏⲥⲓⲁ̀ ⲛ̀ ⲡⲓⲁⲣⲭⲏⲁⲅⲅⲉⲗⲟⲥ ⲉⲑ
ⲟⲩⲁⲃ ⲙⲓⲭⲁⲏⲗ ⲉⲩⲭⲏ ϧⲉⲛ ⲟⲩⲛⲓϣϯ ⲛ̀ ⲣⲁϣⲓ ⲉ̀ⲙⲁ-
ϣⲱ Ⲉ̀ⲧⲁⲩⲓ̀ ⲇⲉ ⲉ̀ϧⲟⲩⲛ ⲉ̀ ϯⲉⲕⲕⲗⲏⲥⲓⲁ̀ ⲁⲩⲟⲩⲱϣⲧ
ⲛ̀ ⲡⲉ̄ ⲛ̀ⲡⲉⲙⲑⲟ ⲛ̀ ⲡⲓⲉⲣⲁⲇⲓⲟⲛ ⲟⲩⲟϩ ⲁⲩⲧⲱⲃϩ ⲛ̀ 10
ⲫϯ ϧⲉⲛ ⲟⲩⲛⲓϣϯ ⲛ̀ ϣⲉⲡϩⲙⲟⲧ ⲉⲩⲥⲙⲟⲩ ⲛ̀ⲡⲉⲙⲑⲟ
ⲛ̀ ⲧϩⲓⲕⲱⲛ ⲛ̀ ⲡⲓⲁⲣⲭⲏⲁⲅⲅⲉⲗⲟⲥ ⲉⲑ ⲟⲩⲁⲃ ⲙⲓⲭⲁⲏⲗ
ⲉⲩϫⲱ ⲛ̀ⲙⲟⲥ ϫⲉ ⲧⲉⲛϣⲉⲡϩⲙⲟⲧ ⲛ̀ ⲧⲟⲧⲕ ⲡⲉⲛ ⳪
ⲓⲏ̅ⲥ ⲡⲭ̅ⲥ ⲛⲉⲙ ⲡⲉⲕⲓⲱⲧ ⲛ̀ ⲁ̀ⲅⲁⲑⲟⲥ ⲛⲉⲙ ⲡⲓⲡ̅ⲛ̅ⲁ̅
ⲉⲑ ⲟⲩⲁⲃ ϣⲁ ⲉ̀ⲛⲉϩ ⲁ̀ⲙⲏⲛ Ⲟⲩⲟϩ ⲧⲉⲛⲥⲙⲟⲩ ⲉ̀ 15
ⲡⲉⲕ ⲁⲣⲭⲏⲁⲅⲅⲉⲗⲟⲥ ⲉⲑ ⲟⲩⲁⲃ ⲙⲓⲭⲁⲏⲗ ϫⲉ ⲙ̀ⲡⲉ
ⲡⲑ. ⲁ. ⲕϫⲱⲡ ⲛ̀ ⲡⲉⲕⲛⲁⲓ ⲉ̀ⲃⲟⲗϩⲁⲣⲟⲛ ⲟⲩⲇⲉ ⲙ̀ⲡⲉⲕ ⲉⲣ
ⲡⲱⲃϣ ⲛ̀ ⲡⲉⲛⲇⲱⲣⲟⲛ ⲁⲗⲗⲁ ⲁⲕⲟⲩⲱⲣⲡⲥ ϣⲁⲣⲟⲛ
ⲛ̀ⲛⲉⲕⲙⲉⲧϣⲁⲛⲁϩⲑⲏϥ ⲛ̀ ⲭⲱⲗⲉⲙ Ⲙⲉⲛⲉⲛⲥⲁ ⲛⲁⲓ
ⲁⲩϭⲓ ⲉ̀ⲃⲟⲗϧⲉⲛ ⲛⲓⲙⲩⲥⲧⲏⲣⲓⲟⲛ ⲟⲩⲟϩ ⲁⲩϭⲓ ⲛ̀ⲱⲟⲩ 20
ⲛ̀ ϯϩⲓⲣⲏⲛⲏ ⲉ̀ ⲁⲩⲭⲱⲗⲉⲙ ⲁⲩⲓ̀ ⲉ̀ⲃⲟⲗ ⲛ̀ⲡⲉⲙⲑⲟ ⲛ̀
ⲛⲓⲥⲛⲏⲟⲩ ⲟⲩⲟϩ ⲛⲁⲩϩⲉⲙⲥⲓ ⲉⲩⲥⲟⲛⲥ ⲉ̀ⲃⲟⲗ ϩⲁϫⲱϥ
ⲛ̀ ⲡⲓⲁⲣⲭⲱⲛ ϧⲉⲛ ⲟⲩⲛⲓϣϯ ⲛ̀ ⲥⲡⲟⲩⲇⲏ Ⲟⲩⲟϩ ⲁⲩ-
ⲑⲱⲟⲩϯ ⲛ̀ ⲛⲓϩⲱⲟⲩⲧ ⲛⲉⲙ ⲛⲓϩⲓⲟⲙⲓ ϣⲁⲧⲉ ⲡⲓⲙⲁ ⲙⲟϩ
ⲛ̀ϩⲱⲟⲩⲧ ⲛⲉⲙ ϩⲓⲟ̀ⲙⲓ ⲟⲩⲟϩ ⲛ̀ ⲇⲱⲣⲟⲑⲉⲟⲥ ⲛⲉⲙ ⲑⲉⲟ̀- 25
ⲡⲑ. ⲃ. ⲡⲓⲥⲑⲉ ⲛⲁⲩϧⲏⲕ ⲡⲉ ⲉⲩⲟ̀ϩⲓ ⲉ̀ⲣⲁⲧⲟⲩ ⲉⲩϣⲉⲙϣⲓ
ⲛ̀ⲙⲱⲟⲩ ϧⲉⲛ ϩⲱⲃ ⲛⲓⲃⲉⲛ ⲉ̀ⲧⲟⲩϣⲁⲧ ⲛ̀ⲙⲟϥ ⲉⲩ ⲉⲣ
ⲇⲓⲁ̀ⲕⲱⲛⲓⲛ ⲛ̀ⲙⲱⲟⲩ ϧⲉⲛ ⲡⲓⲏⲣⲡ ⲛ̀ ⲥⲁⲓⲉ ⲛⲉⲙ ϩⲁⲛ

ⲧⲁⲡⲁⲛⲏ ⲉⲩⲥⲱⲧⲡ ⲉ̅ⲧⲓ ⲇⲉ ⲉⲩⲟⲓ ⲛ̀ ⲡⲁⲓ ⲣⲏϯ ⲓⲥ
ⲡⲓⲁⲣⲭⲱⲛ ⲫⲏ ⲛ̀ⲑⲟϥ ⲡⲉ ⲙⲓⲭⲁⲏⲗ ⲁϥⲓ̀ ⲛⲉⲙ ⲛⲉϥ
ⲙⲁⲧⲟⲓ ⲁⲩⲕⲱⲗϩ̀ ⲛ̀ ⲡⲓⲣⲟ ⲉ̅ⲧⲁⲩⲭⲱⲗⲉⲙ ⲇⲉ ⲛ̀ϫⲉ
ⲇⲱⲣⲟⲑⲉⲟⲥ ⲛⲉⲙ ⲑⲉⲟⲡⲓⲥⲑⲉ ⲁⲩⲓ̀ ⲉ̀ⲃⲟⲗ ϧⲉⲛ ⲟⲩⲣⲁϣⲓ
ⲁⲩⲗⲟⲅⲱⲛ ⲛ̀ ⲡⲓⲣⲟ ⲁⲩϣⲟⲡⲟⲩ ⲉⲩϫⲱ ⲙ̀ⲙⲟⲥ ϫⲉ 5
ⲕⲁⲗⲱⲥ ⲁⲛ ⲉⲣ ⲡⲉⲙⲡϣⲁ ⲛ̀ ⲡⲉⲕϫⲓⲛⲓ̀ ϣⲁⲣⲟⲛ ⲛ̀
ⲫⲟⲟⲩ ⲱ̀ ⲕⲩⲣⲓ ⲁⲣⲭⲱⲛ ⲛⲉⲙ ⲛⲉⲕⲙⲁⲧⲟⲓ ⲧⲁⲫⲛⲓⲓ

ⲝ̅. ⲁ. ⲧⲉⲛⲣⲁϣⲓ ⲛ̀ ⲫⲟⲟⲩ ϫⲉ ⲟⲩⲛⲓϣϯ ⲡⲉ ⲡⲁⲓⲉ̅ϩⲟⲟⲩ
ϫⲉ ⲡϣⲁⲓ ⲛ̀ ⲡⲉⲛ ⲟ̅ⲥ ⲡⲓⲁⲣⲭⲏⲁⲅⲅⲉⲗⲟⲥ ⲉ̀ⲑ ⲟⲩⲁⲃ
ⲙⲓⲭⲁⲏⲗ ⲁⲙⲱⲓⲛⲓ ⲉ̀ ϧⲟⲩⲛ ⲱ̀ ⲡⲓⲣⲱⲙⲓ ⲉ̀ⲧ ⲥⲙⲁ- 10
ⲣⲱⲟⲩⲧ ⲉⲣⲉ ⲫϯ ⲣⲁϣⲓ ⲛⲉⲙⲁⲕ ⲉ̀ⲧⲁϥⲓ̀ ⲇⲉ ⲉ̀ ϧⲟⲩⲛ
ⲛ̀ϫⲉ ⲡⲓⲁⲣⲭⲱⲛ ⲉ̀ ⲁϥϫⲓⲙⲓ ⲛ̀ ⲡⲓⲙⲁ ⲧⲏⲣϥ ⲉϥⲙⲉϩ
ⲛ̀ ϩⲱⲟⲩⲧ ⲛⲉⲙ ⲥϩⲓⲙⲓ ϩⲁⲛⲕⲟⲩϫⲓ ⲛⲉⲙ ϩⲁⲛⲛⲓϣϯ
ⲁϥ ⲉⲣ ⲛ̀ ⲫⲣⲏϯ ⲛ̀ ⲫⲏ ⲉ̀ⲧⲉ ϥⲟⲓ ⲛ̀ ϣⲫⲏⲣⲓ ⲟⲩⲟϩ
ⲡⲉϫⲁϥ ⲛ̀ ⲇⲱⲣⲟⲑⲉⲟⲥ ⲛⲉⲙ ⲑⲉⲟ̀ⲡⲓⲥⲑⲉ ϫⲉ ⲱ̀ ⲛⲓⲥⲛ- 15
ⲏⲟⲩ ⲟⲩ ⲧⲉⲧⲉⲛ ⲭⲣⲓⲁ̀ ⲉ̀ ⲛⲁⲓ ⲙⲏϣ ⲛ̀ ⲣⲱⲙⲓ ⲛⲉⲙ
ⲛⲁⲓ ⲙⲏϣ ⲛ̀ ϩⲓⲟ̀ⲙⲓ ⲉ̀ ϯⲛⲁⲩ ⲉ̀ⲣⲱⲟⲩ ⲛ̀ ⲡⲁⲓ ⲣⲏϯ

ⲝ̅. ⲃ. ⲙⲏ ⲁ̀ ⲧⲉⲧⲉⲛ ⲧⲁⲗⲉ ϩⲣⲉϣⲓ ⲉ̀ ϫⲱⲧⲉⲛ ⲛ̀ ⲫⲟⲟⲩ
ⲉ̀ⲑⲃⲉ ⲡⲉⲛϫⲓⲛⲓ̀ ϣⲁ ⲣⲱⲧⲉⲛ ⲙⲏ ⲧⲉⲧⲉⲛⲛⲁⲩ ⲛ̀ⲟⲩⲧⲉⲛ
ⲁⲛ ⲉ̀ ⲡⲓϩⲟϫϩⲉϫ ⲉ̀ⲧ ⲭⲏ ϯⲛⲟⲩ ⲙⲁⲣⲉ ⲫⲁⲓ ⲛⲁ ⲓ̀ⲣⲓ 20
ϧⲉⲛ ⲡⲥⲏⲟⲩ ⲙ̀ ⲡⲓϩⲉⲙⲟⲩϥⲓ ⲡⲉϫⲱⲟⲩ ⲇⲉ ⲱ̀ ⲡⲉⲛ
ⲟ̅ⲥ ⲡⲓⲁⲣⲭⲱⲛ ⲭⲱ ⲛⲁⲛ ⲉ̀ⲃⲟⲗ ϫⲉ ⲟⲩⲉⲓ ⲛ̀ⲡ ⲉⲛⲧⲁⲗⲉ
ϩⲣⲉϣⲓ ⲉ̀ϫⲉⲛ ⲛⲉⲛⲯⲩⲭⲏ ⲉⲑⲃⲏⲧⲕ ⲁⲗⲗⲁ ⲧⲉⲛϣⲉⲡ
ϩⲙⲟⲧ ⲛ̀ⲧⲉⲛϥϯ ⲛⲉⲙ ⲡⲉϥⲁⲣⲭⲁⲅⲅⲉⲗⲟⲥ ⲙⲓⲭⲁⲏⲗ
ϫⲉ ⲟⲩⲉⲓ ⲛ̀ⲙⲟⲛ ϩⲗⲓ ϧⲉⲛ ⲛⲏ ⲉ̀ⲧⲉⲕⲛⲁⲩ ⲉ̀ⲣⲱⲟⲩ 25
ⲟⲓ ⲛ̀ ϣⲉⲙⲙⲟ ⲛ̀ⲙⲟⲛ ⲁⲗⲗⲁ ⲧⲏⲣⲟⲩ ϩⲁⲛⲥⲩⲅⲅⲉⲛⲏⲥ
ⲛ̀ⲧⲁⲛ ⲡⲉ ⲥⲉⲏⲡ ⲉ̀ⲣⲟⲛ ⲧⲏⲣⲟⲩ ⲡⲉ ϧⲉⲛ ⲫϯ ⲡⲉ

ⲝ̅ⲁ̅. ⲁ. ⲁⲩϫⲉⲙⲟⲩ ⲛ̀ϫⲉ ⲛⲁⲓ ⲉ̀ⲑ ⲟⲩⲁⲃ ⲉⲩϫⲱ | ⲛⲁⲓ ⲉⲣⲉ

πιαρχηαγγελος ΜΗΧΑΗΛ ραϣι νεΜϣογ πε εθβε
πχωκ εβολ ντογπροζερεςις Μενενςα ναι δε
αϥϭωλ ε ϧογν νεΜ νη εθ νεΜαϥ ε πιΜα
εταγςεβτωτϥ ναϥ εταγϭωλ ε ϧογν αγθρε
πιαρχηαγγελος ζεΜςι ζιχεν ογθρονος ογοζ 5
πεχαϥ ν δωροθεος χε ανιογι ν πιτεβτ ΝΙΠΑ-
τετεν ερ ζωβ εροϥ. εταγενϥ δε πεχαϥ ν
δωροθεος χε ζεΜςι λογωΜ ντεϥΜεχι αϥιρι
Ν παιρητ νεχε πιαρχων ναϥ χε ανιογι ντεϥ-
ξλ. в. καρι εβολ αϥινι αϥχενϥ εϥοι ν Μιϣτ εΜαϣω 10
πεχαϥ δε ναϥ χε ογ πε ϕαι ω πα ϭς πεχαϥ
ναϥ χε λογων ΝΜοϥ εταϥογων δε ΝΜοϥ νχε
δωροθεος αϥχιΜι ν ογΜορς ςα ϧογν ΝΜοϥ
εςτεβ ϧεν ϧανтηβς αϥ ερ ϣϕηρι δε νχε
δωροθεος εθβε πιζωβ ογοζ πεχαϥχε ογ πε 15
ϕαι πα ϭς πιαρχων πεχε πιαρχων ναϥ
ϕη νθοϥ πε ΜΙΧΑΗΛ χε νιΜιϣτ Ν τεβτ ςεοι
Μ παι ρητ εγωνκ Ν ζωβ νιβεν ετογναχεΜογ
ϧεν νιΜωογ αλλα λογων δε ΝτΜορς ζινα
ξβ. α. Ντεκναγ χε ογ πε ετ ςα ϧογν ΝΜος | πεχε 20
δωροθεος ναϥ χε πα ϭς Ν αϣ Ν ρητ τναγωΜ
ΝΜος ς τηβ α πιαρχηαγγελος ΜΙΧΑΗΛ ςογ-
των τεϥχιχ εβολ αϥαΜονι ν τΜορς αϥχενς
εςΜεζ Ν νογβ εϥςωτπ εταϥωπ δε ΝΜωογ
αϥχεΜ τογηπι εγιρι ν r̄ ν λογκοχι ςα ϧρηι 25
δε ΝΜωογ r̄ ν θριτον εταϥϭιτογ δε εϥϥαι
ν νεϥβαλ ε πϣωι ε τϕε πεχαϥ χε νθοκ ογ-
δικεος ω πϭς νεκ ζανςεςογτων ογοζ ΝΜον

ϣⲓⲡⲓ ϣⲟⲡ ⲛ̀ ⲛⲏ ⲉ̀ⲧⲉⲥ̀ⲑⲛⲟⲩ ⲭⲏ ⲉ̀ⲣⲟⲕ Ⲡⲉϫⲉ ⲡⲓ-
ⲝⲃ̄. ⲃ. ⲁⲣⲭⲱⲛ ⲛ̀ ⲇⲱⲣⲟⲑⲉⲟⲥ ⲛⲉⲙ ⲑⲉⲟ̀ⲡⲓⲥⲑⲉ ⲧⲉϥⲥ̀ϩⲓⲙⲓ
ⲁ̀ⲙⲱⲓⲛⲓ ⲉⲧ ϩⲏ ϩⲁⲣⲟⲓ ⲱ̀ ⲛⲁⲙⲉⲛⲣⲁϯ ⲛ̀ ⲥⲛⲏⲟⲩ
ϩⲓⲛⲁ ⲛ̀ⲧⲁⲥⲁϫⲓ ⲛⲉⲙⲱⲧⲉⲛ ϫⲉ ⲟⲩⲉⲓ ⲛ̀ⲑⲱⲧⲉⲛ ϩⲁⲛ-
ⲣⲉⲙⲣⲁϣⲓ ⲛ̀ ⲣⲱⲙⲓ Ⲟⲩⲟϩ ⲉⲑⲃⲉ ⲟⲩϣⲉⲡϩⲓⲥⲓ ϧⲉⲛ 5
ⲟⲩⲙⲉⲧϩⲟⲩⲟ̀ ⲉⲑⲃⲏⲧ ⲙ̀ ⲫⲟⲟⲩ ϧⲉⲛ ⲡⲁϫⲓⲛⲓ ϣⲁ-
ⲣⲱⲧⲉⲛ ϩⲏⲡⲡⲉ ⲓⲥ ⲫ̀ϯ ⲁϥϯ ⲛⲱⲧⲉⲛ ⲙ̀ ⲡⲁⲓ ⲛⲟⲩⲃ
ⲫⲁⲓ ϧⲉⲛ ⲧⲁⲓ ⲥ̀ⲫⲣⲁⲅⲓⲥ ⲑⲁⲓ ϫⲉ ⲟⲩⲉⲓ ⲑⲁⲓ ⲧⲉ
ⲑⲏⲃⲥ ⲙ̀ ⲡⲁϭⲥ ⲡⲟⲩⲣⲟ ⲛⲉⲙ ⲡⲉⲧⲉⲛⲧⲁϥ ϯⲛⲟⲩ ⲇⲉ
ⲛ̀ ⲧϣⲉⲃⲓⲱ̀ ⲛ̀ ⲧⲉⲧⲉⲛⲁ̀ⲅⲁⲡⲏ ⲛⲉⲙ ⲡⲉⲧⲉⲛϩⲓⲥⲓ ⲛⲉⲙ 10
ⲡⲅⲉⲛⲟⲥ ⲛ̀ ⲛⲓⲣⲱⲙⲓ ⲉ̀ⲧ ⲁⲣⲉⲧⲉⲛⲁⲓⲧⲟⲩ ⲛⲉⲙⲏⲓ ⲛⲉⲙ
ⲝⲅ̄. ⲁ. ⲛⲁⲓ ⲣⲱⲙⲓ ⲙ̀ ⲫⲟⲟⲩ ⲁ̀ ⲫ̀ϯ ⲉⲣ ϩⲙⲟⲧ ⲛⲱⲧⲉⲛ ⲙ̀
ⲫⲟⲟⲩ ⲙ̀ ⲡⲁⲓ ⲧ̄ ⲛ̀ ⲗⲟⲅⲕⲟϫⲓ ⲛⲉⲙ ⲡⲁⲓ ⲅ̄ ⲛ̀ ⲑⲣⲓⲧⲟⲛ
ϭⲓⲧⲟⲩ ⲛⲱⲓ ⲛ̀ ⲟⲩⲁⲓ ⲙ̀ ⲡⲓⲙⲁ ⲛ̀ ⲉ̀ⲥⲱⲟⲩ ⲕⲉ ⲟⲩⲁⲓ
ⲇⲉ ⲙ̀ ⲡⲓⲥⲁ ⲛ̀ ⲧⲉⲃⲧ ⲛ̀ ⲧϣⲉⲃⲓⲱ̀ ⲙ̀ ⲡⲓⲧⲉⲃⲧ ⲟⲩⲟϩ 15
ϭⲓ ⲙ̀ ⲡⲁⲓ ⲕⲉⲧ ⲑⲛⲓϥ ⲛ̀ ⲧϣⲉⲃⲓⲱ̀ ⲙ̀ ⲡⲓⲥⲟⲩⲟ ⲫⲏ
ⲉ̀ⲧ ⲁⲣⲉⲧⲉⲛⲑⲛⲓϥ ⲛ̀ ⲡⲓϩⲃⲱⲥ ⲛⲁⲃⲱ ⲉ̀ϫⲱϥ ⲛ̀ ⲥⲁϥ
ⲟⲩⲟϩ ⲁⲣⲉⲧⲉⲛ ⲑⲛⲓϥ ⲛ̀ ⲡⲓⲇⲱⲣⲟⲛ Ⲁⲩϭⲓⲧⲟⲩ ⲇⲉ
ⲉ̀ⲡⲉⲥⲏⲧ ⲁⲩϩⲱⲃⲥⲟⲩ ⲙ̀ ⲡⲉⲛⲑⲟ ⲛ̀ ⲡⲓⲁⲣⲭⲱⲛ ⲉⲓϫⲱ
ⲉ̀ ⲇⲱⲣⲟⲑⲉⲟⲥ ⲛⲉⲙ ⲑⲉⲟ̀ⲡⲓⲥⲑⲉ ⲟⲩⲟϩ ⲡⲉϫⲱⲟⲩ ϫⲉ 20
ⲟⲩ ⲡⲉ ⲫⲁⲓ ⲉ̀ⲧ ⲉⲕϫⲱ ⲙ̀ⲙⲟϥ ⲛⲁⲛ ⲱ̀ ⲡⲉⲛ ϭ̄ⲥ̄ ⲕⲩⲣⲓ
ⲝⲅ̄. ⲃ. ⲡⲓⲁⲣⲭⲱⲛ ⲙⲏ ⲁⲕⲓ ϣⲁⲣⲟⲛ ⲁ̀ⲛⲟⲛ ϧⲁ ⲛⲉⲕⲉ̀ⲃⲓⲁⲓⲕ
ϩⲓⲛⲁ ⲛ̀ⲧⲉⲛϭⲓ ϩⲗⲓ ⲛ̀ ⲧⲟⲧⲕ ⲙⲏ ⲥⲧⲟⲙⲓ ⲁⲛ ⲉ̀ ⲣⲱⲙⲓ
ⲛⲓⲃⲉⲛ ⲉⲑⲣⲟⲩ ⲉⲣ ⲇⲓⲁ̀ⲕⲱⲛⲓⲛ ⲛ̀ ⲛⲉⲛⲙⲁⲧⲟⲓ ⲙ̀ ⲡⲟⲩⲣⲟ
Ⲙⲏ ⲛ̀ⲑⲟⲕ ⲁⲛ ⲉ̀ⲧⲟⲛϣ ⲉ̀ϫⲉⲛ ⲛⲉⲛⲥⲱⲙⲁ ϩⲓⲛⲁ ⲉⲑⲣⲉⲕ- 25
ⲓ̀ⲣⲓ ⲛ̀ ϧⲏⲧⲉⲛ ⲙ̀ ⲫⲏ ⲉⲧⲉϩ ⲛⲁⲕ ⲟⲩⲟϩ ⲉ̀ⲃⲏⲗ ⲉ̀ ⲫⲁⲓ
ⲙⲏ ⲕϭⲓ ϩⲗⲓ ⲁⲛ ⲉ̀ⲃⲟⲗ ϧⲉⲛ ⲡϩ̀ⲙⲟⲧ ⲙ̀ ⲫ̀ϯ ⲛⲉⲙ
ⲧⲉϥⲇⲱⲣⲉⲁ̀ ⲕⲥⲱⲟⲩⲛ ⲱ̀ ⲡⲉⲛ ϭ̄ⲥ̄ ⲛ̀ ⲁⲣⲭⲱⲛ ϫⲉ ⲁϣ

ⲛ̀ ⲉ̀ϩⲟⲟⲩ ⲡⲉ ⲫⲟⲟⲩ ⲟⲩⲟϩ ⲡⲁⲓ ⲕⲟⲩϫⲓ ⲛ̀ ⲱⲓⲕ ⲉ̀ⲧ
ⲛⲉⲕⲁⲟⲩⲟⲙϥ ⲛⲉⲙ ⲛⲉⲛ ⲥⲩⲅⲅⲉⲛⲏⲥ ⲛ̀ ⲫⲱⲛ ⲁⲛ ⲡⲉ
ⲁⲗⲗⲁ ⲫⲁ ⲫϯ ⲡⲉ ⲛⲉⲙ ⲡⲉϥⲁⲣⲭⲏⲁⲅⲅⲉⲗⲟⲥ ⲉ̀ⲑ

ⲝ̅ⲇ̅. ⲁ. ⲟⲩⲁⲃ ⲙⲓⲭⲁⲏⲗ ⲫⲁⲓ ⲉ̀ⲧ ⲉⲛ ⲉⲣ ϣⲁⲓ ⲛⲁϥ ⲙ̀ ⲫⲟⲟⲩ
ⲁⲗⲗⲁ ⲓⲥϫⲉ ⲛ̀ⲑⲟⲕ ⲫⲁⲓ ⲡⲉ ⲡⲉⲕⲟⲩⲱϣ ⲡⲉⲛ ϭⲥ 5
ⲡⲓⲁⲣⲭⲱⲛ ⲁⲛⲟⲛ ⲇⲉ ⲧⲉⲛⲛⲁϭⲓ ⲛ̀ ⲛⲓⲧⲉⲣⲙⲏⲥ ϩⲟⲗⲱⲥ
ⲛ̀ ⲧϣⲉⲃⲓⲱ̀ ⲛ̀ ⲡⲓⲉ̀ⲥⲱⲟⲩ ⲛⲉⲙ ⲡⲓⲧⲉⲃⲧ ⲟⲩⲟϩ ⲛ̀ⲧⲉⲛϭⲓ
ⲛ̀ ⲡⲓ ⲕⲉ ⲟⲩⲁⲓ ⲛ̀ⲧⲉⲛⲃⲱⲗ ⲛ̀ ⲡⲓϩⲃⲱⲥ ⲉ̀ⲃⲟⲗ ⲕⲁⲧⲁ
ⲡⲉⲕⲟⲩⲁϩⲥⲁϩⲛⲓ ⲡⲉϫⲉ ⲡⲓⲁⲣⲭⲱⲛ ϫⲉ ⲛ̀ⲑⲟϥ ⲡⲉ
ⲙⲓⲭⲁⲏⲗ ⲛⲱⲟⲩ ϫⲉ ⲧⲁ ϥⲙⲏⲓ ϣⲉ ⲡⲱ̀ⲛϩ ⲙ̀ ⲡⲁϭ̅ⲥ̅ 10
ⲡⲟⲩⲣⲟ ⲁ̀ⲛⲁⲅⲕⲏ ⲛ̀ⲧⲉⲧⲉⲛϭⲓⲧⲟⲩ ⲧⲏⲣⲟⲩ ⲟⲩⲟϩ ⲛ̀
ⲧⲉⲧⲉⲛⲥⲉϫⲡ ϩⲗⲓ ⲛ̀ ϧⲓⲧⲟⲩ ⲓⲥϫⲉ ⲧⲉⲧⲉⲛ ⲉⲣ ϧⲟⲧ

ⲝ̅ⲇ̅. ⲃ. ϧⲁ ⲧϩⲏ ⲙ̀ ⲡⲁ ⲟ̅ⲥ̅ ⲡⲟⲩⲣⲟ ϫⲉ ⲙⲏⲡⲟⲧⲉ ⲛ̀ⲧⲉϥ-
ⲥⲱⲧⲉⲙ ⲛ̀ⲧⲉϥϫⲱⲛⲧ ⲁⲛⲟⲕ ϯⲛⲁϫⲉⲙ ⲗⲱⲓϫⲓ ⲉ̀ ϫⲱ-
ⲧⲉⲛ ϧⲁ ⲧⲟⲧϥ ⲙ̀ ⲡⲁ ⲟ̅ⲥ̅ ⲡⲟⲩⲣⲟ ⲟⲩⲟϩ ϯⲛⲁⲑⲉⲧ 15
ⲡⲉϥϩⲏⲧ ⲉⲑⲣⲉϥϩⲙⲟⲧ ⲛⲱⲧⲉⲛ ⲛ̀ ϩⲁⲛ ⲧ ⲕⲉ ⲧⲁⲓⲟ
ⲉⲩⲟⲓ ⲛ̀ ⲛⲓϣϯ ⲉ̀ ⲛⲁⲓ. ⲓⲥϫⲉ ⲧⲉⲧⲉⲛ ⲟⲩⲱϣ ⲉ̀ ⲉ̀ⲙⲓ
ⲉ̀ ϯⲙⲉⲑⲙⲏⲓ ϫⲉ ⲙ̀ⲙⲟⲛ ⲛⲁⲓ ⲙ̀ⲙⲁⲩⲁⲧⲟⲩ ⲛ̀ⲑⲱⲟⲩ
ⲡⲉ ⲉ̀ⲧⲉⲛⲧⲱⲧⲉⲛ ϩⲓϫⲱⲓ ⲉⲑⲣⲉϥⲧⲏⲓϥ ⲛⲱⲧⲉⲛ ⲟⲩⲟϩ
ⲁⲛⲟⲕ ⲁⲓϣⲁⲛⲧⲁⲥⲑⲟⲓ ⲉ̀ ⲧⲁⲃⲁⲕⲓ ϯⲛⲁϯ ⲛⲱⲧⲉⲛ ⲛ̀ 20
ⲧⲁⲫⲉ ⲛ̀ ⲡⲉⲧⲉⲛ ⲭⲣⲏⲙⲁ ⲛⲉⲙ ϩⲁⲛ ⲕⲉ ⲙⲏϣ ⲛ̀
ⲧⲁⲓⲟ̀ ⲉⲩⲟⲓ ⲛ̀ ⲛⲓϣϯ ⲉ̀ⲙⲁϣⲱ ⲁⲗⲗⲁ ϭⲓ ⲛ̀ ⲛⲁⲓ

ⲝ̅ⲉ̅. ⲁ. ⲛⲱⲧⲉⲛ ϫⲉ ⲛ̀ⲑⲱⲟⲩ ⲡⲉ ⲡⲓϫⲫⲟ ⲁϥ ⲉⲣ ϣⲫⲏⲣⲓ ⲇⲉ
ⲛ̀ϫⲉ ⲇⲱⲣⲟⲑⲉⲟⲥ ⲛⲉⲙ ⲑⲉⲟ̀ⲡⲓⲥⲑⲉ ⲧⲉϥⲥϩⲓⲙⲓ ϧⲉⲛ
ⲡϫⲓⲛⲑⲣⲟⲩⲥⲱⲧⲉⲛ ⲉ̀ ⲛⲁⲓ ⲟⲩⲟϩ ⲡⲉϫⲱⲟⲩ ⲛⲁϥ ϫⲉ 25
ⲧⲉⲛϯ ϩⲟ̀ ⲉ̀ⲣⲟⲕ ⲱ̀ ⲡⲉⲛ ⲟ̅ⲥ̅ ⲙ̀ⲡ ⲉⲣ ⲥⲱⲃⲓ ⲙ̀ⲙⲟⲛ
ⲁⲛⲟⲛ ϧⲁ ⲛⲉⲕⲉ̀ⲃⲓⲁⲓⲕ ⲟⲩⲇⲉ ⲙ̀ⲡ ⲉⲣ ϫⲱ ⲛ̀ ϩⲁⲛ-
ⲥⲁϫⲓ ⲛⲁⲛ ⲉⲩⲥⲁ ⲡϣⲱⲓ ⲛ̀ⲧⲉⲛⲯⲩⲥⲓⲥ ⲛ̀ ⲑⲛⲁⲩ ⲁϥⲓ̀

ϣⲁⲣⲟⲛ ⲛ̀ϫⲉ ⲡⲉⲛ ⲟ̄ⲥ̄ ⲟⲩⲟϩ ⲁⲛϥ ⲛ̀ ⲟⲩⲛⲟⲩⲃ ϣⲁⲧ
ⲉⲛϭⲓ ⲛ̀ ⲡⲓⲥⲫⲟ ⲛ̀ ⲧⲟⲧϥ Ⲧⲁⲫⲙⲏⲓ ⲇⲉ ϫⲉ ⲙ̀ⲡ ⲉⲛⲛⲁⲩ
ⲉ̀ⲣⲟⲕ ⲉ̀ⲛⲉϩ ⲱ̀ ⲡⲉⲛ ⲟ̄ⲥ̄ ⲟⲩⲟϩ ⲁⲕⲓ̀ ⲉ̀ ⲫⲟⲩⲛ ⲉ̀
ⲡⲉⲛⲏⲓ ⲓⲉ ⲉ̀ⲧⲁⲛⲛⲁⲩ ⲉ̀ ⲡⲉⲕϩⲟ ⲛ̀ ⲑⲛⲁⲩ ⲉ̀ⲃⲏⲗ ⲉ̀
ⲫⲟⲟⲩ ⲡⲱⲥ ⲕϫⲱ ⲙ̀ⲙⲟⲥ ϫⲉ ⲁⲕϭⲓ ϩⲗⲓ ⲛ̀ ⲧⲱⲧⲉⲛ 5

ⲝ̄ϛ̄. ⲃ. Ⲁϥ ⲉⲣ ⲟⲩⲱ̀ ⲛ̀ϫⲉ ⲡⲓⲁⲣⲭⲱⲛ ⲡⲉϫⲁϥ ⲥⲱⲧⲉⲙ ⲉ̀ⲣⲟⲓ
ⲧⲁⲧⲁⲙⲱⲧⲉⲛ ϫⲉ ⲑⲛⲁⲩ ⲡⲉ ⲉ̀ⲧ ⲁⲛ̀ ⲉ̀ ⲫⲟⲩⲛ ⲉ̀
ⲡⲉⲧⲉⲛⲏⲓ ⲛ̀ ⲫⲛⲁⲩ ⲉ̀ⲧⲁⲩⲙⲟⲩ ⲛ̀ϫⲉ ⲛⲉⲧⲉⲛ ⲓⲟϯ
ⲟⲩⲟϩ ⲁⲧⲉⲧⲉⲛⲉⲣ ⲕⲗⲏⲣⲟⲛⲟⲙⲓⲛ ⲛ̀ ⲛⲟⲩⲭⲣⲏⲙⲁ ⲛⲉⲙ
ⲛ̀ⲟⲩϩⲟⲙⲧ ⲓⲥϫⲉⲛ ϯⲟⲩⲛⲟⲩ ⲉ̀ⲧⲉⲙⲙⲁⲩ ϣⲁ ⲉ̀ⲫⲟⲩⲛ 10
ⲉ̀ ⲫⲟⲟⲩ ϯⲛⲏⲟⲩ ⲉ̀ ⲫⲟⲩⲛ ⲉ̀ ⲡⲉⲧⲉⲛⲏⲓ ⲛ̀ ⲟⲩⲥⲟⲡ
ⲕⲁⲧⲁ ⲁ̀ⲃⲟⲧ ⲟⲩⲟϩ ⲙⲉⲛⲉⲛⲥⲁ ⲑⲣⲓ ϣⲉ ⲛⲏⲓ ⲧⲉⲧⲉⲛ-
ⲟⲩⲱⲣⲡ ⲛⲏⲓ ⲛ̀ ϩⲁⲛ ⲕⲉ ⲧⲁⲓ̀ⲟ̀ ⲉ̀ ⲧⲁ ⲃⲁⲕⲓ ⲉⲩⲟⲓ ⲛ̀
ⲛⲓϣϯ ϣⲁ ⲡⲁ ⲟ̄ⲥ̄ ⲡⲟⲩⲣⲟ Ⲟⲩⲟϩ ⲁⲩⲕⲏⲛ ⲛ̀ ⲥⲃⲉ
ⲡⲉⲧⲉⲛⲣⲁⲛ ϩⲓϫⲱⲟⲩ ⲧⲏⲣⲟⲩ ϣⲁ ⲧⲉⲧⲉⲛⲣⲁⲃⲱ 15

ⲝ̄ϛ̄. ⲁ. ⲫⲁⲧⲉⲛ ⲡⲁ ⲟ̄ⲥ̄ ⲡⲟⲩⲣⲟ ϩⲓⲛⲁ ⲛ̀ⲧⲉϥⲑⲛⲓⲧⲟⲩ ⲛⲱⲧⲉⲛ
ⲉⲩⲕⲏⲃ. Ⲁϥ ⲉⲣ ⲟⲩⲱ̀ ⲛ̀ϫⲉ ⲇⲱⲣⲟⲑⲉⲟⲥ ⲛⲉⲙ ⲑⲉⲟ̀-
ⲡⲓⲥⲑⲉ ϫⲉ ⲧⲉⲛϯϩⲟ ⲉ̀ⲣⲟⲕ ⲱ̀ ⲡⲉⲛⲟ̄ⲥ̄ ⲛ̀ ⲁⲣⲭⲱⲛ
Ⲁⲣⲓⲟⲩⲓ ⲙ̀ ⲡⲁⲓ ⲁ̀ⲅⲁⲑⲟⲛ ⲛⲉⲙⲁⲛ ⲉⲑⲣⲉ ⲕⲧⲁⲙⲟⲛ
ⲉ̀ ⲡⲉⲕⲣⲁⲛ ϩⲟⲗⲱⲥ ϫⲉ ⲁⲛⲕⲏⲛ ⲛ̀ ⲭⲁ ⲧⲟⲧⲉⲛ ⲉ̀ⲃⲟⲗ 20
ⲉ̀ⲑⲃⲉ ⲛⲁⲓ ⲥⲁϫⲓ ⲉ̀ⲧⲉⲕϫⲱ ⲙ̀ⲙⲱⲟⲩ ⲛⲁⲛ ⲁϥ ⲉⲣ ⲟⲩⲱ̀
ⲛ̀ϫⲉ ⲡⲓⲁⲣⲭⲱⲛ ⲫⲏ ⲛ̀ⲑⲟϥ ⲡⲉ ⲙⲓⲭⲁⲏⲗ ⲟⲩⲟϩ ⲡⲉ-
ϫⲁϥ ⲛⲱⲟⲩ ϫⲉ ⲁ̀ⲛⲟⲕ ϯⲛⲁⲧⲁⲙⲱⲧⲉⲛ ⲉ̀ ⲡⲁⲣⲁⲛ
ⲛⲉⲙ ⲫⲣⲁⲛ ⲛ̀ ⲧⲁ ⲃⲁⲕⲓ ⲓⲥϫⲉ ⲧⲉⲧⲉⲛⲟⲩⲱϣ ⲉ̀ ⲥⲱ-

ⲝ̄ϛ̄. ⲃ. ⲧⲉⲙ Ⲁ̀ⲛⲟⲕ ⲡⲉ ⲙⲓⲭⲁⲏⲗ ⲡⲁⲣⲭⲱⲛ ⲛ̀ ⲛⲁ ⲛⲓⲫⲏⲟⲩⲓ̀ 25
ⲛⲉⲙ ⲛⲁ ⲡⲕⲁϩⲓ ⲁ̀ⲛⲟⲕ ⲡⲉ ⲙⲓⲭⲁⲏⲗ ⲡⲁⲣⲭⲏⲥⲧⲣⲁ-
ϯⲅⲟⲩⲥ ⲛ̀ ⲧϫⲟⲙ ⲛ̀ ⲛⲓⲫⲏⲟⲩⲓ̀ ⲁ̀ⲛⲟⲕ ⲡⲉ ⲙⲓⲭⲁⲏⲗ
ⲡⲁⲣⲭⲱⲛ ⲛ̀ ⲛⲓⲉ̀ⲱⲛ ⲛ̀ ⲟⲩⲱⲓⲛⲓ ⲁ̀ⲛⲟⲕ ⲡⲉ ⲙⲓⲭⲁⲏⲗ

πιϣωρι ειφωρϫ ⲛ̀ ⲛⲓⲡⲟⲗⲉⲙⲟⲥ ⲧⲏⲣⲟⲩ ⲙ̀ⲡⲉⲙⲑⲟ
ⲛ̀ ⲡⲟⲩⲣⲟ ⳰ⲁⲛⲟⲕ ⲡⲉ ⲙⲓⲭⲁⲏⲗ ⲡϣⲟⲩϣⲟⲩ ⲛ̀ ⲛⲁ-
ⲛⲓⲫⲏⲟⲩⳇ ⲛⲉⲙ ⲛⲁ ⲡⲕⲁϩⲓ ⳰ⲁⲛⲟⲕ ⲡⲉ ⲙⲓⲭⲁⲏⲗ ⲡⲓ-
ⲛⲓϣϯ ⲫⲏ ⲉ̀ⲧⲉ ⲑ ⲙⲉⲧϣⲁⲛⲁⲍⲑⲏϥ ⲧⲏⲣⲥ ⲙ̀ ⲫϯ
ϣⲟⲡ ⲛ̀ ⳁⲏⲧϥ ⳰ⲁⲛⲟⲕ ⲡⲉ ⲙⲓⲭⲁⲏⲗ ⲡⲉⲡⲓⲑⲣⲟⲡⲟⲥ 5
ⲛ̀ ⲑⲙⲉⲧⲟⲩⲣⲟ ⲛ̀ ⲛⲓⲫⲏⲟⲩⳇ ⳰ⲁⲛⲟⲕ ⲡⲉ ⲙⲓⲭⲁⲏⲗ ⲡⲓ-

ⲝⲍ. ⲁ. ⲁⲣⲭⲏⲁⲅⲅⲉⲗⲟⲥ ⲫⲏ ⲉ̀ⲧ ⲟϩⲓ ⲉ̀ ⲣⲁⲧ ϥ ⲙ̀ ⲡⲉⲙⲑⲟ ⲛ̀
ⲛⲉⲛϫⲓϫ ⲙ̀ ⲫϯ ⳰ⲁⲛⲟⲕ ⲡⲉ ⲙⲓⲭⲁⲏⲗ ⲫⲏ ⲉ̀ⲧ ⲓⲛⲓ ⲛ̀
ⲛⲉⲛⲇⲱⲣⲟⲛ ⲛ̀ ⲛⲓⲣⲱⲙⲓ ⲛⲉⲙ ⲛ̀ ⲟⲩⲧⲁⲓⲟ̀ ⲉ̀ ⳁⲟⲩⲛ
ϣⲁ ⲫϯ ⲡⲁ ⲟⲩⲣⲟ ⳰ⲁⲛⲟⲕ ⲡⲉ ⲙⲓⲭⲁⲏⲗ ⲫⲏ ⲉ̀ⲧ ⲙⲟϣⲓ 10
ⲛⲉⲙ ⲛⲓⲣⲱⲙⲓ ⲛⲏ ⲉ̀ⲧⲉ ⲧⲟⲩϩⲉⲗⲡⲓⲥ ⳁⲉⲛ ⲡ̅ⲟ̅ⲥ̅ ⳰ⲁⲛⲟⲕ
ⲡⲉ ⲙⲓⲭⲁⲏⲗ ⲡⲓⲁⲣⲭⲏⲁⲅⲅⲉⲗⲟⲥ ⲫⲏ ⲉ̀ⲧ ⲉⲣ ⲇⲓⲁ̀ⲕⲱⲛⲓⲛ
ⲛ̀ ϯⲙⲉⲧⲣⲱⲙⲓ ⲧⲏⲣⲥ ⳁⲉⲛ ⲟⲩⲥⲱⲟⲩⲧⲉⲛ ⲟⲩⲟϩ ⲛ̀-
ⲑⲱⲧⲉⲛ ϩⲱⲧⲉⲛ ⲁⲓϣⲉⲙϣⲉ ⲑⲏⲛⲟⲩ ⲓⲥϫⲉⲛ ⲧⲉⲛ-
ⲙⲉⲧⲕⲟⲩϫⲓ ϣⲁ ϯⲛⲟⲩ Ⲟⲩⲟϩ ϯⲭⲱ ⲛ̀ ⲧⲟⲧ ⲉ̀ⲃⲟⲗ 15

ⲝⲍ. ⲃ. ⲁⲛ ⲉⲓ ⲉⲣ ⲇⲓⲁ̀ⲕⲱⲛⲓⲛ ⲛ̀ⲙⲱⲧⲉⲛ ϣⲁ ⲧⲁⲫⲉϩ ⲑⲏⲛⲟⲩ
ⲉ̀ ⲡⲭ̅ⲥ̅ ⲡⲁ ⲟⲩⲣⲟ ⲫⲏ ⲉ̀ⲧⲟⲓ ⲛ̀ ⲁⲧ ⲕⲏⲛ ⲙ̀ ⲫⲣⲏϯ
ⲉ̀ⲧ ⲁⲣⲉⲧⲉⲛϣⲉⲙϣⲓⲧ ⳰ⲁⲛⲟⲕ ϩⲱ ⲛⲉⲙ ⲡⲁ ⲟ̅ⲥ̅ ⳁⲉⲛ
ⲟⲩⲙⲉⲑⲛⲓϣϯ ⲛ̀ ϫⲟⲙ ⲛⲛⲓ ϯⲛⲁ ⲉⲣ ⲡⲱⲃϣ ⲛ̀ ⲛⲉⲧⲉⲛ-
ⲇⲱⲣⲟⲛ ⲟⲩⲟϩ ϯⲛⲁⲭⲱ ⲛ̀ⲥⲱⲓ ⲛ̀ ⲛⲉⲧⲉⲛ ⲧⲁⲓⲟ ⲁⲛ 20
ⲛⲉⲙ ⲛⲉⲧⲉⲛ ⲙⲉⲧⲛⲁⲏⲧ ⲛⲏ ⲉ̀ⲛ ⲁⲣⲉⲧⲉⲛⲧⲏⲓⲧⲟⲩ ⲙ̀
ⲫϯ ⲉ̀ϫⲉⲛ ⲡⲁ ⲣⲁⲛ Ⲙⲏ ⲛⲁⲓⲟ̀ϩⲓ ⲉ̀ ⲣⲁⲧ ⲛ̀ⲥⲁϥ ⲁⲛ
ⳁⲉⲛ ⲧⲉⲧⲉⲛⲙⲏϯ ⲉⲓⲥⲱⲧⲉⲙ ⲉ̀ ⲫⲏ ⲉ̀ ⲧⲉⲧⲉⲛϫⲱ
ⲙ̀ⲙⲟⲥ ⲛ̀ ⲛⲉⲧⲉⲛ ⲉ̀ⲣⲏⲟⲩ ⲉⲑⲃⲉ ⲧⲉⲧⲉⲛ ⲥⲩⲛⲏⲑⲓⲁ

ⲝⲏ. ⲁ. ⳁⲉⲛ ⲡⲓⲇⲱⲣⲟⲛ ⲛⲉⲙ ⲡⲓϣⲁⲓ ⲛⲏ ⲛⲁⲓ ⲟⲩⲛⲟⲩ ⲛ̀ⲙⲱ- 25
ⲧⲉⲛ ⳁⲉⲛ ⲡⲓⲛⲁⲩ ⲉ̀ⲧ ⲁⲣⲉⲧⲉⲛⲣⲓⲙⲓ ⲉ̀ⲣⲉⲧⲉⲛ ϯϩⲟ
ⲉ̀ⲣⲟⲓ ⲉ̀ⲣⲉⲧⲉⲛ ϫⲱ ⲙ̀ⲙⲟⲥ ϫⲉ ⲧⲱⲃϩ ⲙ̀ ⲫϯ ⲉⲑⲣⲉ
ϥⲟⲩⲟⲑⲃⲉⲛ ⲉ̀ⲃⲟⲗⳁⲉⲛ ⲡⲁⲓ ⲕⲟⲥⲙⲟⲥ ⲙ̀ⲡⲁⲧⲉ ⲧϩⲉⲗ-

πιc ⲛ̀ⲧⲉ ⲧⲉⲕⲙⲉⲧⲛⲁⲏⲧ ϣⲱϣⲓ ⲉ̀ⲃⲟⲗϩⲁⲣⲟⲛ ⲙⲏ ⲛ̀
ⲡⲓⲛⲁⲩ ⲉ̀ⲣⲱⲧⲉⲛ ϧⲉⲛ ⲡⲓⲛⲁⲩ ⲉ̀ⲧ ⲁⲣⲉⲧⲉⲛⲓ̀ⲛⲓ ⲛ̀
ⲛⲉⲧⲉⲛϩⲃⲱⲥ ⲉ̀ⲃⲟⲗ ⲉ̀ⲣⲉⲧⲉⲛ ϭⲓ ⲥⲙⲟⲩ ⲛ̀ ϧⲏⲧⲟⲩ
ⲁ̀ ⲧⲉⲧⲉⲛⲧⲏⲓⲧⲟⲩ ⲉ̀ⲃⲟⲗ ⲉ̀ϫⲉⲛ ⲧⲁⲑⲩⲥⲓⲁ̀ ϯϣⲱⲙⲛⲟⲥ
ⲛⲱⲧⲉⲛ ϫⲉ ⲁⲓϫⲉⲙⲧ ϧⲉⲛ ⲛⲁⲓ ⲧⲏⲣⲟⲩ ϯⲭⲏ ⲛⲉⲙⲱⲧⲉⲛ 5
ⲛ̀ ϯⲣⲓ ⲙ̀ ⲡⲱⲃϣ ⲁⲛ ⲛ̀ ϩⲗⲓ ϧⲉⲛ ⲛⲏ ⲉ̀ⲛⲁⲣⲉⲧⲉⲛ
ⲧⲏⲓⲧⲟⲩ ⲓ̀ⲥϫⲉⲛ ⲧⲉⲧⲉⲛ ⲙⲉⲧⲕⲟⲩϫⲓ ϣⲁ ϯⲛⲟⲩ

ⲝⲏ. ⲃ. ⲁⲗⲗⲁ ϯⲟⲩⲱⲛϩ ⲙ̀ⲙⲱⲟⲩ ⲧⲏⲣⲟⲩ ⲉ̀ ϣⲱⲧⲉⲛ ϧⲁⲧⲉⲛ
ⲫϯ ⲫⲏ ⲛ̀ⲑⲟϥ ⲡⲉ ⲡⲁ ⲟⲩⲣⲟ ⲧⲁ ⲫⲙⲏⲓ ⲁⲩⲕⲏⲛ ⲉ̀
ϭⲓ ⲛ̀ ⲛⲉⲧⲉⲛ ⲧⲁⲓⲟ̀ ⲙ̀ ⲫⲣⲏϯ ⲛ̀ ⲁⲃⲉⲗ ⲛⲉⲙ ⲛⲱⲉ̀ 10
ⲛⲉⲙ ⲁⲃⲣⲁⲁⲙ ϫⲉ ⲁ̀ ⲧⲉⲧⲉⲛ ⲧⲏⲓⲧⲟⲩ ϧⲉⲛ ⲟⲩⲥⲱⲟⲩ-
ⲧⲉⲛ ⲱ̀ⲟⲩⲛⲓⲁ̀ⲧⲉⲛⲑⲏⲛⲟⲩ ⲟⲩⲟϩ ⲡⲓⲁ̀ⲅⲁⲑⲟⲛ ⲛⲁϣⲱ-
ⲡⲓ ⲛⲱⲧⲉⲛ ⲙ̀ ⲫⲣⲏϯ ⲛ̀ ⲡⲉⲧⲉⲛ ⲣⲁⲛ ⲡⲁⲓ ⲣⲏϯ ⲟⲛ
ⲡⲉ ⲡⲉⲧⲉⲛ ⲕⲉ ⲥⲙⲟⲩ ⲇⲉ ⲧⲉⲣⲙⲉⲛⲓⲁ̀ ⲛ̀ ⲇⲱⲣⲟⲑⲉⲟⲥ
ⲡⲉ ϯⲑⲩⲥⲓⲁ̀ ⲛ̀ ⲫϯ ⲟⲩⲟϩ ⲧⲉⲣⲙⲉⲛⲓⲁ̀ ⲛ̀ ⲑⲉⲟ̀ⲡⲓⲥⲑⲉ ϫⲉ 15
ⲑⲙⲉⲧⲛⲁϩϯ ⲉ̀ ⲫϯ. ⲁ̀ⲛⲟⲕ ⲡⲉ ⲡⲓⲁⲣⲭⲏⲁⲅⲅⲉⲗⲟⲥ ⲙⲏ-

ⲝⲑ. ⲁ. ⲭⲁⲏⲗ ⲫⲏ ⲉ̀ⲧ ⲭⲏ ϧⲁⲧⲉⲛ ⲛⲉⲛϫⲓϫ ⲙ̀ ⲫϯ ⲁ̀ ⲧⲉⲧⲉⲛ
ⲭⲁⲧ ⲛⲱⲧⲉⲛ ⲛ̀ ⲣⲉϥ ⲧⲱⲃϩ ϧⲁⲧⲉⲛ ⲫϯ ⲉ̀ ϣⲱⲧⲉⲛ
ⲁ̀ⲛⲟⲕ ⲡⲉ ⲙⲓⲭⲁⲏⲗ ⲫⲏ ⲉ̀ⲧ ϭⲓ ⲛ̀ ⲛⲉⲧⲉⲛ ϯϩⲟ ⲛⲉⲙ
ⲛⲉⲧⲉⲛ ⲡⲣⲟⲥⲉⲩⲭⲏ ⲛⲉⲙ ⲛⲉⲧⲉⲛ ⲑⲩⲥⲓⲁ̀ ⲛⲉⲙ ⲛⲉⲧⲉⲛ 20
ⲙⲉⲧⲛⲁⲏⲧ ⲉⲓⲱ̀ⲗⲓ ⲙ̀ⲙⲱⲟⲩ ⲉ̀ ⲡϣⲱⲓ ⲙ̀ ⲫϯ ⲡⲁⲓ
ⲣⲏϯ ϩⲱϥ ⲕⲟⲣⲛⲏⲗⲓⲟⲥ ⲁ̀ⲛⲟⲕ ⲡⲉ ⲉ̀ⲧ ⲁⲓϩⲱⲗ ϣⲁ
ⲣⲟϥ ⲁⲓⲧⲁⲙⲟϥ ⲉ̀ ⲫⲙⲱⲓⲧ ⲛ̀ⲧⲉ ⲡⲱⲛϧ ϩⲓⲧⲉⲛ ⲡⲓⲱⲙⲥ
ⲉ̀ⲧⲁϥϭⲓⲧϥ ⲛ̀ ⲧⲟⲧϥ ⲙ̀ ⲡⲉⲧⲣⲟⲥ ⲡⲓⲛⲓϣϯ ⲛ̀ ⲁ̀ⲡⲟⲥⲧⲟⲗⲟⲥ
ⲙ̀ⲡ ⲉⲣ ⲉⲣϩⲟϯ ϫⲉ ϯⲛⲟⲩ ⲥⲁⲃⲟⲗ ⲙ̀ⲙⲱⲧⲉⲛ ⲁⲛ 25

ⲝⲑ. ⲃ. ⲁⲓⲕⲏⲛ ⲛ̀ ϧⲱⲛⲧ ⲙ̀ⲙⲱⲧⲉⲛ ⲉ̀ ⲡⲁ ⳓⲥ̄ ϧⲉⲛ ⲡⲁϫⲓⲛ-
ϧⲱⲛⲧ ⲉ̀ⲣⲱⲧⲉⲛ ⲉⲑⲃⲉ ⲧⲉⲧⲉⲛ ⲁ̀ⲅⲁⲡⲏ ⲉ̀ⲧ ⲟⲓ ⲛ̀
ⲛⲓϣϯ ⲉ̀ ϧⲟⲩⲛ ⲉ̀ⲣⲟⲓ ϫⲉ ⲟⲩⲉⲓ ⲥⲥ̀ϩⲛⲟⲩⲧ ϫⲉ ϧⲱⲛⲧ

ⲉ ⲫϯ ⲟⲩⲟϩ ⲉϥⲉⲃⲱⲛⲧ ⲉⲣⲱⲧⲉⲛ ϯⲛⲟⲩ ⲇⲉ ⲱ̀ ⲇⲱ-
ⲣⲟⲑⲉⲟⲥ ⲛⲉⲙ ⲑⲉⲟ̀ⲡⲓⲥⲑⲉ ϭⲓ ⲛⲱⲧⲉⲛ ⲛ̀ ⲟⲩⲥⲟⲙ ⲟⲩⲟϩ
ϭⲓ ⲛⲁⲓ ⲛⲱⲧⲉⲛ ⲉ̀ⲃⲟⲗϧⲉⲛ ⲛⲁ ϫⲓϫ ϫⲉ ⲇⲓⲕⲏⲛ ⲛ̀
ϫⲟⲥ ⲛⲱⲧⲉⲛ ϫⲉ ⲫⲁⲓ ⲡⲉ ⲡⲓϫⲫⲟ ⲟⲩⲟϩ ⲡⲓⲁⲗⲗⲟⲑ-
ⲣⲓⲟⲩⲛ[1] ϧⲉⲛ ⲓ̀ⲗⲏⲙ ⲛ̀ⲧⲉ ⲧⲫⲉ ⲧⲃⲁⲕⲓ ⲙ̀ ⲡⲟⲩⲣⲟ 5
ⲛ̀ ⲛⲁ ⲛⲓⲫⲏⲟⲩⲓ̀ ⲛⲉⲙ ⲛⲁ ⲡⲕⲁϩⲓ ⲁⲓⲕⲏⲛ ⲛ̀ ϣⲉⲡ

ū. λ. ⲑⲏⲛⲟⲩ ⲛ̀ ϣⲁ ⲡϩⲙⲟⲧ ⲛ̀ ⲧⲟⲧϥ ⲙ̀ ⲫϯ ⲛ̀ ⲧⲱⲉⲃⲓⲱ̀
ⲛ̀ ⲙⲉⲧⲉⲛ ⲇⲱⲣⲟⲛ ⲛⲉⲙ ⲙⲉⲧⲉⲛ ⲙⲉⲧⲛⲁⲏⲧ ⲛⲁⲓ ⲇⲉ
ⲉ̀ⲧⲁϥϫⲟⲧⲟⲩ ⲛⲱⲟⲩ ⲁϥϯ ⲛⲱⲟⲩ ⲙ̀ ⲡⲓⲛⲟⲩⲃ ⲛⲉⲙ
ϯϩⲓⲣⲏⲛⲏ ⲁϥϩⲱⲗ ⲉ̀ ⲡϣⲱⲓ ⲉ̀ ⲧⲫⲉ ⲛⲉⲙ ⲛⲓⲁⲅⲅⲉⲗⲟⲥ 10
ⲉ̀ⲣⲉ ⲇⲱⲣⲟⲑⲉⲟⲥ ⲛⲉⲙ ⲑⲉⲟ̀ⲡⲓⲥⲑⲉ ϫⲟⲩϣⲧ ⲉ̀ⲣⲟϥ ϧⲉⲛ
ⲟⲩϩⲟϯ ϣⲁⲧ ⲉϥϩⲱⲗ ⲉ̀ ⲡϣⲱⲓ ⲉ̀ ⲧⲫⲉ ϧⲉⲛ ⲟⲩϩⲓ-
ⲣⲏⲛⲏ ⲛ̀ⲧⲉ ⲫϯ ⲁ̀ⲙⲏⲛ. ⲇⲱⲣⲟⲑⲉⲟⲥ ⲇⲉ ⲛⲉⲙ ⲑⲉⲟ̀-
ⲡⲓⲥⲑⲉ ⲧⲉϥⲥϩⲓⲙⲓ ⲁⲩⲓ̀ⲣⲓ ⲙ̀ ⲫⲣⲏϯ ⲉ̀ⲧⲁϥϩⲟⲛϩⲉⲛ
ⲛⲱⲟⲩ ⲛ̀ϫⲉ ⲡⲓⲁⲣⲭⲏⲁⲅⲅⲉⲗⲟⲥ ⲉ̀ⲑ ⲟⲩⲁⲃ ⲙⲏⲭⲁⲏⲗ 15
ⲟⲩⲟϩ ⲁⲩϫⲱⲕ ⲙ̀ ⲡⲓϣⲁⲓ ⲉ̀ⲃⲟⲗϧⲉⲛ ⲟⲩⲣⲁϣⲓ ⲉⲩ-

ū. ⲃ. ⲟⲩⲱⲙ ⲟⲩⲟϩ ⲉⲩϯ ⲱ̀ⲟⲩ ⲙ̀ ⲫϯ ⲟⲩⲟϩ ⲙ̀ⲡ ⲟⲩϣ-
ⲛⲁⲩ ϧⲉⲛ ⲡⲟⲩϩⲱⲃ ⲛⲉⲙ ⲛⲟⲩⲙⲉⲧⲛⲁⲏⲧ ⲉ̀ⲧⲟⲩⲓ̀ⲣⲓ
ⲙ̀ⲙⲱⲟⲩ ϧⲉⲛ ⲫⲣⲁⲛ ⲙ̀ ⲫϯ ⲙ̀ ⲙⲏⲭⲁⲏⲗ ϣⲁⲧ
ⲟⲩϫⲱⲕ ⲙ̀ ⲡⲟⲩⲃⲓⲟⲥ ⲧⲏⲣϥ ⲉ̀ⲃⲟⲗ ⲙⲏ ⲱ̀ ⲛⲁⲙⲉⲛⲣⲁϯ 20
ⲁ̀ ⲧⲉⲧⲉⲛ ϫⲉⲙϩⲏⲟⲩ ⲛ̀ ⲟⲩⲕⲟⲩϫⲓ ϧⲉⲛ ⲛⲏ ⲉ̀ⲧ ⲁⲣⲉⲧⲉⲛ-
ⲥⲱⲧⲉⲙ ⲉ̀ⲣⲱⲟⲩ ϯⲛⲟⲩ ⲙⲏ ⲁϥⲣⲱⲧⲉⲛ ⲛ̀ϫⲉ ⲡⲁⲓ
ϣⲓⲛⲓ ⲫⲁⲓ ϣⲁⲧ ⲉϥⲑⲱⲧ ⲛ̀ϫⲉ ⲡⲉⲧⲉⲛ ϩⲏⲧ ϯⲛⲟⲩ
ⲇⲉ ⲙ̀ⲡ ⲉⲣ ϭⲛⲁⲩϩ ⲙ̀ⲙⲱⲧⲉⲛ ⲁⲛ ⲡⲉ ϧⲉⲛ ⲡⲓϫⲓⲛⲓ̀ⲛⲓ
ⲉ̀ ϧⲟⲩⲛ ⲛ̀ ⲫϯ ⲉ̀ϫⲉⲛ ⲫⲣⲁⲛ ⲙ̀ ⲙⲓⲭⲁⲏⲗ ⲙⲏ ⲛ̀ 25
ⲡⲉⲧⲉⲛ ⲧⲁϫⲣⲟⲥ ϫⲉ ⲛⲏ ⲉ̀ ⲧⲉⲧⲉⲛ ϯ ⲛ̀ⲙⲱⲟⲩ ⲛ̀

[1] On the margin the variants ⲟⲩⲟϩ ⲡⲓⲁⲗⲗⲟⲑⲣⲓⲧⲟⲛ
are written.   ⲟⲩⲟϩ ⲡⲓⲁⲗⲗⲟⲑⲣⲓⲧⲉⲛ

ⲟ̄ⲗ̄. ⲁ. ⲫϯ | ⲙ̄ ⲡⲓⲁⲣⲭⲏⲁⲅⲅⲉⲗⲟⲥ ⲙⲓⲭⲁⲏⲗ ⲛ̄ⲑⲟϥ ⲉⲑ
ⲟⲩⲱⲛϩ ⲙ̄ⲙⲱⲟⲩ ⲉ̀ⲃⲟⲗ ⲙ̀ ⲫϯ ⲡⲟⲩⲣⲟ ⲉ̀ϫⲱⲧⲉⲛ
ⲟⲩⲟϩ ⲛ̀ⲑⲱⲧⲉⲛ ϩⲱⲧⲉⲛ ⲛⲏ ⲉ̇ ⲧⲉⲧⲉⲛ ϯⲙ̀ⲙⲱⲟⲩ ⲙ̀
ⲫⲣⲁⲛ ⲙ̀ ⲫϯ ⲙ̀ ⲙⲓⲭⲁⲏⲗ ⲛ̀ⲑⲟϥ ⲉⲑⲛⲁϯ ⲙ̀ ⲡⲉϥ-
ϫⲫⲟ ⲛⲱⲧⲉⲛ ⲛⲉⲙⲁϥ ⲉϥⲕⲏⲃ ⲙ̀ ⲫⲣⲏϯ ⲛ̀ ⲛⲁⲓ ⲣⲱⲙⲓ 5
ⲉⲑ ⲟⲩⲁⲃ ⲱ̀ ⲛⲁ ⲙⲉⲛⲣⲁϯ ⲁ̀ ⲧⲉⲧⲉⲛ ⲥⲱⲧⲉⲙ ⲉ̇
ϯⲙⲉⲑⲙⲏϯ ⲛ̀ ⲇⲱⲣⲉⲁ ⲓ̇ⲧⲉ ⲫϯ ⲉ̇ⲧⲁⲥⲧⲁϩϥ ⲛⲁⲓ
ⲣⲱⲙⲓ ⲉⲑ ⲟⲩⲁⲃ ⲇⲱⲣⲟⲑⲉⲟⲥ ⲛⲉⲙ ⲑⲉⲟ̀ⲡⲓⲥⲑⲉ ⲧⲉϥ-
ⲥϩⲓⲙⲓ ϫⲉ ⲉ̇ⲧⲁⲩⲥⲟⲩⲧⲱⲛ ⲡⲟⲩⲱϣ ⲛⲉⲙ ⲫϯ ⲁ̀ ⲫϯ
ⲥⲟⲩⲧⲱⲛ ⲧⲉϥⲁ̀ⲅⲁⲡⲏ ⲉ̇ ⲃⲟⲩⲛ ⲉ̇ⲣⲱⲟⲩ ⲟⲩⲟϩ ⲁϥ- 10
ⲟ̄ⲗ̄. ⲃ. ⲟⲩⲱⲣⲡ ⲛⲱⲟⲩ ⲙ̀ ⲡⲓⲁⲣⲭⲏⲁⲅⲅⲉⲗⲟⲥ ⲙⲓⲭⲁⲏⲗ
ⲁϥⲑⲁⲙⲓⲟ̀ ⲛⲱⲟⲩ ⲛ̀ ⲟⲩⲛⲓϣϯ ⲙ̀ ⲙⲉⲧⲣⲁⲙⲁⲟ̀ ⲙ̀ⲙⲟⲛⲧ-
ⲉⲥ ⲁⲩⲣⲏⲭⲥ ⲛⲉⲙ ⲡⲧⲱⲧⲉⲣ ⲛ̀ ⲑⲙⲉⲧⲟⲩⲣⲟ ⲛ̀ ⲛⲓⲫⲏⲟⲩⲓ̀
ⲁⲛⲟⲛ ⲇⲉ ϩⲱⲛ ⲱ̀ ⲛⲉⲛⲙⲉⲛⲣⲁϯ ⲛ̀ ⲥⲛⲏⲟⲩ ϩⲏⲡⲡⲉ
ⲁⲛⲕⲏⲛ ⲛ̀ ⲉ̇ⲙⲓ ⲧⲁⲫⲙⲏⲓ ϫⲉ ϩⲱⲃ ⲛⲓⲃⲉⲛ ⲉ̇ ⲧⲉⲧⲉⲛ- 15
ⲛⲁⲧⲏⲓⲧⲟⲩ ϧⲉⲛ ⲫⲣⲁⲛ ⲙ̀ ⲡⲓⲁⲣⲭⲏⲁⲅⲅⲉⲗⲟⲥ ⲙⲓ-
ⲭⲁⲏⲗ ⲧⲉⲧⲉⲛ ⲛⲁϭⲓⲧϥ ⲉϥⲕⲏⲃ ϧⲉⲛ ⲡⲓⲕⲟⲥⲙⲟⲥ
ⲙ̀ⲡⲁⲛ ⲧⲉⲧⲉⲛ ⲫⲟϩ ⲉ̇ ⲛⲓⲫⲏⲟⲩⲓ̀ ϯⲛⲟⲩ ⲇⲉ ⲱ̀ ⲛⲓ ⲉⲑ
ⲙⲉϩ ⲛ̀ ⲁ̀ⲣⲉⲧⲏ ⲙ̀ⲡ ⲉⲣ ϭⲛⲁⲩϩ ⲙ̀ⲙⲱⲧⲉⲛ ⲉ̇ⲣⲉⲧⲉⲛ
ϯ ⲙ̀ ⲡϣⲓ ⲛ̀ ⲧⲉⲧⲉⲛ ϫⲟⲙ ⲉ̇ⲣⲉⲧⲉⲛⲥⲱⲟⲩⲛ ϫⲉ ⲙ̀ⲙ 20
ⲟ̄ⲃ̄. ⲁ. ⲉ̇ ⲧⲉⲧⲉⲛ ϯⲙ̀ⲙⲱⲟⲩ ⲉ̇ⲣⲉⲧⲉⲛ ϯ ⲙ̀ ⲡⲓⲁⲣⲭⲏⲁⲅⲅⲉ-
ⲗⲟⲥ ⲙⲓⲭⲁⲏⲗ ⲛ̀ⲑⲟϥ ⲉϥⲉ̇ϣⲉⲙϣⲉ ⲑⲏⲛⲟⲩ ⲛ̀ ϩⲩⲧⲟⲩ
ϧⲉⲛ ⲟⲩⲣⲁϣⲓ ⲓ̇ⲧⲉ ⲕⲟⲩϫⲓ ⲓ̇ⲧⲉ ⲟⲩⲛⲓϣϯ ⲛ̀ⲑⲟϥ ⲉϥⲉ̇-
ϣⲱⲡ ⲉ̇ⲣⲟϥ ⲛ̀ⲧⲱⲧⲉⲛ ⲛ̀ⲧⲉⲧⲉⲛⲡⲣⲟϩⲉ̇ⲣⲉⲥⲓⲥ ϫⲉ
ⲟⲩⲉⲓ ⲫϯ ⲕⲱϯ ⲛ̀ ⲧⲟⲧⲉⲛ ⲁⲛ ⲛ̀ ⲥⲁ ⲡϣⲱⲓ ⲛ̀ ⲧⲉⲛ- 25
ϫⲟⲙ ⲡⲗⲏⲛ ⲟⲩⲡⲣⲟϩⲉ̇ⲣⲉⲥⲓⲥ ⲉ̇ ⲛⲁⲛⲉ ⲥ ⲉⲧ ⲉϥⲛⲁⲕⲱϯ
ⲛ̀ⲥⲱⲥ ⲛ̀ ⲧⲟⲧⲉⲛ ⲓⲉ ⲥⲱⲧⲉⲙ ⲁ̇ⲛⲟⲕ ϯⲛⲁⲧⲁⲙⲟⲕ
ϧⲉⲛ ⲡⲓⲥⲏⲟⲩ ⲉ̇ ⲛⲁⲣⲉ ⲡⲥⲱⲧⲏⲣ ⲛⲉⲙⲁⲛ ϩⲓϫⲉⲛ

ⲡⲕⲁϩⲓ ⲁ̀ ⲛⲓⲣⲱⲙⲓ ϫⲉⲙⲟⲩ ϫⲉ ⲉⲩⲓⲛⲓ ⲛ̀ ⲛⲟⲩⲭⲣⲏⲙⲁ

ⲟⲃ̄. ⲃ. ⲉⲩϩⲓⲟⲩⲓ̀ ⲙ̀ⲙⲱⲟⲩ ⲉ̀ ⲡⲓⲕⲁⲍⲟⲫⲩⲗⲁⲅⲓⲱⲛ | ⲟⲩⲟϩ
ⲙ̀ⲡⲉ ⲫϯ ⲑⲙⲁⲓⲱⲟⲩ ⲉ̀ⲙⲁϣⲱ Ⲟⲩⲟϩ ⲉ̀ⲧⲁⲥⲕⲱϯ
ⲛ̀ϫⲉ ϯⲭⲏⲣⲁ ⲛ̀ ⲥϩⲓⲙⲓ ϧⲉⲛ ⲡⲉⲥⲛⲓ ⲁⲥϫⲓⲙⲓ ⲛ̀
ⲗⲉⲡⲧⲟⲛ ⲃ̄ ϩⲟⲗⲱⲥ ⲁⲥ̀ⲓⲛⲓ ⲙ̀ⲙⲱⲟⲩ ϧⲉⲛ ⲟⲩⲥⲱⲟⲩ- 5
ⲧⲉⲛ ⲁⲥϩⲓⲧⲟⲩ ⲉ̀ ϧⲟⲩⲛ ⲉ̀ ⲡⲓⲕⲁⲍⲟⲫⲩⲗⲁⲅⲓⲱⲛ
ⲁϥϯ ⲛⲁⲥ ⲛ̀ϫⲉ ⲫϯ ⲙ̀ ⲡⲓⲙⲁⲕⲁⲣⲓⲥⲙⲟⲥ ⲟⲩⲟϩ ⲁϥ-
ⲧⲁⲓⲟⲥ ⲉϥϫⲱ ⲙ̀ⲙⲟⲥ ϫⲉ ϩⲱⲃ ⲛⲓⲃⲉⲛ ⲉⲧ ⲉⲛⲧⲁⲥ
ⲁⲥⲧⲏⲓϥ ⲡⲉⲥ ⲱⲛϧ ⲧⲏⲣϥ Ⲛ̀ⲑⲟⲕ ϩⲱⲕ ⲱ̀ ⲡⲓⲙⲉⲛⲣⲓⲧ
ⲁ̀ⲣⲓ ⲥⲡⲟⲧⲁⲍⲓⲛ ϩⲓⲛⲁ ⲉ̀ⲑⲣⲉⲕϯ ⲫϯ ϧⲉⲛ ⲫⲣⲁⲛ 10
ⲙ̀ ⲡⲓⲁⲣⲭⲏⲁⲅⲅⲉⲗⲟⲥ ⲙⲓⲭⲁⲏⲗ ⲟⲩⲟϩ ⲛ̀ⲑⲟϥ ϩⲱϥ

ⲟⲅ̄. ⲁ. ϥⲛⲁϯ ⲛⲁⲕ ⲛ̀ ϩⲁⲙⲏϣ ⲛ̀ ⲁⲅⲁⲑⲟⲛ ⲟⲩⲟϩ | ϥⲛⲁ
ⲉⲣ ⲇⲓⲁⲕⲱⲛⲓⲛ ⲙ̀ⲙⲟⲕ ⲛ̀ ϧⲏⲧⲟⲩ ⲟⲩⲟϩ ⲉ̀ϣⲱⲡ
ⲁⲕϣⲁⲛϯ ⲛ̀ ⲟⲩⲇⲱⲣⲟⲛ ⲛ̀ⲑⲟⲕ ⲉ̀ϫⲉⲛ ⲫⲣⲁⲛ ⲙ̀ ⲡⲓⲁⲣ-
ⲭⲏⲁⲅⲅⲉⲗⲟⲥ ⲙⲓⲭⲁⲏⲗ ⲫϯ ⲇⲉ ⲉϥⲉ̀ϯ ⲛⲁⲕ ⲉ̀ⲃⲟⲗϧⲉⲛ 15
ⲡⲓⲇⲱⲣⲟⲛ Ⲙⲓⲭⲁⲏⲗ ⲇⲉ ⲉϥⲉ̀ϯ ⲧⲁⲓⲟ ⲛⲁⲕ ⲁⲕϣⲁⲛϯ
ⲛ̀ ⲟⲩⲙⲉⲧⲛⲁⲏⲧ ⲉ̀ϫⲉⲛ ⲫⲣⲁⲛ ⲙ̀ ⲫϯ ⲙ̀ ⲙⲓⲭⲁⲏⲗ
ⲫϯ ⲇⲉ ⲉϥⲉ̀ ⲉⲣ ⲃⲟⲏⲑⲓⲛ ⲉ̀ⲣⲟⲕ ϧⲉⲛ ⲧⲉϥⲙⲉⲧϣⲁⲛⲁ-
ϩⲟⲏϥ ϧⲉⲛ ⲧⲉϥⲙⲉⲧⲟⲩⲣⲟ ⲛ̀ ⲁⲧ ⲕⲏⲛ ϧⲉⲛ ⲧⲫⲉ
Ⲉ̀ϣⲱⲡ ⲛ̀ⲑⲟⲕ ⲁⲕϣⲁⲛϣⲱⲡ ⲛ̀ ⲟⲩϣⲉⲙⲙⲟ ⲉ̀ⲣⲟⲕ 20
ⲉ̀ϫⲉⲛ ⲫⲣⲁⲛ ⲙ̀ ⲫϯ ⲙ̀ ⲙⲓⲭⲁⲏⲗ ⲫϯ ⲛⲁϣⲟⲡⲕ

ⲟⲅ̄. ⲃ. ⲉ̀ϧⲟⲩⲛ ⲉ̀ ⲛⲉⲛⲁⲩⲗⲓⲟⲩ ⲛ̀ ϯϩⲓⲣⲏⲛⲏ | Ⲁⲕϣⲁⲛⲧⲥⲟ
ⲛ̀ ⲟⲩⲁⲓ ⲉϥϩⲟⲕⲉⲣ ⲉ̀ϫⲉⲛ ⲫⲣⲁⲛ ⲙ̀ ⲫϯ ⲙ̀ ⲙⲓⲭⲁⲏⲗ
ⲫϯ ⲛⲁⲧⲥⲟⲕ ⲉ̀ⲃⲟⲗϧⲉⲛ ⲛⲉⲛⲁ̀ⲅⲁⲑⲟⲛ ⲛ̀ ⲧⲉϥⲙⲉⲧⲟⲩ-
ⲣⲟ Ⲉ̀ϣⲱⲡ ⲛ̀ⲑⲟⲕ ⲁⲕϣⲁⲛϩⲃⲱⲥ ⲛ̀ ⲟⲩⲁⲓ ⲉϥⲃⲏϣ 25
ⲉ̀ϫⲉⲛ ⲫⲣⲁⲛ ⲙ̀ ⲫϯ ⲙ̀ ⲙⲓⲭⲁⲏⲗ ⲫϯ ⲛⲁϯ ϩⲓⲱⲧⲕ
ⲛ̀ ⲟⲩⲥⲧⲟⲗⲏ ⲛ̀ ⲟⲩⲱ̀ⲟⲩ ϧⲉⲛ ⲛⲓⲫⲏⲟⲩⲓ̀ Ⲟⲩⲟϩ ⲁⲕ-
ϣⲁⲛϯ ⲛ̀ ⲟⲩⲁ̀ⲫⲟⲧ ⲛ̀ ⲏⲣⲡ ⲛ̀ ⲟⲩⲁⲓ ⲉ̀ϫⲉⲛ ⲫⲣⲁⲛ

ⲛ̀ ⲫϯ ⲛ̀ ⲙⲓⲭⲁⲏⲗ ⲫϯ ⲛⲁϯ ⲛⲁⲕ ⲉⲃⲟⲗϧⲉⲛ ⲡⲓⲏⲣⲡ
ⲛ̀ ϯⲃⲱ ⲛ̀ ⲁⲗⲟⲗⲓ ⲛ̀ ⲙⲏⲓ ⲉ̀ⲧ ⲕⲉⲛⲓⲏⲟⲩⲧ Ⲉ̀ϣⲱⲡ
ⲛ̀ⲙⲟⲛⲧⲉⲕ ⲏⲣⲡ ϯ ⲛ̀ ⲟⲩⲁ̀ⲫⲟⲧ ⲛ̀ ⲙⲱⲟⲩ ϩⲱⲥ
ϩⲟⲗⲱⲥ ⲛ̀ ⲫⲣⲏϯ ⲛ̀ ⲡⲥⲁϫⲓ ⲛ̀ ⲡϬⲥ ϧⲉⲛ ⲡⲓⲉⲩⲁⲅ-

ⲟ̄ⲇ̄. ⲁ. ⲅⲉⲗⲓⲟⲛ | ϥϫⲱ ⲛ̀ⲙⲟⲥ ϫⲉ ⲫⲏ ⲉ̀ⲑ ⲛⲁⲧⲥⲉ ⲑⲏⲛⲟⲩ 5
ⲛ̀ ⲟⲩⲁ̀ⲫⲟⲧ ⲛ̀ ⲙⲱⲟⲩ ϩⲟϫ ϧⲉⲛ ⲡⲁ ⲣⲁⲛ ϫⲉ ⲛ̀ⲑⲱⲧⲉⲛ
ⲛⲁ Ⲡⲭ̄ⲥ̄ ⲛ̀ⲛⲉ ϥⲧⲁⲕⲟ̀ ⲛ̀ϫⲉ ⲡⲉϥⲃⲉⲭⲉ ⲫϯ ⲉϥⲉ̀ⲧⲥⲟⲕ
ⲉ̀ⲃⲟⲗϧⲉⲛ ϯⲙⲟⲩⲛⲓ ⲛ̀ ⲙⲱⲟⲩ ⲛ̀ⲧⲉ ⲡⲱⲛϧ ⲫⲏ ⲉ̀ⲑ
ⲛⲏⲟⲩ ⲉ̀ⲃⲟⲗϧⲉⲛ ⲡⲓⲑⲣⲟⲛⲟⲥ ⲉ̀ⲑ ⲟⲩⲁⲃ Ⲁⲕϣⲁⲛϫⲉⲙ-
ⲡϣⲓⲛⲓ ⲛ̀ ⲟⲩⲁⲓ ϥⲭⲏ ϧⲉⲛ ⲟⲩϣⲱⲛⲓ ⲉ̀ϫⲉⲛ ⲫⲣⲁⲛ 10
ⲛ̀ ⲫϯ ⲛ̀ ⲙⲓⲭⲁⲏⲗ ⲫϯ ⲛⲁⲟⲩⲱⲣⲡ ⲛⲁⲕ ⲛ̀
ⲡⲉϥⲁⲅⲅⲉⲗⲟⲥ ⲉⲑⲣⲉϥϫⲉⲛ ⲡⲉⲕϣⲓⲛⲓ ϩⲱⲕ ϧⲉⲛ
ⲡⲉⲕⲛⲓϣϯ ⲛ̀ ϣⲱⲛⲓ ⲉ̀ⲧⲉ ⲡⲉϩⲟⲟⲩ ⲛ̀ ⲡⲉⲕⲙⲟⲩ ⲡⲉ

ⲟ̄ⲇ̄. ⲃ. Ⲁⲕϣⲁⲛϩⲱⲗ ϣⲁ ⲛⲏ ⲉ̀ⲧ ⲭⲏ ϧⲉⲛ ⲡⲓϣⲧⲉⲕⲟ |
ⲛ̀ⲧⲉⲕϯ ⲛⲟⲙϯ ⲛⲱⲟⲩ ϧⲉⲛ ⲡϣⲗⲓ ⲛ̀ ⲡⲓⲁⲣⲭⲏⲁⲅⲅⲉ- 15
ⲗⲟⲥ ⲙⲓⲭⲁⲏⲗ ⲫϯ ⲛⲁⲟⲩⲱⲣⲡ ⲛⲁⲕ ⲛ̀ ⲙⲓⲭⲁⲏⲗ
ⲉⲑⲣⲉϥⲛⲁϩⲙⲉⲕ ⲉ̀ⲃⲟⲗϧⲉⲛ ⲡϣⲧⲉⲕⲟ ⲛ̀ ⲁ̀ⲙⲉⲛϯ
ⲟⲩⲟϩ ⲉⲣⲉ ⲫϯ ⲛⲁϫⲟⲥ ⲛⲁⲕ ϫⲉ ⲁ̀ⲛⲟⲕ ⲁⲓϫⲉⲙⲧ
ϧⲉⲛ ⲡϣⲧⲉⲕⲟ ⲟⲩⲟϩ ⲁⲕⲓ̀ ϣⲁⲣⲟⲓ Ⲁⲕϣⲁⲛⲕⲱⲧ ⲛ̀
ⲟⲩⲉⲕⲕⲗⲏⲥⲓⲁ̀ ⲉ̀ϫⲉⲛ ⲫⲣⲁⲛ ⲛ̀ ⲫϯ ⲛ̀ ⲙⲓⲭⲁⲏⲗ ⲫϯ 20
ⲛⲁ ⲉⲣ ϩⲙⲟⲧ ⲛⲁⲕ ⲛ̀ ⲟⲩϩⲓ ⲛ̀ ⲁⲧ ⲙⲟⲩⲛⲕ ⲛ̀ ϫⲓϫ
ϧⲉⲛ ⲧⲫⲉ Ⲟⲩⲟϩ ⲁⲕϣⲁⲛⲛⲁⲩ ⲉ̀ ⲟⲩⲁⲓ ⲉϥⲟⲓ ⲛ̀ ⲁⲧ
ϫⲟⲙ ⲉⲑⲃⲉ ⲟⲩⲛ̀ⲕⲁϩ ⲛ̀ ⲥⲱⲙⲁ ⲟⲩⲟϩ ⲛ̀ⲧⲉⲕϯⲛⲁϯ

ⲟ̄ⲉ̄. ⲁ. ϧⲉⲛ ⲡⲉϥⲫⲁϧⲣⲓ ⲫϯ ⲛ̀ ⲙⲓⲭⲁⲏⲗ | ⲛⲁ ⲉⲣ ⲫⲁϧⲣⲓ
ⲉ̀ⲣⲟⲕ ⲉ̀ⲃⲟⲗϧⲉⲛ ⲡϣⲱⲛⲓ ⲛ̀ ⲁ̀ⲙⲉⲛϯ Ϫⲉ ⲟⲩⲉⲓ 25
ⲥⲥ̀ϧⲛⲟⲩⲧ ⲛⲁⲓ ϩⲓⲛⲁ ⲛ̀ⲧⲟⲩⲛⲁⲓ ⲛⲱⲧⲉⲛ ⲡⲗⲏⲛ
ⲱ̀ⲟⲩⲛⲓⲁ̀ⲧⲟⲩ ⲛ̀ ⲛⲓⲛⲁⲏⲧ ϫⲉ ⲛ̀ⲑⲱⲟⲩ ⲡⲉ ⲉ̀ⲧⲟⲩ-
ⲛⲁⲛⲁⲓ ⲛⲱⲟⲩ Ⲡⲁⲗⲓⲛ ϫⲉ ⲡⲓⲛⲁⲓ ϣⲟⲩϣⲟⲩ ⲙ̀ⲙⲟϥ

ⲉϫⲉⲛ ⲡⲓϩⲁⲡ ⲟⲩⲟϩ ⲧⲁⲅⲁⲡⲏ ϩⲱⲡⲥ ⲉⲃⲟⲗ ⲉϫⲉⲛ
ⲟⲩⲙⲏϣ ⲛ̀ ⲛⲟⲃⲓ ⲱ̅ ⲛⲁⲙⲉⲛⲣⲁϯ ⲛ̀ ⲥⲛⲏⲟⲩ ⲥⲉⲙⲡϣⲁ
ⲛ̀ⲧⲉⲛ ⲉⲣ ⲁⲅⲱⲛⲓⲍⲉⲥⲑⲉ ⲉⲑⲣⲉⲛ ⲓⲣⲓ ⲛ̀ ⲟⲩⲛⲁⲓ ϧⲉⲛ
ⲡⲇⲱⲣⲟⲛ ⲛ̀ ⲫϯ ⲛⲉⲙ ⲟⲩⲁⲅⲁⲡⲏ ϧⲉⲛ ⲫⲣⲁⲛ ⲛ̀
ⲫϯ ⲛ̀ ⲙⲓⲭⲁⲏⲗ ϫⲉ ⲟⲩⲉⲓ ⲧⲉⲛⲉ̀ⲙⲓ ϫⲉ ⲥⲉⲙⲡϣⲁ 5

ⲟⲉ̅. ⲃ. ⲟⲩⲟϩ ⲟⲩⲇⲓⲕⲉⲟⲛ ⲡⲉ ⲟⲩⲟϩ ϥ̀ϧⲉⲛⲧ ⲉ̀ ⲱⲧ ⲛ̀ ⲥⲛⲟⲩ
ⲛⲓⲃⲉⲛ ⲟⲩⲟϩ ϥ̀ϯ ⲛ̀ ⲫⲟⲩⲁⲓ ⲫⲟⲩⲁⲓ ⲕⲁⲧⲁ ⲛⲉϥϩ-
ⲃⲏⲟⲩⲓ̀ ⲟⲩⲟϩ ⲛ̀ⲧⲉⲛϩⲓⲧⲟⲧⲉⲛ ϧⲉⲛ ϯⲁⲅⲁⲡⲏ ⲛ̀ ⲥⲛⲟⲩ
ⲛⲓⲃⲉⲛ ⲱ̀ ⲛⲁⲙⲉⲛⲣⲁϯ ϫⲉ ϯⲛⲟⲩ ϯⲁⲅⲁⲡⲏ ⲟⲩ
ⲉ̀ⲃⲟⲗϧⲉⲛ ⲫϯ ⲡⲉ ϫⲉ ϯⲁⲅⲁⲡⲏ ϯⲛⲟⲩⲟⲩⲛⲁⲓ ⲧⲉ 10
ϫⲉ ⲟⲩⲛⲁⲓ ⲁϥⲁⲓϥ ⲛⲉⲙ ⲡⲉⲛ ⲓⲱⲧ ⲁ̀ⲇⲁⲙ ⲛⲉⲙ
ⲧⲉⲛⲙⲁⲩ ⲉⲩⲁ̀ ⲁϥϣⲟⲡϥ ⲉ̀ⲣⲟϥ ⲛ̀ⲧⲟⲩⲙⲉⲧⲁⲛⲟⲓⲁ
ⲟⲩⲟϩ ⲁϥⲭⲱ ⲉ̀ⲃⲟⲗ ⲛ̀ⲧⲟⲩⲡⲁⲣⲁⲃⲁⲥⲓⲥ ϧⲉⲛ ⲛⲉⲛⲧⲱⲃϩ
ⲛ̀ ⲙⲓⲭⲁⲏⲗ ⲛⲉⲙ ⲟⲩⲁⲅⲁⲡⲏ ⲟⲩⲛ ⲁϥⲁⲓⲥ ⲛⲉⲙ
ⲡⲓⲑⲙⲏⲓ ⲁ̀ⲃⲉⲗ ⲁϥϣⲱⲡ ⲉ̀ⲣⲟϥ ⲛ̀ⲧⲉϥⲑⲩⲥⲓⲁ̀ ϩⲓⲧⲉⲛ 15

ⲟⲋ̅. ⲁ. ⲛⲉⲛⲧⲱⲃϩ ⲛ̀ ⲙⲓⲭⲁⲏⲗ ⲟⲩⲛⲁⲓ ⲟⲩⲛ ⲁϥⲁⲓϥ ⲛⲉⲙ
ⲉ̀ⲛⲱⲭ ⲁϥⲟⲩⲟⲑⲃⲉϥ ⲉ̀ϣⲧⲉⲛⲑⲣⲉϥⲛⲁⲩ ⲉ̀ ⲫⲙⲟⲩ ϧⲉⲛ
ⲛⲉⲛⲧⲱⲃϩ ⲛ̀ ⲙⲓⲭⲁⲏⲗ ⲟⲩⲛⲁⲓ ⲟⲩⲛ ⲁϥⲁⲓϥ ⲛⲉⲙ
ⲛⲱⲉ̀ ⲁϥⲑⲁⲙⲓⲟ̀ ⲛⲁϥ ⲛ̀ ⲟⲩⲕⲩⲃⲱⲧⲟⲥ ⲟⲩⲟϩ ⲁϥⲛⲁϩ-
ⲙⲉϥ ⲛⲉⲙ ⲡⲉϥⲏⲓ ⲧⲏⲣϥ ϧⲉⲛ ⲛⲉⲛⲧⲱⲃϩ ⲛ̀ ⲙⲓⲭⲁⲏⲗ 20
ⲟⲩⲛⲁⲓ ⲟⲩⲛ ⲁϥⲁⲓϥ ⲛⲉⲙⲁⲃⲣⲁⲁⲙ ⲡⲉⲛⲓⲱⲧ ⲛ̀ ⲫⲣⲏϯ
ⲛ̀ⲧⲉϥⲇⲓⲁⲑⲏⲕⲏ ⲛⲉⲙⲁϥ ⲟⲩⲟϩ ⲁϥϯ ⲛ̀ ⲓ̀ⲥⲁⲁⲕ ⲛⲁϥ
ϩⲓⲧⲉⲛ ⲛⲉⲛⲧⲱⲃϩ ⲛ̀ ⲙⲓⲭⲁⲏⲗ ⲟⲩⲛⲁⲓ ⲟⲩⲛ ⲁϥⲁⲓϥ
ⲛⲉⲙ ⲓ̀ⲥⲁⲁⲕ ⲛ̀ ϣⲟⲣⲡ ⲛ̀ ⲡⲉϥϣⲱⲧ ⲟⲩⲟϩ ⲁϥϯ ⲛ̀

ⲟⲋ̅. ⲃ. ⲟⲩⲉ̀ⲥⲱⲟⲩ ⲛ̀ ⲧⲉϥϣⲉⲃⲓⲱ̀ | ⲟⲩⲛⲁⲓ ⲟⲩⲛ ⲁϥⲁⲓϥ ⲛⲉⲙ 25
ⲓⲁⲕⲱⲃ ⲁϥϯ ⲛⲁϥ ⲛ̀ ⲟⲩⲭⲁⲣⲓⲥ ⲙ̀ⲡⲉⲙⲑⲟ ⲛ̀ ⲏⲥⲁⲩ
ⲡⲉϥⲥⲟⲛ ϩⲓⲧⲉⲛ ⲛⲉⲛⲧⲱⲃϩ ⲛ̀ ⲙⲓⲭⲁⲏⲗ ⲟⲩⲛⲁⲓ
ⲟⲩⲛ ⲁϥⲁⲓϥ ⲛ̀ϫⲉ ⲫϯ ⲛⲉⲙ ⲓⲱⲥⲏⲫ ⲁϥⲛⲁϩⲙⲉϥ

ⲛ̀ ⲧⲟⲧⲟⲩ ⲛ̀ ⲛⲉϥⲥⲛⲏⲟⲩ ⲛⲉⲙ ϯⲣⲉⲙⲛ̀ⲭⲏⲙⲓ ϩⲓⲧⲉⲛ
ⲛⲉⲛⲧⲱⲃϩ ⲛ̀ ⲙⲓⲭⲁⲏⲗ Ⲟⲩⲛⲁⲓ ⲟⲩⲛ ⲁϥⲁⲓϥ ⲛ̀ϫⲉ
ⲫϯ ⲛⲉⲙ ⲙⲱⲩⲥⲏⲥ ⲡⲁⲣⲭⲏⲡⲣⲟⲫⲏⲧⲏⲥ ⲁϥⲙⲁϩϥ ⲛ̀
ϩⲙⲟⲧ ⲉϩⲟⲧⲉ ⲣⲱⲙⲓ ⲛⲓⲃⲉⲛ ϩⲓⲧⲉⲛ ⲛⲉⲛⲧⲱⲃϩ ⲛ̀
ⲙⲓⲭⲁⲏⲗ Ⲟⲩⲛⲁⲓ ⲟⲩⲛ ⲁϥⲁⲓϥ ⲛ̀ϫⲉ ⲫϯ ⲛⲉⲙ ⲏ̀ⲥⲟⲩ 5
[ⲡϣⲏⲣⲓ] ⲛ̀ⲧⲉ ⲛⲁⲩⲏ ⲁϥⲑⲣⲉ ⲫⲣⲏ ⲟϩⲓ ⲉ̀ⲣⲁⲧϥ

ⲟ̅ⲍ̅ .ⲁ. ⲛ̀ ϩⲟⲩⲟ ⲉ̀ ⲟⲩⲉ̀ϩⲟⲟⲩ ϣⲁⲧ ⲉϥⲃⲟⲗⲃⲉⲗ ⲛ̀ ⲛⲉϥϫⲁϫⲓ
ⲧⲏⲣⲟⲩ ϩⲓⲧⲉⲛ ⲛⲉⲛⲧⲱⲃϩ ⲛ̀ ⲙⲓⲭⲁⲏⲗ Ⲟⲩⲛⲁⲓ
ⲟⲩⲛ ⲁϥⲁⲓϥ ⲛ̀ϫⲉ ⲫϯ ⲛⲉⲙ ⲇⲁⲩⲓⲇ ⲡⲟⲩⲣⲟ ⲉ̀
ⲁϥⲥⲱⲧⲡϥ ⲉⲃⲟⲗϧⲉⲛ ⲛⲉϥⲥⲛⲏⲟⲩ ⲟⲩⲟϩ ⲁϥⲑⲁϩϥ 10
ⲛ̀ ⲟⲩⲣⲟ ⲉ̀ϫⲉⲛ ⲡⲉϥⲗⲁⲟⲥ ϩⲓⲧⲉⲛ ⲛⲉⲛⲧⲱⲃϩ ⲛ̀
ⲙⲓⲭⲁⲏⲗ Ⲟⲩⲛⲁⲓ ⲟⲩⲛ ⲁϥⲁⲓϥ ⲛ̀ϫⲉ ⲫϯ ⲛⲉⲙ ⲥⲟⲗⲟ-
ⲙⲱⲛ ⲁϥϩⲟⲛϩⲉⲛ ⲛⲁϥ ⲉ̀ⲑⲣⲉϥⲕⲱⲧ ⲛ̀ ⲟⲩⲏⲓ ⲙ̀
ⲡ̅ϭ̅ⲥ̅ ϩⲓⲧⲉⲛ ⲛⲉⲛⲧⲱⲃϩ ⲛ̀ ⲙⲓⲭⲁⲏⲗ Ⲟⲩⲛⲁⲓ ⲟⲩⲛ
ⲁϥⲁⲓϥ ⲛ̀ϫⲉ ⲫϯ ⲛⲉⲙ ⲓⲉⲍⲉⲕⲓⲁⲥ ⲡⲟⲩⲣⲟ ⲛ̀ ⲑⲙⲏⲓ 15
ⲟⲩⲟϩ ⲁϥϯ ⲛⲁϥ ⲛ̀ ⲕⲉ ⲓ̅ⲉ̅ ⲛ̀ⲣⲟⲙⲡⲓ ⲛ̀ ϩⲙⲟⲧ ⲉ̀ϫⲉⲛ
ⲛⲉϥⲉ̀ϩⲟⲟⲩ ϩⲓⲧⲉⲛ ⲛⲉⲛⲧⲱⲃϩ ⲙ̀ ⲙⲓⲭⲁⲏⲗ Ⲟⲩⲛⲁⲓ

ⲟ̅ⲍ̅. ⲃ. ⲟⲩⲛ ⲁϥⲁⲓϥ ⲛ̀ϫⲉ ⲫϯ ⲛⲉⲙ ⲡⲅⲉⲛⲟⲥ ⲧⲏⲣϥ ⲛ̀ ⲁⲇⲁⲙ
ⲁϥ ⲉⲣ ϩⲟⲩⲟ̀ ϩⲙⲟⲧ ⲉ̀ϣⲱⲟⲩ ⲛ̀ϫⲉ ⲡⲉⲛⲛⲟⲩϯ ⲁϥⲣⲉⲕ
ⲧⲫⲉ ⲁϥⲓ̀ ⲉ̀ ⲡⲉⲥⲏⲧ ϩⲓϫⲉⲛ ⲡⲕⲁϩⲓ ⲉ̀ ⲁϥϭⲓ ⲥⲁⲣⲍ̅ 20
ϧⲉⲛ ϯⲡⲁⲣⲑⲉⲛⲟⲥ ⲉⲑ ⲟⲩⲁⲃ ⲟⲩⲟϩ ⲁϥϯ ⲛ̀ⲧⲉϥⲯⲩⲭⲏ
ⲛ̀ⲙⲓⲛ ⲙ̀ⲙⲟϥ ⲛ̀ ⲥⲱϯ ⲉ̀ϩⲣⲏⲓ ⲉ̀ϫⲱⲛ ϣⲁⲧ ⲉϥⲧⲟⲩϫⲟⲛ
ⲉ̀ⲃⲟⲗϧⲉⲛ ⲁ̀ⲙⲉⲛϯ ϩⲓⲧⲉⲛ ⲛⲉⲛⲧⲱⲃϩ ⲛ̀ ⲙⲓⲭⲁⲏⲗ
ⲉ̀ ⲁϥⲭⲁ ⲛⲉⲛⲛⲟⲃⲓ ⲛⲁⲛ ⲉ̀ⲃⲟⲗ Ⲟⲩⲛⲁⲓ ⲟⲩⲛ ⲁϥⲁⲓϥ
ⲛ̀ϫⲉ ⲫϯ ⲛⲉⲙ ⲛⲉⲛⲓⲟϯ ⲛ̀ ⲁⲡⲟⲥⲧⲟⲗⲟⲥ ⲁϥⲥⲟⲧⲡⲟⲩ 25

ⲟ̅ⲏ̅. ⲁ. ⲉ̀ⲃⲟⲗϧⲉⲛ ⲛⲓⲕⲟⲥⲙⲟⲥ ⲧⲏⲣϥ ⲁϥϯ ϫⲟⲙ ⲛⲱⲟⲩ
ϩⲓⲛⲁ ⲉ̀ⲑⲣⲟⲩⲧⲁⲥⲑⲟ ⲛ̀ ⲛⲁⲓ ⲧⲏⲣⲟⲩ ⲉ̀ ⲡⲥⲟⲩⲉⲛ
ϯⲙⲉⲑⲙⲏⲓ ϩⲓⲧⲉⲛ ⲛⲉⲛⲧⲱⲃϩ ⲛ̀ ⲙⲓⲭⲁⲏⲗ ϯⲛⲟⲩ

ⲇⲉ ⲱ̄ ⲛⲁ ⲙⲉⲛⲣⲁϯ ϩⲏⲡⲡⲉ ⲁⲛⲉⲙⲓ ϫⲉ ⲫⲟⲩⲱϣ
ⲧⲏⲣϥ ⲙ̄ ⲫϯ ϥϣⲟⲡ ϧⲉⲛ ⲡⲓⲛⲁⲓ ⲛⲉⲙ ϯⲁⲅⲁⲡⲏ
ⲟⲩⲟϩ ⲡⲓⲁⲣⲭⲏⲁⲅⲅⲉⲗⲟⲥ ⲉⲑ ⲟⲩⲁⲃ ⲙⲓⲭⲁⲏⲗ ϥⲟⲓ
ⲛⲁⲛ ⲛ̄ ⲣⲉϥϯⲛⲟⲙϯ ⲛⲉⲙ ⲣⲉϥⲉⲣ ⲡⲣⲉⲥⲃⲉⲩⲓⲛ ϧⲁⲧⲉⲛ
ⲫϯ Ⲙⲁⲣⲉⲛϭⲟϫⲓ ϩⲱⲛ ⲟⲩⲛ ϧⲉⲛ ⲡⲓϫⲓⲛⲕⲱϯ ⲛ̀ⲥⲁ 5
ⲡⲓⲛⲁⲓ ⲛⲉⲙ ϯⲁⲅⲁⲡⲏ ϫⲉ ⲟⲩⲏⲓ ⲥⲥϧⲏⲟⲩⲧ ϫⲉ ⲡⲓⲛⲁⲓ
ϭⲓⲥⲓ ⲟⲩⲟϩ ϯⲁⲅⲁⲡⲏ ⲥⲥⲟⲧⲡⲱⲛ Ⲡⲉⲛ ϭ̄ⲥ̄ ⲇⲉ ⲟⲩⲟϩ

ⲟ̄ⲏ̄. ⲃ. ⲡⲉⲛⲛⲟⲩϯ ⲟⲩⲟϩ ⲡⲉⲛⲥⲱⲧⲏⲣ ⲓ̄ⲏ̄ⲥ̄ ⲡ̄ⲭ̄ⲥ̄ ⲡⲓⲛⲁⲏⲧ
ⲱϣ ⲉⲃⲟⲗ ⲉϥϫⲱ ⲙ̀ⲙⲟⲥ ϫⲉ ⲛⲁⲓ ⲛ̀ⲧⲟⲩⲛⲁⲓ ⲛⲱⲧⲉⲛ
ⲙⲟⲓ ⲇⲉ ⲛ̀ ⲫϯ ϩⲓⲛⲁ ⲛ̀ⲧⲟⲩϯ ⲛⲱⲧⲉⲛ ⲟⲩⲟϩ ϧⲉⲛ 10
ⲡⲓϣⲓ ⲉ̀ⲧ ⲧⲉⲧⲉⲛϣⲓ ⲙ̀ⲙⲟϥ ⲉⲩⲛⲁϣⲓ ⲛⲱⲧⲉⲛ ⲛ̀
ϧⲏⲧϥ Ⲙⲁⲣⲉⲛϣⲓ ϯⲛⲟⲩ ϧⲉⲛ ⲟⲩϣⲓ ⲉ̀ ⲛⲁⲛⲉ ϥ ⲙ̀
ⲫⲟⲟⲩ ϧⲉⲛ ⲡϣⲁⲓ ⲙ̀ ⲡⲓⲁⲣⲭⲏⲁⲅⲅⲉⲗⲟⲥ ⲉⲑ ⲟⲩⲁⲃ
ⲙⲓⲭⲁⲏⲗ ϩⲓⲛⲁ ⲛ̀ⲑⲟϥ ϩⲱϥ ⲛ̀ⲧⲉϥϣⲓ ⲛⲁⲛ ⲛ̄ ⲟⲩϣⲓ
ⲛ̀ ⲁⲅⲁⲑⲟⲥ ϧⲉⲛ ⲑⲙⲉⲧⲟⲩⲣⲟ ⲛ̀ ⲛⲓⲫⲏⲟⲩⲓ̀ Ⲟⲩⲟϩ 15
ⲙⲁⲣⲉⲛ ⲉⲣ ϣⲁⲓ ϧⲉⲛ ⲟⲩϣⲁⲓ ⲙ̀ ⲡ̄ⲡ̄ⲁⲧⲓⲕⲟⲛ ϧⲉⲛ

ⲟ̄ⲑ̄. ⲁ. ⲫⲣⲁⲛ ⲙ̀ ⲡⲓⲁⲣⲭⲏⲁⲅⲅⲉⲗⲟⲥ ⲙⲓⲭⲁⲏⲗ ϩⲓⲛⲁ ⲛ̀ⲧⲉⲛ
ⲉⲣ ϣⲁⲓ ⲛⲉⲙⲁϥ ⲛⲉⲙ ⲡϭ̄ⲥ̄ ⲟⲩⲛ ϧⲉⲛ ⲡϣⲁⲓ ⲉⲑ
ⲙⲏⲛ ⲉⲃⲟⲗ ϣⲁ ⲉ̀ⲛⲉϩ ϧⲉⲛ ⲛⲓⲫⲏⲟⲩⲓ ⲟⲩⲟϩ ⲛ̀ⲧⲉⲛⲭⲱ
ⲛ̀ⲥⲱⲛ ⲛ̀ ϩⲱⲃ ⲛⲓⲃⲉⲛ ⲛ̀ⲧⲉϯ ⲇⲓⲁⲇⲓⲕⲓⲁ ϧⲉⲛ ⲡϣⲁⲓ 20
ⲙ̀ ⲡⲓⲁⲣⲭⲏⲁⲅⲅⲉⲗⲟⲥ ⲉⲑ ⲟⲩⲁⲃ ⲙⲓⲭⲁⲏⲗ ϩⲓⲛⲁ
ⲛ̀ⲧⲉϥ ϩⲓⲱⲧⲉⲛ ⲛ̀ ⲛⲉⲛⲥⲕⲉⲩⲟⲥ ⲙ̀ ⲫⲟⲩⲱⲓⲛⲓ ⲟⲩⲟϩ
ⲙⲁⲣⲉⲛ ϯ ⲱ̀ⲟⲩ ⲙ̀ ⲫϯ ⲙ̀ ⲫⲟⲟⲩ ⲛⲉⲙ ⲡⲓⲛⲓϣϯ ⲛ̀
ⲁⲣⲭⲏⲁⲅⲅⲉⲗⲟⲥ ⲉⲑ ⲟⲩⲁⲃ ⲙⲓⲭⲁⲏⲗ ϧⲉⲛ ⲡⲉϥϣⲁⲓ
ⲉⲑ ⲟⲩⲁⲃ ϩⲓⲛⲁ ⲛ̀ⲧⲉϥ ϯ ⲱ̀ⲟⲩ ⲛⲁⲛ ϩⲱϥ ϧⲉⲛ 25

ⲟ̄ⲑ̄. ⲃ. ⲡⲓⲛⲓϣϯ ⲛ̀ ϣⲁⲓⲉ ⲉ̀ⲧ ϫⲏⲕ ⲉⲃⲟⲗ Ⲟⲩⲟϩ ⲙⲁⲣⲉⲛⲫⲟϩ
ⲙ̀ⲙⲟⲛ ⲉ̀ ⲡⲓⲁⲣⲭⲏⲁⲅⲅⲉⲗⲟⲥ ⲙⲓⲭⲁⲏⲗ ϧⲉⲛ ⲡⲉϥϣⲁⲓ
ⲉⲑ ⲟⲩⲁⲃ ⲉⲣⲉ ⲛⲉⲛⲥⲁⲣⲝ ⲧⲟⲩⲃⲏⲟⲩⲧ ϧⲉⲛ ⲟⲩⲙⲱⲟⲩ

ⲉϥ ⲟⲩⲁⲃ ⲟⲩⲟϩ ⲧⲉⲛⲥⲉⲗⲥⲱⲗ ϧⲉⲛ ϩⲁⲛϩⲉⲃⲥⲱ
ⲉⲩⲥⲁⲓⲱⲟⲩ ⲉⲣⲉ ⲛⲉⲛϫⲓϫ ⲙⲉϩ ⲛ̀ ϫⲁⲗ ⲛ̀ ⲥⲑⲟⲓ ⲛ̀
ⲟⲩϥⲓ ⲉⲛϫⲱ̀ ⲙ̀ⲙⲟⲥ ϫⲉ ⲱ̀ ⲡⲁⲣⲭⲱⲛ ⲛ̀ ⲙⲓⲫⲏⲟⲩⲓ̀
ⲡⲓⲁⲣⲭⲏⲁⲅⲅⲉⲗⲟⲥ Ⲧⲱⲃϩ ⲙ̀ ⲫϯ ⲉⲑⲣⲉϥ ⲉⲣ ϩ̀ⲙⲟⲧ
ⲛⲁⲛ ⲛ̀ ⲟⲩⲃ̀ⲣⲉ ⲉ̀ ⲡⲣⲱϣⲓ ⲛⲉⲙ ⲟⲩϩⲉⲃⲥⲱ ⲟⲩⲟϩ 5
ϯϩⲟ̀ ⲉ̀ ⲫϯ ⲉ̀ϫⲱⲛ ⲉⲑⲣⲉϥ ⲭⲱ ⲛⲁⲛ ⲉ̀ⲃⲟⲗ ⲱ̀
ⲡⲓⲁⲣⲭⲏⲁⲅⲅⲉⲗⲟⲥ ⲉ̀ⲑ ⲟⲩⲁⲃ ⲙⲓⲭⲁⲏⲗ ϣⲗⲏⲗ ⲉ̀ ⲫϯ

ⲡ. ⲗ. ⲉ̀ϫⲱⲛ ⲱ̀ ⲡⲓⲁⲣⲭⲏⲁⲅⲅⲉⲗⲟⲥ ⲉ̀ⲑ ⲟⲩⲁⲃ ϩⲓⲛⲁ ⲛ̀
ⲧⲉϥ ⲉⲣ ϩ̀ⲙⲟⲧ ⲛⲁⲛ ⲛ̀ ⲟⲩϩⲓⲣⲏⲛⲏ ⲉ̀ ϧⲟⲩⲛ ⲉ̀
ⲛⲉⲛⲉⲣⲏⲟⲩ ϫⲉ ⲛ̀ⲑⲟⲕ ⲡⲉ ⲧⲉⲛϩⲓⲣⲏⲛⲏ ϫⲉ ⲕⲥⲱⲟⲩⲛ̀ 10
ⲱ̀ ⲡⲉⲛⲡⲣⲟⲥⲧⲁⲧⲏⲥ ϫⲉ ⲁ̀ⲛⲟⲛ ⲟⲩⲕⲁϩⲓ ⲛⲉⲙ ⲟⲩⲱ̀ⲙⲓ
ⲛⲉⲙ ⲟⲩⲕⲉⲣⲙⲓ Ⲡⲗⲏⲛ ⲫϯ ⲟⲩⲡⲁⲛⲧ ⲛ̀ ⲣⲉϥⲭⲱ
ⲛⲁⲛ ⲉ̀ⲃⲟⲗ ϫⲉ ⲟⲩⲉⲓ ⲁⲛ ⲉⲣ ⲛⲟⲃⲓ ϥⲧⲟⲙⲓ ⲛ̀ⲑⲟⲕ
ⲉⲑⲣⲉⲕⲧⲱⲃϩ ⲉ̀ϫⲱⲛ ⲙ̀ ⲫϯ ϩⲓⲛⲁ ⲛ̀ⲧⲉϥⲭⲱ ⲛⲁⲛ
ⲉ̀ⲃⲟⲗ ϧⲉⲛ ⲡϫⲓⲛ ⲧⲉⲛϣϥ ⲟⲩⲃⲏⲕ ⲫⲱⲕ ⲛ̀ⲑⲟⲕ ⲉⲑⲣⲉⲕ 15
ϯϩⲟ̀ ⲉ̀ ⲫϯ ⲉ̀ϫⲱⲛ ⲉⲑⲣⲉ ϥⲭⲱ ⲛⲁⲛ ⲉ̀ⲃⲟⲗ ⲱ̀

ⲡ. ⲃ. ⲙⲓⲭⲁⲏⲗ ⲡⲓⲁⲣⲭⲏⲁⲅⲅⲉⲗⲟⲥ ⲉ̀ⲑ ⲟⲩⲁⲃ ⲁⲛⲟⲛ
ⲧⲉⲛϣⲱϥⲧ ⲟⲩⲟϩ ⲛ̀ⲑⲟⲕ ⲕ̀ⲧϩⲟ ⲙ̀ ⲫϯ ⲡⲉⲛⲟⲩⲣⲟ
ⲉ̀ϫⲱⲛ ⲁ̀ⲛⲟⲛ ⲧⲉⲛⲥⲱⲟⲩⲛ ⲙ̀ ⲫⲁⲓ ⲧⲁ ⲫⲙⲏⲓ ⲱ̀
ⲡⲓⲁⲣⲭⲏⲁⲅⲅⲉⲗⲟⲥ ⲙⲓⲭⲁⲏⲗ ⲛ̀ⲑⲟⲕ ⲡⲉ ⲡⲁϩⲱⲣ ⲛ̀ 20
ⲑⲙⲉⲧⲛⲁⲏⲧ ⲛ̀ ⲫϯ ⲡⲓⲛⲁⲏⲧ ⲧⲉⲕ ⲉⲣ ⲉⲣ ⲡⲣⲉⲥⲃⲉⲩⲓⲛ
ⲉ̀ϫⲱⲛ ⲧⲏⲣⲉⲛ ⲛ̀ ⲡⲉⲛⲑⲟ ⲛ̀ ⲫϯ ⲫⲓⲱⲧ ⲛ̀ ⲛⲓⲙⲉⲧ-
ϣⲉⲛϩⲏⲧ ⲉⲧ ⲥⲙⲁⲣⲟⲩⲧ ϧⲉⲛ ϩⲱⲃ ⲛⲓⲃⲉⲛ ϣⲁ ⲉⲛⲉϩ
ϩⲓⲛⲁ ⲛ̀ⲧⲉϥⲭⲁ ⲛⲉⲛ ⲛⲟⲃⲓ ⲧⲏⲣⲟⲩ ⲛⲁⲛ ⲉ̀ⲃⲟⲗ ⲛⲏ
ⲉⲧ ⲁⲛⲁⲓⲧⲟⲩ ϧⲉⲛ ⲟⲩⲉ̀ⲙⲓ ⲛⲉⲙ ϧⲉⲛ ⲙⲉⲧ ⲁⲧ ⲉ̀ⲙⲓ 25
ⲓ̀ⲉ ϧⲉⲛ ⲡⲉⲛⲟⲩⲱϣ ⲓ̀ⲧⲉ ϧⲉⲛ ⲡⲉⲛⲟⲩⲱϣ ⲁⲛ. Ⲟⲩⲟϩ

ⲡ̄ⲗ̄. ⲇ. ⲛ̀ⲧⲉϥϯ ⲛⲁⲛ ⲙ̀ ⲡⲓⲙϣⲓⲧ ϩⲓⲛⲁ ⲛ̀ⲧⲉⲛⲭⲱ ⲛ̀ⲥⲱⲛ
ⲛ̀ ⲛⲁⲫⲁϩⲟⲩ ⲟⲩⲟϩ ⲛ̀ⲧⲉⲛϭⲟϫⲓ ⲉ̀ ⲛⲁⲧϩⲏ ⲟⲩⲟϩ

ⲛ̀ⲧⲉϥⲧⲁϩⲟⲛ ⲛⲁϥ ⲉ̀ⲛⲟⲓ ⲛ̀ ⲁⲧ ⲑⲱⲗⲉⲃ ⲛ̀ ⲡⲉⲛⲑⲟ
ⲛ̀ ⲛⲉϥϣⲓϣ ϫⲉ ⲛ̀ⲑⲟⲕ ⲡⲉ ⲉⲧ ϥ̀ⲣⲱⲟⲩϣ ϩⲁⲣⲟⲛ ⲱ̀
ⲡⲓⲛⲓϣϯ ⲛ̀ ⲁⲣⲭⲏⲁⲅⲅⲉⲗⲟⲥ ⲉ̀ⲑ ⲟⲩⲁⲃ ⲙⲓⲭⲁⲏⲗ
ⲡⲓⲁⲣⲭⲏⲥⲧⲣⲁⲧⲏⲅⲟⲥ ⲛ̀ⲧⲉ ⲧϫⲟⲙ ⲛ̀ ⲛⲓⲫⲏⲟⲩⲓ̀ ⲫⲏ
ⲉⲧ ϯ ⲱ̀ⲟⲩ ⲛ̀ ⲟⲩⲟⲛ ⲛⲓⲃⲉⲛ ⲉⲧ ⲉⲣ ϣⲁⲓ ⲙ̀ ⲡⲉϥⲣⲁⲛ 5
ⲉ̀ⲟ ⲟⲩⲁⲃ ϧⲉⲛ ⲙⲁⲓ ⲛⲓⲃⲉⲛ Ⲧⲁⲫⲙⲏⲓ ⲱ̀ ⲛⲁⲙⲉⲛ-
ⲣⲁϯ ⲁⲓϣⲓ ⲧⲟⲧ ⲉ̀ ⲟⲩⲛⲓϣϯ ⲛ̀ ⲁⲣⲭⲏ ⲥⲁ ⲡϣⲱⲓ
ⲛ̀ⲧⲁϫⲟⲛ ⲟⲩⲟϩ ⲁⲓⲕⲱϯ ⲛ̀ⲥⲁ ⲟⲩⲛⲓϣϯ ⲛ̀ ⲡⲉⲗⲁⲅⲟⲥ

ⲡ̅ⲗ̅. ⲃ. ⲉϥⲟⲩⲏⲟⲩ ⲉⲙⲁϣⲱ ⲛ̀ ϯϣⲉⲙϫⲟⲙ ⲁⲛ ⲉ̀ ⲉⲣ ϣⲓⲛⲓⲟⲣ
ⲙ̀ⲙⲟⲥ ϫⲉ ⲟⲩⲉⲓ ⲁⲓϫⲟⲥ ϧⲉⲛ ϯⲁⲣⲭⲏ ⲙ̀ ⲡⲓⲉⲅⲕⲱ- 10
ⲙⲓⲟⲛ ϫⲉ ⲧⲁ ⲕⲩⲃⲱⲧⲟⲥ ⲟⲩⲕⲟⲩϫⲓ ⲟⲩⲟϩ ⲧⲁ
ⲓ̀ⲉⲃϣⲱⲧ ⲥⲉⲉⲃⲛⲏⲟⲩⲧ ⲛ̀ ϯⲉ̀ⲙⲓ ⲛ̀ ⲛⲓⲃⲓ ⲁⲛ ⲟⲩⲟϩ
ⲡⲓⲛⲟⲩⲛ ϧⲟⲥⲓ ⲉ̀ⲙⲁϣⲱ ⲉ̀ⲧⲉ ⲫⲟⲩⲱⲥⲟⲉⲛ ⲙ̀ ⲡⲁⲓ
ⲉⲅⲕⲱⲙⲓⲟⲛ ⲡⲉ ⲫⲏ ⲉ̀ ϯⲧⲁⲓⲟ̀ ⲛ̀ ϩⲓⲧϥ ⲙ̀ ⲡⲓⲛⲓϣϯ
ⲛ̀ ⲁⲣⲭⲏⲁⲅⲅⲉⲗⲟⲥ ⲉ̀ⲑ ⲟⲩⲁⲃ ⲙⲓⲭⲁⲏⲗ Ⲁⲛⲟⲕ ⲇⲉ 15
ϯϯϩⲟ ⲉ̀ⲣⲱⲧⲉⲛ ⲱ̀ ⲛⲁⲥⲛⲏⲟⲩ ϩⲓⲛⲁ ⲛ̀ⲧⲉⲧⲉⲛϯ-
ⲧⲟⲧⲉⲛ ⲛⲉⲙⲏⲓ ϩⲓⲛⲁ ⲛ̀ⲧⲁⲛⲟϩⲉⲙ ⲉ̀ⲃⲟⲗϧⲉⲛ ⲟⲙⲛⲧ
ⲛ̀ ⲡⲁⲓ ⲛⲓϣϯ ⲛ̀ ⲛⲟⲩⲛ ⲉ̀ⲧⲉ ⲙ̀ⲙⲟⲛ ⲁⲩⲅⲣⲏⲝϥ ⲛ̀ⲧⲁϥ

ⲡ̅ⲉ̅. ⲁ. ⲟⲩⲟϩ ⲛ̀ⲧⲉⲛⲓ̀ ⲉ̀ ⲡⲓⲭⲣⲟ ϧⲉⲛ ⲟⲩϩⲓⲣⲏⲛⲏ ϫⲉ ⲁⲓϩⲓⲧⲟⲧ
ⲉ̀ ⲥⲁϫⲓ ⲛⲉⲙⲱⲧⲉⲛ ⲛ̀ ⲛⲉⲛⲱ̀ⲟⲩ ⲛⲉⲙ ⲛⲉⲛⲧⲁⲓⲟ̀ 20
ⲉⲩⲧⲟⲙⲓ ⲟⲩⲟϩ ⲉⲩⲉⲣ ϣⲁⲩ ⲉ̀ ⲫⲏ ⲉⲧ ⲉⲛ ⲉⲣ ϣⲁⲓ
ⲛⲁϥ ⲙ̀ ⲫⲟⲟⲩ ⲡⲓⲁⲣⲭⲏⲁⲅⲅⲉⲗⲟⲥ ⲙⲓⲭⲁⲏⲗ Ⲡⲗⲏⲛ
ⲟⲩⲗⲁⲥ ⲛ̀ ⲥⲁⲣⲝ ⲡⲉ ⲡⲁ ⲗⲁⲥ ⲟⲩⲟϩ ⲟⲩⲥⲁⲣⲝ ⲛ̀
ⲱϥⲓ ⲡⲉ ⲧⲁ ⲥⲁⲣⲝ ⲟⲩⲟϩ ⲛ̀ ϯϣⲉⲙϫⲟⲙ ⲁⲛ ⲉ̀ ϫⲱ
ⲙ̀ ⲛⲓϣⲓ ⲙ̀ ⲡⲉϥⲱ̀ⲟⲩ ⲉ̀ ⲡϫⲱⲕ ⲛ̀ ⲑⲙⲉⲧⲛⲓϣϯ ⲛ̀ 25
ⲧⲉϥϫⲁϩⲥⲓⲥ Ⲛⲑⲟⲕ ⲡⲉⲧⲉ ⲫⲱⲓ ⲛⲉⲙ ⲫϯ ⲱ̀ ⲙⲓⲭⲁⲏⲗ
ⲫⲣⲁϣⲓ ⲙ̀ ⲡⲁ ϩⲏⲧ ⲱ̀ ⲡⲓⲁⲣⲭⲏⲁⲅⲅⲉⲗⲟⲥ ⲉ̀ⲑ ⲟⲩⲁⲃ
ⲡⲥⲟⲗⲥⲉⲗ ⲙ̀ ⲡⲁ ⲗⲁⲥ ⲙⲓⲭⲁⲏⲗ ⲡⲥⲁϫⲓ ⲛ̀ ⲣⲱⲓ

πⲃ̅. ⲃ. ⲡⲥⲱⲟⲩⲧⲉⲛ ⲙ̀ ⲡⲁ ⲥ̅ⲏⲧ ϣⲁ ⲫϯ Ⲁⲱ ⲛ̀ ⲧⲁⲡⲣⲟ
ⲓⲉ Ⲁⲱ ⲛ̀ Ⲗⲁⲥ ⲓⲉ Ⲁⲱ ⲛ̀ ϩⲏⲧ ⲉϥⲙⲉϩ ⲛ̀ Ⲁⲣⲉⲧⲏ
ⲉ̀ ⲟⲩⲟⲛϣⲭⲟⲙ ⲙ̀ⲙⲟϥ ⲉ̀ ⲭⲱ ⲛ̀ ⲡϣⲓ ⲛ̀ ⲡⲉⲕⲁⲝⲓⲱⲙⲁ
ⲓⲉ ϥⲛⲁϥⲟϩ ⲉ̀ ⲡϣⲓ ⲛ̀ ⲧⲉⲕⲙⲉⲧⲛⲓϣϯ ⲛⲉⲙ ⲡⲓⲱ̀ⲟⲩ
ⲉⲧ ⲁ̀ ⲫϯ ⲥⲉⲗⲥⲟⲗⲕ ⲛ̀ ϧⲏⲧⲕ Ⲛⲁⲓ ⲧⲏⲣⲟⲩ ⲉ̀ⲧⲁⲓ- 5
ⲭⲟⲧⲟⲩ ⲱ̀ ⲡⲁⲣⲭⲱⲛ ⲛ̀ ⲑⲙⲉⲧⲟⲩⲣⲟ ⲛ̀ ⲛⲓⲫⲏⲟⲩⲓ̀
ⲉⲩⲉⲣϣⲁⲩ ⲙ̀ ⲡⲱⲟⲩ ⲛ̀ ⲧⲉⲕⲙⲉⲧⲛⲓϣϯ ⲁⲗⲗⲁ ⲭⲱ
ⲛⲏⲓ ⲉ̀ⲃⲟⲗ ⲱ̀ ⲡⲁ ⲟ̅ⲥ̅ ⲙⲓⲭⲁⲏⲗ ⲭⲉ ⲁⲛⲟⲕ ⲟⲩⲣⲉϥⲉⲣ-
ⲛⲟⲃⲓ ⲟⲩⲟϩ ϯⲭⲱⲭⲉⲃ ⲉ̀ⲙⲁϣⲱ ϧⲉⲛ ⲛⲁϩⲃⲏⲟⲩⲓ Ⲁⲛⲟⲕ
ϯϯϩⲟ̀ ⲉ̀ⲣⲟⲕ ⲱ̀ ⲙⲓⲭⲁⲏⲗ ⲡⲓⲣⲉϥϯⲧⲟⲧϥ ϣⲱⲡ ⲉ̀ⲣⲟⲕ 10
πⲅ̅. ⲁ. ⲛ̀ ⲧⲁⲑⲩⲥⲓⲁ̀ ⲉ̀ⲧⲟⲓ ⲛ̀ ⲕⲟⲩⲭⲓ ⲟⲁⲓ ⲉⲧ ⲁⲥⲣⲁⲃⲱ ϩⲓⲛⲁ
ⲛ̀ⲧⲁⲧⲏⲓⲥ ⲛⲁⲕ ϧⲉⲛ ⲡⲉⲕϣⲁⲓ ⲉ̀ⲟ ⲟⲩⲁⲃ ⲙ̀ⲡ ⲉⲣ
ⲥⲛⲁⲩϩ ⲙ̀ⲙⲟⲕ ⲁⲛ ⲉ̀ ⲥⲱⲧⲉⲙ ⲉ̀ ⲡⲉⲕⲃⲱⲕ ⲉⲑⲃⲉ ⲭⲉ
ϥⲭⲱⲭⲉⲃ ⲛ̀ϫⲉ ⲡⲁⲥⲱⲣⲟⲛ Ⲁⲗⲗⲁ ϣⲱⲡ ⲉ̀ⲣⲟⲕ ⲛ̀ ⲧⲁ
ⲥⲡⲟⲩⲇⲁⲛ ⲙ̀ ⲫⲣⲏϯ ⲛ̀ⲑⲁ ϯⲧⲉⲃⲓ ⲥⲛⲟⲩϯ ⲭⲉ ⲟⲩⲉⲓ 15
ϯⲉ̀ⲙⲓ ⲭⲉ ⲛ̀ⲑⲟⲕ ⲟⲩⲛⲁⲏⲧ ⲛ̀ ⲣⲉϥϣⲉⲛϩⲏⲧ ⲉⲑⲃⲉ ⲫⲁⲓ
ⲁⲓⲕⲱϯ ⲛ̀ ⲥⲱⲕ ⲉⲑⲃⲉ ⲭⲉ ⲙ̀ⲙⲟⲛ ⲧⲏⲓ ⲛ̀ ⲕⲉ ⲣⲉϥⲉⲣ-
ⲡⲣⲉⲥⲃⲉⲩⲓⲛ ϧⲁⲧⲉⲛ ⲫϯ ⲉ̀ⲃⲏⲗ ⲉ̀ⲣⲟⲕ ⲱ̀ ⲡⲓⲁⲣⲭⲏ-
ⲁⲅⲅⲉⲗⲟⲥ ⲙⲓⲭⲁⲏⲗ Ⲁⲕϣⲁⲛⲉⲣ ⲡⲉⲟ ⲛⲁⲛⲉ ϥ ⲛⲉⲙⲏⲓ
πⲅ̅. ⲃ. ⲛ̀ⲧⲉⲕ ϣⲱⲡ ⲉ̀ⲣⲟⲕ ⲙ̀ ⲡⲁ ⲕⲟⲩⲭⲓ ⲛ̀ ⲧⲁⲓⲟ̀ ⲕⲁⲛ 20
ⲓⲥⲭⲉ ϥⲭⲱⲭⲉⲃ Ⲁⲛⲟⲕ ⲇⲉ ϯⲛⲁ ⲉⲣ ⲛⲩⲙⲫⲓⲛ ⲙⲉⲛⲉⲛ-
ⲥⲁ ⲛⲁⲓ ⲉⲑⲣⲓⲛⲓ ⲛⲁⲕ ⲛ̀ ⲟⲩⲧⲁⲓⲟ̀ ⲉ̀ⲃⲟⲗϧⲉⲛ ⲣⲱⲓ
ⲛ̀ ⲣⲉϥⲉⲣⲛⲟⲃⲓ ⲛⲉⲙ ⲡⲁ Ⲗⲁⲥ ⲉⲧ ⲭⲱⲭⲉⲃ ⲛⲉⲙ ⲡⲁ
ϩⲏⲧ ⲛ̀ ⲥⲏⲟⲩ ⲛⲓⲃⲉⲛ ⲛ̀ ⲛⲓⲉ̀ϩⲟⲟⲩ ⲧⲏⲣⲟⲩ ⲛ̀ⲧⲉ ⲡⲁ
ⲱⲛϧ Ⲛ̀ⲧⲁ ⲡⲓⲥⲧⲉⲩⲓⲛ ϧⲉⲛ ⲫⲁⲓ ⲧⲁⲫⲙⲏⲓ ⲭⲉ ⲁⲓϣⲁⲛ- 25
ⲉⲣ ⲡⲱⲃϣ ⲙ̀ ⲡⲉⲕⲣⲁⲛ ⲛ̀ⲧⲁϣⲧⲉⲙ ⲉⲣ ⲡⲉϥⲙⲉⲩⲓ̀ ⲛ̀
ⲥⲏⲟⲩ ⲛⲓⲃⲉⲛ ϧⲉⲛ ⲡⲁ ϩⲏⲧ ⲱ̀ ⲡⲓⲁⲣⲭⲏⲁⲅⲅⲉⲗⲟⲥ ⲛ̀
ⲛⲓⲉ̀ϩⲟⲟⲩ ⲧⲏⲣⲟⲩ ⲛ̀ⲧⲉ ⲡⲁ ⲱⲛϧ ⲉⲓⲉϣⲱⲡⲓ ⲛ̀ ⲁⲧ

ⲟⲩⲧⲁϩ ⲟⲩⲟϩ ⲛ̀ ⲁⲧ ⲃⲉⲭⲓⲓ ⲛ̀ ⲡⲉⲙⲑⲟ ⲛ̀ ⲫϯ ϫⲉ

ⲡⲇ̄. ⲁ. ⲡⲉⲣⲫⲙⲉⲩⲓ ⲛ̀ ⲡⲉⲕⲣⲁⲛ ⲉⲑ ⲟⲩⲁⲃ ⲱ̄ ⲡⲓⲁⲣⲭⲏ-
ⲁⲅⲅⲉⲗⲟⲥ ⲉⲑ ⲟⲩⲁⲃ ⲙⲓⲭⲁⲏⲗ ⲡⲓⲛⲓϣϯ ⲛ̀ ⲁⲣⲭⲏⲁⲅⲅⲉ-
ⲗⲟⲥ ⲉⲑ ⲟⲩⲁⲃ ⲫⲏ ⲉⲧ ⲟⲓ ⲛ̀ ⲥⲱⲧ ⲛⲏⲓ ϧⲉⲛ ⲡⲁ
ϫⲓⲛϩⲉⲓ ⲛⲉⲙ ⲡⲁ ϫⲓⲛⲧⲱⲛⲧ ⲱ̄ ⲡⲓⲁⲣⲭⲏⲁⲅⲅⲉⲗⲟⲥ ⲉⲑ 5
ⲟⲩⲁⲃ ⲫⲏ ⲉⲧⲉ ⲡⲅⲉⲛⲟⲥ ⲧⲏⲣϥ ⲛ̀ ⲁⲇⲁⲙ ⲁⲩϫⲓⲙⲓ
ⲛ̀ ⲟⲩⲡⲁⲣⲣⲏⲥⲓⲁ ϧⲁⲧⲉⲛ ⲫϯ ⲉ̀ⲑⲃⲏⲧⲕ ⲱ̄ ⲡⲓⲁⲣⲭⲏ-
ⲁⲅⲅⲉⲗⲟⲥ ⲙⲓⲭⲁⲏⲗ ⲛ̀ⲑⲟⲕ ⲡ ⲉⲑ ⲙⲙⲟⲩ ⲉ̀ ϧⲟⲩⲛ ⲉⲕ̀ⲓⲣⲓ
ⲛ̀ ⲡⲉⲛⲙⲉⲩⲓ ⲙ̀ⲡⲉⲙⲑⲟ ⲛ̀ ⲫϯ ϩⲓⲛⲁ ⲛ̀ⲧⲉϥϣⲉⲛϩⲏⲧ
ϧⲁⲣⲟⲛ ⲉϥⲉϣⲱⲡⲓ ⲛⲁⲛ ⲟⲩⲛ ⲛ̀ ⲫⲟⲟⲩ ϧⲉⲛ ⲡⲉⲕ- 10

ⲡⲇ̄. ⲃ. ⲛⲓϣϯ ⲛ̀ ϣⲁⲓ ⲉⲑⲣⲉⲕ ⲉⲣ ⲡⲣⲉⲥⲃⲉⲩⲓⲛ ϧⲁⲣⲟⲛ ϧⲁⲧⲉⲛ
ⲡ̄ⲟ̄ⲥ̄ ϯⲛⲟⲩ ϩⲓⲛⲁ ⲛ̀ⲧⲉⲛϣⲱⲡ ⲉⲣⲟϥ ⲛ̀ⲧⲉⲛⲥⲡⲟⲩⲇⲁⲛ
ⲉ̀ⲧⲉⲛⲓ̀ⲣⲓ ⲙ̀ⲙⲟⲥ ⲛⲁⲕ ϧⲉⲛ ⲡⲉⲕ ⲉⲣ ⲫⲙⲉⲩⲓ ⲉⲑ ⲟⲩⲁⲃ
ⲱ̄ ⲡⲓⲛⲓϣϯ ⲛ̀ ϥⲁⲓⲣⲱⲟⲩϣ ϧⲁⲣⲟⲛ ⲙⲓⲭⲁⲏⲗ ⲉⲑⲣⲉⲛϭⲓ
ⲛ̀ ⲡⲓⲙⲱⲓⲧ ⲧⲏⲣⲉⲛ ⲉ̀ ⲡϫⲓⲛⲧⲉⲛⲙⲟϣⲓ ϧⲉⲛ ⲡⲉⲧⲉϩⲛⲉ 15
ⲫϯ ⲛ̀ ⲥⲏⲟⲩ ⲛⲓⲃⲉⲛ ⲙ̀ ⲡⲉⲙⲑⲟ ⲛ̀ ⲛⲉϥϫⲓϫ ⲟⲩⲟϩ
ⲛ̀ⲧⲉϥⲛⲁϩⲙⲉⲛ ⲉ̀ⲃⲟⲗϧⲉⲛ ⲛⲓ ⲫⲁϣ ⲧⲏⲣⲟⲩ ⲛ̀ⲧⲉ ⲫⲏ
ⲉⲧ ϯ ⲟⲩⲃⲏⲛ ⲡⲓϫⲁϫⲓ ⲛ̀ⲧⲉ ⲙⲉⲑⲙⲏⲓ ⲛⲓⲃⲉⲛ ⲡⲓⲥⲁ-
ⲙⲉⲑⲛⲟⲩϫ ⲛ̀ⲥⲁ ⲙ̀ ⲡ ⲉⲧ ϩⲱⲟⲩ ⲟⲩⲟϩ ⲛ̀ⲧⲉ ⲫϯ
ⲧⲁϩⲟⲛ ⲉ̀ⲣⲁⲧⲉⲛ ⲛⲁϥ ⲛ̀ ⲟⲩⲙⲉⲧⲟⲩⲣⲟ ⲛⲉⲙ ⲟⲩⲙⲉ- 20

ⲡⲉ̄. ⲁ. ⲧⲟⲩⲏⲃ ⲛⲉⲙ ⲟⲩⲅⲉⲛⲟⲥ ⲉϥ ⲟⲩⲁⲃ ⲛⲉⲙ ⲟⲩⲗⲁⲟⲥ
ⲉϥⲱ̀ⲛϧ ϩⲓⲧⲉⲛ ⲛⲓⲧⲱⲃϩ ⲉⲧ ⲉⲥ̀ⲓⲣⲓ ⲙ̀ⲙⲱⲟⲩ ϧⲁⲣⲟⲛ
ⲛ̀ϫⲉ ⲧⲉⲛ ⲟ̄ⲥ̄ ⲧⲏⲣⲉⲛ ϯⲣⲉϥϫⲫⲉ ⲫϯ ⲡⲓⲗⲟⲅⲟⲥ
ⲁⲗⲏⲑⲱⲥ ϯⲁⲅⲓⲁ ⲙⲁⲣⲓⲁⲙ ⲑⲏ ⲉⲧ ⲟⲓ ⲙ̀ ⲡⲁⲣⲑⲉⲛⲟⲥ
ⲛ̀ ⲥⲏⲟⲩ ⲛⲓⲃⲉⲛ ⲛⲉⲙ ⲛⲉⲛⲡⲣⲉⲥⲃⲓⲁ ⲛ̀ ⲫⲏ ⲉ̀ ⲧⲉⲛ 25
ⲉⲣ ϣⲁⲓ ⲛⲁϥ ⲙ̀ ⲫⲟⲟⲩ ⲡⲓⲛⲓϣϯ ⲛ̀ ⲁⲣⲭⲏⲁⲅⲅⲉⲗⲟⲥ
ⲉⲑ ⲟⲩⲁⲃ ⲙⲓⲭⲁⲏⲗ ⲫⲏ ⲉⲧ ⲧⲱⲃϩ ⲙ̀ ⲡ̄ⲟ̄ⲥ̄ ⲉ̀ϫⲱⲛ ⲛ̀
ⲥⲏⲟⲩ ⲛⲓⲃⲉⲛ ⲛⲉⲙ ⲛⲉⲛⲧⲱⲃϩ ⲙ̀ ⲡⲭⲱⲣⲟⲥ ⲧⲏⲣϥ

ⲛ̀ⲧⲉⲛ ⲉⲣ ϣⲫⲏⲣ ⲛ̀ ⲁ̀ⲧ ⲥⲱⲙⲁⲧⲟⲥ ⲛⲉⲙ ⲛⲉⲛⲧⲱⲃϩ
ⲛ̀ ⲫⲏ ⲉ̀ⲧⲉ ⲛ̀ⲙⲟⲛ ⲟⲩⲁⲓ ⲧⲱⲛϥ ϧⲉⲛ ⲛⲓⲙⲓⲥⲓ ⲛ̀ⲧⲉ

ⲡⲉ̄. ⲃ. ⲛⲓϩⲓⲟ̀ⲙⲓ ⲉ̀ⲛⲁⲁϥ ⲉ̀ϩⲟⲧ ⲉ̀ⲣⲟϥ ⲡⲓⲁ̀ⲅⲓⲟⲥ ⲓ̀ⲱⲁⲛⲛⲏⲥ
ⲡⲓⲡⲣⲟⲇⲣⲟⲙⲟⲥ ⲛ̀ ⲃⲁⲡⲧⲓⲥⲧⲏⲥ ⲟⲩⲟϩ ⲛ̀ ⲙⲁⲣⲧⲩⲣⲟⲥ
ⲉⲑ ⲟⲩⲁⲃ ⲛⲉⲙ ⲛⲉⲛⲧⲱⲃϩ ⲛ̀ ⲛⲓⲡⲁⲧⲣⲓⲁⲣⲭⲏⲥ ⲛⲉⲙ 5
ⲛⲓ ⲡⲣⲟⲫⲏⲧⲏⲥ ⲛⲉⲙ ⲛⲓ ⲕⲟⲣⲩⲙⲫⲉⲟⲥ ⲛ̀ ⲁ̀ⲡⲟⲥⲧⲟⲗⲟⲥ
ⲛⲏ ⲉ̀ⲧ ⲁⲩⲟⲩⲁϩⲟⲩ ⲛ̀ⲥⲁ ⲡⲓⲡⲁⲧϣⲉⲗⲉⲧ ⲛ̀ ⲙⲏⲓ
ⲡⲉⲛⲟ̅ⲥ̅ ⲓⲏ̅ⲥ̅ ⲡⲭ̅ⲥ̅ ⲡⲉⲛ ⲱ̀ⲛϧ ⲛⲉⲙ ⲡⲓⲅ̅ ⲛ̀ ⲁ̀ⲗⲟⲩ ⲛ̀
ⲁ̀ⲅⲓⲟⲥ ⲥⲉⲇⲣⲁⲕ ⲙⲓⲥⲁⲕ ⲁⲃⲇⲉⲛⲁⲅⲱ Ⲛⲉⲙ ⲡⲓⲁ̀ⲅⲓⲟⲥ
ⲥⲧⲉⲫⲁⲛⲟⲥ ⲛⲉⲙ ⲡⲭⲱⲣⲟⲥ ⲧⲏⲣϥ ⲛ̀ⲧⲉ ⲛⲓⲁ̀ⲅⲓⲟⲥ ⲛ̀ 10
ⲙⲁⲣⲧⲩⲣⲟⲥ ⲛⲉⲙ ⲛⲓⲥⲧⲁⲩⲣⲟⲫⲱⲣⲟⲥ ⲉⲑ ⲟⲩⲁⲃ Ⲛⲁⲓ

ⲡⲉ̄. ⲗ. ⲉ̀ⲧ ⲟϩⲓ ⲉ̀ⲣⲁⲧⲟⲩ ⲧⲏⲣⲟⲩ ⲛ̀ ⲡⲉⲙⲑⲟ ⲛ̀ ⲡⲓⲑⲣⲟ-
ⲛⲟⲥ ⲛ̀ ⲃⲁⲥⲓⲗⲓⲕⲟⲛ ⲛ̀ⲧⲉ ⲫ̀ϯ ⲡⲓⲗⲟⲅⲟⲥ ⲉⲩϯϩⲟ
ⲉ̀ⲣⲟϥ ⲛ̀ ⲡⲓⲉ̀ϩⲟⲟⲩ ⲛⲉⲙ ⲡⲓⲉ̀ϫⲱⲣϩ ⲉⲑⲣⲉϥ ⲉⲣ ⲟⲩⲛⲁⲓ
ϧⲁ ⲡⲉϥⲗⲁⲟⲥ ⲛ̀ⲑⲟϥ ⲡⲉⲛ ⲟ̅ⲥ̅ ⲟⲩⲟϩ ⲡⲉⲛⲛⲟⲩϯ ⲓⲏ̅ⲥ̅ 15
ⲡⲭ̅ⲥ̅ ⲫⲁⲓ ⲉ̀ⲧⲉ ⲉ̀ⲃⲟⲗϩⲓ ⲧⲟⲧϥ ⲉ̀ⲣⲉ ⲱ̀ⲟⲩ ⲛⲓⲃⲉⲛ ⲛⲉⲙ
ⲧⲁⲓⲟ̀ ⲛⲓⲃⲉⲛ ⲛⲉⲙ ⲡⲣⲟⲥⲕⲩⲛⲏⲥⲓⲥ ⲛⲓⲃⲉⲛ ⲛⲉⲙ ϣⲙⲟⲩ-
ϣⲧ ⲛⲓⲃⲉⲛ ⲉⲣ ⲡⲣⲉⲡⲓ ⲙ̀ ⲫⲓⲱⲧ ⲛⲉⲙⲁϥ ⲛⲉⲙ
ⲡⲓⲡ̅ⲛ̅ⲁ̅ ⲉⲑ ⲟⲩⲁⲃ ⲛ̀ ⲣⲉϥⲧⲁⲛϧⲟ ⲟⲩⲟϩ ⲛ̀ ⲟ̀ⲙⲟⲟⲩⲥⲓⲟⲥ
ⲛⲉⲙⲁϥ ϯⲛⲟⲩ ⲛⲉⲙ ⲛ̀ ⲥⲏⲟⲩ ⲛⲓⲃⲉⲛ ⲛⲉⲙ ϣⲁ ⲉ̀ⲛⲉϩ 20
ⲛ̀ⲧⲉ ⲛⲓⲉ̀ⲛⲉϩ ⲧⲏⲣⲟⲩ Ⲁⲙⲏⲛ.

Ο λογος ⲛ̀ⲧⲉ ⲡⲓⲡⲁⲧⲣⲓⲁⲣⲭⲏⲥ ⲉ̀ⲑ ⲟⲩⲁⲃ ⲟⲩⲟϩ
ⲡⲓⲁⲣⲭⲏⲉ̀ⲡⲓⲥⲕⲟⲡⲟⲥ ⲛ̀ⲧⲉ ⲁⲛⲧⲓⲟⲭⲓⲁ ⲁⲃⲃⲁ ⲥⲉⲩⲏⲣⲟⲥ
ⲉ̀ ⲁϥⲧⲁⲟⲩⲟϥ ⲇⲉ ⲉϥⲟⲩⲱⲛϩ ⲉ̀ⲃⲟⲗ ⲛ̀ ⲛⲓⲙⲉⲧϣⲁⲛ-
ⲑⲏⲛϥ ⲛ̀ⲧⲉ ⲫϯ ⲁϥⲥⲁϫⲓ ⲇⲉ ⲟⲛ ⲉⲑⲃⲉ ⲧⲡⲁⲣⲟⲩⲥⲓⲁ
ⲙ̀ ⲡⲓⲁⲣⲭⲏⲁⲅⲅⲉⲗⲟⲥ ⲉ̀ⲑ ⲟⲩⲁⲃ ⲙⲓⲭⲁⲏⲗ, ⲛⲉⲙ ⲧⲉϥ-
ⲙⲉⲧⲙⲁⲓ ⲣⲱⲙⲓ ⲙ̀ ⲫⲣⲏϯ ⲉ̀ⲧⲁϥⲥⲟⲧⲟⲩ ⲛ̀ⲛⲱⲟⲩ ⲉ̀
ⲛⲓϫⲟⲣϫⲥ ⲛ̀ⲧⲉ ⲡⲓⲇⲓⲁⲃⲟⲗⲟⲥ ⲉ ⲁϥⲧⲁⲟⲩ ⲉ̀ ϩⲁⲛⲕⲟⲩϫⲓ
ⲇⲉ ⲟⲛ ⲉⲑⲃⲉ ϯⲁⲅⲓⲁ ⲛ̀ ⲕⲩⲣⲓⲁⲕⲏ ⲉ̀ⲑ ⲟⲩⲁⲃ ⲉⲑⲃⲉ ϫⲉ
ⲁ ⲡϣⲁⲓ ⲙ̀ ⲡⲓⲁⲣⲭⲏⲁⲅⲅⲉⲗⲟⲥ ⲉ̀ⲑ ⲟⲩⲁⲃ ⲙⲓⲭⲁⲏⲗ ⲉⲣ
ⲁⲡⲁⲛⲧⲁⲛ ϧⲉⲛ ϯⲣⲟⲙⲡⲓ ⲉ̀ⲧⲉⲙⲙⲁⲩ ⲉ̀ ϯⲁⲅⲓⲁ ⲛ̀
ⲕⲩⲣⲓⲁⲕⲏ Ⲁϥⲥⲁϫⲓ ⲇⲉ ⲟⲛ ⲉⲑⲃⲉ ⲙⲁⲧⲑⲉⲟⲥ ⲡⲓⲡⲣⲁ-
ⲅⲙⲁⲧⲉⲩⲧⲏⲥ ⲛⲉⲙ ⲧⲉϥⲥϩⲓⲙⲓ ⲛⲉⲙ ⲛⲉϥϣⲏⲣⲓ ⲙ̀
ⲡⲓⲣⲏϯ ⲉ̀ⲧⲁⲩⲛⲁϩϯ ⲉ̀ ⲫϯ ϩⲓⲧⲉⲛ ⲛⲓⲧⲍ̅ⲟ ⲛ̀ⲧⲉ
ⲡⲓⲁⲣⲭⲏⲁⲅⲅⲉⲗⲟⲥ ⲉ̀ⲑ ⲟⲩⲁⲃ ⲙⲓⲭⲁⲏⲗ ⲉ̀ⲧⲁϥⲧⲁⲟⲩⲟ̀
ⲇⲉ ⲙ̀ ⲡⲁⲓ ⲇⲓⲁ̀ⲗⲟⲅⲟⲥ ⲇⲉ ⲛ̀ ⲥⲟⲩ ⲓ̅ⲃ̅ ⲙ̀ ⲡⲓⲁ̀ⲃⲟⲧ
ⲁ̀ⲑⲱⲣ ⲉⲣⲉ ⲡⲓⲛⲓϣϯ ⲧⲏⲣϥ ⲑⲟⲩⲏⲧ ⲉ̀
ⲡⲧⲟⲡⲟⲥ ⲙ̀ ⲡⲓⲁⲣⲭⲏⲁⲅⲅⲉⲗⲟⲥ ⲉ̀ⲑ
ⲟⲩⲁⲃ ⲙⲓⲭⲁⲏⲗ ⲉⲩⲉⲣ ϣⲁⲓ
ⲛⲁϥ ⲛ̀ ϧⲓⲧϥ ϧⲉⲛ ⲟⲩϩⲓ-
ⲣⲏⲛⲏ ⲛ̀ⲧⲉ ⲫϯ
ⲁ̀ⲙⲏⲛ.

Ϯⲥⲱⲧⲉⲙ ⲉ̀ ⲡⲓ ⲯⲁⲗⲙⲱⲇⲟⲥ ⲉ̀ⲑ ⲟⲩⲁⲃ ⲇⲁⲩⲓⲇ ⲉϥ
ⲉⲣ ⲥⲩⲙⲙⲉⲛⲓⲛ ⲛⲁⲛ ⲙ̀ ⲛⲉⲑⲟⲩϯ ⲉ̀ϧⲟⲩⲛ ⲙ̀ ⲡⲁⲓ ϣⲁⲓ
ⲙ̀ ⲫⲟⲩⲟ ⲉϥⲱϣ ⲉ̀ⲃⲟⲗ ⲉϥϫⲱ ⲙ̀ⲙⲟⲥ ϫⲉ ⲡⲁⲅⲅⲉⲗⲟⲥ

ⲛ̅ ⲡ̅ⲟ̅ⲥ̅ ϩⲓⲕⲱⲧ ⲛ̅ ⲡⲓⲕⲱϯ ⲛ̀ ⲟⲩⲟⲛ ⲛⲓⲃⲉⲛ ⲉ̀ⲧ ⲉⲣ-
ϩⲟϯ ϧⲁ ⲧⲉϥⲭⲏ ⲟⲩⲟϩ ϥⲛⲁϩⲙⲟⲩ ⲡⲁⲓ ϣⲁⲓ
ⲟⲩⲛ ⲛ̅ ⲫⲟⲟⲩ ⲱ̀ ⲛⲁ ⲙⲉⲛⲣⲁϯ ⲟⲓ ⲛ̀ ⲃ̅ ⲛ̅ ⲡϣⲁⲓ
ⲛ̅ ⲡⲓⲁⲣⲭⲏⲁⲅⲅⲉⲗⲟⲥ ⲉ̀ⲑ ⲟⲩⲁⲃ ⲙⲓⲭⲁⲏⲗ ⲛⲉⲙ ⲡϣⲁⲓ
ⲛ̀ ϯⲕⲩⲣⲓⲁⲕⲏ ⲉ̀ⲑ ⲟⲩⲁⲃ ⲧⲁⲛⲁⲥⲧⲁⲥⲓⲥ ⲛ̀ ⲡⲉⲛⲥⲱⲧⲏⲣ 5
Ⲓⲥ ϩⲏⲡⲡⲉ ϯⲛⲁⲩ ⲉ̀ ⲟⲩⲛⲓϣϯ ⲛ̀ ϫⲁⲙⲏ ⲉϥϣⲱⲡ
ⲛ̀ⲙⲟⲛ ϩ̀ⲗⲓ ⲛ̀ ⲑⲛⲟⲩ ϣⲱϫⲧ ⲛ̀ⲙⲟⲛ ⲉ̀ ⲡⲧⲏⲣϥ ⲁⲗⲗⲁ
ⲧⲉⲧⲉⲛⲥⲉⲃⲧⲱⲧ ⲧⲏⲣⲟⲩ ⲉ̀ϣⲱⲡ ⲉ̀ⲣⲱⲧⲉⲛ ⲛ̀ ⲡⲥⲁϫⲓ
ⲛ̀ⲧⲉ ϯⲥⲃⲱ ⲓ̀ⲧⲉ ⲁⲛⲟⲛ ⲛ̀ ⲉ̀ⲧ ⲥⲁϫⲓ ⲓ̀ⲧⲉ ⲛ̀ⲑⲱⲧⲉⲛ ⲛⲏ
ⲉ̀ⲧ ⲥⲱⲧⲉⲙ Ⲟⲩⲟϩ ⲡⲁⲛⲧⲱⲥ ⲛ̀ⲧⲉ ⲡⲓⲥⲁϫⲓ ⲉ̀ⲧⲉⲙⲙⲁⲩ 10
ϫⲱⲕ ⲉ̀ⲃⲟⲗ ⲉ̀ϫⲱⲛ ϫⲉ ⲟⲩⲁⲓ ⲙⲉⲛ ⲁϥⲉⲣ ⲣ̅ ⲕⲉ ⲟⲩⲁⲓ
ⲇⲉ ⲁϥⲉⲣ ⲝ̅ ⲕⲉ ⲟⲩⲁⲓ ⲇⲉ ⲁϥⲉⲣ ⲗ̅ Ⲧⲉⲧⲉⲛⲥⲱⲟⲩⲛ
ⲅⲁⲣ ϫⲉ ϥⲟⲩⲛⲟⲩ ⲛ̀ⲙⲟⲛ ⲁⲛ ⲛ̀ϫⲉ ⲡⲓⲣⲉϥϯ ⲃⲉⲭⲉ
ⲛ̀ ⲙⲏⲓ ⲡⲉⲛ ⲟ̅ⲥ̅ ⲓⲏⲥ ⲡⲭⲥ ⲡϣⲏⲣⲓ ⲛ̅ ⲫϯ ⲉ̀ⲧ ⲟⲛϧ
ϥϫⲱ ⲛ̀ⲙⲟⲥ ⲅⲁⲣ ϧⲉⲛ ⲡⲉϥⲣⲱϥ ⲉ̀ⲑ ⲙⲉϩ ⲛ̀ ⲱⲛϧ 15
ⲛⲉⲙ ⲙⲉⲑⲙⲏⲓ ⲛⲓⲃⲉⲛ ϫⲉ ⲡⲓⲙⲁ ⲉ̀ⲧⲉ ⲟⲩⲟⲛ ⲃ̅ ⲓ̀ⲉ ⲅ̅
ⲉⲣ ⲥⲩⲛⲁⲅⲉⲥⲑⲉ ⲛ̀ⲙⲁⲩ ϧⲉⲛ ⲡⲁⲣⲁⲛ ϯⲭⲏ ⲛ̀ⲙⲁⲩ
ϧⲉⲛ ⲧⲟⲩⲙⲏϯ Ϩⲟⲥⲟⲛ ⲉϥϣⲟⲡ ⲛⲉⲙⲁⲛ ⲛ̀ϫⲉ ⲡⲉⲛ-
ⲛⲟⲩϯ ⲙⲁⲣⲉⲛϣⲱⲡ ⲉ̀ⲣⲟⲛ ⲛ̅ ⲡⲥⲁϫⲓ ⲛ̅ ⲡⲓⲡⲣⲟⲫⲏ-
ⲧⲏⲥ ⲟⲩⲟϩ ⲡⲓⲣⲉϥⲉⲣ ⲯⲁⲗⲓⲛ ⲇⲁⲩⲓⲇ ⲉϥϫⲱ ⲛ̀ⲙⲟⲥ 20
ϫⲉ ⲥⲣⲱϥⲧ ⲟⲩⲟϩ ⲁⲣⲓ ⲉ̀ⲙⲓ ϫⲉ ⲁⲛⲟⲕ ⲡⲉ ⲫϯ ⲉⲓⲉ-
ϭⲓⲥⲓ ⲉ̀ϫⲉⲛ ⲛⲓⲉⲑⲛⲟⲥ ⲉⲓⲉ̀ϭⲓⲥⲓ ⲉ̀ϫⲉⲛ ⲡⲕⲁϩⲓ ⲧⲏⲣϥ
Ⲧⲉⲧⲉⲛⲥⲱⲟⲩⲛ ⲛⲁ ⲙⲉⲛⲣⲁϯ ϫⲉ ⲡϣⲁⲓ ⲛ̅ ⲡⲉⲛ
ⲟⲩϫⲁⲓ ⲡⲉ ⲫⲟⲟⲩ ⲉ̀ⲧⲉ ⲟⲗⲓ ⲧⲉ ϯⲁ̀ⲅⲓⲁ̀ ⲛ̀ ⲕⲩⲣⲓⲁⲕⲏ
ⲉ̀ⲑ ⲟⲩⲁⲃ ⲉ̀ⲧ ⲥϣⲉ ⲡⲉ ⲛ̀ⲧⲉⲛϩⲱⲥ ⲟⲩⲟϩ ⲛ̀ⲧⲉⲛ- 25
ⲥⲙⲟⲩ ⲟⲩⲟϩ ⲛ̀ⲧⲉⲛϯ ⲱⲟⲩ ⲙ̀ ⲡⲟ̅ⲥ̅ ⲛ̀ ϣⲟⲣⲡ ϫⲉ
ⲉ̀ⲣⲉ ⲱⲟⲩ ⲛⲓⲃⲉⲛ ⲉⲣ ⲡⲣⲉⲡⲓ ⲛⲁϥ ⲛ̀ ⲥⲛⲟⲩ ⲛⲓⲃⲉⲛ
ϣⲁ ⲉ̀ⲛⲉϩ ⲛ̀ⲧⲉ ⲛⲓⲉ̀ⲛⲉϩ ⲧⲏⲣⲟⲩ ⲁ̀ⲙⲏⲛ Ⲙⲉⲛⲉⲛⲥⲱⲥ

ⲙⲁⲣⲉⲛⲧⲁⲥⲑⲟⲛ ⲛ̇ⲧⲉⲛⲥⲁϫⲓ ⲉ̇ ⲡⲧⲁⲓⲟ̇ ⲙ̇ ⲙⲓⲭⲁⲏⲗ
ⲡⲓⲛⲓϣϯ ⲛ̇ ⲁⲣⲭⲏⲁⲅⲅⲉⲗⲟⲥ ⲉ̇ⲑ ⲟⲩⲁⲃ ⲥⲱⲧⲉⲙ ⲅⲁⲣ
ⲉ̇ⲣⲟϥ ϧⲉⲛ ⲡⲓⲉⲩⲁⲅⲅⲉⲗⲓⲟⲛ ⲉ̇ⲑ ⲟⲩⲁⲃ ⲕⲁⲧⲁ ⲙⲁⲧⲑⲉⲛ

ϥ. ⲃ. ϫⲉ ⲡⲓⲁⲣⲭⲏⲁⲅⲅⲉⲗⲟⲥ ⲛ̇ⲧⲉ ⲡ̅ⲟ̅ⲥ̅ ⲡⲉϫⲁϥ ⲛ̇ ⲛⲓϩⲓⲟ̇ⲙⲓ
ϫⲉ ⲙ̇ⲡ ⲉⲣ ⲉⲣ ϩⲟϯ ⲛ̇ⲑⲱⲧⲉⲛ ϯⲉⲙⲓ ⲅⲁⲣ ⲁ̇ⲛⲟⲕ ϫⲉ 5
ⲁⲣⲉⲧⲉⲛⲕⲱϯ ⲛ̇ⲥⲁ ⲛⲓⲙ ⲓ̅ⲏ̅ⲥ̅ ⲫⲏ ⲉ̇ⲧⲁⲩ ⲉⲣ ⲥⲧⲁⲩⲣⲱ-
ⲛⲓⲛ ⲙ̇ⲙⲟϥ ϥⲭⲏ ⲙ̇ ⲡⲁⲓ ⲙⲁ ⲁⲛ ⲁⲗⲗⲁ ⲁϥⲧⲱⲛϥ
ⲕⲁⲧⲁ ⲫⲣⲏϯ ⲉ̇ⲧⲁϥϫⲟⲥ ⲛ̇ ⲛⲉϥⲙⲁⲑⲏⲧⲏⲥ Ⲡⲉϫⲓⲛⲓ
ⲡⲉϫⲁϥ ⲉϥⲟⲛⲓ ⲛ̇ ⲟⲩⲥⲉⲧⲉⲃⲣⲏϫ ⲟⲩⲟϩ ⲧⲉϥϩⲉⲃⲥⲱ
ⲉⲥⲟⲩⲟⲃϣ ⲙ̇ ⲫⲣⲏϯ ⲛ̇ ⲟⲩⲭⲓⲱⲛ ⲉ̇ⲧⲉ ⲫⲁⲓ ⲡⲉ ⲡⲓⲁⲣ- 10
ⲭⲏⲁⲅⲅⲉⲗⲟⲥ ⲉ̇ⲑ ⲟⲩⲁⲃ ⲙⲓⲭⲁⲏⲗ ⲡⲓⲁⲣⲭⲓⲥⲧⲣⲁⲧⲏⲅⲟⲥ
ⲛ̇ⲧⲉ ⲧϫⲟⲙ ⲛ̇ ⲛⲓⲫⲏⲟⲩⲓ̇ ϯⲉⲛ ⲉⲣ ϣⲁⲓ ⲟⲩⲛ ⲙ̇ ⲫⲟⲟⲩ
ⲱ̇ ⲛⲁ ⲙⲉⲛⲣⲁϯ ϫⲉ ϥϧⲉⲛ ⲧⲉⲛⲙⲏϯ ϯⲛⲟⲩ ⲛ̇ϫⲉ

ϥ̅ⲅ̅. ⲁ. ⲡ̅ⲟ̅ⲥ̅ ⲛⲉⲙ ⲡⲭⲱⲣⲟⲥ ⲧⲏⲣϥ ⲛ̇ⲧⲉ ⲛⲓⲁⲅⲅⲉⲗⲟⲥ | ⲉϥ ⲉⲣ
ϣⲁⲓ ⲛⲉⲙⲁⲛ ϧⲉⲛ ⲡϣⲁⲓ ⲙ̇ ⲡⲓⲁⲣⲭⲏⲁⲅⲅⲉⲗⲟⲥ ⲉ̇ⲑ 15
ⲟⲩⲁⲃ ⲙⲓⲭⲁⲏⲗ Ⲙⲓⲭⲁⲏⲗ ⲅⲁⲣ ⲡ ⲉⲧ ϯϩⲟ ⲉ̇ ⲡ̅ⲟ̅ⲥ̅
ϧⲁ ⲡⲅⲉⲛⲟⲥ ⲛ̇ ⲛⲓⲣⲱⲙⲓ ⲛ̇ ⲛⲁⲩ ⲛⲓⲃⲉⲛ ⲡ̅ⲟ̅ⲥ̅ ϩⲱϥ
ⲡ ⲉⲧ ⲭⲱ ⲛ̇ⲱⲟⲩ ⲉ̇ⲃⲟⲗ ⲛ̇ ⲛⲟⲩⲛⲟⲃⲓ Ⲛⲓⲙ ⲅⲁⲣ ϧⲉⲛ
ⲛⲏ ⲉ̇ⲑ ⲟⲩⲁⲃ ⲧⲏⲣⲟⲩ ⲉ̇ⲧⲉ ⲙ̇ⲡⲉ ⲡⲓⲁⲣⲭⲏⲁⲅⲅⲉⲗⲟⲥ
ϣⲱⲡⲓ ⲛⲉⲙⲁϥ ⲛ̇ⲧⲉϥⲛⲁϩⲙⲟⲩ ⲉⲃⲟⲗϧⲉⲛ ⲛⲓⲟⲩⲑ- 20
ⲗⲩⲯⲓⲥ ⲧⲏⲣⲟⲩ Ⲛⲓⲙ ⲟⲛ ϧⲉⲛ ⲛⲓⲙⲁⲣⲧⲩⲣⲟⲥ ⲧⲏⲣⲟⲩ
ⲉ̇ⲧⲉ ⲙ̇ⲡⲉ ⲡⲓⲁⲣⲭⲏⲁⲅⲅⲉⲗⲟⲥ ⲙⲓⲭⲁⲏⲗ ϯϫⲟⲙ ⲛⲁϥ
ϩⲓⲧⲉⲛ ⲡⲓⲟⲩⲁϩⲥⲁϩⲛⲓ ⲛ̇ⲧⲉ ⲡ̅ⲟ̅ⲥ̅ ϣⲁⲛ ⲧⲉϥϭⲓ ⲙ̇

ϥ̅ⲅ̅. ⲃ. ⲡⲓⲭⲗⲟⲙ Ⲓⲥϫⲉ ⲧⲉⲧⲉⲛ ⲟⲩⲱϣ ⲉ̇ⲙⲓ | ⲱ̇ ⲛⲁⲙⲉⲛⲣⲁϯ
ϫⲉ ⲡⲓⲁⲣⲭⲏⲁⲅⲅⲉⲗⲟⲥ ⲙⲓⲭⲁⲏⲗ ϣⲟⲡ ⲛⲉⲙ ⲣⲱⲙⲓ 25
ⲛⲓⲃⲉⲛ ⲉ̇ⲑⲛⲁϯ ⲙ̇ ⲡⲟⲩⲟⲓ ⲉ̇ ⲫϯ ϧⲉⲛ ⲡⲟⲩϩⲏⲧ ⲧⲏⲣϥ
ⲟⲩⲟϩ ϥⲧⲱⲃϩ ⲙ̇ ⲡ̅ⲟ̅ⲥ̅ ϩⲁⲣⲱⲟⲩ ⲉ̇ⲑⲣⲉϥϣⲱⲡⲓ ⲛⲱⲟⲩ
ⲛ̇ ⲃⲟⲏⲑⲟⲥ Ⲥⲱⲧⲉⲙ ⲛ̇ⲧⲁⲛⲱⲧⲉⲛ ⲉ̇ ⲧⲁⲓ ⲛⲓϣϯ ⲛ̇

ϣⲫⲏⲣⲓ ⲉⲧⲁⲥϣⲱⲡⲓ ϩⲓⲧⲉⲛ ⲧϫⲟⲙ ⲙ̄ ⲫϯ ⲛⲉⲙ ⲡⲓ
ⲁⲣⲭⲏⲁⲅⲅⲉⲗⲟⲥ ⲉⲑ ⲟⲩⲁⲃ ⲙⲓⲭⲁⲏⲗ ⲉⲃⲟⲗϩⲓⲧⲉⲛ ⲛⲉϥ
ⲧϩⲟ ⲛⲁⲓ ⲉⲧⲁⲩⲧⲁⲙⲟⲛ ⲉⲣⲱⲟⲩ ϩⲓⲧⲉⲛ ϩⲁⲛⲣⲱⲙⲓ
ⲛ̄ ϣⲟⲩⲛⲁϩϯ ⲉⲣⲱⲟⲩ ⲛⲉ ⲟⲩⲟⲛ ⲟⲩⲣⲱⲙⲓ ⲇⲉ ⲙ̄
ⲡⲣⲁⲅⲙⲁⲧⲉⲩⲧⲏⲥ ⲉ̀ ⲡⲉϥⲣⲁⲛ ⲙ̄ ϣⲟⲣⲡ ⲕⲉⲧⲥⲱⲛ 5
ϙⲃ̅. ⲁ. ⲉ̀ ⲟⲩⲣⲉⲙ̄ⲧⲭⲱⲣⲁ ⲡⲉ ⲛ̀ⲧⲉ ϯⲉⲛⲧⲓⲕⲏ ⲟⲩⲟϩ ⲛⲉ
ⲟⲩⲣⲁⲙⲁⲟ̀ ⲉ̀ⲙⲁϣⲱ ⲡⲉ ⲉ̀ ⲟⲩⲟⲛ ⲛ̀ⲧⲁϥ ⲙ̀ⲙⲁⲩ ⲛ̀
ⲟⲩⲛⲓϣϯ ⲛ̀ ⲡⲣⲁⲅⲙⲁⲧⲓⲁ ⲟⲩⲟϩ ⲛⲁϥⲥⲱⲟⲩⲛ ⲛ̀ ⲫϯ
ⲁⲛ ⲡⲉ ⲁⲗⲗⲁ ⲛⲉ ⲟⲩϩⲉⲗⲗⲏⲛⲟⲥ ⲡⲉ ⲉϥϣⲉⲙϣⲓ ⲛ̀
ⲡⲓⲣⲏ ⲫⲁⲓ ⲇⲉ ⲟⲩⲛ ⲉϥϣⲟⲡ ϧⲉⲛ ⲧⲉϥⲙⲉⲧⲉⲑⲛⲟⲥ 10
ⲟⲩⲟϩ ⲛⲁⲣⲉ ⲫϯ ⲟⲩⲱϣ ⲉ̀ ⲧⲟⲩϫⲟϥ ⲡⲉ ⲁⲥϣⲱⲡⲓ
ⲇⲉ ⲛ̀ ⲟⲩⲥⲟⲡ ⲁϥⲧⲁⲗⲟ ⲛ̀ⲧⲉϥⲡⲣⲁⲅⲙⲁⲧⲓⲁ ⲉ̀ ⲟⲩϫⲟⲓ
ⲁϥϩⲱⲗ ⲉ̀ ⲟⲩⲡⲟⲗⲓⲥ ϧⲉⲛ ⲧⲭⲱⲣⲁ ⲛ̀ ⲫⲓⲗⲓⲡⲡⲟⲓⲥ
ⲉ̀ ⲡⲉⲥⲣⲁⲛ ⲡⲉ ⲕⲁⲗⲱⲛⲓⲁ ⲑⲁⲓ ⲧⲉ ⲛⲁⲩϣⲉⲙϣⲓ ⲙ̀
ⲫϯ ⲛ̀ ϧⲏⲧⲥ ⲧⲟⲛⲱ̀ ⲡⲉ ⲉ̀ⲧⲁϥϩⲱⲗ ⲇⲉ ⲉ̀ϧⲟⲩⲛ 15
ϙⲃ̅. ⲃ. ⲉ̀ⲣⲟⲥ ' ⲛ̀ ⲥⲟⲩ ⲁ̅ⲓ̅ (sic) ⲙ̀ ⲡⲓⲁ̀ⲃⲟⲧ ⲁⲑⲱⲣ ⲉϥϣⲟⲡ
ⲇⲉ ϧⲉⲛ ϯⲡⲟⲗⲓⲥ ⲉϥϯ ⲛ̀ⲧⲉϥⲡⲣⲁⲅⲙⲁⲧⲓⲁ ⲁϥⲫⲟϩ
ⲛ̀ ⲥⲟⲩ ⲓ̅ⲁ̅ ⲙ̀ ⲡⲁⲓ ⲁ̀ⲃⲟⲧ ⲛ̀ ⲟⲩⲱⲧ ⲁⲑⲱⲣ ⲙ̀ ⲫⲛⲁⲩ
ⲇⲉ ⲙ̀ ⲙⲉⲣⲓ ⲙ̀ ⲡⲓⲉ̀ϩⲟⲟⲩ ⲉⲧⲉⲙⲙⲁⲩ ⲁϥⲥⲓⲛⲓ ⲙ̀ ⲡⲓ
ⲧⲟⲡⲟⲥ ⲛ̀ⲧⲉ ⲡⲓⲁⲣⲭⲏⲁⲅⲅⲉⲗⲟⲥ ⲙⲓⲭⲁⲏⲗ ⲁϥⲛⲁⲩ 20
ⲉ̀ⲣⲟϥ ⲉⲩⲥⲧⲉⲫⲁⲛⲟⲩ ⲙ̀ⲙⲟϥ ϧⲉⲛ ϩⲁⲛⲫⲁⲛⲟⲥ ⲛⲉⲙ
ϩⲁⲛⲃⲏⲗⲗⲟⲛ ⲁϥ ⲉⲣ ϣⲫⲏⲣⲓ ⲉ̀ⲙⲁϣⲱ ⲟⲩⲟϩ ⲁϥϩⲉⲙⲥⲓ
ϧⲉⲛ ⲡⲓⲙⲁ ⲉⲧⲉⲙⲙⲁⲩ ⲕⲁⲧⲁ ⲟⲩⲟⲓⲕⲟⲛⲟⲙⲓⲁ ⲛ̀ⲧⲉ
ⲫϯ ⲉ̀ ⲛⲁⲩ ⲉ̀ ⲡϫⲱⲕ ⲙ̀ ⲡⲓϩⲱⲃ ⲉ̀ⲧⲁ ⲣⲟⲩϩⲓ ⲇⲉ
ϣⲱⲡⲓ ⲁϥⲛⲁⲩ ⲉ̀ ⲡⲓⲙⲏϣ ⲧⲏⲣϥ ⲉ̀ⲧⲁⲩⲑⲱⲟⲩⲧ ⲉ̀ 25
ϙⲅ̅. ⲁ. ⲡⲓⲙⲁ ⲉⲧⲉⲙⲙⲁⲩ ⲁⲩⲓ̀ⲣⲓ ⲙ̀ ⲡⲓⲗⲩⲭⲛⲓⲕⲟⲛ ⲉⲩⲥⲱ
ⲛ̀ ϩⲁⲛϩⲩⲙⲛⲟⲥ ⲉⲩϩⲟⲗϫ ⲡⲓⲣⲱⲙⲓ ⲇⲉ ⲁϥ ⲉⲣ ϣⲫⲏⲣⲓ
ⲟⲩⲟϩ ϩⲓⲧⲉⲛ ⲡⲓϩⲟⲩⲟ ⲛ̀ⲧⲉ ϯϣⲫⲏⲣⲓ ⲁϥⲉⲛⲕⲟⲧ ϩⲓⲣⲉⲛ

ϥⲣⲟ ⲛ̀ ⲡⲓⲧⲟⲡⲟⲥ ϧⲉⲛ ⲡⲓⲉ̀ⲭⲱⲣϩⲟⲛ ⲁ̀ ⲛⲓⲕⲗⲏⲣⲓⲕⲟⲥ
ⲛⲉⲙ ⲛⲓϥⲓⲗⲟⲡⲟⲛⲟⲥ ⲑⲱⲟⲩϯ ⲉⲩⲓ̀ⲣⲓ ⲛ̀ ⲡⲓⲟⲣⲑⲓⲛⲟⲛ
Ⲡⲓⲣⲱⲙⲓ ⲇⲉ ⲁϥ ⲉⲣ ϣ̀ϥⲏⲣⲓ ⲉ̀ⲙⲁϣⲱ ⲉ̀ϫⲉⲛ ⲛⲏ ⲉ̀ⲧ
ⲉϥⲥⲱⲧⲉⲙ ⲉ̀ⲣⲱⲟⲩ ⲉ̀ⲧ ⲁ̀ ⲧⲟⲟⲩⲓ̀ ⲇⲉ ϣⲱⲡⲓ ⲁ̀ ⲡⲓ-
ⲣⲱⲙⲓ ⲉ̀ⲧⲉⲙⲙⲁⲩ ϯ ⲛ̀ ⲡⲉϥⲟⲩⲟⲓ ⲉ̀ ⲣⲱⲙⲓ ⲃ̄ ⲛ̀ 5
ⲭⲣⲏⲥⲧⲓⲁⲛⲟⲥ ⲉⲩϣⲟⲡ ϧⲉⲛ ϯⲡⲟⲗⲓⲥ ⲉ̀ⲧⲉⲙⲙⲁⲩ ⲁϥ-
ϯϩⲟ ⲉ̀ⲣⲱⲟⲩ ⲉϥϫⲱ ⲙ̀ⲙⲟⲥ ϫⲉ ⲛⲁ ⲥⲛⲏⲟⲩ ⲟⲩ ⲡⲉ
ϥⲅ̄. ⲃ. ⲧ ϣⲟⲡ ⲓⲉ ⲟⲩ ⲡⲉ ⲡⲓⲟⲩⲱϣ ⲉ̀ⲧ ϣⲟⲡ ϧⲉⲛ ⲧⲁⲓ
ⲡⲟⲗⲓⲥ ⲛ̀ ϥⲟⲟⲩ Ⲡⲉϫⲉ ⲡⲓⲣⲱⲙⲓ ⲛⲁϥ ϫⲉ ⲛ̀ ϥⲟⲟⲩ
ⲥⲟⲩ ⲓⲏ̄ ⲛ̀ ⲁⲑⲱⲣ ⲡⲉ ⲛ̀ ⲉⲣ ϣⲁⲓ ⲛ̀ ⲡⲓⲁⲣⲭⲏⲁⲅⲅⲉⲗⲟⲥ 10
ⲉ̀ⲑ ⲟⲩⲁⲃ ⲙⲓⲭⲁⲏⲗ ϫⲉ ⲛ̀ⲑⲟϥ ⲉ̀ⲧ ϯϩⲟ ⲛ̀ ⲡⲃ̄ⲥ̄ ⲉ̀ϩ-
ⲣⲏⲓ ⲉ̀ϫⲱⲛ ⲉⲑⲣⲉ ϥⲭⲱ ⲛⲁⲛ ⲉ̀ⲃⲟⲗ ⲛ̀ ⲛⲉⲛ ⲛⲟⲃⲓ ⲟⲩⲟϩ
ⲛ̀ⲧⲉϥⲧⲟⲩϫⲟⲛ ⲉ̀ⲃⲟⲗϩⲁ ⲡ ⲉ̀ⲧ ϩⲱⲟⲩ ⲛⲓⲃⲉⲛ Ⲡⲓ-
ⲡⲣⲁⲅⲙⲁⲧⲉⲩⲧⲏⲥ ⲡⲉϫⲁϥ ⲛⲱⲟⲩ ϫⲉ ⲁϥⲑⲱⲛ ϥⲏ
ⲉ̀ⲧⲉⲙⲙⲁⲩ ⲛ̀ⲧⲁⲥⲁϫⲓ ⲛⲉⲙⲁϥ ϩⲱ ⲟⲩⲟϩ ⲛ̀ⲧⲁϯϩⲟ 15
ⲉ̀ⲣⲟϥ ⲛ̀ⲧⲉϥⲧⲟⲩϫⲟⲓ ⲉ̀ⲃⲟⲗ ϩⲁ ⲡ ⲉⲧ ϩⲱⲟⲩ ⲛⲓⲃⲉⲛ
ⲁⲩ ⲉⲣ ⲟⲩⲱ̀ ⲡⲉϫⲱⲟⲩ ⲛⲁϥ ϫⲉ ⲙ̀ⲙⲟⲛ ϣϫⲟⲙ
ϥⲇ̄. ⲁ. ⲙ̀ⲙⲟⲕ ⲉ̀ ⲛⲁⲩ ⲉ̀ⲣⲟϥ ϯⲛⲟⲩ ϣⲁ ⲧⲉⲕϣⲱⲡⲓ ⲛ̀
ⲧⲉⲗⲓⲟⲥ ⲁⲗⲗⲁ ⲉ̀ϣⲱⲡ ⲛ̀ⲧⲉⲕϣⲱⲡⲓ ⲛ̀ ⲭⲣⲏⲥⲧⲓⲁⲛⲟⲥ
ⲛ̀ⲧⲉⲕϯϩⲟ ⲉ̀ⲣⲟϥ ⲟⲩ ⲙⲟⲛⲟⲛ ⲡⲓⲃⲱⲕ ⲛ̀ⲙⲁⲩⲁⲧϥ 20
ⲁⲗⲗⲁ ⲭⲛⲁⲛⲁⲩ ⲟⲛ ⲉ̀ ⲡⲉϥ ⲟ̄ⲥ̄ ⲛ̀ⲧⲉⲕ ⲉⲣ ϣ̀ϥⲏⲣⲓ
ⲉ̀ ⲡⲉϥϣⲟⲩ ⲟⲩⲟϩ ϥⲛⲁϩⲙⲉⲕ ⲉ̀ⲃⲟⲗ ϩⲁ ⲡ ⲉⲧ
ϩⲱⲟⲩ ⲛⲓⲃⲉⲛ Ⲡⲓⲡⲣⲁⲅⲙⲁⲧⲉⲩⲧⲏⲥ ⲇⲉ ⲡⲉϫⲁϥ ⲛⲱⲟⲩ
ϫⲉ ⲛⲁⲥⲛⲏⲟⲩ ϯϯϩⲟ ⲉ̀ⲣⲱⲧⲉⲛ ⲁⲙⲓⲧ ⲛⲉⲙⲱⲧⲉⲛ
ⲛ̀ⲧⲟⲟⲩⲓ̀ ⲛ̀ⲧⲁϣⲱⲡⲓ ⲛ̀ ⲭⲣⲏⲥⲧⲓⲁⲛⲟⲥ ⲟⲩⲟϩ ϯⲛⲁϯ 25
ⲛⲱⲧⲉⲛ ⲕⲟⲧ ⲛⲟⲙⲓⲥⲙⲁ ⲉ̀ ϥⲟⲩⲁⲓ ⲉⲡⲓ ⲇⲏ ⲁ̀ ⲡⲁ
ϩⲏⲧ ⲣⲓⲕⲓ ⲛ̀ⲥⲁ ⲡⲉⲧⲉⲛϣⲉⲙϣⲓ ⲧⲟⲛⲁ Ⲛⲓⲣⲱⲙⲓ ⲇⲉ
ϥⲇ̄. ⲃ. ⲡⲉϫⲱⲟⲩ ⲛⲁϥ ϫⲉ ⲭⲛⲁϣϣⲱⲡⲓ ⲁⲛ ⲙ̀ ⲡⲉⲛⲣⲏϯ

ϣⲁ ⲛ̀ⲧⲉ ⲡⲉⲛⲓⲱⲧ ⲛ̀ ⲉⲡⲓⲥⲕⲟⲡⲟⲥ ϣⲗⲏⲗ ⲉ̀ϫⲱⲕ
ⲛ̀ⲧⲉϥ ⲉⲣ ⲁ̀ⲅⲓⲁⲍⲓⲛ ⲙ̀ⲙⲟⲕ ⲛ̀ⲧⲉϥϯ ⲱⲙⲥ ⲛⲁⲕ ϧⲉⲛ
ⲫⲣⲁⲛ ⲛ̀ ⲫⲓⲱⲧ ⲛⲉⲙ ⲡϣⲏⲣⲓ ⲛⲉⲙ ⲡⲓⲡ̅ⲛ̅ⲁ̅ ⲉ̀ⲑ ⲟⲩⲁⲃ
ⲟⲩⲟϩ ⲛ̀ⲧⲉⲕϣⲱⲡⲓ ⲛ̀ ⲭⲣⲏⲥⲧⲓⲁ̀ⲛⲟⲥ Ⲡⲗⲏⲛ ⲱ̀ⲟⲩ ⲛ̀
ϩⲏⲧ ϣⲁⲧⲉ ⲡⲉⲛⲓⲱⲧ ⲛ̀ ⲉⲡⲓⲥⲕⲟⲡⲟⲥ ⲥⲣⲱϥⲧ ⲧⲉⲛ- 5
ⲛⲁⲟⲗⲕ ϣⲁⲣⲟϥ ⲛ̀ⲧⲉϥⲁⲓⲕ ⲙ̀ ⲡⲉⲛⲣⲏϯ ⲛ̀ⲑⲟϥ ⲇⲉ
ⲁϥⲓ̀ⲣⲓ ⲕⲁⲧⲁ ⲫⲣⲏϯ ⲉ̀ⲧⲁⲩϫⲟⲥ ⲛⲁϥ ⲁϥⲱ̀ⲟⲩ ⲛ̀ ϩⲏⲧ
ⲙ̀ ⲡⲓⲉ̀ϩⲟⲟⲩ ⲉ̀ⲧⲉⲙⲙⲁⲩ Ⲡⲉϥⲣⲁⲥϯ ⲇⲉ ⲁϥⲓ̀ ϣⲁ
ⲣⲱⲟⲩ ⲡⲉϫⲁϥ ⲛⲱⲟⲩ ϫⲉ ⲛⲁ ⲥⲛⲏⲟⲩ ⲉ̀ⲑ ⲛⲁⲛⲉⲩ

ϥ̅ⲉ̅. ⲁ. ϣⲟⲡⲧ ⲉ̀ⲣⲱⲧⲉⲛ ϩⲓⲛⲁ ⲛ̀ⲧⲉ ⲫϯ | ⲉ̀ⲧ ⲁⲣⲉⲧⲉⲛ ϫⲟⲥ 10
ⲛⲱⲧⲉⲛ ⲉⲑⲃⲏⲧϥ ϯ ⲛⲱⲧⲉⲛ ⲙ̀ ⲡⲉⲧⲉⲛ ⲃⲉⲭⲉ Ⲡⲓ-
ⲣⲱⲙⲓ ⲇ̅ⲉ̅ ⲙ̀ ⲡⲓⲥⲧⲟⲥ ⲉ̀ⲧⲉⲙⲙⲁⲩ ⲁⲩⲉⲛϥ ϣⲁ ⲡⲓⲉ̀ⲡⲓⲥ-
ⲕⲟⲡⲟⲥ ⲁϥⲧⲁⲙⲟϥ ⲉ̀ ϩⲱⲃ ⲛⲓⲃⲉⲛ ⲉ̀ⲧⲁⲩϣⲱⲡⲓ Ⲡⲓⲉ̀-
ⲡⲓⲥⲕⲟⲡⲟⲥ ⲇⲉ ⲡⲉϫⲁϥ ⲙ̀ ⲡⲓⲣⲱⲙⲓ ⲙ̀ ⲡⲣⲁⲅⲙⲁⲧⲉⲩⲧⲏⲥ
ϫⲉ ⲛ̀ⲑⲟⲕ ⲟⲩ ⲉ̀ⲃⲟⲗϧⲉⲛ ⲁϣ ⲛ̀ ⲭⲱⲣⲁ Ⲡⲉϫⲁϥ ⲛⲁϥ 15
ϫⲉ ⲁ̀ⲛⲟⲕ ⲟⲩ ⲉ̀ⲃⲟⲗϧⲉⲛ ϯⲭⲱⲣⲁ ⲛ̀ⲧⲉ ϯⲉⲛⲧⲓⲕⲏ
Ⲡⲓⲉ̀ⲡⲓⲥⲕⲟⲡⲟⲥ ⲇⲉ ⲡⲉϫⲁϥ ⲛⲁϥ ϫⲉ ⲁ̀ ⲡⲉⲕϩⲏⲧ ⲑⲏⲧ
ⲉ̀ ⲉⲣ ⲭⲣⲏⲥⲧⲓⲁ̀ⲛⲟⲥ Ⲡⲉϫⲉ ⲡⲓⲡⲣⲁⲅⲙⲁⲧⲉⲩⲧⲏⲥ ϫⲉ
ⲥⲉ ⲡⲁ ⲓⲱⲧ ⲕⲉ ⲅⲁⲣ ⲛⲏ ⲉ̀ⲧ ⲁⲓⲛⲁⲩ ⲉ̀ⲣⲱⲟⲩ ⲛⲉⲙ

ϥ̅ⲉ̅. ⲃ. ⲛⲏ ⲉ̀ⲧ ⲁⲓⲥⲟⲑⲙⲟⲩ ϧⲉⲛ ' ⲧⲁⲓ ⲡⲟⲗⲓⲥ ⲁⲥⲣⲁⲛⲏⲓ 20
ϩⲱ ⲉⲑⲣⲓϣⲱⲡⲓ ⲛ̀ ⲭⲣⲏⲥⲧⲓⲁ̀ⲛⲟⲥ Ⲡⲉϫⲉ ⲡⲓⲉ̀ⲡⲓⲥⲕⲟⲡⲟⲥ
ⲛⲁϥ ⲕ̀ϣⲉⲙϣⲓ ⲛ̀ ⲁϣ ⲛ̀ ⲛⲟⲩϯ ⲁϥ ⲉⲣ ⲟⲩⲱ̀ ϫⲉ
ⲉⲓϣⲉⲙϣⲓ ⲙ̀ ⲡⲓⲣⲏ Ⲡⲉϫⲉ ⲡⲓⲉ̀ⲡⲓⲥⲕⲟⲡⲟⲥ ⲛⲁϥ ϫⲉ
ⲁⲣⲉϣⲁⲛ ⲡⲓⲣⲏ ϩⲱⲧⲡ ⲛ̀ⲧⲉϥϩⲱⲗ ϧⲉⲛ ⲡⲓⲕⲁϩⲓ ⲛ̀ⲧⲉ
ⲟⲩⲁ̀ⲛⲁⲅⲕⲏ ⲧⲁϩⲟⲕ ⲉⲕⲛⲁϫⲉⲙϥ ⲛ̀ⲑⲱⲛ ⲛ̀ⲧⲉϥ ⲉⲣ 25
ⲃⲟⲏⲑⲓⲛ ⲉ̀ⲣⲟⲕ Ⲡⲓⲡⲣⲁⲅⲙⲁⲧⲉⲩⲧⲏⲥ ⲇⲉ ⲡⲉϫⲁϥ ⲛⲁϥ
ϫⲉ ⲡⲁ ⲓⲱⲧ ⲙⲁⲣⲉ ⲡⲉⲕⲛⲁⲓ ⲧⲁϩⲟⲓ ⲛ̀ⲧⲉⲕϯ ⲱⲙⲥ
ⲛⲏⲓ ϯϯϩⲟ ⲉ̀ⲣⲟⲕ ⲁ̀ⲣⲓⲧ ⲛ̀ ⲭⲣⲏⲥⲧⲓⲁ̀ⲛⲟⲥ ⲙ̀ ⲫⲣⲏϯ

ⲛ̀ ⲛⲓⲣⲱⲙⲓ ⲧⲏⲣⲟⲩ ⲛ̀ⲧⲉ ⲧⲁⲓ ⲃⲁⲕⲓ Ⲡⲓⲉ̀ⲡⲓⲥⲕⲟⲡⲟⲥ

ϥ̅ⲅ̅. ⲁ. ⲇⲉ ⲡⲉϫⲁϥ ⲛⲁϥ ϫⲉ ⲟⲩⲟⲛ ⲟⲩⲥϩⲓⲙⲓ ⲓ̀ⲧⲁⲕ ⲓⲉ̀ ϣⲏⲣⲓ ⲛ̀ⲑⲟϥ ⲇⲉ ⲡⲉϫⲁϥ ⲛⲁϥ ϫⲉ ⲟⲩⲟⲛ ⲛ̀ⲧⲏⲓ ⲛ̀ⲙⲁⲩ ⲛ̀ ⲧⲁ ⲥϩⲓⲙⲓ ⲛⲉⲙ ⲛⲁϣⲏⲣⲓ ϧⲉⲛ ⲧⲁ ⲡⲟⲗⲓⲥ Ⲡⲉϫⲉ ⲡⲓⲉ̀ⲡⲓⲥⲕⲟⲡⲟⲥ ⲛⲁϥ ϫⲉ ⲓⲥϫⲉ ⲥⲉ ⲓⲉ ⲧⲉⲛⲛⲁϯ ⲱ̀ⲟⲩ 5 ⲛⲁⲕ ⲁⲛ ϯⲛⲟⲩ ⲙⲏⲡⲱⲥ ⲛ̀ⲧⲉϣⲧⲉⲙ ⲡⲟⲩϩⲏⲧ ⲑⲱⲧ ⲛⲉⲙⲁⲕ ⲛ̀ϫⲉ ⲧⲉⲕⲥϩⲓⲙⲓ ⲛⲉⲙ ⲛⲉⲕϣⲏⲣⲓ ⲛ̀ⲧⲉ ⲟⲩ- ⲥⲕⲁⲛⲇⲁⲗⲟⲛ ϣⲱⲡⲓ ϧⲉⲛ ⲧⲉⲧⲉⲛⲙⲏϯ ⲛⲉⲙ ⲛⲉⲧⲉⲛ ⲉ̀ⲣⲏⲟⲩ ⲛ̀ⲧⲉϥⲫⲱⲣϫ ⲉ̀ⲣⲟⲕ ⲓⲉ ⲛ̀ⲧⲉⲥ ⲑⲣⲉⲕ ⲉⲣ ⲁ̀ⲡⲟ- ⲧⲁⲍⲉⲥⲑⲉ ⲛ̀ ⲡⲓϣⲉⲙϣⲓ ⲛⲉⲙ ⲡⲓⲱⲛⲥ ⲉ̀ⲧⲁⲕϭⲓⲧϥ 10 Ⲉⲑⲃⲉ ϫⲉ ϯϣⲟⲣⲡⲓ ⲛ̀ ⲡⲁⲣⲁⲃⲁⲥⲓⲥ ⲉ̀ⲧⲁⲥϣⲱⲡⲓ ⲉ̀ⲃⲟⲗ-

ϥ̅ⲅ̅. ⲃ. ϩⲓⲧⲉⲛ ϯⲥϩⲓⲙⲓ ⲁⲗⲗⲁ ⲉ̀ϣⲱⲡⲓ ⲛ̀ⲧⲉⲥⲑⲱⲧ ⲛ̀ ϩⲏⲧ ⲛⲉⲙⲁⲕ ⲓⲉ ⲁ̀ⲛϣⲓⲛⲓ ⲛ̀ⲧⲁ ⲉⲣ ⲑⲏⲛⲟⲩ ⲛ̀ ⲭⲣⲏⲥⲧⲓⲁ- ⲛⲟⲥ Ⲡⲓⲡⲣⲁⲅⲙⲁⲧⲉⲩⲧⲏⲥ ⲇⲉ ⲉ̀ⲧⲁϥⲥⲱⲧⲉⲙ ⲉ̀ ⲛⲁⲓ ⲁϥⲣⲁϣⲓ ⲉ̀ⲙⲁϣⲱ ⲧⲟⲧⲉ ⲁϥϭⲓⲥⲙⲟⲩ ⲛ̀ ⲧⲟⲧϥ ⲛ̀ ⲡⲓⲉ̀- 15 ⲡⲓⲥⲕⲟⲡⲟⲥ ⲉ̀ ⲁϥⲓ̀ ⲉ̀ⲃⲟⲗ ⲁϥⲓ̀ⲣⲓ ⲛ̀ ⲡⲉϥⲥⲟⲃϯ ⲉ̀ⲑⲣⲉϥ ϣⲉ ⲛⲁϥ ⲉ̀ ⲧⲉϥⲡⲟⲗⲓⲥ Ⲡⲓⲇⲓⲁ̀ⲃⲟⲗⲟⲥ ⲇⲉ ⲡⲓⲙⲁⲥⲧⲉ ⲡ ⲉⲑ ⲛⲁⲛⲉ ϥ ⲛⲓⲃⲉⲛ ⲉ̀ⲧⲁϥⲉ̀ⲙⲓ ϫⲉ ⲁ̀ ⲡⲓⲣⲱⲙⲓ ϯ ⲛ̀ ⲡⲉϥϩⲏⲧ ⲉ̀ ⲫ̅ϯ̅ ⲁϥⲭⲟϥ ⲉ̀ⲣⲟϥ Ⲁⲥϣⲱⲡⲓ ⲇⲉ ⲉ̀ⲧⲁϥⲫⲟϩ ⲉ̀ ⲑⲙⲓϯ ⲛ̀ ⲫⲓⲟⲙ ⲁϥⲧⲟⲩⲛⲟⲥ ⲟⲩⲭⲓⲙⲱⲛ 20 ⲉϥⲛⲁϣⲧ ⲟⲩⲟϩ ⲁϥⲑⲣⲉ ⲛⲓϩⲱⲓⲛⲓ ϭⲓⲥⲓ ⲉ̀ϫⲉⲛ ⲡⲓϫⲟⲓ

ϥ̅ⲇ̅. ⲁ. ϩⲱⲥ ⲇⲉ ⲡⲁⲣⲁ ⲕⲉ ⲕⲟⲩϫⲓ ⲛ̀ⲥⲉⲱⲙⲥ ⲛ̀ⲥⲉⲙⲟⲩ ⲛ̀ϫⲉ ⲟⲩⲟⲛ ⲛⲓⲃⲉⲛ ⲉⲧ ϧⲉⲛ ⲡⲓϫⲟⲓ ⲡⲓⲣⲱⲙⲓ ⲇⲉ ⲛ̀ ⲡⲣⲁⲅⲙⲁⲧⲉⲩⲧⲏⲥ ⲁϥⲱϣ ⲉ̀ⲃⲟⲗ ⲉϥϫⲱ ⲙ̀ⲙⲟⲥ Ϫⲉ ⲡⲁⲟ̅ⲥ̅ ⲓ̅ⲏ̅ⲥ̅ ⲡ̅ⲭ̅ⲥ̅ ⲁ̀ⲣⲓ ⲃⲟⲏⲑⲓⲛ ⲉ̀ⲣⲟⲓ ϧⲉⲛ ⲧⲁⲓ ⲛⲓϣϯ 25 ⲛ̀ ⲁ̀ⲛⲁⲅⲕⲏ Ⲟⲩⲟϩ ϯⲛⲁϩϯ ϩⲓⲧⲉⲛ ⲡⲓⲛⲓϣϯ ⲛ̀ ⲱ̀ⲟⲩ ⲉⲧ ⲁⲓⲛⲁⲩ ⲉ̀ⲣⲟϥ ϧⲉⲛ ⲡⲧⲟⲡⲟⲥ ⲛ̀ ⲡⲓⲁⲣⲭⲏⲁⲅⲅⲉⲗⲟⲥ ⲉⲑ ⲟⲩⲁⲃ ⲙⲓⲭⲁⲏⲗ ϫⲉ ϯⲛⲟⲩ ⲛⲉⲙ ⲛⲁ ⲡⲁⲏⲓ ⲧⲏⲣϥ

ⲛ̄ⲧⲉⲛϣⲱⲡⲓ ⲛ̄ ⲭⲣⲏⲥⲧⲓⲁⲛⲟⲥ ϣⲁ ⲡⲓϩⲟⲟⲩ ⲙ̄ ⲡⲉⲛ-
ⲙⲟⲩ Ⲟⲩⲟϩ ⲃⲉⲛ ϯⲟⲩⲛⲟⲩ ⲉ̄ⲧⲉⲙⲙⲁⲩ ⲁ̀ ⲟⲩⲥⲙⲏ
ϣⲱⲡⲓ ϩⲁⲣⲟϥ ⲉⲥϫⲱ ⲙ̄ⲙⲟⲥ ϫⲉ ⲙ̄ⲡ ⲉⲣ ⲉⲣ ϩⲟϯ

ϥⲍ̄. ⲃ. ⲙ̄ⲙⲟⲛ ϩⲗⲓ ⲙ̀ ⲡ ⲉⲧ ϩⲱⲟⲩ ⲛⲁϣⲱⲡⲓ ⲙ̄ⲙⲟⲕ ⲁⲛ
ϧⲉⲛ ϯⲟⲩⲛⲟⲩ ⲁ ⲛⲓϩⲱⲓⲛⲓ ⲭⲁ ϫⲱⲟⲩ ⲉ̀ⲃⲣⲏⲓ ⲁⲩϭ- 5
ⲛⲟⲛ ⲁ̀ ⲡⲓϫⲟⲓ ⲟ̀ϩⲓ ⲉ̀ⲣⲁⲧϥ ⲟⲩⲟϩ ⲁϥⲙⲟϣⲓ ⲃⲉⲛ
ⲟⲩⲥⲱⲟⲩⲧⲉⲛ ⲃⲉⲛ ⲡⲓⲟⲩⲁϩⲥⲁϩⲛⲓ ⲇⲉ ⲛ̀ⲧⲉ ⲫϯ
ⲁϥⲙⲟⲛⲓ ⲉ̀ ⲧⲉϥⲡⲟⲗⲓⲥ ⲙ̄ⲡⲉ ϩⲗⲓ ⲙ̀ ⲡ ⲉⲧ ϩⲱⲟⲩ
ϣⲱⲡⲓ ⲙ̄ⲙⲟϥ Ⲉ̀ⲧⲁϥϩⲱⲗ ⲇⲉ ⲉ̀ ⲡⲉϥⲏⲓ ⲁϥⲣⲁϣⲓ
ⲃⲉⲛ ⲟⲩⲛⲓϣϯ ⲛ̀ ⲣⲁϣⲓ ⲟⲩⲟϩ ⲁϥϫⲱ ⲛ̀ ⲛⲉϥⲣⲱⲙⲓ 10
ⲛ̀ ϯϣⲫⲏⲣⲓ ⲉ̀ⲧⲁⲥϣⲱⲡⲓ ⲙ̄ⲙⲟϥ ⲃⲉⲛ ⲡⲓϫⲟⲓ ⲛⲉⲙ
ⲛⲏ ⲉⲧⲁⲩϣⲱⲡⲓ ⲙ̄ⲙⲟϥ ⲧⲏⲣⲟⲩ ⲃⲉⲛ ϯⲡⲟⲗⲓⲥ ⲕⲁⲗⲱ-
ⲛⲓⲁ Ⲟⲩⲟϩ ⲛⲁϥ ϫⲱ ⲙ̄ⲙⲟⲥ ⲛⲱⲟⲩ ⲡⲉ ϫⲉ ⲁⲗⲏⲑⲱⲥ
ⲟⲩⲛⲟⲩϯ ⲁⲛ ⲡⲉ ⲡⲓⲣⲏ ⲫⲁⲓ ⲉ̀ⲧⲉⲛϣⲉⲙϣⲓ ⲙ̄ⲙⲟϥ

ϥⲏ̄. ⲁ. ⲁⲗⲗⲁ | ⲟⲩⲃⲱⲕ ⲡⲉ ⲛ̀ⲧⲉ ⲡⲓⲛⲓϣϯ ⲛ̀ ⲛⲟⲩϯ ⲛ̀ⲧⲉ 15
ⲧⲫⲉ ⲓⲏ̄ⲥ ⲡⲭ̄ⲥ ⲡϣⲏⲣⲓ ⲙ̀ ⲫϯ ⲉⲧ ⲟⲛⲃ ⲫⲏ ⲉ̀ⲧⲉⲙ-
ⲙⲁⲩ ⲡⲉ ⲛ̀ⲑⲟϥ ⲡⲉ ⲫϯ ⲙ̀ ⲡⲓ ⲉⲡⲧⲏⲣϥ ⲫⲏ ⲉⲧ ⲁ̀
ϩⲱⲃ ⲛⲓⲃⲉⲛ ϣⲱⲡⲓ ⲉ̀ⲃⲟⲗϩⲓ ⲧⲟⲧϥ Ⲟⲩⲟϩ ⲁϥϫⲱ
ⲉ̀ⲣⲱⲟⲩ ⲙ̀ ⲡⲧⲁⲓⲟ̀ ⲙ̀ ⲡⲓⲁⲣⲭⲏⲁⲅⲅⲉⲗⲟⲥ ⲉ̀ⲑ ⲟⲩⲁⲃ
ⲙⲓⲭⲁⲏⲗ ⲡⲉϥⲛⲓϣϯ ⲛ̀ ϣⲏⲣⲓ ⲁϥ ⲉⲣ ϣⲫⲏⲣⲓ ⲉ̀ⲙⲁ- 20
ϣⲱ Ⲡⲓⲣⲱⲙⲓ ⲇⲉ ⲁϥⲕⲟⲧϥ ⲉ̀ ⲧⲉϥϩⲓⲙⲓ ⲡⲉϫⲁϥ ⲛⲁⲥ
ϫⲉ ⲉ̀ϣⲱⲡ ⲧⲉⲣⲁⲥⲱⲧⲉⲙ ⲛ̀ ⲥⲱⲓ ⲓ̀ⲉ ⲧⲱⲟⲩⲛⲓ ⲁⲙⲏ
ⲛⲉⲙⲏⲓ ⲛ̀ⲧⲉⲛϣⲱⲡⲓ ⲛ̀ ⲭⲣⲏⲥⲧⲓⲁⲛⲟⲥ ⲛ̀ⲧⲉⲛ ⲉⲣ ⲃⲱⲕ

ϥⲏ̄. ⲃ. ⲙ̀ ⲡⲭ̄ⲥ ⲟⲩⲟϩ ⲛ̀ⲧⲉⲛϣⲧⲉⲙ ⲉⲣ ϩⲏⲧ ⲃ̄ ⲉ̀ ⲡⲧⲏⲣϥ
Ⲉ̀ϣⲱⲡ ⲇⲉ ⲡⲉ ϩⲏⲧ ⲑⲏⲧ ⲁⲛ ϯ ⲉⲣ ⲁⲛⲁⲅⲕⲁⲍⲓⲛ 25
ⲙ̄ⲙⲟ ⲁⲛ ⲓⲥ ⲡ̄ ⲛ̀ ϣⲟ ⲛ̀ ⲗⲟⲩⲕⲟϫⲓ ⲥⲟϫⲡ ⲛⲏⲓ ϯⲛⲁϯ
ⲛⲉ ⲟⲩϣⲟ ⲛ̀ ⲗⲟⲩⲕⲟϫⲓ ⲛ̀ⲧⲉϩⲉⲙⲥⲓ ⲃⲉⲛ ⲡⲉ ϣⲉⲙϣⲓ
ⲙ̄ⲙⲟⲛ ⲁ̀ⲛⲟⲕ ⲉⲓⲛⲁϩⲱⲗ ⲛ̀ⲧⲁϭⲓ ⲙ̀ ⲡⲭⲱ ⲉ̀ⲃⲟⲗ ⲛ̀ⲧⲉ

ⲛⲁ ⲛⲟⲃⲓ Ⲡⲉϫⲉ ⲧⲉϥⲥϩⲓⲙⲓ ⲛⲁϥ ϫⲉ ⲕⲁⲗⲱⲥ ⲡⲁ ⳁⲥ
ⲛ̀ ⲥⲟⲛ ⲁⲗⲏⲑⲱⲥ ⲛ̀ⲱⲧ ⲛⲓⲃⲉⲛ ⲉ̀ⲧⲉⲕⲛⲁϩⲱⲗ ⲉ̀ⲣⲟϥ
ϯⲛⲏⲟⲩ ϩⲱ ⲛⲉⲙⲁⲕ ⲟⲩⲟϩ ⲡⲓⲙⲟⲩ ⲉ̀ⲧⲉⲕⲛⲁⲙⲟⲩ
ⲛ̀ ϧⲏⲧϥ ϯⲛⲁⲙⲟⲩ ⲛ̀ ϧⲏⲧϥ ϩⲱ Ⲟⲩⲟϩ ⲡⲁⲓ ⲣⲏϯ
ⲁⲩ ⲉⲣ ⲡⲟⲩⲥⲟⲃϯ ⲧⲏⲣϥ ⲁⲩⲧⲁⲗⲱⲟⲩ ⲁⲩⲓ̀ ⲉ̀ϯⲃⲁⲕⲓ 5

ϙⲑ̄. ⲁ. ⲕⲁⲗⲱⲛⲓⲁ̀ ⲉϥ ⲉⲣ ϣⲫⲏⲣ ⲛ̀ ϯ ⲧⲟⲧⲟⲩ ⲛ̀ϫⲉ ⲫϯ
Ⲟⲩⲟϩ ⲁⲩϩⲱⲗ ϣⲁ ⲡⲓⲣⲱⲙⲓ ⲃ̄ ⲛ̀ⲧⲉ ϣⲟⲣⲡ ⲁⲩ ⲉⲣ
ⲁⲥⲡⲁⲍⲉⲥⲑⲉ ⲙ̀ⲙⲱⲟⲩ ⲁⲩⲧⲁⲙⲱⲟⲩ ϫⲉ ⲉ̀ⲧⲁⲩⲓ̀ ⲉ̀ ⲉⲣ
ⲭⲣⲏⲥⲧⲓⲁ̀ⲛⲟⲥ Ⲛⲓⲓ ⲉ̀ⲧⲉⲙⲙⲁⲩ ⲇⲉ ⲁⲩϭⲓⲧⲟⲩ ϣⲁ
ⲡⲓⲉ̀ⲡⲓⲥⲕⲟⲡⲟⲥ ⲁⲩⲧⲁⲙⲟϥ ϫⲉ ⲫⲁⲓ ⲡⲉ ⲡⲓⲣⲱⲙⲓ 10
ⲉ̀ⲧⲁϥⲓ̀ ⲙ̀ ⲡⲓⲥⲛⲟⲩ ⲉ̀ ⲉⲣ ⲭⲣⲏⲥⲧⲓⲁ̀ⲛⲟⲥ ϩⲏⲡⲡⲉ ⲓⲥ
ⲫⲁⲓ ⲁϥⲓ̀ ⲛⲉⲙ ⲧⲉϥⲥϩⲓⲙⲓ ⲛⲉⲙ ⲛⲉϥϣⲏⲣⲓ ⲉⲑⲣⲟⲩ-
ϣⲱⲡⲓ ⲛ̀ ⲭⲣⲏⲥⲧⲓⲁ̀ⲛⲟⲥ Ⲡⲓⲉ̀ⲡⲓⲥⲕⲟⲡⲟⲥ ⲇⲉ ⲁϥⲣⲁϣⲓ
ϧⲉⲛ ⲟⲩⲛⲓϣϯ ⲛ̀ ⲣⲁϣⲓ ⲉ̀ⲙⲁϣⲱ ⲉ̀ⲑⲃⲉ¹ ⲡⲓϫⲓⲛⲧⲁⲥⲑⲟ

ϙⲑ̄. ⲃ. ⲛ̀ ⲟⲩⲯⲩⲭⲏ Ⲉ̀ⲧⲁⲩⲉ̀ⲛⲟⲩ ⲇⲉ ϣⲁⲣⲟϥ ⲡⲉϫⲁϥ ⲛⲱⲟⲩ 15
ϫⲉ ⲁⲛ ϧⲉⲛ ⲟⲩⲙⲉⲑⲙⲏⲓ ⲧⲉⲧⲉⲛⲟⲩⲱϣ ⲉ̀ϣⲱⲡⲓ ⲛ̀
ⲭⲣⲏⲥⲧⲓⲁ̀ⲛⲟⲥ Ⲁϥ ⲉⲣ ⲟⲩⲱ̀ ⲇⲉ ϧⲉⲛ ⲟⲩⲑⲉⲃⲓⲟ̀ ϫⲉ
ϧⲉⲛ ⲫⲟⲩⲱϣ ⲙ̀ ⲫϯ ⲡⲉⲛⲓⲱⲧ ⲛⲉⲙ ⲡⲉⲕϣⲗⲏⲗ ⲉⲑ
ⲟⲩⲁⲃ ⲧⲟⲧⲉ ⲡⲓⲉ̀ⲡⲓⲥⲕⲟⲡⲟⲥ ⲁϥⲑⲣⲟⲩ ⲉⲣ ⲡⲥⲟⲃϯ ⲙ̀
ⲡⲓⲟⲣⲇⲁⲛⲏⲥ ϧⲉⲛ ⲡⲧⲟⲡⲟⲥ ⲙ̀ ⲡⲓⲁⲣⲭⲏⲁⲅⲅⲉⲗⲟⲥ ⲉⲑ 20
ⲟⲩⲁⲃ ⲙⲓⲭⲁⲏⲗ Ⲟⲩⲟϩ ⲁϥ ⲉⲣ ⲕⲁⲑⲏⲕⲓⲛ ⲙ̀ ⲡⲓⲣⲱⲙⲓ
ⲛⲉⲙ ⲧⲉϥⲥϩⲓⲙⲓ ⲛⲉⲙ ⲡⲉϥ ⲅ̄ ⲛ̀ ϣⲏⲣⲓ ⲛⲉⲙ ⲛⲟⲩ-
ⲁⲗⲱⲟⲩⲓ̀ ⲁϥϯ ⲱⲙⲥ ⲛⲱⲟⲩ ⲉ̀ ⲫⲣⲁⲛ ⲙ̀ ⲫⲓⲱⲧ ⲛⲉⲙ
ⲡϣⲏⲣⲓ ⲛⲉⲙ ⲡⲓⲡ̅ⲛ̅ⲁ̅ ⲉⲑ ⲟⲩⲁⲃ ⲫⲣⲁⲛ ⲙ̀ ⲡⲓⲡⲣⲁⲅ-

ⲣ̄. ⲁ. ⲙⲁⲧⲉⲩⲧⲏⲥ ⲛ̀ ϣⲟⲣⲡ ⲡⲉ ⲕⲉⲧⲥⲱⲛ ⲁϥⲫⲟⲛϩϥ ⲇⲉ 25
ⲁϥⲙⲟⲩϯ ⲉ̀ ⲡⲉϥⲣⲁⲛ ϫⲉ ⲙⲁⲧⲑⲉⲟⲥ ⲟⲩⲟϩ ⲧⲉϥⲥ-

---

¹ The Ms. has ⲉⲡⲃⲉ.

ϩⲓⲛⲓ ⲁϥⲙⲟⲩϯ ⲉⲣⲟⲥ ϩⲓⲣⲏⲛⲏ Ⲟⲩⲟϩ ⲡⲟⲩ ⲃ̅ ⲛ̀
ϣⲏⲣⲓ ⲁϥⲙⲟⲩϯ ⲉ̀ ⲡⲓϩⲟⲩⲓⲧ ϫⲉ ⲓⲱⲁⲛⲛⲏⲥ ⲡⲓⲙⲁϩ
ⲃ̅ ϫⲉ ⲥⲧⲉⲫⲁⲛⲟⲥ ⲟⲩⲟϩ ⲡⲓⲙⲁϩ ⲅ̅ ϫⲉ ⲓⲱⲥⲏⲫ ⲟⲩⲟϩ
ⲡⲓⲙⲁϩ ⲇ̅ ⲇⲉ ⲇⲁⲛⲓⲏⲗ ⲟⲩⲟϩ ⲁϥⲓⲣⲓ ⲛ̀ ϯⲥⲩⲛⲁⲝⲓⲥ
ⲁϥϯ ⲛⲱⲟⲩ ⲉ̀ⲃⲟⲗϧⲉⲛ ⲛⲓⲙⲩⲥⲧⲏⲣⲓⲟⲛ ⲉ̀ⲑ ⲟⲩⲁⲃ 5
ⲡⲥⲱⲙⲁ ⲛⲉⲙ ⲡⲥⲛⲟϥ ⲙ̀ ⲡⲉⲛϭⲥ ⲓⲏ̅ⲥ̅ ⲡⲭ̅ⲥ̅ Ⲟⲩⲟϩ
ⲙⲉⲛⲉⲛⲥⲁ ⲡⲓⲱⲙⲥ ⲁⲩⲉⲣ ⲟⲩⲁ̀ⲃⲟⲧ ⲛ̀ ⲉ̀ϩⲟⲟⲩ ϧⲁ
ⲡ. ⲃ. ⲧⲟⲧϥ ⲙ̀ ⲡⲓⲉ̀ⲡⲓⲥⲕⲟⲡⲟⲥ ⲉϥ ⲉⲣ ⲕⲁⲑⲏⲕⲓⲛ ⲛ̀ⲙⲱⲟⲩ
ϧⲉⲛ ⲡⲥⲁϫⲓ ⲙ̀ ⲡⲓⲛⲁϩϯ ⲉ̀ⲧ ⲥⲟⲩⲧⲱⲛ Ⲙⲁⲧⲑⲉⲟⲥ
ⲇⲉ ⲡⲓⲡⲣⲁⲅⲙⲁⲧⲉⲩⲧⲏⲥ ϩⲓⲧⲉⲛ ⲡⲓϩⲟⲩⲟ ⲙ̀ ⲡⲓⲣⲁϣⲓ 10
ⲉ̀ⲧⲁϥⲧⲁϩⲟϥ ⲁϥϯ ⲛ̀ ⲝ̅ ⲛ̀ ⲗⲟⲅⲕⲟϫⲓ ⲉ̀ ⲡⲧⲟⲡⲟⲥ
ⲙ̀ ⲡⲓⲁⲣⲭⲏⲁⲅⲅⲉⲗⲟⲥ ϧⲁ ⲡⲉϥⲟⲩϫⲁⲓ ⲙⲉⲛⲉⲛⲥⲱⲥ
ⲁⲩϭⲓⲥⲙⲟⲩ ⲛ̀ ⲧⲟⲧϥ ⲙ̀ ⲡⲓⲉ̀ⲡⲓⲥⲕⲟⲡⲟⲥ ⲉⲑⲣⲟⲩϣⲉ
ⲛⲟⲩ ⲉ̀ ⲧⲟⲩⲃⲁⲕⲓ Ⲟⲩⲟϩ ⲛⲁⲩⲧⲫⲟ ⲛ̀ⲙⲱⲟⲩ ⲡⲉ
ⲉ̀ⲃⲟⲗ ϩⲓⲧⲉⲛ ⲛⲓⲁⲣⲭⲱⲛ ⲛ̀ⲧⲉ ϯⲡⲟⲗⲓⲥ ⲛⲉⲙ ⲛⲓⲫⲓ- 15
ⲗⲟⲡⲟⲛⲟⲥ ϧⲉⲛ ⲟⲩⲛⲓϣϯ ⲛ̀ ⲣⲁϣⲓ ⲟⲩⲟϩ ϧⲉⲛ
ⲫⲟⲩⲱϣ ⲙ̀ ⲫϯ ⲁⲩⲕⲟⲧⲟⲩ ⲉ̀ ⲧⲟⲩⲭⲱⲣⲁ ⲉϥϭⲓ ⲙⲱⲓⲧ
ⲣⲁ̅. ⲁ. ϧⲁ ⲭⲱⲟⲩ ⲛ̀ϫⲉ ⲡⲓⲁⲣⲭⲏⲁⲅⲅⲉⲗⲟⲥ ⲉ̀ⲑ ⲟⲩⲁⲃ ⲙⲓ-
ⲭⲁⲏⲗ Ⲉ̀ⲧⲁⲩϩⲱⲗ ⲇⲉ ⲉ̀ϧⲟⲩⲛ ⲉ̀ ⲡⲟⲩⲏⲓ ⲁⲩⲓ̀ⲣⲓ ⲛ̀
ⲟⲩⲛⲓϣϯ ⲛ̀ ϣⲁⲓ ⲉ̀ ⲛⲟⲩⲣⲱⲙⲓ ⲟⲩⲟϩ ⲁⲩⲥⲱⲣ ⲛ̀ 20
ϩⲁⲛⲛⲓϣϯ ⲛ̀ ⲁ̀ⲅⲁⲡⲏ ⲛ̀ ⲛⲏ ⲉ̀ⲧ ϣⲁⲧ ⲛⲉⲙ ⲛⲓⲭⲏⲣⲁ
ⲛⲉⲙ ⲛⲓⲟⲣⲫⲁⲛⲟⲥ ⲟⲩⲟϩ ⲛⲁⲣⲉ ⲡⲟⲩⲧⲙⲉ ⲉⲣ ϣⲫⲏⲣⲓ
ⲛ̀ⲙⲱⲟⲩ ⲡⲉ ⲉⲣⲉ ⲡⲟⲩⲣⲁⲛ ϧⲉⲛ ⲣⲱϥ ⲛ̀ ⲟⲩⲟⲛ
ⲛⲓⲃⲉⲛ Ⲟⲩⲟϩ ⲛⲁⲩ ⲉⲣ ⲟⲩⲱⲓⲛⲓ ϧⲉⲛ ⲧⲟⲩⲭⲱⲣⲁ
ⲧⲏⲣⲥ ϩⲓⲧⲉⲛ ⲛ̀ ⲟⲩⲡⲣⲁⲝⲓⲥ ⲉ̀ⲑ ⲛⲁⲛⲉⲩ Ⲙⲉⲛⲉⲛⲥⲁ 25
ⲛⲁⲓ ⲉ̀ⲧ ⲁ̀ ⲁ̀ⲃⲟⲧ ⲃ̅ ⲛ̀ ⲉ̀ϩⲟⲟⲩ ⲥⲓⲛⲓ ⲁϥⲛ̀ⲧⲟⲛ ⲛ̀ⲙⲟϥ
ⲛ̀ϫⲉ ⲡⲓⲣⲱⲙⲓ ⲛ̀ ⲥⲱⲧⲡ ⲙⲁⲧⲑⲉⲟⲥ ⲉ̀ ⲁϥⲓ̀ ⲉ̀ ϯⲁϫⲡ
ⲣⲁ̅. ⲃ. ⲓ̅ⲁ̅ ⲁϥϭⲓ ⲙ̀ ⲫⲃⲉⲭⲉ ⲙ̀ ⲡⲓⲉ̀ϩⲟⲟⲩ ⲧⲏⲣϥ ϩⲓⲧⲉⲛ

ⲛⲉⲛⲧⲱⲃϩ ⲛ̀ ⲡⲓⲁⲣⲭⲏⲁⲅⲅⲉⲗⲟⲥ ⲉⲑ ⲟⲩⲁⲃ ⲙⲓⲭⲁⲏⲗ
ⲛⲉϥ ⲕⲟⲩϫⲓ ⲛ̀ ϣⲏⲣⲓ ⲛⲉⲙ ⲧⲟⲩⲙⲁⲩ ⲙ̀ⲡ ⲟⲩⲭⲁ
ⲧⲟⲧⲟⲩ ⲉ̀ⲃⲟⲗ ϧⲉⲛ ⲛⲓ ⲡⲉⲑⲛⲁⲛⲉⲩ ⲉ̀ⲧⲟⲩⲓ̀ⲣⲓ ⲙ̀ⲙⲱⲟⲩ
ⲛ̀ ϩⲟⲩⲟ̀ ⲉ̀ ⲡⲓⲥⲏⲟⲩ ⲉ̀ϥⲟⲛⲃ̀ ⲛ̀ϫⲉ ⲡⲟⲩⲓⲱⲧ Ⲡⲓⲇⲓⲁ̀-
ⲃⲟⲗⲟⲥ ⲇⲉ ⲛⲉⲙ ⲛⲉϥⲇⲉⲙⲱⲛ ⲙ̀ⲡ ⲉϥϣϥⲁⲓ ⲉ̀ⲣⲟϥ 5
ⲉϥⲛⲁⲩ ⲉ̀ ⲛⲓⲡⲉⲑⲛⲁⲛⲉⲩ ⲉ̀ⲧⲟⲩⲓ̀ⲣⲓ ⲙ̀ⲙⲱⲟⲩ ⲛ̀ϫⲉ
ⲛⲁⲓ ⲁ̀ⲅⲓⲟⲥ ⲁⲗⲗⲁ ⲁϥⲧⲟⲩⲛⲟⲥ [ⲛⲓⲗⲁⲟⲥ] ⲛ̀ⲧⲉ ⲧⲟⲩ-
ⲡⲟⲗⲓⲥ ⲉ̀ϫⲱⲟⲩ ⲁϥⲑⲣⲟⲩⲙⲉⲥⲧⲱⲟⲩ ϧⲉⲛ ⲟⲩⲛⲓϣϯ ⲛ̀
ⲙⲟⲥϯ ⲗⲟⲓⲡⲟⲛ ⲁⲩⲧⲱⲟⲩⲛⲟⲩ ⲉ̀ ϫⲱⲟⲩ ⲁϫⲱ̀ⲗⲓ ⲛ̀

ⲣ̄ⲃ̄. ⲁ. ⲛⲟⲩϩⲩⲡⲁⲣⲭⲟⲛⲧⲁ ϧⲉⲛ ⲟⲩϭⲓ ⲛ̀ϫⲟⲛⲥ ⲛⲉⲙ ⲛⲏ 10
ⲉⲧ ϣⲟⲡ ϧⲉⲛ ⲟⲩⲁ̀ⲡⲟⲑⲏⲕⲏ Ⲓⲱⲁⲛⲛⲏⲥ ⲇⲉ ⲡⲉϫⲁϥ
ⲛ̀ ⲧⲉϥⲙⲁⲩ ⲛⲉⲙ ⲛⲉϥⲥⲛⲏⲟⲩ ϫⲉ ϩⲏⲡⲡⲉ ⲧⲉⲛⲛⲁⲩ
ϫⲉ ⲁⲩϫⲉⲙⲕⲟⲛ ⲉ̀ⲙⲁϣⲱ ⲓⲥϫⲉⲛ ⲉⲧ ⲁ̀ ⲡⲉⲛⲓⲱⲧ
ⲙⲟⲩ ⲗⲟⲓⲡⲟⲛ ⲧⲱⲟⲩⲛ ⲛ̀ⲧⲉⲛⲭⲱ ⲛ̀ ⲥⲱⲛ ⲛ̀ ⲧⲁⲓ ⲃⲁⲕⲓ
ⲛ̀ⲧⲉⲛϣⲉ ⲛⲁⲛ ⲉ̀ ⲑⲃⲁⲕⲓ ⲛ̀ ϯⲙⲉⲧⲟⲩⲣⲟ ⲛ̀ⲧⲉⲛϣⲱⲡⲓ 15
ⲙ̀ⲙⲁⲩ ⲥ ⲥϩⲏⲟⲩⲧ ⲅⲁⲣ ϧⲉⲛ ⲛⲓⲉ̀ⲩⲁⲅⲅⲉⲗⲓⲟⲛ ⲉⲑ
ⲟⲩⲁⲃ ϫⲉ ⲉ̀ϣⲱⲡ ⲁⲩϣⲁⲛϭⲟϫⲓ ⲛ̀ⲥⲱⲧⲉⲛ ϧⲉⲛ ⲧⲁⲓ
ⲃⲁⲕⲓ ⲫⲱⲧ ⲉ̀ ⲕⲉ ⲟⲩⲁⲓ ⲡⲗⲏⲛ ⲓⲥ ϩⲏⲡⲡⲉ ⲁⲩϭⲟϫⲓ

ⲣ̄ⲃ̄. ⲃ. ⲛ̀ⲥⲱⲛ ⲁⲩϯ ⲛ̀ⲕⲁϩ ⲛⲁⲛ ⲁⲗⲗⲁ ⲙⲁⲣⲉ | ⲫⲟⲩⲱϣ
ⲙ̀ ⲡ̄ⲟ̄ⲥ̄ ϣⲱⲡⲓ ⲉ̀ ϧⲣⲏⲓ ⲉ̀ ϫⲱⲛ Ⲡⲁⲓ ⲣⲏϯ ⲁⲩⲧⲱⲟⲩ- 20
ⲛⲟⲩ ϧⲉⲛ ⲟⲩⲭⲱⲡ ⲁⲩⲱ̀ⲗⲓ ⲙ̀ ⲡⲥⲉⲡⲓ ⲙ̀ ⲫⲏ ⲉⲧ
ⲥⲱϫⲡ ⲛⲱⲟⲩ ⲁⲩϣⲉ ⲛⲱⲟⲩ ⲉ̀ ⲑⲃⲁⲕⲓ ⲛ̀ ϯⲙⲉⲧⲟⲩⲣⲟ
ⲁⲩϣⲱⲡⲓ ⲙ̀ⲙⲁⲩ ⲛⲁⲩϫⲱ ⲙ̀ⲙⲟⲥ ⲡⲉ ϫⲉ ϥϯ ⲙ̀ ⲡⲓ-
ⲁⲣⲭⲏⲁⲅⲅⲉⲗⲟⲥ ⲙⲓⲭⲁⲏⲗ ϣⲱⲡⲓ ⲛⲁⲛ ⲛ̀ ⲃⲟⲏⲑⲟⲥ
ⲟⲩⲟϩ ⲛⲁⲩⲧⲟⲩϩⲟ ⲟⲛ ⲡⲉ ⲉ̀ϫⲉⲛ ⲛⲓⲙⲉⲧⲛⲁⲏⲧ ⲉ̀ⲧⲟⲩ- 25
ⲓ̀ⲣⲓ ⲙ̀ⲙⲱⲟⲩ ⲛ̀ ϣⲟⲣⲡ Ⲡⲓⲇⲓⲁ̀ⲃⲟⲗⲟⲥ ⲇⲉ ⲙ̀ⲡ ⲉϥϣϥⲁⲓ
ⲉ̀ⲣⲟϥ ⲁⲗⲗⲁ ⲁϥϣⲑⲟⲣⲧⲉⲣ ⲉϥⲛⲁⲩ ⲉ̀ ⲛⲏ ⲉⲑ ⲟⲩⲁⲃ
ⲉⲩϯ ⲉ̀ ⲡⲁⲛⲁⲓ ϧⲉⲛ ⲡⲓⲛⲁϩϯ ⲙ̀ⲡ ⲉϥⲉ̀ⲙⲓ ϫⲉ ⲡⲓ-

ρπ̄. ⲁ. ⲁⲣⲭⲏⲁⲅⲅⲉⲗⲟⲥ | ⲉⲑ ⲟⲩⲁⲃ ⲙⲓⲭⲁⲏⲗ ⲛⲁϥϯ ϣⲓⲡⲓ
ⲛⲁϥ ⲗⲟⲓⲡⲟⲛ ⲛⲁϥ ⲥⲉⲙⲥⲉⲙ ⲙ̄ ⲫⲣⲏϯ ⲛ̄ ⲟⲩⲙⲟⲅⲓ
ⲉ̄ⲧ ⲁ̀ ⲥⲁⲛⲕⲟⲩϫⲓ ⲛ̄ ⲉ̀ϩⲟⲟⲩ ϣⲱⲡⲓ ⲁ̀ ⲛⲓⲣⲉϥⲣⲱⲓⲥ
ⲛ̄ⲧⲉ ϯⲃⲁⲕⲓ ϩⲱⲗ ⲁⲩϣⲉⲗ ⲡⲛⲓ ⲛ̄ ⲟⲩⲛⲓϣϯ ⲛ̄ ⲁⲣ-
ⲭⲱⲛ ⲛ̄ⲧⲉ ϯⲡⲟⲗⲓⲥ ⲟⲩⲟϩ ⲁⲩⲱ̀ⲗⲓ ⲛ̄ ⲟⲩⲛⲓϣϯ ⲛ̄ 5
ⲡⲣⲉⲧⲁ ⲛⲁϥ Ⲡⲓⲁⲣⲭⲱⲛ ⲇⲉ ⲁϥⲧⲁⲙⲉ ⲡⲓϩⲏⲅⲉⲙⲱⲛ
ⲉ̄ⲧ ⲑⲏϣ ⲉ̀ ϯⲃⲁⲕⲓ ⲡⲓϩⲏⲅⲉⲙⲟⲛ ⲇⲉ ⲁϥϣⲓⲛⲓ ⲛ̄ⲥⲁ
ⲡⲓϩⲱⲃ ⲛ̄ ⲧⲟⲧϥ ⲛ̄ ⲫⲏ ⲉ̀ⲧ ⲟⲓ ⲛ̄ ⲇⲓⲟⲓⲕⲓⲧⲏⲥ ⲉ̀ ϯ-
ⲃⲁⲕⲓ Ⲡⲓ ⲇⲓⲟⲓⲕⲓⲧⲏⲥ ⲁϥⲁ̀ⲙⲟⲛⲓ ⲛ̄ ⲛⲓⲣⲉϥⲣⲱⲓⲥ ⲁϥ
ⲉⲣ ⲁⲛⲁⲣⲕⲁⲍⲓⲛ ⲙ̄ⲙⲱⲟⲩ ⲉ̀ⲑⲣⲟⲩϫⲓⲙⲓ ⲛⲁϥ ⲛ̄ ⲛⲓⲥ- 10
ρπ̄. ⲃ. ⲕⲉⲩⲟⲥ | ⲛ̄ⲧⲉ ⲡⲓⲁⲣⲭⲱⲛ Ⲉ̀ⲧⲓ ⲉⲩϣⲑⲉⲣⲑⲱⲣ ⲉ̀ⲑⲃⲉ
ⲡⲁⲓ ϩⲱⲃ ⲓⲥ ⲡⲓⲇⲓⲁⲃⲟⲗⲟⲥ ⲁϥ ⲉⲣ ⲡⲥⲙⲟⲧ ⲛ̄ ⲟⲩ-
ⲣⲱⲙⲓ ⲉϥⲙⲟϣⲓ ⲉ̀ⲃⲟⲗϧⲉⲛ ϯⲡⲟⲗⲓⲥ ⲧⲏⲣⲥ ⲉϥⲱϣ
ⲉ̀ⲃⲟⲗ ⲉϥϫⲱ ⲙ̄ⲙⲟⲥ ϫⲉ ⲁⲛⲟⲕ ϯⲥⲱⲟⲩⲛ ϫⲉ ⲛⲓⲙ
ⲡⲉ ⲉ̀ⲧⲁϥⲕⲱⲗⲡ ⲛ̄ ⲛⲓⲥⲕⲉⲩⲟⲥ ⲛ̄ⲧⲉ ⲥⲩⲗⲱⲛ ⲡⲓⲁⲣⲭⲱⲛ 15
Ⲁⲛⲟⲕ ⲅⲁⲣ ⲁⲓⲛⲁⲩ ⲉ̀ ⲡⲁⲓ ⲅ̄ ⲛ̄ ⲁ̀ⲗⲟⲩ ⲛ̄ ϣⲉⲙⲙⲟ
ⲉ̀ⲧⲁⲩⲓ̀ ⲙ̄ⲛⲁⲩ ⲛ̄ ⲛⲁⲓ ⲉ̀ϩⲟⲟⲩ ⲁⲩϩⲱⲗ ⲉ̀ ϧⲟⲩⲛ ⲉ̀
ⲡⲏⲓ ⲁⲩⲕⲟⲗⲡϥ ⲟⲩⲟϩ ⲛ̄ ⲉ̀ⲙⲓ ϧⲉⲛ ⲟⲩⲙⲉⲑⲙⲏⲓ ϫⲉ
ⲡⲟⲩϩⲱⲃ ⲣⲱ ⲡⲉ ⲫⲁⲓ ⲓⲥϫⲉⲛ ⲉⲩϣⲟⲡ ϧⲉⲛ ⲧⲟⲩⲭⲱ-
ⲣⲁ Ⲡⲓⲣⲱⲙⲓ ⲇⲉ ⲛ̄ⲧⲉ ϯⲃⲁⲕⲓ ⲉ̀ⲧⲁⲩⲥⲱⲧⲉⲙ ⲉ̀ ⲛⲁⲓ 20
ρⲇ̄. ⲁ. ⲁⲩⲧⲁⲙⲉ | ⲡⲓϩⲏⲅⲉⲙⲱⲛ ⲟⲩⲟϩ ϧⲉⲛ ϯⲟⲩⲛⲟⲩ ⲁⲩ-
ⲥⲱⲕ ⲙ̄ⲙⲱⲟⲩ ⲛ̄ⲥⲁ ⲡⲓϣⲱⲓ ⲛ̄ⲧⲉ ⲧⲟⲩⲁ̀ⲫⲉ ⲕⲁⲧⲁ
ⲫⲟⲩⲁϩⲥⲁϩⲛⲓ ⲛ̄ ⲡⲓϩⲏⲅⲉⲙⲱⲛ ⲁⲩⲉ̀ⲛⲟⲩ ⲙ̄ⲡⲉϥⲙ̄ⲑⲟ
ⲁⲩⲥⲱⲕ ⲙ̄ⲙⲱⲟⲩ ϧⲉⲛ ⲟⲩⲙⲉⲧⲁⲑⲛⲁⲓ ⲛⲁⲣⲉ ⲧⲟⲩ-
ⲙⲁⲩ ⲇⲉ ⲙⲟϣⲓ ⲛ̄ⲥⲱⲟⲩ ⲡⲉ ⲉⲥⲣⲓⲙⲓ ⲉⲥϯ ⲛⲟⲙϯ 25
ⲛⲱⲟⲩ ⲉⲥϫⲱ ⲙ̄ⲙⲟⲥ ϫⲉ ⲙ̄ⲡ ⲉⲣ ⲉⲣ ϩⲟϯ ⲛⲁ ϣⲏⲣⲓ
ⲟⲩⲟⲛ ϣϫⲟⲙ ⲙ̄ ⲫϯ ⲉ̀ⲧ ⲁⲛⲛⲁϩϯ ⲉ̀ⲣⲟϥ ⲛⲉⲙ ⲛⲉϥ-
ⲛⲓϣϯ ⲛ̄ ⲁⲣⲭⲏⲁⲅⲅⲉⲗⲟⲥ ⲉⲑ ⲟⲩⲁⲃ ⲙⲓⲭⲁⲏⲗ ⲉ̀ ⲛⲟ-

ϩεμ ⲛ̀ ⲛⲱⲧⲉⲛ ⲉ̀ⲃⲟⲗ ϩⲁ ⲡ ⲉⲧ ϩⲱⲟⲩ ⲛⲓⲃⲉⲛ ⲛⲉⲙ
ρ̄δ̄. ⲃ. ⲉ̀ⲃⲟⲗ ϩⲁ ⲫⲏ ⲉ̀ⲧⲟⲩⲭⲉ ⲙⲉⲑⲛⲟⲩⲭ ⲉ̀ⲣⲱⲧⲉⲛ ⲉ̀ⲑⲃⲏⲧϥ
ⲉⲧⲓ ⲇⲉ ⲉϥⲭⲱ ⲛ̀ ⲛⲁⲓ ⲁ̀ ⲟⲩⲥⲙⲏ ϣⲱⲡⲓ ϩⲁ ⲣⲱⲟⲩ
ⲉⲥⲭⲱ ⲙ̀ⲙⲟⲥ ⲉ̀ⲃⲟⲗϧⲉⲛ ⲧⲫⲉ ⲭⲉ ⲙ̀ⲡ ⲉⲣ ⲉⲣ ϩⲟϯ
ϯⲛⲁⲭⲁ ϩⲗⲓ ⲛ̀ ⲡ ⲉⲧ ϩⲱⲟⲩ ⲉ̀ ⲧⲁϩⲉ ⲑⲏⲛⲟⲩ ⲁⲛ
ⲁ̀ⲛⲟⲕ ⲡⲉ ⲙⲓⲭⲁⲏⲗ ϯⲛⲁⲣⲱⲓⲥ ⲉ̀ⲣⲱⲧⲉⲛ ⲉ̀ⲃⲟⲗϩⲁ ⲡ
ⲉⲧ ϩⲱⲟⲩ ⲛⲓⲃⲉⲛ ⲉ̀ⲧⲓ ⲇⲉ ⲉⲩⲟ̀ϩⲓ ⲉ̀ⲣⲁⲧⲟⲩ ⲛ̀ ⲡⲉⲛⲑⲟ
ⲛ̀ ⲡⲓϣⲏⲣⲉⲙⲱⲛ ⲉϥϭⲛⲟⲩ ⲛ̀ⲙⲱⲟⲩ ⲁ̀ ⲡⲓⲁⲣⲭⲏⲁⲅ-
ⲅⲉⲗⲟⲥ ⲉⲣ ⲡⲥⲙⲟⲧ ⲛ̀ ⲟⲩⲡⲁⲧⲣⲓⲕⲓⲟⲥ ⲛ̀ⲧⲉ ⲡⲟⲩⲣⲟ
ⲗϥⲓ̀ ϩⲓ ⲫⲟⲩⲉⲓ ⲉⲧ ⲁ̀ ⲡⲓϣⲏⲣⲉⲙⲱⲛ ⲛⲁⲩ ⲉ̀ⲣⲟϥ ⲁϥ-
ⲧⲱⲛϥ ⲁϥⲟ̀ϩⲓ ⲉ̀ ⲣⲁⲧϥ ⲟⲩⲟϩ ⲁϥϯϩⲟ ⲉ̀ⲣⲟϥ ⲭⲉ
ⲁ̀ⲙⲟⲩ ⲛ̀ⲧⲉⲕϩⲉⲙⲥⲓ ⲛ̀ⲧⲉⲕⲥⲱⲧⲉⲙ ϩⲱⲕ ⲉ̀ ⲛⲁⲓ ⲁⲛⲧⲓ-
ρ̄ε̄. ⲁ. ⲗⲟⲅⲓⲁ̀ ⲛ̀ⲑⲟϥ ⲇⲉ | ⲁϥϩⲉⲙⲥⲓ ⲡⲓϣⲏⲣⲉⲙⲱⲛ ⲇⲉ ⲁϥ-
ⲑⲣⲟⲩⲓ̀ⲛⲓ ⲛ̀ ⲛⲓⲁ̀ⲗⲱⲟⲩⲓ̀ ϩⲓⲧⲉⲛ ⲙ̀ⲙⲟϥ ⲡⲉⲭⲁϥ ⲛⲱⲟⲩ.
ⲭⲉ ⲧⲁⲭⲏ ⲙ̀ⲙⲱⲧⲉⲛ ϯ ⲛ̀ ⲡⲣⲉⲧⲁ ⲛ̀ ⲡⲓⲁⲣⲭⲱⲛ
ⲛⲁϥ ⲙ̀ⲡⲁ ϯ ⲉⲣ ⲃⲁⲥⲁⲛⲓⲍⲓⲛ ⲙ̀ⲙⲱⲧⲉⲛ ⲛ̀ⲑⲱⲟⲩ
ⲇⲉ ⲁⲩ ⲉⲣ ⲟⲩⲱ̀ ⲡⲉⲭⲱⲟⲩ ⲭⲉ ϥⲟⲛϩ ⲛ̀ⲭⲉ ⲡϭ̄ⲥ̄ ⲫϯ
ⲛ̀ ⲛⲓⲭⲣⲏⲥⲧⲓⲁ̀ⲛⲟⲥ ⲛⲉⲙ ⲡⲱⲟⲩ ⲛ̀ ⲡⲉϥⲛⲓϣϯ ⲛ̀ ⲁⲣ-
ⲭⲏⲁⲅⲅⲉⲗⲟⲥ ⲉ̀ⲑ ⲟⲩⲁⲃ ⲙⲓⲭⲁⲏⲗ ⲭⲉ ⲙ̀ⲡ ⲉⲛ ⲉⲣ
ⲕⲟⲓⲛⲱⲛⲓ ⲛ̀ ϩⲱⲃ ⲛ̀ ⲡⲁⲓ ⲣⲏϯ ⲉ̀ⲛⲉϩ ⲡⲉⲭⲉ ⲡⲓⲁⲣ-
ⲭⲏⲁⲅⲅⲉⲗⲟⲥ ⲙⲓⲭⲁⲏⲗ ⲛ̀ ⲡⲓϣⲏⲣⲉⲙⲱⲛ ⲭⲉ ⲁ̀ⲛⲟⲕ
ρ̄ε̄. ⲃ. ϯⲥⲱⲟⲩⲛ ⲛ̀ ⲡⲓⲣⲏϯ ⲉⲑⲃⲉ ϯⲙⲉⲑⲙⲏⲓ ⲟⲩⲱⲛϩ ⲉ̀ⲃⲟⲗ
ⲙⲁⲣⲟⲩ ⲁ̀ⲙⲟⲛⲓ ⲛ̀ ⲡⲓⲕⲟⲩⲭⲓ ⲛ̀ ⲥⲟⲛ ⲛ̀ⲧⲉ ⲛⲁⲓ ⲣⲱⲙⲓ
ⲛ̀ ⲥⲉⲟⲗϥ ⲉ̀ ϧⲟⲩⲛ ⲉ̀ ⲡⲏⲓ ⲛ̀ ⲡⲓⲁⲣⲭⲏⲣⲉϥⲣⲱⲓⲥ
ⲫⲁⲓ ⲉⲧ ⲉⲣⲉ ⲡⲉϥϧⲏⲧ ϧⲟⲥⲓ ⲉ̀ ϧⲟⲩⲛ ⲉ̀ ⲛⲁⲓ ⲣⲱⲙⲓ
ⲛ̀ⲧⲉϥ ⲱϣ ⲉ̀ⲃⲟⲗ ⲉϥⲭⲱ ⲙ̀ⲙⲟⲥ ⲭⲉ ϧⲉⲛ ⲫⲣⲁⲛ ⲛ̀
ⲡⲁϭ̄ⲥ̄ ⲓⲏ̄ⲥ̄ ⲡⲭ̄ⲥ̄ ⲉ̀ⲥⲉⲟⲩⲱⲛϩ ⲉ̀ⲃⲟⲗ ⲛ̀ⲭⲉ ϯⲡⲣⲉⲧⲁ
ⲛ̀ⲧⲉ ⲥⲩⲗⲱⲙ ⲡⲓⲁⲣⲭⲱⲛ ⲑⲁⲓ ⲉⲧ ⲟⲩⲭⲉⲙ ⲗⲱⲓⲭⲓ

10*

ⲉ̀ⲣⲟⲛ ⲉⲑⲃⲏⲧⲥ ϧⲉⲛ ϯⲟⲩⲛⲟⲩ ⲁ̀ ϯⲙⲉⲑⲙⲏⲓ ⲛ̀ⲁⲟⲩ-
ⲱⲛϩ ⲉ̀ⲃⲟⲗ Ⲟⲩⲟϩ ϧⲉⲛ ϯⲟⲩⲛⲟⲩ ⲁ̀ ⲡⲓϩⲏⲅⲉⲙⲱⲛ
ⲉⲣ ⲕⲉⲗⲉⲩⲓ̀ⲛ ⲉⲑⲣⲟⲩϭⲓ ⲛ̀ ⲡⲓⲕⲟⲩϫⲓ ⲛ̀ ϣⲏⲣⲓ ⲉ̀
ϧⲟⲩⲛ ⲉ̀ ⲡⲏⲓ ⲛ̀ ⲡⲓⲁⲣⲭⲏ ⲣⲉϥⲣⲱⲓⲥ ⲕⲁⲧⲁ ⲫⲣⲏϯ

ⲣ̅ⲝ̅. ⲁ. ⲉ̀ⲧⲁϥⲝⲟⲥ ⲛ̀ϫⲉ | ⲡⲓⲁⲣⲭⲏⲁⲅⲅⲉⲗⲟⲥ ⲙⲓⲭⲁⲏⲗ ⲟⲩⲟϩ 5
ⲁϥϣϣ ⲉ̀ⲃⲟⲗ ⲉϥϫⲱ ⲙ̀ⲙⲟⲥ ϫⲉ ϧⲉⲛ ⲫⲣⲁⲛ ⲙ̀ ⲡⲁ
ϭⲥ ⲓ̅ⲏ̅ⲥ̅ ⲡ̅ⲭ̅ⲥ̅ ⲛⲉⲙ ⲡⲓⲁⲣⲭⲏⲁⲅⲅⲉⲗⲟⲥ ⲉⲑ ⲟⲩⲁⲃ ⲙⲓ-
ⲭⲁⲏⲗ ⲉⲥⲉⲟⲩⲱⲛϩ ⲉ̀ⲃⲟⲗ ⲛ̀ϫⲉ ϯⲡⲣⲉⲧⲁ̀ ⲛ̀ⲧⲉ ⲥⲩⲗⲱⲙ
ⲡⲓⲁⲣⲭⲱⲛ Ⲟⲩⲟϩ ϧⲉⲛ ϯⲟⲩⲛⲟⲩ ⲁ̀ ⲟⲩⲥⲙⲏ ϣⲱⲡⲓ
ⲉⲣⲉ ⲟⲩⲟⲛ ⲛⲓⲃⲉⲛ ⲥⲱⲧⲉⲙ ⲉ̀ⲣⲟⲥ ϫⲉ ϩⲱⲗ ⲉ̀ ⲡⲉⲥⲏⲧ 10
ⲉ̀ ⲡⲓⲕⲁⲧⲁⲕⲓⲟⲛ ⲧⲉⲧⲉⲛⲛⲁϫⲓⲙⲓ ⲛ̀ ϩⲱⲃ ⲛⲓⲃⲉⲛ ⲛⲁⲓ
ⲕⲟⲩϫⲓ ⲛ̀ ϣⲏⲣⲓ ⲥⲉⲟⲩⲁⲃ ⲉ̀ ⲛⲟⲃⲓ Ⲟⲩⲟϩ ϧⲉⲛ ϯⲟⲩ-
ⲛⲟⲩ ⲁⲩϩⲱⲗ ⲉ̀ ⲡⲉⲥⲏⲧ ⲉ̀ ⲡⲓⲕⲁⲧⲁⲕⲓⲟⲛ ⲁⲩϫⲓⲙⲓ ⲛ̀

ⲣ̅ⲝ̅. ⲃ. ϯⲡⲣⲉⲧⲁ̀ ⲧⲏⲣⲥ ⲟⲩⲟϩ ⲁⲩⲧⲁⲙⲉ | ⲡⲓϩⲏⲅⲉⲙⲱⲛ ⲉ̀
ⲫⲏ ⲉ̀ⲧⲁϥϣⲱⲡⲓ ⲁϥ ⲉⲣ ϣⲫⲏⲣⲓ ⲉ̀ⲙⲁϣⲱ ⲉ̀ⲧⲁϥⲕⲱϯ 15
ⲉ̀ ⲡⲉϥϩⲟ ϩⲱⲥ ϫⲉ ⲉϥⲛⲁϫⲱ ⲛ̀ ⲫⲏ ⲉ̀ⲧⲁϥϣⲱⲡⲓ ⲛ̀
ⲡⲓⲡⲁⲧⲣⲓⲕⲓⲟⲥ ⲉ̀ⲧⲉ ⲙⲓⲭⲁⲏⲗ ⲡⲉ ⲙ̀ⲡ ⲉϥⲉ̀ⲙⲓ ϫⲉ ⲁϥ-
ϩⲱⲗ ⲉ̀ ⲑⲱⲛ Ⲧⲟⲧⲉ ⲁϥ ⲉⲣ ϣⲫⲏⲣⲓ ⲉ̀ⲙⲁϣⲱ ⲟⲩⲟϩ
ⲁϥⲭⲁ ⲡⲓ ⲇ̅ ⲛ̀ ⲁ̀ⲗⲟⲩ ⲉ̀ⲃⲟⲗ ⲉⲩⲟⲓ ⲛ̀ ⲣⲉⲙϩⲉ ⲟⲩⲟϩ
ⲁⲩϩⲱⲗ ⲉ̀ ⲡⲟⲩⲏⲓ ⲉⲩϯ ⲱ̀ⲟⲩ ⲛ̀ ⲫϯ ⲛⲉⲙ ⲡⲓⲁⲣ- 20
ⲭⲁⲅⲅⲉⲗⲟⲥ ⲉⲑ ⲟⲩⲁⲃ ⲙⲓⲭⲁⲏⲗ ⲫⲏ ⲉⲑ ⲟⲩⲁⲃ ⲇⲉ
ⲙ̀ⲡ ⲟⲩⲭⲁ ⲧⲟⲧⲟⲩ ϧⲉⲛ ⲛⲓ ⲡ ⲉⲑ ⲛⲁⲛⲉⲩ ⲉ̀ⲧ ⲟⲩⲓ̀ⲣⲓ
ⲙ̀ⲙⲱⲟⲩ ⲛ̀ ⲟⲩⲟⲛ ⲛⲓⲃⲉⲛ ϩⲱⲥ ⲇⲉ ⲛ̀ⲧⲉ ⲟⲩⲟⲛ ⲛⲓⲃⲉⲛ

ⲣ̅ⲍ̅. ⲁ. ⲉⲣ ϣⲫⲏⲣⲓ ⲛ̀ ⲡⲟⲩⲃⲓⲟⲥ ⲉⲑ ⲛⲁⲛⲉϥ | Ⲁⲥϣⲱⲡⲓ ⲇⲉ
ⲟⲛ ⲙⲉⲛⲉⲛⲥⲁ ⲟⲩⲥⲛⲟⲩ ⲓ̀ⲥϫⲉⲛ ⲉ̀ⲧ ⲁ̀ ⲛⲁⲓ ϣⲱⲡⲓ ⲁ̀ 25
ⲟⲩⲣⲱⲙⲓ ϯϣⲑⲟⲩⲓⲧ ϧⲁ ⲣⲱⲙⲓ ⲃ̅ ϧⲁⲧⲉⲛ ⲡⲟⲩⲣⲟ
ϩⲱⲥ ⲇⲉ ⲉ̀ⲣⲉ ⲟⲩⲟⲛ ϩⲁⲛⲇⲏⲙⲟⲥⲓⲟⲛ ⲛ̀ ⲁⲡⲁⲥ ⲉ̀ⲣⲱⲟⲩ
Ⲡⲟⲩⲣⲟ ⲇⲉ ⲁϥϯ ⲙ̀ ⲡⲓⲣⲱⲙⲓ ⲃ̅ ⲉ̀ ⲧⲟⲧⲟⲩ ⲛ̀ ϩⲁⲛ-

ⲙⲁⲧⲟⲓ ⲉⲑⲣⲟⲩϣⲁⲧⲟⲩ ⲛ̀ ⲣ̅ ⲛ̀ ⲗⲟⲅⲕⲟⲥⲓ ⲉ̀ ⲫⲟⲩⲗⲓ
ⲙ̀ⲙⲟⲛ ⲛ̀ⲧⲱⲟⲩ ⲇⲉ ⲉ̀ ϯ ⲫⲏ ⲉⲑ ⲟⲩⲁⲃ ⲇⲉ ⲓⲱⲁⲛⲛⲏⲥ
ⲕⲁⲧⲁ ⲟⲩⲉⲅⲕⲉⲣⲓⲁ ⲁϥ ⲉⲣ ⲁⲡⲁⲛⲧⲁⲛ ⲉ̀ⲣⲱⲟⲩ ⲉ̀ⲧⲁϥ-
ⲛⲁⲩ ⲉ̀ ⲛⲓⲙⲁⲧⲟⲓ ⲉⲩⲥⲓⲟⲩⲓ̀ ⲉ̀ ⲛⲓⲣⲱⲙⲓ ϧⲉⲛ ⲟⲩ-
ⲙⲉⲧⲁⲑⲛⲁⲓ ⲡⲉϫⲁϥ ⲛ̀ ⲛⲓⲙⲁⲧⲟⲓ ϫⲉ ⲟⲩ ⲧⲉ ϯⲗⲱⲓⲥⲓ 5

ⲣ̅ⲍ̅. ⲃ. ⲉ̀ⲣⲉⲧⲉⲛ ⲥⲓⲟⲩⲓ̀ ⲉ̀ ⲛⲁⲓ ⲣⲱⲙⲓ ⲉⲑⲃⲏⲧⲥ | ⲡⲉϫⲱⲟⲩ
ⲛⲁϥ ⲛ̀ϫⲉ ⲛⲓⲙⲁⲧⲟⲓ ϫⲉ ⲁⲛⲁ̀ⲙⲟⲛⲓ ⲙ̀ⲙⲱⲟⲩ ⲉ̀ ⲣ̅ ⲛ̀
ⲗⲟⲅⲕⲟⲥⲓ ⲉ̀ ⲫⲟⲩⲗⲓ ⲡⲉϫⲁϥ ⲛⲱⲟⲩ ϫⲉ ⲙⲉⲛⲉⲛⲥⲁ
ⲑⲣⲟⲩ ϯ ⲛ̀ ⲱ̅ ⲛ̀ ⲗⲟⲅⲕⲟⲥⲓ ⲥⲉⲛⲁⲭⲁⲩ ⲉ̀ⲃⲟⲗ ⲡⲉϫⲉ
ⲛⲓⲙⲁⲧⲟⲓ ⲛⲁϥ ϫⲉ ⲥⲉ ⲁⲗⲗⲁ ⲁⲩϣⲧⲉⲛⲑⲛⲏⲧⲟⲩ ⲥⲉⲛⲁ- 10
ⲃⲟⲉⲑⲟⲩ ⲓⲱⲁⲛⲛⲏⲥ ⲇⲉ ⲁϥϯϩⲟ ⲉ̀ ⲛⲓⲙⲁⲧⲟⲓ ϫⲉ ⲱⲟⲩ
ⲛ̀ ϩⲏⲧ ⲛ̀ ⲟⲩⲕⲟⲩϫⲓ ϣⲁ ϯⲧⲁⲥⲑⲟⲓ ϣⲁ ⲣⲱⲧⲉⲛ
ⲛ̀ⲑⲟϥ ⲇⲉ ⲁϥϩⲱⲗ ⲁϥⲉⲛ ⲡⲓ ⲱ̅ ⲛ̀ ⲗⲟⲅⲕⲟⲥⲓ ⲁϥⲑⲏ-
ⲧⲟⲩ ⲁϥ ⲉⲣ ⲡⲓⲣⲱⲙⲓ ⲃ̅ ⲛ̀ ⲣⲉⲙϩⲉ ⲟⲩⲟϩ ⲡⲓ ⲕⲉ ⲭ̅
ⲛ̀ ⲙⲁⲧⲟⲓ ⲉ̀ⲧ ⲑⲏϣ ⲉ̀ⲣⲱⲟⲩ ⲁϥϯ ⲛⲱⲟⲩ ⲛ̀ ⲟⲩⲓ 15

ⲣ̅ⲏ̅. ⲁ. ⲗⲟⲅⲕⲟⲥⲓ ⲉ̀ ⲫⲟⲩⲗⲓ | ⲡⲓⲇⲓⲁ̀ⲃⲟⲗⲟⲥ ⲟⲛ ⲡⲓϫⲁϫⲓ ⲛ̀ⲧⲉ
ⲙⲉⲑⲙⲏⲓ ⲛⲓⲃⲉⲛ ⲙ̀ⲡ ⲉϥ ϣϥⲁⲓ ⲉ̀ⲣⲟϥ ⲁⲗⲗⲁ ⲁϥⲙⲟϩ
ⲛ̀ ⲭⲟϩ ⲉ̀ ϧⲟⲩⲛ ⲉ̀ ⲛⲏ ⲉⲑ ⲟⲩⲁⲃ ⲉⲑⲃⲉ ⲛⲟⲩϩⲃⲏⲟⲩⲓ̀
ⲉ̀ ⲛⲁⲛⲉⲩ ⲁϥⲧⲟⲩⲛⲟⲥ ⲟⲩⲛⲓϣϯ ⲛ̀ ⲡⲓⲣⲁⲥⲙⲟⲥ ⲉ̀
ϧⲣⲏⲓ ⲉ̀ ϫⲱⲟⲩ ⲉϥⲛⲁϣⲧ ⲉ̀ⲙⲁϣⲱ ⲛ̀ ϩⲟⲩⲟ̀ ⲉ̀ⲧⲉ 20
ⲫⲁⲓ ⲡⲉ Ⲁⲥϣⲱⲡⲓ ⲇⲉ ⲙⲉⲛⲉⲛⲥⲁ ⲛⲁⲓ ⲁ̀ ⲟⲩⲣⲱⲙⲓ
ⲛ̀ⲧⲉ ϯⲃⲁⲕⲓ ⲉ̀ⲣ ⲕⲁⲗⲓⲛ ⲛ̀ ϩⲁⲛⲣⲱⲙⲓ ⲛⲉⲙ ⲕⲉ ⲣⲱⲙⲓ
ⲛ̀ ϣⲫⲏⲣ ⲛ̀ⲧⲁϥ ⲛⲉ ⲣⲟⲩϩⲓ ⲅⲁⲣ ⲡⲉ ⲡⲓⲣⲱⲙⲓ ⲇⲉ
ⲛⲁϥϣⲟⲡ ⲡⲉ ϧⲁⲧⲉⲛ ⲡⲏⲓ ⲛ̀ ⲛⲏ ⲉⲑ ⲟⲩⲁⲃ ⲉ̀ⲧⲁⲩ-
ⲟⲩⲱⲙ ⲇⲉ ⲟⲩⲟϩ ⲁⲩⲥⲱ ⲁ̀ ⲡⲓⲣⲱⲙⲓ ⲧⲱⲛϥ ⲉⲑⲣⲉϥ- 25

ⲣ̅ⲏ̅. ⲃ. ϩⲱⲗ ⲉ̀ ⲡⲉϥⲏⲓ | ⲉϥⲙⲟϣⲓ ⲇⲉ ϧⲉⲛ ⲛⲓⲡⲗⲁⲧⲓⲁ ⲛ̀ⲧⲉ
ϯⲃⲁⲕⲓ ⲁ̀ ⲟⲩϭⲗⲏ ⲙⲁϩⲣⲱⲥ ⲉ̀ⲣⲟϥ ⲁϥϩⲉⲓ ⲁϥⲙⲟⲩ
ϧⲉⲛ ⲧⲟⲩⲛⲟⲩ ⲟⲩⲟϩ ⲙ̀ⲡⲉ ϩⲗⲓ ⲛ̀ ⲣⲱⲙⲓ ⲉ̀ⲙⲓ ⲉ̀ ⲫⲏ

ⲉⲧⲁϥϣⲱⲡⲓ ⲙ̇ⲙⲟϥ ⲉⲧ ⲁ ⲡⲓⲣⲉϥⲣⲱⲓⲥ ⲇⲉ ⲛ̇ⲧⲉ
ϯⲡⲟⲗⲓⲥ ⲓ̀ ⲉϥⲕⲱϯ ⲛⲉⲙ ⲛⲉϥⲉ̀ⲣⲏⲟⲩ ⲁⲩⲝⲓⲙⲓ ⲙ̇ ⲡⲓ-
ⲣⲱⲙⲓ ⲉϥⲙⲱⲟⲩⲧ ⲁⲩⲉⲛϥ ⲉ̀ ⲡⲓⲥⲟⲗ ⲁⲩⲙⲟⲩϣⲧ ⲛ̇
ⲡⲓⲥⲱⲙⲁ ⲟⲩⲟϩ¹ ⲙ̇ⲡ ⲟⲩⲉ̀ⲙⲓ ⲉ̀ ⲫⲏ ⲉ̇ⲧⲁϥϣⲱⲡⲓ ⲙ̇ⲙⲟϥ
ⲁⲩⲕⲟⲥϥ ⲉ̀ⲧ ⲁ̀ ⲧⲟⲟⲩⲓ ⲇⲉ ϣⲱⲡⲓ ⲝⲉ ⲉⲩⲛⲁⲟⲗϥ ⲉ̇5
ⲡⲓⲙ̇ϩⲁⲩ ⲁ̀ ⲡⲓⲇⲓⲁⲃⲟⲗⲟⲥ ⲉⲣ ⲡⲥⲙⲟⲧ ⲛ̇ ⲟⲩⲣⲱⲙⲓ
ⲉϥϣϣ ⲉ̀ⲃⲟⲗ ϧⲉⲛ ϯⲡⲟⲗⲓⲥ ⲧⲏⲣⲥ ⲉϥϫⲱ ⲙ̇ⲙⲟⲥ ϫⲉ

ⲣ̅ⲑ̅. ⲁ. ⲡⲁⲓ ⲣⲱⲙⲓ ⲉ̇ⲧⲁϥⲙⲟⲩ ⲉ̀ⲧⲉ ⲙ̇ⲡⲉ ϩⲗⲓ ⲛ̇ ⲣⲱⲙⲓ
ⲉ̀ⲙⲓ ⲉ̀ ⲡⲉϥⲙⲟⲩ ϫⲉ ⲛⲓⲙ ⲡⲉ ⲉ̀ⲧⲁϥϧⲟⲑⲃⲉϥ ⲙ̇ⲡⲉ
ⲧⲁⲓ ⲡⲟⲛⲏⲣⲓⲁ̀ ϣⲱⲡⲓ ⲛ̇ⲧⲉ ϩⲗⲓ ⲛ̇ ⲣⲱⲙⲓ ⲉ̀ⲃⲏⲗ ⲉ̀ 10
ⲡⲁⲓ ⲇ̅ ⲛ̇ ⲁ̀ⲗⲟⲩ ⲛ̇ ϣⲉⲙⲙⲟ ⲁ̀ⲛⲟⲕ ϯ ⲉⲣ ⲙⲉⲑⲣⲉ
ⲙ̇ ⲡⲁⲓ ϩⲱⲃ ⲞⲨⲞϩ ⲁ̀ ⲡⲁⲓ ⲥⲁϫⲓ ⲥⲱⲣ ⲉ̀ⲃⲟⲗ ϧⲉⲛ
ϯⲃⲁⲕⲓ ⲧⲏⲣⲥ ⲁ̀ ⲡⲓϩⲏⲅⲉⲙⲱⲛ ϣⲉ ⲛⲁϥ ⲁϥⲧⲁⲙⲉ
ⲡⲟⲩⲣⲟ ⲕⲉⲥⲁⲛⲑⲟⲥ ⲟⲩⲟϩ ϧⲉⲛ ϯⲟⲩⲛⲟⲩ ⲁ̀ ⲡⲟⲩⲣⲟ
ⲟⲩⲁϩⲥⲁϩⲛⲓ ⲁⲩⲓⲛⲓ ⲙ̇ ⲡⲓ ⲇ̅ ⲛ̇ ⲁ̀ⲗⲟⲩ ⲉⲩⲥⲟⲛϩ ⲛ̇ 15
ⲛⲟⲩϫⲓϫ ϩⲓ ⲫⲁϩⲟⲩ ⲙ̇ⲙⲱⲟⲩ ⲉ̀ⲣⲉ ⲟⲩⲟⲛ ϩⲁⲛⲕⲟⲗⲗⲁ-
ⲣⲓⲟⲛ ⲧⲟⲓ ⲉ̀ ⲛⲟⲩⲙⲟϯ Ⲁ̀ⲩⲱⲗⲓ ⲇⲉ ⲙ̇ⲙⲱⲟⲩ ⲉ̀ⲣⲁⲧϥ

ⲣ̅ⲑ̅. ⲃ. ⲙ̇ ⲡⲟⲩⲣⲟ ⲁⲩⲥⲙⲓ ϣⲱⲡⲓ ϩⲁⲣⲱⲟⲩ ⲉⲥϫⲱ ⲙ̇ⲙⲟⲥ
ϫⲉ ⲙ̇ⲡ ⲉⲣ ⲉⲣ ϩⲟⲧ ⲓⲥ ⲡⲥⲛⲟⲩ ⲙ̇ ⲡⲓⲃⲓⲥⲓ ⲁϥⲥⲓⲛⲓ
ⲁ̀ ⲡⲓⲙ̇ⲧⲟⲛ ⲫⲟϩ ⲉ̀ⲣⲱⲧⲉⲛ ⲉ̀ⲃⲟⲗϩⲓⲧⲉⲛ ⲡⲟ̅ⲥ̅ Ⲧⲟⲧⲉ 20
ⲁⲩⲧⲁϩⲱⲟⲩ ⲉ̀ⲣⲁⲧⲟⲩ ⲙ̇ ⲡⲉⲙⲑⲟ ⲙ̇ ⲡⲟⲩⲣⲟ ⲙ̇ ⲡⲥⲙⲟⲧ
ⲛ̇ ϩⲁⲛⲕⲁⲧⲁⲇⲓⲕⲟⲥ Ⲟⲩⲟϩ ϧⲉⲛ ϯⲟⲩⲛⲟⲩ ⲓⲥ ⲡⲓⲁⲣ-
ⲭⲏⲁⲅⲅⲉⲗⲟⲥ ⲉ̇ⲑ ⲟⲩⲁⲃ ⲙⲓⲭⲁⲏⲗ ⲁϥϭⲓ ⲙ̇ ⲡⲥⲙⲟⲧ
ⲛ̇ ⲟⲩⲛⲓϣϯ ⲛ̇ ⲥⲧⲣⲁⲧⲩⲗⲁⲧⲏⲥ ⲛ̇ⲧⲉ ⲡⲟⲩⲣⲟ ⲛ̇ ⲛⲓⲣⲱ-
ⲙⲉⲟⲥ ⲁϥⲓ̀ Ⲡⲟⲩⲣⲟ ⲇⲉ ⲕⲉⲥⲁⲛⲑⲟⲥ ⲉ̀ⲧⲁϥⲛⲁⲩ ⲉ̀ⲣⲟϥ 25
ⲁϥⲧⲱⲛϥ ⲁϥϭⲟϩⲓ ⲉ̀ ⲣⲁⲧϥ ϩⲓ ⲧϨⲏ ⲙ̇ⲙⲟϥ ⲉ̀ⲧⲁϥϩⲟϩ

---

¹ The Ms. writes ⲞⲨⲞϩ twice.

ⲇⲉ ⲉⲣⲟϥ ⲁⲩϩⲉⲙⲥⲓ ⲉⲩⲥⲟⲡ ⲛⲉⲙ ⲛⲟⲩⲉⲣⲏⲟⲩ Ⲡⲓⲁⲣ-
ⲭⲏⲁⲅⲅⲉⲗⲟⲥ ⲇⲉ ⲙⲓⲭⲁⲏⲗ ⲉⲧⲁϥⲛⲁⲩ ⲉ ⲛⲓⲁⲗⲱⲟⲩⲓ
ⲉⲩⲟϩⲓ ⲉⲣⲁⲧⲟⲩ ⲡⲉϫⲁϥ ⲙ̀ ⲡⲟⲩⲣⲟ ⲕⲉⲥⲁⲛⲑⲟⲥ ϫⲉ
ⲟⲩ ⲡⲉ ⲡϩⲱⲃ ⲛ̀ ⲛⲁⲓ ⲁⲗⲱⲟⲩⲓ ⲡⲟⲩⲣⲟ ⲇⲉ ⲁϥⲧⲁⲙⲟϥ
ⲉⲑⲃⲉ ⲡⲓϩⲱⲃ ⲉⲧⲁϥϣⲱⲡⲓ Ⲡⲉϫⲉ ⲙⲓⲭⲁⲏⲗ ⲛⲁϥ ϫⲉ
ⲟⲩⲕ ⲟⲩⲛ ⲙ̀ⲡ ⲟⲩⲉⲙⲓ ⲉ̀ ϥⲏ ⲉⲧⲁϥϧⲟⲧⲉⲃ ⲙ̀ ⲡⲓⲣⲱⲙⲓ
ⲡⲉϫⲉ ⲡⲟⲩⲣⲟ ⲛⲁϥ ϫⲉ ⲁⲩϯ ⲛ̀ ⲛⲁⲓ ⲛⲏⲓ ⲉ̀ϧⲟⲩⲛ
ϫⲉ ⲛ̀ⲑⲱⲟⲩ ⲡⲉ ⲉⲧⲁⲩϧⲟⲧⲉⲃ ⲙ̀ⲙⲟϥ Ⲡⲉϫⲉ ⲙⲓⲭⲁⲏⲗ
ⲛⲁϥ ϫⲉ ϧⲁⲧⲟⲧⲉⲛ ⲁⲣⲉ ϣⲁⲛ ⲟⲩϩⲱⲃ ⲛ̀ ⲡⲁⲓ ⲣⲏϯ
ϣⲱⲡⲓ ⲛ̀ⲧⲉ ⲟⲩⲁⲓ ⲙⲟⲩ ⲛ̀ⲧⲉⲛϣⲧⲉⲙⲉⲙⲓ ⲉ̀ ϥⲏ ⲉⲧ-
ⲁϥϣⲱⲡⲓ ⲙ̀ⲙⲟϥ ϣⲁⲛⲑⲉⲣⲟⲩⲓⲛⲓ ⲙ̀ ⲡⲓⲣⲱⲙⲓ ⲉⲧⲁϥⲙⲟⲩ
ⲉ̀ ⲑⲙⲏϯ ⲛ̀ⲧⲉⲛϭⲛⲟⲩϥ ϣⲁϥⲥⲁϫⲓ ⲛⲉⲙⲁⲛ ⲛ̀ⲧⲉϥ-
ⲧⲁⲙⲟⲛ ⲉ̀ ϥⲏ ⲉⲧⲁϥϧⲟⲑⲃⲉϥ ϯⲛⲟⲩ ⲇⲉ ⲓⲥϫⲉ ⲭⲟⲩⲱϣ
ⲉ̀ ⲉⲙⲓ ϩⲱⲕ ⲉ̀ ϯⲙⲉⲑⲙⲏⲓ ϫⲉ ⲙⲁⲣⲟⲩⲓⲛⲓ ϩⲱϥ ⲙ̀
ϥⲏ ⲉⲧⲁϥⲙⲟⲩ ⲉ̀ ⲡⲁⲓ ⲙⲁ ⲛ̀ⲧⲉⲛϭⲛⲟⲩϥ ⲟⲩⲟϩ ϣⲁϥ-
ⲥⲁϫⲓ ⲛⲉⲙⲁϥ ⲛ̀ⲧⲉϥⲧⲁⲙⲟⲛ ⲉ̀ ϥⲏ ⲉⲧⲁϥϧⲟⲑⲃⲉϥ
Ⲟⲩⲟϩ ϧⲉⲛ ϯⲟⲩⲛⲟⲩ ⲁ ⲡⲟⲩⲣⲟ ⲉⲣ ⲕⲉⲗⲉⲩⲓⲛ ⲁⲩⲓⲛⲓ
ⲛ̀ ϥⲏ ⲉⲑ ⲙⲱⲟⲩⲧ ⲉ̀ ⲑⲙⲏϯ Ⲡⲉϫⲉ ⲡⲓⲁⲣⲭⲏⲁⲅⲅⲉⲗⲟⲥ
ⲙⲓⲭⲁⲏⲗ ⲛ̀ ⲇⲁⲛⲓⲏⲗ ⲡⲓⲕⲟⲩϫⲓ ⲛ̀ ⲥⲟⲛ ⲛ̀ⲧⲉ ⲛⲏ ⲉⲑ
ⲟⲩⲁⲃ ϫⲉ ϩⲱⲗ ⲁϫⲟⲥ ⲙ̀ ⲡⲁⲓ ⲣⲉϥⲙⲱⲟⲩⲧ ϫⲉ ϧⲉⲛ
ϥⲣⲁⲛ ⲙ̀ ⲡⲁ ⳪ ⲓⲏ̅ⲥ̅ ⲡⲭ̅ⲥ̅ ⲫϯ ⲛ̀ⲧⲉ ⲧⲫⲉ ⲛⲉⲙ ⲡⲓⲕⲁϩⲓ
ⲙⲁⲧⲁⲙⲟⲛ ⲉ̀ ϥⲏ ⲉⲧⲁϥϣⲱⲡⲓ ⲙ̀ⲙⲟⲕ ⲡⲓⲕⲟⲩϫⲓ ⲇⲉ
ⲛ̀ ⲁⲗⲟⲩ ⲁϥⲓⲣⲓ ⲙ̀ ⲡⲁⲓ ⲣⲏϯ ⲫϯ ⲇⲉ ⲡⲓⲙⲁⲓⲣⲱⲙⲓ
ⲉϥⲟⲩⲱϣ ⲉ̀ⲑⲣⲉ ⲡⲉϥⲣⲁⲛ ⲉⲑ ⲟⲩⲁⲃ ϭⲓ ⲱ̀ⲟⲩ ϧⲉⲛ
ⲙⲁⲓ ⲛⲓⲃⲉⲛ ⲛ̀ⲥⲉⲛⲁϩϯ ⲉⲣⲟϥ ⲁϥⲧⲁⲥⲑⲟ ⲛ̀ ϯⲯⲩⲭⲏ
ⲛ̀ⲧⲉ ⲡⲓⲣⲱⲙⲓ ⲉⲣⲟϥ ⲛ̀ ⲕⲉ ⲥⲟⲡ ⲁϥⲱⲛϧ ⲉⲑⲃⲉ ⲡⲟⲩ-
ϫⲁⲓ ⲙ̀ ⲡⲟⲩⲣⲟ ⲛⲉⲙ ⲡⲓⲙⲏϣ ⲧⲏⲣϥ ⲛ̀ⲧⲉ ϯⲭⲱⲣⲁ
ⲧⲏⲣⲥ ⲉⲧⲉⲙⲙⲁⲩ ⲟⲩⲟϩ ⲁ ⲡⲓⲣⲱⲙⲓ ⲱϣ ⲉ̀ⲃⲟⲗ ⲉϥϫⲱ

ⲙ̄ⲙⲟⲥ ϫⲉ ⲟⲩⲟⲓ ⲛⲁⲕ ⲡⲟⲩⲣⲟ ⲕⲉⲥⲁⲛⲑⲟⲥ ϫⲉ ⲁⲕ
ⲉⲣ ⲧⲟⲗⲙⲁⲛ ⲁⲕϩⲉⲙⲥⲓ ⲛⲉⲙ ⲡⲓⲁⲣⲭⲏⲁⲅⲅⲉⲗⲟⲥ ⲉⲑ
ⲟⲩⲁⲃ ⲙⲓⲭⲁⲏⲗ ⲡⲓⲁⲣⲭⲏⲥⲧⲣⲁⲧⲓⲕⲟⲩⲥ ⲛ̀ⲧⲉ ⲧϫⲟⲙ
ριⲁ̄. ⲃ. ⲛ̀ ⲛⲓⲫⲏⲟⲩⲓ̀ Ⲕⲉ ⲅⲁⲣ ⲛⲁⲓ ⲣⲱⲙⲓ ⲉ̀ⲧⲟⲩϫⲉⲙ ⲗⲱⲓϫⲓ
ⲉ̀ⲣⲱⲟⲩ ϩⲁⲛⲇⲓⲕⲉⲟⲥ ⲛⲉ ⲟⲩⲟϩ ⲥⲉⲟⲩⲁⲃ ⲉ̀ ⲛⲟⲃⲓ ⲕⲉ 5
ⲅⲁⲣ ⲛ̀ⲑⲱⲟⲩ ⲁⲛ ⲡⲉ ⲉ̀ⲧⲁⲩϧⲱⲧⲉⲃ ⲙ̄ⲙⲟⲓ ⲁⲗⲗⲁ
ⲟⲩϭⲗⲓ ⲡⲉ ⲉ̀ⲧⲁⲥⲙⲁϩⲣⲱⲥ ⲉ̀ⲣⲟⲓ ⲗⲓⲙⲟⲩ Ⲟⲩⲟϩ ⲉ̀ⲑⲃⲉ
ⲙⲉⲧⲥⲱⲧⲡ ⲛ̀ ⲛⲁⲓ ⲣⲱⲙⲓ ⲁ̀ ⲡⲁⲓ ⲛⲓϣϯ ⲛ̀ ⲡ ⲉ̀ⲑ
ⲛⲁⲛⲉ ϥ ⲧⲁϩⲟⲕ ⲁⲕ ⲉⲣ ⲡⲉⲙⲡϣⲁ ⲛ̀ ⲛⲁⲩ ⲉ̀ ⲡⲓ-
ⲁⲣⲭⲏⲁⲅⲅⲉⲗⲟⲥ ⲉⲑ ⲟⲩⲁⲃ ⲙⲓⲭⲁⲏⲗ ⲗⲟⲓⲡⲟⲛ ⲓⲥ ⲛⲓ- 10
ϣⲫⲏⲣⲓ ⲛ̀ⲧⲉ ⲫϯ ⲁ̀ ⲧⲉⲧⲉⲛⲛⲁⲩ ⲉ̀ⲣⲱⲟⲩ ⲙⲁⲧⲁⲥⲑⲉ
ⲑⲏⲛⲟⲩ ⲉ̀ⲣⲱⲟⲩ ϧⲉⲛ ⲡⲉⲧⲉⲛϩⲏⲧ ⲧⲏⲣϥ ⲛ̀ⲧⲉⲧⲉⲛⲭⲱ
ⲛ̀ⲥⲱⲧⲉⲛ ⲛ̀ ⲛⲁⲓ ϩⲩⲇⲟⲛⲏ ⲛⲉⲙ ⲛⲁⲓ ⲓ̀ⲇⲱⲗⲟⲛ ⲉ̀ⲧ
ριⲃ̄. ⲁ. ⲙⲱⲟⲩⲧ ⲉ̀ⲧⲉ ⲙ̀ⲙⲟⲛ ϩⲛⲟⲩ | ⲛ̀ ϧⲏⲧⲟⲩ ϩⲓⲛⲁ ⲛ̀ⲧⲉ
ⲫϯ ⲭⲱ ⲛⲱⲧⲉⲛ ⲉ̀ⲃⲟⲗ ⲛ̀ ⲛⲉⲧⲉⲛ ϣⲟⲣⲡ ⲛ̀ ⲛⲟⲃⲓ ⲕⲉ 15
ⲅⲁⲣ ⲁ̀ⲛⲟⲕ ϩⲱ ⲉ̀ ⲟⲩⲛⲓϣϯ ⲛ̀ ϩⲙⲟⲧ ⲧⲁϩⲟⲓ ϫⲉ
ⲁⲓⲛⲁⲩ ⲉ̀ ⲡⲓⲁⲣⲭⲏⲁⲅⲅⲉⲗⲟⲥ ⲙⲓⲭⲁⲏⲗ ⲉ̀ⲑⲃⲉ ⲛⲁⲓ
ⲣⲱⲙⲓ ⲛ̀ ⲇⲓⲕⲉⲟⲥ ⲟⲩⲟϩ ϧⲉⲛ ϯⲟⲩⲛⲟⲩ ⲁ̀ ⲡⲓⲁⲣⲭⲏⲁⲅ-
ⲅⲉⲗⲟⲥ ⲙⲓⲭⲁⲏⲗ ϩⲱⲗ ⲉ̀ ⲡϭⲓⲥⲓ ϧⲉⲛ ⲟⲩⲛⲓϣϯ ⲛ̀
ⲱ̀ⲟⲩ ⲉ̀ⲣⲉ ⲡⲟⲩⲣⲟ ⲛⲁⲩ ⲉ̀ⲣⲟϥ ⲛⲉⲙ ⲡⲓⲙⲏϣ ⲧⲏⲣϥ 20
ⲉϥϩⲏⲗ ⲉ̀ ⲡϣⲱⲓ ⲉ̀ ⲧⲫⲉ ⲉ̀ ⲁϥϭⲓ ⲛⲉⲙⲁϥ ⲛ̀ ⲧⲯⲩⲭⲏ
ⲛ̀ ⲫⲏ ⲉ̀ⲧⲁϥⲙⲟⲩ ⲉ̀ ⲡϣⲱⲓ ⲉ̀ ⲛⲓⲫⲏⲟⲩⲓ Ⲡⲟⲩⲣⲟ ⲇⲉ
ⲛⲉⲙ ⲟⲩⲟⲛ ⲛⲓⲃⲉⲛ ⲁⲩϣⲱⲡⲓ ϧⲉⲛ ⲟⲩⲛⲓϣϯ ⲛ̀ ϩⲟϯ
ριⲃ̄. ⲃ. ⲉ̀ⲙⲁϣⲱ Ⲙⲉⲛⲉⲛⲥⲁ ⲟⲩⲛⲓϣϯ ⲛ̀ ⲛⲁⲩ ⲁ̀ ⲡϩⲏⲧ ⲙ̀
ⲡⲟⲩⲣⲟ ⲥⲉⲙⲛⲓ ⲉ̀ⲣⲟϥ ⲉ̀ⲃⲟⲗ ϧⲉⲛ ϯϩⲟϯ ⲛⲉⲙ ⲡⲓⲛⲓϣϯ 25
ⲛ̀ ϩⲱⲃ ⲛ̀ ϣⲫⲏⲣⲓ ⲉ̀ⲧⲁϥⲛⲁⲩ ⲉ̀ⲣⲟϥ ⲁϥⲧⲱⲛϥ ⲁϥϯ
ⲉ̀ⲣⲱϥ ⲛ̀ ⲓⲱⲁⲛⲛⲏⲥ ⲉϥϫⲱ ⲙ̀ⲙⲟⲥ ϫⲉ ⲥⲥⲙⲁⲣⲱⲟⲩⲧ
ⲛ̀ϫⲉ ϯⲟⲩⲛⲟⲩ ⲉⲧ ⲁⲣⲉⲧⲉⲛ ⲓ̀ ⲉ̀ ϧⲟⲩⲛ ⲉ̀ ⲧⲁⲓ ⲡⲟⲗⲓⲥ

ⲛ̀ⲃⲏⲧⲥ Ⲧⲉⲛϯϩⲟ ⲉ̀ⲣⲱⲧⲉⲛ ⲙⲁⲧⲁⲙⲟⲓ ⲉ̀ ⲡⲉⲧⲉⲛ
ⲛⲟⲩϯ ⲉⲧ ⲁⲣⲉⲧⲉⲛ ⲛⲁϩϯ ⲉ̀ⲣⲟϥ ⲟⲩⲟϩ ⲛ̀ⲧⲉⲛⲛⲁϩϯ
ⲉ̀ⲣⲟϥ ϩⲱⲛ ⲛ̀ⲧⲉⲛⲟⲩϫⲁⲓ Ⲓⲱⲁⲛⲛⲏⲥ ⲇⲉ ⲡⲉϫⲁϥ ⲛⲱⲟⲩ
ϫⲉ ⲉⲛⲛⲁϩϯ ⲉ̀ ⲡϭⲥ ⲓⲏ͞ⲥ ⲡⲭ͞ⲥ ⲡϣⲏⲣⲓ ⲛ̀ ⲫϯ ⲉⲧ
ⲟⲛⲃ̇ Ⲡⲟⲩⲣⲟ ⲇⲉ ⲁϥϣϣ ⲉ̀ⲃⲟⲗ ⲉϥϫⲱ ⲙ̀ⲙⲟⲥ ⲛⲉⲙ 5
ⲣ̄ⲡ̄. ⲁ. ⲡⲓⲙⲏϣ ⲧⲏⲣϥ ϫⲉ ⲁ̀ⲗⲏⲑⲱⲥ ⲟⲩⲛⲟⲩϯ ⲉϥⲟⲛⲃ̇ ⲡⲉ
ⲓⲏ͞ⲥ ⲡⲭ͞ⲥ ⲟⲩⲟϩ ⲙ̀ⲙⲟⲛ ⲕⲉ ⲛⲟⲩϯ ⲉ̀ⲃⲏⲗ ⲉ̀ⲣⲟϥ
Ⲓⲱⲁⲛⲛⲏⲥ ⲇⲉ ⲡⲉϫⲁϥ ⲙ̀ ⲡⲟⲩⲣⲟ ϫⲉ ⲧⲱⲛⲕ ⲛ̀ⲧⲉⲕ-
ϭⲃⲁⲓ ⲛ̀ ⲕⲱⲥⲧⲁⲛⲧⲓⲛⲟⲥ ⲡⲟⲩⲣⲟ ⲛ̀ ⲛⲓⲣⲱⲙⲉⲟⲥ ⲛ̀ⲧⲉⲕ-
ⲧⲁⲙⲟϥ ⲉ̀ ϩⲱⲃ ⲛⲓⲃⲉⲛ ⲛ̀ⲧⲉⲕϩⲟ ⲉ̀ⲣⲟϥ ϩⲓⲛⲁ 10
ⲛ̀ⲧⲉϥⲟⲩⲱⲣⲡ ⲛⲁⲛ ⲛ̀ ⲟⲩⲁⲓ ⲛ̀ ⲛⲓⲉ̀ⲡⲓⲥⲕⲟⲡⲟⲥ ⲛ̀ ⲧⲉ-
ⲧⲉⲛⲭⲱⲣⲁ ⲛ̀ⲧⲉϥ ⲉⲣ ⲕⲁⲑⲏⲅⲓⲛ ⲙ̀ⲙⲱⲧⲉⲛ ⲉ̀ ⲫⲣⲁⲛ
ⲙ̀ ⲫⲓⲱⲧ ⲛⲉⲙ ⲡϣⲏⲣⲓ ⲛⲉⲙ ⲡⲓⲡ͞ⲛ͞ⲁ ⲉⲑ ⲟⲩⲁⲃ Ⲡⲟⲩⲣⲟ
ⲇⲉ ⲕⲉⲥⲁⲛⲑⲟⲥ ⲁϥϭⲃⲁⲓ ⲉ̀ⲣⲁⲧϥ ⲙ̀ ⲡⲟⲩⲣⲟ ⲕⲱⲥ-
ⲧⲁⲛⲧⲓⲛⲟⲥ ⲉϥϫⲱ ⲙ̀ⲙⲟⲥ ⲛⲁϥ ⲙ̀ ⲡⲁⲓ ⲣⲏϯ Ⲕⲉⲥⲁ- 15
ⲣ̄ⲡ̄. ⲃ. ⲛⲑⲟⲥ ⲫⲏ ⲉⲧ ⲟⲩϫⲱ ⲙ̀ⲙⲟⲥ ⲉ̀ⲣⲟϥ ϫⲉ ⲟⲩⲟⲩⲣⲟ
ⲡⲉ ⲉϥ ⲉⲣⲧⲟⲗⲙⲁⲛ ⲉϥϭⲃⲁⲓ ⲉ̀ ⲣⲁⲧϥ ⲙ̀ ⲡⲓⲛⲓϣϯ ⲛ̀
ⲟⲩⲣⲟ ⲛ̀ ⲁⲩⲧⲟⲕⲣⲁⲧⲱⲣ ⲕⲱⲥⲧⲁⲛⲧⲓⲛⲟⲥ ϥⲃⲱⲕ ⲛ̀
ⲓⲏ͞ⲥ ⲡⲭ͞ⲥ ⲭⲉⲣⲉⲧⲉ Ⲟⲩⲛⲓϣϯ ⲅⲁⲣ ⲛ̀ ϩⲙⲟⲧ ⲁϥⲧⲁ-
ϩⲟⲛ ϩⲓⲧⲉⲛ ⲫϯ ⲡⲓⲁ̀ⲅⲁⲑⲟⲥ ⲁϥ ⲉⲣ ⲡⲉⲛⲙⲉⲩⲓ ⲁϥ- 20
ⲉⲛⲧⲉⲛ ⲉ̀ⲃⲟⲗⲃⲉⲛ ϯⲙⲉⲧϣⲁⲙϣⲉ ⲓ̀ⲇⲱⲗⲟⲛ ⲉⲧ ϭⲁϧⲉⲙ
ⲁϥⲧⲁⲥⲑⲟⲛ ⲉ̀ⲣⲟϥ ϩⲓⲧⲉⲛ ⲧⲉϥⲛⲓϣϯ ⲛ̀ ⲙⲉⲧⲁ̀ⲅⲁⲑⲟⲥ ⲉ̀
ⲛⲁϣⲱⲥ ⲛⲉⲙ ⲛⲉⲛϯϩⲟ ⲙ̀ ⲡⲓⲛⲓϣϯ ⲛ̀ ⲁⲣⲭⲏⲁⲅⲅⲉⲗⲟⲥ
ⲉⲑ ⲟⲩⲁⲃ ⲙⲓⲭⲁⲏⲗ ⲫⲁⲓ ⲉ̀ⲧⲁϥⲁⲓ̀ⲧ ⲛ̀ ⲉⲙⲡϣⲁ ⲉ̀ⲑⲣⲓ-
ⲛⲁⲩ ⲉ̀ⲣⲟϥ ⲛ̀ ⲛⲁⲃⲁⲗ ⲟⲩⲟϩ ⲁϥⲑⲣⲉ ⲡⲓⲣⲉϥⲙⲱⲟⲩⲧ ⲥⲁ- 25
ⲣ̄ⲡ̄ⲇ̄. ⲁ. ϫⲓ ⲛⲉⲙⲁⲛ ⲛ̀ ⲣⲱϥ ⲛⲉⲙ ⲣⲱϥ ⲙⲉⲛⲉⲛⲥⲁ ⲑⲣⲉϥⲙⲟⲩ
ⲙⲉⲛⲉⲛⲥⲱⲥ ⲁϥϩⲱⲗ ⲉ̀ ⲡϭⲓⲥⲓ ϧⲉⲛ ⲟⲩⲛⲓϣϯ ⲛ̀ ⲱⲟⲩ
ⲉⲛⲛⲁⲩ ⲉ̀ⲣⲟϥ ⲧⲏⲣⲟⲩ ⲗⲟⲓⲡⲟⲛ ⲧⲉⲛϯϩⲟ ⲉ̀ ⲧⲉⲕⲙⲉⲧϭ͞ⲥ

ⲉⲑⲣⲉⲕⲟⲩⲱⲣⲡ ⲛⲁⲛ ⲛ̀ ⲟⲩⲁⲓ ⲛ̀ ⲛⲓⲉ̀ⲡⲓⲕⲟⲡⲟⲥ ⲉ̀ⲧ
ϧⲁ ⲧⲟⲧⲕ ⲉⲑⲣⲉϥ ⲉⲣ ⲟⲩⲱⲓⲛⲓ ⲉ̀ⲣⲟⲛ ⲛ̀ ⲡⲓⲛⲁϩϯ ⲉ̀ⲧ
ⲥⲟⲩⲧⲱⲛ ⲟⲩⲟϩ ⲛ̀ⲧⲉϥⲧⲁⲙⲟⲛ ϩⲱⲛ ⲉ̀ ⲡⲓⲙⲱⲓⲧ ⲛ̀
ϩⲱⲗ ϣⲁ ⲫϯ ⲟⲩⲟϩ ⲛ̀ⲧⲉϥϯ ⲛⲁⲛ ⲛ̀ ϯⲥⲫⲣⲁⲅⲓⲥ ⲉⲑ
ⲟⲩⲁⲃ ⲕⲉ ⲅⲁⲣ ⲁⲕϣⲁⲛ ⲉⲣ ⲫⲁⲓ ⲛⲁⲛ ⲭⲛⲁϭⲓ ⲛ̀ ⲕⲉ 5
ⲛⲓϣϯ ⲛ̀ ⲭⲗⲟⲙ ϧⲁⲧⲉⲛ ⲡⲭ̅ⲥ̅ ϧⲁ ⲡⲁⲓ ϩⲱⲃ ⲟⲩⲅⲁⲓ
ⲡⲓⲟⲩⲣⲟ ⲛ̀ ⲙⲁⲓⲛⲟⲩϯ ϩⲓⲧⲉⲛ ⲧϫⲟⲙ ⲛ̀ ⲡⲭ̅ⲥ̅ ⲡⲟⲩⲣⲟ

ⲣ̅ⲓ̅ⲇ̅. ⲃ. ⲛ̀ ⲡⲧⲏⲣϥ Ⲟⲩⲟϩ ϧⲉⲛ ⲟⲩⲛⲓϣϯ ⲛ̀ ⲥⲡⲟⲩⲇⲁⲛ ⲁϥϭⲓ
ⲛ̀ ⲛⲓⲥϧⲁⲓ ⲛ̀ϫⲉ ⲡⲟⲩⲣⲟ ⲕⲱⲥⲧⲁⲛⲧⲓⲛⲟⲥ ⲁϥⲟϣⲟⲩ
ⲁϥ ⲉⲣ ϣⲫⲏⲣⲓ ⲉ̀ⲙⲁϣⲱ ⲉ̀ϫⲉⲛ ⲫⲏ ⲉ̀ⲧⲁϥϣⲱⲡⲓ ⲁϥϯ 10
ⲱ̀ⲟⲩ ⲛ̀ ⲫϯ Ⲟⲩⲟϩ ϧⲉⲛ ⲟⲩⲛⲓϣϯ ⲛ̀ ⲙⲉⲧϥⲁⲓⲣⲱⲟⲩϣ
ⲁϥⲥϧⲁⲓ ϣⲁ ⲡⲓⲁ̀ⲅⲓⲟⲥ ⲓⲱⲁⲛⲛⲏⲥ ⲡⲓⲁⲣⲭⲏⲉ̀ⲡⲓⲥⲕⲟⲡⲟⲥ
ⲛ̀ⲧⲉ ⲉ̀ⲫⲉⲥⲟⲥ ⲛ̀ ⲡⲁⲓ ⲣⲏϯ ϧⲁ ⲧϩⲏ ⲇⲉ ⲛ̀ ϩⲱⲃ
ⲛⲓⲃⲉⲛ ϯ ⲉⲣ ⲁⲥⲡⲁⲍⲉⲥⲑⲉ ⲛ̀ ⲛⲉⲕϫⲓϫ ⲉⲑ ⲟⲩⲁⲃ ⲛⲁⲓ
ⲉ̀ⲧ ⲁ̀ⲛⲟⲛⲓ ⲛ̀ ⲧⲥⲁⲣⲝ ⲛ̀ ⲡϣⲏⲣⲓ ⲛ̀ ⲫϯ ϧⲉⲛ ⲟⲩ- 15
ⲙⲉⲑⲙⲏⲓ ⲟⲩⲛⲓϣϯ ⲛ̀ ⲣⲁϣⲓ ⲁϥϣⲱⲡⲓ ϩⲁⲣⲟⲛ ⲉ̀ⲃⲟⲗ
ϩⲓⲧⲉⲛ ⲫϯ ⲓ̅ⲥ̅ ϩⲏⲡⲡⲉ ⲁⲛⲟⲩⲟⲣⲡϥ ⲛⲁⲕ ϩⲱⲕ ⲉⲛ-

ⲣ̅ⲓ̅ⲉ̅. ⲁ. ⲥⲱⲟⲩⲛ ϫⲉ ⲭⲛⲁⲣⲁϣⲓ ⲛ̀ ϩⲟⲩⲟ̀ | ϯⲟⲩⲱϣ ⲟⲩⲛ
ⲉⲑⲣⲉⲕϭⲁⲓ ϧⲁ ⲟⲩⲕⲟⲩϫⲓ ⲛ̀ ⲃⲓⲥⲓ ⲉⲕⲣⲱⲟⲩⲧ ϧⲉⲛ
ⲡⲉⲕϩⲏⲧ ⲧⲏⲣϥ ϩⲱⲥ ⲉⲕⲉ̀ⲙⲓ ϫⲉ ⲡⲉⲕⲃⲓⲥⲓ ⲛⲁϩⲉⲓ 20
ⲉ̀ⲃⲟⲗ ⲁⲛ ⲁ̀ⲣⲓⲧⲥ ⲉⲑⲃⲉ ⲡⲭ̅ⲥ̅ ⲫⲁⲓ ⲉ̀ⲧⲁϥϣⲉⲡϧⲓⲥⲓ
ⲉⲑⲃⲉ ⲡⲅⲉⲛⲟⲥ ⲛ̀ ⲛⲓⲣⲱⲙⲓ ⲛ̀ⲧⲉⲕⲥⲕⲓⲗⲓ ⲙ̀ⲙⲟⲕ ⲛ̀ⲧⲉⲕ-
ϩⲱⲗ ϣⲁ ϯⲃⲁⲕⲓ ϯⲉⲛⲧⲓⲁⲥ Ⲛⲧⲉⲕ ⲉⲣ ⲫⲁϧⲣⲓ ⲛ̀
ⲛⲏ ⲉ̀ⲧ ϣⲱⲡⲓ ⲛ̀ ϧⲏⲧⲥ ϧⲉⲛ ⲫⲣⲁⲛ ⲙ̀ ⲡⲭ̅ⲥ̅ ⲛ̀ⲧⲉⲕ-
ⲟⲗⲟⲩ ⲉ̀ⲃⲟⲗϧⲉⲛ ⲡϣⲉⲙϣⲓ ⲛ̀ ϯⲙⲉⲧϣⲁⲙϣⲉ ⲓ̀ⲇⲱⲗⲟⲛ 25
ⲉ̀ⲧ ⲥⲱϥ ⲛ̀ⲧⲉⲕϯ ⲱⲙⲥ ⲛⲱⲟⲩ ⲉ̀ ⲫⲣⲁⲛ ⲙ̀ ⲫⲓⲱⲧ
ⲛⲉⲙ ⲡϣⲏⲣⲓ ⲛⲉⲙ ⲡⲓⲡ̅ⲛ̅ⲁ̅ ⲉⲑ ⲟⲩⲁⲃ ⲫⲁⲓ ⲛⲁϣⲱⲡⲓ

ⲣ̅ⲓ̅ⲉ̅. ⲃ. ⲛⲁⲕ ⲉⲩϣⲟⲩϣⲟⲩ ϧⲁⲧⲉⲛ ⲡϭ̅ⲥ̅ ⲛⲉⲙ | ⲛⲉϥⲁⲅⲅⲉⲗⲟⲥ

ⲉⲑ ⲟⲩⲁⲃ ⲥⲓⲛⲁ ⲛ̄ⲧⲉⲛⲟⲩϫⲁⲓ ⲉⲩⲥⲟⲡ ϩⲓⲧⲉⲛ ⲧϫⲟⲙ
ⲛ̄ⲧⲉ ⲡⲭ̄ⲥ̄ ⲡⲉⲛⲛⲟⲩϯ Ⲛⲁⲓ ⲥⲃⲁⲓ ⲇⲉ ⲁ ⲡⲟⲩⲣⲟ ⲕⲱⲥ-
ⲧⲁⲛⲧⲓⲛⲟⲥ ⲟⲩⲟⲣⲡⲟⲩ ⲛ̄ ⲁⲃⲃⲁ ⲓⲱⲁⲛⲛⲏⲥ ⲡⲓⲁⲣⲭⲏⲉⲡⲓ
ⲥⲕⲟⲡⲟⲥ ⲛ̄ⲧⲉ ⲉ̀ⲫⲉⲥⲟⲥ ⲛⲉⲙ ϯ ⲕⲉ ⲉ̀ⲡⲓⲥⲧⲟⲗⲏ ⲛ̄ⲧⲉ
ⲕⲉⲥⲁⲛⲑⲟⲥ ⲡⲟⲩⲣⲟ Ⲡⲓⲁⲣⲭⲏⲉ̀ⲡⲓⲥⲕⲟⲡⲟⲥ ⲇⲉ ⲉ̀ⲧⲁϥϣⲱ 5
ⲛ̄ ⲛⲓⲥⲃⲁⲓ ⲁϥⲣⲁϣⲓ ⲉ̀ⲙⲁϣⲱ ⲉ̀ϩⲣⲏⲓ ⲉ̀ϫⲉⲛ ⲡϫⲓⲛⲧⲁⲥ-
ⲑⲟ ⲛ̄ ϯⲭⲱⲣⲁ ⲧⲏⲣⲥ Ⲧⲟⲧⲉ ⲁϥϭⲓ ⲛⲉⲙⲁϥ ⲛ̄ ⲇⲓⲁ-
ⲕⲟⲛ ⲃ̄ ⲛⲉⲙ ⲟⲩⲡⲣⲉⲥⲃⲩⲧⲉⲣⲟⲥ ⲛⲉⲙ ⲟⲩⲁ̀ⲛⲁⲅⲛⲱⲥⲧⲏⲥ

ⲣⲕ̄ⲋ̄. ⲁ. ⲛⲉⲙ ⲅ̄ ⲛ̄ ⲯⲁⲗⲙⲱⲇⲟⲥ ⲛⲉⲙ ⲓ̄ⲃ̄ ⲛ̄ ⲫⲓⲗⲟⲡⲟⲛⲟⲥ
ⲟⲩⲟϩ ⲁϥⲱ̀ⲗⲓ ⲛⲉⲙⲁⲛ ⲛ̄ ⲡⲥⲟⲃϯ ⲛ̄ ⲡⲓⲑⲩⲥⲓⲁⲥⲧⲏⲣⲓⲟⲛ 10
Ⲟⲩⲧⲣⲁⲡⲏⲍⲁ ⲛ̄ ⲛⲟⲩⲃ ⲛⲉⲙ ⲁ̄ ⲛ̄ ⲡⲟⲧⲏⲣⲓⲟⲛ ⲛ̄ ϩⲁⲧ
ⲛⲉⲙ ⲅ̄ ⲛ̄ ⲡⲟⲧⲏⲣⲓⲟⲛ ⲛ̄ ⲛⲟⲩⲃ ⲛⲉⲙ ⲟⲩⲙⲁⲡⲡⲁ ⲛ̄
ϣⲉⲛⲥ ⲉ̀ⲧ ⲥⲟⲧⲡ ⲛⲉⲙ ⲟⲩⲥⲕⲉⲡⲁⲥⲙⲁ ⲛ̄ ⲟ̀ⲗⲟⲥⲓⲣⲓⲕⲟⲛ
ⲛⲉⲙ ⲡⲓ ⲁ̄ ⲛ̄ ⲉⲩⲁⲅⲅⲉⲗⲓⲟⲛ ⲛⲉⲙ ⲡⲓ ⲯⲁⲗⲧⲏⲣⲓⲟⲛ
ⲛⲉⲙ ⲡⲓⲁⲡⲟⲥⲧⲟⲗⲟⲥ ⲛⲉⲙ ⲡⲓⲡⲣⲁⲝⲓⲥ ⲛⲉⲙ ⲛⲓⲉ̀ⲡⲓ- 15
ⲥⲧⲟⲗⲏ ⲛ̄ ⲕⲁⲑⲟⲗⲓⲕⲟⲛ Ⲁⲡⲗⲱⲥ ⲡⲥⲟⲃϯ ⲧⲏⲣϥ ⲛ̄
ϯⲉⲕⲕⲗⲏⲥⲓⲁ ⲁⲩϣⲗⲏⲗ ⲁⲩⲙⲟϣⲓ ϩⲓ ⲡⲙⲱⲓⲧ ⲉⲩⲣⲁϣⲓ
Ⲉⲧⲁⲩϧⲱⲛⲧ ⲇⲉ ⲉ̀ ϯⲃⲁⲕⲓ ⲁⲩⲉⲣⲥⲩⲙⲙⲉⲛⲓⲛ ⲙ̄ ⲡⲟⲩ-

ⲣⲕ̄ⲋ̄. ⲃ. ⲣⲟ ⲛ̄ ⲧⲡⲁⲣⲟⲩⲥⲓⲁ ⲛ̄ ⲡⲓⲁⲣⲭⲏⲉ̀ⲡⲓⲥⲕⲟⲡⲟⲥ ⲛⲉⲙ
ⲛⲏ ⲉⲑ ⲛⲉⲙⲁϥ Ⲡⲟⲩⲣⲟ ⲇⲉ ⲁϥⲓ̀ ⲉ̀ⲃⲟⲗ ⲛⲉⲙ ⲓⲱⲁⲛ- 20
ⲛⲏⲥ ⲛⲉⲙ ⲡⲓⲙⲏϣ ⲧⲏⲣϥ ⲛ̄ⲧⲉ ϯⲡⲟⲗⲓⲥ ⲉⲣ ⲁ̀ⲡⲁⲛⲧⲁⲛ
ⲉ̀ ⲡⲓⲁⲣⲭⲏⲉ̀ⲡⲓⲥⲕⲟⲡⲟⲥ Ⲉⲧⲁϥϩⲟϩ ⲇⲉ ⲉ̀ ⲡⲓⲁⲣⲭⲏ-
ⲉ̀ⲡⲓⲥⲕⲟⲡⲟⲥ ⲁ̀ ⲡⲟⲩⲣⲟ ⲛⲉⲙ ⲡⲓⲙⲏϣ ⲧⲏⲣϥ ⲟⲩⲱϣⲧ
ⲛⲁϥ ⲟⲩⲟϩ ⲁⲩϭⲓ ⲥⲙⲟⲩ ⲉ̀ⲃⲟⲗϩⲓ ⲧⲟⲧϥ Ⲡⲟⲩⲣⲟ ⲇⲉ
ⲁϥϫⲱ ⲉ̀ ⲡⲓⲁⲣⲭⲏⲉ̀ⲡⲓⲥⲕⲟⲡⲟⲥ ⲛ̄ ϩⲱⲃ ⲛⲓⲃⲉⲛ ⲉ̀ⲧⲁⲩ- 25
ϣⲱⲡⲓ ⲙ̀ⲙⲟϥ ⲟⲩⲟϩ ⲁϥⲧⲁⲙⲟϥ ⲉ̀ ⲓⲱⲁⲛⲛⲏⲥ ⲉϥϫⲱ
ⲙ̀ⲙⲟⲥ ϫⲉ ⲉ̀ⲃⲟⲗϩⲓⲧⲉⲛ ⲫⲁⲓ ⲛⲉⲙ ⲛⲉϥⲥⲛⲏⲟⲩ ⲁ̀ ⲫϯ

ⲣⲕ̄ⲍ̄. ⲁ. ⲛⲁⲓ ⲛⲁⲛ ⲟⲩⲟϩ ⲡⲁⲓ ⲣⲏϯ ⲁⲩϣⲉ ⲛⲱⲟⲩ ⲉ̀ ϯⲃⲁⲕⲓ

11*

ϧⲉⲛ ⲟⲩⲛⲓϣϯ ⲛ̀ ⲣⲁϣⲓ Ⲡⲟⲩⲣⲟ ⲇⲉ ⲁϥⲧ̀ϩⲟ ⲉ̀ ⲡⲓ-
ⲁⲣⲭⲏⲉ̀ⲡⲓⲥⲕⲟⲡⲟⲥ ⲁϥⲟⲗϥ ⲉ̀ϧⲟⲩⲛ ⲉ̀ ⲡⲓⲡⲁⲗⲗⲁⲧⲓⲟⲛ
ⲛⲉ ⲙ̀ⲡⲁⲧⲟⲩ ⲕⲉⲧ ⲉⲕⲕⲗⲏⲥⲓⲁ ⲡⲉ ϧⲉⲛ ϯⲡⲟⲗⲓⲥ Ⲙ̀
ⲡⲉϥⲣⲁⲥϯ ⲇⲉ ⲡⲉϫⲉ ⲡⲓⲁⲣⲭⲏⲉ̀ⲡⲓⲥⲕⲟⲡⲟⲥ ⲛ̀ ⲡⲟⲩⲣⲟ
ϫⲉ ⲙⲁⲣⲉⲛϯ ⲛ̀ ⲡⲉⲛⲱϣ ⲛ̀ ⲟⲩⲉ̀ⲕⲕⲗⲏⲥⲓⲁ Ⲡⲟⲩⲣⲟ ⲇⲉ ₅
ⲡⲉϫⲁϥ ϫⲉ ⲡⲁ ⲓⲱⲧ ⲟⲩⲟⲛ ⲛ̀ⲧⲏⲓ ⲙ̀ⲙⲁⲩ ⲛ̀ ⲟⲩⲙⲱⲓⲧ
ⲛ̀ ⲃⲉⲣⲓ ⲉⲩⲕⲱⲧ ⲉ̀ⲣⲟϥ ⲙⲁⲣⲟⲛ ⲛ̀ⲧⲉⲕⲛⲁⲩ ⲉ̀ⲣⲟϥ
ⲉ̀ϣⲱⲡ ϥⲛⲁ ⲉⲣ ϣⲁⲩ ⲧⲉⲛⲛⲁⲓϥ ⲛ̀ ⲉ̀ⲕⲕⲗⲏⲥⲓⲁ Ⲡⲓ-
ⲁⲣⲭⲏⲉ̀ⲡⲓⲥⲕⲟⲡⲟⲥ ⲇⲉ ⲛⲉⲙ ⲡⲟⲩⲣⲟ ⲁⲩϭⲱⲗ ⲉⲩⲥⲟⲡ
ⲣⲓⲅ̄. ⲃ. ⲁⲩⲛⲁⲩ ⲉ̀ ⲡⲓⲙⲱⲓⲧ ⲉ̀ⲧⲟⲩⲕⲱⲧ ⲉ̀ⲣⲟϥ ⲟⲩⲟϩ ⲁϥ- ₁₀
ⲣⲁⲛⲁ ⲙ̀ ⲡⲓⲁⲣⲭⲏⲉ̀ⲡⲓⲥⲕⲟⲡⲟⲥ Ⲡⲟⲩⲣⲟ ⲇⲉ ⲁϥⲑⲣⲉ
ⲡⲓⲕⲩⲣⲓϫ ⲱϣ ⲉ̀ⲃⲟⲗ ϧⲉⲛ ϯⲡⲟⲗⲓⲥ ⲧⲏⲣⲥ ϫⲉ ⲙⲁⲣⲉ
ⲣⲱⲙⲓ ⲛⲓⲃⲉⲛ ⲓ̀ ⲛ̀ⲥⲉ ⲉⲣ ϩⲱⲃ ⲉ̀ ϯⲉⲕⲕⲗⲏⲥⲓⲁ Ⲟⲩⲟϩ
ⲡⲁⲓ ⲣⲏϯ ⲁ̀ ϯ ⲡⲟⲗⲓⲥ ⲧⲏⲣⲥ ⲑⲱⲟⲩⲧ ⲁⲩⲉⲣϩⲱⲃ
ⲉ̀ ϯⲉⲕⲕⲗⲏⲥⲓⲁ ⲓ̀ⲧⲉ ⲁⲣⲭⲱⲛ ⲓ̀ⲧⲉ ϩⲏⲕⲓ ϣⲁ ⲉ̀ϧⲟⲩⲛ ₁₅
ⲉ̀ ⲡⲟⲩⲣⲟ ⲛⲁϥ ⲉⲣ ϩⲱⲃ ϩⲱϥ ⲡⲉ ϧⲉⲛ ⲛⲉϥϫⲓϫ
ⲙ̀ⲙⲓⲛ ⲙ̀ⲙⲟϥ ⲙ̀ ⲫⲣⲏϯ ⲛ̀ ⲟⲩⲟⲛ ⲛⲓⲃⲉⲛ ⲉϥⲛⲁϩϯ
ϫⲉ ϥⲛⲁϭⲓ ⲛ̀ ⲟⲩⲥⲙⲟⲩ ⲉ̀ⲃⲟⲗ ϩⲓⲧⲉⲛ ⲡⲭ̄ⲥ̄ ⲟⲩⲟϩ
ϧⲉⲛ ⲫ ⲟⲩⲱϣ ⲙ̀ ⲫϯ ⲁⲩϫⲱⲕ ⲙ̀ ⲡⲓⲕⲱⲧ ⲉ̀ⲃⲟⲗ ⲛ̀
ⲣⲓⲇ̄. ⲁ. ⲓⲍ̄ ⲛ̀ ⲉ̀ϩⲟⲟⲩ Ⲡⲓⲁⲣⲭⲏⲉ̀ⲡⲓⲥⲕⲟⲡⲟⲥ ⲇⲉ ⲁϥ ⲉⲣ ₂₀
ⲁ̀ⲅⲓⲁⲍⲓⲛ ⲛ̀ ϯⲉⲕⲕⲗⲏⲥⲓⲁ ⲉ̀ ⲫⲣⲁⲛ ⲛ̀ ϯⲡⲁⲣⲑⲉⲛⲟⲥ
ⲉ̀ⲑ ⲟⲩⲁⲃ ϯⲑⲉⲟⲇⲟⲕⲟⲥ ⲙⲁⲣⲓⲁ Ⲟⲩⲟϩ ⲉ̀ⲧⲁϥⲛⲁⲩ
ⲉ̀ ⲡⲓⲛⲓϣϯ ⲙ̀ ⲙⲏϣ ⲉ̀ⲑ ⲛⲁϭⲓ ⲱⲙⲥ ⲡⲉϫⲁϥ ⲙ̀ ⲡⲟⲩⲣⲟ
ϫⲉ ⲁⲛⲛⲁ ϯ ⲱⲙⲥ ⲙ̀ ⲡⲁⲓ ⲙⲏϣ ⲛ̀ⲑⲱⲛ ϫⲉ ⲙ̀ⲡⲁ-
ⲧⲟⲩ ⲕⲉⲧ ⲉ̀ⲕⲕⲗⲏⲥⲓⲁ ϧⲉⲛ ⲧⲁⲓ ⲃⲁⲕⲓ ⲉ̀ⲣⲉ ⲟⲩⲟⲛ ₂₅
ⲕⲟⲗⲩⲙⲃⲏⲑⲣⲁ ⲛ̀ ϧⲓⲧⲟⲩ Ⲁϥ ⲉⲣ ⲟⲩⲱ ⲛ̀ϫⲉ ⲡⲓⲥⲟ-
ⲫⲟⲥ ⲓⲱⲁⲛⲛⲏⲥ ⲡⲉϫⲁϥ ⲙ̀ ⲡⲟⲩⲣⲟ ⲛⲉⲙ ⲡⲓⲁⲣⲭⲏ-
ⲉ̀ⲡⲓⲥⲕⲟⲡⲟⲥ ϫⲉ ⲧⲁⲓ ⲗⲩⲙⲛⲏ ⲛ̀ⲙⲱⲟⲩ ⲉⲧ ⲥⲁ ⲡⲉⲓⲉⲃⲧ

ⲛ̀ ϯⲡⲟⲗⲓⲥ ϯϫⲱ ⲙ̀ⲙⲟⲥ ϫⲉ ⲛ̀ⲑⲟⲥ ⲉⲧ ⲛ̀ⲡϣⲁ ⲛ̀

ⲣⲡⲏ. ⲃ. ⲡⲁⲓ ⲛⲓϣϯ ⲛ̀ ⲧⲁⲓⲟ ⲟⲩⲟϩ ϧⲉⲛ ϯⲟⲩⲛⲟⲩ ⲁ ⲟⲩⲥⲙⲏ
ϣⲱⲡⲓ ⲉ̀ⲃⲟⲗϧⲉⲛ ⲧⲫⲉ ⲉⲣⲉ ⲟⲩⲟⲛ ⲛⲓⲃⲉⲛ ⲥⲱⲧⲉⲙ
ϫⲉ ⲫⲁⲓ ⲡⲉ ⲫⲏ ⲉ̀ⲧⲁⲩⲑⲁⲗϣ ϩⲓⲧⲉⲛ ⲫϯ ⲱ̀ ⲓⲱⲁⲛⲛⲏⲥ
ⲡϣⲏⲣⲓ ⲛ̀ ⲁⲡⲟⲥⲧⲟⲗⲟⲥ Ⲡⲓⲁⲣⲭⲏⲉ̀ⲡⲓⲥⲕⲟⲡⲟⲥ ⲇⲉ ⲛⲉⲙ 5
ⲡⲟⲩⲣⲟ ⲛⲉⲙ ⲡⲓⲙⲏϣ ⲧⲏⲣϥ ⲉ̀ⲧⲁⲩⲥⲱⲧⲉⲙ ⲁⲩ ⲉⲣ
ϣⲫⲏⲣⲓ Ⲟⲩⲟϩ ⲡⲓⲁⲣⲭⲏⲉ̀ⲡⲓⲥⲕⲟⲡⲟⲥ ⲛⲉⲙ ⲡⲟⲩⲣⲟ
ⲁⲩϫⲟⲥ ⲉⲑⲣⲉ ⲡⲓⲙⲏϣ ⲑⲱⲟⲩϯ ⲉ̀ ⲫⲙⲁ ⲛ̀ ϯⲗⲩⲙⲛⲏ
Ⲡⲓⲁⲣⲭⲏⲉ̀ⲡⲓⲥⲕⲟⲡⲟⲥ ⲇⲉ ⲁϥϣⲗⲏⲗ ⲉ̀ϫⲉⲛ ⲛⲓⲙⲱⲟⲩ
ⲕⲁⲧⲁ ⲡⲓⲑⲱϣ ⲧⲏⲣϥ ⲛ̀ⲧⲉ ϯⲕⲟⲗⲩⲙⲃⲏⲧⲣⲁ Ⲟⲩⲟϩ 10

ⲣⲡⲑ. ⲁ. ⲟⲩⲛⲓϣϯ ⲛ̀ ϣⲫⲏⲣⲓ ⲁⲥϣⲱⲡⲓ ⲙ̀ ⲡⲓⲛⲁⲩ ⲉ̀ⲧⲉⲙⲙⲁⲩ
ⲉ̀ⲧⲁϥⲫⲟϩ ⲇⲉ ⲉ̀ ⲡⲓⲁ̀ⲅⲓⲁⲥⲙⲟⲥ ⲁ ⲡⲓⲙⲏϣ ⲧⲏⲣϥ ⲥⲱ-
ⲧⲉⲙ ⲉ̀ ϩⲁⲛⲥⲙⲏ ϧⲉⲛ ⲛⲓⲙⲱⲟⲩ ⲉⲩⲧⲁⲟⲩⲟ̀ ⲛ̀ ⲡⲓ-
ⲁ̀ⲅⲓⲁⲥⲙⲟⲥ ⲛⲉⲙ ⲡⲓⲁⲣⲭⲏⲉ̀ⲡⲓⲥⲕⲟⲡⲟⲥ ⲉ̀ⲧ ⲁ ⲡⲓⲁⲣⲭⲏ-
ⲉ̀ⲡⲓⲥⲕⲟⲡⲟⲥ ϫⲱⲕ ⲉ̀ⲃⲟⲗ ⲛ̀ ⲛⲉⲩⲭⲏ ⲁϥⲟⲩⲁϩⲥⲁϩⲛⲓ 15
ⲉⲑⲣⲉ ⲡⲓⲙⲏϣ ⲧⲏⲣϥ ϩⲱⲗ ⲉ̀ϩⲣⲏⲓ ⲉ̀ ⲡⲓⲙⲱⲟⲩ ⲟⲩⲟϩ
ⲁⲩϧⲟϫⲟⲩ ⲉ̀ϩⲣⲏⲓ ⲉ̀ ⲡⲓⲙⲱⲟⲩ ⲧⲏⲣⲟⲩ ⲉⲩⲱϣ ⲉ̀ⲃⲟⲗ
ⲉⲩϫⲱ ⲙ̀ⲙⲟⲥ ϫⲉ ⲛ̀ϭⲓ ⲱⲙⲥ ⲉ̀ ⲫⲣⲁⲛ ⲙ̀ ⲫⲓⲱⲧ ⲛⲉⲙ
ⲡϣⲏⲣⲓ ⲛⲉⲙ ⲡⲓⲡ͞ⲛ͞ⲁ ⲉ̀ⲑ ⲟⲩⲁⲃ Ⲟⲩⲟϩ ⲉⲧ ⲁ ⲡⲟⲩⲣⲟ
ϭⲓ ⲱⲙⲥ ⲛⲉⲙ ⲡⲓⲙⲏϣ ⲧⲏⲣϥ ⲁ ⲡⲓⲁⲣⲭⲏⲉ̀ⲡⲓⲥⲕⲟⲡⲟⲥ 20

ⲣⲡ̄ⲑ. ⲃ. ⲉⲛⲟⲩ ⲉ̀ ϯⲉⲕⲕⲗⲏⲥⲓⲁ ⲁϥ ⲉⲣ ⲭⲩⲣⲟⲇⲟⲛⲓⲛ ⲛ̀
ⲓⲱⲁⲛⲛⲏⲥ ⲛ̀ ⲉ̀ⲡⲓⲥⲕⲟⲡⲟⲥ Ⲟⲩⲟϩ ⲡⲉϥ ⲕⲉ ⲅ̄ ⲛ̀ ⲥⲟⲛ
ⲟⲩⲁⲓ ⲙⲉⲛ ⲁϥ ⲉⲣ ⲭⲩⲣⲟⲇⲟⲛⲓⲛ ⲙ̀ⲙⲟϥ ⲛ̀ ⲡⲣⲉⲥⲃⲩ-
ⲧⲉⲣⲟⲥ ⲟⲩⲟϩ ⲡⲓ ⲕⲉ ⲃ̄ ⲁϥⲁⲓⲧⲟⲩ ⲛ̀ ⲇⲓⲁⲕⲱⲛ Ⲟⲩⲟϩ
ⲛⲉ ⲟⲩⲟⲛ ⲛ̀ⲧⲉ ⲡⲟⲩⲣⲟ ⲛ̀ ⲟⲩϣⲏⲣⲓ ⲙ̀ⲙⲁⲩ ⲉ̀ ⲡⲉϥ- 25
ⲣⲁⲛ ⲡⲉ ⲉ̀ϫⲓⲗⲗⲁⲥ ⲁϥⲁⲓϥ ⲛ̀ ⲇⲓⲁⲕⲱⲛⲟⲥ ⲛⲁⲣⲉ
ⲡⲓⲙⲏϣ ⲧⲏⲣϥ ⲑⲉⲗⲏⲗ ϧⲉⲛ ⲡ͞ⲟ͞ⲥ Ⲧⲟⲧⲉ ⲡⲓⲁⲣⲭⲏ-
ⲉ̀ⲡⲓⲥⲕⲟⲡⲟⲥ ⲁϥϥⲓ ⲫⲣⲱⲟⲩϣ ⲛ̀ ϯⲡⲣⲟⲥⲫⲟⲣⲁ ⲁϥ-

ⲧⲁⲗⲟⲥ ⲉ̀ ϩⲣⲏⲓ ⲉ̀ⲍⲉⲛ ⲡⲓⲙⲁ ⲛ̀ ⲉⲣ ϣⲱⲟⲩϣⲓ ⲁϥ
ⲉⲣ ⲡⲣⲟⲥⲫⲉⲣⲓⲛ ⲉ̀ⲍⲱⲥ Ⲡⲟⲩⲣⲟ ⲇⲉ ⲛⲉⲙ ⲡⲓⲙⲏϣ

ⲣⲕ̅. ⲁ. ⲧⲏⲣϥ ⲁϥ ⲉⲣ ϣⲫⲏⲣⲓ | ⲉ̀ⲍⲉⲛ ⲛⲏ ⲉ̀ⲧⲟⲩⲛⲁⲩ ⲉ̀ⲣⲱⲟⲩ
ⲛⲉⲙ ⲛⲏ ⲉ̀ⲧⲟⲩⲥⲱⲧⲉⲙ ⲉ̀ⲣⲱⲟⲩ ⲉ̀ⲡⲓ ⲇⲏ ⲙ̀ⲡ ⲟⲩ-
ⲥⲱⲧⲉⲙ ⲉ̀ ⲥⲁϫⲓ ⲙ̀ ⲡⲁⲓ ⲣⲏϯ ⲉ̀ⲛⲉϩ ⲟⲩⲇⲉ ⲙ̀ⲡ ⲟⲩ- 5
ⲛⲁⲩ ⲉ̀ ⲡⲁⲓ ⲧⲩⲡⲟⲥ ⲉ̀ ⲡⲧⲏⲣϥ ⲛⲉ ⲫⲁⲓ ⲅⲁⲣ ⲡⲉ
ⲡⲓϣⲟⲣⲡ ⲛ̀ ⲥⲟⲡ ⲉ̀ⲧⲁⲩⲧⲁⲗⲉ ⲡⲣⲟⲥⲫⲟⲣⲁ ⲉ̀ ⲡϣⲱⲓ
ϧⲉⲛ ϯⲭⲱⲣⲁ ⲉ̀ⲧⲉⲙⲙⲁⲩ ⲉ̀ⲧⲁⲩϭⲓ ⲧⲏⲣⲟⲩ ⲉ̀ⲃⲟⲗϧⲉⲛ
ⲛⲓⲙⲩⲥⲧⲏⲣⲓⲟⲛ ⲉ̀ⲑ ⲟⲩⲁⲃ ⲁ ⲡⲓⲁⲣⲭⲏⲉ̀ⲡⲓⲥⲕⲟⲡⲟⲥ ϯ
ⲛⲱⲟⲩ ⲛ̀ ϯϩⲓⲣⲏⲛⲏ ⲟⲩⲟϩ ⲁ ⲡⲓⲟⲩⲁⲓ ⲡⲓⲟⲩⲁⲓ ⲉⲣ 10
ⲁⲛⲁⲭⲱⲣⲓⲛ ⲉ̀ ⲡⲉϥⲙⲁⲛϣⲱⲡⲓ Ⲡⲓⲁⲣⲭⲏⲉ̀ⲡⲓⲥⲕⲟⲡⲟⲥ
ⲇⲉ ⲁϥ ⲉⲣ ⲟⲩⲁ̀ⲃⲟⲧ ⲛ̀ ⲉ̀ϩⲟⲟⲩ ϧⲁ ⲧⲟⲧⲟⲩ ⲉϥ ⲉⲣ

ⲣⲕ̅. ⲃ. ⲕⲁⲑⲏⲕⲓⲛ ⲙ̀ⲙⲱⲟⲩ ⲟⲩⲟϩ ⲉϥⲧⲥⲁⲃⲟ ⲙ̀ⲙⲱⲟⲩ ⲉ̀
ⲡⲓⲑⲱϣ ⲛ̀ ϯⲉⲕⲕⲗⲏⲥⲓⲁ ⲙⲉⲛⲉⲛⲥⲱⲥ ⲁϥϩⲱⲗ ⲉ̀ ⲧⲉϥ-
ⲃⲁⲕⲓ ϧⲉⲛ ⲟⲩⲛⲓϣϯ ⲛ̀ ⲣⲁϣⲓ Ⲡⲟⲩⲣⲟ ⲇⲉ ⲕⲉⲥⲁⲛ- 15
ⲑⲟⲥ ⲛⲉⲙ ⲡⲓⲙⲏϣ ⲧⲏⲣϥ ⲛ̀ⲧⲉ ϯⲃⲁⲕⲓ ⲛⲁⲩϯ ϣⲟⲩ
ⲙ̀ ⲫϯ ⲟⲩⲟϩ ⲛⲁⲩ ⲉⲣ ⲉ̀ ⲧⲓⲙⲁⲛ ⲙ̀ ⲡⲓⲁ̀ⲅⲓⲟⲥ ⲓⲱⲁⲛⲛⲏⲥ
ⲡⲓⲉ̀ⲡⲓⲥⲕⲟⲡⲟⲥ ⲛⲉⲙ ⲡⲉϥⲥⲛⲏⲟⲩ ϫⲉ ⲟⲩⲛⲓ ⲛⲁⲩ ⲉⲣ
ⲡⲣⲟⲕⲟⲡⲧⲓⲛ ⲡⲉ ϧⲉⲛ ϯⲥⲃⲱ ⲛ̀ⲧⲉ ⲡϭ̅ⲥ̅ Ⲙⲉⲛⲉⲛⲥⲁ
ϩⲁⲛⲕⲟⲩϫⲓ ⲛ̀ ⲉ̀ϩⲟⲟⲩ ⲡⲉϫⲉ ⲡⲓⲉ̀ⲡⲓⲥⲕⲟⲡⲟⲥ ⲉ̀ⲑ ⲟⲩⲁⲃ 20
ⲙ̀ Ⲡⲟⲩⲣⲟ ϫⲉ ⲙⲁⲣⲉⲛ ⲕⲱⲧ ⲛ̀ ⲟⲩⲉⲕⲕⲗⲏⲥⲓⲁ ⲉ̀ ⲫⲣⲁⲛ

ⲣⲕ̅ⲁ̅. ⲁ. ⲙ̀ ⲡⲓⲁⲣⲭⲏⲁⲅⲅⲉⲗⲟⲥ ⲉ̀ⲑ ⲟⲩⲁⲃ | ⲙⲓⲭⲁⲏⲗ Ⲡⲟⲩⲣⲟ
ⲇⲉ ⲡⲉϫⲁϥ ⲛⲁϥ ϫⲉ ⲁⲣⲓ ⲫⲟⲩⲱϣ ⲧⲏⲣϥ ⲛ̀ⲧⲉⲕⲯⲩⲭⲏ
ⲱ̀ ⲡⲉⲛⲓⲱⲧ ⲧⲉⲛⲥⲉⲃⲧⲱⲧ ⲉ̀ ⲥⲱⲧⲉⲙ ⲛ̀ ⲥⲱⲕ Ⲡⲓⲉ̀-
ⲡⲓⲥⲕⲟⲡⲟⲥ ⲇⲉ ⲉ̀ⲑ ⲟⲩⲁⲃ ⲓⲱⲁⲛⲛⲏⲥ ⲁϥϩⲓ ⲥⲉⲛϯ ⲉⲛ 25
ϯⲉⲕⲕⲗⲏⲥⲓⲁ ⲟⲩⲟϩ ⲛⲁⲣⲉ ⲛⲁ ϯⲃⲁⲕⲓ ⲧⲏⲣⲥ ϯ ⲛ̀
ⲧⲟⲧⲟⲩ ⲛⲉⲙⲁϥ ⲡⲉ ⲟⲩⲟϩ ϧⲉⲛ ⲟⲩⲛⲓϣϯ ⲛ̀ ⲥⲡⲟⲩⲇⲏ
ⲁϥϫⲟⲕⲥ ⲉ̀ⲃⲟⲗ ⲟⲩⲟϩ ⲁϥϯ ⲙ̀ ⲡⲉⲥⲗⲱⲃϣ ⲛ̀ ⲡ ⲛ̀

ⲁⲃⲟⲧ Ⲡⲓⲉⲡⲓⲥⲕⲟⲡⲟⲥ ⲇⲉ ⲉⲑ ⲟⲩⲁⲃ ⲓⲱⲁⲛⲛⲏⲥ ⲁϥ
ⲉⲣ ⲁⲅⲓⲁⲍⲓⲛ ⲙ̄ ⲡⲓⲧⲟⲡⲟⲥ ⲛ̄ ⲥⲟⲩ ⲓ︤ⲃ︥ ⲙ̄ ⲡⲓⲁⲃⲟⲧ

ⲣ̄ⲕ̄ⲁ̄. ⲃ. ⲁⲑⲱⲣ ⲙ̄ ⲫⲣⲁⲛ ⲙ̄ ⲡⲓⲁⲣⲭⲏⲁⲅⲅⲉⲗⲟⲥ ⲙⲓⲭⲁⲏⲗ
Ⲟⲩⲟϩ ⲁ ⲡϣⲁⲓ ⲙ̄ ⲡⲓⲁⲣⲭⲏⲁⲅⲅⲉⲗⲟⲥ ⲙⲓⲭⲁⲏⲗ ϣⲱⲡⲓ
ⲉϥⲟⲓ ⲛ̄ ⲇⲓⲡⲗⲟⲩⲛ ⲉ̄ ⲡϣⲁⲓ ⲙ̄ ⲡⲓⲁⲣⲭⲏⲁⲅⲅⲉⲗⲟⲥ 5
ⲛⲉⲙ ⲡϣⲁⲓ ⲙ̄ ⲡⲓⲁⲅⲓⲁⲥⲙⲟⲥ ⲛ̄ⲧⲉ ϯⲉⲕⲕⲗⲏⲥⲓⲁ Ⲙⲉ-
ⲛⲉⲛⲥⲁ ϯⲥⲩⲛⲁⲝⲓⲥ ⲇⲉ ⲁ̄ ⲡⲓⲉⲡⲓⲥⲕⲟⲡⲟⲥ ϩⲱⲗ ⲛⲉⲙ
ⲡⲟⲩⲣⲟ ⲛⲉⲙ ⲡⲓⲙⲏϣ ⲧⲏⲣϥ ⲉⲩⲥⲟⲡ ⲛ̄ⲧⲉ ϯⲡⲟⲗⲓⲥ ⲉ̄
ⲡⲓⲉⲣⲫⲉⲓ ⲛ̄ⲧⲉ ⲡⲓⲍⲉⲩⲥ ⲁⲩⲣⲟⲕϩϥ Ⲟⲩⲟϩ ⲡⲓⲇⲉⲙⲱⲛ
ⲉⲧ ϭⲁⲗⲏⲟⲩⲧ ⲉ̄ ⲡⲓⲓⲇⲱⲗⲟⲛ ⲁϥϣϣ ⲉⲃⲟⲗ ⲉϥϫⲱ 10
ⲙ̄ⲙⲟⲥ ϫⲉ ⲁⲕϯ ϩⲓⲥⲓ ⲛⲏⲓ ⲉ̄ⲙⲁϣⲱ ⲱ̄ ⲓⲱⲁⲛⲛⲏⲥ
ⲁⲕϩⲓⲧⲧ ⲉⲃⲟⲗϧⲉⲛ ⲡⲁ ⲙⲁⲛϣⲱⲡⲓ Ⲡⲟⲩⲣⲟ ⲇⲉ ⲁϥ-

ⲣ̄ⲕ̄ⲃ̄. ⲁ. ⲑⲣⲟⲩ ⲕⲱⲧ ⲛ̄ ⲟⲩⲛⲓϣϯ ⲛ̄ ⲉⲕⲕⲗⲏⲥⲓⲁ | ϧⲉⲛ ⲫⲙⲱⲓⲧ
ⲛ̄ ⲡⲓⲉⲣⲫⲉⲓ ⲁϥϯ ⲫⲣⲁⲛ ⲙ̄ ⲡⲓⲁⲡⲟⲥⲧⲟⲗⲟⲥ ⲉⲣⲟⲥ
Ⲡⲓⲁⲅⲓⲟⲥ ⲇⲉ ⲓⲱⲁⲛⲛⲏⲥ ⲁϥⲧⲁϫⲣⲟ ⲛ̄ ⲟⲩⲟⲛ ⲛⲓⲃⲉⲛ 15
ϧⲉⲛ ⲡⲓⲛⲁϩϯ ⲟⲩⲟϩ ⲛⲁⲩϯ ⲱ̄ⲟⲩ ⲛⲁϥ ϩⲓⲧⲉⲛ ⲟⲩⲟⲛ
ⲛⲓⲃⲉⲛ Ⲕⲱⲥⲧⲁⲛⲧⲓⲛⲟⲥ ⲇⲉ ⲡⲟⲩⲣⲟ ⲉⲧⲁϥⲥⲱⲧⲉⲙ
ⲉⲑⲃⲉ ϩⲱⲃ ⲛⲓⲃⲉⲛ ⲉⲑ ⲛⲁⲛⲉⲩ ⲉ̄ ⲛⲁⲣⲉ ⲓⲱⲁⲛⲛⲏⲥ
ⲓⲣⲓ ⲙ̄ⲙⲱⲟⲩ ⲁϥϯ ⲱⲟⲩ ⲙ̄ ⲫϯ ⲁϥⲥϧⲁⲓ ⲛⲁϥ ⲛ̄
ⲟⲩⲉⲡⲓⲥⲧⲟⲗⲏ ⲁϥϯϩⲟ ⲉⲣⲟϥ ⲉⲑⲣⲉϥⲥⲙⲟⲩ ⲉⲣⲟϥ ⲛⲉⲙ 20
ⲧⲉϥⲙⲉⲧⲟⲩⲣⲟ ⲉϥⲙⲟⲩϯ ⲉⲣⲟϥ ⲛ̄ ϩⲩⲧⲥ ϫⲉ ⲇⲁⲛⲓⲏⲗ
ⲙ̄ ⲃⲉⲣⲓ ⲡⲓⲣⲉϥⲧⲁⲕⲟ ⲛ̄ ⲛⲓⲓⲇⲱⲗⲟⲛ Ⲧⲭⲱⲣⲁ ⲇⲉ ⲛ̄ⲧⲉ

ⲣ̄ⲕ̄ⲃ̄. ⲃ. ϯⲉⲛⲧⲓⲁⲥ ⲙⲁⲥⲧ ⲉ̄ⲡⲁⲛⲁⲓ ⲙ̄ⲙⲏⲛⲓ ⲛ̄ ⲙⲓⲉϩⲟⲟⲩ
ⲧⲏⲣⲟⲩ ⲛ̄ⲧⲉ ⲡⲓⲁⲅⲓⲟⲥ ⲓⲱⲁⲛⲛⲏⲥ ϩⲓⲧⲉⲛ ⲡⲁϣⲁⲓ ⲛ̄
ⲛⲓϣⲫⲏⲣⲓ ⲉⲧ ⲁ̄ ⲫϯ ⲉⲣⲉ ⲉⲛⲉⲣⲅⲓⲛ ⲙ̄ⲙⲱⲟⲩ ⲉⲃⲟⲗϩⲓ 25
ⲧⲟⲧϥ Ⲁ̄ ⲧⲉⲧⲉⲛⲛⲁⲩ ⲱ̄ ⲛⲁⲙⲉⲛⲣⲁϯ ⲉ̄ ϯϫⲟⲙ ⲛ̄ⲧⲉ
ⲫϯ ⲛⲉⲙ ⲛⲓⲙⲉⲧϣⲁⲛϩⲑⲏϥ ⲛ̄ⲧⲉ ⲡⲓⲁⲣⲭⲏⲁⲅⲅⲉⲗⲟⲥ
ⲉⲑ ⲟⲩⲁⲃ ⲙⲓⲭⲁⲏⲗ Ⲧⲉⲛϫⲓⲙⲓ ⲙ̄ ⲡⲧϩⲟ ⲙ̄ ⲙⲓⲭⲁⲏⲗ

ϧⲉⲛ ⲡⲣⲱⲧ ⲛ̀ ⲛⲓⲭⲣⲱⲍ ⲧⲏⲣⲟⲩ ⲛ̀ⲧⲉ ⲧⲕⲟⲓ ϩⲓⲧⲉⲛ
ⲛⲉⲛⲧⲱⲃϩ ⲛ̀ ⲙⲓⲭⲁⲏⲗ ⲉ̀ⲣⲉ ⲙ̇ϣϣⲏⲛ ϯ ⲙ̀ ⲡⲟⲩⲕⲁⲣ-
ⲡⲟⲥ Ⲧⲉⲛⲍⲓⲙⲓ ⲙ̀ ⲡ̇ϯϩⲟ ⲙ̀ ⲙⲓⲭⲁⲏⲗ ϧⲉⲛ ⲛⲓⲉ̀ϩⲟⲟⲩ

ⲣ̅ⲕ̅ⲅ̅. ⲁ. ⲓ̀ⲧⲉ ⲉⲩϣ̇ⲃⲏⲣ ⲓ̀ⲧⲉ ⲉⲩⲙⲟⲛⲓ ⲧⲉⲛⲍⲓⲙⲓ ⲙ̀ ⲡ̇ϯϩⲟ ⲙ̀
ⲙⲓⲭⲁⲏⲗ ϧⲉⲛ ⲛⲓⲁⲥⲕⲓⲧⲏⲥ ⲉ̀ⲧ ϧⲉⲛ ⲛⲓⲧⲱⲟⲩ ⲉϥϯ 5
ⲭⲟⲙ ⲛⲱⲟⲩ ϧⲉⲛ ⲛ̀ⲟⲩⲁⲥⲕⲩⲥⲓⲥ Ⲧⲉⲛⲍⲓⲙⲓ ⲙ̀ ⲡ̇ϯϩⲟ ⲙ̀
ⲙⲓⲭⲁⲏⲗ ϧⲉⲛ ⲡ̇ⲑⲱⲟⲩⲧ ϯ ⲉ̀ ϧⲟⲩⲛ ⲛ̀ ⲛⲓⲙⲟⲩⲛⲁⲭⲟⲥ ⲉϥⲟⲓ
ⲛ̀ ϩⲓⲣⲏⲛⲓⲕⲟⲛ ϧⲉⲛ ⲧⲟⲩⲙⲏϯ Ⲧⲉⲛⲍⲓⲙⲓ ⲙ̀ ⲡ̇ϯϩⲟ ⲙ̀
ⲙⲓⲭⲁⲏⲗ ϧⲉⲛ ⲛⲉⲛϣ̇ⲗⲏⲗ ⲛ̀ ⲛⲓⲉ̀ⲡⲓⲥⲕⲟⲡⲟⲥ ⲛⲉⲙ ⲛⲓ-
ⲡⲣⲉⲥⲃⲩⲧⲉⲣⲟⲥ ⲛⲉⲙ ⲛⲓⲇⲓⲁⲕⲱⲛ ϩⲓⲭⲉⲛ ϯⲧⲣⲁⲡⲓⲍⲁ 10
Ⲧⲉⲛⲍⲓⲙⲓ ⲙ̀ ⲡ̇ϯϩⲟ ⲙ̀ ⲙⲓⲭⲁⲏⲗ ϧⲉⲛ ⲛⲏ ⲉ̀ⲧ ϣⲟⲛⲓ

ⲣ̅ⲕ̅ⲅ̅. ⲃ. ⲉϥϯ ⲭⲟⲙ ⲛⲱⲟⲩ ⲟⲩⲟϩ ⲉϥⲧⲁⲗϭⲟ ⲙ̀ⲙⲱⲟⲩ Ⲧⲉⲛ-
ⲍⲓⲙⲓ ⲙ̀ ⲡ̇ϯϩⲟ ⲙ̀ ⲙⲓⲭⲁⲏⲗ ⲉϥϣⲟⲡ ⲙ̀ ⲃⲟⲏⲑⲟⲥ ⲛ̀
ⲛⲏ ⲉ̀ⲧⲟⲩϩⲟⲭϩⲉⲭ ⲙ̀ⲙⲱⲟⲩ ϧⲉⲛ ⲛⲓⲇⲓⲕⲁⲥⲧⲏⲣⲓⲟⲛ
Ⲧⲉⲛⲍⲓⲙⲓ ⲙ̀ ⲡ̇ϯϩⲟ ⲙ̀ ⲙⲓⲭⲁⲏⲗ ⲡⲓⲁⲣⲭⲏⲁⲅⲅⲉⲗⲟⲥ 15
ⲉϥ ⲉⲣ ⲃⲟⲏⲑⲓⲛ ⲉ̀ ⲛⲏ ⲉ̀ⲧ ϧⲉⲛ ⲛⲓⲕⲟⲗⲁⲥⲓⲥ \ⲡⲗⲱⲥ
ⲛⲓ ⲉ̀ⲧ ⲟⲛϧ ϥϯ ⲭⲟⲙ ⲛⲱⲟⲩ ϧⲉⲛ ⲛ̀ⲟⲩⲁⲛⲁⲅⲕⲏ
ⲟⲩⲟϩ ⲛⲓ ⲉ̀ⲑ ⲙⲱⲟⲩⲧ ϥ̇ϯϩⲟ ⲉ̀ ⲫ̇ϯ ⲉ̀ϩⲣⲏⲓ ⲉ̀ϫⲱⲟⲩ
ⲉ̀ⲑⲣⲉϥⲛⲁⲓ ⲛⲱⲟⲩ Ⲛⲓⲙ ⲅⲁⲣ ϧⲉⲛ ⲛⲓⲇⲓⲕⲉⲟⲥ ⲧⲏⲣⲟⲩ
ⲉ̀ⲧⲉ ⲙ̀ⲡⲉ ⲡⲓⲁⲣⲭⲏⲁ̀ⲅⲅⲉⲗⲟⲥ ⲙⲓⲭⲁⲏⲗ ϩⲱⲗ ϣⲁⲣⲟϥ 20

ⲣ̅ⲕ̅ⲇ̅. ⲁ. ⲛ̀ⲧⲉϥ ϯ ⲭⲟⲙ ⲛⲁϥ ϧⲉⲛ ⲛⲉϥⲁ̀ⲛⲁⲅⲕⲏ ⲧⲏⲣⲟⲩ ' ⲛⲓⲙ
ϧⲉⲛ ⲛⲓⲙⲁⲣⲧⲩⲣⲟⲥ ⲉ̀ⲧⲉ ⲙ̀ⲡⲉ ⲡⲓⲁⲣⲭⲏⲁⲅⲅⲉⲗⲟⲥ ⲙⲓ-
ⲭⲁⲏⲗ ⲓ̀ ϣⲁⲣⲟϥ ⲛ̀ⲧⲉϥⲛⲁϩⲙⲟⲩ ⲉ̀ⲃⲟⲗ ϧⲉⲛ ⲛ̀ⲟⲩ-
ⲑⲗⲩⲯⲓⲥ ⲧⲏⲣⲟⲩ ⲛⲉⲙ ⲛ̀ⲟⲩⲃⲁⲥⲁⲛⲟⲥ ⲟⲩⲟϩ ⲛ̀ⲧⲉϥ
ⲭⲟⲙ ⲛⲱⲟⲩ Ⲓⲥ ϩⲏⲡⲡⲉ ⲱ̀ ⲛⲁ ⲙⲉⲛⲣⲁϯ ⲁⲛⲉ̀ⲙⲓ ⲉ̀ 25
ⲑ̇ⲙⲉⲧⲙⲁⲓⲣⲱⲙⲓ ⲛ̀ ⲫ̇ϯ ⲛⲉⲙ ⲛⲓϯϩⲟ ⲛ̀ⲧⲉ ⲡⲓⲁⲣ-
ⲭⲏⲁⲅⲅⲉⲗⲟⲥ ⲙⲓⲭⲁⲏⲗ ⲭⲉ ϥϣⲟⲡ ⲙ̀ ⲡⲣⲉⲥⲃⲩⲧⲏⲥ ⲛ̀
ϯⲙⲉⲧⲣⲱⲙⲓ ⲧⲏⲣⲥ ⲉϥϯϩⲟ ⲉ̀ϩⲣⲏⲓ ⲉ̀ϫⲱⲟⲩ ⲛⲁϩⲣⲉⲛ

ⲫϯ ⲫⲓⲱⲧ ⲉⲑⲣⲉϥ ⲛⲁⲓ ⲛⲱⲟⲩ ⲧⲏⲣⲟⲩ ⲟⲩⲟϩ ⲛ̀ⲧⲉϥ-
ⲣ̅ⲕ̅ⲇ̅. ⲃ. ⲥⲟⲩⲧⲱⲛ ⲡⲟⲩⲛⲱϯ Ⲁⲛⲟⲛ ϩⲱⲛ ⲙⲁⲣⲉⲛϯ ⲛⲁϥ ⲛ̀
ⲛⲏ ⲉⲧ ⲉϥⲟⲩⲁϣⲟⲩ ⲟⲩⲟϩ ⲛ̀ⲧⲉϥⲃⲱⲛϩ ⲉ̀ⲣⲟⲛ ⲉ̀ⲑⲃⲏ-
ⲧⲟⲩ ϩⲓⲛⲁ ⲛ̀ⲧⲉϥⲙⲉⲛⲣⲓⲧⲧⲉⲛ ⲛ̀ ϩⲟⲩⲟ̀ ⲟⲩⲟϩ ⲛ̀ⲧⲉϥϯ-
ϩⲟ ⲉ̀ϫⲱⲛ ⲛⲁϩⲣⲉⲛ ⲫϯ Ⲙⲁⲣⲉⲛ ⲙⲉⲛⲣⲉ ⲛⲉⲛⲉ̀ⲣⲏⲟⲩ 5
ϧⲉⲛ ⲟⲩⲙⲉⲓ ⲛ̀ⲧⲉ ⲫϯ ⲟⲩⲟϩ ⲛ̀ⲧⲉⲛϣⲱⲡⲓ ϧⲉⲛ ⲟⲩ-
ⲙⲉⲧⲙⲁⲓⲥⲟⲛ ⲛ̀ⲟⲩⲱⲧ ⲡⲉⲛⲣ̀ⲑⲣⲉ ⲕⲁⲧⲁⲗⲁⲗⲓⲁ ϣⲱⲡⲓ
ϧⲉⲛ ⲛⲉⲛⲥⲫⲟⲧⲟⲩ ϫⲉ ⲟⲩⲗⲟⲣⲭⲏ ⲉⲥϩⲱⲟⲩ ⲡⲉ ϯⲕⲁ-
ⲧⲁⲗⲁⲗⲓⲁ Ⲟⲩⲛⲟⲃⲓ ⲉϥⲭⲟⲛⲥ ⲡⲉ ϯⲡⲟⲣⲛⲓⲁ ⲟⲩϣⲟⲩ-
ⲙⲟⲥϯ ⲧⲉ ⲛⲁϩⲣⲉⲛ ⲫϯ ⲛⲉⲙ ⲛⲉϥⲁⲅⲅⲉⲗⲟⲥ ⲟⲩⲙⲟⲩ 10
ⲣ̅ⲕ̅ⲉ̅. ⲁ. ⲛⲉⲙ ⲟⲩⲙⲉⲧϣⲏⲕⲓ ⲧⲉ ⲛ̀ ϯⲯⲩⲭⲏ ⲛⲉⲙ ⲡⲓⲥⲱⲙⲁ
Ⲟⲩϣⲫⲏⲣ ⲛ̀ⲧⲉ ⲡⲓⲇⲓⲁⲃⲟⲗⲟⲥ ⲡⲉ ϯⲡⲟⲣⲛⲓⲁ ⲟⲩϫⲁϫⲓ
ⲧⲉ ⲛ̀ⲧⲉ ⲫϯ ⲛⲉⲙ ⲛⲉϥⲁⲅⲅⲉⲗⲟⲥ ⲟⲩϣⲟⲩⲙⲟⲥϯ ⲧⲉ
ⲛ̀ ⲛⲓⲭⲣⲓⲥⲧⲓⲁⲛⲟⲥ ⲟⲩϣⲫⲏⲣ ⲧⲉ ⲛ̀ⲧⲉ ⲡⲧⲁⲕⲟ ϯⲛⲟⲩ
ϫⲉ ⲛⲁϣⲏⲣⲓ ⲙⲁⲣⲉⲛϩⲓⲟⲩⲓ̀ ⲥⲁⲃⲟⲗ ⲙ̀ⲙⲟⲛ ⲛ̀ ⲛⲓⲙⲱⲓⲧ 15
ⲉⲧ ϭⲁϧⲉⲙ ⲛ̀ⲧⲉⲛⲙⲟϣⲓ ϧⲉⲛ ⲛⲓⲙⲱⲓⲧ ⲉⲑ ⲛⲁⲛⲉⲩ
ⲛⲉⲙ ⲛⲓⲙⲱⲓⲧ ⲉⲧ ⲥⲟⲩⲧⲱⲛ Ⲙⲁⲣⲉⲛⲙⲟϣⲓ ϧⲉⲛ ⲟⲩ-
ⲙⲉⲧⲁⲑⲛⲟⲃⲓ ⲛⲉⲙ ⲟⲩⲙⲉⲧⲁⲧⲁϭⲛⲓ ⲙ̀ⲡⲉ ⲅⲁⲙⲟⲥ ⲅⲁⲣ
ⲉϥⲧⲟⲩⲃⲏⲟⲩⲧ ϭⲁϧⲉⲙ ⲣⲱⲙⲓ ⲉ̀ⲛⲉϩ Ⲁⲛⲁⲩ ⲉ̀ ⲙⲱⲩ-
ⲣ̅ⲕ̅ⲉ̅. ⲃ. ⲥⲏⲥ ⲉ̀ⲧⲁϥⲥⲁϫⲓ ⲛⲉⲙ ⲫϯ ⲛ̀ ⲫ̅ⲩ̅ ⲛ̀ ⲥⲟⲡ ⲉ̀ ⲟⲩⲟⲛ 20
ⲛ̀ⲧⲁϥ ⲙ̀ⲙⲁⲩ ⲛ̀ⲧⲉϥϩϩⲓⲙⲓ ⲛⲉⲙ ⲛⲉϥϣⲏⲣⲓ ⲙ̀ⲡⲉⲛⲁⲓϣϯ
ϭⲣⲟⲡ ⲛⲁϥ ⲉ̀ϧⲟⲩⲛ ⲉ̀ ⲡⲓϩⲟⲥⲉⲛ Ⲁⲗⲗⲁ ⲙ̀ⲡ ⲉⲛ-
ⲑⲣⲉⲛⲧⲁϣⲉ ⲡⲓⲥⲁϫⲓ ⲛ̀ϩⲟⲩⲟ̀ ⲉⲑⲃⲉ ⲛⲁⲓ ⲥⲉⲣⲱϣⲓ
ⲅⲁⲣ ⲉ̀ⲣⲟⲛ ⲛ̀ϫⲉ ⲛⲉⲛⲙⲉⲑⲣⲉⲩ ⲛ̀ ϯⲡⲁⲗⲉⲁ ⲛⲉⲙ
ϯⲅⲉⲛⲏⲏ ⲗⲟⲓⲡⲟⲛ ⲙⲁⲣⲉⲛϫⲉⲕ ⲡⲓⲥⲁϫⲓ ⲉ̀ⲃⲟⲗ ⲛ̀ⲧⲉⲛ 25
ⲉ̀ϫⲉⲛ ⲫⲏ ⲉⲧ ⲉⲛⲉⲣ ϣⲁⲓ ⲛⲁϥ ⲙ̀ ⲫⲟⲟⲩ ⲡⲓⲁⲣⲭⲏⲁⲅ-
ⲅⲉⲗⲟⲥ ⲉⲑ ⲟⲩⲁⲃ ⲙⲓⲭⲁⲏⲗ Ⲉⲣⲉ ⲡⲁⲓ ϣⲁⲓ ⲅⲁⲣ ⲙ̀
ⲫⲟⲟⲩ ⲉⲣ ⲭⲣⲓⲁ ⲁⲛ ⲙ̀ ⲙⲉⲧⲣⲁⲙⲁⲟ̀ ⲉϥⲟⲩⲱⲛ ⲉϥⲥⲱ

ⲛ̄ⲙⲁⲩⲁⲧϥ ⲉϥⲟⲩⲛⲟϥ ⲉϥⲭⲱ ⲛ̀ ⲛⲓ ⲍⲏⲕⲓ ⲍⲱϥ ⲛⲉⲙ

ⲣⲕⲍ. ⲁ. ⲡⲓⲟⲣⲫⲁⲛⲟⲥ ⲛⲉⲙ ϯⲭⲏⲣⲁ ⲉⲩⲍⲟⲕⲉⲣ ⲉⲩⲟ̀ⲃⲓ | ⲉⲣⲉ
ⲡⲁⲓ ϣⲁⲓ ⲅⲁⲣ ⲁⲛ ⲉⲣⲭⲣⲓⲁ̀ ⲛ̀ ⲙⲉⲧⲣⲁⲙⲁⲟ̀ ⲉⲕ ⲉⲣ-
ⲫⲟⲣⲓⲛ ⲛ̀ ⲍⲁⲛⲍⲃⲱⲥ ⲉ̀ⲛⲁϣⲉ ⲉ̀ⲥⲟⲩⲉⲛⲟⲩ ⲉⲣⲉ ⲡⲓ-
ⲍⲏⲕⲓ ⲍⲱϥ ⲃⲏϣ ⲉϥⲟ̀ⲥⲉⲃ ϧⲉⲛ ϯⲫⲣⲱ ⲉⲣⲉ ⲡⲁⲓ ϣⲁⲓ 5
ⲅⲁⲣ ⲁⲛ ⲉⲣ ⲭⲣⲓⲁ̀ ⲛ̀ ⲑⲙⲉⲧⲣⲁⲙⲁⲟ̀ ⲛ̀ ⲍⲁⲛⲣⲱⲙⲓ
ⲉⲩⲙⲟⲧⲉⲛ ⲛ̀ⲙⲱⲟⲩ ϧⲉⲛ ⲍⲁⲛⲏⲓ ⲉⲩⲥⲟⲗⲥⲉⲗ ⲉⲣⲉ
ⲡⲓⲍⲏⲕⲓ ⲍⲱϥ ⲱ̀ⲥⲉⲃ ⲉϥⲉⲛⲕⲟⲧ ϧⲉⲛ ⲡⲓⲃⲓⲣ ⲉⲣⲉ ⲡⲁⲓ-
ϣⲁⲓ ⲅⲁⲣ ⲁⲛ ⲉⲣ ⲭⲣⲓⲁ̀ ⲛ̀ ⲟⲩⲁⲓ ⲉϥⲟⲩⲱⲙ ⲉϥⲟⲩ-
ⲛⲟϥ ⲉⲣⲉ ⲡⲓⲍⲏⲕⲓ ⲍⲱϥ ⲍⲉⲥⲍⲱⲥ ϧⲉⲛ ⲡⲓϣⲧⲉⲕⲟ 10
ⲉⲣⲉ ⲡⲁⲓ ϣⲁⲓ ⲅⲁⲣ ⲉⲣ ⲭⲣⲓⲁ̀ ⲁⲛ ⲛ̀ ⲫϯ ⲉ̀ⲧ ⲣⲱⲟⲩⲧϥ

ⲣⲕⲍ. ⲃ. ⲛ̄ⲙⲁⲩⲁⲧϥ ⲉⲣⲉ ⲡⲓⲍⲏⲕⲓ | ⲍⲱϥ ϣⲱⲛⲓ ⲛ̀ ⲁⲧ ⲥⲉⲛ
ⲡⲉϥϣⲓⲛⲓ ⲛⲁⲣⲱⲙⲓ ⲁⲛ ⲛⲉ ⲛⲓⲉⲛⲧⲟⲗⲏ ⲁⲗⲗⲁ ⲛⲁ
ⲫϯ ⲛⲉ ⲫϯ ⲅⲁⲣ ϥⲛⲁϯ ⲍⲁ ⲡⲉⲛⲅⲉⲛⲟⲥ ⲛ̀ ⲛⲓⲣⲱⲙⲓ.
ϩⲓⲧⲉⲛ ⲛⲓⲉⲛⲧⲟⲗⲏ ⲉ̀ⲧ ⲥϧⲏⲟⲩⲧ ϧⲉⲛ ⲛⲓⲉⲩⲁⲅⲅⲉⲗⲓⲟⲛ 15
ⲗⲟⲓⲡⲟⲛ ⲛⲁⲙⲉⲛⲣⲁϯ ⲙⲁⲣⲉⲛϯⲍⲟ ⲉ̀ ⲡⲓⲁⲣⲭⲏⲁⲅⲅⲉⲗⲟⲥ
ⲙⲓⲭⲁⲏⲗ ϧⲉⲛ ⲟⲩϩⲏⲧ ⲉϥⲥⲟⲩⲧⲱⲛ ϩⲓⲛⲁ ⲛ̀ⲧⲉϥϭⲓ
ⲥⲙⲟⲧ ⲉ̀ϩⲣⲏⲓ ⲉ̀ϫⲱⲛ ⲛⲁϩⲣⲉⲛ ⲫϯ ϯⲭⲱ ⲙ̀ⲙⲟⲥ ⲛⲱ-
ⲧⲉⲛ ϫⲉ ⲉⲣⲉ ⲡⲓⲕⲟⲥⲙⲟⲥ ⲧⲏⲣϥ ⲧⲁϩⲛⲟⲩ ⲉ̀ⲣⲁⲧϥ
ϩⲓⲧⲉⲛ ⲛⲉⲛϯϩⲟ ⲛ̀ ⲙⲓⲭⲁⲏⲗ ⲛⲉⲙ ⲛⲁ ϯⲡⲁⲣⲑⲉⲛⲟⲥ 20
ⲉ̀ⲑ ⲟⲩⲁⲃ ϯⲑⲉⲟⲇⲟⲕⲟⲥ ⲙⲁⲣⲓⲁ̀ ϯⲛⲟⲩ ϫⲉ ⲙⲁⲣⲉⲛϯ

ⲣⲕⲍ̄. ⲁ. ⲱⲟⲩ ⲛⲱⲟⲩ | ϧⲉⲛ ⲡⲓⲱ̀ⲟⲩ ⲉ̀ⲧ ⲉⲣ ⲡⲣⲉⲡⲓ ⲛ̀ ⲡⲁⲓ
ϣⲁⲓ ϯⲛⲁⲩ ⲅⲁⲣ ϫⲉ ⲁ̀ ⲡⲓⲛⲁⲩ ϣⲱⲡⲓ ⲉⲑⲣⲉⲛϯ ⲛ̀
ⲡⲉⲛ ⲟⲩⲟⲓ ⲛ̀ⲧⲉⲛϫⲱⲕ ⲉ̀ⲃⲟⲗ ⲛ̀ ⲛⲓⲙⲩⲥⲧⲏⲣⲓⲟⲛ ⲉ̀ⲑ
ⲟⲩⲁⲃ ⲛ̀ⲧⲉⲛϯ ⲱ̀ⲟⲩ ⲛ̀ ⲫⲏ ⲉ̀ⲧ ⲉⲣⲉ ⲱ̀ⲟⲩ ⲛⲓⲃⲉⲛ 25
ⲉⲣ ⲡⲣⲉⲡⲓ ⲛⲁϥ ⲡⲉⲛ ⲟ̅ⲥ̅ ⲟⲩⲟϩ ⲡⲉⲛⲛⲟⲩϯ ⲟⲩⲟϩ
ⲡⲉⲛ ⲥⲱⲧⲏⲣ ⲓ̅ⲏ̅ⲥ̅ ⲡ̅ⲭ̅ⲥ̅ ⲫⲁⲓ ⲉ̀ⲧⲉ ⲉ̀ⲃⲟⲗϩⲓ ⲧⲟⲧϥ
ⲉ̀ⲣⲉ ⲱ̀ⲟⲩ ⲛⲓⲃⲉⲛ ⲛⲉⲙ ⲧⲁⲓⲟ̀ ⲛⲓⲃⲉⲛ ⲛⲉⲙ ⲡⲣⲟⲥ-

ⲕⲩⲛⲏⲥⲓⲥ ⲛⲓⲃⲉⲛ ⲉⲣ ⲡⲣⲉⲡⲓ ⲛ̀ ⲫⲓⲱⲧ ⲛⲉⲙⲁϥ ⲛⲉⲙ
ⲡⲓⲡ̅ⲛ̅ⲁ̅ ⲉ̀ⲑ ⲟⲩⲁⲃ ⲛ̀ ⲣⲉϥⲧⲁⲛϧⲟ ⲟⲩⲟϩ ⲛ̀ ⲟⲙⲟ-
ⲟⲩⲥⲓⲟⲥ ⲛⲉⲙⲁϥ ϯⲛⲟⲩ ⲛⲉⲙ ⲛ̀ ⲥⲛⲟⲩ ⲛⲓⲃⲉⲛ
ⲛⲉⲙ ϣⲁ ⲉ̀ⲛⲉϩ ⲛ̀ⲧⲉ ⲛⲓⲉ̀ⲛⲉϩ ⲧⲏⲣⲟⲩ

ⲀⲘⲎⲚ.

ⲣⲕⲏ. ⲃ. ⲟⲩⲉⲛⲕⲱⲙⲓⲟⲛ ⲉ̀ ⲁϥⲧⲁⲟⲩⲟϥ ⲛ̀ϫⲉ ⲡⲓ ⲉ̀ⲡⲁ ⲉⲩⲥⲧⲁ-
ⲑⲓⲟⲥ ⲡⲓⲉ̀ⲡⲓⲥⲕⲟⲡⲟⲥ ⲛ̀ⲧⲉ ϯⲧⲣⲁⲕⲏ ϯⲛⲏⲥⲟⲥ ⲡⲓⲙⲁ
ⲉ̀ⲧ ⲁ ϯⲟⲩⲣⲱ ⲉ̀ⲣ ⲉⲝⲱⲣⲓⲍⲓⲛ ⲙ̀ ⲡⲓⲁ̀ⲅⲓⲟⲥ ⲓⲱⲁⲛⲛⲏⲥ
ⲡⲓⲭⲣⲏⲥⲟⲥⲧⲟⲙⲟⲥ ⲉ̀ⲣⲟϥ ⲡⲓⲙⲁ ⲉ̀ⲧⲁϥϫⲱⲕ ⲉ̀ⲃⲟⲗ ⲛ̀
ϧⲏⲧϥ. ⲉ̀ⲧⲁϥⲧⲁⲟⲩⲟ̀ ⲇⲉ ⲙ̀ ⲡⲁⲓ ⲉⲅⲕⲱⲙⲓⲟⲛ ⲛ̀ 5
ⲣⲗ. ⲁ. ϧⲏⲧϥ ⲟⲛ ⲉ̀ ⲡϣⲁⲓ ⲙ̀ ⲡⲓⲁⲣⲭⲏⲁ̀ⲅⲅⲉⲗⲟⲥ ⲉⲑ ⲟⲩⲁⲃ
ⲙⲓⲭⲁⲏⲗ ϧⲉⲛ ⲥⲟⲩ ⲓ̅ⲃ̅ ⲙ̀ ⲡⲓⲁ̀ⲃⲟⲧ ⲡⲁⲱ̀ⲛⲓ ⲫⲁⲓ ⲉ̀ⲧ
ⲁ ⲡⲓⲙⲁⲕⲁⲣⲓⲟⲥ ϩⲓⲥⲉⲛϯ ⲙ̀ⲙⲟϥ ϧⲉⲛ ⲡⲥⲁϫⲓ ϧⲁⲧⲉⲛ
ⲙ̀ⲡⲁⲧⲉ ϥⲭⲁ ⲥⲱⲙⲁ ⲉ̀ϧⲣⲏⲓ ⲁϥⲥⲁϫⲓ ⲟⲛ ⲛ̀ ϧⲏⲧϥ
ⲉⲑⲃⲉ ⲟⲩⲣⲱⲙⲓ ⲛ̀ ⲑⲙⲏⲓ ⲉ̀ ⲡⲉϥⲣⲁⲛ ⲡⲉ ⲁ̀ⲣⲓⲥⲧⲁⲣⲭⲟⲥ 10
ⲛⲉⲙ ⲧⲉϥⲥϩⲓⲙⲓ ⲙ̀ ⲙⲁⲓⲛⲟⲩϯ ⲉⲩⲫⲩⲙⲓⲁ̀ ϯⲥⲩⲛⲕⲗⲏ-
ⲧⲓⲕⲏ ⲁϥϫⲉ ϩⲁⲛⲕⲟⲩϫⲓ ⲇⲉ ⲟⲛ ϧⲉⲛ ⲧϧⲁⲏ
ⲙ̀ ⲡⲁⲓ ⲉⲅⲕⲱⲙⲓⲟⲛ ⲛ̀ ⲟⲩⲱⲧ ⲉ̀ ⲫⲏ
ⲉ̀ⲑ ⲟⲩⲁⲃ ⲓⲱⲁⲛⲛⲏⲥ ⲡⲓⲭⲣⲏⲥⲟⲥ-
ⲧⲟⲙⲟⲥ ⲉⲩⲱ̀ⲟⲩ ⲛ̀ ϯⲧⲣⲓⲁⲥ 15
ⲉ̀ⲑ ⲟⲩⲁⲃ ϧⲉⲛ ⲟⲩϩⲓ-
ⲣⲏⲛⲏ ⲛ̀ⲧⲉ ⲫϯ.
ⲁ̀ⲙⲏⲛ.

ⲣⲗ. ⲃ ϯⲛⲁⲟⲩⲱⲛ ⲛ̀ ⲣⲱⲓ ϧⲉⲛ ϩⲁⲛⲡⲁⲣⲁⲃⲟⲗⲏ ⲟⲩⲟϩ
ⲛ̀ⲧⲁⲥⲁϫⲓ ⲛ̀ ⲛⲏ ⲉ̀ⲧ ϩⲏⲡ ϧⲉⲛ ⲡⲁⲗⲁⲥ ⲕⲁⲧⲁ ⲡⲥⲁϫⲓ 20
ⲙ̀ ⲡⲓⲉ̀ⲣⲟⲩⲯⲁⲗⲧⲏⲥ ⲇⲁⲩⲓⲇ ⲫⲓⲱⲧ ⲙ̀ ⲡⲭ̅ⲥ̅ ⲕⲁⲧⲁ
ⲥⲁⲣⲝ. ⲛ̀ⲧⲁϣⲱ ⲉ̀ⲃⲟⲗ ⲉ̀ϩⲟⲧⲉ ⲥⲏⲃⲓ ⲛⲓⲃⲉⲛ ⲛ̀ϫⲱ

ⲛⲉⲙ ⲙⲟⲩⲥⲓⲕⲟⲛ ⲛⲉⲙ ⲥⲩⲙⲃⲁⲗⲟⲛ ⲛⲉⲙ ⲕⲩⲑⲁⲣⲁ
ⲟⲩⲟϩ ⲛ̀ⲧⲁϫⲟⲥ ϩⲱ ⲛⲉⲙ ⲡⲓⲑⲙⲏⲓ ϫⲉ ϣⲁⲣⲉ ⲡⲁⲅ-
ⲅⲉⲗⲟⲥ ⲙ̀ ⲡⲟ̅ⲥ̅ ϩⲓⲕⲟⲧ ⲙ̀ ⲡⲕⲱϯ ⲛ̀ ⲛⲏ ⲉ̀ⲧ ⲉⲣ ϩⲟϯ
ϧⲁⲧⲉϥ ϩⲛ ⲟⲩⲟϩ ⲛ̀ⲧⲉϥⲛⲁϩⲙⲟⲩ. Ⲙⲁⲣⲉⲛⲟⲩⲟϩ
ⲟⲛ ⲉ̀ϫⲉⲛ ⲡⲥⲁϫⲓ ⲙ̀ ⲡⲓⲡⲣⲟⲫⲏⲧⲏⲥ ⲛ̀ⲧⲉⲛϫⲟⲥ ϫⲉ 5

ⲣⲗ̅ⲁ̅. ⲁ. ⲫⲁⲓ ⲡⲉ ⲡⲓⲉ̀ϩⲟⲟⲩ | ⲉ̀ⲧ ⲁ ⲡⲟ̅ⲥ̅ ⲑⲁⲙⲓⲟϥ ⲙⲁⲣⲉⲛ-
ⲑⲱⲟⲩϯ ⲛ̀ⲧⲉⲛⲑⲉⲗⲏⲗ ⲟⲩⲟϩ ⲛ̀ⲧⲉⲛⲟⲩⲛⲟϥ ⲙ̀ⲙⲟⲛ
ⲛ̀ ϧⲏⲧϥ ϧⲉⲛ ⲟⲩϩⲣⲱⲟⲩ ⲙ̀ⲙⲁⲅⲁⲧⲏ ⲁⲛ ⲁⲗⲗⲁ ϧⲉⲛ
ⲟⲩⲟⲩⲛⲟϥ ⲛ̀ ⲣⲁϣⲓ ⲉϥⲥⲁⲡϣⲱⲓ ⲛ̀ ⲣⲁϣⲓ ⲛⲓⲃⲉⲛ.
ϥ̀ⲛⲛⲁⲩ ⲅⲁⲣ ⲉ̀ ⲡⲓⲣⲉϥⲑⲁⲙⲓⲟ̀ ⲛ̀ⲧⲉ ⲡⲓⲉⲡⲧⲏⲣϥ 10
ⲉϥⲑⲟⲩⲏⲧ ⲛⲉⲙⲁⲛ ⲙ̀ⲫⲟⲟⲩ ϧⲉⲛ ⲡⲁⲣⲓⲥⲧⲟⲛ ⲙ̀ ⲡⲉϥ-
ⲛⲓϣϯ ⲛ̀ ⲁⲣⲭⲏⲁⲅⲅⲉⲗⲟⲥ ⲉ̀ⲑ ⲟⲩⲁⲃ ⲙⲓⲭⲁⲏⲗ ⲡⲓ-
ⲁⲣⲭⲏⲥⲧⲣⲁⲧⲓⲕⲟⲥ ⲛ̀ⲧⲉ ⲧϫⲟⲙ ⲛ̀ ⲛⲓⲫⲏⲟⲩⲓ̀. Ⲛⲓⲙ
ⲡⲉ ⲉ̀ⲧⲉⲛ ϥⲛⲁ ⲉⲣ ϣⲁⲓ ⲁⲛ ⲉϥⲛⲁⲩ ⲉ̀ ⲡⲟⲩⲣⲟ ⲛ̀ⲧⲉ
ⲛⲓⲟⲩⲣⲱⲟⲩ ⲟⲩⲟϩ ⲡⲟ̅ⲥ̅ ⲛ̀ⲧⲉ ⲥⲁⲣ̅ⲝ̅ ⲛⲓⲃⲉⲛ ⲉϥⲑⲟⲩⲏⲧ 15

ⲣⲗ̅ⲁ̅. ⲃ. ⲉ̀ | ϧⲟⲩⲛ ⲉ̀ ⲡⲁⲓ ⲛⲓ ⲉ̀ⲑ ⲟⲩⲁⲃ ⲙ̀ ⲫⲟⲟⲩ ⲉϥϯ ⲧⲁⲓⲟ̀
ⲙ̀ ⲡⲉϥⲛⲓϣϯ ⲛ̀ ⲁⲣⲭⲏⲥⲧⲣⲁⲧⲩⲗⲁⲧⲏⲥ ⲉ̀ⲑ ⲙⲉϩ ⲛ̀ ⲱⲟⲩ
ⲙⲓⲭⲁⲏⲗ ⲡⲓⲁⲣⲭⲱⲛ ⲛ̀ⲧⲉ ⲫⲟⲩⲱⲓⲛⲓ. Ⲛⲓⲙ ⲡⲉ ⲉ̀ⲧⲉⲛ
ϥⲛⲁ ⲉⲣ ⲫⲟⲣⲓⲛ ⲁⲛ ⲛ̀ ⲟⲩϩⲉⲃⲥⲱ ⲛ̀ ⲱⲟⲩ ⲉϥⲑⲟⲩⲏⲧ
ⲉ̀ ⲡⲁⲓ ⲛⲓ ⲉ̀ⲟ ⲟⲩⲁⲃ ⲙ̀ ⲫⲟⲟⲩ ⲉϥⲟⲩⲱⲙ ⲉ̀ⲃⲟⲗϧⲉⲛ 20
ⲡⲓⲁ̀ⲅⲁⲑⲟⲛ ⲉ̀ⲧ ⲁ ⲡⲓⲟⲩⲣⲟ ⲟⲩⲟϩ ⲡϣⲏⲣⲓ ⲙ̀ ⲡⲓⲟⲩⲣⲟ
ⲥⲉⲃⲧⲱⲧⲟⲩ ⲛⲁⲛ ϧⲉⲛ ⲛⲉϥⲇⲓⲡⲛⲟⲛ ϧⲉⲛ ⲡⲁⲣⲁⲥⲧⲟⲛ
ⲙ̀ ⲡⲓⲁⲣⲭⲏⲁⲅⲅⲉⲗⲟⲥ ⲉ̀ⲑ ⲟⲩⲁⲃ ⲙⲓⲭⲁⲏⲗ. Ⲛⲓϫⲓ-
ⲛⲟⲩⲱⲙ ⲉ̀ⲧⲁⲩⲭⲁⲩ ϧⲁⲣⲱⲛ ⲙ̀ ⲫⲟⲟⲩ ϩⲁⲛⲥⲁⲣⲕⲓⲕⲟⲛ
ⲁⲛ ⲛⲁⲓ ⲉ̀ϣⲁⲕ ⲉⲣ ⲡⲱⲃϣ ⲙ̀ⲡⲟⲩⲟⲩⲛⲟϥ ⲙⲉⲛⲉⲛⲥⲁ 25
ⲑⲣⲉⲕⲟⲩⲱⲙ ⲉ̀ⲃⲟⲗ ⲛ̀ ϧⲏⲧⲟⲩ. Ⲁⲗⲗⲁ ⲛⲓϫⲓⲛⲟⲩⲱⲙ

ⲣⲗ̅ⲃ̅. ⲁ. ⲉ̀ⲧⲁⲩⲥⲉⲃⲧⲱⲧ ⲟⲩ ⲛⲁⲛ ⲙ̀ ⲫⲟⲟⲩ ⲡⲥⲱⲙⲁ ⲙ̀ ⲫϯ
ⲡⲉ ⲫⲁⲓ ⲉ̀ⲧⲁϥ ⲉⲣ ⲫⲟⲣⲓⲛ ⲙ̀ⲙⲟϥ ϧⲉⲛ ⲑⲛⲉϫⲓ ⲛ̀

ϯⲡⲁⲣⲑⲉⲛⲟⲥ ⲉⲑ ⲟⲩⲁⲃ ⲙⲁⲣⲓⲁ ϯⲉⲓⲉⲃⲓ ⲛ̀ ⲁⲧ ⲑⲱ-
ⲗⲉⲃ ⲫⲁⲓ ⲉ̇ⲧⲁϥⲧⲛⲓϥ ϧⲁⲣⲟⲛ ϣⲁⲧⲉϥⲧⲟⲩϫⲟⲛ ⲉ̇ⲃⲟⲗϩⲓ
ⲧⲟⲧϥ ⲛ̀ ⲡⲓϫⲁϫⲓ. Ⲡⲓⲏⲣⲡ ⲉ̇ⲧⲁⲩⲭⲁϥ ϧⲁⲣⲱⲛ ⲛ̀
ⲫⲟⲟⲩ ⲟⲩⲏⲣⲡ ⲛ̀ ϩⲩⲗⲓⲕⲟⲛ ⲁⲛ ⲡⲉ ⲫⲁⲓ ⲉ̇ϣⲁⲛⲥⲱ
ⲛ̀ ϧⲏⲧϥ ⲛ̀ⲧⲉⲛⲑⲓⲃⲓ ⲟⲩⲟϩ ⲛ̀ⲧⲉ ⲟⲩⲙⲉⲧⲁⲧϣⲁⲩ ϣⲱⲡⲓ 5
ⲛ̀ ϧⲏⲧⲉⲛ. Ⲁⲗⲗⲁ ⲡⲓⲥⲛⲟϥ ⲡⲉ ⲉⲧ ⲁ ⲡⲓⲙⲁⲧⲟⲓ
ϫⲟⲧϥ ⲡⲉⲥⲫⲓⲣ ⲛ̀ ⲫϯ ⲡⲓⲗⲟⲅⲟⲥ ϩⲓ ⲡⲓⲥⲧⲁⲩⲣⲟⲥ
ⲁϥⲫⲟⲛϥ ⲉ̇ⲃⲟⲗ ϧⲁⲣⲟⲛ ϣⲁⲧⲉ ϥ ⲧⲟⲩϫⲟⲛ ⲉ̇ⲃⲟⲗϧⲉⲛ
ⲣⲗⲃ. ⲃ. ⲛⲉⲛⲛⲟⲃⲓ ϩⲁⲛⲁϥ ⲁⲛ ⲉ̇ⲧⲁⲩⲭⲁϥ ϧⲁⲣⲟⲛ ⲛ̀ ⲫⲟⲟⲩ
ⲛⲁⲓ ⲉ̇ϣⲁⲩⲥⲱϣⲡ ⲛ̀ ⲟⲩⲉ̇ϩⲟⲟⲩ ⲓⲉ ⲃ̅ ⲛ̀ⲥⲉⲧⲁⲕⲟ ⲟⲩⲟϩ 10
ⲛ̀ⲥⲉⲭⲱⲛⲥ. Ⲁⲗⲗⲁ ϩⲁⲛⲛⲟⲏ̇ⲙⲁ ⲛⲉ ⲛ̀ⲧⲉ ϯⲅⲣⲁⲫⲏ
ⲉⲑ ⲟⲩⲁⲃ ⲛⲁⲓ ⲉ̇ϣⲁⲩϣⲱⲡⲓ ⲉⲩⲙⲏⲛ ⲉ̇ⲃⲟⲗ ϣⲁ ⲉ̇ⲛⲉϩ
ⲉⲩϯ ⲛ̀ ⲡⲥⲁⲓ. (1) ⲛⲓⲙ ⲉⲑ ⲛⲁϣⲟⲣⲡ ⲉϥⲛⲟⲩⲥ ⲛ̀
ⲣⲉⲛ ⲛ̀ⲫⲉ ⲛ̀ ⲫⲟⲟⲩ ⲉϥⲛⲁⲩ ⲉ̇ ⲡⲁⲓ ⲛⲓϣϯ ⲛ̀ ⲣⲁϣⲓ
ⲉϥⲫⲱⲣϣ ⲉ̇ⲃⲟⲗ ϧⲉⲛ ⲧⲫⲉ ⲛⲉⲙ ϩⲓϫⲉⲛ ⲡⲕⲁϩⲓ ⲉⲑⲃⲉ 15
ⲡ ⲉⲣ ⲫⲙⲉⲩⲓ̇ ⲛ̀ ⲡⲓⲁⲣⲭⲏⲁⲅⲅⲉⲗⲟⲥ ⲉⲑ ⲟⲩⲁⲃ ⲙⲓⲭⲁⲏⲗ.
Ⲙⲁⲣⲉⲛ ⲧⲁⲥⲑⲟⲛ ϯⲛⲟⲩ ϩⲓϫⲉⲛ ⲛⲓϫⲟⲙ ⲛⲉⲙ ⲛⲓϣⲫ-
ⲏⲣⲓ ⲉ̇ⲧⲁⲩϣⲱⲡⲓ ⲉ̇ⲃⲟⲗϩⲓⲧⲉⲛ ⲡⲓⲁⲣⲭⲏⲁⲅⲅⲉⲗⲟⲥ ⲙⲓ-
ⲭⲁⲏⲗ ⲫⲁⲓ ⲉ̇ⲧⲉⲛⲑⲟⲩⲏⲧ ⲉ̇ ϧⲟⲩⲛ ⲉ̇ ⲡⲉϥⲧⲟⲡⲟⲥ ⲛ̀
ⲣⲗⲅ. ⲁ. ⲫⲟⲟⲩ ⲉⲛϫⲱⲕ ⲉ̇ⲃⲟⲗ ⲛ̀ ϧⲏⲧϥ ⲛ̀ ⲡ ⲉⲣ ⲫⲙⲉⲩⲓ̇ 20
ⲛ̀ ⲡⲉϥⲧⲁⲓⲟ ⲛⲉⲙ ⲡⲉϥⲧⲟⲡⲟⲥ ⲉ̇ⲧⲁⲛⲕⲟⲧϥ ϧⲉⲛ
ⲡⲉϥⲣⲁⲛ ⲉⲑ ⲟⲩⲁⲃ. Ϩⲁⲣⲁ ⲧⲉⲧⲉⲛⲓ̀ⲣⲓ ⲛ̀ ⲫⲙⲉⲩⲓ̇
ⲛ̀ ⲑⲱⲧⲉⲛ ⲁⲛ ⲛ̀ ⲉⲩⲫⲏⲙⲓⲁ ϯⲥⲩⲛⲕⲗⲏⲧⲓⲕⲏ ⲧⲥϩⲓⲙⲓ
ⲛ̀ ⲁⲣⲓⲥⲧⲁⲣⲭⲟⲥ ⲡⲉⲥⲧⲣⲁⲧⲩⲗⲁⲧⲏⲥ ⲫⲁⲓ ⲉⲧ ⲁ ⲡⲟⲩⲣⲟ
ⲛ̀ ⲉⲩⲥⲉⲃⲏⲥ ⲟⲛⲛⲟⲩⲣⲓⲟⲥ ⲟⲗϣϥ ϩⲓϫⲉⲛ ϯⲛⲥⲟⲥ ⲛ̀ⲧⲉ 25
ϯⲣⲁⲕⲏ. Ⲧⲉⲧⲉⲛⲥⲱⲟⲩⲛ ⲅⲁⲣ ⲧⲏⲣⲟⲩ ⲱ̀ ⲡⲓⲗⲁⲟⲥ
ⲛ̀ ⲙⲁⲓⲭⲣ̅ⲥ̅ ϫⲉ ⲟⲩⲉⲩⲥⲉⲃⲏⲥ ⲡⲉ ⲉ̇ⲙⲁϣⲱ ⲡⲉ ⲡⲓⲥⲧ-
ⲣⲁⲧⲩⲗⲁⲧⲏⲥ ⲉ̇ⲧⲉⲙⲙⲁⲩ ⲉⲧ ⲉⲣ ⲙⲉⲑⲣⲉ ϣⲁⲣⲟϥ

ϩⲓⲧⲉⲛ ⲟⲩⲟⲛ ⲛⲓⲃⲉⲛ ⳹ⲉ ⲛⲉϥϣⲗⲏⲗ ⲛⲉⲙ ⲛⲉϥⲙⲉⲑ-
ⲛⲁⲏⲧ ⲁⲩⲓ ⲉ̀ϩⲣⲏⲓ ⲙ̀ ⲡⲉⲙⲑⲟ ⲙ̀ ⲫϯ ⲙ̀ ⲫⲣⲏϯ
ⲛ̀ ⲕⲟⲣⲛⲏⲗⲓⲟⲥ ⲙ̀ ⲡⲓⲥⲛⲟⲩ. Ⲡⲁⲓ ⲣⲱⲙⲓ ⲉⲧ ⲧⲁⲓⲟⲩⲧ
ⲉ̀ⲧⲉⲙⲙⲁⲩ ⲁⲣⲓⲥⲧⲁⲣⲭⲟⲥ ⲡⲓⲥⲧⲣⲁⲧⲩⲗⲁⲧⲏⲥ ⲓ̀ⲥ⳹ⲉⲛ
ⲉⲧⲁϥϭⲓ ⲙ̀ ⲡⲓⲱⲙⲥ ⲉⲑ ⲟⲩⲁⲃ ⲉ̀ⲃⲟⲗϩⲓⲧⲟⲧϥ ⲙ̀ ⲡⲉⲛⲓⲱⲧ 5
ⲉⲧ ⲧⲁⲓⲟⲩⲧ ⲟⲩⲟϩ ⲙ̀ⲡⲁⲣⲉϥⲧⲥⲃⲱ ⲡⲓⲛⲓϣϯ ⲓ̀ⲱ-
ⲁⲛⲛⲏⲥ ⲙ̀ⲡⲉ ϥ ⲭⲁ ⲧⲟⲧϥ ⲉ̀ⲃⲟⲗ ⲉϥϯ ⲁ̀ⲅⲁⲡⲏ ⲛⲉⲙ
ϩⲁⲛⲡⲣⲟⲥⲫⲟⲣⲁ ⲛ̀ ⲥⲟⲩ ⲓ̅ⲃ̅ ⲕⲁⲧⲁ ⲁ̀ⲃⲟⲧ ϧⲉⲛ ⲫⲣⲁⲛ
ⲙ̀ ⲡⲓⲁⲣⲭⲏⲁⲅⲅⲉⲗⲟⲥ ⲉ̀ⲑ ⲟⲩⲁⲃ ⲙⲓⲭⲁⲏⲗ. Ⲛⲉⲙ ⲥⲟⲩ
ⲕ̅ⲁ̅ ⲟⲛ ⲕⲁⲧⲁ ⲁ̀ⲃⲟⲧ ϧⲉⲛ ⲫⲣⲁⲛ ⲛ̀ ϯⲡⲁⲣⲑⲉⲛⲟⲥ 10
ⲉ̀ⲑ ⲟⲩⲁⲃ ⲙⲁⲣⲓⲁ ⲛⲉⲙ ⲥⲟⲩ ⲕ̅ⲑ̅ ⲟⲛ ⲕⲁⲧⲁ ⲁ̀ⲃⲟⲧ
ⲉⲧⲉ ⲡⲉ̀ϩⲟⲟⲩ ⲙ̀ ⲙⲓⲥⲓ ⲡⲉ ⲙ̀ ⲡⲉⲛϭ̅ⲥ̅ ⲓ̅ⲏ̅ⲥ̅ ⲡ̅ⲭ̅ⲥ̅ ⲉϥϯ
ⲛ̀ ϩⲁⲛⲡⲣⲟⲥⲫⲟⲣⲁ ⲛⲉⲙ ϩⲁⲛⲙⲉⲧⲛⲁⲏⲧ ⲛ̀ ⲁⲧ ϭⲓ
ⲛ̀ⲡⲓ ⲙ̀ⲙⲱⲟⲩ ⲉ̀ ⲡ ⲉⲣ ⲫⲙⲉⲩ̀ⲓ ⲙ̀ ⲫϯ ⲡⲓⲗⲟⲅⲟⲥ.
Ⲛ̀ⲑⲟϥ ⲟⲛ ⲡⲓⲣⲱⲙⲓ ⲛ̀ ⲑⲙⲏⲓ ⲁϥϣⲱⲡⲓ ⲉϥⲓ̀ⲣⲓ ⲙ̀ 15
ⲡⲁⲓ ⲣⲏϯ ⲛ̀ ⲟⲩ ⲛⲓϣϯ ⲛ̀ ⲥⲛⲟⲩ. Ⲙⲉⲛⲉⲛⲥⲁ ⲛⲁⲓ
ⲇⲉ ⲁ̀ ⲡⲉϥⲥⲛⲟⲩ ⳹ⲱⲕ ⲉ̀ⲃⲟⲗ ⲉ̀ⲑⲣⲉϥϣⲉ ⲛⲁϥ ϩⲁ ⲡ̅ⲭ̅ⲥ̅
ⲙ̀ ⲫⲣⲏϯ ⲛ̀ ⲣⲱⲙⲓ ⲛⲓⲃⲉⲛ ⲟⲩⲟϩ ⲁϥⲙⲟⲩϯ ⲉ̀ ⲉⲩⲫⲏ-
ⲙⲓⲁ ϯⲥⲩⲛⲕⲗⲏⲧⲓⲕⲏ ⲧⲉϥϣϩⲓⲙⲓ ⲡⲉ⳹ⲁϥ ⲛⲁⲥ. ⳹ⲉ
ⲧⲁⲥⲱⲛⲓ ⲓⲥ ϩⲏⲡⲡⲉ ⲧⲉⲛⲁⲩ ⲉ̀ⲣⲟⲓ ⳹ⲉ ⲁ̀ ⲡⲁ ⲥⲛⲟⲩ 20
⳹ⲱⲕ ⲉ̀ⲃⲟⲗ ⲉ̀ⲑⲣⲓϩⲱⲗ ⲉ̀ⲣⲁⲧϥ ⲙ̀ ⲡϭ̅ⲥ̅ ⲙ̀ ⲫⲣⲏϯ ⲛ̀
ⲛⲁⲓⲟϯ ⲧⲏⲣⲟⲩ. Ⲁ̀ⲣⲉⲥⲱⲧⲉⲙ ϩⲱⲓ ⲉ̀ ⲛⲓⲥⲃⲱⲟⲩⲓ̀ ⲛ̀
ⲱⲛϧ ⲉⲧⲁϥϩⲟⲛϩⲉⲛ ⲙ̀ⲙⲱⲟⲩ ⲉ̀ ⲧⲟⲧⲉⲛ ⲛ̀⳹ⲉ ⲡⲓ-
ⲧⲣⲓⲥⲙⲁⲕⲁⲣⲓⲟⲥ ⲛ̀ ⲓⲱⲧ ⲓ̀ⲱⲁⲛⲛⲏⲥ ⲫⲁⲓ ⲉⲧ ⲁ ⲧⲁⲓ
ⲛⲏⲥⲟⲥ ⲧⲏⲣⲥ ϭⲓ ⲟⲩⲱⲓⲛⲓ ⲉ̀ⲃⲟⲗϩⲓ ⲧⲟⲧϥ ⲟⲩⲟϩ 25
ⲁⲩⲥⲟⲩⲉⲛ ⲫϯ. Ⲉⲩⲙⲏϣ ⲅⲁⲣ ⲛ̀ ⲥⲟⲡ ⲁ̀ⲣⲉⲥⲱⲧⲉⲙ
ⲉ̀ⲃⲟⲗϩⲓ ⲧⲟⲧϥ ϧⲉⲛ ⲛⲉⲙⲁϣ⳹ ⲙ̀ ⲡⲏⲓ ⲙ̀ⲙⲟ ⳹ⲉ ⲙ̀ⲙⲟⲛ
ⲡ ⲉⲧ ⲟⲓ ⲛ̀ ⲛⲓϣϯ ⲉ̀ ϯⲁ̀ⲅⲁⲡⲏ. Ⲟⲩⲟϩ ⲟⲛ ⳹ⲉ

ϣⲁⲣⲉ ⲡⲓⲛⲁⲓ ϣⲟⲩϣⲟⲩ ⲙ̀ⲙⲟϥ ⲉϫⲉⲛ ϯⲕⲣⲓⲥⲓⲥ ⲁⲡⲗⲱⲥ
ⲙ̀ ⲡ ⲕⲉ ⲥⲉⲡⲓ ⲛ̀ ⲛⲓⲥⲁϫⲓ ⲛ̀ ⲥⲟⲗⲥⲉⲗ ⲉⲧⲁϥϫⲟⲧⲟⲩ
ⲛⲁⲛ ⲉⲑⲃⲉ ⲡⲟⲩϫⲁⲓ ⲛ̀ ⲛⲉⲛⲯⲩⲭⲏ ⲛ̀ϫⲉ ⲡⲓⲛⲓϣϯ
ⲉ̀ⲧⲉⲙⲙⲁⲩ ⲓⲱⲁⲛⲛⲏⲥ ⲗⲟⲓⲡⲟⲛ ϩⲟⲡⲡⲉ ϯⲥⲟⲛϩⲉⲛ

ⲣ̅ⲗ̅ⲉ̅. ⲁ. ⲉ̀ⲧⲟⲧ ⲙ̀ ⲫⲟⲟⲩ ⲉⲓϫⲱ ⲙ̀ ⲫϯ ϧⲉⲛ ⲧⲁⲙⲏϯ ⲛⲉⲙ 5
ⲉ̀ ⲃ̀ⲁⲧⲁϩⲏ ⲙ̀ⲡⲁⲧ ⲁⲓ ⲉ̀ⲃⲟⲗϧⲉⲛ ⲡⲁⲓ ⲕⲟⲥⲙⲟⲥ
ϫⲉ ⲭⲁⲥ ⲛ̀ⲛⲏ ⲭⲁ ⲧⲟⲧ ⲉ̀ⲃⲟⲗϧⲉⲛ ⲛⲏ ⲉ̀ⲧⲉⲛⲓ̀ⲣⲓ
ⲙ̀ⲙⲱⲟⲩ ϯⲛⲟⲩ ϧⲉⲛ ⲥⲟⲩ ⲓ̅ⲃ̅ ⲛ̀ ⲉ̀ϩⲟⲟⲩ ⲙ̀ ⲡⲓⲁ̀ⲃⲟⲧ
ⲡ̀ⲉ̀ϩⲟⲟⲩ ⲙ̀ ⲡⲓⲁⲣⲭⲏⲁ̀ⲅⲅⲉⲗⲟⲥ ⲉⲑ ⲟⲩⲁⲃ ⲙⲓⲭⲁⲏⲗ
ⲛⲉⲙ ϧⲉⲛ ⲥⲟⲩ ⲕ̅ⲁ̅ ⲟⲛ ⲛ̀ ⲉ̀ϩⲟⲟⲩ ⲛ̀ ϯⲟⲩⲣⲱ ⲑⲙⲁⲩ 10
ⲙ̀ ⲡⲟⲩⲣⲟ ⲛ̀ⲧⲉ ⲛⲓⲟⲩⲣⲱⲟⲩ ϧⲉⲛ ⲥⲟⲩ ⲕ̅ⲑ̅ ⲇⲉ ⲟⲛ
ⲛ̀ ⲉ̀ϩⲟⲟⲩ ⲙ̀ ⲙⲓⲥⲓ ⲙ̀ ⲫϯ ⲡⲓⲗⲟⲅⲟⲥ. ⲁⲛⲁⲩ ϫⲉ ⲟⲩⲛ
ⲙ̀ⲡⲉⲣ ⲉⲣ ⲕⲁⲧⲁⲫⲣⲟⲛⲓⲛ ⲛ̀ ϯⲡⲣⲟⲥⲫⲟⲣⲁ ⲛ̀ⲧⲉ ⲡⲓ-
ⲁⲣⲭⲏⲁ̀ⲅⲅⲉⲗⲟⲥ ⲉⲑ ⲟⲩⲁⲃ ⲙⲓⲭⲁⲏⲗ ϫⲉ ⲟⲩⲏⲓ ⲛ̀ⲑⲟϥ
ⲉⲧ ⲧⲱⲃϩ ⲉ̀ϫⲉⲛ ⲟⲩⲟⲛ ⲛⲓⲃⲉⲛ ϫⲉ ⲭⲁⲥ ⲛ̀ⲧⲉϥⲧⲱⲃϩ 15

ⲣ̅ⲗ̅ⲉ̅. ⲃ. ⲉ̀ϩⲣⲏⲓ | ⲉ̀ϫⲱⲛ ⲙ̀ ⲡⲉⲛⲑⲟ ⲙ̀ ⲫϯ ⲛ̀ⲧⲉϥ ⲉⲣ ⲟⲩⲛⲁⲓ
ⲛ̀ ⲁⲅⲁⲡⲏ ⲛⲉⲙⲁⲛ ⲛ̀ⲧⲉϥϣⲱⲡ ⲉ̀ⲣⲟϥ ⲛ̀ ⲧⲁⲯⲩⲭⲏ
ⲛ̀ ⲧⲁⲗⲉⲡⲱⲣⲟⲥ. ⲛ̀ⲑⲟⲥ ⲇⲉ ϯⲥϩⲓⲙⲓ ⲛ̀ ⲥⲁⲃⲏ ⲉ̀ⲧⲉⲙ-
ⲙⲁⲩ ⲡⲉϫⲁⲥ ⲙ̀ ⲡⲉⲥϩⲁⲓ ϫⲉ ⲡⲁⲟ̅ⲥ̅ ⲟⲩⲟϩ ⲡⲁⲥⲟⲛ
ϧⲟⲛϧ ⲛ̀ϫⲉ ⲡⲟ̅ⲥ̅ ⲫⲁⲓ ⲉ̀ⲧⲁⲛⲛⲁϩϯ ⲉ̀ⲣⲟϥ ϫⲉ ϯⲛⲁⲭⲱ 20
ⲉ̀ⲫⲁϩⲟⲩ ⲁⲛ ϧⲉⲛ ⲛⲏ ⲉⲧ ⲁⲕⲟⲩⲁϩⲥⲁϩⲛⲓ ⲙ̀ⲙⲱⲟⲩ
ⲛⲏⲓ ⲁⲗⲗⲁ ϯⲛⲁⲧⲟⲩϩⲟ ⲉ̀ϩⲣⲏⲓ ⲉ̀ϫⲱⲟⲩ ⲛ̀ϩⲟⲩⲟ̀.
ⲡⲗⲏⲛ ⲟⲩⲟⲛ ⲟⲩⲥⲁϫⲓ ϧⲉⲛ ⲡⲁϩⲏⲧ ϯⲟⲩⲱϣ ⲉ̀ⲑⲣⲉⲕ
ⲉⲣ ⲡⲗⲏⲣⲟⲫⲟⲣⲓⲛ ⲙ̀ⲙⲟⲓ ⲛ̀ ⲃ̀ⲏⲧϥ ⲟⲩⲟϩ ⲛ̀ⲧⲉϥⲥⲟⲕϥ
ⲛⲏⲓ ⲉ̀ⲃⲟⲗ ϧⲁ ⲧϩⲏ ⲙ̀ⲡⲁⲧⲉ ⲕⲭⲁ ⲥⲱⲙⲁ ⲉ̀ϧⲣⲏⲓ. 25

ⲣ̅ⲗ̅ⲋ̅. ⲁ. ⲛ̀ⲑⲟϥ ⲇⲉ ⲡⲉϫⲁϥ ⲛⲁⲥ ϫⲉ ϩⲱⲃ ⲛⲓⲃⲉⲛ ⲁⲣⲉ-
ⲟⲩⲁϣⲟⲩ ⲁϫⲟⲧⲟⲩ ⲛⲏⲓ ϯⲛⲁϫⲟⲕⲟⲩ ⲛⲉ ⲉ̀ⲃⲟⲗϧⲉⲛ
ⲫⲟⲩⲱϣ ⲙ̀ ⲫϯ. ⲛ̀ⲑⲟⲥ ⲇⲉ ⲡⲉϫⲁⲥ ⲛⲁϥ ϫⲉ ⲉⲓⲟⲩⲱϣ

ⲉⲑⲣⲉⲕⲟⲩⲁϩⲥⲁϩⲛⲓ ⲛ̀ ⲟⲩⲍⲱⲕⲣⲁⲫⲟⲥ ⲉⲑⲣⲉϥⲫⲱⲧϩ
ⲛⲏⲓ ⲉ̀ⲃⲟⲗ ⲙ̀ ⲫⲗⲩⲙⲏⲛ ⲙ̀ ⲡⲓⲁⲣⲭⲏⲁ̀ⲅⲅⲉⲗⲟⲥ ⲉ̀ⲑ
ⲟⲩⲁⲃ ⲙⲓⲭⲁⲏⲗ ⲉ̀ ⲟⲩϥⲱϣⲓ ⲛ̀ ϣⲉ ⲛ̀ⲧⲉⲕⲧⲏⲓⲥ ⲛⲏⲓ
ⲛ̀ⲧⲁⲭⲁⲥ ⲉ̀ ϧⲟⲩⲛ ⲉ̀ ⲡⲓⲕⲟⲓⲧⲱⲛ ⲉ̀ ⲧ̀ⲛ̀ⲕⲟⲧ ⲛ̀ ϧⲏⲧϥ.
Ⲟⲩⲟϩ ⲛ̀ⲧⲉⲕⲧⲏⲓⲧ ⲉ̀ ⲧⲟⲧϥ ϩⲱⲥ ⲡⲁⲣⲁⲑⲏⲕⲏ ϫⲉ ⲭⲁⲥ 5
ⲁⲕϣⲁⲛⲓ̀ ⲉ̀ⲃⲟⲗϧⲉⲛ ⲥⲱⲙⲁ ⲛ̀ⲧⲉϥϣⲱⲡⲓ ⲉϥⲣⲱⲓⲥ
ⲉ̀ⲣⲟⲓ ⲟⲩⲟϩ ⲉϥⲛⲟϩⲉⲙ ⲙ̀ⲙⲟⲓ ⲉ̀ⲃⲟⲗϩⲁ ⲙⲉⲩⲓ̀ ⲛⲓⲃⲉⲛ
ⲣ̅ⲗ̅ϛ̅. ⲃ. ⲉⲧ ϩⲱⲟⲩ ⲛ̀ⲧⲉ ⲡ̀ⲥⲁⲧⲁⲛⲁⲥ. | Ⲉⲡⲓ ⲇⲏ ⲁⲕϣⲁⲛⲓ̀
ⲉ̀ⲃⲟⲗϧⲉⲛ ⲥⲱⲙⲁ ϯⲛⲁⲟⲩⲱⲙ ⲛ̀ ⲡⲁ ⲱ̀ⲓⲕ ϧⲉⲛ ⲟⲩ-
ⲣⲓⲙⲓ ⲛⲉⲙ ⲟⲩⲛ̀ⲕⲁϩ ⲛ̀ ϩⲏⲧ ϫⲉ ⲟⲩⲏⲓ ⲓⲥϫⲉⲛ ⲡⲓⲛⲁⲩ 10
ⲉ̀ⲣⲟ ⲡϫⲁⲓ ⲛ̀ ⲟⲩϩⲣⲓⲙⲓ ⲛⲁϩⲱⲗ ⲉ̀ⲃⲟⲗϩⲓ ⲧⲟⲧⲉ
ⲛ̀ⲙⲟⲛⲧⲉⲥ ϩⲗⲓ ⲛ̀ ϩⲉⲗⲡⲓⲥ ⲛ̀ ⲱ̀ⲛϧ ⲛ̀ⲙⲁⲩ ⲛ̀ ⲕⲉ
ⲥⲟⲡ ⲉⲥⲧⲉⲛⲑⲱⲛ ⲅⲁⲣ ⲉ̀ ⲟⲩⲥⲱⲙⲁ ⲛ̀ⲙⲟⲛ ⲁⲫⲉ ⲛ̀ⲙⲟϥ
ⲡⲓⲥⲱⲙⲁ ⲅⲁⲣ ⲛ̀ ⲁⲧ ⲁⲫⲉ ⲟⲩ ⲁⲧ ⲯⲩⲭⲏ ⲧⲉ ⲟⲩⲟϩ
ϥⲙⲱⲟⲩⲧ ϧⲁⲣⲓ ϧⲁⲣⲟϥ. Ⲕⲉ ⲅⲁⲣ ⲡⲓⲥⲟⲫⲟⲥ ⲡⲁⲩⲗⲟⲥ 15
ⲕⲏⲛ ⲉ̀ⲣⲟϥ ⲉϥϫⲱ ⲛ̀ⲙⲟⲥ ϫⲉ ⲧⲁ̀ⲫⲉ ⲛ̀ ϯϩⲓⲙⲓ ⲡⲉ
ⲡⲉⲥϩⲁⲓ ⲟⲩⲟϩ ϯϩⲓⲙⲓ ⲉⲧⲉ ⲛ̀ⲙⲟⲛⲧⲉⲥ ϩⲁⲓ ⲛ̀ⲙⲁⲩ
ⲉⲥⲧⲉⲛⲑⲱⲛⲧ ⲉ̀ ⲟⲩϫⲟⲓ ⲛ̀ ⲁⲧ ϩⲓⲉ̀ ⲉϥⲥⲉⲃⲧⲱⲧ ⲉ̀
ⲣ̅ⲗ̅ⲍ̅. ⲁ. ⲱⲙⲥ ! ⲛⲉⲙ ⲡⲓⲗⲟⲅⲓⲛ ⲉⲧ ⲧⲁⲗⲛⲟⲩⲧ ⲉ̀ⲣⲟϥ. Ϯⲛⲟⲩ
ⲇⲉ ⲡⲁ ϭⲥ ⲟⲩⲟϩ ⲡⲁ ⲥⲟⲛ ⲙ̀ ⲫⲣⲏϯ ⲉ̀ⲧⲉ ⲙ̀ⲡⲉ 20
ⲕⲧ ⲛ̀ⲕⲁϩ ⲛ̀ ϩⲏⲧ ⲛⲏⲓ ϧⲉⲛ ϩⲗⲓ ⲉ̀ⲛⲉϩ ⲛ̀ ⲥⲁϫⲓ
ⲁⲓϣⲁⲛⲉⲣⲉ̀ⲧⲓⲛ ⲙ̀ⲙⲟⲕ ⲛ̀ ϧⲏⲧⲟⲩ ⲙ̀ⲡⲉ ⲣ ϯ ⲛ̀ⲕⲁϩ
ⲛ̀ ϩⲏⲧ ⲛⲏⲓ ⲁⲛ ⲟⲛ ϧⲉⲛ ⲡⲁⲓ ⲕⲉ ⲟⲩⲁⲓ ϫⲉ ⲭⲁⲥ
ⲉ̀ⲣⲉ ⲡⲓⲁⲣⲭⲏⲁ̀ⲅⲅⲉⲗⲟⲥ ⲉ̀ⲑ ⲟⲩⲁⲃ ⲙⲓⲭⲁⲏⲗ ⲛⲁ-
ϣⲱⲡⲓ ⲉϥⲣⲱⲓⲥ ⲉ̀ⲣⲟⲓ. Ⲉⲑⲃⲉ ϫⲉ ⲛ̀ⲙⲟⲛ ϩⲗⲓ ⲛ̀ 25
ϩⲉⲗⲡⲓⲥ ⲛ̀ⲧⲏⲓ ⲛ̀ⲙⲁⲩ ⲁⲗⲗⲁ ⲉⲓϫⲟⲩϣⲧ ⲉ̀ⲃⲟⲗ ϧⲁ
ϫⲱϥ ⲙ̀ ⲡⲓⲛⲁⲓ ⲛ̀ⲧⲉ ⲫϯ ⲛⲉⲙ ⲡⲉϥⲛⲓϣϯ ⲛ̀ ⲁⲣⲭⲏ-
ⲁⲅⲅⲉⲗⲟⲥ ⲉ̀ⲑ ⲟⲩⲁⲃ ⲙⲓⲭⲁⲏⲗ. Ⲛ̀ⲑⲟϥ ⲇⲉ ⲡⲉⲥⲧⲣⲁ-

ⲧⲩⲗⲁⲧⲏⲥ ⲉⲧⲁϥⲥⲱⲧⲉⲙ ⲉ̀ ⲛⲁⲓ ⲥⲁϫⲓ ⲁϥⲭⲱⲗⲉⲙ
ⲣ̅ⲗ̅ⲍ̅. ⲃ. ⲉⲑⲣⲉϥϫⲱⲕ ⲉ̀ⲃⲟⲗ ⲛ̀ ⲫⲏ ⲉ̀ⲧⲁⲥⲉⲣⲉ̀ⲧⲓⲛ ⲙ̀ⲙⲟϥ.
Ⲟⲩⲟϩ ⲥⲁ ⲧⲟⲧϥ ⲁϥⲟⲩⲁϩⲥⲁϩⲛⲓ ⲛ̀ ϯⲟⲩⲛⲟⲩ
ⲉⲑⲣⲟⲩⲓⲛⲓ ⲛ̀ ⲟⲩⲥⲟⲫⲟⲥ ⲛ̀ ⲍⲱⲅⲣⲁⲫⲟⲥ ⲁϥⲟⲩⲁϩ-
ⲥⲁϩⲛⲓ ⲛⲁϥ ⲉⲑⲣⲉϥϣⲧϩ ⲙ̀ ⲡⲓⲭⲁⲣⲁⲕⲧⲏⲣ ⲛ̀ ⲡⲓ- 5
ⲁⲣⲭⲏⲁⲅⲅⲉⲗⲟⲥ ⲉⲑ ⲟⲩⲁⲃ ⲙⲓⲭⲁⲏⲗ ⲉ̀ ⲟⲩⲫⲟϫⲓ ⲛ̀
ϣⲉ ⲛ̀ⲧⲉϥϯ ⲉ̀ⲣⲟϥ ⲛ̀ ⲟⲩⲡⲉⲇⲁⲗⲟⲛ ⲛ̀ ⲛⲟⲩⲃ ⲉϥⲥⲱⲧⲡ
ⲛⲉⲙ ϩⲁⲛⲱⲛⲓ ⲙ̀ⲙⲏⲓ. Ⲟⲩⲟϩ ⲉ̀ⲧⲁϥϫⲟⲕϥ ⲉ̀ⲃⲟⲗ
ⲁϥⲧⲏⲓϥ ⲛⲁϥⲥ ⲁⲥⲣⲁϣⲓ ⲉ̀ϩⲣⲏⲓ ⲉ̀ ϫⲱϥ ⲛ̀ ⲫⲣⲏϯ
ⲛ̀ ⲫⲏ ⲉ̀ⲧⲁϥϫⲓⲙⲓ ⲛ̀ ⲟⲩⲙⲏϣ ⲛ̀ ϣⲱⲗ ⲕⲁⲧⲁ ⲫⲣⲏϯ 10
ⲉⲧ ⲥⲏⲟⲩⲧ. Ⲛ̀ⲑⲟⲥ ⲇⲉ ⲡⲉϫⲁⲥ ⲛⲁϥ ϫⲉ ⲡⲁ ⲟ̅ⲥ̅
ⲣ̅ⲗ̅ⲏ̅. ⲁ. ⲛ̀ ⲥⲟⲛ ⲙⲁⲣⲉ ⲡⲉⲕⲛⲁⲓ ⲧⲁϩⲟⲓ ⲛ̀ⲧⲉⲕⲑⲱⲧ ⲛ̀ ⲡⲁ
ϩⲏⲧ ⲃⲉⲛ ⲡⲁⲓ ⲕⲉ ⲥⲁϫⲓ ϩⲓⲛⲁ ϫⲉ ⲉ̀ⲣⲉ ⲡⲁ ϩⲏⲧ
ⲙⲁⲭⲱ ⲉ̀ⲃⲟⲗ ⲟⲩⲟϩ ⲛ̀ⲧⲁ ⲉⲣ ⲑⲁⲣⲡⲓ ϫⲉ ⲙ̀ⲙⲟⲛ ϩⲗⲓ
ⲛⲉ ⲡⲓⲃⲟⲩⲗⲏ ⲛⲁⲧⲱⲟⲩⲛⲟⲩ ⲉ̀ϫⲱⲓ ⲁⲕϣⲁⲛⲭⲁ ⲥⲱⲙⲁ 15
ⲉ̀ϩⲣⲏⲓ. Ⲛ̀ⲑⲟϥ ⲇⲉ ⲡⲉϫⲁϥ ⲛⲁⲥ ϫⲉ ϩⲱⲃ ⲛⲓⲃⲉⲛ
ⲉ̀ⲧⲉ ⲉ̀ⲣⲉⲧⲓⲛ ⲙ̀ⲙⲱⲟⲩ ϯⲥⲉⲃⲧⲱⲧ ⲉ̀ϫⲟⲕ ⲟⲩⲛ ⲉ̀ⲃⲟⲗ
ϩⲱⲥ ⲉ̀ⲣⲉ ⲥⲱⲟⲩⲛ ϫⲉ ⲙ̀ⲡⲓ ϯ ⲙ̀ⲕⲁϩ ⲛ̀ ϩⲏⲧ ⲡⲉ
ⲃⲉⲛ ϩⲗⲓ ⲛ̀ ϩⲱⲃ ⲉ̀ⲛⲉϩ. Ⲛ̀ⲑⲟⲥ ⲇⲉ ⲡⲉϫⲁⲥ ⲛⲁϥ
ϫⲉ ϯⲟⲩⲱϣ ⲉⲑⲣⲉⲕⲧⲛⲛⲧ ⲉ̀ ⲧⲟⲧϥ ⲙ̀ ⲡⲓⲁⲣⲭⲏⲁⲅⲅⲉⲗⲟⲥ 20
ⲉⲑ ⲟⲩⲁⲃ ⲙⲓⲭⲁⲏⲗ ⲫⲁⲓ ⲉ̀ⲧⲁⲕ ⲉⲣ ⲍⲱⲅⲣⲁⲫⲓⲛ ⲙ̀ⲙⲟϥ
ⲉ̀ ⲧⲁⲓ ⲫⲱϫⲓ ⲛ̀ ϣⲉ ⲟⲩⲟϩ ⲛ̀ⲧⲉⲕⲟϣϩⲟ ⲉ̀ⲣⲟϥ ⲉ̀ϩⲣⲏⲓ
ⲣ̅ⲗ̅ⲏ̅. ⲃ. ⲉ̀ϫⲱⲓ ϫⲉ ⲭⲁⲥ ⲉϥⲉ̀ϣⲱⲡⲓ ⲛ̀ ⲛⲁϣϯ ⲛⲏⲓ ϣⲁ ⲡⲓⲉ̀-
ϩⲟⲟⲩ ⲙ̀ ⲡⲁ ⲙⲟⲩ. Ϫⲉ ⲁⲕϣⲁⲛⲓ ⲉ̀ⲃⲟⲗⲃⲉⲛ ⲥⲱⲙⲁ
ⲙ̀ⲙⲟⲛ ϩⲗⲓ ⲛ̀ ϩⲉⲗⲡⲓⲥ ⲛ̀ ⲱⲛⲃ ⲛ̀ⲧⲏⲓ ⲛ̀ⲙⲁⲩ ⲉ̀ⲃⲏⲗ 25
ⲉ̀ ⲫϯ ⲛⲉⲙ ⲡⲓⲁⲣⲭⲏⲁⲅⲅⲉⲗⲟⲥ ⲙⲓⲭⲁⲏⲗ. Ⲕⲉ ⲅⲁⲣ
ⲕ̀ⲥⲱⲟⲩⲛ ϫⲉ ϣⲁⲣⲉ ϯⲥϩⲓⲙⲓ ⲛ̀ ⲭⲏⲣⲁ ⲟⲩⲱⲙ ⲙ̀
ⲡⲉⲥⲱ̀ⲓⲕ ⲃⲉⲛ ⲟⲩⲣⲓⲙⲓ ⲛⲉⲙ ⲟⲩϥⲓⲁ̀ϩⲟⲙ. Ⲛ̀ⲑⲟϥ

ⲇⲉ ⲡⲉⲥⲧⲣⲁⲧⲩⲗⲁⲧⲏⲥ ⲉ̀ⲧⲁϥⲥⲱⲧⲉⲙ ⲉ̀ ⲛⲁⲓ ⲁϥ ⲉⲣ
ⲛ̀ⲕⲁϩ ⲛ̀ ϩⲏⲧ ⲉ̀ⲛⲉⲛ ⲛⲁⲓ ⲥⲁϫⲓ ⲛ̀ ⲭⲟⲗⲏ ⲉⲥϫⲱ
ⲙ̀ⲙⲱⲟⲩ ⲛⲁϥ ⲡⲗⲏⲛ ⲛⲁϥ ⲉⲣ ϣⲫⲏⲣⲓ ⲛ̀ ⲡⲉⲥⲛⲓϣϯ
ⲛ̀ ⲛⲁϩϯ ⲉ̀ϧⲟⲩⲛ ⲉ̀ ⲡⲓⲁⲣⲭⲏⲁⲅⲅⲉⲗⲟⲥ ⲉⲑ ⲟⲩⲁⲃ
ⲣⲗⲑ̄. ⲁ. ⲙⲓⲭⲁⲏⲗ. ⲗⲟⲓⲡⲟⲛ ⲛⲁϥⲁ̀ⲙⲟⲛⲓ ⲛ̀ | ⲧⲉⲥϫⲓϫ ⲁϥⲧⲏⲓⲥ 5
ⲉ̀ ⲧⲟⲧϥ ⲛ̀ ⲡⲓⲁⲣⲭⲏⲁⲅⲅⲉⲗⲟⲥ ⲉⲑ ⲟⲩⲁⲃ ⲙⲓⲭⲁⲏⲗ
ⲉ̀ⲧⲁϥⲫⲱⲧϩ ⲛ̀ ⲡⲉϥⲭⲁⲣⲁⲕⲧⲏⲣ ⲉ̀ ϯⲫⲟϫⲓ ⲛ̀ ϣⲉ ⲉϥ-
ⲱϣ ⲉ̀ⲃⲟⲗ ⲉϥϫⲱ ⲙ̀ⲙⲟⲥ ϫⲉ ⲡⲓⲁⲣⲭⲏⲁⲅⲅⲉⲗⲟⲥ ⲉⲑ
ⲟⲩⲁⲃ ⲙⲓⲭⲁⲏⲗ ⲫⲏ ⲉ̀ⲧⲁϥⲫⲱⲧⲉⲃ ⲙ̀ ⲡⲓϩⲟϥ ⲛ̀ ⲁⲣ-
ⲭⲉⲟⲥ ⲫⲏ ⲉ̀ⲧⲁϥⲥⲓϯ ⲉ̀ⲃⲟⲗ ⲙ̀ ⲡⲓⲃⲁⲥⲓϩⲛⲧ ⲉϥⲧⲟⲩⲃⲉ 10
ⲡⲉϥ ϭⲥ ⲟⲩⲟϩ ⲁϥⲭⲁϥ ⲉϥⲥⲟⲛϩ ϧⲉⲛ ⲟⲩⲗⲩⲙⲛⲏ
ⲛ̀ ⲭⲣⲱⲙ ⲉⲑ ⲙⲟϩ ϧⲉⲛ ⲟⲩⲭⲣⲱⲙ ⲛⲉⲙ ⲟⲩⲑⲏⲛ ⲫⲏ
ⲉ̀ⲧ ⲫⲁϧⲧ ⲛ̀ ⲥⲛⲟⲩ ⲛⲓⲃⲉⲛ ⲛ̀ ⲡⲉⲙⲑⲟ ⲛ̀ ⲫⲓⲱⲧ ⲛ̀
ⲁⲅⲁⲑⲟⲥ ⲉⲑⲃⲉ ⲡⲓⲅⲉⲛⲟⲥ ⲛ̀ ⲛⲓⲣⲱⲙⲓ ⲡⲓⲛⲓ̀ ⲟⲩⲟϩ
ⲣⲗⲑ̄. ⲃ. ⲧϩⲓⲕⲱⲛ ⲙ̀ ⲫϯ | ⲡⲓⲡⲁⲛⲧⲟⲕⲣⲁⲧⲱⲣ ϩⲏⲡⲡⲉ ϯϯ 15
ⲉ̀ ⲧⲟⲧⲕ ⲙ̀ ⲫⲟⲟⲩ ⲛ̀ ⲉⲩⲫⲏⲙⲓⲁ̀ ⲧⲁ ⲥϩⲓⲙⲓ ⲙ̀ ⲫⲣⲏϯ
ⲛ̀ ⲟⲩⲡⲁⲣⲁⲑⲏⲕⲏ ϫⲉ ⲭⲁⲥ ⲉ̀ⲕⲉⲣⲱⲓⲥ ⲉ̀ⲣⲟⲥ ⲟⲩⲟϩ
ⲛ̀ⲧⲉⲕⲛⲁϩⲙⲉⲥ ⲉ̀ⲃⲟⲗϩⲁ ⲡⲓⲃⲟⲩⲗⲏ ⲛⲓⲃⲉⲛ ⲛ̀ⲧⲉ ⲡⲓⲇⲓⲁ-
ⲃⲟⲗⲟⲥ ⲉⲑ ⲛⲁⲧⲱⲛϥ ⲉ̀ϫⲱⲥ ⲁⲥϣⲁⲛⲧⲱⲃϩ ⲙ̀ⲙⲟⲕ
ⲉⲩⲃⲟⲏⲑⲓⲁ̀ ⲛⲁⲥ ⲉ̀ⲕⲉⲥⲱⲧⲉⲙ ⲉ̀ⲣⲟⲥ ⲟⲩⲟϩ ⲛ̀ⲧⲉⲕⲛⲁϩ- 20
ⲙⲉⲥ ϫⲉ ⲙ̀ⲙⲟⲛ ϩⲗⲓ ⲛ̀ ϩⲉⲗⲡⲓⲥ ⲛ̀ⲧⲁⲛ ⲉ̀ⲃⲏⲗ ⲉ̀ ⲫϯ
ⲛⲉⲙⲁⲕ. ⲛⲁⲓ ⲇⲉ ⲉ̀ⲧⲁⲥⲥⲱⲧⲉⲙ ⲉ̀ⲣⲱⲟⲩ ⲛ̀ϫⲉ
ⲉⲩⲫⲏⲙⲓⲁ̀ ⲁⲥⲣⲁϣⲓ ⲉ̀ⲙⲁϣⲱ ⲟⲩⲟϩ ⲁⲥ ⲉⲣ ⲑⲁⲣⲓⲛ
ϧⲉⲛ ⲟⲩⲛⲓϣϯ ⲛ̀ ⲛⲁϩϯ ϫⲉ ⲙ̀ⲙⲟⲛ ϩⲗⲓ ⲛ̀ ⲕⲟⲧⲥ
ⲛ̀ⲧⲉ ⲡⲓⲭⲁϫⲓ ⲛⲁϣϫⲉⲙϫⲟⲙ ⲉ̀ⲣⲟⲥ ⲁⲛ ⲓⲥϫⲉⲛ ⲡⲁⲓ 25
ⲛⲁⲩ ϫⲉ ⲟⲩⲟⲛ ⲛ̀ⲧⲁⲥ ⲙ̀ⲙⲁⲩ ⲙ̀ ⲡⲓⲁⲣⲭⲏⲁⲅⲅⲉⲗⲟⲥ
ⲣⲙ̄. ⲁ. ⲙⲓⲭⲁⲏⲗ ⲉϥⲣⲱⲓⲥ ⲉ̀ⲣⲟⲥ. ⲙⲉⲛⲉⲛⲥⲁ ⲛⲁⲓ ⲇⲉ ⲁⲥ-
ⲱ̀ⲗⲓ ⲛ̀ ⲡⲓⲭⲁⲣⲁⲕⲧⲏⲣ ⲛ̀ⲧⲉ ⲧϩⲓⲕⲱⲛ ⲛ̀ ⲡⲓⲁⲣⲭⲏⲁⲅ-

ⲅⲉⲗⲟⲥ ⲫⲱⲧⲥ̄ ⲉ̀ⲣⲟⲥ ⲗⲥⲧⲁⲅⲟⲥ ⲉ̀ ⲣⲁⲧⲥ ϧⲉⲛ ⲡⲓ-
ⲕⲱⲓⲧⲱⲛ ⲉ̀ⲧ ⲉⲥⲛ̀ⲕⲟⲧ ⲛ̀ ϧⲏⲧϥ. Ⲁⲥϣⲱⲡⲓ ⲇⲉ ⲉⲥϯ
ⲉ̀ ⲡϣⲱⲓ ϧⲁ ϯⲅⲓⲕⲱⲛ ⲛ̀ ⲅⲁⲛⲥⲑⲟⲓ ⲛ̀ ⲟⲩϧⲓ ⲛⲁϣⲉⲛ-
ⲥⲟⲩⲉⲛⲟⲩ ⲟⲩⲟϩ ⲛⲁⲣⲉ ⲟⲩⲫⲁⲛⲟⲥ ⲙⲟϩ ⲉ̀ⲣⲟⲥ ⲡⲉ
ⲛ̀ ⲡⲓⲉ̀ϩⲟⲟⲩ ⲛⲉⲙ ⲡⲓⲉ̀ϫⲱⲣϩ ϧⲉⲛ ⲟⲩⲙⲉⲧⲁⲑⲙⲟⲩⲛⲕ 5
ⲟⲩⲟϩ ⲛⲁⲥⲟⲩⲱϣⲧ ⲙ̀ⲙⲟϥ ⲡⲉ ⲛ̀ ⲅ̄ ⲛ̀ ⲥⲟⲡ ⲛ̀ ⲙⲏⲛⲓ
ⲉⲥⲉⲣⲉ̀ⲧⲓⲛ ⲙ̀ⲙⲟϥ ⲉ̀ⲟⲩⲃⲟⲏ̀ⲑⲓⲁ̀ ⲛⲁⲥ. Ⲁⲥϣⲱⲡⲓ ⲇⲉ
ⲣ̄ⲛ̄. ⲃ. ⲙⲉⲛⲉⲛⲥⲁ ⲛⲁⲓ ⲁ̀ ⲫϯ ϣⲓⲛⲓ ⲛ̀ⲥⲁ ⲡⲓⲉⲩⲥⲉⲃⲏⲥ
ⲁⲣⲓⲥⲧⲁⲣⲭⲟⲥ ⲡⲓⲥⲧⲣⲁⲧⲩⲗⲁⲧⲏⲥ ⲫⲁⲓ ⲉ̀ⲧⲁⲛ ⲉⲣ ϣⲟⲣⲡ
ⲛ̀ⲧⲗⲟⲩ ⲉ̀ ⲡⲉϥⲣⲁⲛ ϧⲁϫⲉⲛ ⲟⲩⲕⲟⲩϫⲓ ⲁϥϣⲉ ⲛⲁϥ 10
ⲉ̀ ⲫⲙⲱⲓⲧ ⲛ̀ ⲣⲱⲙⲓ ⲛⲓⲃⲉⲛ. Ⲧⲥ̀ϩⲓⲙⲓ ⲇⲉ ⲛ̀ⲥⲁⲃⲉ
ⲉ̀ⲩⲫⲏⲙⲓⲁ̀ ϯⲥⲩⲛⲕⲗⲏⲧⲓⲕⲏ ϯⲥϩⲓⲙⲓ ⲛ̀ ⲁⲣⲓⲥⲧⲁⲣⲭⲟⲥ
ⲡⲓⲥⲧⲣⲁⲧⲉⲗⲁⲧⲏⲥ ⲙ̀ⲡⲉ ⲥⲭⲁ ⲧⲟⲧⲥ ⲉ̀ⲃⲟⲗϧⲉⲛ ⲛⲉ-
ⲥⲁ̀ⲣⲁⲡⲓ ⲉ̀ⲧ ⲉⲥⲓⲣⲓ ⲙ̀ⲙⲱⲟⲩ ⲛⲉⲙ ⲛⲉⲥⲡⲣⲟⲥⲫⲟⲣⲁ
ⲛⲁⲓ ⲉ̀ ⲛⲁⲣⲉ ⲡⲓⲥⲧⲣⲁⲧⲩⲗⲁⲧⲏⲥ ⲓⲣⲓ ⲙ̀ⲙⲱⲟⲩ ⲉ̀ⲧⲓ 15
ⲉϥⲟⲛϧ ⲙ̀ⲡⲁⲧⲉ ϥⲙⲟⲩ ϧⲉⲛ ⲫⲣⲁⲛ ⲙ̀ ⲡⲓⲁⲣⲭⲏⲁⲅ-
ⲅⲉⲗⲟⲥ ⲉ̀ⲑ ⲟⲩⲁⲃ ⲙⲓⲭⲁⲏⲗ. Ⲟⲩⲟϩ ⲛⲁⲥⲓⲛⲥ ⲙ̀ⲙⲟⲥ
ⲡⲉ ⲉ̀ ⲧⲟⲩϩⲟ ⲉ̀ ϫⲱⲟⲩ ⲉ̀ⲙⲁϣⲱ ⲡⲁⲣⲁ ⲡⲓⲥⲛⲟⲩ ⲉ̀
ⲣ̄ⲛ̄ⲁ̄. ⲁ. ⲛⲁⲣⲉ ⲡⲉⲥϩⲁⲓ ⲱⲛϧ. Ⲡⲓⲇⲓⲁⲃⲟⲗⲟⲥ ⲇⲉ ⲛ̀ ⲡⲓ-
ⲙⲟⲥⲧⲉ ⲡ ⲉ̀ⲑ ⲛⲁⲛⲉϥ ϥ ⲛⲓⲃⲉⲛ ⲛ̀ⲧⲉ ⲡⲉⲛⲅⲉⲛⲟⲥ 20
ⲓⲥϫⲉⲛ ϣⲟⲣⲡ ⲙ̀ⲡⲉ ϥϣϥⲁⲓ ⲉ̀ⲣⲟϥ ⲉϥⲛⲁⲩ ⲉ̀ ⲛⲓ ⲡ
ⲉ̀ⲑ ⲛⲁⲛⲉⲩ ⲉ̀ⲣⲉ ⲧⲁⲓ ⲥϩⲓⲙⲓ ⲓⲣⲓ ⲙ̀ⲙⲱⲟⲩ ϧⲉⲛ ⲫⲣⲁⲛ
ⲙ̀ ⲡⲓⲁⲣⲭⲏⲁⲅⲅⲉⲗⲟⲥ ⲉ̀ⲑ ⲟⲩⲁⲃ ⲙⲓⲭⲁⲏⲗ ⲁϥⲭⲟϩ
ⲉ̀ⲣⲟⲥ ⲁϥⲟⲩⲱϣ ⲉ̀ ⲧⲁⲕⲟ ⲛ̀ ⲡⲉⲥⲃⲓⲟⲥ ⲫⲁⲓ ⲉ̀ⲧ ⲉⲥ
ϫⲟⲩϣⲧ ⲉ̀ⲃⲟⲗ ϧⲁ ϫⲱϥ ⲉ̀ⲃⲟⲗϩⲓⲧⲉⲛ ⲫϯ. Ⲁⲥϣⲱⲡⲓ 25
ⲇⲉ ⲛ̀ ⲟⲩⲉ̀ϩⲟⲟⲩ ⲁϥϭⲓ ⲛⲁϥ ⲛ̀ ⲟⲩⲥⲭⲏⲙⲁ ⲙ̀ ⲙⲟⲩ-
ⲛⲁⲭⲏ ⲉ̀ⲣⲉ ϩⲁⲛ ⲕⲉ ⲇⲉⲙⲱⲛ ⲙⲟϣⲓ ⲛⲉⲙⲁⲥ ⲛ̀
ⲡⲥⲙⲟⲧ ⲛ̀ ϩⲁⲛⲡⲁⲣⲑⲉⲛⲟⲥ ⲟⲩⲟϩ ⲛⲁϥϫⲟⲗϩ ⲛ̀ ⲟⲩⲥⲭⲏ-

ⲣ̅ⲙ̅ⲁ̅. ⲃ. ⲛⲁ ⲛ̀ ⲛⲟⲩⲃ ⲁϥⲓ̀ ⲁϥⲟ̀ϩⲓ ⲉ̀ ⲣⲁⲧϥ ϩⲁⲧⲉⲛ ⲫⲣⲟ
ⲛ̀ ⲡⲉⲥⲏⲓ ⲁⲥⲟⲩⲱⲣⲡ ⲛ̀ⲧⲉⲥⲃⲱⲕⲓ ⲛⲁⲥ ⲉ̀ ϧⲟⲩⲛ ⲉⲥϫⲱ
ⲙ̀ⲙⲟⲥ ϫⲉ ⲙⲁϣⲉ ⲛⲉ ⲁ̀ϫⲟⲥ ⲛ̀ ⲉⲩⲫⲏⲙⲓⲁ̀ ϯⲥⲩⲛ-
ⲕⲗⲏⲧⲓⲕⲏ ⲧⲥϩⲓⲙⲓ ⲛ̀ ⲁⲣⲓⲥⲧⲁⲣⲭⲟⲥ ⲡⲓⲥⲧⲣⲁⲧⲩⲗⲁⲧⲏⲥ
ϫⲉ ⲓⲥ ⲟⲩⲡⲁⲣⲑⲉⲛⲟⲥ ⲙ̀ⲙⲟⲩⲛⲁⲭⲏ ⲟ̀ϩⲓ ⲉ̀ ⲣⲁⲧⲥ ϩⲓⲣⲉⲛ 5
ⲡⲓⲣⲟ ⲉⲥⲟⲩⲱϣ ⲉ̀ ⲉⲣ ⲡⲣⲟⲥⲕⲩⲛⲓⲛ ⲙ̀ⲙⲟ ⲛⲉⲙ ⲛⲉⲥ
ⲕⲉ ϣⲉⲣⲓ ⲉ̀ⲑ ⲛⲁⲛⲉⲥ. ϯⲥϩⲓⲙⲓ ⲇⲉ ⲛ̀ ⲥⲁⲃⲉ ⲉ̀ⲧⲉⲙ-
ⲙⲁⲩ ⲉ̀ⲧⲁⲥⲥⲱⲧⲉⲙ ⲉ̀ ⲛⲁⲓ ⲥⲁϫⲓ ⲁⲥⲓ̀ ⲉ̀ⲃⲟⲗϩⲁ ⲡⲓ-
ⲙⲁϩ ⲇ̅ ⲛ̀ ⲣⲟ ⲛ̀ⲧⲉ ⲡⲉⲥⲏⲓ ⲟⲩⲟϩ ⲁⲥⲟⲩⲁϩⲥⲁϩⲛⲓ
ⲉ̀ⲑⲣⲟⲩⲉⲛⲥ ⲉ̀ ϧⲟⲩⲛ ϣⲁⲣⲟⲥ ⲉⲥⲙⲉⲩⲓ̀ ϫⲉ ⲟⲩⲙⲟⲩ- 10
ⲛⲁⲭⲏ ⲛ̀ ⲧⲁⲫⲙⲏⲓ ⲧⲉ. ⲟⲩⲟϩ ⲉ̀ⲧ ⲁ ⲛⲓ ⲕⲉ

ⲣ̅ⲙ̅ⲃ̅. ⲁ. ⲉ̀ⲃⲓⲁ̀ⲓⲕ ⲓ̀ ⲉ̀ⲃⲟⲗ ⲁⲩⲛⲁⲩ ⲉ̀ⲣⲟϥ ⲛ̀ⲑⲟϥ ⲡⲓⲇⲓⲁⲃⲟⲗⲟⲥ
ⲉϥⲟ̀ϩⲓ ⲉ̀ ⲣⲁⲧϥ ⲉϥ ⲉⲣ ⲫⲟⲣⲓⲛ ⲛ̀ ⲟⲩⲥⲭⲏⲙⲁ ⲛ̀
ⲛⲟⲩϫ ⲁⲩⲟⲩⲱϣⲧ ⲙ̀ⲙⲟϥ ⲟⲩⲟϩ ⲁⲩⲟⲩⲁϩⲥⲁϩⲛⲓ
ⲛⲁϥ ⲛⲉⲙ ⲛⲏ ⲉ̀ⲑ ⲛⲉⲙⲁϥ ⲉ̀ ⲓ̀ ⲉ̀ϧⲟⲩⲛ. ⲡⲓⲇⲓⲁ̀- 15
ⲃⲟⲗⲟⲥ ⲇⲉ ⲁϥⲓ̀ ⲉ̀ϧⲟⲩⲛ ⲉⲣⲉ ⲡⲉϥϩⲟ ⲫⲁϩⲧ ⲉ̀ⲡⲉⲥⲏⲧ
ϩⲱⲥ ⲙⲟⲩⲛⲁⲭⲏ ⲛ̀ ⲧⲁⲫⲙⲏⲓ ⲟⲩⲟϩ ⲛⲏ ⲉ̀ⲑ ⲙⲟϣⲓ
ⲛⲉⲙⲁϥ ⲛⲁⲓ̀ⲣⲓ ⲙ̀ ⲡⲁⲓ ⲣⲏϯ ⲟⲛ ⲡⲉ. ⲉⲩⲫⲏⲙⲓⲁ
ⲇⲉ ϯⲥⲩⲛⲕⲗⲏⲧⲓⲕⲏ ⲉ̀ⲧⲁⲥⲛⲁⲩ ⲉ̀ⲣⲟⲥ ϧⲉⲛ ⲡⲁⲓ
ⲥⲭⲏⲙⲁ ⲙ̀ ⲡⲁⲓ ⲣⲏϯ ⲁⲥ ⲉⲣ ϣⲫⲏⲣⲓ ⲉ̀ⲙⲁϣⲱ ⲙ̀ 20
ⲡⲉϥⲛⲓϣϯ ⲛ̀ ⲑⲉⲃⲓⲟ̀ ⲁⲥⲧⲱⲛⲥ ⲁⲥⲁ̀ⲙⲟⲛⲓ ⲙ̀ⲙⲟϥ ⲛ̀

ⲣ̅ⲙ̅ⲃ̅. ⲃ. ⲭⲱⲗⲉⲙ ⲉ̀ⲡⲓ ⲇⲏ ⲁϥ ⲉⲣ ⲫⲟⲣⲓⲛ ⲛ̀ ⲟⲩⲥⲭⲏⲙⲁ ⲛ̀
ⲥϩⲓⲙⲓ ⲡⲉ ⲁⲥⲟⲗϥ ⲉ̀ ϧⲟⲩⲛ ⲉ̀ ⲡⲉⲥⲏⲓ. ⲉ̀ⲧⲁϥϥⲟϩ
ⲇⲉ ⲉ̀ ⲡⲓⲕⲟⲓⲧⲱⲛ ⲡⲓⲙⲁ ⲉ̀ⲣⲉ ⲧϩⲓⲕⲱⲛ ⲙ̀ ⲡⲓⲁⲣⲭⲏⲁⲅ-
ⲅⲉⲗⲟⲥ ⲙⲓⲭⲁⲏⲗ ⲛ̀ ϧⲏⲧϥ ⲁϥ ⲉⲣ ϩⲟϯ ⲛ̀ϫⲉ ⲡⲓ- 25
ⲇⲓⲁⲃⲟⲗⲟⲥ ⲉ̀ ϩⲱⲗ ⲉ̀ ϧⲟⲩⲛ ⲛ̀ⲑⲟϥ ⲛⲉⲙ ⲛⲏ ⲉ̀ⲑ
ⲛⲉⲙⲁϥ. ϯⲥϩⲓⲙⲓ ⲇⲉ ⲛ̀ ⲥⲁⲃⲏ ⲉ̀ⲧⲉⲙⲙⲁⲩ ⲛⲁⲥϯ
ⲧⲁⲓⲟ̀ ⲛⲁⲥ ⲡⲉ ⲉⲥϫⲱ ⲙ̀ⲙⲟⲥ ϫⲉ ⲁ̀ⲣⲓ ϯⲁ̀ⲅⲁⲡⲏ

ⲧⲁⲙⲉⲛⲣⲓⲧ ⲛ̇ ⲥⲱⲛⲓ ⲛ̇ⲧⲉ ⲓ̇ ⲉ̇ ϧⲟⲩⲛ ⲉ̇ ⲡⲁⲓ ⲕⲟⲓⲧⲱⲛ
ⲛ̇ⲧⲉⲛⲉ ϣⲗⲏⲗ ⲉ̇ⲑ ⲟⲩⲁⲃ ϣⲱⲡⲓ ⲛ̇ ϧⲏⲧ ϥ. Ⲉⲡⲓ
ⲇⲏ †ⲉⲣⲙⲉⲑⲣⲉ ⲛⲉ ⲛ̇ ⲡⲉⲙⲑⲟ ⲛ̇ ⲫ†ⲛⲉⲙ ⲡⲉϥ-
ⲁⲣⲭⲏⲁⲅⲅⲉⲗⲟⲥ ⲉ̇ⲑ ⲟⲩⲁⲃ ⲙⲓⲭⲁⲏⲗ ϫⲉ ⲓ̇ⲥϫⲉⲛ ⲡⲓⲉ̇-
ϩⲟⲟⲩ ⲉ̇ⲧ ⲁ ⲡⲁ ⲡⲁⲕⲁⲣⲓⲟⲥ ⲛ̇ ϩⲁⲓ ⲁⲣⲓⲥⲧⲁⲣⲭⲟⲥ 5

ⲣ̅ⲙ̅ⲅ̅. ⲁ. ⲛ̇ⲧⲟⲛ ⲙ̇ⲙⲟϥ ϣⲁ †ⲛⲟⲩ ⲙ̇ⲡⲉ ⲟⲩⲣⲱⲙⲓ ⲛ̇ ⲟⲩⲱⲧ
ⲉⲣ ⲥⲁ ϧⲟⲩⲛ ⲛ̇ ⲫⲣⲟ ⲛ̇ ⲡⲁⲓ ⲕⲟⲓⲧⲱⲛ ⲉ̇ⲃⲏⲗ ⲉ̇
ⲛⲁ ⲉⲃⲓⲁ̇ⲓⲕ ⲛ̇ ⲥϩⲓⲙⲓ ⲙ̇ⲙⲁⲩⲁⲧⲟⲩ. Ⲛⲁⲓ ⲉ̇ⲧ ϣⲉⲙ-
ϣⲓ ⲛⲏⲓ ⲛ̇ ⲛⲓⲭⲣⲓⲁ̇ ⲛ̇ⲧⲉ ⲡⲓⲥⲱⲙⲁ ⲛⲉⲙ ⲙⲓϩⲓⲟ̇ⲙⲓ
ⲛ̇ ⲉⲩⲅⲉⲛⲏⲥ ⲛ̇ ⲥⲩⲛⲕⲗⲏⲧⲓⲕⲏ ⲉ̇ⲑ ⲙⲏⲟⲩ ϣⲁ ⲣⲟⲓ 10
ⲁⲩϭⲓ ⲛ̇ ⲡⲁ ϣⲓⲛⲓ ⲕⲁⲧⲁ ⲟⲩⲁ̇ⲅⲁⲡⲏ ⲛ̇ⲧⲉ ⲫ†. Ⲁϥ
ⲉⲣ ⲟⲩⲱ̇ ⲛ̇ϫⲉ ⲡⲓⲇⲓⲁ̇ⲃⲟⲗⲟⲥ ⲉϥⲟⲓ ⲛ̇ ⲡⲥⲙⲟⲧ ⲛ̇ †-
ⲙⲟⲩⲛⲁⲭⲏ ⲉϥϫⲱ ⲙ̇ⲙⲟⲥ ϫⲉ ⲉⲑⲃⲉ ⲟⲩ ⲣⲱ ⲙ̇ⲡⲉ
ⲣⲱⲙⲓ ⲓ̇ ⲉ̇ ϧⲟⲩⲛ ϧⲉⲛ ⲫⲣⲟ ⲙ̇ ⲡⲉⲕⲟⲓⲧⲱⲛ ϩⲟⲗⲱⲥ
ⲣⲱ ⲛⲁⲓ ⲛⲓⲃⲉⲛ ⲉ̇ⲧⲉ ⲙ̇ⲙⲟⲛ ϩⲱⲟⲩⲧ ⲛ̇ ϧⲏⲧϥ ⲙ̇ⲙⲟⲛ 15

ⲣ̅ⲙ̅ⲅ̅. ⲃ. ϩⲗⲓ ⲛ̇ ⲃⲟⲏⲑⲓⲁ̇ | ⲛ̇ⲧⲉ ⲫ† ⲛ̇ ϧⲏⲧϥ ⲁⲛ. Ⲛⲓϩⲓⲟⲙⲓ
ⲧⲏⲣⲟⲩ ⲉⲧ ϩⲓϫⲉⲛ ⲡⲕⲁϩⲓ ⲥⲉϫⲉⲙⲥⲓ ⲛⲉⲙ ⲡⲟⲩϫⲁⲓ
ⲉ̇ⲃⲏⲗ ⲉ̇ ⲧⲁⲓ ⲥϩⲓⲙⲓ ⲛ̇ ⲟⲩⲱⲧ ϫⲉ ⲙⲁⲣⲓⲁ ⲑⲙⲁⲩ ⲙ̇
ⲡⲭ̅ⲥ̅. Ⲗⲟⲓⲡⲟⲛ ⲉ̇ϣⲱⲡ ⲧⲉⲟⲩⲱϣ ⲉ̇ ⲣⲁⲛⲁϥ ⲙ̇ ⲫ†
ϧⲉⲛ ⲡⲉϩⲏⲧ ⲧⲏⲣϥ †ⲛⲁ† ⲥⲟⲃⲛⲓ ⲛⲉ ⲉ̇ ⲡⲓϩⲱⲃ ⲉ̇ⲑ 20
ⲛⲁⲛⲉϥ ⲙ̇ ⲡⲉⲙⲑⲟ ⲙ̇ ⲡϭ̅ⲥ̅. Ⲛ̇ⲑⲟⲥ ⲇⲉ ⲡⲉϫⲁⲥ ϫⲉ
ⲁϣ ⲛⲉ. Ⲡⲉϫⲉ ⲡⲓⲇⲓⲁ̇ⲃⲟⲗⲟⲥ ⲛⲁⲥ ϫⲉ ⲉⲡⲓ ⲇⲏ ⲧⲉ-
ⲥⲱⲟⲩⲛ ϫⲉ ⲕⲩⲣⲓ ⲛ̇ⲗⲁⲣⲓⲭⲟⲥ ⲡⲓⲛⲓϣ† ⲛ̇ ⲗⲁⲡⲣⲭⲟⲥ
ⲫⲁⲓ ⲉ̇ⲧ ⲟⲓ ⲛ̇ ⲛⲓϣ† ϧⲉⲛ ⲡⲓⲁⲥⲡⲁⲥⲙⲟⲥ ⲛ̇ⲧⲉ ⲡⲟⲩⲣⲟ
ⲟⲛⲛⲟⲩⲣⲓⲟⲥ ⲡⲁⲥⲩⲅⲅⲉⲛⲏⲥ ⲡⲉ ⲟⲩⲟϩ ϥ̇ⲃⲉⲛⲧ ⲉ̇ 25

ⲣ̅ⲙ̅ⲇ̅. ⲁ. ϧⲟⲩⲛ ⲉ̇ ⲡⲟⲩⲣⲟ ϧⲉⲛ ⲡⲉϥⲅⲉⲛⲟⲥ ⲟⲩⲟϩ ⲁ̇ ⲧⲉϥⲥ-
ϩⲓⲙⲓ ⲙⲟⲩ ϧⲁⲧϩⲏ ⲛ̇ ⲛⲁⲓ ⲉ̇ϩⲟⲟⲩ. Ⲗⲟⲓⲡⲟⲛ ⲉ̇ⲧⲁϥ-
ⲥⲱⲧⲉⲙ ϫⲉ ⲁϥⲛ̇ⲧⲟⲛ ⲙ̇ⲙⲟϥ ⲛ̇ϫⲉ ⲡⲉϩⲗⲁⲓ ⲁⲣⲓⲥⲧⲁⲣⲭⲟⲥ

πιστρατυλατης ετ ταιηουτ ⲁϥⲝⲟⲥ ⲝⲉ ⲟⲩ-
ⲇⲓⲕⲉⲟⲛ ⲁⲛ ⲡⲉ ⲉⲑⲣⲓ ϭⲓ ⲥϩⲓⲙⲓ ⲉϥϣⲏϣ ⲡⲁⲣⲁ ⲣⲟⲓ
ϧⲉⲛ ⲡⲁ ⲧⲁⲓⲟ. Ⲁⲗⲗⲁ ϯⲛⲁⲧⲱⲛⲧ ⲛ̄ⲧⲁϭⲓ ⲛⲏⲓ ⲛ̀
ⲉⲩⲫⲏⲙⲓⲁ ϯⲥⲩⲛⲕⲗⲏⲧⲓⲕⲏ ⲉⲧ ⲉⲛⲑⲟ ⲡⲉ ⲟⲩⲟϩ
ϯⲛⲁⲧⲁⲛϣⲟ ⲛ̀ ⲧⲉⲥϭⲏⲝⲓ ⲡⲁⲣⲁ ⲡⲓϣⲟⲣⲡ ⲛ̀ ⲥⲟⲡ ⲓⲥ 5
ⲛⲁⲓ ⲧⲁⲓⲟ ⲁϥⲧⲏⲓⲧⲟⲩ ⲛⲏⲓ ⲝⲉ ⲙⲏⲓⲧⲟⲩ ⲛⲉ ⲝⲉ
ⲛ̀ⲧⲁⲑⲉⲧ ⲡⲉϩⲏⲧ ⲉ̀ ϩⲉⲙⲥⲓ ⲛⲉⲙⲁϥ ⲟⲩⲛⲓϣϯ ⲅⲁⲣ
ⲣ̄ⲙ̄ⲇ̄. ⲃ. ϧⲉⲛ ⲡⲓⲡⲁⲗⲗⲁⲧⲓⲱⲛ ⲟⲩⲟϩ ⲡⲟⲩⲣⲟ | ⲙⲉⲓ ⲙ̀ⲙⲟϥ.
Ⲟⲩⲟϩ ϧⲉⲛ ϯⲟⲩⲛⲟⲩ ⲁϥⲧⲁⲙⲟⲥ ⲉ̀ ⲟⲩⲛⲓϣϯ ⲛ̀ ⲛⲟⲩⲃ
ⲛⲉⲙ ⲟⲩⲙⲏϣ ⲛ̀ ϩⲁⲧ ⲛⲉⲙ ϩⲁⲛⲕⲟⲥⲙⲉⲥⲓⲥ ⲛ̀ ⲛⲟⲩⲃ 10
ⲉϥⲟⲩⲱϣ ⲉ̀ ⲉⲣ ϩⲁⲗ ⲙ̀ⲙⲟⲥ ϧⲉⲛ ⲛⲉϥⲕⲟⲧⲥ ⲉⲧ
ϩⲱⲟⲩ. Ⲛ̀ⲑⲟⲥ ⲇⲉ ϯⲥⲩⲙⲛⲏⲓ ⲉ̀ⲛⲁϣⲱ ⲁⲥ ⲉⲣ ⲟⲩⲱ̀
ϧⲉⲛ ⲟⲩⲛⲓϣϯ ⲛ̀ ⲙⲉⲧⲣⲉⲙⲣⲁⲩϣ ⲝⲉ ⲛ̀ ⲁϣ ⲛ̀
ⲣⲏⲧ ⲟⲩⲟⲛ ϣⲝⲟⲙ ⲙ̀ⲙⲟⲓ ⲉ̀ ⲉⲣ ⲟⲩϩⲱⲃ ⲙ̀ ⲡⲁⲓ ⲣⲏϯ
ϧⲉⲛ ⲡⲁ ⲟⲩⲱϣ ⲙ̀ⲙⲁⲩⲁⲧ. Ⲭⲁⲧ ⲗⲟⲓⲡⲟⲛ ⲛ̀ⲧⲁϣⲉ 15
ⲛⲏⲓ ⲛ̀ⲧⲁ ⲥⲟϭⲛⲓ ⲉ̀ ⲡⲁ ⲕⲟⲩⲗⲁⲧⲱⲣ ⲉⲧ ⲁ ⲡⲁ ⲙⲁ-
ⲕⲁⲣⲓⲟⲥ ⲛ̀ ϩⲁⲓ ⲧⲏⲓⲧ ⲉ̀ ⲧⲟⲧϥ ϧⲁⲧϩⲏ ⲛ̀ ⲡⲁⲧⲉ ϥⲓ
ⲉ̀ⲃⲟⲗϧⲉⲛ ⲥⲱⲙⲁ ⲟⲩⲟϩ ⲁϥϣⲁⲛⲟⲩⲁϩⲥⲁϩⲛⲓ ⲛⲏⲓ
ⲣ̄ⲙ̄ⲉ̄. ⲁ. ⲝⲉ ϩⲉⲙⲥⲓ ⲛⲉⲙ ϩⲁⲓ, ϯⲛⲁϩⲉⲙⲥⲓ ⲁⲧϭⲛⲉ ϩⲏⲧ ⲃ̄
ⲁϥϣⲧⲉⲙⲟⲩⲁϩⲥⲁϩⲛⲓ ⲛⲏⲓ ϯⲛⲁϣ ⲉⲣ ⲟⲩϩⲱⲃ ⲁⲛ 20
ϧⲉⲛ ⲡⲁⲟⲩⲱϣ ⲙ̀ⲙⲓⲛ ⲙ̀ⲙⲟⲓ. Ⲁϥ ⲉⲣ ⲟⲩⲱ̀ ⲛ̀ⲝⲉ
ⲡⲓⲇⲓⲁⲃⲟⲗⲟⲥ ⲝⲉ ⲟⲩⲟϩ ⲛⲓⲙ ⲡⲉ ⲡⲓⲕⲟⲩⲗⲁⲧⲱⲣ
ⲉ̀ⲧⲉⲙⲙⲁⲩ. Ⲁⲥⲉⲣ ⲟⲩⲱ̀ ⲛ̀ⲝⲉ ⲉⲩⲫⲏⲙⲓⲁ ⲝⲉ ϩⲏⲡⲡⲉ
ϥϧⲉⲛ ⲡⲁ ⲕⲟⲓⲧⲱⲛ ⲛⲉⲙⲏⲓ ⲙ̀ ⲡⲓ ⲉϩⲟⲟⲩ ⲛⲉⲙ ⲡⲓⲉ̀-
ⲝⲱⲣϩ ⲓⲥⲝⲉⲛ ⲡⲓⲉ̀ϩⲟⲟⲩ ⲉⲧ ⲁ ⲡⲁ ⲙⲁⲕⲁⲣⲓⲟⲥ ⲛ̀ 25
ϩⲁⲓ ⲧⲏⲓⲧ ⲉ̀ ⲧⲟⲧϥ ϣⲁ ⲉ̀ ϧⲟⲩⲛ ⲉ̀ ϯⲛⲟⲩ ϥ̀ⲣⲱⲓⲥ
ⲉ̀ⲣⲟⲓ. Ⲁϥ ⲉⲣ ⲟⲩⲱ̀ ⲛ̀ⲝⲉ ⲡⲓⲇⲓⲁⲃⲟⲗⲟⲥ ⲡⲉⲝⲁϥ ⲛⲁⲥ
ⲝⲉ ϩⲓⲛⲁ ⲛ̀ⲧⲉⲉ̀ⲙⲓ ⲝⲉ ⲁⲣⲉ ⲭⲁⲥ ϧⲉⲛ ⲡⲉϩⲏⲧ

ⲣⲙⲉ. ⲃ. ⲉⲑⲣⲉϫⲱⲕ ⲉⲃⲟⲗ ⲛ̀ ⲛⲓⲉⲛⲧⲟⲗⲏ ⲛ̀ⲧⲉ ⲡⲟ̅ⲥ̅ ⲟⲩⲟϩ
ϩⲏⲡⲡⲉ ⲁⲣⲉ ϣⲱⲡⲓ ⲁⲣⲉ ϩⲓⲱⲟⲩⲧ ⲛ̀ ⲃⲏⲧⲟⲩ ⲧⲏⲣⲟⲩ.
Ⲕⲉ ⲅⲁⲣ ⲁϥϫⲟⲥ ⲛϫⲉ ⲡⲟ̅ⲥ̅ ϫⲉ ⲫⲏ ⲉⲑ ⲛⲁϩⲉⲓ ϧⲉⲛ
ⲟⲩⲉⲛⲧⲟⲗⲏ ⲛ̀ ⲟⲩⲱⲧ ⲁϥϣⲱⲡⲓ ⲉϥϩⲓⲱⲟⲩⲧ ⲛ̀ ⲃⲏⲧⲟⲩ
ⲧⲏⲣⲟⲩ ⲟⲩⲟϩ ⲧⲉⲥⲱⲟⲩⲛ ϫⲉ ⲫ︦ϯ ⲙⲟⲥϯ ⲛ̀ ϯⲙⲉⲑ- 5
ⲛⲟⲩϫ ⲉⲙⲁϣⲱ. Ⲟⲩⲟϩ ⲟⲛ ⲇⲁⲩⲓⲇ ϫⲱ ⲙ̀ⲙⲟⲥ ϧⲉⲛ
ⲡⲓⲙⲁϩ ⲣ̅ ⲛ̀ ⲯⲁⲗⲙⲟⲥ ϫⲉ ⲡⲟ̅ⲥ̅ ⲛⲁⲧⲁⲕⲉ ⲟⲩⲟⲛ
ⲛⲓⲃⲉⲛ ⲉⲧ ⲥⲁϫⲓ ⲛ̀ ϯⲙⲉⲑⲛⲟⲩϫ ⲟⲩⲟϩ ⲁⲣⲉ ϣⲱⲡⲓ
ⲁⲣⲉ ϫⲉ ⲙⲉⲑⲛⲟⲩϫ ⲫ︦ϯ ⲛⲁⲧⲁⲕⲟ ⲛ̀ ⲭⲱⲗⲉⲙ ⲙⲛ
ⲙ̀ⲡⲉ ϫⲟⲥ ⲙⲙⲓ ϧⲁ ⲧϫⲏ ⲛ̀ ⲟⲩⲕⲟⲩϫⲓ ϫⲉ ⲓⲥϫⲉⲛ 10
ⲣⲙⲍ. ⲁ. ⲡⲓⲉϩⲟⲟⲩ ⲉⲧ ⲁ ⲡⲁ ϩⲁⲓ ⲓ̀ ⲉⲃⲟⲗϧⲉⲛ ⲥⲱⲙⲁ ϣⲁ
ⲉ̀ ϧⲟⲩⲛ ⲉ̀ ϯⲛⲟⲩ ⲙ̀ⲡⲉ ⲟⲩⲣⲱⲙⲓ ⲛ̀ ⲟⲩⲱⲧ ⲉⲣ ⲥⲁ-
ϧⲟⲩⲛ ⲉ̀ ⲫⲣⲟ ⲛ̀ ⲡⲁ ⲕⲟⲓⲧⲱⲛ ϣⲁ ⲉ̀ϩⲣⲏⲓ ⲉ̀ ⲛⲁ
ⲕⲉ ⲉ̀ⲃⲓⲁⲓⲕ. Ⲁⲥ ⲉⲣ ⲟⲩⲱ̀ ⲛϫⲉ ⲉⲩⲫⲏⲙⲓⲁ ϫⲉ ⲑⲙⲏⲓ
ⲡⲉ ϯϫⲱ ⲙ̀ⲙⲟⲥ ⲛⲉ ⲟⲩⲟϩ ⲟⲩⲙⲉⲑⲛⲟⲩϫ ⲁⲛ ⲡⲉ 15
ϯϫⲱ ⲙ̀ⲙⲟⲥ ⲱ̀ ⲧⲁ ⲥⲱⲛⲓ ⲉⲧ ⲧⲁⲓⲏⲟⲩⲧ. Ϯⲱⲣⲕ
ⲛⲉ ⲙ̀ ⲫ︦ϯ ⲡⲓⲡⲁⲛⲧⲱⲕⲣⲁⲧⲱⲣ ⲛⲉⲙ ⲡⲉϥⲛⲓϣϯ ⲛ̀
ⲁⲣⲭⲏⲁⲅⲅⲉⲗⲟⲥ ⲉⲑ ⲟⲩⲁⲃ ⲙⲓⲭⲁⲏⲗ ⲫⲁⲓ ⲉ̀ⲧⲁϥ-
ϧⲱⲧⲉⲃ ⲙ̀ ⲡⲓϩⲟϥ ⲛ̀ ⲁⲣⲭⲉⲟⲥ ϫⲉ ⲓⲥϫⲉⲛ ⲡⲓⲉϩⲟⲟⲩ
ⲉⲧ ⲁ ⲡⲁ ⲙⲁⲕⲁⲣⲓⲟⲥ ⲛ̀ ϩⲁⲓ ⲓ̀ ⲉ̀ⲃⲟⲗϧⲉⲛ ⲥⲱⲙⲁ 20
ϣⲁ ⲉ̀ϧⲟⲩⲛ ⲉ̀ ⲫⲟⲟⲩ ⲛ̀ ⲉ̀ϩⲟⲟⲩ ⲙ̀ⲡⲉ ⲟⲩⲣⲱⲙⲓ ⲛ̀
ⲣⲙⲍ. ⲃ. ⲟⲩⲱⲧ ⲉⲣ ⲥⲁϧⲟⲩⲛ ⲉ̀ ⲫⲣⲟ ⲙ̀ ⲡⲁ ⲕⲟⲓⲧⲱⲛ, ⲟⲩⲇⲉ
ⲙ̀ ⲡⲓ ⲉⲣ ⲁⲛⲉⲭⲉⲥⲑⲉ ⲉⲑⲣⲟⲩ ϧⲱⲛⲧ ⲉ̀ ϧⲟⲩⲛ ⲉ̀ⲣⲟⲓ
ϫⲉ ⲭⲁⲥ ⲛ̀ ⲧⲟⲩⲛⲁⲩ ⲉ̀ ⲡⲁ ϩⲟ ⲉ̀ ⲡⲧⲏⲣϥ. Ⲁϥ ⲉⲣ
ⲟⲩⲱ̀ ⲛϫⲉ ⲡⲓⲇⲓⲁⲃⲟⲗⲟⲥ ⲉϥⲟⲓ ⲙ̀ ⲡⲥⲙⲟⲧ ⲛ̀ ϯⲙⲟⲩ- 25
ⲛⲁⲭⲏ ⲡⲉϫⲁϥ ⲛ̀ ⲉⲩⲫⲏⲙⲓⲁ ϯⲥⲩⲛⲕⲗⲏⲧⲓⲕⲏ ϫⲉ ⲛ̀
ϣⲟⲣⲡ ⲙⲉⲛ ⲁⲣⲉ ϫⲟⲥ ⲙ̀ⲡⲉ ⲟⲩⲣⲱⲙⲓ ⲛ̀ ⲟⲩⲱⲧ ⲓ̀
ⲉ̀ϧⲟⲩⲛ ϣⲁ ⲣⲟⲓ ⲓⲥϫⲉⲛ ⲉⲧ ⲁ ⲡⲁ ϩⲁⲓ ⲛ̀ⲧⲟⲛ ⲙ̀ⲙⲟϥ.

14

ϯⲛⲟⲩ ⲇⲉ ϩⲏⲡⲡⲉ ⲁⲣⲉ ⲉⲣ ⲛⲟⲃⲓ ⲟⲩⲟϩ ϯⲕⲉ ⲁⲛⲟⲙⲓⲁ
ⲁⲣⲉ ⲇⲟⲕⲥ ⲉⲃⲟⲗ ϩⲏⲡⲡⲉ ⲁⲣⲉ ⲇⲉ ⲙⲉⲑⲛⲟⲩⲇ ⲁⲣⲉ
ⲱⲣⲕ ⲛ̀ ⲛⲟⲩⲇ. ⲙⲏ ⲙ̀ⲡⲉ ⲇⲟⲥ ⲛⲏⲓ ⳉⲁ ⲧⲍⲏ ⲛ̀

ⲣ̅ⲛ̅ⲍ̅. ⲁ. ⲟⲩⲕⲟⲩⲇⲓ ⲇⲉ ϫⲁⲥ ⲛ̀ ϣⲟⲣⲡ ⲛ̀ⲧⲁ ϣⲉ ⲛⲏⲓ ⲉ̀ ⳉⲟⲩⲛ
ⲉ̀ ⲡⲁ ⲕⲟⲓⲧⲱⲛ ⲛ̀ⲧⲁⲥⲟⲃⲛⲓ ⲉ̀ ⲡⲁ ⲕⲟⲩⲗⲁⲧⲱⲣ ⲉ̀ⲧ 5
ⲁ ⲡⲁ ϩⲁⲓ ⲧⲏⲓⲧ ⲉ̀ ⲧⲟⲧϥ ⲙ̀ⲡⲁⲧ ⲉϥⲓ̀ ⲉ̀ⲃⲟⲗⳉⲉⲛ
ⲥⲱⲙⲁ ⲛⲏ ⲡⲓⲕⲟⲩⲗⲁⲧⲏⲣ ⲟⲩⲣⲱⲙⲓ ⲁⲛ ⲡⲉ ⲛⲏ
ϣⲁⲩⲕⲧⲉ ⲛ̀ ϩⲟⲩⲧ ⲕⲟⲩⲗⲁⲧⲱⲣ ⲉ̀ ⲥϩⲓⲙⲓ ⲉ̀ⲛⲉϩ ⲟⲩⲕ
ⲟⲩⲛ ⲟⲩⲟⲛ ⲟⲩⲣⲱⲙⲓ ⲉ̀ ⳉⲟⲩⲛ ⳉⲉⲛ ⲡⲉⲕⲟⲓⲧⲱⲛ
ϯⲛⲟⲩ ⲟⲩⲟϩ ⲡⲁⲓ ⲕⲉ ⲟⲩⲁⲓ ⲟⲛ ⲉ̀ⲫ ⲟⲥⲟⲛ ⲁⲓⲇⲉⲛ 10
ⲡⲁⲓ ⲣⲱⲙⲓ ⲉⲛ ⳉⲟⲩⲛ ⳉⲉⲛ ⲡⲉⲕⲟⲓⲧⲱⲛ ⲉ̀ ⲁⲣⲉ ⲇⲉ
ⲙⲉⲑⲛⲟⲩⲇ ⲉ̀ ⲇⲱϥ ⲟⲩⲟϩ ⲁⲣⲉ ⲱⲣⲕ ⲛ̀ ⲛⲟⲩⲇ ⲛ̀
ϯⲛⲁϣⲉⲡⲧⲟϯ ⲁⲛ ⲉ̀ ⲡⲧⲏⲣϥ ⲛ̀ ⲡⲁ ⲥⲩⲅⲅⲉⲛⲏⲥ
ⲁⲣⲉ ϣⲁⲛϯ ⲛⲏⲓ ⲛ̀ⲧⲉ ⲙⲉⲧⲣⲁⲙⲁⲟ̀ ⲧⲏⲣⲥ. ϯⲥϩⲓⲙⲓ

ⲣ̅ⲛ̅ⲍ̅. ⲃ. ⲇⲉ ⲛ̀ ⲥⲁⲃⲏ ⲉⲩⲫⲏⲙⲓⲁ̀ ⲁⲥⲛⲉⲧϥ ⲣⲱⲥ ⲛ̀ ⲥⲱⲃⲓ 15
ⳉⲉⲛ ⲟⲩⲥⲱⲃⲓ ⲛ̀ ⲡ̅ⲡ̅ⲁ̅ⲧⲓⲕⲟⲛ ⲟⲩⲟϩ ⲡⲉϫⲁⲥ ⲙ̀ ⲡⲓ-
ⲇⲓⲁ̀ⲃⲟⲗⲟⲥ ⲉϥⲟⲓ ⲙ̀ ⲡⲥⲙⲟⲧ ⲛ̀ ϯⲙⲟⲩⲛⲁⲭⲏ ⲇⲉ ⲱ̀
ⲧⲁⲥⲱⲛⲓ ⲡⲁⲓ ϩⲱⲃ ⲣⲱ ⲇⲉ ϩⲉⲙⲥⲓ ⲛⲉⲙ ϩⲁⲓ ⲟⲩ-
ⲙⲉⲧⲁⲧⲇⲟⲙ ⲛⲏⲓ ⲡⲉ ⲫⲁⲓ ⲟⲩⲟϩ ϯⲇⲱ ⲙ̀ⲙⲟⲥ ⲛⲉ
ⲇⲉ ⲟⲩ ⲙⲟⲛⲟⲛ ⲛⲓⲭⲣⲏⲙⲁ ⲉ̀ⲧ ⲁⲣⲉ ⲉ̀ⲛⲟⲩ ⲛⲉⲙ 20
ⲛⲓⲕⲟⲥⲙⲏⲥⲓⲥ ⲉⲑⲃⲉ ⲡⲁⲓ ϩⲱⲃ ⳉⲉⲛ ⲟⲩⲙⲉⲑⲙⲏⲓ ϣⲁⲩϯ
ⲛⲏⲓ ⲛ̀ ⲛⲓⲭⲣⲏⲙⲁ ⲉ̀ⲧ ⳉⲉⲛ ⲡⲓⲡⲁⲗⲗⲁⲧⲓⲟⲛ ⲛ̀ⲧⲉ
ⲟⲛⲛⲟⲩⲣⲓⲟⲥ ⲡⲓⲟⲩⲣⲟ ⲛ̀ ⲉⲩⲥⲉⲃⲏⲥ ⲛⲉⲙ ⲛⲓⲕⲟⲥⲙⲏⲥⲓⲥ
ⲉ̀ⲧ ϣⲟⲡ ⲛⲁϥ ⲧⲏⲣⲟⲩ ⲛⲉⲙ ⲛⲓⲭⲣⲏⲙⲁ ⲛ̀ⲧⲉ ⲡⲁⲓ
ⲕⲟⲥⲙⲟⲥ ⲧⲏⲣϥ ⲛ̀ⲛⲉ ⲥϣⲱⲡⲓ ⲙ̀ⲙⲟⲓ ⲉⲑⲣⲓ ⲉⲣ ⲡⲁⲣⲁ- 25

ⲣ̅ⲛ̅ⲏ̅. ⲁ. ⲃⲉⲛⲓⲛ ⲛ̀ ⲛⲓⲥⲩⲛⲑⲏⲕⲏ ⲉ̀ⲧ ⲁⲓⲥⲉⲙⲛⲏⲧⲟⲩ ⲛⲉⲙ ⲡⲁ
ⲙⲁⲕⲁⲣⲓⲟⲥ ⲛ̀ ϩⲁⲓ ⲁ̀ⲣⲓⲥⲧⲁⲣⲭⲟⲥ ⲡⲓⲥⲧⲣⲁⲧⲩⲗⲁⲧⲏⲥ
ⲉⲩⲧⲁⲓⲏⲟⲩⲧ ⲛ̀ⲧⲁ ⲉⲣ ⲕⲱⲓⲛⲱⲛⲓⲛ ⲛⲉⲙ ⲕⲉ ⲣⲱⲙⲓ

ⲛ̀ ϣⲉⲙⲙⲟ ϣⲁ ϯϣⲉ ⲛⲓⲓ ⲉ̀ ⲣⲁⲧϥ ⲉⲓⲧⲟⲩⲃⲏⲟⲩⲧ
ⲉ̀ⲃⲟⲗ ϩⲁ ϭⲱϫⲉⲙ ⲛⲓⲃⲉⲛ ⲟⲩⲟϩ ⲁⲓϫⲟⲥ ϫⲉ ⲡⲁ-
ⲕⲟⲩⲗⲁⲧⲱⲣ ⲉ̀ⲛ ϧⲟⲩⲛ ϧⲉⲛ ⲡⲁ ⲕⲟⲓⲧⲱⲛ ⲟⲩⲟϩ ⲛ̀ ϯϫⲉ
ⲙⲉⲑⲛⲟⲩϫ ⲁⲛ ⲡⲓⲕⲟⲩⲗⲁⲧⲱⲣ ⲉ̀ⲧ ⲁ ⲡⲁ ϭⲥ ⲛ̀ ϩⲁⲓ
ⲧⲏⲓⲧ ⲉ̀ ⲧⲟⲧϥ ϥϫⲟⲣ ⲉ̀ϩⲟⲧⲉ ⲕⲟⲩⲗⲁⲧⲱⲣ ⲛⲓⲃⲉⲛ 5
ⲛⲉⲙ ⲛⲓⲟⲩⲣⲱⲟⲩ ⲧⲏⲣⲟⲩ ⲛ̀ⲧⲉ ⲡⲓⲕⲟⲥⲙⲟⲥ. ⲫⲁⲓ
ϥ ⲉⲣ ⲭⲣⲓⲁ̀ ⲁⲛ ⲉ̀ⲑⲣⲉⲕⲉ ⲟⲩⲁⲓ ⲧⲁⲙⲟϥ ⲉ̀ⲑⲃⲉ
ⲣ̄ⲙ̄ⲏ̄. ⲃ. ⲟⲩⲛⲟⲃⲓ ⲓⲉ ⲉ̀ⲑⲃⲉ ⲟⲩⲁ̀ⲅⲁⲑⲟⲛ ⲓⲉ ⲫⲏ ⲉ̀ⲑ ⲛⲁⲑⲱϣ
ⲉ̀ ϫⲱϥ ⲁⲗⲗⲁ ⲫⲏ ⲉ̀ⲧⲉⲛⲛⲁ̀ⲙⲉⲩⲓ̀ ⲉ̀ⲣⲟϥ ⲓⲉ ⲫⲏ ⲉ̀ⲧⲉⲛ-
ⲛⲁⲙⲟⲕⲙⲉⲕ ⲉ̀ⲣⲟϥ ϧⲉⲛ ⲡⲉⲛϩⲏⲧ ⲛⲉⲙ ⲛⲉⲛⲗⲟⲅⲓⲥ- 10
ⲙⲟⲥ ϣⲁϥⲉ̀ⲙⲓ ⲉ̀ⲣⲱⲟⲩ ⲛ̀ ϯⲟⲩⲛⲟⲩ. Ⲕⲁⲛ ⲟⲩⲕⲟⲩϫⲓ
ⲛ̀ ⲙⲉⲩⲓ̀ ⲛ̀ⲧⲉ ⲡⲓⲇⲓⲁⲃⲟⲗⲟⲥ ⲡⲉ ⲁϥϣⲁⲛϩⲱⲗ ⲉ̀ ⲡϩⲏⲧ
ⲛ̀ ⲟⲩⲁⲓ ⲛ̀ⲧⲉϥϣⲱⲡⲓ ⲉ̀ⲣⲉ ϩⲑⲏϥ ⲭⲏ ⲉ̀ ⲡⲓⲕⲟⲩⲗⲁ-
ⲧⲱⲣ ⲉ̀ⲧⲉⲙⲙⲁⲩ ⲓⲥϫⲉⲛ ⲡⲓⲛⲁⲩ ϥⲛⲁⲧⲱⲃϩ ⲉ̀ ⲡⲉϥ-
ⲣⲁⲛ ⲙ̀ⲙⲁⲩⲁⲧϥ. Ⲕⲁⲛ ⲉ̀ⲣⲉ ⲟⲩⲛⲓϣϯ ⲛ̀ ⲥⲧⲣⲁⲧⲉⲩⲙⲁ 15
ⲛ̀ⲧⲉ ⲡⲓⲇⲓⲁⲃⲟⲗⲟⲥ ⲕⲱϯ ⲉ̀ⲣⲟϥ ⲓⲉ ⲛ̀ⲥⲉⲓ̀ ⲉ̀ ⲡⲉϥⲕⲱϯ
ϣⲁϥⲓ̀ ⲛ̀ ϯⲟⲩⲛⲟⲩ ⲛ̀ⲧⲉϥⲑⲣⲟⲩϫⲱⲣ ⲉ̀ⲃⲟⲗ ⲙ̀ ⲫⲣⲏϯ
ⲣ̄ⲙ̄ⲑ̄. ⲗ. ⲛ̀ ⲟⲩⲕⲁⲡⲛⲟⲥ ⲟⲩⲟϩ ⲉϣⲱⲡ ⲛ̀ⲧⲉⲟⲩⲱϣ ⲱ̀ ⲧⲁ
ⲥⲱⲛⲓ ϯⲛⲁⲧⲏⲓⲧ ⲉ̀ ⲧⲟⲧϥ ⲛ̀ ⲡⲓⲕⲟⲩⲗⲁⲧⲱⲣ ⲉ̀ⲧⲉⲙ-
ⲙⲁⲩ ⲛ̀ⲧⲉϥϣⲱⲡⲓ ϩⲱⲓ ⲛ̀ ⲃⲟⲓ̀ⲑⲟⲥ ϣⲁ ⲡⲓⲉ̀ϩⲟⲟⲩ 20
ⲉ̀ⲧ ⲉⲣ ⲁⲓ ⲉ̀ⲃⲟⲗϧⲉⲛ ⲥⲱⲙⲁ. Ⲟⲩⲟϩ ϧⲉⲛ ⲡⲉⲕⲉⲙⲟⲩ
ⲟⲛ ϥⲛⲁⲧⲏⲓⲧ ⲉ̀ ⲧⲟⲧϥ ⲛ̀ ⲫϯ ⲡⲓⲁ̀ⲅⲁⲑⲟⲥ ⲛ̀ ⲫⲣⲏϯ
ⲛ̀ ⲟⲩⲇⲱⲣⲟⲛ ⲉ̀ ⲛⲁⲛⲉϥ ⲛ̀ⲧⲉ ⲉⲣ ⲕⲗⲏⲣⲟⲛⲟⲙⲓⲛ ⲛ̀
ⲡⲓⲱⲛϧ ⲛ̀ ⲉⲛⲉϩ. Ⲁϥ ⲉⲣ ⲟⲩⲱ̀ ⲛ̀ϫⲉ ⲡⲓⲇⲓⲁⲃⲟⲗⲟⲥ
ⲉϥⲟⲓ ⲙ̀ ⲡⲥⲙⲟⲧ ⲛ̀ ϯⲟⲩⲛⲁⲭⲏ ⲟⲩⲟϩ ⲡⲉϫⲁϥ ⲛⲁⲥ 25
ϫⲉ ⲙⲁⲧⲁⲙⲟⲓ ϩⲱ ⲉ̀ ⲡⲁⲓⲣⲱⲙⲓ ⲛ̀ ⲡⲁⲓ ⲣⲏϯ ⲉ̀ⲡⲓ
ⲇⲉ ⲅⲁⲣ ⲕⲁⲧⲁ ⲫⲣⲏϯ ⲉ̀ⲣⲉ ϫⲱ ⲙ̀ⲙⲟⲥ ⲟⲩⲛⲓϣϯ
ⲣ̄ⲙ̄ⲑ̄. ⲃ. ⲛ̀ ⲣⲁⲙⲁⲟ̀ ⲡⲉ ⲡⲁⲓ ⲣⲱⲙⲓ , ⲁⲥ ⲉⲣ ⲟⲩⲱ̀ ⲛ̀ϫⲉ

ⲉⲩⲫⲏⲙⲓⲁ ⲡⲉϫⲁⲥ ⲛⲁⲥ ϫⲉ ⲧⲱⲛⲓ ⲛ̀ ϣⲟⲣⲡ ⲛ̀ⲧⲉⲛ-
ⲕⲱϯ ⲙ̀ ⲡⲉⲛϩⲟ ⲉ̀ ⲡⲥⲁ ⲛ̀ ϯⲁ̀ⲛⲁⲧⲟⲗⲏ ⲛ̀ⲧⲉⲛϣⲗⲏⲗ
ⲛ̀ⲧⲉⲛϯ ⲛ̀ ⲟⲩⲡⲣⲟⲥⲉⲩⲭⲏ ⲙ̀ ⲡⲉⲙⲑⲟ ⲙ̀ ⲡϭⲥ ⲉⲣⲉ
ⲉⲣ ⲟⲙⲟⲗⲟⲅⲓⲛ ⲙ̀ ⲫⲏ ⲉ̀ⲧ ⲁⲣⲉ ⲙⲉⲩⲓ̀ ⲉ̀ⲣⲟϥ ϧⲉⲛ
ⲡⲉϩⲏⲧ ⲉ̀ ϧⲟⲩⲛ ⲉ̀ ⲡⲓⲕⲟⲩⲗⲁⲧⲱⲣ ⲉ̀ⲧⲉⲙⲙⲁⲩ ⲉ̀ⲣⲉ 5
ϫⲱ ⲙ̀ⲙⲟⲥ ⲙ̀ ⲡⲁⲓ ⲣⲏϯ. ϫⲉ ⲫϯ ⲭⲱ ⲛⲏⲓ ⲉ̀ⲃⲟⲗ
ⲛ̀ ⲫⲏ ⲉ̀ⲧⲁⲓⲙⲉⲩⲓ̀ ⲉ̀ⲣⲟϥ ⲉ̀ ϧⲟⲩⲛ ⲉ̀ ⲡⲓⲕⲟⲩⲗⲁⲧⲱⲣ
ⲛⲉⲙ ϯⲥ̀ϩⲓⲙⲓ ⲉ̀ⲧ ⲁ ⲡⲉⲥϫⲁⲓ ⲑⲏⲓⲥ ⲉ̀ ⲧⲟⲧϥ ⲟⲩⲟϩ
ϯⲛⲁⲧⲁⲥⲑⲟⲓ ⲁⲛ ϫⲉ ⲉ̀ⲑⲣⲉ ⲙⲉⲩⲓ̀ ⲙ̀ ⲡⲁⲓ ⲣⲏϯ ⲁ̀ⲗⲏⲓ
ⲉ̀ϫⲉⲛ ⲡⲁ ϩⲏⲧ ⲉ̀ ϧⲟⲩⲛ ⲉ̀ ⲫⲏ ⲉ̀ⲑ ⲟⲩⲁⲃ ⲛ̀ⲧⲉ ⲡϭⲥ. 10
Ⲟⲩⲟϩ ⲁⲣⲉ ϣⲁⲛ ⲉⲣ ⲟⲙⲟⲗⲟⲅⲓⲛ ⲙ̀ ⲡⲁⲓ ⲣⲏϯ ⲁ̀ⲛⲟⲕ

ⲣⲡ̅. ⲁ. ⲉⲑ ⲛⲁⲧⲁⲙⲟ | ⲉ̀ⲡⲓⲕⲟⲩⲗⲁⲧⲱⲣ ⲛ̀ ϩⲟⲩⲟ ⲃⲉϩⲟ ⲙⲉⲛⲉⲛ-
ⲥⲱⲥ ⲛ̀ⲧⲉ ⲉⲣⲉⲧⲓⲛ ⲙ̀ⲙⲟϥ ⲉ̀ ⲟⲩⲃⲟⲏⲑⲓⲁ ⲛⲉ ⲟⲩⲟϩ
ⲛ̀ ⲛⲁϣϯ ⲛ̀ ⲥⲁ ⲧϩⲏ. Ⲡⲉϫⲉ ⲡⲓⲇⲓⲁⲃⲟⲗⲟⲥ ⲛⲁⲥ
ϫⲉ ⲁⲩϯ ⲛ̀ⲧⲟⲗⲏ ⲛⲏⲓ ϧⲁ ⲧϩⲏ ⲙ̀ⲡⲁⲧⲟⲩ ⲙⲟⲣⲧ ⲛ̀ 15
ⲡⲁⲓ ⲥⲭⲏⲙⲁ ⲉ̀ⲑ ⲟⲩⲁⲃ ϫⲉ ⲭⲁⲥ ⲛ̀ ⲛⲁⲫⲟⲣϣ ⲛ̀
ⲛⲁϫⲓϫ ⲉ̀ⲃⲟⲗ ⲉ̀ ϣⲗⲏⲗ ϣⲁ ϯⲧⲁⲥⲑⲟⲓ ⲉ̀ ⲧⲁⲙⲟⲛⲏ
ⲟⲩⲇⲉ ⲉ̀ϣⲧⲉⲙⲟⲩⲱⲙ ⲛⲉⲙ ϩⲗⲓ ⲛ̀ ⲕⲟⲥⲙⲓⲕⲟⲛ ⲉ̀ϣⲱⲡ
ϥ ⲉⲣ ⲫⲟⲣⲓⲛ ⲁⲛ ⲙ̀ ⲡⲉⲛⲥⲭⲏⲙⲁ. Ⲇⲉ ⲉⲣ ⲟⲩⲱ̀
ⲛ̀ϫⲉ ⲉⲩⲫⲏⲙⲓⲁ ⲡⲉϫⲁⲥ ⲙ̀ ⲡⲓⲇⲓⲁⲃⲟⲗⲟⲥ ϫⲉ ⲉⲡⲓ ⲇⲏ 20
ⲁⲣⲉ ϫⲟⲥ ⲛⲏⲓ ϫⲉ ⲫⲏ ⲉ̀ⲑ ⲛⲁ ⲁ̀ⲣⲉϩ ⲉ̀ ⲡⲓⲛⲟⲙⲟⲥ

ⲣⲡ̅. ⲃ. ⲧⲏⲣϥ ⲛ̀ⲧⲉϥϩϩⲉⲓ | ϧⲉⲛ ⲟⲩϩⲱⲃ ⲛ̀ ⲟⲩⲱⲧ ⲁϥϣⲱⲡⲓ
ⲛ̀ ⲉⲛⲟⲭⲟⲥ ⲙ̀ⲙⲱⲟⲩ ⲧⲏⲣⲟⲩ. Ⲛ̀ⲑⲟ ϩⲱⲓ ⲁⲓⲧⲁϩⲟ
ϧⲉⲛ ⲣⲱ ⲙ̀ⲙⲓⲛ ⲙ̀ⲙⲟ ⲁⲣⲉ ⲉⲣ ⲡⲁⲣⲁⲃⲉⲛⲓⲛ ⲛ̀ ϯⲉⲛ-
ⲧⲟⲗⲏ ⲛ̀ⲧⲉ ⲡϭⲥ ⲉ̀ⲧⲉ ⲛⲁⲓ ⲛⲉ ⲛⲏ ⲉ̀ⲧⲁϥϩⲟⲛϩⲉⲛ 25
ⲙ̀ⲙⲱⲟⲩ ⲉ̀ ⲧⲟⲧⲟⲩ ⲛ̀ ⲛⲉϥⲁ̀ⲡⲟⲥⲧⲟⲗⲟⲥ ⲉ̀ⲑ ⲟⲩⲁⲃ
ⲓⲥϫⲉⲛ ⲡⲉⲛⲉϩ. Ⲡⲓⲇⲓⲁⲃⲟⲗⲟⲥ ⲇⲉ ⲡⲉϫⲁϥ ⲛⲁⲥ ϫⲉ
ⲁϣ ⲛⲉ ⲛⲓⲉⲛⲧⲟⲗⲏ ⲉ̀ⲧ ⲁⲓ ⲉⲣ ⲡⲁⲣⲁⲃⲉⲛⲓⲛ ⲙ̀ⲙⲱⲟⲩ

ⲙⲁⲧⲁⲙⲟⲓ ⲙ̇ⲙⲟⲛ ⲧⲛⲁⲧⲟⲩⲛⲟⲥ ⲟⲩⲛⲓϣϯ ⲛ̇ ϣⲱⲛⲧ
ⲛ̇ⲧⲉ ⲫⲙⲟⲩ ⲉ̇ϩⲣⲏⲓ ⲉ̇ϫⲱ ⲁⲣⲉ ϣⲧⲉⲙ ⲟⲩⲟⲛϩⲟⲩ
ⲉ̇ⲣⲟⲓ ϯⲛⲟⲩ. Ⲁⲥ ⲉⲣ ⲟⲩⲱ̀ ⲛ̇ϫⲉ ⲉⲩⲫⲏⲙⲓⲁ̀ ϯⲥⲩⲛ-

ⲣ̄ⲏ̄ⲁ̄.ⲁ. ⲕⲗⲏⲧⲓⲕⲏ ⲡⲉϫⲁⲥ ⲙ̇ ⲡⲓⲇⲓⲁ̀ⲃⲟⲗⲟⲥ ϫⲉ ⲛ̇ ϣⲟⲣⲡ
ⲙⲉⲛ ⲁ̀ ⲡⲉⲛⲥⲱⲧⲏⲣ ⲛ̇ ⲁ̀ⲅⲁⲑⲟⲥ ϩⲟⲛϩⲉⲛ ⲉ̀ ⲧⲟⲧⲟⲩ 5
ⲛ̇ ⲛⲉϥⲙⲁⲑⲏⲧⲏⲥ ⲉϥϫⲱ ⲙ̀ⲙⲱⲟⲩ ⲉ̀ⲃⲟⲗ ⲉ̀ ϩⲓⲱⲓϣ
ϫⲉ ⲡⲓⲏⲓ ⲉ̀ ⲧⲉⲧⲉⲛⲛⲁϣⲉ ⲛⲱⲧⲉⲛ ⲉ̀ⲃⲟⲩⲛ ⲉ̀ⲣⲟϥ ⲁⲣⲓ
ⲁⲥⲡⲁⲍⲉⲥⲑⲉ ⲙ̇ⲙⲟϥ ⲟⲩⲟⲥ ⲁϫⲟⲥ ϫⲉ ⲧϩⲓⲣⲏⲛⲏ ⲙ̇
ⲡⲁⲓ ⲏⲓ ⲙⲁⲣⲉ ⲧⲉⲧⲉⲛ ϩⲓⲣⲏⲛⲏ ϣⲱⲡⲓ ⲛ̇ ⲃⲏⲧϥ ⲟⲩⲟϩ
ⲉ̀ϣⲱⲡⲓ ⲙ̇ⲙⲟⲛ ⲙⲁⲣⲉ ⲧⲉⲧⲉⲛ ϩⲓⲣⲏⲛⲏ ⲕⲟⲧⲥ ⲉ̀ⲣⲱⲧⲉⲛ. 10
Ⲟⲩⲕ ⲟⲩⲛ ⲁϥϩⲟⲛϩⲉⲛ ⲉ̀ ⲧⲟⲧⲟⲩ ⲟⲛ ⲉⲑⲣⲟⲩ ϣⲗⲏⲗ
ⲃⲉⲛ ⲡⲓⲙⲁ ⲉ̀ⲧⲟⲩ ⲛⲁϩⲱⲗ ⲉ̀ⲣⲟϥ ⲟⲩⲟϩ ⲟⲛ ⲉⲑ-
ⲣⲟⲩⲟⲩⲱⲙ ⲛⲉⲙ ⲟⲩⲟⲛ ⲛⲓⲃⲉⲛ ⲉ̀ⲃⲏⲗ ⲉ̀ ⲛⲏ ⲉⲧ

ⲣ̄ⲏ̄ⲁ̄. ⲃ. ⲁⲩϫⲉ ⲁ̀ ⲡⲭ̅ⲥ̅ ⲉ̀ⲃⲟⲗ ϫⲉ ⲙ̇ⲡⲉ ϥⲓ ⲃⲉⲛ ⲧⲥⲁⲣϫ
ⲉϥϫⲱ ⲙ̇ⲙⲟⲥ ϫⲉ ϩⲱⲃ ⲛⲓⲃⲉⲛ ⲉ̀ⲧⲟⲩⲛⲁⲭⲁⲩ ϧⲁ 15
ⲣⲱⲧⲉⲛ ⲟⲩⲟⲙⲟⲩ ⲁⲧϭⲛⲉ ϧⲟⲧϩⲉⲧ ⲟⲩⲱⲛ ⲃⲉⲛ ⲟⲩ-
ϣⲉⲡ ϩⲙⲟⲧ. Ⲟⲩⲟϩ ⲟⲛ ⲁ̀ ⲡⲓⲁ̀ⲡⲟⲥⲧⲟⲗⲟⲥ ϩⲟⲛϩⲉⲛ
ⲉ̀ ⲧⲟⲧⲉⲛ ⲃⲉⲛ ⲛⲉϥⲉ̀ⲡⲓⲥⲧⲟⲗⲏ ⲉϥϫⲱ ⲙ̇ⲙⲟⲥ ϫⲉ
ϣⲗⲏⲗ ⲃⲉⲛ ⲟⲩⲙⲉⲧⲁⲑⲙⲟⲩⲛⲕ ⲟⲩⲟϩ ϣⲉⲡ ϩⲙⲟⲧ
ⲃⲉⲛ ϩⲱⲃ ⲛⲓⲃⲉⲛ ⲕⲉ ⲅⲁⲣ ⲣⲱⲙⲓ ⲛⲓⲃⲉⲛ ⲛ̇ⲧⲉ ⲫϯ 20
ⲙ̇ⲙⲁⲩ ⲭⲁ ⲧⲟⲧⲟⲩ ⲉ̀ⲃⲟⲗ ⲉⲩϣⲗⲏⲗ ⲙ̇ ⲡⲓⲉ̀ϩⲟⲟⲩ
ⲛⲉⲙ ⲡⲓⲉ̀ϫⲱⲣϩ. Ⲉ̀ϣⲱⲡ ⲇⲉ ϩⲱⲓ ⲛ̇ⲑⲟ ⲟⲩⲥϩⲓⲙⲓ
ⲟⲩⲟϩ ⲙ̇ⲙⲟⲛ ⲛⲟⲩⲛⲓ ⲛ̇ ⲭⲣⲟϥ ϩⲏⲡ ⲛ̇ ⲃⲏϯ ⲧⲱⲛⲓ

ⲣ̄ⲏ̄ⲃ̄. ⲁ. ⲛ̇ⲧⲉⲛϣⲗⲏⲗ ⲉⲩⲥⲟⲡ ⲟⲩⲟϩ ⲙⲉⲛⲉⲛⲥⲁ ⲡⲓϣⲗⲏⲗ
ϯⲛⲁⲓⲛⲓ ⲙ̇ ⲡⲓⲕⲟⲩⲗⲁⲧⲱⲣ ⲉ̀ⲧⲉⲙⲙⲁⲩ ⲛ̇ⲧⲉⲛⲁⲩ ⲉ̀ⲣⲟϥ 25
ⲟⲩⲟϩ ⲛ̇ⲧⲉⲛ ⲉⲣ ⲁⲥⲡⲁⲍⲉⲥⲑⲉ ⲙ̇ⲙⲟϥ ⲛ̇ ⲣⲱϥ ⲛⲉⲙ
ⲣⲱϥ ⲉ̀ϣⲱⲡ ϩⲟⲗⲱⲥ ⲧⲉ ⲙ̇ⲡϣⲁ ⲛ̇ϫⲟⲩϣⲧ ⲉ̀ⲃⲟⲩⲛ
ⲃⲉⲛ ⲡⲉϥϩⲟ. Ⲡⲓⲇⲓⲁ̀ⲃⲟⲗⲟⲥ ⲇⲉ ⲉ̀ⲧⲁϥⲉ̀ⲙⲓ ϫⲉ ⲁ̀

ⲉⲩⲫⲏⲙⲓⲁ ϯⲥⲩⲛⲕⲗⲏⲧⲓⲕⲏ ⲟⲣⲃⲉϥ ⲉϧⲟⲩⲛ ⲥⲁⲥⲁ
ⲛⲓⲃⲉⲛ ⲁϥⲕⲱϯ ⲛ̇ⲥⲁ ⲡⲓⲣⲏϯ ⲛ̇ ⲫⲱⲧ ⲟⲩⲟϩ ⲁϥ ⲉⲣ
ϩⲏⲧⲥ ⲛ̇ ϣⲓⲃϯ ⲛ̇ ⲡⲉϥⲓⲛⲓ ⲁϥ ⲉⲣ ⲫⲟⲣⲓⲛ ⲛ̇ ⲟⲩⲙⲟⲣ-
ⲫⲏ ⲉⲥϣⲉⲃⲓⲏⲟⲩⲧ ⲉⲙⲁϣⲱ. ϯⲥϩⲓⲙⲓ ⲇⲉ ⲉⲧ ⲧⲁⲓ-
ⲏⲟⲩⲧ ⲉⲩⲫⲏⲙⲓⲁ ϯⲥⲩⲛⲕⲗⲏⲧⲓⲕⲏ ⲉⲧⲁⲥⲛⲁⲩ ⲉⲣⲟϥ ϫⲉ 5
ⲁϥϣⲓⲃϯ ϧⲉⲛ ⲡⲉϥⲓⲛⲓ ⲁⲥ ⲉⲣ ϩⲟⲧ ⲉⲙⲁϣⲱ ⲁⲥⲱϣ
ⲉⲃⲟⲗ ⲉⲥϫⲱ ⲙ̇ⲙⲟⲥ ϫⲉ ⲡⲓⲁⲣⲭⲏⲁⲅⲅⲉⲗⲟⲥ ⲙⲓⲭⲁⲏⲗ
ⲁⲣⲓ ⲃⲟⲏⲑⲓⲛ ⲉⲣⲟⲓ ϧⲉⲛ ⲧⲁⲓ ⲟⲩⲛⲟⲩ ⲛ̇ ⲁⲛⲁⲅⲕⲏ ⲫⲏ
ⲉⲧⲁϥϧⲟⲛϧⲉⲛ ⲛ̇ ϯϫⲟⲙ ⲧⲏⲣⲥ ⲛ̇ⲧⲉ ⲡⲓϫⲁϫⲓ ⲁⲣⲓ
ⲃⲟⲏⲑⲓⲛ ⲉⲣⲟⲓ ϫⲉ ⲕⲥⲱⲟⲩⲛ ⲱ ⲡ̄ⲟ̄ⲥ̄ ϫⲉ ⲛ̇ⲑⲟⲕ ⲡⲉ 10
ⲉⲧ ⲁ ⲡⲁⲙⲁⲕⲁⲣⲓⲟⲥ ⲛ̇ ϩⲁⲓ ⲧⲏⲓⲧ ⲉ ⲧⲟⲧ ⲕ ϧⲁ
ⲧⲉⲛ ⲙ̇ⲡⲁⲧ ⲉϥⲓ ⲉⲃⲟⲗϧⲉⲛ ⲥⲱⲙⲁ ϫⲉ ϫⲁⲥ ⲉⲕⲉϣⲱⲡⲓ
ⲉⲕⲣⲱⲓⲥ ⲉⲣⲟⲓ ⲟⲩⲟϩ ⲉⲕⲟⲓ ⲛ̇ ⲥⲟⲃⲧ ⲉⲧ ⲧⲁϫⲣⲏⲟⲩⲧ
ⲉⲃⲟⲗϩⲁ ⲉⲡⲓⲃⲟⲩⲗⲏ ⲛⲓⲃⲉⲛ ⲛ̇ⲧⲉ ⲡⲓϫⲁϫⲓ. ⲫⲁⲓ ⲇⲉ
ⲉⲧⲁⲥϫⲟϥ ⲁⲥ ⲉⲣ ⲥⲫⲣⲁⲅⲓⲍⲓⲛ ⲙ̇ⲙⲟⲥ ϧⲉⲛ ⲫⲣⲁⲛ 15
ⲙ̇ ⲫⲓⲱⲧ ⲛⲉⲙ ⲡϣⲏⲣⲓ ⲛⲉⲙ ⲡⲓⲡ̄ⲛ̄ⲁ̄ ⲉⲑ ⲟⲩⲁⲃ
ⲟⲩⲟϩ ϧⲉⲛ ϯⲟⲩⲛⲟⲩ ⲁ ⲡⲓⲇⲓⲁⲃⲟⲗⲟⲥ ⲃⲱⲗ ⲉⲃⲟⲗ
ⲛⲉⲙ ⲛⲉϥⲉⲛⲉⲣⲅⲓⲁ ⲧⲏⲣⲟⲩ ⲙ̇ⲡⲉⲥⲛ̇ⲑⲟ ⲉⲃⲟⲗ ⲙ̇ ⲫⲣⲏϯ
ⲛ̇ ⲟⲩⲥⲧⲁϫⲟⲩⲗ. ⲙⲉⲛⲉⲛⲥⲁ ⲛⲁⲓ ⲇⲉ ⲁ ⲡⲓⲇⲓⲁⲃⲟⲗⲟⲥ
ⲟⲩⲟⲛϩϥ ⲉⲣⲟⲥ ⲙⲉⲛⲉⲛⲥⲁ ⲟⲩⲥⲏⲟⲩ ⲉϥⲟⲓ ⲛ̇ ⲡⲥⲙⲟⲧ 20
ⲛ̇ ⲟⲩⲣⲱⲙⲓ ⲛ̇ ⲉⲑⲱϣ ⲉϥϣⲛⲟⲩ ⲉⲙⲁϣⲱ ⲉⲣⲉ ⲟⲩ-
ⲙⲟⲣⲫⲏ ⲙ̇ⲙⲟϥ ⲛ̇ ⲫⲣⲏϯ ⲛ̇ ⲟⲩϭⲛⲉ ⲛ̇ ⲃⲁⲉⲙⲡⲓ ⲉⲣⲉ
ⲛⲉϥⲃⲁⲗ ⲙⲉϩ ⲛ̇ ⲥⲛⲟϥ ⲉⲙⲁϣⲱ ⲉⲣⲉ ⲡⲓϥⲱⲓ ⲛ̇ⲧⲉ
ⲧⲉϥ ⲁⲫⲉ ⲧⲏⲥ ⲉ ⲡϣⲱⲓ ⲙ̇ ⲫⲣⲏϯ ⲛ̇ ⲟⲩⲣⲓⲣ ⲛ̇ⲧⲱⲟⲩ
ⲉⲣⲉ ⲟⲩⲥⲛϥⲓ ⲛ̇ ⲣⲟ ⲃ̄ ⲑⲟⲕⲉⲙ ϧⲉⲛ ⲧⲉϥϫⲓϫ ⲉϥⲟⲓ 25
ⲛ̇ ⲭⲗⲓⲉ ⲉⲙⲁϣⲱ. ⲟⲩⲟϩ ⲉⲧⲁϥⲟϩⲓ ⲉⲣⲁⲧϥ | ⲙ̇
ⲡⲉⲥⲛ̇ⲑⲟ ⲉⲃⲟⲗ ⲁ ⲡⲉϥⲥⲑⲟⲓⲃⲱⲛ ϣⲱϣ ⲉⲃⲟⲗ ⲛⲁϩ-
ⲣⲁⲥ ⲉⲙⲁϣⲱ. ⲉⲩⲫⲏⲙⲓⲁ ⲇⲉ ϯⲥⲩⲛⲕⲗⲏⲧⲓⲕⲏ

ἐτασΝΑΥ ἐροϥ ἐΤΑϥϣΙΒϯ ϧΕΝ ΠΕϥΙΝΙ ϧΕΝ ϯΟΥ-
ΝΟΥ ΑΣϩΩΛ ἐϩΟΥΝ ἐ ΠΕΣΚΟΙΤΩΝ ΑΣΑΜΟΝΙ Ν̄
ϯϩΙΚΩΝ ἐρΕ ΠΙΛΥΜΗΝ Ν̄ΤΕ ΠΙΑΡΧΗΑΓΓΕΛΟΣ ἐθ
ΟΥΑΒ ΜΙΧΑΗΛ ΕΡ ζΩΓΡΑΦΙΝ ἐροΣ ΑΣϣΩΠΙ ΑΣ
ΕΡ ΑΜΑΛΗϩ ἐϩΟΥΝ ἐροΣ ΑΣΩϣ ἐΒΟΛ ΕΣϫΩ 5
Μ̄ΜΟΣ ϫΕ ΠΙΑΡΧΗΑΓΓΕΛΟΣ ἐθ ΟΥΑΒ ΜΙΧΑΗΛ
ΑΡΙ ΒΟΗΘΙΝ ἐροΙ Ν̄ΤΕΚΝΑϩΜΕΤ Ν̄ ΤΟΤϥ Μ̄ ΠΙΣΑ-
Ν̄Χροϥ. ΠΙϪΙΑΒΟΛΟΣ ϪΕ ΑϥϣΩΠΙ ΕϥΟϩΙ ἐΡΑΤϥ

ρπϪ. Α. ΣΑΒΟΛ Μ̄ ΦΡΟ Μ̄ ΠΙΚΟΙΤΩΝ ἐΠΙ ϪΗ Μ̄ΠΕ ϥϫΕΜ-
ϫΟΜ Ν̄ ϩΩΛ ἐϩΟΥΝ ΕΘΒΕ ΠΩΟΥ Μ̄ ΠΙΑΡΧΗΑΓ- 10
ΓΕΛΟΣ ἐθ ΟΥΑΒ ΜΙΧΑΗΛ ἐΤΑϥΝΑϩ ΠΙΚΟΙΤΩΝ
ΑϥΤΑΛΕ ΠΕϥΤΗΒ ϩΙϪΕΝ ΠΕϥϣΑΙ ΑϥΣΕΚϧΡΩΟΥ
ἐΒΟΛϧΕΝ ΠΕϥϫΕΒϣΑΙ ΕϥΩϣ ἐΒΟΛ ΕϥϫΩ Μ̄ΜΟΣ
ϪΕ ὦ ΒΙΑ ΟΥ ΠΕ ϯΗΑΛΙϥ Ν̄Ε ΕΥΦΗΜΙΑ ΑΛΙ ἐ-
ϩΟΥΝ ϣΑ ρο ΕΙΟΥΩϣ ἐ ΕΡ ϩΑΛ Ν̄ΜΟ ΟΥΟϩ 15
Ν̄ΤΑΣΟΚΙ ἐ ΠΤΑΚΟ ΝΕΜΗΙ ΑΙϪΕΜϯ ἐΡΕ ϬΡΗΟΥΤ
ἐροΙ ΕΘΒΕ ΤΑΙ ΦΟϪΙ Ν̄ ϣΕ ΑΡΕ ΑΜΟΝΙ Μ̄ΜΟΣ Ν̄
ϣΟΡΠ ΜΕΝ ΑΙΤΟΥΝΟΣ ΠΙΛΑΟΣ Ν̄ΤΕ ΝΙΟΥϪΑΙ

ρπϪ. Β. Ε̄ϪΕΝ ΜΕΣΙΑΣ ΦΗ ἐΤ ΟΥΜΟΥΤΕ ἐροϥ ϪΕ ΠΧ̄Σ̄
ΕΙΜΕΥΙ ΝΗΙ ΠΕ ϪΕ ϯΝΑϣΚΩΡϥ Ν̄ΤΕϥϪΟΜ ΑϥΘΕ- 20
ΒΙΟΙ ΝΕΜ ΤΑ ϪΟΜ ΤΗΡΣ ϧΑΤΕΝ ΠΙϣΕ Ν̄ΤΕ ΠΙΣ-
ΤΑΥΡΟΣ ΟΥΟϩ ΙΣϪΕΝ ϣΟΡΠ ΑΝΟΚ ΠΕ ἐΤ ΑΙ ΕΡ
ϩΑΛ Ν̄ ΑΔΑΜ ΝΕΜ ΕΥΑ ΑΙΘΡΟΥ ΕΡ ΠΑΡΑΒΑΝΙΝ
Ν̄ ϯΕΝΤΟΛΗ Ν̄ΤΕ Φϯ ΑΙΑΙΤΟΥ Ν̄ ϣΕΜΜΟ ἐ ΠΙ-
ΠΑΡΑΔΙΣΟΣ ΝΕΜ ΝΙΜΑ Ν̄ ϣΩΠΙ Ν̄ ΟΥΩΙΝΙ. ΑΝΟΚ 25
ΟΝ ΠΕ ἐΤΑΙ ΕΡ ϩΑΛ Ν̄ ΝΑ ΑΓΓΕΛΟΣ ϣΑΤ ΟΥ-
ϩΙΤΟΥ ἐΒΟΛϧΕΝ ΠΟΥΩΟΥ ΑΝΟΚ ΠΕ ἐΤΑΙ ΡΕ
ΝΙΑΦΩϣ ΕΡΝΟΒΙ ϣΑΝΤΕ Φϯ ϥΟΤΟΥ ἐΒΟΛϧΕΝ

πιμωογ ⲛ̄ ⲕⲁⲧⲁⲕⲗⲩⲥⲙⲟⲥ. ⲁ̀ⲛⲟⲕ ⲡⲉ ⲉ̀ⲧⲁⲓⲧⲁⲙⲉ

ⲣ̄ⲡ̄ⲉ̄. ⲁ. ⲛⲓⲣⲉⲙⲥⲟⲇⲟⲙⲁ ⲛⲉⲙ ⲅⲟⲙⲟⲣⲣⲁ ⲛⲉⲙ ⲑⲉⲇⲱⲓⲙ
ⲛⲉⲙ ⳉⲱⲃⲟⲓⲛ ⲉⲑⲣⲟⲩ ⲓ̀ⲣⲓ ⲛ̄ ⲛⲁⲓ ⲛⲓϣϯ ⲛ̄ ⲡⲁⲣⲁ-
ⲛⲟⲙⲓⲁ ϣⲁ̀ⲛⲧⲉ ⲫϯ ⳉⲱⲟⲩ ⲉ̀ⲭⲱⲟⲩ ⲛ̄ ⲟⲩⲭⲣⲱⲙ
ⲛⲉⲙ ⲟⲩⲑⲏⲛ ⲛ̀ⲧⲉϥϥⲟⲧⲟⲩ ⲉ̀ⲃⲟⲗ. ⲁ̀ⲛⲟⲕ ⲡⲉ ⲉ̀ⲧⲁⲓ- 5
ⲧⲁⲙⲉ ⲓ̀ⲉⳉⲁⲃⲉⲗ ⲉ̀ ⲫⲛⲟⲃⲓ ⲁⲓⳉⲱⲧⲉⲃ ⲛ̄ ⲡⲓ ⲕⲉ ⲁⲭⲁⲃ
ⲛⲉⲙⲁⲥ ϧⲉⲛ ⲧⲉⲥ ⲡⲁⲣⲁⲛⲟⲙⲓⲁ. ⲁ̀ⲛⲟⲕ ⲡⲉ ⲉ̀ⲧⲁⲓ-
ⲧⲟⲩⲛⲟⲥ ⲛⲉⲛϣⲏⲣⲓ ⲛ̄ ⲡⲓⲥ̄ⲗ̄ ⲉ̀ⳅⲉⲛ ⲁⲁⲣⲱⲛ ⲁⲩϣⲱⲡⲓ
ⲉⲩϯ ⲛ̀ⲕⲁⳅ ⲛⲁϥ ϣⲁⲧⲉ ϥⲑⲁⲙⲓⲟ̀ ⲛⲱⲟⲩ ⲛ̄ ⲟⲩⲙⲁⲥⲓ
ⲛ̀ⲧⲟⲩϣⲉⲛϣⲓ ⲛ̀ⲙⲟϥ ⲉ̀ ⲁ ⲫϯ ⲭⲱⲛ̀ⲧ ⲉ̀ⲣⲱⲟⲩ ⲟⲩⲟⳉ 10
ⲁϥϥⲟⲧⲟⲩ ⲉ̀ⲃⲟⲗ. ⲁⲡⲗⲱⲥ ⲛⲟⲃⲓ ⲛⲓⲃⲉⲛ ⲁ̀ⲛⲟⲕ ⲡⲉ

ⲣ̄ⲡ̄ⲉ̄. ⲃ. ⲉ̀ⲧⲁⲓⲑⲣⲟⲩϣⲱⲡⲓ. ⲱ̀ ⲙⲓⲭⲁⲏⲗ ⲙⲏ ⲛ̀ⲑⲟⲕ ⲁⲛ ⲡⲉ
ⲉ̀ⲧⲁⲕⲥⲁⲧ ⲉ̀ⲃⲟⲗϧⲉⲛ ⲧⲫⲉ ⲛⲉⲙ ⲛⲁ ⲁⲅⲅⲉⲗⲟⲥ ⲁⲩϩⲓⲧ
ⲉ̀ϧⲣⲏⲓ ⲉ̀ ϯⲗⲩⲙⲛⲏ ⲛ̀ ⲭⲣⲱⲙ ⲉⲑ ⲙⲟⳉ. ⲱ̀ ⲙⲓⲭⲁⲏⲗ
ⲓⲥ ⲧⲫⲉ ⲛⲉⲙ ⲡⲓⲕⲁϩⲓ ⲁⲓⲭⲁⲩ ⲛⲁⲕ ⲁⲛϣⲱⲡⲓ ⲛ̀ϧⲏⲗ 15
ⲉⲙⲛⲏ ⲛⲉⲙ ⲛⲁⲓ ϧⲉⲛ ⲡⲓⲁⲏⲣ ⲛ̀ⲙⲁⲩⲁ̀ⲧⲉⲛ ⲉ̀ⲛⲭⲟⲣ
ⲉ ⲛⲓ ⲉ̀ⲧⲉⲛⲛⲁϣⳅⲉⲙⳅⲟⲙ ⲛ̀ⲧⲁ̀ⳉⲱⲟⲩ. ⲟⲩⲁⲓ ϧⲉⲛ
ⲟⲩⲡⲟⲣⲛⲓⲁ ⲕⲉ ⲟⲩⲁⲓ ϧⲉⲛ ⲟⲩⲙⲉⲧⲛⲱⲓⲕ ⲟⲩⲁⲓ ϧⲉⲛ
ⲟⲩⲁ̀ⲛⲁϣ ⲛ̄ ⲛⲟⲩⳅ ⲕⲉ ⲟⲩⲁⲓ ϧⲉⲛ ⲟⲩⲕⲁⲧⲁⲗⲁⲗⲓⲁ̀
ⲟⲩⲁⲓ ϧⲉⲛ ⲟⲩⲭⲣⲟϥ ⲕⲉ ⲟⲩⲁⲓ ϧⲉⲛ ⲟⲩⲙⲉⲧⲥⲁⲛⲕⲟⲧⲥ 20
ⲟⲩⲁⲓ ϧⲉⲛ ⲟⲩⲭⲟⳉ ⲕⲉ ⲟⲩⲁⲓ ϧⲉⲛ ⲟⲩⲉⲗⲕϣⲁⲓ ⲟⲩⲁⲓ
ϧⲉⲛ ⲟⲩⲃⲓⲟϯ. ⲉϣⲱⲡ ⲁⲛϣⲁⲛⲉ̀ⲙⲓ ⳅⲉ ⲙ̀ⲡⲉ ⲛϣ-

ⲣ̄ⲡ̄ⲋ̄. ⲁ. ⳅⲉⲙⳅⲟⲙ ⲉ̀ⲣⲟϥ ϧⲉⲛ ⲟⲩⲭⲟⲣⳅⲥ ⲛ̄ ⲡⲁⲓ ⲣⲏϯ ϣⲗⲏ-
ⲓⲛⲓ ⲉ̀ϧⲣⲏⲓ ⲉ̀ⳉⲱϥ ⲛ̄ ⲟⲩⳉⲓⲛⲓⲛⲓ ⲉϥⲟϣ ⳅⲉ ⲭⲁⲥ ⲛ̀ⲛⲉϥ-
ⲣⲱⲓⲥ ⲛ̀ⲧⲉϥ ⲉⲣ ⲟⲩⲥⲟⲡ ⲛ̄ ϣⲗⲏⲗ ϧⲁ ⲛⲉϥⲛⲟⲃⲓ. 25
ⳉⲏⲡⲡⲉ ⲗⲟⲓⲡⲟⲛ ⲁⲛⲭⲱ ⲛ̀ⲧⲫⲉ ⲛⲉⲙ ⲡⲓⲕⲁϩⲓ ⲛⲁⲕ
ⲉϣⲧⲉⲙⲑⲣⲉⲛⲛⲁⲩ ⲉ̀ ⲡⲉⲕⳉⲟⲩ ⲉ ⲧⲉⲕⲙⲟⲣⲫⲓ ϯ ⳉⲟϯ
ⲛⲁⲛ ⲉ̀ⲙⲁϣⲱ ⲟⲩⲟⳉ ⲧⲉⲕⲥⲧⲟⲗⲏ ⲉⲧ ϧⲉⲛ ⲧⲁⲓ ⳉⲱⲅ-

ⲣⲁⲫⲓⲁ ⲉⲧ ϧⲉⲛ ⲧⲁⲓ ⲫⲟⲥⲓ ⲛ̀ ϣⲉ ⲉⲥϥⲱⲧⲥ ϧⲉⲛ
ϧⲁⲛϥⲁϧⲣⲓ ⲛ̀ ⲗⲟⲅⲓⲁⲃⲁⲛ ⲁⲥϭⲣⲟ ⲉ̀ ⲧⲁⲓ ⲛⲓϣϯ ⲛ̀
ⲥⲟⲙ ⲛ̀ ⲫⲟⲟⲩ· ⲟⲩⲟϩ ⲫⲏ ⲉ̀ⲧⲁⲩⲁⲓϥ ⲛ̀ ⲥⲧⲁⲩⲣⲟⲥ
ϣⲁⲧⲉ ϥ̀ⲫⲱⲣⲕ ⲛ̀ ⲧⲁ ⲛⲟⲩⲛⲓ ϧⲁ ⲧⲥⲏ ⲛ̀ ⲫⲟⲟⲩ

ⲣ̅ⲛ̅ⲅ̅. ⲃ. ⲟⲩⲟϩ ⲟⲛ ϯⲛⲟⲩ ⲡⲉ ⲉⲣⲉ ⲧⲉⲕⲥⲓⲕⲱⲛ ϥⲟⲧⲥ ⲉ̀ⲣⲟϥ 5
ⲱ̀ ⲙⲓⲭⲁⲏⲗ ⲡⲉ ⲉ̀ⲧⲁⲥ ⲉⲣ ⲕⲱⲗⲓⲛ ⲛ̀ⲙⲟⲓ ⲟⲩⲟϩ ⲁⲥϭⲣⲟ
ⲉ̀ⲣⲟⲓ ⲛⲉⲙ ⲧⲁ ⲥⲟⲙ ⲧⲏⲣⲥ ⲛ̀ ⲫⲟⲟⲩ ⲛ̀ⲡ ⲁⲥⲭⲁⲧ
ⲛ̀ⲧⲁⲥⲱⲕ ⲛ̀ ⲡⲁ ⲟⲩⲱϣ ⲉ̀ⲃⲟⲗ ⲛⲉⲙ ⲉⲩⲫⲏⲙⲓⲁ
ϯⲥⲩⲛⲕⲗⲏⲧⲓⲕⲏ· ⲱ̀ ⲃⲓⲁ ⲛ̀ ⲫⲟⲟⲩ ⲉⲣⲉ ⲙⲓⲭⲁⲏⲗ ϯ
ϧⲓⲥⲓ ⲛⲏⲓ ⲥⲁ ⲥⲁ ⲛⲓⲃⲉⲛ ⲁⲓϩⲱϣ ⲟⲩⲡⲉ ϯⲛⲁⲁⲓϥ ⲛⲉ 10
ⲱ̀ ⲉⲩⲫⲏⲙⲓⲁ ϯⲥⲩⲛⲕⲗⲏⲧⲓⲕⲏ ⲁⲣⲉ ⲥⲱ ⲙ̀ⲙⲟⲥ ϯⲛⲟⲩ
ⲥⲉ ϯⲛⲁϣⲥⲉⲛⲥⲟⲙ ⲉ̀ⲣⲟ ⲁⲛ ⲉⲣⲉ ⲉⲣ ⲑⲁⲣⲓⲛ ⲉ̀ ⲧⲁⲓ
ⲕⲟⲩⲥⲓ ⲛ̀ ⲫⲟⲥⲓ ⲛ̀ ϣⲉ ⲉⲧ ϧⲉⲛ ⲛⲉⲥⲓⲥ· ⲓⲥⲭⲉ ⲁϩⲁ
ⲓⲉ ⲁⲣⲓ ⲉ̀ⲙⲓ ⲛⲉ ⲥⲉ ϯⲛⲏⲟⲩ ϣⲁ ⲣⲟ ⲟⲛ ϧⲉⲛ ⲟⲩⲉ̀-
ϩⲟⲟⲩ ⲉⲣⲉ ⲥⲱⲟⲩⲛ ⲛ̀ⲙⲟϥ ⲁⲛ ⲉ̀ⲧⲉ ⲥⲟⲩ ⲓ̅ⲉ̅ ⲛ̀ 15

ⲣ̅ⲛ̅ⲍ̅. ⲁ. ⲡⲁⲱⲛⲓ ⲡⲓϩⲟⲟⲩ ⲉ̀ⲧⲉⲛⲛⲁⲩ ϣⲁⲩⲥⲉⲛ ⲙⲓⲭⲁⲏⲗ
ⲉϥⲑⲟⲩⲏⲧ ⲛⲉⲙ ⲛⲓⲁⲅⲅⲉⲗⲟⲥ ⲉϥϥⲁϧⲧ ⲛⲉⲙ ϯⲁⲅ-
ⲅⲉⲗⲓⲕⲏ ⲧⲏⲣⲥ ⲥⲁⲃⲟⲗ ⲛ̀ ⲡⲓⲕⲁⲧⲁⲡⲉⲧⲁⲥⲙⲁ ⲛ̀ⲧⲉ
ⲫⲓⲱⲧ ⲉⲑⲃⲉ ⲛⲓⲙⲱⲟⲩ ⲛ̀ⲧⲉ ⲫⲓⲁⲣⲟ ⲛ̀ ⲭⲏⲙⲓ ⲟⲩⲟϩ
ⲉⲑⲃⲉ ⲛⲓⲓ̀ⲱϯ ⲛⲉⲙ ⲛⲓⲙⲱⲟⲩ ⲛ̀ ϩⲱⲟⲩ. ⲟⲩⲟϩ 20
ϯⲥⲱⲟⲩⲛ ⲁ̀ⲛⲟⲕ ⲛ̀ ⲫⲁⲓ ⲥⲉ ϣⲁⲥϣⲱⲡⲓ ⲛ̀ⲧⲉϥ ⲉⲣ
ⲅ̅ ⲛ̀ ⲉ̀ϩⲟⲟⲩ ⲛⲉⲙ [ⲅ̅] ⲛ̀ ⲉ̀ϫⲱⲣϩ ⲛ̀ⲡ ⲁϥⲕⲏⲛ ⲉϥⲧⲱⲃϩ
ⲟⲩⲟϩ ⲉϥϥⲁϧⲧ ⲁⲧϭⲛⲉ ⲧⲱⲟⲩⲛⲟⲩ ⲉ̀ ⲡϣⲱⲓ ϣⲁⲛⲧⲉ
ⲫϯ ⲥⲱⲧⲉⲙ ⲉ̀ⲣⲟϥ ⲛ̀ⲧⲉϥ ⲉⲣ ⲭⲁⲣⲓⲍⲉⲥⲑⲉ ⲛⲁϥ ⲙ̀
ⲡⲉϥ ⲉ̀ⲧⲏⲙⲁ. ⲗⲟⲓⲡⲟⲛ ⲁⲓϣⲁⲛⲓ̀ ⲉ̀ ⲡⲓⲉ̀ϩⲟⲟⲩ ⲉ̀ⲧⲉⲛ- 25

ⲣ̅ⲛ̅ⲍ̅. ⲃ. ⲛⲁⲩ | ϯⲁⲓ ⲛⲉ ⲉⲓⲥⲉⲃⲧⲱⲧ ϧⲉⲛ ⲧⲁⲓ ⲛⲓϣϯ ⲛ̀ⲥⲟⲙ
ⲛ̀ⲧⲁⲁ̀ⲙⲟⲛⲓ ⲛ̀ ⲧⲁⲓ ⲫⲟⲥⲓ ⲛ̀ ϣⲉ ⲉⲧ ϧⲉⲛ ⲛⲉⲥⲓⲥ ⲛ̀ⲧⲁⲗⲓ
ⲛ̀ ⲙⲉⲣⲟⲥ ⲙⲉⲣⲟⲥ ⲉ̀ϩⲣⲏⲓ ⲉ̀ⲥⲉⲛ ⲧⲉ ⲁⲫⲉ ⲛ̀ⲧⲉⲛⲁⲩ ⲥⲉ

τεραξε ⲛ̅ ⲡⲓⲁⲣⲭⲏⲁⲅⲅⲉⲗⲟⲥ ⲙⲓⲭⲁⲏⲗ ⲛ̅ⲛⲁⲓ ⲛ̅ⲧⲉϥ
ⲉⲣ ⲃⲟⲏⲑⲓⲛ ⲉ̀ ⲣⲟⲙⲡⲓ ⲉ̀ϩⲟⲟⲩ ⲉ̀ⲧⲉⲙⲙⲁⲩ. Ναι ⲇⲉ
ⲉⲥⲥⲱⲧⲉⲙ ⲉ̀ⲣⲱⲟⲩ ⲛ̀ϫⲉ ϯⲥϩⲓⲙⲓ ⲛ̀ ⲥⲁⲃⲏ ⲉ̀ⲧⲉⲙⲙⲁⲩ
ⲁⲥϭⲓ ⲛⲁⲥ ⲛ̀ ϯϩⲓⲕⲱⲛ ⲛ̀ⲧⲉ ⲡⲓⲁⲣⲭⲏⲁⲅⲅⲉⲗⲟⲥ ⲙⲓ-
ⲭⲁⲏⲗ ⲁⲥⲃⲟϫⲓ ⲛ̀ⲥⲱϥ ⲥⲁⲃⲟⲗ ⲛ̀ ⲫⲣⲟ ⲛ̀ ⲡⲉⲥⲕⲟⲓⲧⲱⲛ 5
ⲟⲩⲟϩ ϧⲉⲛ ϯⲟⲩⲛⲟⲩ ⲁϥ ⲉⲣ ⲁⲑⲟⲩⲱⲛϩ ⲉ̀ⲃⲟⲗ ⲛ̀

ⲣⲓⲅ. ⲁ. ⲡⲉⲥⲙ̅ⲑⲟ ϯⲥϩⲓⲙⲓ ⲇⲉ ⲉ̀ⲧ | ⲧⲁⲓⲏⲟⲩⲧ ⲉ̀ⲧⲉⲙⲙⲁⲩ
ⲉⲩⲫⲏⲙⲓⲁ ϯⲥⲩⲛⲕⲗⲏⲧⲓⲕⲏ ⲁⲥϣⲱⲡⲓ ⲉⲥⲓ̀ⲣⲓ ⲛ̀ ϩⲁⲛϯϩⲟ
ⲛⲉⲙ ϩⲁⲛϣⲗⲏⲗ ⲉ̀ⲟϣ ⲙ̀ ⲡⲓⲉ̀ϩⲟⲟⲩ ⲛⲉⲙ ⲡⲓⲉ̀-
ϫⲱⲣϩ ⲓⲥϫⲉⲛ ⲡⲓⲉ̀ϩⲟⲟⲩ ⲉ̀ⲧ ⲁ ⲡⲓⲇⲓⲁⲃⲟⲗⲟⲥ ϣⲉ ⲛⲁϥ 10
ⲉ̀ⲃⲟⲗ ϩⲁⲣⲟⲥ ϣⲁ ⲡⲓⲉ̀ϩⲟⲟⲩ ⲉ̀ⲧⲁϥϫⲟⲥ ϫⲉ ϯⲛⲏⲟⲩ
ⲛ̀ⲧⲁϯ ⲛⲉⲙⲉ ⲉ̀ⲧⲉ ⲥⲟⲩ ⲓ̅ⲃ̅ ⲙ̀ ⲡⲁⲱ̀ⲛⲓ ⲡⲉ. Οⲩⲟϩ
ⲛⲁⲥϯϩⲟ ⲙ̀ ⲫϯ ⲡⲉ ⲛⲉⲙ ⲡⲓⲁⲣⲭⲏⲁⲅⲅⲉⲗⲟⲥ ⲉ̀ⲑ
ⲟⲩⲁⲃ ⲙⲓⲭⲁⲏⲗ ⲉⲑⲣⲉϥϣⲱⲡⲓ ⲛⲁⲥ ⲙ̀ ⲃⲟⲏⲑⲟⲥ ⲛⲉⲙ
ⲛⲁϣϯ. Ⲁⲥϣⲱⲡⲓ ⲇⲉ ϧⲉⲛ ⲥⲟⲩ ⲓ̅ⲃ̅ ⲙ̀ ⲡⲁⲱ̀ⲛⲓ 15
ⲡⲉϩⲟⲟⲩ ⲙ̀ ⲡⲓⲁⲣⲭⲏⲁⲅⲅⲉⲗⲟⲥ ⲙⲓⲭⲁⲏⲗ ⲁ̀ ⲉⲩⲫⲏⲙⲓⲁ

ⲣⲓⲅ. ⲃ. ⲥⲟⲃϯ ⲛ̀ ⲛⲏⲉ̀ⲧⲟⲩ ⲛⲁ ⲉⲣ ⲭⲣⲓⲁ̀ ⲛ̀ⲙⲟϥ ⲉ̀ ⲡϣⲁⲓ
ⲙ̀ ⲙⲓⲭⲁⲏⲗ ⲓⲧⲉ ϯⲡⲣⲟⲥⲫⲟⲣⲁ ⲛⲉⲙ ϯⲁⲡⲁⲣⲭⲏ ⲛ̀ⲧⲉ
ⲡⲓⲗⲁⲟⲥ ϧⲉⲛ ⲡⲓⲧⲟⲡⲟⲥ ⲓⲧⲉ ⲡⲥⲟⲃϯ ⲛ̀ ⲛⲓⲥⲛⲏⲟⲩ
ϧⲉⲛ ⲡⲓⲙⲁ ⲛ̀ ϣⲱⲡⲓ ⲙⲉⲛⲉⲛⲥⲁ ϯϩⲓⲣⲏⲛⲏ ⲁⲡⲗⲱⲥ 20
ⲁⲥϥⲓ ⲫⲣⲱⲟⲩϣ ⲙ̀ ⲡⲓϣⲁⲓ ⲛ̀ ⲕⲁⲗⲱⲥ ⲕⲁⲧⲁ ⲡⲉⲧⲥϣⲉ
ⲉ̀ⲡⲓ ⲇⲏ ⲛⲉ ⲟⲩⲣⲁⲙⲁⲟ ⲧⲉ ⲉ̀ⲙⲁϣⲱ. Ⲡⲓⲇⲓⲁⲃⲟⲗⲟⲥ
ⲇⲉ ⲡⲓⲙⲁⲥⲧⲉ ⲡⲉⲑⲛⲁⲛⲉϥ ⲛ̀ ⲥⲛⲟⲩ ⲛⲓⲃⲉⲛ ⲙ̀ⲡⲉ
ϥϣϥⲁⲓ ⲉ̀ⲣⲟϥ ⲉϥⲛⲁⲩ ⲉ̀ ⲡⲓⲁ̀ⲅⲁⲑⲟⲥ ⲉⲣⲉ ⲧⲁⲓ ⲥϩⲓⲙⲓ
ⲓ̀ⲣⲓ ⲛ̀ⲙⲱⲟⲩ ⲉⲥⲥⲟⲃϯ ⲛ̀ⲙⲱⲟⲩ ⲉⲑⲣⲉⲥⲧⲏⲓⲧⲟⲩ ϧⲉⲛ 25
ⲡϣⲁⲓ ⲙ̀ ⲡⲓⲁⲣⲭⲏⲁⲅⲅⲉⲗⲟⲥ ⲉ̀ⲑ ⲟⲩⲁⲃ ⲙⲓⲭⲁⲏⲗ

ⲣⲓⲇ. ⲁ. Ⲉ̀ⲧ ⲁ ⲡⲓⲟⲩⲱⲓⲛⲓ ⲓ̀ ⲉ̀ⲃⲟⲗ ⲛ̀ ϩⲁⲛⲁⲧⲟⲟⲩⲓ̀ ⲛ̀ ⲥⲟⲩ
ⲓ̅ⲃ̅ ⲙ̀ ⲡⲁⲱ̀ⲛⲓ ⲉ̀ⲧⲓ ⲉⲥⲟϩⲓ ⲉ̀ ⲣⲁⲧⲥ ⲉⲥϣⲗⲏⲗ ⲛ̀

ⲫⲛⲁⲩ ⲛ̀ ϣⲱⲣⲡ ⲉⲥⲉⲣⲉ̀ⲧⲓⲛ ⲛ̀ ⲫϯ ϧⲉⲛ ⲫⲣⲁⲛ ⲛ̀
ⲡⲓⲁⲣⲭⲏⲁⲅⲅⲉⲗⲟⲥ ⲙⲓⲭⲁⲏⲗ ⲉⲑⲣⲉϥⲟ̀ϩⲓ ⲉ̀ ⲣⲁⲧϥ
ⲛⲉⲙⲁⲥ ϣⲁⲧ ⲉⲥϫⲱⲕ ⲉ̀ⲃⲟⲗ ⲛ̀ ⲡⲓϣⲉⲙϣⲓ ⲉ̀ⲧⲁⲥ-
ϭⲓⲧⲟⲧⲥ ⲉ̀ⲣⲟϥ ⲟⲩⲟϩ ⲛ̀ⲧⲉϥⲛⲁϩⲙⲉⲥ ⲉ̀ ⲡⲓⲕⲟⲧⲥ
ⲧⲏⲣⲟⲩ ⲛ̀ⲧⲉ ⲡⲓⲇⲓⲁ̀ⲃⲟⲗⲟⲥ. ϩⲏⲡⲡⲉ ⲓ̀ⲥ ⲡⲓⲇⲓⲁ̀ⲃⲟⲗⲟⲥ 5
ⲁϥⲓ̀ ⲁϥⲟ̀ϩⲓ ⲉ̀ ⲣⲁⲧ ϥ ⲙ̀ⲡⲉⲥⲙ̀ⲑⲟ ⲉ̀ⲃⲟⲗ ⲉϥⲟⲓ ⲙ̀
ⲡⲥⲙⲟⲧ ⲛ̀ ⲟⲩⲁⲣⲭⲏⲁⲅⲅⲉⲗⲟⲥ ⲉ̀ⲣⲉ ϩⲁⲛⲛⲓϣϯ ⲛ̀
ⲧⲉⲛϩ ⲛ̀ⲙⲟϥ ⲉϥⲙⲏⲣ ⲛ̀ ⲟⲩⲛⲟϫϧ ⲛ̀ ⲛⲟⲩⲃ ϩⲓϫⲉⲛ
ⲣⲡ︦ⲟ︦. ⲃ. ⲧⲉϥϯⲡⲓ ⲉϥⲧⲟⲧⲥ ⲛ̀ ⲱ̀ⲛⲓ ⲛ̀ⲙⲏⲛⲓ ⲉ̀ⲣⲉ ⲟⲩⲭⲗⲟⲙ
ϩⲓϫⲉⲛ ⲧⲉϥⲁ̀ⲫⲉ ⲁϥⲑⲁⲙⲓⲟⲩⲧⲉ ⲉ̀ⲃⲟⲗϧⲉⲛ ϩⲁⲛⲱ̀ⲛⲓ 10
ⲛ̀ ⲙⲁⲣⲅⲁⲣⲓⲧⲏⲥ ⲉ̀ⲛⲁϣⲉ ⲛ̀ ⲥⲟⲩⲉⲛⲟⲩ ⲉ̀ⲣⲉ ⲟⲩϣ-
ⲃⲱⲧ ⲛ̀ ⲛⲟⲩⲃ ϧⲉⲛ ⲧⲉϥϫⲓϫ ⲛ̀ ⲟⲩⲓ̀ⲛⲁⲙ ⲁⲗⲗⲁ ⲡⲓ-
ⲙⲏⲓⲛⲓ ⲛ̀ⲧⲉ ⲡⲓⲥⲧⲁⲩⲣⲟⲥ ⲉ̀ⲑ ⲟⲩⲁⲃ ⲭⲏ ϩⲓϫⲱϥ ⲁⲛ.
ⲈⲦⲁϥⲓ̀ ⲁϥⲟϩⲓ ⲉ̀ⲣⲁⲧϥ ⲙ̀ⲡⲉⲥⲙ̀ⲑⲟ ⲉ̀ⲃⲟⲗ ⲉϥϧⲉⲛ
ⲡⲁⲓ ⲛⲓϣϯ ⲛ̀ ⲱ̀ⲟⲩ ⲛ̀ ⲧⲁⲓ ⲙⲁⲓⲏ ⲉ̀ⲧⲁⲥⲛⲁⲩ ⲉ̀ⲣⲟϥ 15
ⲁⲥ ⲉⲣ ϩⲟⲧ ⲉ̀ⲙⲁϣⲱ ⲁⲥϩⲉⲓ ϩⲓϫⲉⲛ ⲡⲓⲕⲁϩⲓ. Ⲛ̀ⲑⲟϥ
ⲇⲉ ⲁϥϯⲧⲟⲧⲥ ⲁϥⲧⲟⲩⲛⲟⲥⲥ ⲡⲉϫⲁϥ ⲛⲁⲥ ϫⲉ ⲙ̀ⲡⲉⲣ
ⲉⲣϩⲟϯ ⲱ̀ ϯϭⲓⲙⲓ ⲉ̀ⲧ ⲧⲁⲓⲏⲟⲩⲧ ⲙ̀ⲡⲉⲙⲑⲟ ⲛ̀ ⲫϯ
ⲣⲝ︦. ⲁ. ⲛⲉⲙ ⲛⲉϥⲁⲅⲅⲉⲗⲟⲥ ⲉ̀ⲑ ⲟⲩⲁⲃ ⲭⲉⲣⲉ ϯϭⲓⲙⲓ ⲉ̀ⲧ
ⲁ ⲡⲉⲥⲙⲁⲕⲁⲣⲓⲟⲥ ⲛ̀ ϩⲁⲓ ϫⲉⲙ ϩⲙⲟⲧ ⲙ̀ⲡⲉⲙⲑⲟ ⲙ̀ 20
ⲫϯ. Ⲛ̀ⲑⲟ ⲇⲉ ϩⲱⲓ ⲁ ⲡⲉⲙⲁⲕⲁⲣⲓⲥⲙⲟⲥ ϣⲱⲡⲓ ⲙ̀
ⲫⲣⲏϯ ⲛ̀ ⲟⲩⲗⲁⲙⲡⲁⲥ ⲉϥ ⲉⲣ ⲟⲩⲱⲓⲛⲓ ⲙ̀ ⲡⲉⲙⲑⲟ ⲙ̀ ⲫϯ
ⲭⲉⲣⲉ ⲑⲏ ⲉ̀ⲧ ⲁ ⲛⲉⲥ ⲑⲩⲥⲓⲁ ⲛⲉⲙ ⲛⲉⲥⲁ̀ⲅⲁⲡⲏ ϣⲱⲡⲓ ⲙ̀
ⲫⲣⲏϯ ⲛ̀ ⲟⲩⲥⲟⲃⲧ ⲛ̀ ⲁⲇⲁⲙⲁⲛⲧⲓⲛⲟⲛ ⲉ̀ ϯⲟⲓⲕⲟⲩⲙⲉⲛⲏ
ⲧⲏⲣⲥ ϫⲉ ⲛ̀ⲛⲉ ⲡⲓⲇⲓⲁ̀ⲃⲟⲗⲟⲥ ⲉⲧ ϩⲱⲟⲩϣ ⲉⲣ ϩⲁⲗ 25
ⲛ̀ⲙⲟⲥ. Ⲁⲣⲓ ⲡⲓⲥⲧⲉⲩⲓⲛ ⲛⲏⲓ ⲱ̀ ϯϭⲓⲙⲓ ⲉ̀ⲧ ⲥⲙⲁ-
ⲣⲱⲟⲩⲧ ϫⲉ ⲉⲓⲛⲏⲟⲩ ⲉ̀ⲃⲟⲗϩⲓⲧⲉⲛ ⲫϯ ⲡⲓⲡⲁⲛⲧⲟ-
ⲕⲣⲁⲧⲱⲣ ⲁⲓⲛⲁⲩ ⲉ̀ ⲛⲉ ϣⲗⲏⲗ ⲉ̀ⲧ ⲁⲣⲉⲓⲧⲟⲩ ⲛ̀

ⲣⲝ̄. ⲃ̄. ⲫⲟⲟⲩ ⲁⲩⲓ̀ ⲉ̀ ⲡϣⲱⲓ ⲙ̀ ⲡⲉⲙⲑⲟ ⲙ̀ ⲫϯ ⲉⲩ ⲉⲣ
ⲟⲩⲱⲓⲛⲓ ⲉ̀ϩⲟⲧⲉ ⲫⲣⲏ ⲛ̀ ⲟⲩⲑⲃⲁ ⲛ̀ ⲕⲱⲃ ⲛ̀ ⲥⲟⲡ
ⲁⲩϣⲱⲡⲓ ⲉⲩϭⲓ ⲁⲕⲧⲓⲛ ⲉ̀ⲃⲟⲗ ⲉ̀ⲙⲁϣⲱ ⲁⲩϣⲑⲟⲣⲧⲉⲣ
ⲛ̀ ϯⲁⲅⲅⲉⲗⲓ ⲧⲏⲣⲥ. Ⲟⲩⲟϩ ⲁϥⲟⲅⲟⲣⲡⲧ ϣⲁⲣⲟ ⲛ̀ϫⲉ
ⲫϯ ⲟⲩⲟϩ ⲁϥϫⲱ ⲛ̀ ϩⲁⲛⲥⲁϫⲓ ⲛⲏⲓ ϫⲉ ⲛ̀ⲧⲁϫⲟⲧⲟⲩ 5
ⲛⲉ ϫⲉ ⲭⲁⲥ ⲛ̀ⲧⲉⲥⲱⲧⲉⲙ ⲓ̀ⲛⲏ ⲉⲑ ⲛⲁⲓ̀ ⲉ̀ⲃⲟⲗϧⲉⲛ ⲣⲱⲓ
ϩⲓⲛⲁ ⲛ̀ⲧⲉϫⲓⲛⲓ ⲛ̀ ⲟⲩⲛⲓϣϯ ⲛ̀ ⲧⲁⲓⲟ̀ ⲙ̀ ⲡⲉⲙⲑⲟ ⲙ̀
ⲫϯ. Ⲧⲉ ⲥⲱⲟⲩⲛ ϫⲉ ⲁϥⲕⲏⲛ ⲉ̀ϫⲟⲥ ⲛ̀ϫⲉ ⲫϯ ϫⲉ
ϥⲥⲱⲧⲡ ⲛ̀ϫⲉ ⲡⲓⲥⲱⲧⲉⲙ ⲉ̀ϩⲟⲧⲉ ⲡⲓϣⲟⲩϣⲟⲩϣⲓ ⲟⲩⲟϩ
ⲉ̀ ⲁⲣⲉ ϣⲁⲛ ⲉⲣ ⲁⲧ ⲥⲱⲧⲉⲙ ⲛ̀ⲥⲁ ⲛⲏ ⲉ̀ ϯⲛⲁϫⲟⲧⲟⲩ 10
ⲣⲝ̄ⲁ̄. ⲁ̄. ⲛⲉ ⲁ̀ⲛⲟⲕ ⲁⲛ ⲡⲉ ⲉⲧ ⲁⲣⲉ ⲉⲣ ⲁⲧ ⲥⲱⲧⲉⲙ ⲛ̀ⲥⲱϥ
ⲁⲗⲗⲁ ⲫϯ ⲡⲉ ⲥⲥ̀ϧⲛⲟⲩⲧ ⲅⲁⲣ ϫⲉ ⲁⲧ ⲥⲱⲧⲉⲙ ⲛⲓⲃⲉⲛ
ⲁϥϣⲟⲡ ϧⲉⲛ ⲡⲧⲁⲕⲟ. Ⲁⲥ ⲉⲣ ⲟⲩⲱ̀ ⲛ̀ϫⲉ ϯϩⲓⲙⲓ
ⲛ̀ ⲥⲁⲃⲏ ⲉⲥϫⲱ ⲙ̀ⲙⲟⲥ ϫⲉ ⲙⲁⲧⲁⲙⲟⲓ ϫⲉ ⲁϣ ⲛⲉ
ⲛⲓⲥⲁϫⲓ ⲉ̀ⲧⲁϥϩⲉⲛϩⲱⲛⲕ ⲉ̀ⲣⲱⲟⲩ ⲛ̀ϫⲉ ⲫϯ ⲉⲑⲣⲉⲕ- 15
ϫⲟⲧⲟⲩ ⲛⲏⲓ ⲁ̀ⲛⲟⲕ ϯⲛⲁⲁⲓⲧⲟⲩ ⲟⲩⲟϩ ⲛ̀ⲧⲁⲁⲣⲉϩ
ⲉ̀ⲣⲱⲟⲩ. Ⲁϥⲉⲣ ⲟⲩⲱ̀ ⲛ̀ϫⲉ ⲡⲓⲇⲓⲁ̀ⲃⲟⲗⲟⲥ ⲉϥϫⲱ
ⲙ̀ⲙⲟⲥ ϫⲉ ⲁ̀ ⲫϯ ϩⲟⲛϩⲉⲛ ⲉ̀ ⲧⲟⲧ ⲉⲓⲛⲏⲟⲩ ⲉ̀ⲃⲟⲗ-
ϩⲓ ⲧⲟⲧϥ ⲉⲓⲛⲏⲟⲩ ϩⲁⲣⲟ ϫⲉ ϩⲱ ⲉ̀ⲣⲟ ⲉ̀ⲣⲉⲧⲁⲕⲟ ⲛ̀
ⲡⲉⲧⲉⲛⲧⲉ ⲡⲉⲙⲁⲕⲁⲣⲓⲟⲥ ⲛ̀ ϩⲁⲓ ⲁⲣⲉ ϫⲱ ⲙ̀ⲙⲟⲥ ϫⲉ 20
ⲣⲝ̄ⲁ̄. ⲃ̄. ⲉⲓϯ ⲁ̀ⲅⲁⲡⲏ ϧⲁ ⲡⲟⲩϫⲁⲓ ⲛ̀ ⲧⲉϥⲯⲩⲭⲏ. Ⲓⲥ ⲡⲉϩⲗⲓ
ⲁϥ ⲉⲣ ⲕⲗⲏⲣⲟⲛⲟⲙⲓⲛ ⲛ̀ ⲛⲓⲁ̀ⲅⲁⲑⲟⲛ ⲛ̀ⲧⲉ ⲑⲙⲉⲧⲟⲩⲣⲟ
ⲛ̀ ⲛⲓⲫⲏⲟⲩⲓ̀. Ⲟⲩ ⲅⲁⲣ ⲉ̀ⲣⲟ ⲡⲉ ⲉ̀ ⲡⲁϣⲁⲓ ⲛ̀ ⲛⲁⲓ
ⲡⲣⲟⲥⲫⲟⲣⲁ̀ ⲛⲉⲙ ⲛⲁⲓ ⲁ̀ⲅⲁⲡⲏ ⲧⲏⲣⲟⲩ ⲉ̀ⲣⲉϯ ⲙ̀ⲙⲱⲟⲩ
ⲛⲉⲙ ⲛⲁⲓ ϣⲗⲏⲗ ⲉⲧ ⲟϣ ⲉⲣⲉ ⲓ̀ⲣⲓ ⲙ̀ⲙⲱⲟⲩ. ϯ ⲟⲩ- 25
ⲕⲟⲩϫⲓ ⲟⲩⲟϩ ⲭⲁ ⲟⲩⲕⲟⲩϫⲓ ϧⲉⲛ ⲡⲉⲛⲓ ⲙⲏⲡⲱⲥ
ⲛ̀ⲧⲉ ⲉⲣ ϧⲁⲓⲉ̀ ⲙⲉⲛⲉⲛⲥⲁ ⲟⲩⲥⲛⲟⲩ. Ⲟⲩⲟϩ ⲙⲉⲛⲉⲛⲥⲁ
ⲛⲁⲓ ⲉ̀ϣⲱⲡ ⲛ̀ⲧⲉ ⲡⲓⲇⲓⲁ̀ⲃⲟⲗⲟⲥ ⲛⲁⲩ ⲉ̀ⲣⲟ ⲙ̀ ⲡⲁⲓ

ρηϯ ερε ϯαγαπη ϥναχος ερο ⲛⲧⲉϥϫⲱⲣ ⲉⲃⲟⲗ
ⲛ̀ ⲡⲉⲧⲉⲛⲧⲉ ⲕⲁⲧⲁ ⲫⲣⲏϯ ⲉⲧⲁϥϫⲱⲣ ⲉⲃⲟⲗ ⲛ̀
ⲛⲓϩⲩⲡⲁⲣⲭⲟⲛⲧⲁ ⲛ̀ⲧⲉ ⲓⲱⲃ ⲉⲡⲓ ⲇⲏ ⲓⲱⲃ ϩⲱϥ
ⲛⲁϥⲓⲣⲓ ⲙ̀ ⲡⲁⲓ ⲣⲏϯ ⲛ̀ ⲛⲓϩⲏⲕⲓ ⲉⲑⲃⲉ ⲫⲁⲓ ⲁϥⲧⲁⲕⲟ
ⲙ̀ ⲡⲉⲛⲧⲁϥ ⲧⲏⲣϥ ⲟⲩⲟϩ ⲁϥⲃⲱⲗ ⲙ̀ⲡⲉϥ ⲕⲉ ⲥⲱⲙⲁ
ϧⲉⲛ ϩⲁⲛϧⲉⲛⲧ ⲉⲩϩⲱⲟⲩ ⲛⲉⲙ ⲛⲓⲙ̀ⲕⲁϩ ⲛ̀ϩⲏⲧ
ⲛ̀ⲧⲉ ⲛⲉϥϣⲏⲣⲓ ⲛⲉⲙ ⲛⲉϥϣⲏⲣⲓ (sic) ⲁϥⲑⲣⲉ ⲡⲓⲏⲓ
ϩⲓ ⲉϩⲣⲏⲓ ⲉϫⲱⲟⲩ ⲟⲩⲟϩ ⲁⲩⲙⲟⲩ ⲛ̀ ⲟⲩⲥⲟⲡ ⲛ̀
ⲟⲩⲱⲧ. ⲓⲥ ⲫⲏ ⲉⲑ ⲟⲩⲁⲃ ⲟⲛ ⲁⲗⲟⲩⲃⲓⲁ ⲁϥϫⲟϩ ⲉⲣⲟϥ
ⲉⲑⲃⲉ ⲛⲓⲙⲉⲧⲛⲁⲏⲧ ⲉ ⲛⲁϥⲓⲣⲓ ⲙ̀ⲙⲱⲟⲩ ⲉϥⲕⲱⲥ ⲛ̀
ⲛⲓⲥⲱⲙⲁ ⲛ̀ⲧⲉ ⲛⲏ ⲉⲧ ⲉϥⲛⲁϫⲉⲙⲟⲩ ⲉⲩⲙⲱⲟⲩⲧ
ⲉϥⲑⲱⲛⲥ ⲙ̀ⲙⲱⲟⲩ ⲁ ⲡⲓⲇⲓⲁⲃⲟⲗⲟⲥ ⲭⲟϩ ⲉⲣⲟϥ
ⲁϥⲓⲛⲓ ⲉϩⲣⲏⲓ ⲉϫⲱϥ ⲛ̀ ⲟⲩⲙⲉⲧϫⲏⲕⲓ ⲕⲉ ⲡⲉⲣ
ⲟⲩⲣⲁⲙⲁⲟ ⲉⲛⲁϣⲱ ⲡⲉ. ⲉ ⲡϧⲁⲉ ⲁϥⲑⲣⲉ ⲛⲓϭ-
ⲁϫⲉⲣⲙⲏⲓ ⲉϫⲉⲛ ⲛⲉϥⲃⲁⲗ ⲁⲩⲁⲓϥ ⲙ̀ ⲃⲉⲗⲗⲉ ⲙⲁⲗⲗⲟⲛ
ϩⲁⲛϩⲁⲗⲁϯ ⲁⲛ ⲛⲉ ⲙ̀ ⲡⲁⲓ ⲣⲏϯ ⲁⲗⲗⲁ ⲛ̀ⲑⲟϥ
ⲡⲓⲇⲓⲁⲃⲟⲗⲟⲥ ⲡⲉ ⲛⲉⲙ ϩⲁⲛ ⲕⲉ ⲇⲉⲙⲱⲛ ⲁⲩ ⲉⲣ
ⲡⲓⲥⲙⲟⲧ ⲛ̀ ⲛⲓϩⲁⲗⲁϯ ⲁⲩⲁⲓϥ ⲙ̀ ⲃⲉⲗⲗⲉ ⲉⲑⲃⲉ
ⲡⲟⲩⲭⲟϩ ⲉⲃⲟⲩⲛ ⲉⲣⲟϥ. ⲗⲟⲓⲡⲟⲛ ⲧⲁϣⲉⲣⲓ ⲉϣⲱⲡ
ⲧⲉⲣⲁⲥⲱⲧⲉⲙ ⲛ̀ⲥⲱⲓ ⲕⲁⲧⲁ ⲡⲓⲟⲩⲁϩⲥⲁϩⲛⲓ ⲛ̀ⲧⲉ ⲡϭⲥ
ϩⲱ ⲉⲣⲟ ϧⲉⲛ ⲛⲁⲓ ϩⲃⲛⲟⲩⲓ ⲙ̀ ⲡⲁⲓ ⲣⲏϯ. ⲁϥϫⲟⲥ
ⲛⲏⲓ ⲟⲛ ⲛ̀ϫⲉ ⲫϯ ϫⲉ ⲁϫⲟⲥ ⲛⲉ ϫⲉ ϩⲏⲡⲡⲉ ⲙ̀ⲙⲟⲛ
ϣⲏⲣⲓ ϣⲟⲡ ⲛⲉ ⲛⲉⲙ ⲡⲉⲙⲁⲕⲁⲣⲓⲟⲥ ⲛ̀ ϩⲁⲓ ⲁⲣⲓⲥ-
ⲧⲁⲣⲭⲟⲥ ⲡⲓⲥⲧⲣⲁⲧⲩⲗⲁⲧⲏⲥ ⲗⲟⲓⲡⲟⲛ ⲧⲱⲛⲓ ⲛ̀ⲧⲉ
ϩⲉⲙⲥⲓ ⲛⲉⲙ ⲟⲩⲣⲱⲙⲓ ⲉϥⲧⲁⲓⲏⲟⲩⲧ ϫⲉ ⲉⲣⲉ ϫⲫⲟ
ⲛ̀ ⲟⲩϣⲏⲣⲓ ⲛⲉⲙⲁϥ ⲇⲉ ϫⲁⲥ ⲁⲣⲉϣⲁⲛⲓ ⲉⲃⲟⲗϧⲉⲛ
ⲥⲱⲙⲁ ⲛ̀ⲧⲉϥ ⲉⲣ ⲕⲗⲏⲣⲟⲛⲟⲙⲓⲛ ⲙ̀ ⲫⲏ ⲧ ⲉⲛⲧⲉ ⲟⲩⲟϩ
ⲛ̀ⲧⲉϥϣⲱⲡⲓ ⲉϥⲓⲣⲓ ⲙ̀ ⲡⲉⲙⲉⲩⲓ ⲁⲣⲉϣⲁⲛⲓ ⲉⲃⲟⲗϧⲉⲛ

ⲥⲱⲙⲁ ⲉⲣⲉ ⲉⲣ ⲟⲩ ⲉⲣⲉ ⲟⲓ ⲛ̄ ⲁⲧ ϣⲓⲣⲓ ⲙ̄ⲙⲟⲛ
ϩⲗⲓ ⲛ̄ ϩⲉⲗⲡⲓⲥ ⲛⲁϣⲱⲡⲓ ⲛⲉ ϣⲁ ⲉⲛⲉϩ. Ⲟⲩⲟϩ
ⲁϥⲟⲩⲁϩⲥⲁϩⲛⲓ ⲛⲏⲓ ⲟⲛ ⲛ̄ϫⲉ ⲡ̄ϭ̄ⲥ̄ ϫⲉ ⲁⲗⲟⲥ ⲛⲉ
ⲉϣⲱⲡ ⲧⲉⲣⲁⲥⲱⲧⲉⲙ ⲛ̄ⲥⲱⲓ ⲛ̄ⲧⲉ ϩⲉⲛⲥⲓ ⲛⲉⲙ ϩⲁⲓ
ⲓⲉ ϩⲉⲛⲥⲓ ⲛⲉⲙ ⲏⲗⲗⲁⲣⲓⲭⲟⲥ ⲫⲏ ⲉⲧ ϯⲧⲱⲛ ⲛⲉⲙ 5
ⲟⲛⲛⲟⲩⲣⲓⲟⲥ ⲡⲟⲩⲣⲟ Ϩⲏⲡⲡⲉ ⲅⲁⲣ ⲁϥⲟⲩⲱϣ ⲉ
ⲥⲟⲃϯ ⲛ̄ ⲡⲉϥⲥⲧⲣⲁⲧⲉⲩⲙⲁ ⲉϥⲟⲩⲱϣ ⲉ ⲱⲗⲓ ⲛ̄ⲧⲉϥ
ⲙⲉⲧⲟⲩⲣⲟ ⲛ̄ ⲧⲟⲧϥ ⲟⲩⲟϩ ⲛ̄ⲧⲉϥ ⲉⲣ ⲟ̄ⲥ̄ ⲉ ⲛⲓⲭⲣⲏⲙⲁ
ⲧⲏⲣⲟⲩ ⲛ̄ⲧⲉ ⲛⲓⲣⲱⲙⲉⲟⲥ ϯⲥϩⲓⲙⲓ ⲇⲉ ⲉⲧⲉⲙⲙⲁⲩ ⲛ̄
ⲥⲁⲃⲉ ⲉⲩⲫⲏⲙⲓⲁ ⲁⲥⲉⲣ ⲑⲁⲙⲉⲥⲑⲉ ⲉ ⲛⲓⲙⲉⲧⲥⲁⲛⲕⲟⲧⲥ 10
ⲛ̄ⲧⲉ ⲡⲓⲇⲓⲁⲃⲟⲗⲟⲥ ⲟⲩⲟϩ ⲁⲥⲉⲙⲓ ϫⲉ ⲛ̄ⲑⲟϥ ⲡⲉ ⲉⲧ
ⲥⲁϫⲓ ⲛⲉⲙⲁⲥ ϩⲓⲧⲉⲛ ⲛⲉϥⲥⲁϫⲓ ⲉⲑ ⲙⲉϩ ⲛ̄ ⲡⲁⲑⲟⲥ
ⲛ̄ⲑⲟⲥ ⲇⲉ ⲡⲉϫⲁⲥ ⲛⲁϥ ϫⲉ ⲙⲁⲧⲁⲙⲟⲓ ϫⲉ ⲁⲥϭⲛⲟⲩⲧ
ⲛ̄ⲑⲱⲛ ϧⲉⲛ ⲛⲓⲅⲣⲁⲫⲏ ϫⲉ ⲙ̄ⲡ ⲉⲣ ϯ ⲁⲅⲁⲡⲏ ⲟⲩⲇⲉ
ⲡⲣⲟⲥⲫⲟⲣⲁ ⲓⲉ ϫⲉ ⲙ̄ⲡ ⲉⲣ ϣⲗⲏⲗ ⲓⲉ ϫⲉ ϩⲉⲛⲥⲓ 15
ⲛⲉⲙ ϩⲁⲓ ⲃ Ⲕⲉ ⲅⲁⲣ ⲧⲉⲛϫⲓⲛⲓ ⲛ̄ ⲫϯ ⲉϥϩⲟⲛϩⲉⲛ
ⲛⲁⲛ ϧⲉⲛ ⲟⲩⲙⲏϣ ⲛ̄ ⲙⲁ ϫⲉ ϣⲁⲣⲉ ϯⲁⲅⲁⲡⲏ ϩⲱⲃⲥ
ⲉⲃⲟⲗϩⲓ ϫⲉ ⲛ̄ ⲟⲩⲙⲏϣ ⲛ̄ ⲛⲟⲃⲓ ⲟⲩⲟϩ ⲟⲛ ϫⲉ ⲡⲓⲛⲁⲓ
ϣⲁϥϣⲟⲩϣⲟⲩ ⲙ̄ⲙⲟϥ ϩⲓϫⲉⲛ ϯⲕⲣⲓⲥⲓⲥ Ⲟⲩⲟϩ ⲟⲛ
ⲧⲉⲛⲥⲱⲧⲉⲙ ⲉ ⲡⲓⲡⲣⲟⲫⲏⲧⲏⲥ ⲉϥϣⲱ ⲉⲃⲟⲗ ⲉϥϫⲱ 20
ⲙ̄ⲙⲟⲥ ϫⲉ ⳓⲁⲓ ⲛ̄ ⲛⲉⲧⲉⲛⲑⲩⲥⲓⲁ ⲙⲁϣⲉ ⲛⲱⲧⲉⲛ
ⲉϧⲟⲩⲛ ⲉ ⲛⲉϥⲁⲩⲗⲏⲟⲩ ⲟⲩⲟϩ ⲟⲛ ⲕⲉ ⲙⲁ ϫⲉ ⲟⲩⲑⲩ-
ⲥⲓⲁ ⲛⲉⲙ ⲥⲙⲟⲩ ⲉⲑ ⲛⲁϯ ⲱⲟⲩ ⲛⲏⲓ ⲟⲩⲟϩ ⲟⲛ ϫⲉ
ϯⲑⲩⲥⲓⲁ ⲛ̄ⲧⲉ ⲡ̄ϭ̄ⲥ̄ ⲟⲩϩⲏⲧ ⲉϥ ⲟⲩⲁⲃ ⲡⲉ Ⲟⲩⲟϩ ⲟⲛ
ⲧⲉⲛⲥⲱⲧⲉⲙ ⲉ ⲡⲁⲩⲗⲟⲥ ⲡⲓⲣⲉϥϯⲥⲃⲱ ⲉϥⲥⲓⲱⲓϣ 25
ⲛⲁⲛ ϧⲉⲛ ⲛⲉϥⲥⲁϫⲓ ⲉⲧ ϩⲟⲗϫ ϫⲉ ϣⲗⲏⲗ ϧⲉⲛ
ⲟⲩⲙⲉⲧⲁⲑⲙⲟⲩⲛⲕ ⲟⲩⲟϩ ϣⲉⲡ ϩⲙⲟⲧ ϧⲉⲛ ϩⲱⲃ
ⲛⲓⲃⲉⲛ Ⲟⲩⲟϩ ⲟⲛ ⲁⲕϫⲟⲥ ⲛⲏⲓ ϫⲉ ϩⲉⲛⲥⲓ ⲛⲉⲙ ϩⲁⲓ

ⲥⲛⲁⲩ ⲛ̀ ϣⲟⲣⲡ ⲙⲉⲛ ⲕⲉ ⲟⲩⲁⲓ ⲉ̇ⲧⲁⲕⲧⲗⲟⲩ ⲉ̇
ⲡⲉϥⲣⲁⲛ ϫⲉ ⲋⲉⲙⲥⲓ ⲛⲉⲙⲁϥ ⲟⲩⲋⲉⲣⲉⲧⲓⲕⲟⲥ ⲡⲉ ⲛ̀
ⲁⲑⲛⲟⲩϯ ⲫⲁⲓ ⲉⲣⲉ ⲫϯ ⲛⲁⲧⲁⲕⲟϥ ⲁⲧϭⲛⲉ ⲱⲥⲕ
ⲛ̀ⲧⲉϥϯ ⲛ̀ ⲟⲩⲭⲁⲗⲓⲛⲟⲩⲥ ⲉ̇ ⲣⲱϥ ⲛ̀ⲧⲉϥⲥⲟⲛⲋϥ ϧⲉⲛ
ⲡⲓⲡⲉⲗⲁⲅⲟⲥ ⲛ̀ⲧⲉ ⲫⲓⲟⲙ ⲟⲩⲟϩ ⲛ̀ⲧⲉϥⲑⲉⲃⲓⲟϥ ⲛⲉⲙ 5
ⲧⲉϥϫⲟⲙ ⲧⲏⲣⲥ ϧⲁ ⲣⲁⲧϥ ⲛ̀ ⲡⲓⲉⲩⲥⲉⲃⲏⲥ ⲟⲛⲛⲟⲩ-
ⲣⲓⲟⲥ Ⲡⲁⲗⲓⲛ ⲇⲉ ⲟⲛ ⲉⲑⲃⲉ ⲡⲓⲙⲁϩ ⲃ̄ ⲛ̀ ϩⲁⲓ ⲥⲟⲗⲟ-

ⲣ̄ⲝ̄ⲉ̄. ⲁ. ⲙⲱⲛ ⲧⲁⲙⲟ ⲙ̀ⲙⲟⲛ ⲉ̇ ⲫⲁⲓ ϧⲉⲛ | ⲡⲓⲫⲩⲥⲓⲁ̀ⲗⲟⲅⲟⲥ
ϫⲉ ⲁⲣⲉ ⲡⲓϣⲟⲣⲡ ⲛ̀ ϩⲁⲓ ⲛ̀ⲧⲉ ϯϭⲣⲟⲙⲡϣⲁⲗ ⲙⲟⲩ ⲙ̀ⲡ
ⲗⲋⲋⲉⲙⲥⲓ ⲛⲉⲙ ϩⲁⲓ ⲛ̀ ⲕⲉ ⲥⲟⲡ ⲁⲗⲗⲁ ϣⲁⲥϣⲉ ⲛⲁⲥ 10
ⲉ̇ ⲡϣⲁϥⲉ ⲛ̀ⲧⲉⲥ ⲉⲣ ϩⲏⲃⲓ ϣⲁ ⲡⲉϩⲟⲟⲩ ⲙ̀ ⲡⲉⲥⲙⲟⲩ
Ⲉϥⲧⲁⲙⲟ ⲙ̀ⲙⲟⲛ ϫⲉ ⲙ̀ⲡ ⲁⲣⲉ ⲡⲅⲉⲛⲟⲥ ⲛ̀ ⲛⲓⲁ̀ⲃⲟⲕⲓ
ϩⲉⲙⲥⲓ ⲛⲉⲙ ϩⲱⲟⲩⲧ ⲛ̀ ϣⲉⲛⲙⲟ ⲉ̇ⲃⲏⲗ ⲉ̇ ⲟⲩϩⲱⲟⲩⲧ
ⲛ̀ ⲟⲩⲱⲧ ⲟⲩⲟϩ ⲙ̀ ⲫⲣⲏϯ ⲉ̇ ϣⲁⲛⲁⲓⲥ ⲛ̀ ϥⲱϧ ⲛ̀
ⲛⲉⲛϩⲃⲱⲥ ϩⲓϫⲉⲛ ⲟⲩⲥⲟⲛ ⲛ̀ⲧⲁⲛ ϩⲟⲧⲁⲛ ⲁϥϣⲁⲛⲙⲟⲩ 15
ⲫⲁⲓ ⲡⲉ ⲙ̀ ⲫⲣⲏϯ ⲁ̀ⲣⲉϣⲁⲛ ⲡϫⲁⲓ ⲛ̀ ⲟⲩⲁ̀ⲃⲟⲕⲓ ⲙⲟⲩ
ϣⲁⲥⲓⲛⲓ ⲛ̀ ⲡⲉⲥⲗⲁⲥ ⲉ̇ⲃⲟⲗ ⲙ̀ⲙⲓⲛ ⲙ̀ⲙⲟⲥ ⲛ̀ ⲧⲉⲥⲫⲁϧϥ

ⲣ̄ⲝ̄ⲉ̄. ⲃ. ϧⲉⲛ ⲡⲉⲥⲓⲉⲃ ⲙ̀ ϥⲁⲧ ' ϫⲉ ϫⲁⲥ ⲁⲥϣⲁⲛϣⲱ ⲉ̇ⲃⲟⲗ-
ϧⲉⲛ ⲧⲉⲥⲁⲥⲡⲓ ⲛ̀ⲧⲉ ⲟⲩⲟⲛ ⲛⲓⲃⲉⲛ ⲉ̇ⲙⲓ ϫⲉ ⲙ̀ⲙⲟⲛ
ⲧⲉⲥϩⲁⲓ ⲙ̀ⲙⲁⲩ Ⲉⲑⲃⲉ ⲫⲁⲓ ⲁ̀ⲣⲉϣⲁⲛ ⲟⲩⲁ̀ⲃⲱⲕ 20
ⲟⲩⲱϣ ⲉ̇ ϭⲓⲧⲥ ⲛ̀ ϫⲟⲛⲥ ϣⲁⲥϣⲉ ⲉ̇ⲃⲟⲗ ⲛ̀ ϯⲟⲩⲛⲟⲩ
ⲟⲩⲟϩ ϣⲁⲩⲥⲱⲧⲉⲙ ⲉ̇ ⲧⲉⲥⲥⲙⲏ ⲟⲩⲟϩ ϣⲁⲩⲉ̇ⲙⲓ ϫⲉ
ⲟⲩⲁⲓ ⲟⲩⲱϣ ⲉ̇ ϭⲓⲧⲥ ⲛ̀ ϫⲟⲛⲥ ϩⲓⲧⲉⲛ ⲛⲉⲥⲗⲁⲥ ⲉⲧ
ⲫⲟⲣϫ ⲡⲁⲓ ⲣⲏϯ ϣⲁⲩⲑⲱⲟⲩⲧ ⲉ̇ ⲣⲟⲥ ⲛ̀ϫⲉ ⲛⲓⲁ̀ⲃⲱⲕ
ⲧⲏⲣⲟⲩ ⲛ̀ⲧⲟⲩϣⲱⲡⲓ ⲛⲁⲥ ⲙ̀ ⲃⲟⲏⲑⲟⲥ ⲟⲩⲟϩ ⲛ̀ⲥⲉ 25
ⲉⲣ ⲉⲡⲓⲧⲓⲙⲁⲛ ⲙ̀ ⲫⲏ ⲉⲑ ⲟⲩⲱϣ ⲉ̇ ϭⲓⲧⲥ ⲛ̀ ϫⲟⲛⲥ
Ⲉⲑⲃⲉ ⲫⲁⲓ ⲁ̀ⲣⲉϣⲁⲛ ⲛⲓⲁⲗⲱⲟⲩⲓ̀ ⲛⲁⲩ ⲉ̇ ⲛⲓⲁ̀ⲃⲱⲕ

ⲣ̄ⲝ̄ⲋ̄. ⲁ. ⲉⲩⲑⲟⲩⲏⲧ ⲙ̀ ⲡⲁⲓ ⲣⲏϯ | ⲉⲩϣ ⲉ̇ⲃⲟⲗ ⲉⲩⲟⲩⲱϣ

ⲉ̀ ⲉⲣ ⲉⲡⲓⲧⲓⲙⲁⲛ ⲙ̀ ⲫⲏ ⲉ̀ⲑ ⲟⲩⲱϣ ⲉ̀ ϭⲓⲧⲥ ⲛ̀
ⲭⲟⲛⲥ ϫⲉ ⲉϥⲟⲩⲱϣ ⲉ̀ ⲉⲣ ϩⲁⲗ ⲙ̀ ⲫⲏ ⲉ̀ⲧ ⲁ ⲫϯ
ϧⲟⲛϫⲉⲛ ⲙ̀ⲙⲟϥ ⲉ̀ ⲧⲟⲧⲟⲩ ϣⲁϫⲟⲥ ⲛ̀ϫⲉ ⲛⲓⲗⲱⲟⲩⲓ̀
ⲛ̀ ⲁⲧ ϩⲏⲧ ⲉ̀ⲧⲉⲙⲙⲁⲩ ϫⲉ ⲉⲣⲉ ⲛⲓⲁ̀ⲃⲱⲕ ⲓ̀ⲣⲓ ⲛ̀
ⲟⲩϩⲟⲡ ⲛ̀ ⲫⲟⲟⲩ ⲛ̀ⲥⲉⲥⲱⲟⲩⲛ ⲁⲛ ⲉ̀ⲣⲉ ⲛⲓⲁ̀ⲃⲱⲕ 5
ⲟⲩⲱϣ ⲉ̀ ⲉⲣ ⲉⲡⲓⲧⲓⲙⲓⲁⲛ ⲙ̀ ⲫⲏ ⲉ̀ⲧⲁϥⲟⲩⲱϣ ⲉ̀ ⲉⲣ
ⲛⲟⲃⲓ ⲛ̀ ⲑⲏ ⲉ̀ⲧ ⲁ ⲡⲉⲥϩⲁⲓ ⲙⲟⲩ ⲗⲟⲓⲡⲟⲛ ⲛ̀ⲛⲉ
ϣⲱⲡⲓ ⲙ̀ⲙⲟⲓ ⲉ̀ⲛⲉϩ ⲉ̀ ⲑⲱⲃ ⲛⲉⲙ ⲟⲩⲅⲁⲙⲟⲥ ⲛ̀ⲧⲉ
ⲡⲁ ⳪ ⲛ̀ ϩⲁⲓ ⲁⲣⲓⲥⲧⲁⲣⲭⲟⲥ Ⲟⲩⲇⲉ ⲛ̀ ϯⲛⲁⲭⲁ ⲧⲟⲧ

ⲣ︦ⲕ︦ ⲃ. ⲉ̀ⲃⲟⲗ ⲁⲛ ϧⲉⲛ ⲛⲁⲡⲣⲟⲥⲫⲟⲣⲁ ⲛⲉⲙ ⲛⲁⲁ̀ⲅⲁⲡⲏ ⲛⲁⲓ 10
ⲉ̀ⲧ ⲉϥⲓⲣⲓ ⲙ̀ⲙⲱⲟⲩ ϧⲁ ⲧϧⲏ ⲙ̀ⲡⲁⲧ ⲉϥⲙⲟⲩ ⲛ̀ϫⲉ
ⲡⲁ ⲙⲁⲕⲁⲣⲓⲟⲥ ⲛ̀ ϩⲁⲓ ϧⲉⲛ ⲫⲣⲁⲛ ⲙ̀ ⲡⲓⲁⲣⲭⲏ-
ⲁⲅⲅⲉⲗⲟⲥ ⲉ̀ⲑ ⲟⲩⲁⲃ ⲙⲓⲭⲁⲏⲗ Ⲡⲗⲏⲛ ⲙⲁⲧⲁⲙⲟⲓ ϫⲉ
ⲛ̀ⲑⲟⲕ ⲛⲓⲙ ⲛ̀ ⲡⲁⲓ ⲣⲏϯ ⲁⲕ ⲉⲕ ⲉⲣ ⲫⲟⲣⲓⲛ ⲙ̀ ⲡⲁⲓ
ⲛⲓϣϯ ⲛ̀ⲱⲟⲩ ⲛ̀ ⲧⲁⲓ ⲙⲁⲓⲏ ⲓⲉ̀ ⲉ̀ⲧⲉⲕⲓ̀ ⲉ̀ⲃⲟⲗ ⲑⲱⲛ 15
ⲓⲉ̀ ⲛⲓⲙ ⲡⲉ ⲡⲉⲕⲣⲁⲛ ⲉ̀ⲡⲓ ⲇⲏ ⲁ ⲡⲉⲕϫⲓⲛⲓ̀ ϣⲁⲣⲟⲓ
ⲁϥϣⲑⲟⲣⲧⲉⲣ ⲉ̀ⲙⲁϣⲱ Ⲁϥ ⲉⲣ ⲟⲩⲱ̀ ⲛ̀ϫⲉ ⲡⲓⲇⲓⲁ̀-
ⲃⲟⲗⲟⲥ ⲉϥϫⲱ ⲙ̀ⲙⲟⲥ ϫⲉ ⲙⲏ ⲛ̀ⲑⲟ ⲟⲛ ⲡⲉ ⲉ̀ⲧ ⲁⲣⲉⲧⲓⲛ

ⲣ︦ⲕ︦ ⲁ. ⲛ̀ⲧⲉⲛ ⲫϯ ⲓⲥϫⲉⲛ ⲡⲓⲉ̀ϩⲟⲟⲩ ⲉ̀ⲧ ⲁ ⲡⲓⲇⲓⲁ̀ⲃⲟⲗⲟⲥ | ⲓ̀
ϣⲁⲣⲟ ⲉϥⲟⲓ ⲙ̀ ⲡⲥⲙⲟⲧ ⲛ̀ ϯⲙⲟⲛⲁⲭⲏ ⲉϥⲟⲩⲱϣ 20
ⲉ̀ ⲉⲣ ϩⲁⲗ ⲙ̀ⲙⲟ Ⲙⲏ ⲙ̀ⲡ ⲉϥϫⲟⲥ ⲛⲉ ϫⲉ ϯⲛⲏⲟⲩ
ϣⲁⲣⲟ ⲙ̀ ⲥⲟⲩ ⲓ︤ⲃ︥ ⲙ̀ ⲡⲁⲱ̀ⲛⲓ ⲉ̀ⲧⲉ ⲫⲁⲓ ⲡⲉ ⲡⲉϩⲟⲟⲩ
ⲙ̀ ⲡⲓⲁⲣⲭⲏⲁⲅⲅⲉⲗⲟⲥ ⲉ̀ ⲁϥϫⲟⲥ ⲛⲉ ϫⲉ ⲡⲓⲁⲣⲭⲏ-
ⲁⲅⲅⲉⲗⲟⲥ ⲙⲓⲭⲁⲏⲗ ⲥⲣⲱⲧϥ ⲁⲛ ⲙ̀ ⲡⲓⲉ̀ϩⲟⲟⲩ ⲉ̀ⲧⲉⲙ-
ⲙⲁⲩ ⲉϥϥⲁⲃ̀ⲧ ⲙ̀ ⲡⲉⲙⲑⲟ ⲙ̀ ⲫϯ ⲉⲑⲃⲉ ⲛⲓⲙⲱⲟⲩ 25
ⲛ̀ⲧⲉ ⲫⲓⲁⲣⲟ ⲛⲉⲙ ⲛⲓⲙⲟⲩ ⲛ̀ ϩⲱⲟⲩ ⲛⲉⲙ ⲛⲓⲱϯ
ϯⲛⲟⲩ ϫⲉ ⲁ̀ⲛⲟⲕ ⲡⲉ ⲙⲓⲭⲁⲏⲗ ⲡⲓⲁⲣⲭⲏⲁⲅⲅⲉⲗⲟⲥ ⲉ̀ⲧ
ⲁ ⲡ⳪ ⲟⲩⲟⲣⲡ ϣⲁⲣⲟ ⲉ̀ⲑⲣⲓϣⲱⲡⲓ ⲉⲓ̀ ⲉⲣ ⲃⲟⲏⲑⲓⲛ

ⲉⲣⲟ ϣⲁⲧⲉ ⲫⲣⲏ ϩⲱⲧⲡ ⲙ̀ ⲫⲟⲟⲩ ϫⲉ ⲭ̅ⲥ̅ ⲙ̀ⲡⲉ

ⲣ̅ⲕ̅ⲍ̅. ⲃ. ϭⲓ ⲛ̀ϫⲉ ⲡⲓϫⲉⲣⲏϫ ⲉⲧ ϩⲱⲟⲩ ⲛ̀ⲧⲉϥ ⲉⲣ ⲡ ⲉⲧ ϩⲱⲟⲩ
ⲛⲉ ⲉⲑⲃⲉ ⲫⲁⲓ ⲡ ⲉⲧ ⲥϣⲉⲛⲉ ⲡⲉ ⲛ̀ⲧⲉⲓ ⲛ̀ⲧⲉ ⲟⲩⲱϣⲧ
ⲙ̀ⲙⲟⲓ ϫⲉ ⲁⲓⲭⲱ ⲛ̀ⲥⲱⲓ ⲛ̀ ⲧⲁ ⲁⲅⲅⲉⲗⲓ ⲁⲛ ϣⲁⲣⲟ ⲁⲥ
ⲉⲣ ⲟⲩⲱ̀ ⲛ̀ϫⲉ ⲉⲩⲫⲏⲙⲓⲁ ϯⲥⲩⲛⲕⲗⲏⲧⲓⲕⲏ ⲡⲉϫⲁⲥ 5
ⲛⲁϥ ϫⲉ ⲁⲓⲥⲱⲧⲉⲙ ϧⲉⲛ ⲡⲓⲉⲩⲁⲅⲅⲉⲗⲓⲟⲛ ⲉⲑ ⲟⲩⲁⲃ
ϫⲉ ϧⲉⲛ ⲡⲓⲥⲛⲟⲩ ⲉⲧ ⲁ ⲡⲓⲇⲓⲁⲃⲟⲗⲟⲥ ϯ ⲛ̀ ⲡⲉϥⲟⲩⲟⲓ
ⲉ̀ ⲡⲉⲛⲥⲱⲧⲏⲣ ⲛ̀ ⲁⲅⲁⲑⲟⲥ ⲉⲑⲣⲉϥ ⲉⲣ ⲡⲓⲣⲁϫⲓⲛ
ⲙ̀ⲙⲟϥ ⲁϥϫⲟⲥ ⲛⲁϥ ϩⲱϥ ϫⲉ ⲫⲁϧⲧⲕ ⲛ̀ⲧⲉⲕⲟⲩⲱϣⲧ
ⲙ̀ⲙⲟⲓ ⲁⲛⲟⲕ ϯⲛⲁϯ ⲛⲁⲕ ⲛ̀ ⲛⲓⲙⲉⲧⲟⲩⲣⲱⲟⲩ ⲧⲏⲣⲟⲩ 10
ⲛ̀ⲧⲉ ⲡⲓⲕⲟⲥⲙⲟⲥ ⲛⲉⲙ ⲡⲟⲩⲱ̀ⲟⲩ ⲟⲩⲟϩ ⲁ ⲡ̅ⲭ̅ⲥ̅ ⲉ̀ⲙⲓ

ⲣ̅ⲕ̅ⲏ̅. ⲁ. ⲛ̀ ϯⲟⲩⲛⲟⲩ ϫⲉ ⲟⲩⲥⲁ ⲙ̀ ⲡⲉⲧϩⲱⲟⲩ ⲛⲉ | ⲁϥ ⲉⲣ
ⲉ̀ⲡⲓⲧⲓⲙⲁⲛ ⲛⲁϥ ⲙⲙⲡⲱⲥ ⲛ̀ⲑⲟⲕ ⲡⲉ ⲫⲏ ⲉⲧⲉⲙⲙⲁⲩ
ⲉⲕⲟⲩⲱϣ ⲉ̀ ⲉ̀ⲣ ϩⲁⲗ ⲙ̀ⲙⲟⲓ ⲁϥ ⲉⲣ ⲟⲩⲱ̀ ⲛ̀ϫⲉ
ⲡⲓⲇⲓⲁⲃⲟⲗⲟⲥ ϫⲉ ⲁⲛⲟⲕ ⲁⲛ ⲡⲉ ⲫⲏ ⲉⲧⲉⲙⲙⲁⲩ ⲓ̀ⲛⲉ 15
ⲥϣⲱⲡⲓ ⲙ̀ⲙⲟⲓ ⲉ̀ⲛⲉϩ ⲛ̀ ⲁϣ ⲛ̀ ⲣⲏϯ ⲉⲣⲉ ⲫⲏ
ⲉⲧⲉⲙⲙⲁⲩ ⲛⲁϫⲓⲙⲓ ⲛ̀ ⲡⲁⲓ ⲛⲓϣϯ ⲛ̀ ⲱⲟⲩ ⲉ̀ ϯⲉⲣ
ⲫⲟⲣⲓⲛ ⲙ̀ⲙⲟϥ ⲓⲥϫⲉⲛ ⲡⲓⲛⲁⲩ ⲅⲁⲣ ⲉ̀ⲧⲁϥ ⲉⲣ ⲁⲧ
ⲥⲱⲧⲉⲙ ⲛ̀ⲥⲁ ϯⲉⲛⲧⲟⲗⲏ ⲛ̀ⲧⲉ ⲡ̅ⲟ̅ⲥ̅ ⲁϥϫⲱⲛⲧ ⲉ̀ⲣⲟϥ
ⲁϥⲟⲩⲁϩⲥⲁϩⲛⲓ ⲛⲏⲓ ⲁⲛⲟⲕ ⲙⲓⲭⲁⲏⲗ ⲁⲓⲃⲁϣϥ ⲉ̀ⲃⲟⲗ 20
ⲙ̀ⲡⲉϥ ⲱ̀ⲟⲩ ⲧⲏⲣϥ ⲁⲥ ⲉⲣ ⲟⲩⲱ̀ ⲛ̀ϫⲉ ϯϩⲓⲙⲓ

ⲣ̅ⲕ̅ⲏ̅. ⲃ. ⲉⲧⲧⲁⲓⲏⲟⲩⲧ ⲉⲥϫⲱ ⲙ̀ⲙⲟⲥ ϫⲉ ⲓⲥϫⲉ ⲛ̀ⲑⲟⲕ | ⲡⲉ
ⲙⲓⲭⲁⲏⲗ ⲁϥⲑⲱⲛ ⲡⲓⲙⲏⲓⲛⲓ ⲛ̀ⲧⲉ ⲡⲓⲥⲧⲁⲩⲣⲟⲥ ⲉϥ
ϩⲓϫⲉⲛ ⲡⲉⲕϣⲃⲱⲧ ⲕⲁⲧⲁ ⲡⲓⲣⲏϯ ⲉ̀ ϯⲛⲁⲩ ⲉ̀ⲣⲟϥ
ⲉϥⲫⲟⲧϩ ⲉ̀ ⲧⲁⲓ ϩⲓⲕⲱⲛ ⲉⲣⲉ ⲡⲓⲭⲁⲣⲁⲕⲧⲏⲣ ⲛ̀ⲧⲉ 25
ⲙⲓⲭⲁⲏⲗ ⲫⲟⲧϩ ⲉ̀ⲃⲟⲗ ⲉ̀ⲣⲟⲥ ⲁϥ ⲉⲣ ⲟⲩⲱ̀ ⲛ̀ϫⲉ
ⲡⲓⲇⲓⲁⲃⲟⲗⲟⲥ ⲉϥϫⲱ ⲙ̀ⲙⲟⲥ ϫⲉ ⲛⲁⲓ · ⲍⲱⲅⲣⲁⲫⲓⲁ
ⲉⲩⲟⲩⲱϣ ⲉ̀ ⲧⲁⲗⲉ ⲕⲟⲥⲙⲏⲥⲓⲥ ⲉ̀ϫⲱⲟⲩ ⲛ̀ϫⲉ ⲛⲓϩⲱ-

ⲅⲣⲁⲫⲟⲥ ϫⲉ ⲭⲁⲥ ⲉⲣⲉ ⲧⲟⲩⲧⲉⲭⲛⲏ ⲙⲁϭⲓ ⲱⲟⲩ ⲛ̀
ϩⲟⲩⲟ̀ ⲉ̇ϫⲓ ⲁⲛ ⲡⲓⲙⲏⲓⲛⲓ ⲛ̀ⲧⲉ ⲡⲓⲥⲧⲁⲩⲣⲟⲥ ⲛ̀ ⲧⲟⲧⲉⲛ
ⲁⲛ ⲟⲩⲇⲉ ϧⲉⲛ ϯⲁⲅⲅⲉⲗⲓ ⲧⲏⲣⲥ ⲁⲥ ⲉⲣ ⲟⲩⲱ̀ ⲛ̀ϫⲉ
ⲉⲩⲫⲏⲙⲓⲁ̀ ⲉⲥϫⲱ ⲙ̀ⲙⲟⲥ ϫⲉ ⲛ̀ ⲁⲱ̣ ⲛ̀ ⲣⲏϯ ϯⲛⲁⲧⲉⲛ-
ⲣ̅ⲕ̅ⲑ̅. ⲁ. ϩⲟⲩⲧ ⲛⲉⲕⲥⲁϫⲓ | ⲕⲉ ⲅⲁⲣ ⲙⲁⲧⲟⲓ ⲛⲓⲃⲉⲛ ⲉⲑ ⲙⲁⲓ 5
ⲉ̇ⲃⲟⲗ ϩⲓⲧⲉⲛ ⲡⲟⲩⲣⲟ ⲙ̀ⲡⲁⲣⲉ ϩⲗⲓ ⲛ̀ ⲣⲱⲙⲓ ϫⲱⲕ
ⲙ̀ⲡⲟⲩⲁϩⲥⲁϩⲛⲓ ⲉ̇ⲃⲟⲗ ⲉⲧⲁⲩⲓ̀ ⲉⲑⲃⲏⲧϥ ⲟⲩⲇⲉ ⲙ̀ⲡ
ⲁⲩϣⲟⲡⲟⲩ ⲉ̇ⲣⲱⲟⲩ ⲉ̀ ⲡⲧⲏⲣϥ ⲉⲑⲃⲉ ϫⲉ ϯⲧⲉⲃⲥ ⲛ̀ⲧⲉ
ⲡⲟⲩⲣⲟ ⲛ̀ⲧⲟⲧⲟⲩ ⲁⲛ ⲟⲩⲟϩ ⲟⲛ ⲛⲓ ⲕⲉ ⲥϧⲁⲓ ⲉ̀ ϣⲁⲣⲉ
ⲡⲟⲩⲣⲟ ⲟⲩⲟⲣⲡⲟⲩ ⲉ̇ⲃⲟⲗϧⲉⲛ ⲧⲉϥⲙⲉⲧⲟⲩⲣⲟ ⲕⲁⲛ 10
ϩⲁⲛⲥϧⲁⲓ ⲛ̀ ϩⲓⲣⲏⲛⲓⲕⲟⲛ ⲛⲉ ⲙ̀ⲡⲁⲩⲧⲉⲛ ϩⲟⲩⲧⲟⲩ
ⲛ̀ϫⲉ ⲟⲩⲟⲛ ⲛⲓⲃⲉⲛ ⲉ̀ϣⲱⲡ ⲥⲉⲧⲏⲃⲥ ⲁⲛ ⲉ̀ ϯⲥⲫⲣⲁⲅⲓⲥ
ⲛ̀ⲧⲉ ⲡⲟⲩⲣⲟ ⲫⲁⲓ ⲇⲉ ϩⲱϥ ⲡⲉ ⲙ̀ ⲫⲣⲏϯ ⲛ̀ ⲛⲓⲁⲅⲅⲉⲗⲟⲥ
ⲁⲩϣⲁⲛⲓ̀ ϩⲓϫⲉⲛ ⲡⲓⲕⲁϩⲓ ⲉ̇ⲣⲉ ⲡⲓⲙⲏⲓⲛⲓ ⲛ̀ⲧⲉ ⲡⲓⲥⲧⲁⲩ-
ⲣ̅ⲕ̅ⲑ̅. ⲃ. ⲣⲟⲥ ⲛ̀ⲧⲉ ⲡⲟⲩⲣⲟ ⲛ̀ⲧⲉ ⲡⲱⲟⲩ ϩⲓϫⲱϥ ⲁⲛ ⲙ̀ 15
ⲡⲁⲩⲧⲉⲛϩⲟⲩⲧⲟⲩ ϫⲉ ϩⲁⲛⲁⲅⲅⲉⲗⲟⲥ ⲛⲉ ⲁⲗⲗⲁ
ⲧⲉⲛⲛⲁⲩⲫⲱⲧ ⲥⲁ ⲃⲟⲗ ⲙ̀ⲙⲱⲟⲩ ϫⲉ ϩⲁⲛⲇⲉⲙⲱⲛ
ⲛⲉ ⲙⲁⲗⲓⲥⲧⲁ ⲡⲓⲛⲓϣϯ ⲛ̀ ⲁⲣⲭⲏⲁⲅⲅⲉⲗⲟⲥ ⲛ̀ⲧⲉ
ⲛⲓⲁⲅⲅⲉⲗⲟⲥ ⲧⲏⲣⲟⲩ ⲛ̀ ⲁⲱ̣ ⲛ̀ ⲣⲏϯ ϥⲛⲁⲓ̀ ϩⲓϫⲉⲛ
ⲡⲓⲕⲁϩⲓ ⲛ̀ⲧⲉϥϣⲧⲉⲙⲉⲛ ⲡⲓϩⲟⲡⲗⲟⲛ ⲛ̀ⲧⲉ ϯⲥⲫⲣⲁⲅⲓⲥ 20
ⲛ̀ ⲟⲩϫⲁⲓ ⲛ̀ⲧⲉ ⲡⲉϥⲟⲩⲣⲟ ⲉϥⲓ̇ⲛⲟⲩ ⲉ̀ⲧⲉ ⲫⲁⲓ ⲡⲉ
ⲡⲓⲥⲧⲁⲩⲣⲟⲥ ⲉⲑ ⲟⲩⲁⲃ ⲛ̀ⲧⲉ ⲓⲏ̅ⲥ̅ ⲡⲭ̅ⲥ̅ ⲡϣⲏⲣⲓ ⲙ̀
ⲫϯ ⲉⲧ ⲟⲛϧ ⲉ̀ϣⲱⲡ ⲭⲟⲩⲱϣ ⲛ̀ⲧⲁⲧⲉⲛ ϩⲟⲩⲧⲕ ϫⲉ
ⲛ̀ⲑⲟⲕ ⲡⲉ ⲙⲓⲭⲁⲏⲗ ⲡⲓⲣⲉϥⲛⲟϩⲉⲙ ⲭⲁⲧ ⲛ̀ⲧⲁⲓ̀ⲛⲓ
ⲣ̅ⲗ̅. ⲁ. ϩⲁⲣⲟⲕ ⲛ̀ⲧⲉϥϩⲓⲕⲱⲛ ⲛ̀ ⲛ̀ⲧⲉⲕ ⲉⲣ ⲁⲥⲡⲁⲍⲉⲥⲑⲉ 25
ⲙ̀ⲙⲟⲥ ⲟⲩⲟϩ ⲁ̀ⲛⲟⲕ ϯⲛⲁⲟⲩⲱϣⲧ ⲙ̀ⲙⲟⲕ ⲁⲧϭⲛⲉ
ϩⲏⲧ ⲃ̅ ⲉ̀ ⲡⲧⲏⲣϥ ⲡⲓⲇⲓⲁⲃⲟⲗⲟⲥ ⲇⲉ ⲉ̇ⲧⲁϥⲛⲁⲩ ϫⲉ
ⲁⲥⲟⲣⲃⲉϥ ⲉ̀ ϧⲟⲩⲛ ⲥⲁ ⲥⲁ ⲛⲓⲃⲉⲛ ⲟⲩⲟϩ ⲙ̀ⲡ ⲉϥϫⲉⲙ

ϩⲗⲓ ⲛ̀ ⲁ̀ⲡⲟⲗⲟⲅⲓⲁ̀ ⲉ̀ϫⲱ ⲙ̀ ⲡⲉⲥⲙ̀ⲑⲟ ⲉ̀ⲃⲟⲗ ⲟⲩⲟϩ
ⲁⲥⲧⲱⲛⲥ ϧⲉⲛ ⲡⲓⲙⲁ ⲉ̀ ⲛⲁⲥϩⲉⲙⲥⲓ ⲛ̀ ϧⲏⲧⲥ ⲉⲥⲟⲩⲱϣ
ⲉ̀ⲓ̀ ϩⲁⲣⲟϥ ⲛ̀ ϯⲅⲓⲕⲱⲛ ⲛ̀ⲧⲉ ⲡⲓⲁⲣⲭⲏⲁⲅⲅⲉⲗⲟⲥ ⲉ̀ⲑ
ⲟⲩⲁⲃ ⲙⲓⲭⲁⲏⲗ ⲁϥϣⲓⲃϯ ⲙ̀ⲡⲉϥⲥⲙⲟⲧ ⲁϥϭⲓ ⲙ̀ ⲡⲓⲛⲓ
ⲛ̀ ⲟⲩⲙⲟⲩⲓ ⲉϥϩⲉⲙϩⲉⲙ ϩⲱⲥ ⲇⲉ ⲛ̀ⲧⲉ ⲡⲉϥϩⲣⲱⲟⲩ 5

ⲣ̄ⲕ̄. ⲃ. ⲙⲟϩ ⲛ̀ ϯⲡⲟⲗⲓⲥ ⲧⲏⲣⲥ ⲁϥⲭⲱⲗⲉⲙ ⲁϥⲁ̀ⲙⲟⲛⲓ ⲙ̀
ⲡⲉⲥⲙⲟⲩⲧ ⲁϥⲱⲥϩ ⲙ̀ⲙⲟⲥ ϩⲱⲥ ⲇⲉ ⲛ̀ⲧ ⲉⲥⲭⲁ ⲧⲟⲧⲥ
ⲉ̀ⲃⲟⲗ ⲫⲙⲟⲩ ⲟⲩⲟϩ ⲁϥⲭⲱ ⲛ̀ ϩⲁⲛⲥⲁϫⲓ ⲙ̀ ⲡⲁⲓ
ⲣⲏϯ ⲟⲛ ϫⲉ ⲫⲁⲓ ⲡⲉ ⲡⲓⲉ̀ϩⲟⲟⲩ ⲉ̀ⲧ ⲁⲣⲉ ⲓ̀ ⲉ̀ⲃⲟⲗ
ϫⲓϫ ⲛ̀ ϧⲏⲧϥ ⲁⲓⲃⲓϭⲓ ⲉⲓⲭⲱⲣϫ ⲉ̀ⲣⲟ ⲓⲥ ⲟⲩⲛⲓϣϯ 10
ⲛ̀ ⲥⲏⲟⲩ ⲁⲗⲗⲁ ⲙ̀ⲡⲓ ϣϫⲉⲙϫⲟⲙ ⲉ̀ⲣⲟ ϣⲁ ϯⲛⲟⲩ
ⲙⲁⲣⲉ ϥⲓ̀ ϯⲛⲟⲩ ⲛ̀ⲧⲉϥⲛⲁϩⲙⲓ ⲉ̀ⲃⲟⲗϧⲉⲛ ⲛⲁ ϫⲓϫ
ⲛ̀ϫⲉ ⲫⲏ ⲉⲣⲉ ⲉⲣ ⲑⲁⲣⲓⲛ ⲙ̀ⲙⲟϥ ϯϭⲓⲙⲓ ⲇⲉ ⲛ̀ ⲥⲁⲃⲏ
ⲉ̀ⲧⲉⲙ̀ⲙⲁⲩ ⲛⲁⲥϩⲉϫϩⲱϫ ⲉ̀ⲙⲁϣⲱ ⲡⲉ ϩⲱⲥ ⲇⲉ
ⲛ̀ⲧⲉⲥ ⲭⲁ ⲧⲟⲧⲥ ⲉ̀ⲃⲟⲗ ⲉ̀ ⲫⲙⲟⲩ ⲁⲥⲱϣ ⲉ̀ⲃⲟⲗ ⲉⲥϫⲱ 15

ⲣ̄ⲕ̄ⲁ̄. ⲁ. ⲙ̀ⲙⲟⲥ ϫⲉ ⲡⲓⲁⲣⲭⲏⲁⲅⲅⲉⲗⲟⲥ ⲙⲓⲭⲁⲏⲗ ⲁ̀ⲣⲓ ⲃⲟⲏⲑⲓⲛ
ⲉ̀ⲣⲟⲓ ϧⲉⲛ ⲧⲁⲓ ⲟⲩⲛⲟⲩ ⲛ̀ ⲁⲛⲁⲅⲕⲏ ⲉ̀ⲧⲓ ⲇⲉ ⲉϥⲕⲱϯ
ⲉ̀ϯ ⲙ̀ⲕⲁϩ ⲛⲁⲥ ⲛ̀ϫⲉ ⲡⲓⲇⲓⲁ̀ⲃⲟⲗⲟⲥ ⲓⲥ ⲡⲓⲁⲣⲭⲏⲁ-
ⲅⲅⲉⲗⲟⲥ ⲉ̀ⲑ ⲟⲩⲁⲃ ⲙⲓⲭⲁⲏⲗ ⲁϥⲟⲩⲟⲛϩ ⲛⲁⲥ ⲉ̀ⲃⲟⲗ
ⲛ̀ ϯⲟⲩⲛⲟⲩ ⲉϥ ⲉⲣ ⲫⲟⲣⲓⲛ ⲛ̀ ⲟⲩⲍ̄ⲓⲱⲙⲁ ⲙ̀ ⲃⲁⲥⲓ- 20
ⲗⲓⲕⲟⲛ ⲉ̀ⲣⲉ ⲟⲩⲟⲛ ⲟⲩϣⲃⲱⲧ ⲛ̀ ⲛⲟⲩⲃ ⲭⲏ ϧⲉⲛ ⲧⲉϥ-
ϫⲓϫ ⲛ̀ ⲟⲩⲓ̀ⲛⲁⲙ ⲉ̀ⲃⲟⲗ ⲉ̀ⲣⲉ ⲡⲧⲩⲡⲟⲥ ⲙ̀ ⲡⲓⲥⲧⲁⲩⲣⲟⲥ
ⲉ̀ⲑ ⲟⲩⲁⲃ ⲭⲏ ϩⲓϫⲱϥ Ⲟⲩⲟϩ ⲁ̀ ⲡⲓⲙⲁ ⲧⲏⲣϥ ⲉⲣ
ⲟⲩⲱⲓⲛⲓ ⲉ̀ϩⲟⲧⲉ ⲫⲣⲏ ⲛ̀ ⲟⲩⲑⲟ ⲛ̀ ⲕⲱⲃ ⲛ̀ ⲥⲟⲡ
Ⲡⲓⲇⲓⲁ̀ⲃⲟⲗⲟⲥ ⲇⲉ ⲉ̀ⲧⲁϥⲛⲁⲩ ⲉ̀ⲣⲟϥ ⲁϥⲱϣ ⲉ̀ⲃⲟⲗ ϧⲉⲛ 25
ⲟⲩ ϩⲟϯ ⲉϥϫⲱ ⲙ̀ⲙⲟⲥ ϫⲉ ⲡⲁ ϭⲥ ⲡⲓⲁⲣⲭⲏⲁⲅⲅⲉⲗⲟⲥ

ⲣ̄ⲕ̄ⲁ̄. ⲃ. ⲙⲓⲭⲁⲏⲗ ⲁⲓ ⲉⲣ ⲛⲟⲃⲓ | ⲉ̀ ⲧⲫⲉ ⲛⲉⲙ ⲡⲉⲕⲙ̀ⲑⲟ ⲉ̀ⲃⲟⲗ
ϫⲉ ⲁⲓ ⲉⲣ ⲧⲟⲗⲙⲁⲛ ϩⲟⲗⲱⲥ ⲁⲓⲓ̀ ⲉ̀ ϧⲟⲩⲛ ⲉ̀ ⲡⲓⲙⲁ ⲉ̀ⲣⲉ

16*

ⲧⲉⲕϩⲓⲕⲱⲛ ⲛ̀ ϧⲏⲧϥ ϯϩⲟ ⲉ̀ⲣⲟⲕ ⲙ̀ⲡ ⲉⲣ ⲧⲁⲕⲟⲓ ϧⲁ
ⲧϩⲏ ⲙ̀ ⲡⲁ ⲥⲛⲟⲩ ⲁ̀ ⲡⲓⲣⲉϥ ⲑⲁⲙⲓⲟ̀ ⲅⲁⲣ ⲉⲣ
ⲥⲩⲛⲭⲱⲣⲓⲛ ⲛⲓⲓ ⲛ̀ ϩⲁⲛ ⲕⲉ ⲕⲟⲩϫⲓ ⲛ̀ ⲉ̀ϩⲟⲟⲩ Ⲛ̀ⲑⲟⲕ
ⲇⲉ ⲱ̀ ⲡⲁ ⲟ̅ⲥ̅ ⲡⲓⲁⲣⲭⲏⲁⲅⲅⲉⲗⲟⲥ ⲛ̀ⲑⲟⲕ ⲡⲉ ⲉ̀ⲧⲁⲕⲁⲓ̀ⲧ
ⲛ̀ ϣⲉⲙⲙⲟ ⲉ̀ ⲛⲓⲙⲁⲛϣⲱⲡⲓ ⲛ̀ⲧⲉ ⲛⲓⲫⲏⲟⲩⲓ̀ ⲟⲩⲟϩ 5
ϯⲛⲁϣⲉ ⲛⲏⲓ ⲛ̀ⲧⲁ ϥⲱⲧ ⲥⲁⲃⲟⲗ ⲙ̀ⲙⲟⲕ ϣⲁ ⲡⲓⲉ̀ϩⲟⲟⲩ
ⲛ̀ⲧⲉ ⲡⲁⲓⲛⲓϣϯ ⲛ̀ ϣⲓⲡⲓ ϯ ⲉⲣ ⲟ̀ⲙⲟⲗⲟⲅⲓⲛ ⲛⲁⲕ ⲟⲩⲟϩ
ϯⲱⲣⲕ ⲙ̀ ⲡⲉⲙⲑⲟ ⲙ̀ ⲫϯ ϫⲉ ⲛ̀ ⲛⲁⲧⲁⲥⲑⲟⲓ ⲁⲛ ϫⲉ

ⲣ̅ⲕ̅ⲃ̅. ⲁ. ⲓ̀ⲥϫⲉⲛ ⲡⲁⲓ ⲛⲁⲩ ⲉ̀ ⲉⲣ | ⲡⲓⲣⲁⲍⲓⲛ ϩⲁⲛⲣⲱⲙⲓ ⲓ̀ⲉ
ⲥϩⲓⲙⲓ ϧⲉⲛ ⲡⲓⲙⲁ ⲉ̀ⲛ ⲁⲕⲭⲏ ⲙ̀ⲙⲟⲕ Ⲛⲁⲓ ⲇⲉ ⲉⲣⲉ 10
ⲡⲓⲇⲓⲁ̀ⲃⲟⲗⲟⲥ ϫⲱ ⲙ̀ⲙⲱⲟⲩ ⲉϥⲥⲟⲛϩ ⲛ̀ ⲧⲟⲧϥ ⲙ̀
ⲡⲓⲁⲣⲭⲏⲁⲅⲅⲉⲗⲟⲥ ⲉ̀ⲑ ⲟⲩⲁⲃ ⲙⲓⲭⲁⲏⲗ ⲙ̀ ⲫⲣⲏϯ ⲛ̀
ⲟⲩⲃⲁϫ ϧⲉⲛ ⲧϫⲓϫ ⲛ̀ ⲟⲩⲕⲟⲩϫⲓ ⲛ̀ ⲁ̀ⲗⲟⲩ ⲟⲩⲟϩ
ⲉ̀ⲧⲁϥⲁⲓϥ ⲛ̀ ⲟⲩϩⲱⲃ ⲉ̀ⲛⲁϣⲱ ⲁϥⲭⲁϥ ⲉ̀ⲃⲟⲗ ϧⲉⲛ
ⲟⲩⲛⲓϣϯ ⲛ̀ ϣⲓⲡⲓ Ⲡⲉϫⲉ ⲡⲓⲁⲣⲭⲏⲁⲅⲅⲉⲗⲟⲥ ⲙⲓⲭⲁⲏⲗ 15
ⲛ̀ ⲉⲩⲫⲏⲙⲓⲁ̀ ϯⲥⲩⲛⲕⲗⲏⲧⲓⲕⲏ ϫⲉ ϭⲣⲟ ⲙ̀ⲙⲟ ⲟⲩⲟϩ
ϫⲉⲙ ⲛⲟⲙϯ ⲙ̀ⲡ ⲉⲣ ⲉⲣ ϩⲟϯ ϧⲁ ⲧϩⲏ ⲙ̀ ⲡⲓⲇⲓⲁ̀-
ⲃⲟⲗⲟⲥ ⲉ̀ⲡⲓ ⲇⲉ ϥⲛⲁϣϫⲉⲙϫⲟⲙ ⲉ̀ⲣⲟ ⲁⲛ ϫⲉ ⲓ̀ⲥϫⲉⲛ

ⲣ̅ⲕ̅ⲃ̅. ⲃ. ⲡⲁⲓ ⲛⲁⲩ ⲁ̀ⲛⲟⲕ ⲡⲉ ⲙⲓⲭⲁⲏⲗ ⲡⲓⲁⲣⲭⲏⲁⲅⲅⲉⲗⲟⲥ
ⲫⲏ ⲉ̀ⲧ ⲉⲣ ⲇⲓⲁ̀ⲕⲱⲛⲓⲛ ⲉ̀ⲣⲟϥ ⲫⲏ ⲉ̀ⲧ ⲁ̀ ⲡⲉⲙⲁ- 20
ⲕⲁⲣⲓⲟⲥ ⲛ̀ ϩⲁⲓ ⲁⲣⲓⲥⲧⲁⲣⲭⲟⲥ ⲡⲓⲥⲧⲣⲁⲧⲩⲗⲁⲧⲏⲥ
ⲧⲏⲓϥ ⲉ̀ ⲧⲟⲧ Ⲁ̀ⲛⲟⲕ ⲡⲉ ⲙⲓⲭⲁⲏⲗ ⲫⲏ ⲉ̀ⲣⲉ
ⲧⲱⲃϩ ⲙ̀ⲙⲟϥ ⲛ̀ ⲙⲏⲛⲓ ⲙ̀ ⲡⲉⲙⲑⲟ ⲉ̀ⲃⲟⲗ ⲛ̀ ⲧⲁ
ϩⲓⲕⲱⲛ ⲉ̀ⲣⲉ ⲡⲁ ⲭⲁⲣⲁⲕⲧⲏⲣ ⲥϧⲏⲟⲩⲧ ⲉ̀ⲣⲟⲥ ⲉ̀
ϧⲟⲩⲛ ϧⲉⲛ ⲡⲉ ⲕⲟⲓⲧⲱⲛ Ⲁ̀ⲛⲟⲕ ⲡⲉ ⲙⲓⲭⲁⲏⲗ ⲫⲏ 25
ⲉ̀ⲧ ⲱ̀ⲗⲓ ⲛ̀ ⲛⲉ ⲧⲱⲃϩ ⲉ̀ ϧⲟⲩⲛ ⲙ̀ ⲡⲉⲙⲑⲟ ⲙ̀ ⲫϯ
Ⲁ̀ⲛⲟⲕ ⲡⲉ ⲉ̀ⲧ ⲟϩⲓ ⲉ̀ ⲣⲁⲧϥ ⲙ̀ ⲡⲓⲛⲁⲩ ⲉ̀ⲣⲉ ⲥⲁϫⲓ
ⲛⲉⲙ ⲡⲉ ϩⲁⲓ ϫⲉ ⲙⲁⲣⲟⲩⲫⲱⲧϩ ⲛⲏⲓ ⲉ̀ⲃⲟⲗ ⲙ̀ ⲡⲓ-

ⲣⲕⲅ̅. ⲁ. ⲭⲁⲣⲁⲕⲧⲏⲣ ⲛ̀ ⲡⲓⲁⲣⲭⲏⲁⲅⲅⲉⲗⲟⲥ ⲙⲓⲭⲁⲏⲗ ⲛ̀ⲧⲁⲭⲁϥ
ϧⲉⲛ ⲡⲁ ⲏⲓ ⲛ̀ ⲛⲁϣϯ ⲟⲩⲟϩ ⲛ̀ⲧⲉⲕⲧⲏⲓⲧ ⲉ̀ ⲧⲟⲧϥ
ⲛ̀ⲧⲉϥϣⲱⲡⲓ ⲛⲏⲓ ⲛ̀ ⲕⲟⲩⲗⲁⲧⲱⲣ ⲛ̀ⲧⲉϥ ⲉⲣ ⲛⲁϣϯ
ⲛⲏⲓ ϧⲁⲧⲉⲛ ⲡϭ̅ⲥ̅ ϣⲁⲧ ⲉϥϣⲓⲛⲓ ⲛⲏⲓ ⲛ̀ⲧⲁϩⲍⲱⲗ
ϣⲁⲣⲟϥ ⲙ̀ ⲫⲣⲏϯ ⲛ̀ ⲣⲱⲙⲓ ⲛⲓⲃⲉⲛ ⲁ̀ⲛⲟⲕ ⲡⲉ ⲙⲓⲭⲁⲏⲗ 5
ⲫⲏ ⲉⲧ ⲥⲱⲧⲉⲙ ⲛ̀ ⲟⲩⲟⲛ ⲛⲓⲃⲉⲛ ⲉⲧ ⲧⲱⲃϩ ⲙ̀ ⲫϯ
ϧⲉⲛ ⲡⲁ ⲣⲁⲛ Ⲙ̅ⲡ̅ ϥⲣ ⲉⲣ ϩⲟϯ ϩⲏⲡⲡⲉ ⲅⲁⲣ ⲙⲉⲛ-
ⲉⲛⲥⲁ ⲑⲣⲉ ⲝⲱⲕ ⲙ̀ⲡⲉ ϣⲉⲙϣⲓ ⲉ̀ⲃⲟⲗ ⲉ̀ⲣⲉ ⲓⲣⲓ ⲙ̀ⲙⲟϥ
ϧⲉⲛ ⲡⲁⲣⲁⲛ ϯⲛⲏⲟⲩ ⲛ̀ⲥⲱⲓ ⲁ̀ⲛⲟⲕ ⲛⲉⲙ ⲕⲉ ⲙⲏϣ
ⲛ̀ ⲁⲅⲅⲉⲗⲟⲥ ⲛ̀ⲧⲁⲟⲗϯ ⲉ̀ ⲛⲓ ⲙⲁ ⲛ̀ ⲉⲙⲧⲟⲛ ⲛ̀ⲧⲉ ⲫϯ 10
ⲣⲕⲅ̅. ⲃ. ⲛⲁⲓ ⲉ̀ⲧ ⲁ ⲡⲉ ϩⲁⲓ ⲉⲣ ⲕⲗⲏⲣⲟⲛⲟⲙⲓⲛ ⲙ̀ⲙⲱⲟⲩ ϯⲉⲓⲣⲏⲛⲏ
ⲛⲉⲙⲉ Ⲟⲩⲟϩ ⲉ̀ⲧⲁϥϫⲉ ⲛⲁⲓ ⲛⲁⲥ ⲛ̀ϫⲉ ⲡⲓⲁⲣⲭⲏⲁⲅ-
ⲅⲉⲗⲟⲥ ⲙⲓⲭⲁⲏⲗ ⲁϥϩⲱⲗ ⲉ̀ ⲡϣⲱⲓ ⲉ̀ ⲛⲓⲫⲏⲟⲩⲓ̀ ϧⲉⲛ
ⲟⲩⲛⲓϣϯ ⲛ̀ ⲱ̀ⲟⲩ ⲉⲥⲟϩⲓ ⲉ̀ ⲣⲁⲧⲥ ⲉⲥⲥⲟⲙⲥ ⲛ̀ ⲥⲱϥ
Ⲙⲉⲛⲉⲛⲥⲁ ⲛⲁⲓ ⲇⲉ ⲁⲥϣⲉ ⲛⲁⲥ ⲉ̀ ϯⲉⲕⲕⲗⲏⲥⲓⲁ ⲉ̀ 15
ⲣⲁⲧϥ ⲛ̀ ⲁ̀ⲃⲃⲁ ⲁⲛⲑⲩⲙⲟⲥ ⲡⲓⲉ̀ⲡⲓⲥⲕⲟⲡⲟⲥ ⲛ̀ⲧⲉ
ⲧⲁⲓ ⲡⲟⲗⲓⲥ Ⲡⲓϣⲟⲣⲡ ⲛ̀ ⲫⲱϣⲉⲛ ϧⲉⲛ ⲛⲉⲛϫⲓϫ ⲛ̀
ⲡⲓⲭⲣⲏⲥⲟⲥⲧⲟⲙⲟⲥ ⲉ̀ⲑ ⲟⲩⲁⲃ ⲓⲱⲁⲛⲛⲏⲥ ⲡⲓⲁⲣⲭⲏⲉ̀-
ⲡⲓⲥⲕⲟⲡⲟⲥ ⲛ̀ⲧⲉ ⲕⲱⲥⲧⲁⲛⲧⲓⲛⲟⲩⲡⲟⲗⲓⲥ ⲫⲏ ⲉⲧ ⲁ
ⲣⲕⲇ̅. ⲁ. ⲧⲁⲓ ⲛⲏⲥⲟⲥ ⲧⲏⲣⲥ ϭⲓ ⲟⲩⲱⲓⲛⲓ ⲉ̀ⲃⲟⲗϩⲓ ⲧⲟⲧϥ ⲟⲩⲟϩ 20
ⲁⲥⲧⲁⲙⲟϥ ⲉ̀ ⲛⲏ ⲧⲏⲣⲟⲩ ⲉⲧ ⲁ ⲡⲓⲁⲣⲭⲏⲁ̀ⲅⲅⲉⲗⲟⲥ
ⲝⲟⲧⲟⲩ ⲛⲁⲥ ⲁϥϯ ⲱ̀ⲟⲩ ⲙ̀ ⲫϯ ⲛⲉⲙ ⲡⲓⲛⲓϣϯ ⲛ̀
ⲁⲣⲭⲏⲁⲅⲅⲉⲗⲟⲥ ⲉ̀ⲑ ⲟⲩⲁⲃ ⲙⲓⲭⲁⲏⲗ Ⲟⲩⲟϩ ⲁϥⲑⲱⲟⲩϯ
ⲛ̀ ϯⲥⲩⲛⲁⲝⲓⲥ ⲁϥⲭⲱ ⲙ̀ ⲡⲓϣⲉⲙϣⲉ ⲉ̀ⲃⲟⲗ ϧⲉⲛ ⲟⲩ-
ⲭⲱⲗⲉⲙ ⲛⲉⲙ ⲟⲩⲛⲓϣϯ ⲛ̀ ⲧⲁⲓⲟ Ⲙⲉⲛⲉⲛⲥⲁ ⲛ̀ ϯ 25
ⲥⲩⲛⲁⲝⲓⲥ ⲁⲥⲓ̀ ⲉ̀ⲃⲟⲗϧⲉⲛ ϯⲉⲕⲕⲗⲏⲥⲓⲁ ⲁⲥϩⲱⲗ ⲉ̀
ⲡⲉⲥⲏⲓ ⲟⲩⲟϩ ⲁⲥⲝⲱⲕ ⲉ̀ⲃⲟⲗ ⲙ̀ ⲡⲓϣⲉⲙϣⲓ ⲛ̀ⲧⲉ
ⲛⲓⲥⲛⲏⲟⲩ ⲛ̀ ϩⲏⲕⲓ ⲉⲥ ⲉⲣ ⲇⲓⲁ̀ⲕⲱⲛⲓⲛ ⲉ̀ⲣⲱⲟⲩ Ⲟⲩⲟϩ

ⲉ̀ⲧⲁⲩⲕⲏⲛ ⲉⲩⲟⲩⲱⲛ ⲟⲩⲟϩ ⲉⲩⲥⲱ ⲁⲟⲩⲱⲣⲡ.ⲛ̀ⲥⲁ

ⲣ̅ⲕ̅ⲇ̅. ⲃ. ⲡⲁ ⲓⲱⲧ ⲉ̀ⲛⲉⲡⲓⲥⲕⲟⲡⲟⲥ ⲁⲥϯϩⲟ ⲉ̀ⲣⲟϥ ⲉⲑⲣⲉϥⲁ̀ⲓⲥ
ⲛⲉⲙⲡϣⲁ ⲛ̀ⲧⲉϥϩⲱⲗ ⲉ̀ ⲡⲉⲥⲏⲓ ⲟⲩⲟϩ ⲁϥϩⲱⲗ ϣⲁ-
ⲣⲟⲥ ⲛ̀ ⲭⲱⲗⲉⲙ Ⲉ̀ⲧⲁⲩⲉⲗ ⲡⲓϣⲓⲛⲓ ⲇⲉ ⲛⲁⲥ ⲛ̀ⲧⲉϥ
ⲡⲁⲣⲟⲩⲥⲓⲁ̀ ϣⲁⲣⲟⲥ ⲁⲥⲓ̀ ⲉ̀ⲃⲟⲗ ϧⲁ ⲥⲱϥ ϣⲁ ⲡⲓⲙⲁϩ 5
ⲅ̅ ⲛ̀ ⲣⲟ ⲛ̀ⲧⲉ ⲡⲉⲥⲏⲓ ⲁⲥϥⲁϩⲧⲥ ⲉ̀ϫⲉⲛ ⲛⲉϥϭⲁⲗⲁⲩϫ
ⲁⲥϯϩⲟ ⲉ̀ⲣⲱⲟⲩ ⲛ̀ ⲟⲩⲛⲓϣϯ ⲛ̀ ⲛⲁⲩ Ⲛ̀ⲑⲟϥ ϫⲉ
ⲡⲓⲉ̀ⲡⲓⲥⲕⲟⲡⲟⲥ ⲉⲑ ⲟⲩⲁⲃ ⲁϥⲧⲟⲩⲛⲟⲥⲥ ⲉ̀ϩⲣⲏⲓ ⲉϥϫⲱ
ⲙ̀ⲙⲟⲥ ⲛⲁⲥ ϫⲉ ⲧⲱⲛ ⲉ̀ϩⲣⲏⲓ ⲱ̀ ϯⲥϩⲓⲙⲓ ⲉⲧ ⲥⲙⲁ-
ⲣⲱⲟⲩⲧ ϩⲓⲧⲉⲛ ⲫϯ ⲛⲉⲙ ⲡⲓⲣⲱⲙⲓ Ⲁⲗⲏⲑⲱⲥ ⲁ̀ ⲫϯ 10
ϭⲓ ⲛ̀ ⲛⲉ ⲑⲩⲥⲓⲁ̀ ⲛ̀ⲧⲟϯ ⲛ̀ ⲫⲣⲏϯ ⲛ̀ ⲁ̀ⲃⲉⲗ ⲡⲓⲑⲙⲏⲓ

ⲣ̅ⲕ̅ⲉ̅. ⲁ. ⲟⲩⲟϩ ⲁϥϣⲱⲗⲉⲙ ⲉ̀ ⲛⲉϭⲗⲓⲗ ⲛ̀ ⲫⲣⲏϯ ⲛ̀ ⲛⲁ
ⲙⲉⲗⲭⲓⲥⲉⲇⲉⲕ ⲡⲟⲩⲣⲟ ⲛ̀ ⲥⲁⲗⲏⲙ ⲡⲓⲟⲩⲏⲃ ⲛ̀ⲧⲉ ⲫϯ
ⲉⲧ ϭⲟⲥⲓ ϫⲉ ⲁⲣⲉ ⲉ̀ⲛ ⲟⲩ ϧⲉⲛ ⲟⲩⲥⲱⲟⲩⲧⲉⲛ Ⲛ̀ⲑⲟⲥ
ⲇⲉ ⲁⲥⲁ̀ⲙⲟⲛⲓ ⲙ̀ⲙⲟϥ ϧⲉⲛ ⲟⲩⲛⲓϣϯ ⲛ̀ ⲧⲓⲙⲏ ⲁⲥⲟⲗϥ 15
ⲉ̀ϧⲟⲩⲛ ⲉ̀ ⲡⲉⲥⲕⲟⲓⲧⲱⲛ ⲉ̀ⲣⲉ ⲧϩⲓⲕⲱⲛ ⲛ̀ ⲡⲓⲁⲣⲭⲏⲁⲅ-
ⲅⲉⲗⲟⲥ ⲙⲓⲭⲁⲏⲗ ⲛ̀ ϩⲓⲧϥ Ⲁⲥⲭⲱ ϧⲁⲣⲟϥ ⲛ̀ ⲟⲩ-
ⲑⲣⲟⲛⲟⲥ ⲉ̀ⲛ ⲉⲗⲉⲫⲁⲛⲧⲓⲛⲟⲛ ⲛⲉⲙ ϩⲁⲛⲥⲩⲙⲯⲉⲗⲓⲟⲛ
ⲛ̀ ϩⲁⲧ ⲉⲑⲣⲉ ⲛⲓⲡⲣⲉⲥⲃⲩⲧⲉⲣⲟⲥ ⲛⲉⲙ ⲛⲓⲇⲓⲁ̀ⲕⲱⲛ
ϩⲉⲙⲥⲓ ϩⲓϫⲱⲟⲩ Ⲉ̀ⲧⲁⲩϣⲗⲏⲗ ⲇⲉ ⲁⲩϩⲉⲙⲥⲓ ⲟⲩⲟϩ 20

ⲣ̅ⲕ̅ⲉ̅. ⲃ. ⲁⲥⲟⲩⲱⲛ ⲛ̀ ⲛⲓⲣⲱⲟⲩ ⲛ̀ⲧⲉ ⲡⲉⲥⲏⲓ ⲁⲥ ⲓ̀ⲛⲓ ⲛ̀ ⲛⲉⲥ-
ϩⲩⲡⲁⲣⲭⲟⲛⲧⲁ ⲧⲏⲣⲟⲩ ⲉ̀ⲃⲟⲗ ⲓⲥϫⲉⲛ ⲟⲩ ⲕⲉⲫⲁⲗⲉⲟⲛ
ϣⲁ ⲟⲩ ⲉ̀ⲗⲁⲭⲓⲥⲧⲟⲛ ⲫⲏ ⲉⲧ ⲧⲁⲓⲏⲟⲩⲧ ⲛⲉⲙ ⲫⲏ
ⲉⲧ ϣⲟϣⲉⲃ ⲁⲥⲭⲁⲩ ⲙ̀ⲡⲉⲥⲙ̀ⲑⲟ ⲉ̀ⲃⲟⲗ Ⲡⲉϫⲁⲥ ⲛⲁϥ
ϫⲉ ⲡⲁⲓⲱⲧ ⲉⲑ ⲟⲩⲁⲃ ϭⲓ ⲛ̀ ⲛⲁⲓ ⲕⲟⲩϫⲓ ⲛ̀ ⲭⲣⲏⲙⲁ 25
ⲛ̀ ⲧⲟⲧ ⲛ̀ⲧⲉⲕⲥⲟⲣⲟⲩ ⲉ̀ ⲛⲓϩⲏⲕⲓ ϧⲁⲣⲟⲓ ⲛⲉⲙ ⲡⲁ ⲙⲁ-
ⲕⲁⲣⲓⲟⲥ ⲛ̀ ϩⲁⲓ ϧⲉⲛ ⲫⲣⲁⲛ ⲙ̀ ⲡⲓⲁⲣⲭⲏⲁⲅⲅⲉⲗⲟⲥ
ⲉⲑ ⲟⲩⲁⲃ ⲙⲓⲭⲁⲏⲗ ϩⲓⲛⲁ ⲛ̀ⲧⲉϥ ϯϩⲟ ⲉ̀ϫⲱⲓ ⲛ̀ ⲡⲉⲛ-

ⲑⲟ ⲛ̀ ⲫϯ ⲁ̀ⲛⲟⲕ ⲛⲉⲙ ⲡⲁ ⲙⲁⲕⲁⲣⲓⲟⲥ ⲛ̀ ϩⲁⲓ
ⲁ̀ⲣⲓⲥⲧⲁⲣⲭⲟⲥ ⲡⲓⲥⲧⲣⲁⲧⲩⲗⲁⲧⲏⲥ ⲉⲑⲣⲉ ϥ ⲉⲣ ⲟⲩⲛⲁⲓ
ⲣ̄ⲕ̄ⲍ̄. ⲁ. ⲛⲉⲙ ⲧⲁⲧⲁⲗⲉ ⲡⲱⲣⲟⲥ ⲛ̀ ⲯⲩⲭⲏ ϧⲉⲛ ⲡⲉϥⲃⲏⲙⲁ
ⲉⲧ ⲟⲓ ⲛ̀ ϩⲟϯ Ⲡⲓⲉ̀ⲡⲓⲥⲕⲟⲡⲟⲥ ⲇⲉ ⲁϥⲟⲩⲁϩⲥⲁϩⲛⲓ
ⲉ̀ⲑⲣⲟⲩ ⲱ̀ⲗⲓ ⲛⲉⲙ ⲭⲁⲓ ⲛⲓⲃⲉⲛ ⲉⲧ ⲉⲛⲧⲁⲥ ⲉ̀ ϯⲉⲕ- 5
ⲕⲗⲏⲥⲓⲁ ⲟⲩⲟϩ ⲛⲉⲥⲉ̀ⲃⲓⲁⲓⲕ ⲁⲥⲭⲁⲩ ⲉ̀ⲃⲟⲗ ⲉⲩⲟⲓ ⲛ̀
ⲣⲉⲙϩⲉ Ⲁⲥϣⲱⲡⲓ ⲇⲉ ϧⲉⲛ ⲡⲁⲓ ⲉ̀ϩⲟⲟⲩ ⲛ̀ ⲟⲩⲱⲧ
ⲉ̀ⲧⲉ ⲥⲟⲩ ⲓ̄ⲃ̄ ⲛ̀ ⲡⲁⲱⲛⲓ ⲡⲉ Ⲉⲧⲓ ⲉⲛϩⲉⲙⲥⲓ ⲛⲉⲙ
ⲡⲓⲉ̀ⲡⲓⲥⲕⲟⲡⲟⲥ ⲛ̀ ⲥⲁⲝⲓ ⲁⲛϣⲱⲗⲉⲙ ⲉ̀ ⲟⲩⲛⲓϣϯ ⲛ̀
ⲥⲑⲟⲓ ⲛ̀ ⲟⲩϥⲓ ⲛ̀ⲡ ⲉⲛϣⲱⲗⲉⲙ ⲉ̀ ⲟⲩⲟⲛ ⲛ̀ ⲡⲉϥⲣⲏϯ 10
ⲉ̀ⲛⲉϩ Ⲉ̀ⲡⲓ ⲇⲏ ⲛⲁⲓ ⲛ̀ⲙⲁⲩ ϩⲱ ⲡⲉ ⲉⲓϩⲉⲙⲥⲓ ⲛⲉⲙ
ⲡⲁ ⲓⲱⲧ ⲁⲛⲑⲩⲙⲟⲥ ⲡⲓⲉ̀ⲡⲓⲥⲕⲟⲡⲓⲥ (sic) ⲉ̀ⲑ ⲟⲩⲁⲃ
ⲣ̄ⲕ̄ⲍ̄. ⲃ̄. ⲡⲓϣⲟⲣⲡ ⲛ̀ ⲫⲱϣⲉⲛ ϧⲉⲛ ⲛⲉⲛⲝⲓⲝ ⲛ̀ ⲫⲏ ⲉ̀ⲟ
ⲟⲩⲁⲃ ⲓⲱⲁⲛⲛⲏⲥ ⲡⲓⲡⲓⲭⲣⲏⲥ ⲟⲥ ⲧⲟⲙⲟⲥ ⲉⲓⲟⲓ ⲛ̀ ⲡⲣⲉⲥ-
ⲃⲩⲧⲉⲣⲟⲥ Ⲉⲧⲁⲛϣⲱⲗⲉⲙ ⲇⲉ ⲛ̀ ⲡⲁⲓ ⲛⲓϣϯ ⲛ̀ ⲥⲑⲟⲓ 15
ⲛ̀ ⲟⲩϥⲓ ⲁⲛⲭⲁ ⲧⲟⲧⲉⲛ ⲉ̀ⲃⲟⲗϩⲓⲧⲉⲛ ⲧⲁⲓ ⲛⲓϣϯ ⲛ̀
ⲑⲉⲱⲣⲓⲁ Ⲙⲉⲛⲉⲛⲥⲱⲥ ⲁⲥⲧⲁⲥⲑⲟⲥ ϩⲁ ⲡⲁ ⲓⲱⲧ ⲛ̀
ⲉ̀ⲡⲓⲥⲕⲟⲡⲟⲥ ⲡⲉⲝⲁⲥ ⲛⲁⲥ ⲝⲉ ϯϩⲟ ⲉ̀ⲣⲟⲕ ⲡⲁ ⲓⲱⲧ
ⲉⲑⲣⲉⲕϯϩⲟ ⲉ̀ϫⲱⲓ ϩⲓⲛⲁ ⲛ̀ⲧⲁ ⲉⲣ ⲁ̀ⲡⲁⲛⲧⲁⲛ ⲉ̀ ⲫϯ
ϧⲉⲛ ⲟⲩⲟⲩⲛⲟⲩ ⲉ̀ ⲛⲁⲛⲉⲥ Ⲇⲉ ⲟⲩⲏⲓ ⲁⲥⲃⲱⲛⲧ ⲉ̀ⲣⲟⲓ 20
ⲛ̀ϫⲉ ϯⲟⲩⲛⲟⲩ ⲉ̀ⲧⲟⲩⲛⲁⲫⲱⲣⲝ ⲛ̀ ⲧⲁ ⲯⲩⲭⲏ ⲉ̀ⲃⲟⲗ-
ⲣ̄ⲕ̄ⲏ̄. ⲁ. ϧⲉⲛ ⲡⲁ ⲥⲱⲙⲁ ⲛ̀ ⲉ̀ⲃⲓⲏⲛ ϣⲁ ⲡⲓⲉ̀ϩⲟⲟⲩ ⲛ̀ⲧⲉ
ⲡⲓⲛⲓϣϯ ⲛ̀ ϩⲁⲡ Ⲕⲉ ⲅⲁⲣ ⲓⲥ ⲡⲓⲁⲣⲭⲏⲁⲅⲅⲉⲗⲟⲥ
ⲙⲓⲭⲁⲏⲗ ⲁϥⲓ̀ ⲛ̀ⲥⲱⲓ ⲉ̀ⲣⲉ ⲁⲣⲓⲥⲧⲁⲣⲭⲟⲥ ⲡⲁ ϩⲁⲓ
ⲙⲟϣⲓ ⲛⲉⲙⲁϥ ⲛⲉⲙ ϩⲁⲛ ⲕⲉ ⲙⲏϣ ⲛ̀ ⲁⲅⲅⲉⲗⲟⲥ 25
ⲛⲉⲙⲁϥ Ⲉⲧⲁⲥ ⲉⲛⲕⲟⲧ ⲇⲉ ⲉ̀ϫⲉⲛ ⲡⲉⲥⲙⲁ ⲉⲛ ⲕⲟⲧ
ⲉ̀ⲧⲁⲥⲫⲟⲣϣϥ ϧⲉⲛ ⲛⲉⲥⲝⲓⲝ ⲁ̀ ⲡⲓⲉ̀ⲡⲓⲥⲕⲟⲡⲟⲥ ϣⲗⲏⲗ
ⲉ̀ϫⲱⲥ ⲛ̀ ⲟⲩⲛⲓϣϯ ⲛ̀ ⲛⲁⲩ Ⲙⲉⲛⲉⲛⲥⲱⲥ ⲁⲥϥⲁⲓ

ⲛ̀ ⲡⲉⲥϩⲟ ⲉ̀ ⲡϣⲱⲓ ϧⲉⲛ ⲡϩⲟ ⲛ̀ ⲡⲓⲉ̀ⲡⲓⲥⲕⲟⲡⲟⲥ
ⲛⲉⲙ ⲡⲓⲙⲏϣ ⲧⲏⲣϥ ⲡⲉϫⲁⲥ ⲛⲱⲟⲩ ϫⲉ ϯϣⲓⲛⲓ ⲉ̀ⲣⲱ-
ⲧⲉⲛ ϧⲉⲛ ⲡⲟ̅ⲥ̅ ⲁ̀ⲣⲓ ϯⲁ̀ⲅⲁⲡⲏ ⲛ̀ ⲧⲉⲧⲉⲛϯ ⲛⲏⲓ ⲛ̀

ⲣ̅ⲕ̅ⲍ̅. ⲃ. ⲧϩⲓⲕⲱⲛ ⲛ̀ ⲡⲓⲁⲣⲭⲏⲁⲅⲅⲉⲗⲟⲥ ⲙⲓⲭⲁⲏⲗ ⲛ̀ⲧⲁ ⲉⲣ
ⲁⲥⲡⲁⲍⲉⲥⲑⲉ ⲙ̀ⲙⲟⲥ ⲙ̀ ⲡⲁⲓ ⲕⲉ ⲥⲟⲡ ϧⲁ ϯϩⲏ ⲙ̀ⲡⲁ 5
ϯ ⲉ̀ⲃⲟⲗϧⲉⲛ ⲥⲱⲙⲁ ϧⲉⲛ ϯⲟⲩⲛⲟⲩ ⲁ̀ ⲡⲓⲉ̀ⲡⲓⲥⲕⲟⲡⲟⲥ
ⲁ̀ⲙⲟⲛⲓ ⲛ̀ ϯϩⲓⲕⲱⲛ ⲁϥⲧⲏⲓ̀ⲥ ⲛⲁⲥ ⲛ̀ⲑⲟⲥ ⲇⲉ ⲁⲥ ⲉⲣ
ⲁⲥⲡⲁⲍⲉⲥⲑⲉ ⲙ̀ⲙⲟⲥ ⲉⲥϫⲱ ⲙ̀ⲙⲟⲥ ϫⲉ ⲡⲁ ⲟ̅ⲥ̅ ⲡⲓⲁⲣⲭⲏ
ⲁⲅⲅⲉⲗⲟⲥ ⲉⲑ ⲟⲩⲁⲃ ⲙⲓⲭⲁⲏⲗ ⲟϩⲓ ⲉ̀ ⲣⲁⲧⲕ ⲛⲉⲙⲏⲓ
ϧⲉⲛ ⲧⲁⲓ ⲟⲩⲛⲟⲩ ⲑⲁⲓ ⲉ̀ⲧ ⲟⲓ ⲛ̀ ϩⲟϯ ⲛⲁⲓ ⲇⲉ 10
ⲉⲛ ⲥⲱⲧⲉⲙ ⲉ̀ⲣⲟⲥ ⲉⲥϫⲱ̀ ⲙ̀ⲙⲱⲟⲩ ⲁ̀ⲛⲟⲛ ⲇⲉ ⲛⲉⲙ
ⲡⲓⲙⲏϣ ⲁⲛⲥⲱⲧⲉⲙ ⲉ̀ ⲡϧⲣⲱⲟⲩ ⲛ̀ ⲟⲩⲛⲓϣϯ ⲛ̀ ⲙⲏϣ
ⲉⲩⲃⲟϫⲓ ⲉ̀ⲙⲁϣⲱ ⲉ̀ϫⲉⲛ ⲛⲟⲩⲉ̀ⲣⲛⲟⲩ ⲙ̀ ⲫⲣⲏϯ ⲛ̀

ⲣ̅ⲕ̅ⲏ̅. ⲁ. ⲟⲩⲕⲁⲧⲁⲣⲁⲕⲧⲏⲥ ⲉϥϣⲱ ⲉ̀ⲃⲟⲗ ⲟⲩⲟϩ ⲁ̀ ⲛⲉⲛⲃⲁⲗ
ⲛ̀ ⲡⲓⲙⲏϣ ⲛⲓⲕⲟⲩϫⲓ ⲛⲉⲙ ⲛⲓⲛⲓϣϯ ⲙⲓϩⲱⲟⲩⲧ ⲛⲉⲙ 15
ⲛⲓϩⲓⲟⲙⲓ ⲁⲩⲛⲁⲩ ⲉ̀ ⲡⲓⲁⲣⲭⲏⲁⲅⲅⲉⲗⲟⲥ ⲉⲑ ⲟⲩⲁⲃ
ⲙⲓⲭⲁⲏⲗ ⲉϥ ⲉⲣ ⲟⲩⲱⲓⲛⲓ ⲙ̀ ⲫⲣⲏϯ ⲙ̀ ⲫⲣⲏ ⲉϥⲟ̀ϩⲓ
ⲉ̀ ⲣⲁⲧϥ ϩⲓϫⲉⲛ ⲉⲩⲫⲩⲙⲓⲁ ϯⲥⲩⲛⲕⲗⲏⲧⲓⲕⲏ ⲉ̀ⲣⲉ
ⲛⲓⲥⲛⲃⲓ ⲛ̀ ⲣⲁⲧϥ ⲟⲓ ⲙ̀ ⲫⲣⲏϯ ⲛ̀ ⲟⲩϩⲟⲙⲧ ⲙ̀ ⲃⲁⲣⲱⲧ
ⲉϥⲫⲟⲥⲓ ϧⲉⲛ ⲟⲩⲭⲣⲱⲙ ⲉⲣⲉ ⲟⲩⲟⲛ ⲟⲩⲥⲁⲗⲡⲓⲅⲅⲟⲥ 20
ϧⲉⲛ ⲧⲉϥϫⲓϫ ⲛ̀ ⲟⲩⲓ̀ⲛⲁⲙ ⲉ̀ⲃⲟⲗ ⲉ̀ⲣⲉ ⲟⲩⲟⲛ ⲟⲩⲧⲣⲟ-
ⲭⲟⲥ ⲙ̀ ⲫⲣⲏϯ ⲛ̀ ⲟⲩϩⲁⲣⲙⲁ ϧⲉⲛ ⲧⲉϥϫⲓϫ ⲛ̀ ϭⲁϫⲏ
ⲉ̀ⲣⲉ ⲟⲩⲟⲛ ⲟⲩⲥⲧⲁⲩⲣⲟⲥ ϩⲓϫⲱϥ ⲉϥ ⲉⲣ ⲫⲟⲣⲓⲛ ⲛ̀

ⲣ̅ⲕ̅ⲏ̅. ⲃ. ⲟⲩϩⲉⲃⲥⲱ ⲉⲥⲥⲱⲧⲡ ⲉ̀ϩⲟⲧⲉ ⲑⲁ ⲛⲓⲟⲩⲣⲱⲟⲩ ⲛ̀ⲧⲉ
ⲡⲓⲕⲟⲥⲙⲟⲥ ⲛ̀ ⲟⲩⲑⲃⲁ ⲛ̀ ⲕⲱⲃ ⲛ̀ ⲥⲟⲡ ⲉ̀ⲧⲁⲛⲛⲁⲩ ⲇⲉ 25
ⲉ̀ⲣⲟϥ ⲙ̀ ⲡⲁⲓ ⲣⲏϯ ⲁⲛϣⲑⲟⲣⲧⲉⲣ ⲟⲩⲟϩ ⲁⲛⲭⲁ
ⲧⲟⲧⲉⲛ ⲉ̀ⲃⲟⲗ ⲉ̀ⲑⲃⲉ ⲧⲉϥϩⲟϯ ⲟⲩⲟϩ ⲁⲛⲛⲁⲩ ⲉ̀ⲣⲟϥ
ⲉϥⲟ̀ϩⲓ ⲉ̀ ⲣⲁⲧϥ ⲉϥⲥⲱⲟⲩⲧⲉⲛ ⲛ̀ⲧⲉϥⲥⲧⲟⲗⲏ ⲛ̀ ⲟⲩⲱⲓⲛⲓ

DISCOURSE OF EUSTATHIUS.

ⲉⲃⲟⲗ ϩⲱⲥ ⲉϥⲥⲟⲗⲥⲉⲗ ⲛ̀ ϯⲯⲩⲭⲏ ⲛ̀ ϯⲥϩⲓⲙⲓ ⲛ̀
ⲙⲁⲕⲁⲣⲓⲁ ⲉⲧⲉⲙⲙⲁⲩ ⲉⲩⲫⲏⲙⲓⲁ ϯⲥⲩⲛⲕⲗⲏⲧⲓⲕⲏ
ⲉⲑⲣⲉⲥⲓ̀ ⲉⲝⲉⲛ ⲧⲉϥⲥⲧⲟⲗⲏ ⲉⲑ ⲟⲩⲁⲃ Ⲡⲁⲓ ⲣⲏϯ ⲇⲉ
ⲁⲥϯ ⲛ̀ ⲡⲉⲥⲡ̅ⲡ̅ⲁ̅ ⲉ̀ⲡⲉ ϯϩⲓⲕⲱⲛ ⲛ̀ⲧⲉ ⲡⲓⲁⲣⲭⲏⲁⲅ-
ⲣ̅ⲕ̅ⲑ̅. ⲁ. ⲅⲉⲗⲟⲥ ⲙⲓⲭⲁⲏⲗ ⲧⲁⲗⲏⲟⲩⲧ ϩⲓⲝⲉⲛ ⲙⲉⲥⲃⲁⲗ ⲙ̀ⲡⲁⲧⲉ- 5
ⲥⲓ̀ ⲉ̀ⲃⲟⲗϧⲉⲛ ⲥⲱⲙⲁ Ⲟⲩⲟϩ ⲁⲛⲥⲱⲧⲉⲙ ⲉ̀ ⲡ̀ϩⲣⲱⲟⲩ
ⲛ̀ ⲙⲏϣ ⲉⲩ ⲉⲣ ⲯⲁⲗⲓⲛ ⲉⲩϫⲱ ⲙ̀ⲙⲟⲥ ϫⲉ ⲡ̅ⲟ̅ⲥ̅
ⲥⲱⲟⲩⲛ ⲛ̀ ⲫⲙⲱⲓⲧ ⲛ̀ⲧⲉ ⲛⲓⲑⲙⲏⲓ ⲧⲟⲩⲕⲗⲏⲣⲟⲛⲟⲙⲓⲁ
ⲉⲥⲉϣⲱⲡⲓ ϣⲁ ⲉ̀ⲛⲉϩ ϯϩⲓⲕⲱⲛ ⲇⲉ ⲛ̀ⲧⲉ ⲡⲓⲁⲣⲭⲏⲁⲅ-
ⲅⲉⲗⲟⲥ ⲙⲓⲭⲁⲏⲗ ⲉⲧ ⲭⲏ ϩⲓϫⲉⲛ ⲡϩⲟ ⲛ̀ ϯⲥϩⲓⲙⲓ 10
ϫⲉ ⲉ̀ⲧⲁⲥϯ ⲛ̀ ⲡⲉⲥ ⲡ̅ⲡ̅ⲁ̅ ⲁ̀ ϯϩⲓⲕⲱⲛ ϩⲁⲗⲁⲓ ⲛ̀
ϯⲟⲩⲛⲟⲩ ⲛ̀ⲡ ⲉⲛⲉⲙⲓ ϫⲉ ⲉ̀ⲧⲁⲥϩⲱⲗ ⲉ̀ ⲑⲱⲛ ⲟⲩⲟϩ
ⲁⲛⲭⲁ ϯⲥϩⲓⲙⲓ ϧⲉⲛ ⲡⲓⲙ̀ϩⲁⲩ ⲛ̀ⲧⲉ ⲁ̀ⲣⲓⲥⲧⲁⲣⲭⲟⲥ
ⲡⲉⲥϩⲁⲓ Ⲁⲥϣⲱⲡⲓ ⲇⲉ ⲉ̀ⲧⲁⲛⲑⲱⲙⲥ ⲙ̀ⲙⲟⲥ ⲁⲛⲓ ⲉ̀
ⲣ̅ⲕ̅ⲑ̅. ⲃ. ϯⲉⲕⲕⲗⲏⲥⲓⲁ ⲉⲑⲣⲉⲛ ⲉⲣ ϯⲥⲩⲛⲁϩⲓⲥ ⲁ̀ ⲡⲓⲉ̀ⲡⲓⲥ- 15
ⲕⲟⲡⲟⲥ ⲓ̀ ⲉ̀ⲃⲟⲩⲛ ⲉ̀ ⲡⲓⲧⲟⲡⲟⲥ ⲫⲁⲓ ⲛ̀ ⲑⲟⲩⲏⲧ ⲛ̀ ϧⲏⲧϥ
ϯⲛⲟⲩ ⲇⲉ ϧⲉⲛ ⲫⲣⲁⲛ ⲛ̀ ⲡⲓⲁⲣⲭⲏⲁⲅⲅⲉⲗⲟⲥ ⲉⲑ ⲟⲩⲁⲃ
ⲙⲓⲭⲁⲏⲗ Ⲟⲩⲟϩ ⲉ̀ⲧⲁϥ ϣⲉ ⲉ̀ⲃⲟⲩⲛ ⲉ̀ ⲡⲓⲑⲩⲥⲓⲁⲥⲧⲏ-
ⲣⲓⲟⲛ ⲕⲁⲧⲁ ⲧⲉϥⲥⲩⲛⲏⲑⲓⲁ ⲁϥⲛⲁⲩ ⲉ̀ ⲧϩⲓⲕⲱⲛ ⲛ̀
ⲡⲓⲁⲣⲭⲏⲁⲅⲅⲉⲗⲟⲥ ⲑⲏ ⲉ̀ⲧⲁⲥϩⲁⲗⲁⲓ ⲉⲃⲟⲗϧⲉⲛ ⲡⲓⲛⲓ 20
ⲛ̀ ⲉⲩⲫⲏⲙⲓⲁ ⲉⲥⲁ̀ϣⲓ ϧⲉⲛ ⲡⲓⲁ̀ⲏⲣ ⲁⲧϭⲛⲉ ϫⲓϫ ⲛ̀
ⲣⲱⲙⲓ ϧⲉⲛ ϯⲭⲟⲣⲕⲓ ⲛ̀ⲧⲉ ⲡⲓⲙⲁ ⲉⲑ ⲟⲩⲁⲃ Ⲡⲓⲉ̀ⲡⲓⲥ-
ⲕⲟⲡⲟⲥ ⲇⲉ ⲁϥⲱϣ ⲉ̀ⲃⲟⲗ ⲉϥϫⲱ ⲙ̀ⲙⲟⲥ ϫⲉ ⲱ̀ ⲛⲓⲣⲱⲙⲓ
ⲛ̀ⲧⲉ ϯⲧⲣⲁⲕⲓ ϯⲙⲓⲥⲟⲥ ⲁ̀ⲙⲱⲓⲛⲓ ⲛ̀ ⲧⲉⲧⲉⲛⲛⲁⲩ ⲉ̀
ⲣ̅ⲗ̅. ⲁ. ⲧⲁⲓ ⲛⲓϣϯ ⲛ̀ ϫⲟⲙ ⲛ̀ⲧⲉ ⲡⲓⲁⲣⲭⲏⲁⲅⲅⲉⲗⲟⲥ ⲉⲑ 25
ⲟⲩⲁⲃ ⲙⲓⲭⲁⲏⲗ Ⲟⲩⲟϩ ⲁ̀ ⲡⲓⲙⲏϣ ⲧⲏⲣϥ ϭⲟϫⲓ ⲉ̀
ϧⲟⲩⲛ ⲉ̀ ⲡⲓⲑⲩⲥⲓⲁⲥⲧⲏⲣⲓⲟⲛ ⲟⲩⲟϩ ⲁⲛⲛⲁⲩ ϧⲉⲛ ⲛⲉⲛ
ⲃⲁⲗ ⲉ̀ ϯϩⲓⲕⲱⲛ ⲛ̀ⲧⲉ ⲡⲓⲁⲣⲭⲏⲁⲅⲅⲉⲗⲟⲥ ⲙⲓⲭⲁⲏⲗ

ⲉⲥⲁϣⲓ ϧⲉⲛ ⲡⲓⲁⲏⲣ ⲁⲧϭⲛⲉ ϫⲓϫ ⲛ̀ ⲣⲱⲙⲓ ⲓⲉ ⲕⲉ
ϩⲗⲓ ⲛ̀ ⲡⲁⲓ ⲣⲏϯ Ⲁⲗⲗⲁ ⲛⲁⲥⲧⲁϫⲣⲏⲟⲩⲧ ⲛ̀ ⲁⲧⲕⲓⲙ
ⲛ̀ ⲟⲩⲥⲧⲩⲗⲗⲟⲥ ⲛ̀ ⲁⲇⲁⲙⲁⲛⲧⲓⲛⲟⲛ ⲉ̀ⲧⲉ ⲙ̀ⲡ ⲁϥⲕⲓⲙ
ⲛ̀ⲥⲁ ϩⲗⲓ ⲛ̀ ⲥⲁ ⲉ̀ ⲡⲧⲏⲣϥ Ⲱⲟⲩⲏⲣ ⲛⲉ ⲛⲓϩⲣⲱⲟⲩ
ⲉⲧⲁⲩϣⲱⲡⲓ ⲛ̀ ⲛⲏⲁⲩ ⲉ̀ⲧⲉⲛⲛⲁⲩ ⲉ̀ⲣⲉ ⲡⲓⲙⲏϣ ⲧⲏⲣϥ 5

ⲣ̅ⲡ̅. ⲃ. ⲱϣ ⲉ̀ⲃⲟⲗ ⲉⲩϯⲱⲟⲩ ⲛ̀ ⲫϯ ⲛⲉⲙ ⲡⲓⲁⲣⲭⲏⲁⲅⲅⲉⲗⲟⲥ
ⲉⲑ ⲟⲩⲁⲃ ⲙⲓⲭⲁⲏⲗ Ⲟⲩⲟϩ ⲁ̀ ⲡϣⲓⲛⲓ ⲛ̀ ⲧⲁⲓ ϣⲫⲏⲣⲓ
ⲛ̀ ⲧⲁⲓ ⲙⲁⲓⲛ ⲫⲟϩ ϣⲁ ⲛⲓⲟⲩⲣⲱⲟⲩ ⲛ̀ ⲙⲁⲓ ⲛⲟⲩϯ
ⲉⲣⲕⲁⲇⲓⲟⲥ ⲛ̀ ⲉⲩⲇⲟⲝⲓⲁ ϯⲟⲩⲣⲱ ϧⲉⲛ ⲕⲱⲥⲧⲁⲛⲧⲓⲛⲟⲩ-
ⲡⲟⲗⲓⲥ ⲛⲉⲙ ⲡⲟⲩⲣⲟ ⲟⲛⲛⲟⲩⲣⲓⲟⲥ ϧⲉⲛ ⲣⲱⲙⲏ Ⲟⲩⲟϩ 10
ⲁⲩⲥⲉⲙⲛⲏⲧⲥ ⲉⲑⲣⲟⲩ ⲉⲣ ⲁⲡⲁⲛⲧⲁⲛ ⲉ̀ ⲧⲁⲓ ⲛⲓⲥⲟⲥ
ⲛⲉⲙ ⲛ̀ ⲟⲩⲉ̀ⲣⲛⲟⲩ Ⲟⲩⲟϩ ⲡⲁⲓ ⲣⲏϯ ⲁⲩ ⲉⲣ ⲁⲡⲁⲛ-
ⲧⲁⲛ ⲛⲉⲙ ⲟⲩⲉ̀ⲣⲛⲟⲩ ⲉⲩⲥⲟⲡ ⲛⲉⲙ ϯⲟⲩⲣⲱ ⲁⲩⲛⲁⲩ
ϧⲉⲛ ⲛⲟⲩⲃⲁⲗ ⲉ̀ ϯϣⲫⲏⲣⲓ ⲛ̀ⲧⲉ ϯϩⲓⲕⲱⲛ ⲛ̀ⲧⲉ ⲡⲓⲁⲣ-
ⲭⲏⲁⲅⲅⲉⲗⲟⲥ ⲉⲑ ⲟⲩⲁⲃ ⲙⲓⲭⲁⲏⲗ Ⲟⲩⲟϩ ⲁⲩⲟⲩⲱϣⲧ 15

ⲣ̅ⲡ̅ⲁ̅. ⲁ. ϩⲓϫⲉⲛ ⲡⲓⲕⲁϩⲓ ϩⲓϫⲉⲛ ⲡⲓⲃⲟⲗϫ ⲛ̀ⲧⲉ ⲡⲓⲙⲁⲕⲁⲣⲓⲟⲥ
ⲓⲱⲁⲛⲛⲏⲥ ⲡⲓⲭⲣⲏⲥⲟⲥⲧⲟⲙⲟⲥ ⲉⲧⲁϥϫⲱⲕ ⲉ̀ⲃⲟⲗϩⲓ
ϫⲱϥ ⲫⲁⲓ ⲉ̀ⲧⲁϥⲓ̀ⲣⲓ ⲛ̀ ϩⲁⲛⲛⲓϣϯ ⲛ̀ ⲧⲁⲗϭⲟ ϧⲉⲛ
ⲧⲁⲓ ⲛⲓⲥⲟⲥ Ϩⲱⲥ ⲇⲉ ⲣⲱⲙⲓ ⲛⲓⲃⲉⲛ ϧⲉⲛ ϯⲟⲩⲛⲟⲩ
ⲁⲩϣⲁⲛ ⲛ̀ ⲕⲟⲧ ϩⲓϫⲉⲛ ⲡⲓⲃⲟⲗϫ ⲉ̀ⲧⲉⲙⲙⲁⲩ ⲛ̀ⲧⲉ 20
ⲡⲓⲁ̀ⲅⲓⲟⲥ ⲓⲱⲁⲛⲛⲏⲥ ϣⲁⲩϯⲙⲁϯ ⲛ̀ ⲡⲓⲟⲩϫⲁⲓ ⲥⲁ
ⲧⲟⲧⲟⲩ Ⲱ ⲛⲓⲙ ⲉⲑⲛⲁϣⲥⲁϫⲓ ⲉ̀ ⲛⲓϣⲫⲏⲣⲓ ⲉⲧⲁⲩϣⲱⲡⲓ
ⲉ̀ⲃⲟⲗϩⲓⲧⲉⲛ ϯϩⲓⲕⲱⲛ ⲉ̀ⲧⲉⲙⲙⲁⲩ ⲛ̀ⲧⲉ ⲡⲓⲁⲣⲭⲏⲁⲅ-
ⲅⲉⲗⲟⲥ ⲙⲓⲭⲁⲏⲗ ⲑⲁⲓ ⲉⲧ ⲁⲛⲛⲁⲩ ⲉ̀ⲣⲟⲥ ϯⲛⲟⲩ ϧⲉⲛ

ⲣ̅ⲡ̅ⲁ̅. ⲃ. ⲛⲉⲛⲃⲁⲗ ⲉ̀ⲥⲟⲩⲟⲛϩ ⲉ̀ⲃⲟⲗϧⲉⲛ ⲡⲉϥⲧⲩⲡⲟⲥ ⲉⲑ ⲟⲩⲁⲃ 25
ⲫⲁⲓ ⲉ̀ⲧⲉⲛⲑⲟⲩⲏⲧ ⲉ̀ⲣⲟϥ ϧⲉⲛ ⲡⲉϥ ⲉⲣ ⲫⲙⲉⲩⲓ̀ ⲉⲑ
ⲟⲩⲁⲃ ⲛ̀ ⲫⲟⲟⲩ ϩⲱⲥ ⲇⲉ ⲕⲁⲧⲁ ⲥⲟⲩ ⲓ̅ⲃ̅ ⲛ̀ ⲡⲓⲁ̀ⲃⲟⲧ
ⲛ̀ⲧⲉ ⲡⲉϩⲟⲟⲩ ⲡⲉ ⲛ̀ ⲡⲓⲁⲣⲭⲏⲁⲅⲅⲉⲗⲟⲥ ⲙⲓⲭⲁⲏⲗ

ⲡⲉ ϣⲁⲣⲉ ϯϩⲓⲕⲱⲛ ⲉⲧⲉⲙⲙⲁⲩ ⲧⲁⲟⲩⲟ ⲉⲃⲟⲗ ϧⲁⲛ-
ⲭⲁⲗ ⲛ̀ ϣⲱⲓⲧ ⲙ̀ ⲡⲓⲕ̅ ⲛ̀ ⲥⲁⲛⲧⲁⲥ ⲉⲩⲟⲡⲧ ⲛ̀ ⲕⲁⲣⲡⲟⲥ
ⲉϥϩⲟⲗϫ ⲕⲁⲧⲁ ⲡⲁⲓ ⲣⲏϯ ϩⲱⲥ ϫⲉ ⲟⲩϣⲉ ⲛ̀ ϣⲱⲓⲧ
ⲧⲉ ϯϕⲟⲥⲓ ⲉⲧⲉⲙⲙⲁⲩ ⲉⲣⲉ ϯϩⲓⲕⲱⲛ ⲫⲟⲧϩ ⲉⲣⲟⲥ
ϩⲁⲣⲁ ⲧⲉⲧⲉⲛⲓⲣⲓ ⲙ̀ ⲫⲙⲉⲩⲓ ⲁⲛ ⲙ̀ⲑⲉ ⲉⲣⲉ ⲥⲁ ⲃⲟⲗ ⲛ 5
ⲙ̀ⲙⲟⲥ ϣⲟⲡⲓ ϧⲉⲛ ⲡⲓϣⲱⲛⲓ ⲉⲧⲟⲩⲙⲟⲩϯ ⲉⲣⲟϥ ϫⲉ
ⲁⲡⲟⲥⲧⲓⲛⲁ ⲉⲧⲉ ⲡⲓⲭⲁⲗⲕⲱⲛ ⲡⲉ ⲛⲉⲙ ⲡⲓⲣⲏϯ ⲉ-
ⲣ̅ⲡⲉ̅. ⲗ. ⲧⲁⲥϣⲛⲁ ⲉⲃⲟⲗ ⲉ ⲡⲧⲏⲣϥ ⲟⲩⲟϩ ⲁⲥ ⲉⲣ ⲁⲧ ϫⲟⲙ
ⲉⲙⲁϣⲱ ϩⲓⲧⲉⲛ ⲡⲓϣⲱⲛⲓ ⲛⲉⲙ ⲡⲓ ϧⲓⲥⲓ ⲉⲧ ϩⲓ ϫⲱⲥ
ⲟⲩⲟϩ ⲉⲧⲁⲥⲓ ϧⲉⲛ ⲡⲉⲥⲛⲓϣϯ ⲛ̀ ⲛⲁϩϯ ⲉ ϧⲟⲩⲛ ⲉ 10
ⲡⲁⲓ ⲧⲟⲡⲟⲥ ⲉⲑ ⲟⲩⲁⲃ ⲁⲥϭⲓ ⲉⲃⲟⲗϧⲉⲛ ⲡⲓⲕⲁⲣⲡⲟⲥ
ⲛ̀ϣⲱⲓⲧ ⲉⲧ ⲁ ϯϩⲓⲕⲱⲛ ⲧⲁⲟⲩⲱⲟⲩ ⲉⲃⲟⲗ ⲛ̀ ⲥⲟⲩ
ⲓ̅ⲏ̅ ⲙ̀ ⲡⲓⲁⲃⲟⲧ ⲉⲧⲁϥⲥⲓⲛⲓ ⲟⲩⲟϩ ⲁ ⲧⲉⲧⲉⲛⲛⲁⲩ
ⲉⲣⲟⲥ ϫⲉ ϧⲉⲛ ⲡϫⲓⲛⲑⲣⲉⲥ ⲟⲩⲱⲙ ⲉⲃⲟⲗϧⲉⲛ ⲡⲟⲩⲧⲁϩ
ⲛ̀ ϯϩⲓⲕⲱⲛ ⲁ ⲡⲓϣⲱⲛⲓ ⲉⲧ ⲥⲁⲃⲟⲩⲛ ⲙ̀ⲙⲟⲥ ⲫⲟϫⲓ 15
ⲛ̀ ϯⲟⲩⲛⲟⲩ ⲁⲥⲧⲟⲩⲃⲟ ⲟⲩⲟϩ ⲁⲥⲟⲩϫⲁⲓ ⲁⲥϣⲉ
ⲛⲁⲥ ⲉ ⲡⲉⲥⲛⲓ ⲉⲥϯⲱⲟⲩ ⲙ̀ ⲫϯ ⲛⲉⲙ ⲡⲓⲁⲣⲭⲏ-
ⲣ̅ⲡⲉ̅. ⲃ. ⲁⲅⲅⲉⲗⲟⲥ ⲉⲑ ⲟⲩⲁⲃ ⲙⲓⲭⲁⲏⲗ ϩⲱⲥ ⲗⲉ ⲙ̀ⲡ ⲉⲥϣⲱ-
ⲛⲓ ⲉ̀ ⲡⲧⲏⲣϥ ⲥⲱⲧⲉⲙ ⲟⲛ ⲉ ⲧⲁⲓ ⲕⲉ ⲛⲓϣϯ ⲛ̀
ϣⲫⲏⲣⲓ ⲉⲧⲁⲥϣⲱⲡⲓ ⲉⲛⲟⲩⲉϣ ⲉⲛⲭⲁⲥ ⲉⲃⲟⲗ ⲁⲛ ⲧⲉ 20
ⲁⲣⲉⲧⲉⲛⲛⲁⲩ ⲇⲉ ⲟⲛ ⲉ ⲡⲓⲣⲱⲙⲉ ⲉⲧ ϣⲱⲛⲓ ⲉ ⲡⲉϥ-
ⲕⲣⲁⲛⲓⲟⲛ ⲉϥϯ ⲧⲕⲁⲥ ⲉ ⲡⲉϥⲟⲩⲁⲓ ⲛ̀ ⲥⲫⲓⲣ ⲛ̀ⲧⲉ
ⲧⲉϥⲁⲫⲉ ϩⲱⲥ ϫⲉ ⲛ̀ⲧⲉ ⲡⲉϥⲃⲁⲗ ⲛ̀ ⲟⲩⲓⲛⲁⲙ ⲥⲱⲧⲏⲣ
ⲡⲁⲣⲁ ⲕⲉ ⲕⲟⲩϫⲓ ⲛ̀ⲧⲉϥϥⲱϣⲓ ⲉⲃⲟⲗϧⲉⲛ ⲧⲉϥⲁⲫⲉ
ⲟⲩⲟϩ ⲉⲧⲁϥⲓ ⲉ ϧⲟⲩⲛ ⲉ ⲡⲁⲓ ⲧⲟⲡⲟⲥ ⲉⲑ ⲟⲩⲁⲃ 25
ⲁϥϭⲓ ⲛ̀ ⲟⲩⲕⲟⲩϫⲓ ⲛ̀ ⲛⲉϩ ϧⲉⲛ ⲡⲓⲫⲁⲛⲟⲥ ⲁϥ ⲉⲣ
ⲣ̅ⲡⲅ̅. ⲗ. ⲥⲫⲣⲁⲅⲓⲍⲓⲛ ⲙ̀ ⲡⲉϥϩⲟ ϧⲉⲛ ⲫⲣⲁⲛ ⲙ̀ ⲫⲓⲱⲧ ⲛⲉⲙ
ⲡϣⲏⲣⲓ ⲛⲉⲙ ⲡⲓⲡ̅ⲛ̅ⲁ̅ ⲉⲑ ⲟⲩⲁⲃ ⲟⲩⲟϩ ⲁϥϭⲓ ⲛ̀ ⲟⲩ-

17*

ϩⲱⲃⲓ ϧⲉⲛ ⲛⲏ ⲉⲣⲉ ϯⲥⲓⲕⲱⲛ ⲧⲁⲟⲩⲟ ⲙ̄ⲙⲱⲟⲩ ⲉⲃⲟⲗ
ⲁϥⲭⲁⲥ ϩⲓⲝⲉⲛ ⲡⲓⲙⲁ ⲉⲑ ⲙⲟⲕϩ ⲛ̄ⲧⲉ ⲧⲉϥⲁ̀ⲫⲉ
ⲁϥⲟⲩϫⲁⲓ ⲛ̄ ϯⲟⲩⲛⲟⲩ ⲟⲩⲟϩ ⲁϥϣⲉ ⲛⲁϥ ⲉ̀ ⲡⲉϥⲏⲓ
ϧⲉⲛ ⲟⲩϩⲓⲣⲏⲛⲏ Ⲧⲉⲛ ⲛⲁⲥⲁϫⲓ ⲉ̀ ⲁϣ ⲓⲉ ⲧⲉⲛⲛⲁⲭⲁ
ⲁϣ ⲉ̀ⲃⲟⲗ ⲱ̀ ⲡⲁ ϭ̄ⲥ̄ ⲟⲩⲟϩ ⲡⲁ ⲛⲏⲃ ⲙⲉⲛⲉⲛⲥⲁ 5
ⲫ̄ϯ̄ Ⲁⲗⲏⲑⲱⲥ ⲛ̀ⲑⲟⲕ ⲡⲉ ⲡⲓⲣⲉϥⲉⲣϩⲙⲏⲓ ⲛ̀ⲧⲉ ⲣⲱⲙⲓ
ⲛⲓⲃⲉⲛ ⲛⲉⲙ ⲛⲓⲧⲉⲃⲛⲱⲟⲩⲓ̀ ⲉⲕ ⲉⲣ ⲟⲓⲕⲟⲛⲟⲙⲓⲛ ⲙ̄ⲙⲱⲟⲩ
ⲧⲏⲣⲟⲩ ⲙ̀ ⲡⲉⲙⲑⲟ ⲙ̀ ⲫ̄ϯ̄ Ⲁϣ ⲡⲉ ⲡⲓⲧⲁⲓⲟ̀ ⲉⲧ

ⲣ̄ⲡ̄ⲅ̄. ⲃ. ⲉⲛⲛⲁϣⲧⲁⲓⲟ̀ⲕ ⲛ̀ ϧⲏⲧϥ ⲱ̀ ⲡⲓⲁⲣⲭⲓⲥⲧⲣⲁⲧⲓⲕⲟⲥ
ⲛ̀ⲧⲉ ⲧϫⲟⲙ ⲛ̀ ⲛⲓⲫⲏⲟⲩⲓ̀ ⲉⲓⲥⲱⲟⲩⲛ ϫⲉ ⲙ̀ⲙⲟⲛ ⲧⲁⲓⲟ̀ 10
ϣⲏϣ ⲛⲉⲙ ⲫⲱⲕ ϫⲉ ⲟⲩⲛ ⲕⲟϩⲓ ⲉ̀ ⲣⲁⲧⲕ ⲛ̀ ⲥⲛⲟⲩ
ⲛⲓⲃⲉⲛ ⲛ̀ ⲡⲉⲙⲑⲟ ⲙ̀ ⲡⲓⲑⲣⲟⲛⲟⲥ ⲛ̀ⲧⲉ ⲡⲓⲡⲁⲛⲧⲟ-
ⲕⲣⲁⲧⲱⲣ ⲉⲕⲧⲱⲃϩ ⲙ̀ⲙⲟϥ ⲉⲑⲃⲉ ⲡⲧⲁϩⲟ ⲉ̀ ⲣⲁⲧϥ ⲛ̀
ϯⲙⲉⲧⲣⲱⲙⲓ ⲧⲏⲣⲥ Ⲟⲩⲟϩ ⲧⲉⲛⲥⲱⲟⲩⲛ ϫⲉ ⲛ̀ⲑⲟⲕ
ⲡⲉ ⲉ̀ⲧⲉ ⲡⲓⲉⲣϣⲓϣⲓ ⲛ̀ ⲧⲟⲧⲕ ⲉ̀ⲑⲣⲉⲕϭⲁⲓ ⲉ̀ϩⲣⲏⲓ ⲉ̀ 15
ⲡⲓⲕⲁⲧⲁⲡⲉⲧⲁⲥⲙⲁ ⲛ̀ⲧⲉ ⲫ̄ϯ̄ ⲡⲓⲡⲁⲛⲧⲟⲕⲣⲁⲧⲱⲣ ⲁⲧ-
ϭⲛⲉ ⲉⲣ ⲕⲟⲗⲓⲛ ⲙ̀ⲙⲟⲕ Ⲙⲁⲣⲉⲛϣⲱ ⲉ̀ⲣⲟⲛ ϣⲁ ⲡⲁⲓ
ⲙⲁ ⲉⲛⲥⲁϫⲓ ⲉⲑⲃⲉ ⲡⲁⲁⲅⲅⲉⲗⲟⲥ ⲙ̀ ⲡϭ̄ⲥ̄ ⲡⲁⲓ ⲣⲉϥ-
ϣⲉⲙϣⲓ ⲛ̀ ϣⲁϩ ⲛ̀ ⲭⲣⲱⲙ ⲡⲓⲁⲣⲭⲓⲁⲅⲅⲉⲗⲟⲥ ⲉⲑ ⲟⲩⲁⲃ

ⲣ̄ⲡ̄ⲇ̄. ⲁ. Ⲟⲩⲟϩ ⲛ̀ⲧⲉⲛϫⲟⲥ ϩⲱⲛ ⲛⲉⲙ ⲡⲓⲡⲣⲟⲫⲏⲧⲏⲥ ⲇⲁⲩⲓⲇ 20
ⲫⲁⲓ ⲉ̀ⲧⲁϥⲭⲁϥ ⲛⲁⲛ ⲉ̀ϩⲣⲏⲓ ϧⲉⲛ ⲧⲁⲣⲭⲏ ⲛ̀
ⲡⲓⲗⲟⲅⲟⲥ ⲛ̀ⲧⲉⲛ ϫⲟⲥ ϩⲱⲛ ⲙ̀ ⲡⲁⲓ ⲣⲏϯ Ϫⲉ ϣⲁⲣⲉ
ⲡⲁⲅⲅⲉⲗⲟⲥ ⲙ̀ ⲡϭ̄ⲥ̄ ϩⲓⲕⲟⲧ ⲙ̀ ⲡⲕⲱϯ ⲛ̀ ⲟⲩⲟⲛ ⲛⲓⲃⲉⲛ
ⲉⲧ ⲉⲣ ϩⲟϯ ϧⲁ ⲧⲉϥϩⲏ ⲟⲩⲟϩ ⲛ̀ⲧⲉϥⲛⲁϩⲙⲟⲩ
Ⲙⲁⲣⲉⲛⲧⲁⲥⲑⲟ ⲙ̀ ⲡⲓⲥⲁϫⲓ ϩⲓⲝⲉⲛ ⲡⲓⲣⲉϥϭⲓ ⲟⲩⲟϩ 25
ⲡⲓⲣⲉϥϭⲓ ⲭⲗⲟⲙ ⲟⲩⲟϩ ⲡⲓⲉ̀ⲡⲓⲛⲓⲕⲟⲥ ⲫⲁⲓ ⲉ̀ⲧⲁϥϭⲣⲟ
ϧⲉⲛ ⲁⲅⲱⲛ ⲛⲓⲃⲉⲛ ⲉⲧ ϩⲏⲡ ⲛⲉⲙ ⲛⲏ ⲉⲑ ⲟⲩⲱⲛϩ
ⲉ̀ⲃⲟⲗ ⲫⲁⲓ ⲉ̀ⲧⲁϥϭⲓ ⲛ̀ ϯⲇⲱⲣⲉⲁ ⲛ̀ⲧⲉ ⲡⲓⲡ̄ⲛ̄ⲁ̄ ⲉⲑ

ⲟⲩⲁⲃ ⲫⲁⲓ ⲉⲧⲁϥⲣⲱⲃⲧ ⲉ̀ ϧⲣⲏⲓ ⲛ̀ ⲭⲟⲗⲇⲟⲅⲟⲙⲟⲣ

ⲣ̄ⲡ̄ⲇ̄. ⲃ. ⲛ̀ ⲃⲉⲣⲓ ϥⲏ ⲉ̀ⲧ ⲉⲣ ⲟⲩⲱⲓⲛⲓ ⲉ̀ ⲕⲱⲥⲧⲁⲛⲧⲓⲛⲟⲩ-
ⲡⲟⲗⲓⲥ ⲙ̀ⲙⲁⲩⲁⲧⲥ ⲁⲛ ⲁⲗⲗⲁ ⲛⲉⲙ ⲛⲓ ⲕⲉ ⲛⲏⲥⲟⲥ
ⲛⲉⲙ ϯⲟⲓⲕⲟⲩⲙⲉⲛⲏ ⲧⲏⲣⲥ ⲉⲓⲥⲁⲝⲓ ⲉ̀ ⲡⲁ ⲟ̄ⲥ̄ ⲛ̀ ⲓⲱⲧ
ⲓⲱⲁⲛⲛⲏⲥ ⲡⲓⲁⲣⲭⲏⲉ̀ⲡⲓⲥⲕⲟⲡⲟⲥ ⲛ̀ⲧⲉ ⲕⲱⲥⲧⲁⲛⲧⲓⲛⲟⲩ- 5
ⲡⲟⲗⲓⲥ ⲙⲁⲗⲗⲟⲛ ⲇⲉ ϯⲟⲓⲕⲟⲩⲙⲉⲛⲏ ⲧⲏⲣⲥ ⲱ̀ ⲛⲓⲛ
ⲉⲑⲛⲁϣⲫⲓⲣⲓ ⲉ̀ ⲛⲉⲕⲥⲁⲝⲓ ⲉⲑ ⲙⲉϩ ⲛ̀ ⲡⲱⲛϧ ⲉⲑ ⲙⲉϩ
ⲛ̀ ⲥⲟⲗⲥⲉⲗ ⲛⲓⲃⲉⲛ ⲛ̀ ⲡⲡ̄ⲁ̄ⲧⲓⲕⲟⲛ ⲱ̀ ⲛⲓⲛ ⲉⲑⲛⲁϣ-
ⲥⲁⲝⲓ ⲟⲩⲟϩ ⲛ̀ⲧⲉϥ ϭⲓ ⲏⲡⲓ ⲛ̀ ⲡⲁ ϣⲁⲓ ⲛ̀ ⲛⲉⲕⲉ-
ⲝⲉⲣⲏⲥⲓⲥ ⲉ̀ⲧⲁⲕ ⲉⲣ ⲉⲝⲏⲅⲏⲍⲓⲛ ⲙ̀ⲙⲱⲟⲩ ⲱ̀ ⲡⲓ- 10
ⲭⲣⲏⲥⲟⲥⲧⲟⲙⲟⲥ ⲉⲑ ⲟⲩⲁⲃ ⲓⲱⲁⲛⲛⲏⲥ ⲡⲓⲗⲁⲥ ⲛ̀ ⲛⲟⲩⲃ

ⲣ̄ⲡ̄ⲉ̄. ⲁ. ⲉⲕ ⲉⲣ ⲉⲛⲭⲣⲓⲁ ⲛ̀ ⲣⲱⲕ ⲙ̀ⲙⲓⲛ ⲙ̀ⲙⲟⲕ ⲉⲑⲣⲉ ⲕϫⲱ
ⲛ̀ ⲡⲉⲕⲧⲁⲓⲟ ϫⲉ ⲟⲩⲛⲓ ⲙ̀ⲙⲟⲛϣϫⲟⲙ ⲛ̀ ⲗⲁⲥ ⲛ̀ ⲥⲁⲣⲝ
ⲛ̀ⲁⲥϫⲱ ⲛ̀ ⲡⲧⲁⲓⲟ ⲛ̀ ⲡⲉⲕⲃⲓⲟⲥ ⲉⲑ ⲟⲩⲁⲃ ⲁⲕϫⲫⲓ
ⲟ̀ⲛ ϩⲁⲛⲟⲩⲅⲣⲱⲟⲩ ⲛ̀ⲕϣⲓⲡⲓ ⲁⲛ ϧⲉⲛ ⲡϫⲓⲛⲑⲣⲟⲩⲣⲁⲕⲟⲩ 15
ⲥⲁ ⲃⲟⲗ ⲛ̀ ϯⲙⲉⲑⲙⲏⲓ ⲕⲁⲧⲁ ⲫⲣⲏϯ ⲉ̀ⲣⲉ ⲇⲁⲩⲓⲇ
ⲉⲣ ⲡⲣⲟⲫⲏⲧⲉⲩⲓⲛ ϧⲁ ⲛⲉⲛⲓⲟϯ ⲛ̀ ⲁ̀ⲡⲟⲥⲧⲟⲗⲟⲥ ⲉϥϫⲱ
ⲙ̀ⲙⲟⲥ ϫⲉ ⲁ ⲡⲟⲩϧⲣⲱⲟⲩ ϣⲉ ⲛⲁϥ ⲉ̀ⲃⲟⲗ ϩⲓϫⲉⲛ
ⲡⲕⲁϩⲓ ⲧⲏⲣϥ ⲟⲩⲟϩ ⲛ̀ⲟⲩⲥⲁϫⲓ ⲁⲩⲫⲟϩ ϣⲁ
ⲁⲩⲣⲏϫⲥ ⲛ̀ ϯⲟⲓⲕⲟⲩⲙⲉⲛⲏ ⲛ̀ⲑⲟⲕ ϩⲱⲕ ⲱ̀ ⲡⲓⲛⲓϣϯ 20
ⲓⲱⲁⲛⲛⲏⲥ ⲁϣ ⲡⲉ ⲡⲓⲙⲱⲓⲧ ⲓⲉ ⲁϣ ⲡⲉ ⲡⲓⲙⲟⲩⲛⲁⲥ-

ⲣ̄ⲡ̄ⲉ̄. ⲃ. ⲧⲓⲣⲓⲟⲛ ⲉ̀ⲧ ϧⲉⲛ ϯⲟⲓⲕⲟⲩⲙⲉⲛⲏ ⲧⲏⲣⲥ ⲉⲧⲉⲕⲛⲁⲥⲓⲛⲓ
ⲛ̀ ϧⲏⲧⲟⲩ ⲁⲛ ⲛ̀ ⲡⲉⲕⲃⲓⲟⲥ ⲛⲉⲙ ⲛⲉⲕⲉⲝⲏⲅⲏⲥⲓⲥ ⲉ̀ⲧ
ϩⲟⲗϫ ϣⲁ ⲉ̀ϧⲣⲏⲓ ⲉ̀ ⲛⲏ ⲉ̀ⲧⲟⲩⲙⲟⲩϯ ⲉ̀ⲣⲱⲟⲩ ϫⲉ
ⲫⲩⲥⲓⲥ ⲥⲛⲟⲩϯ ⲁⲩⲓ̀ ⲓⲥ ⲡⲉⲛⲡⲟⲗⲓⲥ ⲉ̀ ⲡⲟⲗⲓⲥ ⲛⲉⲙ 25
ⲓⲥϫⲉⲛ ⲭⲱⲣⲁ ⲉ̀ ⲭⲱⲣⲁ ⲁⲩⲟⲩⲱⲧⲉⲃ ⲛ̀ ⲛⲉⲕⲗⲟⲅⲟⲥ
ⲁⲩⲭⲁ ⲛ̀ ⲧⲟⲧⲟⲩ ⲛ̀ ⲫⲩⲗⲁⲕⲧⲏⲣⲓⲟⲛ ⲉⲩ ⲉⲣ ⲙⲉⲗⲉⲧⲁⲛ
ⲛ̀ ϧⲏⲧⲟⲩ ⲛ̀ ⲥⲛⲟⲩ ⲛⲓⲃⲉⲛ ϯⲛⲁ ⲉⲣ ⲧⲟⲗⲙⲁⲛ ⲛ̀ⲧⲁϫⲟⲥ

ⲭⲉ ⲉⲧ ⲁ † ⲟⲩⲣⲱ ⲉⲣ ⲉⲝⲱⲣⲓⲍⲓⲛ ⲙ̄ⲙⲟⲕ ⲉ̀ ⲧⲁⲓ
ⲛⲏⲥⲟⲥ ⲉ̀ⲃⲟⲗ ϩⲓⲧⲉⲛ ⲟⲩⲥⲩⲛⲭⲱⲣⲏⲥⲓⲥ ⲛ̀ⲧⲉ ⲫ† ⲉ̀
ⲁⲕⲫⲱⲛϩ ⲛ̀ⲧⲉⲛⲫⲩⲥⲓⲥ ⲉ̀ⲑ ⲛⲁϣⲧ ⲛ̀ ⲫⲣⲏ† ⲛ̀ ⲛⲓⲱⲛⲓ
ⲣ̄ⲡ̄ⲏ̄. ⲁ. ⲟⲩⲟϩ ⲁⲕⲑⲣⲟⲩϭⲛⲟⲛ ⲉ̀ⲙⲁϣⲱ | Ⲟⲩⲟϩ ⲁⲛⲭⲱ
ⲛ̀ⲥⲱⲛ ⲛ̀ †ⲙⲉⲧϣⲁⲙϣⲉ ⲓ̀ⲇⲱⲗⲟⲛ ⲉ ⲁⲛϣⲉⲛϣⲓ ⲙ̄ 5
ⲫ† ⲡⲓⲣⲉϥⲑⲁⲙⲓⲟ̀ ⲛ̀ⲧⲉ ⲡⲓⲉⲡⲧⲏⲣϥ ⲉ̀ ⲁⲕⲓ̀ ⲉ̀ ⲧⲁⲓ
ⲛⲏⲥⲟⲥ ⲛ̀ ⲫⲣⲏ† ⲛ̀ ⲟⲩϣⲉⲙⲙⲟ ⲁⲕϣⲉ ⲛⲁⲕ ⲉⲕⲧⲉⲛ-
ⲑⲱⲛⲧ ⲉ̀ ⲟⲩⲥⲟⲓ ⲉϥⲙⲟⲛⲓ ϧⲉⲛ ⲡⲓⲡⲁⲗⲁⲧⲓⲟⲛ ⲛ̀ⲧⲉ
ⲡⲓⲟⲩⲣⲱⲟⲩ ⲉϥⲟⲡⲧ ⲛ̀ ⲉⲭⲙⲁⲗⲱⲧⲟⲥ ⲉ̀ ⲁⲕⲁⲓⲧⲟⲩ ⲛ̀
ⲣⲉⲙϩⲉ ⲉ̀ ⲁⲩⲧⲁⲥⲑⲱⲟⲩ ⲉ̀ ⲡⲟⲩⲕⲁϩⲓ ϧⲉⲛ ⲟⲩϩⲓ- 10
ⲣⲏⲛⲏ ⲛⲉⲙ ⲟⲩⲱ̀ⲟⲩ ⲭⲉ ⲟⲩⲛⲓ ⲁ ⲡⲓⲇⲓⲁⲃⲟⲗⲟⲥ ⲉⲣ
ⲉⲭⲙⲁⲗⲱⲧⲉⲩⲓⲛ ⲙ̀ⲙⲱⲟⲩ ⲓⲥⲭⲉⲛ ϣⲟⲣⲡ ⲟⲩⲟϩ ⲁϥ-
ϩⲓⲧⲟⲩ ⲉ̀ ϧⲟⲩⲛ ⲉ̀ ⲡⲓⲭⲁⲕⲓ ⲉⲧ ⲧⲉⲙⲑⲱⲛ ⲁ̄ ⲡⲟⲩⲣⲟ
ⲣ̄ⲡ̄ⲏ̄. ⲃ. ⲛ̀ⲧⲉ ⲛⲓⲟⲩⲣⲱⲟⲩ ⲉⲣ ⲥⲧⲟⲗⲓⲍⲓⲛ ⲙ̀ⲙⲱⲟⲩ ⲟⲩⲟϩ
ⲁϥⲟⲩⲟⲣⲡⲕ ⲉ̀ ⲧⲁⲓ ⲛⲏⲥⲟⲥ ⲉⲑⲣⲉⲕ ⲥⲱ† ⲙ̀ⲙⲟⲛ 15
ⲉ̀ⲃⲟⲗϩⲓ ⲧⲟⲧⲥ ⲛ̀ †ⲉⲭⲙⲁⲗⲱⲥⲓⲁ̀ ⲛ̀ⲧⲉ ⲡⲓⲇⲓⲁⲃⲟⲗⲟⲥ
ⲟⲩⲟϩ ⲁⲕⲧⲏⲓⲧⲉⲛ ⲛ̀ ⲇⲱⲣⲟⲛ ⲛ̀ ⲡⲟⲩⲣⲟ ⲛ̀ⲧⲉ ⲛⲓⲟⲩ-
ⲣⲱⲟⲩ ⲉϩⲟⲧⲉ ⲇⲱⲣⲟⲛ ⲛⲓⲃⲉⲛ ⲛ̀ ⲃⲁⲥⲓⲗⲓⲕⲟⲛ Ⲟⲩⲟϩ
ⲟⲩ ⲡⲉ ⲉⲧ ⲥⲱⲧⲡ ⲛ̀ ϩⲟⲩⲟ̀ ⲓⲉ ⲟⲩ ⲡⲉ ⲉⲧ ⲧⲁⲓⲏⲟⲩⲧ
ⲛ̀ ϩⲟⲩⲟ ⲉ̀ ⲛⲓⲯⲩⲭⲏ ⲧⲏⲣⲟⲩ ⲉ̀ⲧⲁⲕⲥⲟⲧⲧⲟⲩ ⲛ̀ 20
ⲧⲟⲧϥ ⲛ̀ ⲡⲓⲇⲓⲁⲃⲟⲗⲟⲥ ⲁⲕⲉⲛⲟⲩ ⲉ̀ⲃⲟⲗ ⲉ̀ ϧⲟⲩⲛ ⲉ̀
ⲡⲓⲡⲁⲗⲗⲁⲧⲓⲟⲛ ⲛ̀ⲧⲉ ⲡⲟⲩⲣⲟ ⲛ̀ⲧⲉ ⲛⲓⲟⲩⲣⲱⲟⲩ †ϩⲟ̀
ⲉ̀ⲣⲟⲕ ⲱ̀ ⲡⲁ ϭⲥ ⲛ̀ ⲓⲱⲧ ⲉ̀ⲑ ⲟⲩⲁⲃ ⲭⲉ ⲭⲁⲥ
ⲉⲕⲉ† ⲛⲏⲓ ⲛ̀ ⲟⲩⲭⲱ ⲉ̀ⲃⲟⲗ ⲉ̀ⲡⲓ ⲇⲏ ⲁⲓ ⲉⲣ ⲧⲟⲗ-
ⲣ̄ⲡ̄ⲑ̄. ⲁ. ⲙⲁⲛ ⲉ̀ ⲟⲩϩⲱⲃ ⲉϥ ⲥⲁ ⲡϣⲱⲓ ⲛ̀ ⲛⲁ ⲙⲉⲧⲣⲟⲛ | 25
ⲉⲧⲉ ⲫⲁⲓ ⲡⲉ ⲉⲑⲃⲉ ⲥⲁϫⲓ ⲉ̀ ⲡⲉⲕⲧⲁⲓⲟ̀ †ⲙⲉⲩⲓ̀ ⲱ̀
ⲛⲁ ⲙⲉⲛⲣⲁ† ⲭⲉ ⲁ ⲡⲓϣⲓ ⲛ̀ ⲥⲁϫⲓ ϣⲱⲡⲓ ⲥⲁ ⲥⲁ
ⲛⲓⲃⲉⲛ ϣⲁⲣⲉ ⲡⲓϩⲟⲟⲩ ⲛ̀ ⲥⲁϫⲓ ⲅⲁⲣ ⲉⲑⲣⲉ ⲕ ⲉⲣ

πωβϣ ν̀ πιϣορπ ἐται̇ϲ ϲοθμεϥ ογωϣ ⲅⲁⲣ ⲡⲉ
ⲉⲧ ϣⲟⲡ ϧⲉⲛ ϩⲱⲃ ⲛⲓⲃⲉⲛ ⲗⲟⲓⲡⲟⲛ ⲙⲁⲣⲉⲛ † ⲙ̀
ⲡⲉⲛⲟⲩⲟⲓ ⲉ̀ ⲡⲓⲁⲣⲭⲏⲁⲅⲅⲉⲗⲟⲥ ⲉ̀ⲑ ⲟⲩⲁⲃ ⲙⲓⲭⲁⲏⲗ
ⲛ̀ⲧⲉⲛ†ϩⲟ ⲉ̀ⲣⲟⲕ ϫⲉ ϥϥⲉⲧⲱⲃϩ[1] ⲉ̀ϫⲱⲛ ⲛⲁϩⲣⲉⲛ ⲫ†
ⲡⲓⲁⲅⲁⲑⲟⲥ ⲛ̀ⲧⲉϥⲭⲁ ⲛⲉⲛ ⲛⲟⲃⲓ ⲛⲁⲛ ⲉ̀ⲃⲟⲗ ϫⲉ 5
ⲛ̀ⲑⲟϥ ⲡⲉ ⲉ̀ⲧⲉ ⲟⲩⲟⲛϣϫⲟⲙ ⲙ̀ⲙⲟϥ ⲛⲁϩⲣⲉⲛ ⲡⲉⲛ
⳪ ⲓⲏⲥ ⲡⲭⲥ ⲫⲁⲓ ⲉ̀ⲧⲉ ⲉ̀ⲃⲟⲗϩⲓ ⲧⲟⲧϥ ⲉ̀ⲣⲉ ⲱ̀ⲟⲩ
ⲛⲓⲃⲉⲛ ⲛⲉⲛ ⲧⲁⲓⲟ̇ | .   .   .   .   .

The last words of this Encomium are wanting. After the words وكل كرامة, which = ⲛⲉⲛ ⲧⲁⲓⲟ̇ [ⲛⲓⲃⲉⲛ], there is written by another hand الان وكل اوان والى ابد الابدين امين.

[1] The Ms. has ϥϥⲉϥⲉⲧⲱⲃϩ.

SPECIMEN OF THE ARABIC VERSION

OF THE

ENCOMIUM UPON SAINT MICHAEL

BY

ABBA THEODOSIUS OF ALEXANDRIA.

كان انسان نحبّ للاله بارّ من سنيّور المدينه
تحبا للمصدّقات والمعروف (sic) اسمهُ دوروثاوس وكان
Fol. 35b. ايذا معينة | اسميها ثاأوبسنا وكانت عاذذ عابدد جدّا
كاملة في المرحمة والمحبّة مثل زوجها وكان ليم
5 قرابين عظيمه على اسم اله رئيس الملائكة الاطهار
ميخاديل ۞ وكانا منذ زمان زيجتهما شباب وكاذا والديهما
قد خلفو ليما ارث عظيم بسعة غنا واموال عظيمة
Fol. 36a. وانعام كثيرة من الاغنام والبقر والبهايم جدّا مع
بقيّه زينة هذا العالم وكان ليم الاثنان نيّة صالحة
10 لله ورئيس ملايكته الاطهار ميخاييل ۞ وكانوا اذا
بلغوا الي اثني عشر في الشهر يتمّوا بالقرابين من
ذاكر اليوم الحادي عشر الي اليوم الثاني عشر في
الشهر يرسلوا القربان والخمر الي كنيسة رئيس الملائكة
ميخائيل بنشاط عظيم بغير توانى ۞ ومن بعد هذا
Fol. 36b. 15 يذبحوا الاغنام ويرجعوا الي الاغتمام بالطعام بحبّه
كما يليق بالشعب ومن بعد التناول من السراير

المجيد في اليوم الثاني عشر من الشهر يجمعوا كل
المعوزين من الطعام العميان والعرج والمعوزين من الايتام
والارامل والغربا ويقفوا يخدموهم بانتشاط نفس وسعة
روح | وفرح قلب حتى يكملوا الاكل حينئذ يقدموا   Fol. 37a.
5 ايهم خمرًا مختارًا ويسقوهم حتى يكملوا الشرب يدهنوا
روسهم بدهن مكرّم قايلين امضوا بسلام ايها
الاخوة الاحبا لانا قد استحقينا عظم عدد الكرامه
اليوم وهذا المجد العالي بنقل اقدامكم الى منزل
عبيدكم ❋ فهكذا كانوا يعملون في كل اثنى عشر
10 من الشهر حتى ان | سيطيم (sic) ذاع في كل مكان من Fol. 37b.
كورة مصر وكان كثير يفتخرون بهم ويمجدوا الله
خالقهم من اجل مجد اعمالهم الصالحه ويكرموا
ويمجدوا ابايهم الذين ولدوهم وكان كل الناس يعظموهم
لاجل قريحتهم الصالحه التي اظهروها باسم الاب
15 ميخاييل وكانوا دايمًا هاربين من المجد الفارغ فان
رجاهم كان ثابتًا بالله ورييس الملايكة الاطهار   Fol. 38a.
ميخاييل ❋ وكان من بعد زمان كبير وهم مواظبين
على هذا العمل هكذا امر الله ان لا تمطر السماء
على الارض ثلثة سنين من اجل خطايا بني البشر
20 حتى قلقت جميع ارض مصر وكل سكانها لاجل شدّة
عدم الشبع وموت الجزع كما هو مكتوب ❋ حينئذ تجلا
(sic) كثيرين وماتوا وفنيت البهايم معا لان ما الغمل   Fol. 38b.
لم يطلع ولم يهزل على الارض مطرًا (sic) منذ ثلثة سنين
وكان هذا الرجل القديس وزوجته لم يفتروا مما كانوا
25 يعملود في كل شهر يطلبوا من الله ورييس ملايكته
ميخاييل قايلين يا اله ميخاييل لا تنزع قربانك ولا

ENCOMIUM BY ABBA THEODOSIUS.

أحببتك أنا نحن عبيدك وفيما هم في هذا لم يجدوا عوضًا
وكثير من بهائمهم هلكوا فلما كملت سنتين
واستقبلوا الثالثة فرغ كل شيء ليهم وعوزوا ولم يبق
ليهم الا القليل وماتت جميع غنمهم سوي خروف
5 واحد ۞ فقال ذلك الرجل العابد لزوجته الطوبانية الم
تعلمي يا اختي ان اليوم هو الحادي عشر من بابه
وغدا يكون عيد رييس الملايكة ميخاييل فلنيتم
بقربان ندفعه للاقيوم ونذبح هذا الخروف فيجي
عيد رييس الملايكة | الاطيار ميخاييل وان متنا
10 فنحن للرب وان عشنا فنحن له ايضًا وليكون
اسم الرب مباركا الي الابد ۞ فقالت زوجته حي
هو الرب يا اخي ان هذا الحزن كاين معي من
داخل قلبي من قبل امس لكني لم اجد جسارة ان
اسالك لاني اعلم ما الذي كان منا والان فعظيم هو
15 فرحي لانك لم تنسى قربان الله فاصنع يا اخي كما
قد قلت | فلما كان باكر الثاني عشر من بابه قاموا
ساهرا جدا وكملوا جميع خدمتهم ولم يقصروا شيء عن
زمان سعتهم ولم يبق ليهم شى خلا قليل دقيق
ويسير من الخمر وفنيت ثيابهم ما خلا الذي تزوجوا
20 فيهم فقط وكانوا مع هذا يمجدون الله ورييس
الملايكة الاطهار ميخاييل بتسابيح وبركات في الليل
والنهار بدموع كثيرة | تايلين يا ربنا يسوع المسيح
عينا (sic) يا رييس الملايكة ميخاييل اسال الرب فينا
لكي يفتح لنا يد نعمته وبركته ليلا يفنى عنا رجا
25 أحببتك وقربانك هذا الذي نقدمه لله على اسمك
الطاهر يا رييس الملايكة ميخاييل ۞ انت تعلم

Fol. 41a. قلوبنا ومحبتنا فيك وليس لنا شفيع الا انت هو
شفيعنا ‖ منذ صغرنا والى الان تشفع فينا قدام الله
خلّصنا ۞ نحن الان نطلب اليك ايّها المهتم الصالح
ميخائيل رييس الملايكة الاطهار فان هذا الحزن
5 العظيم ادركنا فى اخرتنا من بعد ما كنا قد قرّرنا
مع اللّه ومعك ان لا نقطع قربانك وصدقاتك فليدركنا
صلاحك ۞ اطلب الى اللّه ليصنع معنا رحمه
Fol. 41b. عظيمه ‖ ويخرجنا من هذا العمر الباطل مثل جميع
ابائنا فهاهوذا انت ترا يا شفيعنا ما قد اصابنا
10 لاجل خطايانا وجيد لنا ان نموت الان فانّ الموت
لكل احد خير من الحياة بغير ثمرة صالحه ليّلا تدوم
علينا هذه الشدّد فنفسي قربانك وصدقاتك الذى
قرّرناهم مع اللّه ومعك ايضًا لان المسكنه تصنع اعمال
Fol. 42a. كثيرة تجلب الى الموت وتلجى الناس ‖ الى الملل
15 والان فنحن نظهر ضعفنا بين يديك يا رييس الملايكه
ميخائيل فلا تنسانا من اجل خطايانا بل اصنع
معنا كمثل ما هو مكتوب انّ ملاك الربّ يحوط بجميع
الذين يخافونه وينجّيهم وقال داوود ايضا من
اجل ايتام انّه يقوتهم فى اوان الجوع وقال البار ايضا
Fol. 42b. 20 يطلب خبزا النهار كله والربّ يعطى ويرحم ‖ والان
ايّها الشفيع الطاهر ميخائيل رييس الملايكه انت
تواكل ما تفعله عبيدك وليس لنا كلام نقوله الا هذا
فقط انا قد بلغنا ان ذموت فاعنّا يا اللّه خلّصنا
ونقول ايضًا هذا القول الاخر مبارك الربّ الربّ اعطا
25 والربّ اخذ فلتكن مشيه الربّ وليكن اسم الربّ مبارك
الى الابد امين ۞ وبهذا الكلام وما اشبهه كان

Fol. 43a القدّيسين يقولون | منذ الثانى عشر من بابه
مواظبين الطلب الي الاب ميخابيل الي الحادي عشر
من شهر عتور الذي يكون عمكته الثاني عشر
منه يوم العيد العظيم الذى لرييس الملايكه ميخابيل
5 كما نحن مجتمعين فيه اليوم نعيّد معكم يا احبّانا
فلما بلغوا وقت الاهتمام بالقربان المقدّس عشية
اليوم الحادي عشر ليلة الثاني عشر كل شهر كعادتهم
Fol. 43b. عاد ذلك الرجل المؤمن | بالحقيقه الي امراته العابده
وقال ايها يا اختي انتي جالسه ماذا تعملين الست
10 تعلمين ان غدا هو العيد هل نسيتي القربان الصالح
او هل ثقل عليك ذكر رييس الملايكة ميخابيل الكريم
الحلو على قلبك يا اختي لا تكوني عديمة الرجا بالله
فانه هو الذي ينعم على كل احد ۞ فقالت له تلك
الطوبانيه جيدًا اتيتني بهذا الانفاس المملو فرحًا
Fol. 44a. 15 جيدا جلبت لي عزا وفرحًا وغنا النفس وهو تذكار
رييس الملايكه ميخابيل المكرّم بالحقيقه يا اخي ان
من باكر هذا النهار والي الان لم تمتنع دموع
عيني والنار تاكل في احشاي من اجل عيد رييس
الملايكة الاطهار شفيعنا ميخابيل والان يا اخي انظر
20 ماذا تفعل ليلا يهلك قرباننا وبخسر الشي الاخر
Fol. 44b. الذي فرضنا ان نفعله لانّا سمعنا المعلم بولس يقول
ان الذى يبتدى بفعل الخير فليكملة الي يوم ظهور
ربنا يسوع المسيح وهوذا نحن قد بدينا بالعمل
الصالح فلنحرص على كماله فقال ايها فما الذي يكون
25 منا يا اختي اذ ليس لنا كفاف في ما نعيّده فقالت
بفرح هوذا عندنا قليل خبز تحبّ ان نضعه قدام

Fol. 45 a الاخود وقليل زيت يلقى في الطعام ومسح رووس الاخود
لكن ليس عندنا دقيق ولا قمح فقال الحقيقه يا
اختى ليس لنا شىء ولا عندنا خروف نذبحه لكن
ارادة الرب تكون ليس يطالبنا الله الا بقوتنا كما
5 هو مكتوب احبّك يا رب توتى فحيّد ان نعطى تليل
افضل من ان لا نصنع شى البتّه لكن الذى خطر
ببالى انا اقوله لك عوذا ثياب كل واحد واحد منّا
الذى للاكليل قد بقوا انا احد ثوبى اوّلا اشترى
Fol. 45 b.
به قمح للقربان فهو يكفى لقربان الشعب من اجل
10 الجوع وغلا القمح واذا كان غدا اخذت ثوبك انتى
ايضًا ٭ وامضى فاشترى به خروف ونذبحه صبحة
العيد فانه عيد عظيم لريس الملايكه الاطهار ميخاييل
وان وحدنا اكلنا وان لم نحد نحدنا الله ٭ وان متنا
الرب يقبلنا لانّا لم نقطع قربانه فقالت له المراة الحكيمه
Fol. 46 a.
15 يا اخى ليس ثوبى وثوبك فقط بل ورداى ايضًا واسلم
نفسى لاجل قربان الرب والصّدقه فقال ليا بعليها
حبذا يا اختى لقد اظهرتى قريحه صالحه لكن حذى
رداك لاجل انك تستوى راسك به كمثل قول المعلم
بولس ٭ بعد هذا اخذ ثوبه الذى تناول فيه السّراير
Fol. 46 b.
20 المقدّسه ودفعه عن القمح ودفع القمح للامنون (sic) وعاد
الى بيته بفرح قايلا قد هيا لنا الرب امر القربان
فلما كان باكر اليوم الثانى عشر من هتور اجتمعت به
المراة العابده وقالت لة قم يا اخى لناخذ ثوبى
ولعلّ نحد به خروف لكى نهيى شغل الاخود الذين
25 ياتوا الينا ٭ فاراد ان يعلم قريحته فقال ليا يا
Fol. 47 a.
اختى اذا اخذت ثوبك وارادتى ان تبارك فماذا

تصنعي في هذا العيد العظيم اليوم فاني اذا ذكر
اذا مضيت الى مكان واذا هكذا فلا انتضح والمراة
فلا يمكنها ان تعري جسدها ولاسيما في الكنيسه ۞
فلما سمعت عابدة الاله هذا الكلام بكت بمرارة
5 وقالت البتول لي يا اخي الحبيب ما هذا الذي تقوله
Fol. 47 b. لي هل افترقنا اليوم وصرنا اثنين اليس اذا وانت
جسدا واحدا اليس يكون لي معك نصيب في القربان
اليس اخذنا ايضا جزو في عيد رييس الملايكه
ميخاييل الا يا اخي لا تضن بهذا هكذا في قلبك
10 انني اصير عريانة فان الحاضرين في الكنيسه المذكور
والاذان بالمسيح ثم ملايكه وررسا ملايكه والشاروبيم
والساراڢيم والمخلصن في وسطهم وكانت تقول هذا وهي
Fol. 48 a. تبكي بمرارة فلما راي عظم احتراق نفسها قلق
بسببها وفرح لقوة ايمانها ۞ وقال لها قومي فاعتني
15 بالقربان وارسبت ارسلها الى الكنيسه فنضع المايده
مع الخبز القلمل واهتمي بيسير من البقل حتى امضى
لعل يعط الله انا خروف فنجيز للاخود طعام في
Fol. 48 b. هذا العيد العظيم. وللوقت قام باجتهاد عظيم
ونية صالحة بالله ورييس ملايكته الاطهار ميخاييل
20 واخذ الثوب وسار طالبا من الاد ميخاييل ان يستهل
طريقد وبينما هو جايز مر براعي غنم فقال له السلام
لك يا حبيب فقال له الراعي ولك انت ايضا فقال
الرجل العابد للراعي هل اجد عندك اليوم خروف
Fol. 49 a. فان انسان كبير قد جا الينا فقال له الراعي اي
25 كم يكون ثمنه فقال له يكفي ثلث دينار فقال له
الراعي اعطيني الثمن لكي اعطيه لك فدفع له ذلك

الرجل الصالح ثوب زوجته قايلا خذ عذد عندك
الي ثلثه ايام فاذا لم احضر اليك ثلث دينار فخذد
وانت في حلٍ منه فاجابه الراعي قايلا وما افعل انا
بهذا الثوب وليس احد في بيتي يلبس عليه الّا
5 صوف ورّد الثوب الي الرجل العابد فعاد في طريقه
باكيًا بموازر مفكرا في نفسه ان ماذا يفعل وماذا
يقول لزوجته وفيما عو ساير في طريقه باكيا وعيناد
تقيله من البكاء فنظر قدامه فراي رييس الملايكه
ميخاييل جاييا راكب فرس اشيب كمثل ارخن
10 الملك العظيم وملايكه اخر سايرين معه في شبه
اجنادٍ مخاف جدّا | وكان يسعى في الطريق المسلوك
فترك طريق الارخن واجناددٍ ❊ فلما بلغ اليه رييس
الملايكه الاطيار ميخاييل حيد (sic) باللجام الذي في
فم الفرس الي دوروثاوس توقف وقال افرح يا دوروثاوس
15 الباز الصالح الي اين انت ماضي ومن اين انيت
وانت عكذا لايس عذا الثوب تسير وحدك في
الطريق . فاجاب دوروثاوس قايلًا نحو ذلك الرييس
السلام عليك انت ايضًا | يا سيدي ومولاي الرييس
حسنًا كان مجييك الينا اليوم . فقال له الرييس الذي
20 عو ميخاييل الييس ثاوبستا حيّه ❊ فاجاب دوروثاوس
ورجيه ناظرا الي الارض من اجل جد الارخن وقال
عبدتك حيّه يا سيدي فقال له الامير ما عو عذا
الذي معك . فاجابه دوروثاوس وعو مستخى عي ثوب
زوجتي فقال له ذلك الارخن ماذا تفعل بيها فاجابه
25 دوروثاوس ان انسان عظيم قد جّا الّي اليوم ولم
اجد شيء | يلايمه وليس بيدي ذعب من اجل

الزمان الذي بلغنا اللّه اخذتها لاعطيها في ثمن
خروف علم ياخذها الراعي وليس اعلم ماذا اصنع
وماذا اضع قدام الرييس ۞ فقال له الارخن الذي
هو ميخائيل فاذا انا ضمنتك عنه واخذتُ لك خروف
5 تضيفني اليوم والذين معي ۞ فاجاب دوروثاوس
وقال نعم يا سيدي اجعلني مستحق ان تدخل

Fol. 51 b. تحت | سقف بيت عبدكم فاجاب الارخن الذي هو
ميخائيل وقال لاحد الملايكه التابعين له اذهب مع
دوروثاوس الي الراعي فقل له قال لك الرييس الذي
10 جازبك الساعه ارسل له خروف ثمنه ثلث دينار وانا
اخذ ثمنه في نصف النهار وارسله اليك ۞ فذهب

Fol. 52 a. دوروثاوس مع ذلك الملاك المتشبّه بالجندي | الي
الراعي على اسم رييس الملايكه واخذوا الخروف فتفرس
الرييس الذي هو ميخائيل في دوروثاوس وقال له هوذا
15 الخروف قد حصل من اجل صنيع ذلك الرجل العظيم
الذي اضفته في وليمتك اليوم فانظر لعل تجد لي حوت
لحاجتي فانني لا اكل لحمًا فقال دوروثاوس للارخن

Fol. 52 b. بفرح اللّه يعدّد الاشتريه ۞ | فقال له الارخن باي
شي تشتريه. فقال له اصنع هذا الثوب رهنا حتي اعطي
20 الثمن فقال الارخن اذا كان هكذا ضع الثوب عندك
وانا ارسل باسمي واخذ الحوت حتي ترسل له الثمن ۞
ودعا ذلك الارخن احد الاجناد الذين معه وقال
له اذهب الي المورد وقل للصيّادين قال لكم الرييس

Fol. 53 a. الذي جاز بكم | ارسلوا الي حوتا جيدًا يكون ثمنه
25 ثلث دينار وانا ارسل اليكم الثمن مع دوروثاوس في
نصف هذا النهار فذهب ذلك الملاك الذي هو في

حلمية جندي باسم ميخاييل الي صياديين السمك
واحد منهم حوتًا وجاءا به الي الرييس فقال ذلك
الارخن لدوروثاوس قد كمل الشغل فقال دوروثاوس
نعم يا سيّدي قد كمل كلّ شيء ۞ فاجاب الارخن Fol. 53 b.
5 وقال انطلقوا فحملوا الخروف والحوت وذهبوا وكان
دوروثاوس يسير وهو مفكر في قلبه من اين اجد
ثمن الخروف والحوت مع ما يحتاجه هذا الرييس من
الخبز والخمر والفرش وكانت افكار كثيرة علي قلبه ان
ما عو الذي يصنعه وكان مواظب علي الصّلاة الي
10 اللّه | ولرييس الملايكة الاطهار ميخاييل قايلاً يا Fol. 54 a.
رييس الملايكة الاطهار شفيعنا الامين قف معي
اليوم انا عبدك فانك عالم انني صانع هذا كله علي
اسم ربّنا يسوع المسيح وكان دوروثاوس مفكر بهذا
وهو يمشي وكان رييس الملايكه يعلم فكر قلبه وهو
15 متاني عليه حتي يري قريحته الصالحه فلما بلغوا
الي بيت دوروثاوس قرع | ميخاييل اوّلاً باب المسكن Fol. 54 b.
فخرجت ثاوبستا المراة الحرّة فقال ميخاييل السّلام
لك يا ثاوبستا المراة الصّالحه محبّة الاله ما هو عملك
في عذه الايام فاجابته ثاوبستا وعليك السلام انت
20 ايضًا يا سيّدى ومولاي الارخن حسنًا اتا بك اللّه
الينا اليوم ورييس ملايكته الاطهار ميخاييل ادخل
يا سيّدي ولا تقف خارجا وفيما ثاوبستا المراة العابدة
تقول هذا واذا بدوروثاوس زوجيها قد اقبل والخروف Fol. 55 a.
معه والحوت والثوب ايضًا فتركهم اماميها فقالت لة يا
25 سيّدي واخى من اين وجدت مولاي وانيت بيهم معك
الي عاعنا ولا سيما انا انظر الثوب معك فقال ليها

دوروثاوس الارخن استوّعمني انا ودفع لي مولاء فقالت
له ثااوبستا حسناً اتا اللّه الينا اليوم بيّذا الرييس
ورييس الملايكة الاطهار ميخاييل والّذين معه
بالخمقه نعدّ للّذين قد غمّونا وكانت تقول عذا
5 بفرح فقال الرييس الذي هو ميخاييل عوذا انا اذعب
الي القداس فان اليوم عيد رييس الملايكة الاطهار
ميخاييل وقد حان الوقت فاجلسوا انتم وعيّوا المكان
جيّدا اما الخروف فاذبحوه والحوت فلا تدنوا منه الي
ان احضر اعمل فيه ارادتي فقالوا يكون كامر سيّدنا
10 وذعب عنّهم غايبًا عنّ فلم يعلموا من هو لكنّهم كانوا
يطنّوا انّه رييس ارضي فقال دوروثاوس لزوجته ثااوبستا
ما الذي نصنعه وما الذي نفرش تحت عذا الرييس
ومن اين نجد خبزا يصلح لكرامته دعيني اتسوّل
اليوم لنصنع ما نقدر عليه ۞ فقالت له زوجته يا اخي
15 ان اللّه لا يتخذّلا عنا قم لعلّ تجد انسان يذبح
الخروف ونجهّز الة | البيت فنصنع كذلك فقالت لهُ
ايضًا تقدّم القليل الخمر لنعلم عل يصلح للارخن ام
لا ۞ فذعب وفتح في المطمورد فوجدعًا مملود خمر
الي الباب فذعر دوروثاوس وعاد الي زوجته وسالها
20 تايلا عل احد احضر خمر الي عنا من حين خرجت
فقالت له حيّ هو الربّ انّ من حين الوقت الذي
اخرجت فيه القليل الخمر الي القربان اليوم لم يفضل
شي في | المطمورد سوا غرف واحد داخليا فقال لها
تأتي حتي ننطر كمول الامر ثم عادوا ليخرجوا قليل
25 زيت لاجل النفقه ومسح رووس الاخود ۞ فلما دخلوا
الي مكان الزيت وجدوا سبع غروف زيت مملود الي

فوق وامطار مملوه من كل شي ، من جميع ما يعوزه
البيت ۞ سمن وجبن | وعسل وخل وبقية ما يكون
في البيت اما هو فوقع عليهم الخوف من بعد ذلك
دخلوا الي قيطونهم فوجدوا صندوق مملوا من كل
5 صنف من القماش المكرّم يفوق من عرسهم وايامهم
الاولي بعد هذا مضوا الي موضع استعداد الخبز
فوجدوا خبزًا سخنًا مختارًا فعلموا الموقت بالنعمة التي
جاءتهم فمجّدوا اللّه | وريس الملايكه ميخاييل ۞
فقال دوروثاوس لثااوبستا زوجته ان اللّه قد اعد
10 لنا كل شي تعالي نفرش للارخن لان الوقت دنا من
حضور والقداس (sic) الطاهر فجيبوا كل شي ، وفرشوا فرش
عظيم كبير كما يليق بكرامة الريس ونصبوا ما يد د
للاخوة كما جرت عادتهم ولبسوا عليهم حلل مختاره
ومضوا الي الخدمة المقدّسة | في كنيسة ريس الملايكة
15 الاطهار ميخاييل وهم فرحين فرح عظيم جدًا فلما
دخلوا الاثنين الي الكنيسه سجدوا امام الاراديون
وصلوا للّه بشكر عظيم وسبّحوا امام صورة ريس
الملايكه ميخاييل قايلين نشكرك يا ربّنا يسوع
المسيح وابيك الصالح والروح القديس الي الابد
20 امين ونبارك ريس ملايكتك الاطهار ميخاييل لانك
لم تكتم | رحمتك عنًا ولم تنس توّاضعنا لكن ارسلت
الينا تكننك سريعًا ۞ بعد ذلك تناولوا من السراير
وقبلوا السلام واسرعوا وخرجوا امام الاخوة وجلسوا
ينتظروا الريس باجتهاد عظيم وجمعوا النساء والرجال
25 حتي امتلا المكان ذكور واناث وكان دوروثاوس
وثااوبستا مشدودين (sic) | قيام يحدموعم في كل شي ،

يعورود نختتفلس بالخمر الجيّد والنفقات المختارة
وغدما هو هكذا واذا بالرييس الذي هو ميخاييل قد
جا واجنادد معة وقرعوا الباب فاسرع دوروثاوس
وثااوسستا وخرجوا بفرح وفتحوا الباب وتبلوهم
5 قايلين حسنا استحققينا مجيك الينا اليوم يا سيّدنا
الرييس واجنادك حقًّا نفرح اليوم لانّه اليوم العظيم   Fol. 60 a.
عيد سيّدنا رييس الملايكة الاطهار ميخاييل ادخل
ايّها الرجل المبارك اللّه يفرح معك فلما دخل ذلك
الرييس وجدا (sic) المكان كلّه مملوا رجال ونساء صغار
10 وكبار صار كمن هو متعجّب وقال لدوروثاوس وثااوبستا
ايّها الاخود ما حاجتكم بكثرة هولاء الجموع الرجال
والنساء الذين انا اراعم هكذا اليس قد حملتم
نفوسكم ثقل عظيم اليوم من اجل مجيّنا اليكم   Fol. 60 b.
اليس انتم ترون عدد الشدد الان كان هذا ينبغى
15 ان يصنع فى زمن الرخا فقالوا يا سيّدنا الرييس
اغفر لنا فاننا لم نحمل نفوسنا ثقل من اجلك
لكنّا نشكر اللّه ورييس ملايكته ميخاييل الان كل
الذين تراعم ليس احد منهم غريب منّا لكن كلّهم
اقربانا وكلنا جميعنا واحدًا فى اللّه وكانوا اوليك
20 القديسيين يقولون هذا وميخاييل رييس الملايكة   Fol. 61 a.
يفرح معهم ليكمّل نعمتهم ومن بعد هذا دخل مع
الذين معة الى المكان الذي عبود لهُ فلمّا دخلوا
اجلسوا رييس الملايكه على كرسي فقال لدوروثاوس
احضر الحوث من قبل ان تعملوا فيه شيًا فلما
25 احضرود قال لدوروثاوس اجلس وشقّ بطنه. ففعل
كذلك وقال لهُ الرييس اخرج .....وائه فاخرجهُ واذا

Fol. 61 b. هو عظيم جدًا فقال له وما هو هذا يا سيّدي فقال لهُ ائتدهُ فلما فتحهُ دوروثاوس وجد فيه صرّه داخله مختومه بخواتيم فتعجّب دوروثاوس فيما كان وقال ما هو هذا يا سيّدي الرئيس فقال لهُ الارخن
5 الذي هو ميخائيل ان الحيتان الكبار هم هكذا يبتلعوا كل شي يجدوه في المياه لكن افتح الصرّه حتى ترى

Fol. 62 a. ما الذي هو داخلها فقال لهُ دوروثاوس يا سيّدي وكيف يبتلعها وهي مختومه فحلّ ميخائيل رئيس الملايكه يده واخذ الصرّه واذا هي مملوه ذهبا
10 مختاراً فعدّهم فوجدهم ثلثمايه دينار وثلثة قراريط فاخذهم ورفع عينيه الى السماء وقال انت عادل يا رب واحكامك مستقيمه ولا يخزون المتوكلين عليك

Fol. 62 b. فقال الرئيس لدوروثاوس وثاوبستا زوجته تعالوا امامي ايّها الاخوة الاحبا لاكلمكم لانكم اناس
15 متواضعين ومن اجل انكم تعبتم بزياده لاجلي اليوم في مجي اليكم ها اللّه قد اعطاكم هذا الذهب بهذه الخواتيم لان هذا هو مال سيّدي الملك وهذه خواتيمه والان فعوض محبتكم وتعبكم مع جنس البشر الذي

Fol. 63 a. صنعتم معي ومعيم اليوم انعم اللّه عليكم بهذه
20 الثلثمايه مثقال وهذه الثلاثة اثلاث خذهم اعط واحد للمراعي وواحد للمسمّاك عوض الحوت وخذ هذا الاخر ادفعهُ عوض القميص الذي دفعتم الثوب عند امس واعطيتموه للمقربان فاخبروا وسجدوا امام الرئيس اعني دوروثاوس وثاوبستا واجابوا قايلين
25 ما هو هذا الذي تقوله لنا يا مولانا وسيّدنا الارخن

Fol. 63 b. لعلك ! اتت الينا نحن عبيدك لناخذ منك شي

ENCOMIUM OF ABBA THEODOSIUS. 151

البس واجب علي كل انسان ان يخدم اجناد الملك
البس انت تسلط علي اجسادنا لكي تصنع فينا
ارادتك الا تنال شي من نعمة الله وكرامته اما تعرف
ايتها السيد الرييس مقدار هذا العبد العظيم اليوم
5 وان هذا الخبز القليل الذي اكلته مع اثارينا ليس
هو لنا لكنه لله ولرييس ملايكته الاختيار | ميخاييل Fol. 64 a.
الذي نحن نعيد له اليوم * لكن ان كانت هذه
ارادتك يا سيدنا الرييس فنحن ناخذ هذه الاثلات
فقط عوضا عن الخروف والحوت والاخر نخلعه به
10 الثوب كما اشرت * فاجابهم الرييس الذي هو
ميخاييل وقال بالحقيقه وحق حياة سيدي الملك لا
بد ان تاخذورتم كليم ولا تفقدوا منهم شي وان
كنتم تخافون من سيدي الملك | لييلا يسمع فيغضب Fol. 64 b.
انا احتج عنكم عند سيدي الملك وارضي قلبه ان
15 ينعم عليكم بكرامات اعظم من هذه واريد ان تعرفوا
الحق ان ليس عولا فقط نصيبكم مني اعطيه اليكما
لكن اذا رجعت الي مدينتي انا اوهبكم (sic) روس مالكم
وكرامات عظيم اعظم من هذا لكن اقبلوا هذا فانه
فايدد * فتعجب دوروثاوس وثاويستا زوجته لما Fol. 65 a.
20 سمعوا هذا وقالوا له نطلب اليك يا سيدنا ان لا
تضحك بنا نحن عبيدك ولا تكلمنا بما يفوق
طبيعتنا متى جيت الينا يا سيدنا واعطيناك ذهب
حتى ناخذ فايدته منك بالحقيقه لم نراك قط يا
سيدنا ولم تدخل بيتنا ابدا ومتى راينا وجيك غير
25 اليوم فكيف تقول انك اخذت منا شيا | فاجاب Fol. 65 b.
الرييس وقال اسمعني لاخبركم متى دخلت الي بيتكم

من وقتِ ماتوا اباٶكم وورثتم اموالهم وذخاٶسهم ۰
من ذلك الوقت والى اليوم انا فى بيوتكم مرّه فى
كل شهر ومن بعد مضيى ترسلون الى مدينتى
كرامات عظيمه الى سيّدى الملك وقد فرغ ان يكتب
5 اسماٶكم عليهم جميعهم الى حين حضوركم عند
سيّدى الملك يعطيها لكم متضاعفه فاجاب دوروثاوس
وثاوبستا قاٶلين نطلب اليك ايها السيّد الارخن
اصنع معنا معروفًا وعرّفنا اسمك لاننا مدعورين من
اجل الكلام الذى قلتهُ لنا فاجاب الرٶيس الذى
10 هم ميخاٶيل وقال لهما انا اعلمكما باسمى واسم مدينتى
ان اردتم ان تسمعوا ۰ انا هو ميخاٶيل رٶيس
السماٶيين والارضيين انا هو ميخاٶيل رٶيس اجناد
قوات السموات انا هو ميخاٶيل رٶيس الدهور الفتره
انا هو ميخاٶيل القوى مفرق الحروب كلها امام
15 الملك انا هو ميخاٶيل فخر السماٶيين والارضيين انا
هو ميخاٶيل العظيم الذى تحنن اللّه جميعه (sic) ساكنه
فيه انا هو ميخاٶيل كرسى المملكة السماٶيه ۰ انا
هو ميخاٶيل رٶيس الملاٶكه | الواتفيين بين يدى
اللّه انا هو ميخاٶيل الذى يقدم قراٶيين وكرامات
20 الناس الى اللّه الملك انا هو ميخاٶيل الماشى مع
الناس الذين رجاهم بالرب ۰ انا هو ميخاٶيل رٶيس
الملاٶكه المهتم بكل البشريه باستقامةٍ وخدمتكم
انتم ايضا منذ صغركم والى الان ولا اقتر عن خدمتكم
الى ان تبلغوا الى ملكى المسيح الغير زاٶد كما
25 خدمتمودى انا ايضا وسيّدى بقوةٍ عظيمةٍ هل انسى
تراٶيينكم او اترك عنى كراماتكم وصدقاتكم الذى

ENCOMIUM OF ABBA THEODOSIUS.

153

تدعوهم الله على اسمي ۞ اليس انا كنت راىٰى
بالامس فى وسطكم اسمع ما كنتم تقولون مع بعضكم
بسبب عادتكم فى القربان والعيد اليس كنت معكم
فى الوقت الذى بكيتم فيه وطلبتم الى وقلتم اسال
5 الله ان ينقلنا من هذا العالم من قبل ان ينقطع
عنا رجا صدقاتك اليس انا كنت اراكم فى الوقت
الذى اخرجتما ثياب بركتكما وابعتموهم من اجل
قرباني ۞ اقول لكما انى موجود فى هذا جميعه
معكما ولم انس شيا مما دعتموه من عند صغركما
10 والى الان لكنى معترف بهم الجميع عنكم قدام الله
الذى هو ملكى ۞ بالحقيقه قد اخذتم مراحمكم مثل
هابيل ونوح وابرهيم لانكم دعتم باستقامةٍ علوياكما
والخير يكون لكما مثل اسمايكما كذلك ايضا بركاتكما ۞
لان تفسير دوروثاوس هو قربان الله وتفسير ثااوبستا
15 هى المومنه بالله انا هو رييس الملايكه ميخاييل
القايم بين يدى الله وقد صرت شفيعًا فيكما عند
الله انا هو ميخاييل الذى اخذت صلواتكما وطلباتكما
وقرابينكما ومراحمكما واصعدتهم الى الله وهكذا ايضا
قرنيليوس انا الذى مضيت اليه واعلمتهُ طريق الحياة
20 من قبل قبل المعموديه التى نالها من بطرس الرسول
العظيم لا تتخافا غاىنى لا اغارتكما وقد اقتربت منكما
عند سيدى بسبب قربكما منى ومن اجل محبتكما
العظيمه فى لاىه مكتوب اقتربوا من الله يقترب الله
منكم والان يا دوروثاوس وثااوبستا اقبلا اليكم القوة
25 والرحمه من يدى لانى قد فرغت ان اقول لكما ان
عند الفايدد والتاج فى يروشلىم السماويه مدينه

20

ملك السّماييّن والارضييّن ۞ قد فرغت ان اشكر
لكما قدام اللّه عوضًا من ثراييّنكما وصدقاتكما
فلما قال هذا اعطاهم الذهب والسّلام وصعد الي
السّمآء والملايكه وكان دوروثاوس وثااوبستا ناظرين
5 اليه بخوف حتى دخل الي السّمآء بسلام من اللّه
امين فصنع دوروثاوس وثااوبستا كما امرهما ريبس
الملايكه الاطهار ميخاييل واكملا العيد بفرح واكلاد
ومجّدا اللّه | ولم يكسلا في عمليهما ومراحميهما التي
يصنعاها باسم اللّه ميخاييل حتى اكملوا عمرهما ۞

SPECIMEN OF THE ARABIC VERSION

OF THE

ENCOMIUM UPON SAINT MICHAEL

BY

SEVERUS, BISHOP OF ANTIOCH.

فاسمعوا لاعلمكم عدد الاعجوبة العظيمه التي
كانت بقوة اللّه ورييس الملايكة الاطهار ميخاييل
وتطلباته التي اخبرنا بها من جهة اناس مومنيين
بها ۞ كان انسان كاتب يسمى اولًا قططسن من اعل
كورة انتيكى وكان غنيًّا جدّا وكان له اموال كثيره
ولم يكن يعرف اللّه لكنهُ كان كافرًا يعبد الشمس وكان
هذا مقيمًا بين امتنه وكانت ارادة اللّه خلاصه ۞ فلما
كان مرة وقد حمل تجارته في سفينةٍ ومشى الي
مدينه من كورة فيلبايس تسمى قلونيه وكانت عبادة
اللّه في عدة ظاهره فلما دخل اليها في الاوّل من
شهر عتور فاقام في المدينه ليبيع تجارته فبلغ الي
اليوم الحادي عشر من شهر عتور فلما كان وقت
الظهيره في ذلك اليوم اجتاز ببيعة رييس الملايكه
ميخاييل فراها وهي مزينه بالقناديل والشموع تعتجب
جدّا وجلس في ذلك المكان وكان بتدبير من
اللّه لينظر كمال الامر فلما كان المسآء نظر الي كل

Fol. 92 a.

Fol. 92 b.

الشعب الذين اجتمعوا بذلك المكان يصنعون الحانا
ويقولوا تراتيل حلوة فتعجّب الرجل ومن زيادة
تعجّبه رقد على باب البيعة فاجتمع الكهنة وبقية
الشعب ايضًا في الليل ليعملوا العيد ۞ فتعجّب
5 الرجل ايضًا جدًا لاجل ما سمع فلما كان باكرًا حضر
ذلك الرجل الي اثنين مسيحيّين سكان في تلك
المدينه وطلب اليهم قايلًا ۞ يا اخوتي ما الذي كان
وما هذا الرسم الذي كان في هذه المدينه اليوم
فقالا له اوليك ان اليوم الثاني عشر من عشور وهو
10 عيد رييس الملايكه الاطهار ميخاييل لانه [هو] الذي
يطلب الي الله عنا ان يغفر لنا خطايانا وينقذنا من كل
شر فقال لهما الكاتب واين هو ذلك الاتكلم انا ايضا
معهُ واطلب منه ان ينقذني من كل شرّ فاجابا وقالا
لهُ ليس يمكنك ان تراد الان حتي | تصير كاملًا لكن
15 ان اردت ان تصير مسيحيًا فاطلب منه وليس العيد
فقط ترا بل وسيدد ايضًا تنظر وتتعجّب من جدد
وهو ينجيّك من كل شر فقال ليم ذلك الكاتب يا
اخوتي اطلب اليكم ان تاخذوني معكم باكرًا واصير
نصرانيا وانا اعطيكم دينارا لكلّ واحد لان قلبي
20 قد مال الي معبودكم فقال لذ الرجلين : ليس تقدر
تصير مثلنا حتي يصلي عليك انبنا الاسقف ويرشمك
ويعمّدك باسم الاب والابن والروح القدس فتصير
نصرانيًا لكن طوّل روحك حتي ينفرغ ابينا الاسقف
نحملك اليه ويصيّرك مثلنا اما هو فصنع كما قالا لهُ
25 وتاتا ذلك اليوم وفي الغد اتا اليهما وقال لهما يا
اخوتي الصالحين اقبلاني اليكما لكي الله ۞ الذي قلبتما

ابي من اجله يعطيكم، اجركما غانيا بد اوليك الرجلين
المومنين الي الاسقف واعلماد بكلما كان فقال الاسقف
لذلك الرجل الكاتب من اي كورة انت فقال له انا
من كورة انتيكي فقال له الاسقف قلبك راضي بان
5 تصير نصرانيا فقال ذلك الكاتب نعم يا ابي غان
الذي قد رايتهُ وسمعتهُ في عدد المدينه اضطرني ان
اصير نصرانيًا فقال له الاسقف اي الاه تعبد فقال
له انا اعبد الشمس فقال له الاسقف فاذا غابت
الشمس عن الارض وتلحقك شدد فاين تجدها
10 لتعبدك فقال له الكاتب يا ابي لتدركني رحمتك
وتعمّدني انا اطلب اليك ان تصيّرني نصرانيًا مثل
رجال عدد المدينه كلهم فقال له الاسقف هل لك
زوجه او بنون انا عو فقال له ان زوجتي واولادي
في مدينتي ۞ فقال له الاسقف ان كان نعم فليس
15 ذباركك الان ليلًا لا يرتضوا زوجتك وبنوك بهذا
فيصير بينكم شقاق مع بعضكم البعض ويفترقوا
منك وانّما ان تجاهدوك العبادد والصبغة التي نلتها
فان المخالفة الاولي لم تكن الّا بالمراة لكن ان
ارتضوا بهذا فتعالوا الاجعلكم مسيحيين فلما سمع
20 الكاتب هذا فرح جدًا حينئذ قبل من الاسقف
البركه وخرج واستعد ليمضي الي مدينته وان الشيطان
مبغض كلّ خير لما علم ان الرجل قد مال بقلبه
الي الله حسدد ولما توسّط البحر اقام عاصف شديد
الي ان صارت الامواج يعلوا السفينه حتي عن قليل
25 كادت تغرق ويموت كلمن فيها فصرخ ذلك الرجل
الكاتب قايلًا يا سيّدى يسوع المسيح عيني في

هذه الشدة العظيمة وانا اومن بالمجد العظيم الذي
رايته في بيعة ريس الملايكة الاطهار ميخاييل لاني
انا واهل بيتى مقبلين لنكون نصارا الي يوم موتنا
وفي تلك الساعه جا اليه صوتا قايلا لا تخف عليس

5 شى من الشر | يصيبك ففي الساعه صارت الامواج
التي سكون وعدت السفينه وسارت مستقيمه وبامر
الله وصل الي مدينته ولم يصيبه شى من الشر فلما
دخل الي بيته فرح فرحا عظيما وقص على اهله
الاعجوبه التى كانت في البحر وكلما كان منه في

10 مدينة قلونيه ٭ ثم قال لهم ايضا بالحقيقه ان
الشمس التى نخدمها ليست هي الاله بل | هي عبيد
للاله العظيم السماني يسوع المسيح ابن الله الحى
ذاك الذي هو اله الكل الذي به كان كل شى ۰ وكلمتم
ايضا بكرامة ريس الملايكة الاطهار ميخاييل فتعجب

15 ابنه الاكبر عجبا شديدا ثم عاد الرجل الي زوجته
وقال لها ان كنتي انتي تطيعيني فقومي تعالي معي
ونصير نصارى ونتعبد للمسيح من غير ان نشك
البته وان كنتى غير راضيه فانا اتركك وهوذا قد بقى
لي ثمانية الف مثقال اعطيك منهم الف مثقال

20 وابقي في عبادتك وانا امضى لكي انال مغفرة خطاياي
فقالت له زوجته جيدا يا اخي وسيدي بالحقيقه كل
طريق تمضى فيه انا ايضا الي معك والموت الذي
تموت به انا ايضا اموت به ٭ وهكذا جهزوا كل ماليهم
وركبوا واتوا الي مدينة قلونيه | بمعاضدة الله لهم

25 فمضوا الي الرجلين الاولين فسلموا عليهما واعلموهما
انهم قد حضروا ليصيروا نصارى واوليك ادخلوهم

ENCOMIUM OF SEVERUS. 159

الى الاسقف واعلمه ان عذا ذلك الرجل الذى انا
زمانا لكى يصير نصرانيًا فيما عو قد انا وزوجتى
وبعد لكى يصيروا مسيحيين فقرح الاسقف فرحا
عظيما جدًا من اجل رجعة نفوسيم ۞ فلما دخلوا
5 اليه قال ليم نعم انتم بالحقيقه تريدوا ان تصيروا
نصارا فاجابوا بتواضع قايليين بمشية الله يا ابينا
وصلواتك المقدسه حينيذ امر الاسقف ان يبيتوا الاردن
فى بيعة ريس الملايكه ميخاييل ووعظ الرجل وزوجتد
واربعة اولادد وعبيدم ثم عمدم باسم الاب والابن
10 والروح القدس وكان اسم الكاتب اولا كنسون تغيرد
واسماد مثاوس ودعا اسم زوجتد السلامه ۞ واربعة
اولادد اسما الاول يوحنا والثانى استفانوس والثالث
يوسف والرابع دانيال ثم قدم القداس وناولهم
من السراير المقدسه جسد ودم ربنا يسوع المسيح ۞
15 ومن بعد الصبغه اقاموا شير ايام عند الاسقف
وعو يعظيم بكلام الايمان المستقيم فاما مثاوس
الكاتب من زيادة الفرح الذي ادركه دفع ستمايه
مثقال لبيعة ريس الملايكه عن خلاصه بعد عذا
تزودوا البركه من الاسقف ليمضوا الى مدينتيم
20 فشيعيم روسا المدينه وجميع الشعب بفرح عظيم
وبمشية الله ورجعوا الى كورتيم مستيرشدين بريس
الملايكه الاعتيار ميخاييل فلما مضوا الى بيوتيم
صنعوا عيدا عظيمًا لاعليم وفرقوا صدقات عظيمه
للمعاجزين والارامل والايتام وكان اعل الكوره يتعجبون
25 منيم وكان اسميم فى فم كل احد وكانوا بضوا فى
جميع تلك الكوره بسيرتيم الحسنه فلما كان من بعد

انقضا شهرين ايام تنجّج الانسان المختار مشاوس
Fol. 101b. وصل الي الساعة الحادية عشرة واحذ اجرة النهار
كلّد بطلبات رئيس الملايكه ميخاييل قائما اولادد
الصغار واتهم فلم يملّوا من الخيرات التي يصنعوها
5 اكثر من زمان حياذ ابيهم قائما الشيطان وجنوده
فلم يحتمل ما كان يرا من الخيرات التي يصنعوها
هولاء القديسين بل اقام اهل المدينة عليهم وجعلهم
Fol. 102a. يبغضوهم بغضه شديد فقاموا عليهم واحذوا اموالهم
بالظلم وكلما كان في خازنهم ۞ فقال يوحنّا الاخه
10 واخوته اما ترون اننا قد تعبنا جدّا من حين مات
ابينا فقوموا بنا نترك هذد المدينه ونمضى الي
مدينة المملكه ونسكن هناك فانه مكتوب في الانجيل
المقدّس اذا طردوكم من هذد المدينه فاهربوا الي
اخري وها عوذا هم قد طردونا واتعبونا فلتكن ارادة
Fol. 102b. 15 الرب علينا وهكذا قاموا في خفيه واخذوا بقية ما
فضل لهم وذهبوا الي مدينة المملكه وسكنوا هناك
وكانوا يقولوا يا اله رئيس الملايكه ميخاييل كن لنا
عونًا ثم زادوا علي صدقاتهم التى كانوا يعملوها
اولاً فلم يحتمل الشيطان هذا لكنه قلق لانه كان
20 ينظر ان القديسين يعطوا الصدقات بامانةٍ ولم
يعلم ان رئيس الملايكة الاطيار ميخاييل كان يفتحه
Fol. 103a. وهو فكان يزئير كالاسد فلما مضت ايامًا قليلاً دخلوا
حراس المدينه وسرقوا دار ارخن المدينه الاعظم
واخذوا لة اموال عظيمه فاعلم ذلك الارخن الوالي
25 المسلط علي تلك المدينه بهذا فسال الوالي عن
الامر من نواب المدينة وانّ النواب مسكوا الحرّاس

ENCOMIUM OF SEVERUS.

Fol. 103b.

وكلفوهم ان يبحثوا عن انية ذلك الرييس وفيما هم
مضطربين بهذا الامر واذا الشيطان قد تشبّه بانسان
وصار يمشى فى المدينه كليها ويصرخ قايلاً انا اعرف
من سرق انية سيلون الارخن ۞ لانى ارا عولاى الاربعة
5 صبيان الغربا الذى اتوا الى عنا فى عدد الايام هم
الذى دخلوا الى البيت وسرقود وسترود اذا اعلم بالحقيقه
ان الامر هو هكذا منذ سكنهم عدد الكورة وان
رجال تلك المدينه لما سمعوا هذا اعلموا به الوالى

Fol. 104a.

وفى الساعه جذبوهم بشعور رووسهم كما امر الوالى
10 وجاو بهم امامه وكانوا يجذبوهم بلا رحمه وكانت امهم
يمشى خلفهم وتبكى وتعزيهم قايلاً ۞ لا تخافوا يا
اولادى لان الله الذى امنا به وعظيم رووسا ملايكته
الاطهار ميخاييل قادر ان يخلصكم من كل شرّ ومن

Fol. 104b.

الذى كذبوا عليكم بسببه وفيما هى تتكلّم بهذا
15 كان نحوهم صوتا من السماء قايلاً لا تخافوا فانى لا
ادع شيًا من الشرّ يصيبكم انا هو ميخاييل حايظكم
من كل شرّ وفيما هم قيام امام الوالى وهو يسايلهم واذا
برييس الملايكه قد تشبّه بوزير الملك واتا من بعد
فلما راد الوالى قام ووقف له وطلب اليه ان ياتى

Fol. 105a.

20 ويجلس لكى يسمع هو ايضًا هذا الاحتجاج اما هو
فجلس ۞ فامر القايد ان يقدّم اليه الصبيان فقال
لهم لعلكم ان تردّوا عملة الارخن اليه من قبل ان
اعذّ بكم اما هم فاجابوا قايليين حقّ هو الربّ الاه
المسيحييين وجد اعظم روسا ملايكته الاطهار ميخاييل
25 لم يتفق لنا مثل هذا الامر ابدا فقال رييس الملايكه

Fol. 105b.

ميخاييل للوالى انا اعرف كيف يظهر الحقّ ۞ ليمسك

21

الاصغر في اخوة هولاء القوم ويدخل به الي دار رييس
الحراس الذي قلبه منتعوب بهولاء الناس ويصرخ
قايلا باسم سيدي يسوع المسيح تظهر عملة سيلون
الارخن عذه التي اعتمونا بها ففي تلك الساعة يظهر
5 الحق ۞ وللوقت امر الوالي ان يوخذ الابن الاصغر
ويدخل به الي دار رييس الحراس كما قال رييس
الملايكه ميخاييل ثم صرخ قايلا باسم سيدي يسوع
المسيح ورييس الملايكه الاطهار ميخاييل تظهر عملة
سيلون الارخن ۞ وفي تلك الساعه كان صوتًا وكان
10 احدٍ يسمع انزلوا الي اسفل الدعليز فتجدوا كل
شيءٍ وهولاء الصبيان ابريا كل ذنب فنزلوا الوقت
الي اسفل الدعليز فوجدوا العملة كلها واعلموا
الوالي بالذي كان فتعجب جدًا فحول وجهه مستحيًا
ان كيف يقول الذي كان لذلك الوزير الذي هو
15 ميخاييل ثم لم يعلم الي اين مضى حينيذٍ تعجب
جدًا واطلق الاربعة صبيان وهم يربيون فدخلوا الي
بيوتهم وهم ممجدين لله ورييس الملايكه ميخاييل
قايما القديسين فلم يملوا من الخيرات التي يصنعوها
مع كل احدٍ حتى ان الجميع تعجبوا من سيرتهم
20 الصالحه وكان ايضًا من بعد زمانٍ مذ كان هذا
سعى انسان في رجلين عند الملك ان له عليهما
دين قديم ۞ فسلّم الملك الرجلين الي اجنادٍ حتى
يعطيه كل منهما ماية مثقال ولم يكن لهما ما يعطود
وان القديس يوحنا وجدعما صدفه فرآ الاجناد
25 يقتلان الرجلين بغير رحمه فقال للاجناد ما هي
العله التي انتم تضربون هذين الرجلين بسببها

ثقال له الاجناد اذيم ممسوكين على ماية مثقال كل
واحد منهم فقال ليم فاذا اخذتم المايتي مثقال
تطلقونه فقال الاجناد نعم واذا لم يعطونا اياهم
نستقتلهم فطلب يوحنا الي الجندان ياتوا قليلا
5 الي ان يعود اليهم اما عو فمضى واحضر المايتي مثقال
ودفعها ليم وعتق اوليك الرجلين والاربعة اجناد
المترسمين بيما دفع لكل واحد منهم مثقال ۰ فلم
تحمل الشيطان عدو كل صدق بل امتلا حسد علي
القديسين من اجل اعمالهم الحسنه فاثار عليهم
10 تجارب صعبه جدّا بزيادة وهي عذا وكان من بعد
عذا استضاف رجل من اهل تلك المدينه برجل
صديق له وكان المساء وكان ذلك الرجل ساكن
بجناب بيت اوليك القديسين فلما اكلوا وشربوا قام ذلك
الرجل ليذعب الي بيته وبينما عو ماشى في شوارع
15 المدينه فلدغته عقرب فوقع ميتا في الساعد ولم
يعلم انسان بما كان وفيما كان حراس المدينه يطوفوا
مع اصحابيم وجدوا ذلك الرجل ميتا فاتوا بسراج
وفتشوا جسدد ولم يعلموا بما كان منه ثم كفنود فلما
كان باكرا ارادوا ان يحملود الي القبر واذا بالشيطان
20 قد تشبّه بانسان وكان يصيح في المدينه كلها
قايلا ان عذا الرجل الميت الذي لم يعلم احد من
الناس بموته ولا من قتله لم يكن عذا الشر من احد
من الناس الا عولاء الاربعة صبيان الغربا واذا اشيد
بعذا الامر فذاع عذا الكلام في المدينة كلها فذعب
25 الوالي واعلم الملك كسنطس بعذا وفي تلك الساعة
امر الملك بان ياتوا بالاربعة صبيان مكتفين اليدين

21*

الى خلف وان يعملوا في اعناقيهم جنازير ثقالا بيهم
وارتفعوا امام الملك فكان نحوعم صوتنا تايلا لا
تحيا فيها قد انقضى زمان التعب وحصل لكم
النياح من قبل الرب حينئذٍ لما اقاموعم امام الملك
5 بشبه ظلمه ففي تلك الساعه تشبه رييس الملايكه
ميخاييل بشبه امير كبيرًا لملك الروم واتى ۞ فلما
راد الملك كسنطس قام ووقف امامه فلما بلغ اليد
جلسا مع بعضهما بعض فلما راى رييس الملايكه
ميخاييل الصبيان قيام قال للملك كسنطس ما عو
10 امر عولا الصبيان فاعلمه الملك بالذي كان فقال له
ميخاييل فمن يعلم من الذي قتل هذا الرجل فقال
له الملك قد اخبرت ان عولا عم الذين قتلود ۞
فقال ميخاييل ان عندنا اذا كان امرًا عكذا وعو ان
يموت واحدًا ولم نعلم ما الذي كان منه فنكشر
15 الرجل الميت في الوسط ونساله فيكلمنا | ويخبرنا
من الذي قتله والان ان كنت توريد ان تعرف الحق
فليتقدم ايضًا ذلك الرجل الميت الي عنا ونساله وعو
يكلمنا ويعرفنا من الذي قتله وفي تلك الساعه امر
الملك فقدموا الميت في الوسط فقال رييس الملايكه
20 ميخاييل لذانيال اصغر اخوة القديسين اذعب وقل
ليدا الميت باسم سيدي يسوع المسيح الاد السما
والارض اخبرنا ما الذي كان منك تفعل الفتى الصغير
عكذا وان الله محب البشر المريد ان يتمجد اسمه
المقدس في كل مكان ليوْمنوا به اعاد نفس الرجل
25 اليه مرة اخري وعاش من اجل خلاص الملك والجمع
كلذ الذي في تلك الكورة وصرخ ذلك الرجل تايلا الويل

إلك ايّها الملك كسنطس لانك تجاسرت وجلست مع
رييس الملايكه ميخاييل رييس اجناد القوات
السماويه انّ هولاء الرجال الذين اتّيمتموعم عم Fol. 111 b.
صديقيين وابريا من الذنب وليس عم الذين تقتلوني
5 لكن عقرب المغني قمت لكن لاجل صفوة هولاء
الرجال ادركك هذا الخير العظيم واستحقيت ان تنظر
الي رييس الملايكه الاطيار ميخاييل والان فقد رايتم
اعاجيب اللّه فارجعوا من كل قلوبكم واتركوا عنكم
هذه اللاذات وهذه الاصنام المّيته التى لا ربح | فيها Fol. 112 a.
10 لكي اللّه يغفر لكم ما سلف من خطاياكم وامّا انا
فادركتني نعمة عظيمة لانني رايت رييس الملايكه
ميخاييل من اجل هولاء الرجال الابرار ۞ وفي تلك
الساعه ارتفع رييس الملايكه صاعدا بمجدٍ عظيم
والملك ينظر وكل الجمع وهو صاعدا الي السماء
15 واخذ معهُ نفس ذلك الميت الي السموات وامّا الملك
وكل احد فصاروا في خوفٍ عظيم جدّا ومن بعد وقت | Fol. 112 b.
كبير اطمان قلب الملك من الخوف ومن ذلك الامر
المعاجب الذي راه وقام وقبل فم يوحنّا تقبيلاً مباركة
في الساعه التي دخلتم فيها الي هذه المدينه
20 اطلب اليكم ان تعرّفوني الاعكم الذي امنتم به
لنومن نحن به ايضا فنخلص ۞ فقال لهم يوحنّا
نحن مومنون بالرب يسوع المسيح ابن اللّه الحيّ
فصرخ الملك تقبيلا وكل الجمع معه بالحقيقة | الدُّ حيّ Fol. 113 a.
هو يسوع المسيح وليس الاه سواه ۞ فقال يوحنّا
25 للملك ثم فاكتب لملك روميه قسطنطين واعلمه
بكل شيّ واطلب اليه ان يرسل الينا واحدا من

الاساقفه الي كورتنا فيبعظكم باسم الاب والابن والروح
القدس فكتب الملك كسنطس الي الملك قسطنطينوس
تايلاً له هكذا كسنطس الذي يقال له ملكا | استنجرا Fol. 113 b.
وكتب لعظمه الملك وجلالته قسطنطين عبد يسوع
5 المسيح السلام لك ان نعمه عظيمه قد ادركتنا من
قبل الله الصالح ذكرنا واخرجنا من عبادة الاصنام
الطمثة واعادنا اليد من قبل صلاحيته الكبيره
وطلبات ريس الملايكه الاطهار ميخايل هذا الذي
جعلنى مستحقًا ان انظر بعينى وجعل الميت
10 يكلمنا مشافهه من بعد موته | وبعد هذا مضى صاعدًا Fol. 114 a.
بمجد عظيم ونحن باجمعنا ننظرو والان نطلب الي
سيادتك ان ترسل الينا واحدًا من الاساقفه الذي
عندك ليمضي لنا بالامانة المستقيمه ويعرفنا نحن
ايضًا الطريق الموديه الي الله ويهب لنا الخاتم
15 المقدس واذا فعلت معنا هذا تنال الاكليل عظيمه Fol. 114 b.
عند المسيح على هذا الامر كن معافا ايها الملك
الالهي بقوة المسيح ملك الكل وباجتهاد عظيم
اخذ الملك البار قسطليطين الكتب فقراهم وتعجب
جدًا مما كان ومجد الله ۞ وباهتمام عظيم كتب الي
20 القديس يوحنا ريس اساقفة افسس هكذا ۞ قبل كل
شي اقبل يديك الطاهرين اللتين يقلبوا جسد ابن
الله ۞ انه بالحقيقه صار الينا فرح عظيم من الله
وهوذا انا ارسل اليك ايضًا فانني عارف انك تفرح
بزيادةٍ | اريد ان تتعب تعبًا قليلاً وتجتنهد بقلبك Fol. 115 a.
25 كله اذ تعلم ان تعبك لا يسقط فاٍفعل من اجل
المسيح الذي تعب من اجل جنس البشر وتتكلف

وتمضى الى مدينة انتياس لتشفى المرضا الذين بها
باسم المسيح وتخرجهم من خدمة عبادة الاوثان
النجسة وتعمد باسم الاب والابن والروح القدس فبهذا
يصير لك افتخارًا عند الرب ا وعند ملايكته الاطهار
5 لكى نتخلص معًا بقوة المسيح الاعنا ۞ عند المكتب
ارسليا الملك قسطنطين الى انبا يوحنا رييس
اساقفة انسس مع رسالة كسطس الملك فلما قرا
رييس الاساقفه المكتب فرح جدًا على رجوع الكورة
كليا حينيذٍ اخذ معه شماسين وقسوس واغنسطسين
10 وثلثة مرتلين واثنى عشر من الشعب واخذ معنا
استعداد الهيكل وهى موايدد ذهب واربعة كاسات
فضه وثلثة كاسات ذهب وملعقه من الحجر الكريم
والاربعة اناجيل والمزمور والرسول والابركسيس ورسايل
القتاليقون وعلى الجمله كل استعداد البيعة ثم ساروا
15 فى الطريق وهم يصلوا بفرح فلما قربوا من المدينه
عرفوا الملك يحيى رييس الاساقفه والذين معه فخرج
الملك ويوحنا وكل جماعة المدينه ليتلقوا رييس
الاساقفه فلما بلغوا الى رييس الاساقفه سجد له الملك
وكل الجموع وتباركوا منه ووقت الملك على رييس الاساقفه
20 كلما كان منه واعلمه بيوحنا قايلا ان من قبل هذا
واخوته رحمنا للملك وهكذا مضوا ا الى مدينه بيلدو
عظيم وان الملك سال رييس الاساقفه وادخلو الى
القصر لان المدينه لم يكن بنى فيها كنيسه بعد
فلما كان الغد قال رييس الاساقفه للملك لنحدد رسم
25 كنيسه فقال الملك يا ابى ان لى طريق جديد وهم
يبنون فيه امض بنا لننظرد عان كان موايف صنعناد

كنيسه فمضى رييس الاساقفه والملك معا فنظروا الى
الطريق | الذي يبنون فيه فارضا ذلك رييس الاساقفه Fol. 117 b.
فامر الملك ان يصرخ المنادي في المدينة كلها ان
ياتي ساير الناس ويعملوا في الكنيسه وهكذا اجمع
5 اهل المدينه كلها وعملوا في الكنيسه من الرييس
الى المسكين حتى ابي الملك كان هو ايضًا يعمل
بيديه مثل كل احدٍ مومن انه ينال بركه من المسيح
وبارادة الله كمل البنا في ستة عشر يومًا | وكرّز رييس Fol. 118 a.
الاساقفه الكنيسه على اسم العزري القديسه والدة
10 الاله مريم فلما راي كثرة الجموع يعمدون قال للملك
في اين يعتمد هذا الجميع العظيم لان المدينه لم
يكن بنى فيها كنايس ولم يكن فساقي فاجاب الحكيم
يوحنا وقال للملك ولرييس الاساقفه اذا اقول ان
عذد البركة الماء التي هي شرقي المدينه انها
15 مستحقه لهذذ الكرامة العظيمة | وفي تلك الساعه Fol. 118 b.
كان صوت من السماء وكل احدٍ يسمعه قايلاً هذا
هو الذي رسمه الله يا يوحنا ابن الرسل ۞ فلما سمع
رييس الاساقفه والملك وكل الجمع ذلك تعجّبوا ثم
امر رييس الاساقفه والملك ان يجتمع الجمع الى تلك
20 البركه وصلى رييس الاساقفه على الماء كعادة الفساقي
كلّهم وكانت اعجوبه عظيمه في ذلك | الوقت وهو Fol. 119 a.
انه لما بلغ الى التقديس سمع الجمع كله صوت من
الماء يقول التقديس مع رييس الاساقفه فلما كمّل
رييس الاساقفه الصلوات امر ان ينزل الجمع كلّه الى
25 الماء فانطرحوا كلّيهم في الماء وهم يصرخون قايلين
نصطبغ باسم الاب والابن ولروح القدس ثم اعتمد

الملك وكل الجموع واتا بيهم رييس الاساتفه الي الكنيسه
وقسم يوحنا اسقفًا ليهم واخوته الثلثه قسم احدعم
قسيسا والاثنين الاخر شمامسه ۞ وكان للملك ابنًا
اسمه اتلاس فصيّر شماسا وكان جميع الشعب يجذلون
5 بالرب حينيذ اعتم رييس الاساتفه بالقربان فرفعه
على المذبح وقدس عليه ۞ فتعجّب الملك وكلّ
الجموع ممّا رآوا وسمعوا لاذيهم لم يسمعوا كلام عكذا
ابدًا ولم يروا عذا المثال البتّه وعذا كان اوّل مرّة
رفع القربان في تلك الكورة ۞

SPECIMEN OF THE ARABIC VERSION

OF THE

ENCOMIUM UPON SAINT MICHAEL

BY

EUSTATHIUS, BISHOP OF TRAKÉ.

اتري تذكرون انتم اوثيميه زوجة ارسطرخوس الامير هذا الذى وآلد الملك العابد انوربيوس على جزيرة الاتركي انتم تعرفون كلكم ايها الشعب المحب للمسيح ان هذا الامير كان عابدًا جدًا كما يشهد له بذلك كل احد ان صلواته وصدقاته صعدت قدّام
5 الله مثل ‖ ترنيليوس زمانًا كان هذا الرجل المكرم Fol. 133 b.
ارسطرخوس اميرًا ومنذ اخذ المعمودية المقدسه من يد ابينا المكرم والمعلم العظيم يوحنّا لم يفتر من الصدقات والقرابيين في كل اثني عشر من الشهير باسم رييس الملايكة الاطهار ميخاييل وفي الحادي
10 وعشرين من الشهير باسم العذري الطاهره مريم والتاسع وعشرين من الشهير ميلاد ربنا يسوع المسيح وكان يعطى القرابيين ‖ والصّدقات التي لا عدد ليها Fol. 134 a.
لذكر اسم الله الكلمه كان هذا الرجل البار يصنع هذا زمانا كبيرا من بعد كمل زمانه ليمضى الى
15 المسيح مثل كل انسان فدعا اوثيميه زوجته وقال لها

يا اختي عوذا انتي ترى ان زماني قد تمّ لامضي
الي الرب كمثل ابايى كليهم ۞ وقد سمعتي انتي كل
التعاليم المحببة التي اوصانا بها ‚ الاب الطوباوي
يوحنا هذا الذي به استمنأت هذه الجزيرة كلها
5 وعرفت الله وقد سمعت منه مرار كثيرة باذنك في
بيتك يقول ان ليس شيّ اعظم من المحبّة وايضا قال
ان للرحمة فخر في الدينونة وعلي الجملة بقية وصايا
المعزيه التي قالها لنا من اجل خلاص نفوسنا اعني
ذلك العظيم يوحنا ۞ وايضًا عوذا انا اوصيك وقد
10 جعلت الله رقيبي | وامامي من قبل خروجي من
هذا العالم انك لا تفتري ولا تتركي ما كنا نصنعه الان
في اليوم الثاني عشر من الشهر عيد رئيس الملايكه
الاطهار ميخائيل والحادي والعشرين عيد الملكه ام
ملك الملوك والتاسع والعشرين ميلاد الاله الكلمه
15 واحذري ان تحتقري قربان رئيس الملايكة الاطهار
ميخائيل لاند يطلب عن كل احدٍ فلعلهُ يطلب
عنا امام الله ليصنع معنا رحمه صدقته ويقبل اليه
نفسي الشقيّه فاما تلك المراة الحكيمه فقالت لبعلها
يا سيدي واخي حتيّ هو الرب الذي امنّا به انني لا اترك
20 خلفى شيّ مما اوصيتني به لكني ازيد عليه بالاكثر
بل في قلبي كلام اريدك ان تحتملني فيه وتكمله
لي من قبل ان يدفن جسدك اما هو فقال لها كآ
شيّ تريديه قوليه لي وانا اكمله لك بمشيّة الله
فقالت لهُ انا اريد ان تامر مصوّر ان ينقش لي صورة
25 رئيس الملايكه الاطهار ميخائيل في لوح خشب
وتعطيها لي لاجعلها في تيطونى الذي انام فيه

وتسلمني لهُ كالوديعة لكي اذ خرجت من الجسد
يكون لي حارسًا ومنجّيًا من كل الافكار الشريرة
الشيطانية ، لانك اذا خرجت من الجسد اكل خبزي
بالبكا ووجع القلب لان منذ الوقت الذي يمضي
5 زوج المراة عنها ليس يبقى لها رجا في الحياة مرة
اخري وتكون تشبه جسد بغير راس وجسد يعدم
الراس عو ميت ومحدد ۞ لان الحكيم بولس فرغ ان
يقول ان راس المراة بعلها وامراة بغير زوج تشبه
سفينه بغير مدبر مستعدد للغرق ۱ وكل الركاب فيها
10 فالان يا سيّدي واخي كما انك لم تخزن قلبي البته
بكلمة فيذا الذي سالته منك ايضًا لا توجعني بسببه
ليكون رييس الملايكه الاطهار ميخاييل حافظًا لك ۞
فان ليس رجا بعد لكنني مترجيه رحمة الله ورييس
ملايكه الاعظم ميخاييل فلمّا سمع الاسفهسلار ذلك
15 الكلام عجّل ليكمّل ما سالتهُ وللوقت من الساعه امر
ان يوتا اليه متمور حكيم فامرو ان ينقش شخص
رييس الملايكه الاطهار ميخاييل في لوح خشب
ويطليه بالذهب المختار والحجارة الكريمه فلمّا كمله
ودفعه لها فرحت به جدا كمثل من وجد غنايم كثيره
20 كما عو مكتوب وقالت له يا سيّدي الاخ لتدركني
رحمتك وتسلّى في قلبي في هذا الكلام الاخير اكي
اذا تخلّا قلبي وصرت ضعيفه فلا ينور على شيْ من
المؤامرات من بعد دفن جسدك ۞ فقال لها كلما
تتمنيه انا مستعد ان اكمله لك كما تعلمي انني لم
25 احزن قلبك في امر من الامور البته اما عى فقالت
له انا اريد ان تسلمني ليد رييس الملايكة الاطهار

ميخائيل هذا الذي صوّرته لي في هذا اللوح الخشب
وتطلب اليد عنّي لكي | يكون لي عضدًا الى يوم
مماتي لأن بعد خروجك من الجسد لا يبقى لي رجاء
الّا بالله ورئيس الملايكة ميخائيل لأنك تعلم ان
5 الامواة الارملة تأكل خبزها بالبكاء والتنهّد فلمّا
سمع ذلك الامير هذا تألم لاجل هذا الكلام البرّ
الذي قالته له لكنّه تعجّب من عظم امانتها في
رئيس الملايكة الاطهار ميخائيل ثم امسك بيدها وسلّمها
لرئيس الملايكة ميخائيل الذي نقش صورته في اللوح
10 الخشب وصرخ قايلًا يا رئيس الملايكة ميخائيل الذي
قتل الثعبان الاوّل الذي زرع العظمة وقاوم سيّدك
فربطه وجعله في البحيرة النار المملود من النيران
والكبريت ايّها الساجد في كلّ حين امام الاب الصالح
من اجل جنس البشر شبه وصورة الله ضابط الكلّ
15 ها انذا اسلّم اليك اليوم اوفيميه زوجتي كمثل الوديعة
لكي تحرسها وتنجيها من كلّ المؤامرات الشيطانية
التي يتبيرهم عليها واذا طلبت اليك تعينها وتسع
ليها وتخلّصها لأن ليس لنا رجاء الّا الله واياك فلمّا
سمعت اوفيميه فرحت جدًّا ووثقت بأمانة عظيمة ان
20 ليس بقى سيء من حيل الشيطان يقدر عليها من
ذلك | الوقت لأن رئيس الملايكة ميخائيل صار
ليها حارسًا ۞ ومن بعد هذا اخذت صورة رئيس
الملايكة المنقوشة فأقامتها في القيطون الذي تنام
فيه وصارت ترفع امام الصورة بخورا فايق وقنديل
25 موقودا امامها ليلًا ونهارًا بغير فتور وكانت تسجد له
ثلاث دفوع في كلّ يوم وتسأله ان يعينها ۞ وكان

Fol. 140b. من بعد هذا ¹ افتقد اللّه الامير ارسطرخوس العابد
الذي سبقنا فذكرنا اسمه عن قليل فمضى الي
طريق ساير الناس فاما اوفيميه المراة الحكيمة
زوجة ارسطرخوس الامير فلم تملّ من الصدقات
5 التي تصنعهم والمقدّسات التي كان ارسطرخوس
يعملهم وهو حتّى تبل وفاته باسم رييس الملايكه الاطهار
ميخاييل ۞ وكانت مسرعه في ان تزيد عليهم

Fol. 141a. جدا اكثر من ذلك الزمان الذي كان زوجها حيّ ۞
وان الشيطان المبغض المخير لجنسنا منذ الاول لم
10 يحتمل ان ينظر الي تلك الخيرات التي كانت الامراة
تعملهم باسم رييس الملايكه الاطهار ميخاييل فحسدها
واراد ان يضيع اجرها الذي كانت تترجاه من اللّه
ولمّا كان ذات يوم التمس شكل راهبه وسار معه شياطين
اخر في شكل عذارا لابسين اساكيم ذهب وجا فوقف

Fol. 141b. 15 عند باب بيتها وارسل اليها جاريه قايلا اذهبي
فقولي لاوفيميه النقيه زوجة ارسطرخوس الامير ان
عوذا عذري راهبه واقفه علي الباب تريد ان تخضع
لك هي وبنتها معها وان تلك الامراة الحكيمه لما
سمعت هذا الكلام خرجت الي الباب الرابع من
20 بيتها وامرت ان تدخل اليها تظنّ انها راهبه بالحقيقه

Fol. 142a. فخرجوا العبيد فراوه واذ هو الشيطان قايمًا متوجّهًا
باسكيم زور ۞ فسجدوا له فامروه بالدخول هو والذين
معه ۞ فدخل الشيطان ووجهه مطرق الي الارض كانها
راهبه بالحقيقه والذين معه عملوا ثم ايضًا هكذا فلما

¹ On the margin المحتشمه.

ENCOMIUM OF EUSTATHIUS. 175

راتيم اوثيميد الباردة وهم بهذا الشكل عكذا تعجبت
جدًا من عظم تواضعهم فقامت وامسكته لانه كان
Fol. 142b. لابس شكل امراد وادخلته الي بيتها فلما بلغ الي
القيطون حيث صورة رييس الملايكه ميخاييل خاف
5 ذلك الشيطان ان يدخله هو ومن معه فاما تلك
الامراة الحكيمه فكانت تكرمهم قايله اصنعوا حبّه يا
احباى الاخوات وادخلوا الي هذا القيطون استحلّ (sic)
صلواتكم المقدسه فيه الاذي اشهد لكم الله علي
ورييس ملايكته الاظهار ميخاييل ان مذ يوم توفى
Fol. 143a. 10 زوجي الطوبانى ارسطرخوس والى الان لم يدخل
انسان قط من داخل باب هذا القيطون الّا جواري
خاصّه الذين يخدموني في حاجة الجسد والنسوان
اقاربى المتقيات الاتيات اللي لينفقدوني كحبّة الله ٭
فاجاب الشيطان المتشبّه بالراهبه قايلا لماذا لم
15 يدخل رجلًا البتّه من داخل قيطونك وكل مكان لا
Fol. 143b. يكون فيه ذكرا ليس يكون معونة الله فيه ٭ وجميع
النسود اللاتى على الارض متزوجين سوا امراة واحدة
وهي مريم امّ المسيح ٭ واذا اردتي مرضاة الله من
كل قلبك فانا ابشر عليك يا مير صالح امام الرب فقالت
20 وما هو فقال الشيطان اما تعرفي السيد الموروخس
الرييس العظيم هذا كبير في اصلاح امر الملك
Fol. 144a. انوريوس هو نسيبي وهو قريب الملك في جنسه
وقد ماتت امراته قبل هذه الايام وعند ما سمع بنياح
زوجك ارسطرخوس الامير الجيّد قال ليس هو عدل ان
25 انزوّج امراة حقيره دون كرامتى لكن اقوم فاتزوّج
اوثيميد الباردة وهي انتى واقدم لها الارجوان اكثر

من المرة الاولى وقد اعطاني هذا المبر كى اعطيه
لك ليطيب قلبك ان تجلسي معه فانه كبير في البلاط
والملك يحبه جدًا ❊ وللوقت اوراها ذهب كثير وفضه
وحلى ذهب يقصد تطغيها بجيلد الشرير وان العفيفه
5 اجابت بوداعة عظيمة كيف يمكنني ان اعمل امرا
هكذا من ذاتى وحدي دعيني حتى امضي واستشير
كفيلي الذي سلمني اليه زوجي الطوباني قبل خروجه
من الجسد فان امرني ان اقيم مع زوج ثانٍ اقيم
من غير تشكّك واذ لم يامرني بذلك فلا افعل شيء
10 من ذاتي ابدًا فاجاب الشيطان قايلًا واين هو ذلك
الكفيل فقالت اوفيميه ها هوذا داخل قيطوني معي
مذ يوم سلمني له زوجي يحرسني ليلا ونهارا والي
هذه الساعه ❊ فاجاب الشيطان وقال لها اتعلمين
انك قد وضعتي في قلبك ان تكمّلي وصايا الربّ
15 فيها هوذا قد صرتي مدانه بهم كليهم لان الربّ قال
ان الذي يسقط في وصيّة واحده فهو مدانا بالكلّ
اما تعرفي ان الله يبغض الكذب جدًا وداوود ايضا
يقول في المزمور الخامس الربّ ينبذ كل الناطقين
بالكذب فمتى اعتمدتي الكذب فان الله يهلكك
20 سريعًا الم تقولي لي عن قليل ان من يوم خرج
زوجي من الجسد والي هذه الساعة لم يدخل رجل
واحد الي قيطوني حتى ولا عبيدي فاجابت اوفيميه
قايله اني انما قلتُ لك الحق ولم اكذب اقول لك
يا اختي المكرّمه واحلف لك بالله ضابط الكلّ
25 وبرييس ملايكته الاطهار ميخاييل الذي قتل الحيّه
الاولي ان مذ يوم توفي الطوباني زوجي والي هذه

Fol. 146b.	اليوم لم يدخل رجل واحد داخل باب قيطوني
	ولم احتمل ان يقترب منى فلا سيما ان يرى وجهى
	فاجاب الشيطان المتشبّه بالراعبه وقال لاوفيميّه الم
	تقولى من الاوّل انه منذ تنيّح زوجى لم يدخل التّى
5		ولا رجل واحد فيها هوذا الان قد اخطيتى واكملتى
	الاثم اذ حلفتى كاذبه الم تقولى لى عن قليل دعينى
Fol. 147a.	اوّلًا ادخل الى قيطونى لاستشير كفيلى الذى سلمنى
	زوجى له من قبل خروجه من الجسد اليس الكفيل
	رجل هل يوهن كفيل على امراة قطّ هوذا الرجل
10		الان داخل قيطونك وقد وجدتُه انا من داخل
	مخدعك فالا قد كذبتنى واقسمتى كذبًا وانا فلا
	اقبلك البته ولا اخذك لقريبى ولو دفعتِ لى جميع
Fol. 147b.	ما لك امّا اوفيميّه فضحكت ضحكًا روحانيًا وقالت
	للشيطان المتشبّه بالراعبه يا اختى ان هذا الامر
15		عسر علىّ معما ان ليس هذا المال ولا هذا الحلى
	الذى احضرته معك فقط بل ولو اعطيت بالحقيقه
	الاموال والتحف التى فى قصر الملك البارّ انوريوس
Fol. 148a.	وجميع زينته وكل كنوز العالم لا يكون لى ان اخالف
	العهود التى قرّرتها مع الطوبانى بعلى ارسطرخوس
20		الامير الجليل ولا اتفق مع رجل اخر غريب حتى امضى
	اليه طاهره من كل دنس واذا قلت ان كفيلى داخل
	قيطونى لم اكذب فان الكفيل الذى سلمنى اليه
	سيّدى وبعلى هو اشد من كل الكفلا الذى للعالم ❊
Fol. 148b.	فانه غير محتاج ان يعرّفه احد عن خطيه ' ولا عن
25		صلاح وبهما اضمرناه او فكرناه فى قلوبنا وحواسنا
	يعلمه للوقت وان خطر ببال احد فكر شيطانى

فيمضى ويتوكل' ذلك الكفيل للوقت ويستشفع باسمه
خاصّه وان احتاطت عساكر الشيطان احد وسيّجت
عليه فياتيه ومن ساعته يتفرقون مثل الدخان
وان اخترتني يا اختي فانا اسلمك لذلك الكفيل
5 ليكون لك انتي ايضا معينًا الي يوم خروجك من
الجسد ۞ ومن بعد موتك ايضا يسلمك الي الاله
الصّالح مثل قربان طيّب وتزئيين الحياة المؤبّد
فاجاب ذلك الشيطان المتشبّه بالراهبه وقال ايها
اريني انا ايضا هذا الرجل فانه كما تقولين عظيم
10 هو عناد | فاجابت اوفيميّه وقالت لها قومي بنا
لنحوّل وجوهنا لناحية الشرق ونصلي صلاة امام
الرب وتعترفي لذلك الكفيل بما قد اضمرتيه في
قلبك وتقولين هكذا ۞ اللهم اغفر لي عمّا اضمرتُه في
هذا الكفيل وهذد المواة التي سلميها زوجيها لهُ وانني
15 لا ارجع افكر هكذا في قلبي بقدّوس الله ابدا فاذا
انتي اعترفتي هكذا انا اريك الكفيل مواجهك ومن
بعد ذلك تسالينه في معونتك واسعافك فقال ايها
الشيطان ان عليّ وصيه من قبل ان اتوشح بهذا
الاسكيم المقدّس انني لا ابسط يدي للصلاة حتى
20 اعود الي مكاني ولا اكل مع احد من العلمانيين اذ
لم يكن متشكل بشكلنا فاجابت اوفيميّه وقالت
للشيطان اذك قد قلتى لي ان من حفظ الناموس
كله ويسقط في شيء واحد فقد صار مداينا بالكل

[Fol. 149a]
[Fol. 149b]
[Fol. 150a]
[Fol. 150b]

' On the margin ويقد.

ايّوذا انتى قد وقعتى من قبل وحدك وخالفتى
وصايا الربّ التى اوصا بها رسله القديسين منذ
البدء فقال ليها الشيطان وما هى الوصايا التى
خالفتيها اعلمينى بهم لبلا اقيم عليك حرب عظيم
5 للموت اذ لم تظهرى بهم لى الان فاجابت اوثيميه
وقالت لذلك الشيطان اليس فى الاوّل اوصا مخلّصنا
الصالح تلاميذه عند ما ارسلهم ليكرزوا قايلًا وايّ
بيتٍ دخلتموه فسلموا عليه وقولوا السلام ليذا
البيت فان سلامكم يحلّ عليه وان كان لا فسلامكم
10 يرجع اليكم واوصاهم ايضًا ان يصلوا فى الموضع
الذى يدخلونه وان ياكلوا ايضا مع كل احدٍ ما خلا
الذين لا يعترفون بان المسيح جا بالجسد اذ
قال كلوا ممّا يقدّم لكم وكلوا بغير فحصٍ وكلوا
ـشكروا وقد اوصانا الرّسول ايضًا فى رسايله قايلا هكذا
15 صلّوا بلا فتور واشكروا فى كل شىءٍ وان رجال اللّه
ايضًا يصلّون على الدوام ليلًا ونهارًا فان كنتى
انتى امرأه وليس فيك شىء من اعمل المكر فانيتى
بنا نصلى ومن بعد الصّلاه انا احضر لك ذلك
الكفيل ونراد ونسلم عليه ثم لغم وان كنا غير
20 مستاهقين لنظر وجهه ۞ فلمّا علم الشيطان انّ
اوثيميه قد حصرته من كلّ جهةٍ احتار كيف يهرب
فبدا يغيّر شكله وتشكّل بشكلٍ شنع جدّا ۞ وان
تلك المرأه الكريمه اوثيميه لما رات ان شكله قد
تغيّر خافت جدّا وصرخت قايله يا رييس الملايكه
25 ميخاييل اعتى فى عذد الساعة الشديدة يا من
سحق كل قوة العذوّ اعنى فانك تعلم يا سيّدى ان

الطوباني زوجي اسلمني اليك قبل خروجه من الجسد
لكي تحرسني وتكون لي حصنًا منيعًا من كل
مضرّات العدو. ولما قالت هذا رشمت ذاتها باسم
الاب والابن والروح القدس | وفي تلك الساعة انحل Fol. 153a.
5 الشيطان وكل اعماله من قدامها كمثل العنكبوت
ومن بعد ذلك بزمان ظهر لها الشيطان بشكل
انسان حبشى شنع جدًا وعليه جلود المعزي وعينيه
مملوه دمًا وشعر راسه مثل شعر خنزير برّي وفي يديه
سيفين مسلولة يلمعان جدًا ۰ فوقف | امامها وكانت Fol. 153b.
10 رايكته فايحه امامها كثيرًا فلمّا راته اوفيمية انه قد
تغيّر في شكله نهضت للوقت ودخلت الي قيطونها
ومسكت المثال الذى صورة ريس الملايكة ميخاييل
مصوره فيه وكانت تعانقه وتصرخ قايله يا ريس الملايكه
الاطهار ميخاييل اعنّي ونجني من هذا المكار وان
15 الشيطان وقف خارجًا | من باب القيطون فانه لم Fol. 154a.
يقدر ان يدخل لاجل مجد ريس الملايكه ميخاييل
الذى ملاه وجعل اصابعه في انفه وصاح من انفه
صارخا قايلا الغوث ما الذى اغعله ياوفيميّه دخلت
اليك اريد ان اطغيك واحدتك الي الهلاك معى
20 فغلبتيني بهذا اللوح الخشب الذى مسكتيه انا من
الاوّل حرّكت شعب اليهود على ماسيا | الذى يدعى Fol. 154b.
المسيح غلاثا اني ابطل قوته فذلني وكل قوتي عند
خشبة الصليب ومنذ البدء انا الذى اطغيت ادم
وحوّا وصيّرتهم خالفوا وصيّة الله وغرّبتهم من
25 الفردوس والمساكن النورانيّه وانا ايضًا الذى اطغيت
الملايكه حتى سقطوا من مجدهم انا الذى جعلت

الجبابرة اخطوا حتى محقتهم الله بما الطوفان

Fol. 155a. وانا الذي عرفت اهل سدوم وغامورا | وثادويم
وزاوبن ان يصنعوا عذد الاثام حتى امطر الله عليهم
نارا وكبريتا ومحقتهم وانا الذي علمت ازبال الخطا
5 وتملت احاب معها بمخالفتها وانا الذي عيجت
بنى اسراييل على عرون حتى كلفود ان يصنع لهم
العجل يعبدود وغضب الله عليهم وابادهم وعلى

Fol. 155b. الجمله انا الذي جعلت كل الخطايا يا ميخاييل
انت الذي استقطنى من السما ومن ملايكتى والقيتنى فى
10 البحيرة النار المتوقدد ۞ يا ميخاييل عا قد تركت لك
السما والارض وصرنا نتطاير فى الحق وحدنا ونصيد
الذين نقدر على صيدهم واحد بالربا واخر بالفسق
واخر باليمين الكاذب واخر بالنميمه واخر بالمكر
واخر بالحيل واخر بالحسد واخر بالاحتقاد واخر

Fol. 156a. 15 بالسرقه وان علمنا اننا لا نقدر على احد | نصيده
هكذا جلبنا عليه نوما ثقيلا حتى لا يسير يصلى
على خطاياه ولا يترد واحدد هاذا عوذا قد تركنا لك
السما والارض حتى لا ننظر وجهك لان صورتك
مخيفه لنا جدا وحليتك التى هى مصوره فى هذا
20 اللوح الخشب المذهب منقوشه للاشغبه غلبت
بيذه القود العظيمة اليوم خشبه عملت صليب

Fol. 156b. فحطمت اصلى قبل اليوم وخشبه ايضا منقوش
فيها صورتك يا ميخاييل هى التى منعتنى وغلبتنى
وكل (sic) قوتى اليوم ولم تدعنى ان اكمل مشيتى اليوم
25 مع اوثيميه يا الملعوث اليوم فان ميخاييل اتعبنى
من كل جهه ما الذى اعمل يا اوثيميه وانتى تقولى

اننى ما اقدر عليك لانك قد تعلقتنى بهذا اللوح الذي فى يديك فان كان نعم فاعلمى اننى اتى
Fol. 157a. اليك فى يوم لا تعرفيه وهو الثانى عشر من بوونه فى ذلك اليوم يكون ميخاييل وجميع الملايكه
5 مجتمعين ساجدين خارج حجاب الاب من اجل مياه نهر مصر ولاجل الندا والامطار فانى اذا اعلم هذا انه يقيم ثلثة ايام وثلثه ليال لا يفتر من السجد ساجدًا من غير ان يرفع راسه حتى يستجيب اللّه
Fol. 157b. له ويجيبه جميع مسالاته هوذا انا اجيبك فى ذلك
10 اليوم واعطى قوات عظيمه وامسك هذا اللوح الذى فى يديك واجعله جزوًا جزوًا على راسك حتى انظر اين تنجدي ميخاييل رييس الملايكه ليعينك فى ذلك اليوم فلمّا سمعت المراة الحكيمه هذا اخذت صورة رييس الملايكه ميخاييل وطردته بها حتى
15 خرج عن باب القيطون وفى تلك الساعه صار غير
Fol. 158a. طاهرًا امامها فاما تلك المراة الكريمه اوفيميه فصارت تصنع طلبات عظيمه وصلوات كثيره ليلا ونهارا مذ يوم مضى عنها الشيطان الى اليوم الذى قال لها اننى اتيك فيه واحاربك وهو اليوم الثانى
20 عشر من بوونه وكانت تطلب من اللّه ورييس الملايكه ميخاييل المعونه والظفر فلما كان فى الثانى عشر من بوونه عيد رييس الملايكه ميخاييل اعدّت
Fol. 158b. اوفيميه كلّ ما تحتاج اليه لعيد ميخاييل من القربان والخمر للشعب فى الكنيسه وهيّت للاخود
25 فى بيتها بعد البركه وعلى الجمله اعدّت العيد حسنًا كما ينبغى لانها كانت غنيّه جدّا وانّ الشيطان

نبعث الخير كل حين لم يحتمل ان ينظر المصالحات
التي صنعتهم عذا المراد وهيئتهم اسعيد رييس
الملايكت الاطهار ميخاييل ۞ فلما كان النهار اباكر
الثاني عشر من بوونه فيما هي قايمة تصلى وقت
الصباح وتسال اللّه باسم رييس الملايكه ميخاييل
ان يقف معها حتى تكمل الخدمه التى ابتدات بها
وينجيها من جميع حيل الشيطان واذا بالشيطان
قد اقبل ووقف امامها بشبه رييس ملايكه وله اجنحه
عظيمه متمنطق بمنطقة ذهب على حقويه مرصعه
بجواهر كريمه ۞ وعلى راسه اكليل مصنوع من
جواهر كريمه ثمينه وبيده اليمنى قضيب من ذهب
لكن ليس عليه علامة الصليب فجا ووقف امامها
وهو بهذا المجد العظيم فلما راته خافت جدًا وسقطت
على الارض انما هو نعضدها واتامها وقال لها لا
تخافي ايتها المراة الكريمه امام اللّه وملايكته
الاطهار ۞ افرحى ايتها المراة الذى وجد الطوباني
دعلما نعمه قدام اللّه وانتى ايضا صارت طوبانيتك
مثل المصباح يضي قدام اللّه افرحى يا من صارت
ترابينها وصدقاتها مثل السور يصد عن المسكونه
كلها طغيان الشيطان الشرير صدقيني ايتها المراة
المباركه فانني اتيت من عند اللّه ضابط الكل لما
رايت صلواتك التى صنعتيهم اليوم صعدوا قدام اللّه
مضيه اكثر من الشمس اضعافا كثيره بشعاع عظيم
جدا حتى اضطربت جميع عساكر الملايكه وارسلنى
اللّه اليك وقال لى كلام اقوله لك فاسمعى جميع ما
يخرج من فمي لتتجدي كرامه عظيمه قدام اللّه

اما تعلمين ان الله قال ان الطاعة افضل من
القرابين فان كنتى لا تسمعى الذي اقوله لك فليس
انا الذي | تخالفينى بل الله فقد كتب ان كل من Fol. 161a.
هو غير مطيع فانه صاير لملاك فاجابت تلك المراة
5 الحكيمه قايله عرّفنى بما هو الكلام الذي امرك الله
ان تقوله لي وانا اصنعهم واحفظهم فاجاب الشيطان
وقال لها ان الله اوصانى ان اخرج من عندك واني
اليك واقول لك لا تتلفي اموال الطوبانى زوجك وتقولى
اننى اصنع صدقات لخلاص | نفسه هوذا زوجك قد Fol. 161b.
10 ورث خيرات ملكوت السموات كقيبي قليل عن هذه
القرابين وهذه الصدقات الكثيره التي تصنعيهم فى
عندي اصرفى قليل ودعى في بيتك قليل ليلا تعوزي
بعد زمان ثم بعد هذا اذا راي الشيطان هذه
الصدقات هكذا يحسدك ويبذّر ما لك كما بذّر مال
15 ايوب | فان ايوب قد كان هو ايضا يفعل هكذا Fol. 162a.
للمساكين فلهذا ضاع كلما له وانحل جسده بالدود
الردي ومات مع ما حصل له من الحزن على اولاده
وبناته فان البيت وقع عليهم وماتوا كلهم في
دفعةٍ واحده والقديس دويد ايضا حسدد من اجل
20 الصدقات التي كان يصنعهم فانه كان يكفن اجساد
الموتي الذين يجدهم ويدفنهم فغار عليه ايضا
وجلب عليه المسكنه معما | انه كان غنيًا جدّا Fol. 162b.
واخيرًا جعل العصافير دمعت في عيناد عمى وليس
الطيور هم هكذا لكنه الشيطان وجنوده تشبهوا
25 بالطيور واعمود لاجل حسدهم له والان يا ابنتى ان
انتى اطعتينى كاوامر الرب والا انتى تقعى في هذه

الافعال تكذا لان الله قال لي ان اقول لك ان ليس
لك ولد من المطوباني زوجك ارسطرخوس الامير
Fol. 163a. والان قومي وتزوجي برجل جليل لتزرقي منه الاولاد
لكي اذا خرجتي من الجسد يرث كل مالك ويكون
5 يجدد ذكرك بعد موتك فاذا اقمتي بغير ولد فلا
يكون لك رجا ابدا ۞ وامرني الرب ايضا ان اقول
لك ان كنتي لا تطيعيني وتتزوجي احدا والا فتتزوجي
Fol. 163b. بالمروخس الذي يحارب انوريوس الملك ۞ لانه
عوذا قد عبا عساكره يريد ان يقلع منك المملكه
10 ويبسط علي جميع كنوز الروم وان تلك المراة الحكيمه
اوفيميه ادركت حيل الشيطان وعلمت انه هو المتكلم
معها بكلام مملو اوجاع فقالت له اعلمني في
اي الكتب مكتوب ان لا اصدق وان لا اصنع قربان
Fol. 164a. وان لا اصلي وان اتزوج رجلين لانا نجد الله
15 يوصينا في اماكن كثيره قايلا ان المحبه تغطي
كثره الخطايا وايضا ان الرحمه يكون ليا فخر في
الدينونه وسمعنا ايضا النبي يصرح قايلا احملوا
ترابيمكم وانطلقوا فادخلوا ديار وفي موضع اخر
يقول ذبحه وتسبيح هو يمجدني وايضا ذبايح
20 الله قلوب خاشعه وسمعنا ايضا بولس المعلم يكرز
Fol. 164b. لنا ۞ بكلامه الحلو قايلا عملوا بغير تنور واشكروا
في كل شي وتقول لي اجلس مع رجلين لا سيما الرجل
الذي ذكرته لي اولا ان اجلس معه هو عراعتي ليس
له الاد هذا الذي يهلكه الله سريعا ويجعل في فاد
25 لجام ويربطه في لجه البحر ويذله مع كل توته تحت
رجلين الملك المبار انوريوس وايضا لاجل الزوج
24

الثاني فقد اعلمنا سليمن بهذا في | جوابه ان
الزوج الاول الذي لميام اذا مات لا يجلسوا مع
زوج مرة اخري بل يذهبوا الي البريه ينوحوا
الي يوم الممات ويعلمنا ايضًا ان جنس الغربان لا
5 يجلسوا مع ذكر غريب بل ذكر واحد وكما اننا
نشق ثيابنا علي اخ لنا عند ما يموت هكذا
يكون اذا مات زوج احد الغربان تخرج لسانها
وحدها وتشقه بظفرها | لكي اذا زعقت بلغتها يعلم
كل احدٍ ان ليس لها زوج من اجل عذا اذا اراد
10 غراب ان يغصبها تصرخ فللوقت اذا سمعوا صوتها
يعلموا ان واحدًا اراد ان يغصبها بلسانها
المشقوق وهكذا تجتمع ساير الغربان ويساعدوها
وينتهروا ذلك الذي اراد ان يغصبها فلهذا اذا
نظروا الصبيان الي الغربان مجتمعين هكذا |
15 وهم يصرخون قاصدين زجر ذلك الذي يقصد
الاغتصاب لانه اراد ان يطغي الذي اوصاهم اللّه
عليه فيقولوا اوليك الصبيان الجهله ان الغربان
يصنعوا عرسًا ولم يعلموا انهم يقصدوا ان يزجروا
ذلك المريد الخطاء بتلك التي مات زوجها فلا
20 يكون لي ان اخلط مع سيدي ارسطرخوس بعلي
زيجة اخري ابدًا ولا افتر | من قرابيني وصدقاتي
التي كنت اعمل قبل موت الطوباني زوجي باسم رييس
الملايكه الاطهار ميخاييل لكن عرفيني من انت
هكذا اذ انت لابس عذا المجد العظيم ومن اين
25 اتيت وما اسمك فان مجيئك الى قد افلقني جدًا ۞
فاجاب الشيطان قايلا اليس انتى سالتى اللّه منذ

Fol. 167a.
اليوم الذي جا اليك الشيطان فيه المتشبّه بالراهب
وارادَ ان يطغيك الم يقول لك انهُ ياتى اليك في
اليوم الثانى عشر من بوونه وهو عيد رييس الملايكه
فانّ رييس الملايكه ميخاييل لا ينفرغ في ذلك اليوم
5 من السجود امام اللّه من اجل مياه الانهار والمطر
والبشدا ۞ والان فانا هو ميخاييل رييس الملايكه
ارسلنى الربّ اليك لاعينك قبل غروب الشمس اليوم

Fol. 167b.
ليلا ياتى زارع الشر فيصنع بك شرًّا لذلك يجب
عليك ان تاتي وتسجدى لي فانى تركتُ ملايكتى
10 واتيت اليك فاجابت اوفيميه وقالت لهُ سمعت في
الانجيل المقدس ان في الزمان الذي تقدم الشيطان
الى مخلصنا الصالح لكي يجرّبه فقال لهُ اركع لي
ساجدًا وانا اعطيك جميع ممالك العالم وكلّ مجدعم ۞

Fol. 168a.
وللوقت علم المسيح انه الشرير | نرجرد لعلّك
15 انت هو ذاك تريد تطغينى ۞ فاجابها الشيطان
ليس انا هو ذاك لا يكون لي ان اكون هكذا ابدًا
ومن اين يجد ذاك هذا المجد العظيم الذى انا
لابسه الآن من الوقت الذي خالف وصيّة الربّ فيه
فغضب عليه وامرنى انا ميخاييل فعرّيته من جميع
20 مجده فاجابت المراة الجليله تايله ان كنت

Fol. 168b.
انت هو ميخاييل فاين هي علامة الصليب التى
على صليبك كما انا اراد منقوش في هذه المصور
التى هى شخص صورة الملاك ميخاييل فاجاب
الشيطان تايلا هولاء المصوّرين يقصدوا وزينه بصورتهم
25 اتمجّد صنعتهم بالاكثر فان ليس عندنا علامة
الصلب في جميع الملايكه فاجابت اوفيميه تايله

24*

Fol. 169a. كيف يمكن ان اصدّق قولك | فانّ كلّ جنديّ
يخرج من عند الملك لا يكمل احد من الناس
الامر الذي جآ بسببه ولا يقبلود البتّه فانّه ليس
مرسوم برسم المملك وهكذا ايضًا الكتب الذي يرسلهم
5 الملك من مملكته وان كانت كتب سلامه فلا يقبلهم
احد فانهم ليسوا مختومين بخواتم الملك وهكذا
ايضا الملايكه اذا نزلوا علي الارض اذ لم يكن
Fol. 169b. معهم علامة صليب ملك المجد | لا يصدّقوا انّهم
ملايكه لكن يهربوا منهم فانهم شياطين ۞ لا سيما
10 رييس جميع الملايكه كيف ينزل علي الارض ولا ياتي
معه بسلاح خاتم الخلاص الذي للملك وهو الصليب
المقدّس الذي ليسوع المسيح ابن اللّه الحيّ ۞ فان
كنت تريد ان اصدّق انّك انت ميخاييل المنقذ
Fol. 170a. فدعني اتقدّم لك صورته | وتقبّلها وعند ذلك اذا
15 اسجد لك من غير اكون ذا تلبيس فلمّا راي الشيطان
انها قد حصرته من كلّ جهةٍ ولم يقدر علي حجّة
يقولها امامها وانها قامت من المكان الذي كانت
جالسه فيه تريد ان تحضر له صورة رييس الملايكه
ميخاييل غيّر شكله وصار شبه اسد يزيّر حتي ان
Fol. 170b. صوته ملا المدينة كلها واسرع فامسك | حنجرتها
20 وخنقها حتى قاربت الموت وكان يقول لها هكذا
عذا اليوم الذي فيه وقعتى في يدي تعبت ولي زمان
كبير اصيدك لكن لم اتمكن الي الان فليات الان
الذي انتي معتمد عليه ويخلصك من يدي وان
25 تلك المرآة الحكيمه فانها ضاقت جدًا حتي انها
Fol. 171a. قاربت الموت فصرخت قايلة يا رييس الملايكة ميخاييل

اعتنى في عدد الساعة الشديدة وفيما كان الشيطان
يولميها كثيرا واذا برييس الملايكه ميخاييل ظهر
ليها للوقت لابسا كرتبة ملوكية وبيده اليمنى قضيب
من ذهب وعليه موضوع علامة الصليب فاشرق
5 المكان اكثر من الشمس اضعاف كثيرة فلما راد
الشيطان صرخ بخوف قايلا يا سيدي رييس الملايكه
ميخاييل اخطات في السما وقدامك فانني قد
Fol. 171b.
استجبرت ودخلت الى المكان الذي صورتك فيه
اسالك ان لا تهلكني قبل زماني فان الخالق سمح
10 لي اياما قلايل ۞ وانت يا سيدي يا رييس الملايكه
الذي غربتني من مساكن السموات والان فانا اعرب
منك الى يوم الدخري العظيم انا اعترف لك واقسم
قدام الله انني لا اعود من هذا الوقت ان اجرب
Fol. 172a.
رجل ولا امرأة في الموضع الذي تكون فيه هذا ما كان
15 الشيطان يقوله وهو مربوط مع رييس الملايكه
ميخاييل مثل عصفور في يد طفل صغير وهو حقير جدا
ثم بعد ذلك اطلقه بخزي عظيم فقال رييس الملايكه
ميخاييل لاومينة اغلبى الشيطان وتقوى ولا تخاشى
منه فانه لا يقدر عليك من هذا الوقت   انا هو
Fol. 172b.
20 ميخاييل رييس الملايكه الذي اتنى تحد ميمنة الذي
سلمك ابي ارسطرخوس زوجك الايمن الطوباني انا هو
ميخاييل الذي تسليمني كل يوم امام صورتي الذي
شختت منسوخ داخل قيطونك انا هو ميخاييل الذي
اربع طلماتك امام الله انا كنت قايم في الوقت
25 الذي فيه خاطبتي زوجك قايله انقش لي شخص
رييس الملايكه لاجعله في بيتك ناصرا لي سلمنى
Fol. 173a.

له ليصير لي كفيلاً ويكون لي عضداً عند الرب
ويتعاعدذي اذا مضيت اليه مثل جميع الناس انا هو
ميخائيل سامع كل الذين يدعون الله باسمي
لا تتخانى لان هوذا من بعد ان تكملي خدمتك
5 التي تصنعيها باسمي تاتي الي انا مع كثير من
الملايكه لارفعك الي اماكن النيح التي لله التي
ورثيها زوجك | السلام لك ولمّا قال لها رييس الملايكه   Fol. 173b
ميخائيل هذا صعد الي السموات بمجد عظيم وهي
واقفه تنظر اليه ومن بعد ذلك مضت الي الكنيسه
10 حيث انبا انتموس اسقف المدينه اول من كرز من
يد القديس يوحنا ثم الذهب رييس اساقفه مدينه
قسطنطينيه الذي استضت جميع الجرابير من قبله   Fol. 174a
واعلمته جميع ما قاله لها رييس الملايكه فمجد الله
ورييس ملايكته الاطهار ميخائيل وقدم القداس وخدم
15 بسرعة وكرامة عظيمه ومن بعد القداس خرجت من
البيعه ومضت الي بيتها وكملت الخدمه مع الاخوة
الفقرا وهي تخدمهم فلمّا فرغوا ياكلوا ويشربوا
ارسلت خلف الاب الاسقف | وطلبت اليه ان ياهليها   Fol. 174b
للحضور الي بيتها فجآ اليها سريعًا فلمّا بلغها
20 مجيه اليها خرجت المقابه الي ثالث باب من بيتها
وخرّت على قدميه وقبلتيهما زمان كبيرًا وان الاسقف
القديس اقامها قايلاً ثوبي ايتها المراة المباركه من
الله والناس بالحقيقه قد قبل الله منك قربانك
مثل هابيل الصدّيق | واشتم بخورك مثل بخور   Fol. 175a
25 ملكيسداف ملك ساليم كاهن الله العلي لاذك فعلتي
باستقامه ۞ اما هي فاخذته بكرامة عظيمه وادخلته

الي قيطونها الذي فيه صورة رئيس الملايكه ميخاييل
ونصبت له كرسي من عاج والات من فضه لكي
تجلس عليها القسا والشمامسه فلما صلوا وجلسوا
فتحت ابواب بيتها واخرجت ساير اموالها من Fol. 175b.
5 المجليل الي الحقير المثمن والدون ووضعتهم
قدامها وقالت له يا ابي القديس خذ مني هذا
المال القليل وتردة على الفقرا عنى وعن الطوباني
زوجي باسم رئيس الملايكه الاطهار ميخاييل ليسال
الله فى انا والطوباني زوجي الامير ارسطرخوس ليصنع
10 رحمه مع نفسي الشقيه امام منبر المخوف فامر Fol. 176a.
الاسقف ان يحمل كل مالها الي الكنيسه واما
عبيدها فصيرت الكل احرارا فلما كان في هذا اليوم
الواحد الذي هو الثاني عشر من بوونه فيما نحن
جالسين نتحدث مع الاسقف شممنا رايحة بخور
15 عظيم لم يشتم مثله ابدا ۞ وانا كنت جالسا مع
انتيموس الاب الاسقف القديس اول | قسمة الاب Fol. 176b.
القديس ابنا يوحنا فم الذهب وكنت انا قسا فلما
شممنا رايحة ذلك البخور العظيم بهتنا لذلك
المنظر العجيب من بعد ذلك رجعت اوفيميه الي
20 الاب الاسقف وقالت له اسال لك يا ابي ان تطلب
عني كي التقى الله في ساعة جيده فان الساعه
قد اقترب الذي فيها تفترق نفسي من جسدي
المسكين الي يوم الحكم العظيم فان هوذا ميخاييل Fol. 177a.
رئيس الملايكه قد اتاني وزوجي ارسطرخوس معه
25 وكثير من الملايكه وانها انضجعت على مرقدها
وبسطت يديها وان الاب الاسقف على عليها وقنا

طويلاً ❊ من بعد هذا عذا رفعت وجهها في وجه
الاسقف والجميع كله وقالت ليه انا اسالكم بالرب
ان تصنعوا هيكلٍ وتعطوني صورة رييس الملايكه
ميخاييل لاتقبليها مرة اخري قبل خروجي من Fol. 177b.
5 الجسد وفي الساعه تناول الاسقف الصورة وناولها
ايها اما هى فقبلتها قايله يا سيدي رييس الملايكه
الاطهار ميخاييل قف معي في هذه الساعه المخوفه
وفيما نحن نسمعها وهي تقول هذا والجميع كله
سمعنا ايضا صوت جموعًا كثيرة مسرعين جدًا مع
10 بعضهم مثل المياريب الكبيرة ترتع الجميع الصغار Fol. 178a.
والكبار والرجال والنساء اعينهم فرآوا ميخاييل
رييس الملايكه يضي مثل الشمس وهو قايما
عند اوفيميه المكتشمه وقصب رجليه مثل النحاس
المبرد المسبوك بالنار وبيده اليمني بوق وبيده
15 اليسري بكرة مثل المركبه وعليها صليب وهو
لابس لباس | مختار احسن من لباس مملوك Fol. 178b.
العالم اضعاف كثيرة فلما راينا هكذا اعطوبنا
وبهتنا من خوفه ❊ وراينا قايما يبهي حلة نورانيه
يزين بها نفس تلك المرأة الطوبانيه اوفيميه لتخرج
20 في حلته المقدسه ❊ وهكذا اسلمت روحها وصورة
رييس الملايكه ميخاييل علي | عينها قبل خروجها Fol. 179a.
من الجسد ❊ وسمعنا اصوات جماعه يرتلون قايلين
ان الرب عارف بطريق الابرار ومسيراتهم يدوم الى
الابد ❊ وكانت صورة رييس الملايكه ميخاييل موضوعه
25 علي وجه المرأة الي ان اسلمت روحها والوقت عادت
الصورة ولم نعلم الى اين مضت وان نحن جعلنا

| Fol. 179b. | المراة في قبر زوجها ارسطارخوس ولما دنّاها اتينا الي الكنيسه | لنقدّس وانّ الاسقف دخل الي المكان الذي نحن مجتمعين فيه الان باسم ميخاييل رييس الملايكه ولما دخل الى المذبح كعادته راى صورة |
5 رييس الملايكه ميخاييل التى طارت من بيت اوثيميّه معلقه في الجوّ من غير يد انسان في القبة المقدّسة فصرخ الاسقف تعالوا يا رجال جزيرة الاتراكي تعالوا
| Fol. 180a. | لكي تنظروا عظم | قوة رييس الملايكه ميخاييل فاسرع الجميع كله الي داخل المذبح فرينا باعيننا صورة
10 ميخاييل رييس الملايكه معلقه في الجوّ بغير يد انسان ولا بشي اخر لكنها ثابته كعمود لا يتحرك ولا يتزعزع بشي البته ۞ فيا للاصوات التى كانت في تلك الساعه من الجمع كله صارخين ممجّدين لله ورييس | الملايكه ميخاييل وبلغ خبر هذا الاعجوبه
| Fol. 180b. |
15 العظيمه الي الملك ارغاديوس المحبّ للاله والي اودكسيّه الملكه بمدينه قسطنطينيه والملك انوريوس برومية ومرزروا ان يلقوا بعضهم البعض في هذا الجزيرة وهكذا تلقوا بعضهم مع الملكة ونظروا باعينهم الاعجوبه وهي صورة رييس الملايكه ميخاييل
| Fol. 181a. |
20 وسجدوا على الارض على سرير | الطوباني يوحنّا ثم الذهب الذي تنيح عليه هذا الذي صنع اشفيه عظيمه في هذه الجزيرة حتى كان كل انسان يرقد على ذلك السرير للقديس يوحنّا يحصل لهم البر للوقت من يقدر ان يصف العجايب التى كانت من
25 صورة رييس الملايكه ميخاييل هذا التى رايناها الان باعيننا ظاهره في بيعته المقدّسه | الذي نحن
| Fol. 181b. |

مجتمعين في تذكاره المقدس اليوم حتى انها كانت
في كل اثنى عشر يومًا من الشهر عيد رييس الملايكه
ميخاييل يخرج من اربعة جوانبها اربعة اغصان زيتون
مثمره ثمر طيّبه فان ذلك اللوح الذي كانت الصوره
5 منقوشه عليه كان من خشب الزيتون اترى تذكرون
تلك التي كان في احشاها مرض الاستسقا وكانت
تسمى ابسطينا وكيف ورمت | وصارت بغير قوة من
الضعف والشده التي كانت فيها وانها اتت بامانةٍ
عظيمه الي هذه البيعة المقدّسه واخذت من ثمرة
10 ذلك الزيتون الذي خرج من الصوره في الثاني عشر
من الشهر الماضي وقد رايتم كلكم انه عندما اكلت
من ثمرة تلك الصوره فارقتها العله التي كانت في
احشاها للوقت وتطهرت وبريت ومضت الي بيتها
ممجّده للّه وريّس ملائكته الاطهار ميخاييل |
15 حتى كانها لم تمرض ۞ اسمعوا ايضا هذه الاعجوبه
التي كانت فانني لا اتركها رايتم ذلك الرجل الضعيف
الذي كان باضارب الشديد في احدي اجناب راسه
حتى ان عينه الايمن كادت عن قليل تنقلع وتخرج
من راسه قائما الي البيعة المقدّسه واخذ قليل زيت
20 من القنديل ورشم وجهه باسم الاب | والابن والروح
القدس واخذ من الورق الذي اخرجتهم الصوره
وجعل منه علي الموضع الذي يوجعه في راسه فبري
للوقت ومضي الي بيته بسلام ۞

THE ETHIOPIC VERSION
OF THE
ENCOMIUM UPON SAINT MICHAEL
BY
SEVERUS OF ANTIOCH.

በሚካኤል ፡ ምንባብ ።

Fol. 156a. በስመ ፡ አብ ፡ ወወልድ ፡ ወመንፈስ ፡ ቅዱስ ፡ ፩ አምላክ ።

ድርሳን ፡ እመ ፡ ዓሠሩ ፡ ወሰኑዩ ፡ ለነዳር ፡ ዘደረሰ ፡
ሊቀ ፡ ጳጳሳት ፡ ዘአንጾኪያ ፡ በእንተ ፡ ሊቀ ፡ መላእክት ፡
ሚካኤል ፡ ወአፍቅሮቱ ፡ ለሰብእ ፡ ወተናገረ ፡ በእንተ ፡
ሰንበት ፡ ቅድስት ፡ እስመ ፡ ኅበረ ፡ ባዕለ ፡ ሚካኤል ፡ በይ 5
እቲ ፡ ዓመት ፡ ምስለ ፡ ዕለተ ፡ ሰንበት ፡ ወከዐበ ፡ ተናገረ ፡
በእንተ ፡ ማቴዎስ ፡ ነጋዪ ፡ ወብእሲቱ ፡ ወውሉዱ ፡ ዘከ
መ ፡ አመኑ ፡ በእግዚአብሔር ፡ በስእለተ ፡ ሚኤል ፡ ሊ
ቀ ፡ መላእክት ፡ እስመ ፡ ይቤ ፡ ዘንተ ፡ ድርሳን ፡ እመ ፡
፲ወ፪ ፡ ለነዳር ፡ እንዘ ፡ ጉቡአን ፡ ሕዝብ ፡ በቤተ ፡ ክር 10
ስቲያን ፡ ሚካኤል ፡ ሊቀ ፡ መላእክት ፡ ይግበሩ ፡ በዓለ ፡
በሰላም ፡ እግዚአብሔር ፡ አሜን ።

ስምዑ ፡ ለመዝምር ፡ ቅዱስ ፡ ዳዊት ፡ ዘነገረነ ፡ ኅብረ
ተ ፡ ዝንቱ ፡ በዓለ ፡ ዮም ፡ ይትፌሣሕ ፡ እንዘ ፡ ይኬልሕ ፡
ወይብል ፡ ይትሀየን ፡ መልአከ ፡ እግዚአብሔር ፡ አውዶ 15
ሙ ፡ ለእለ ፡ ይፈርህዎ ፡ ወያድኅኖሙ ። አፍቁራንየ ፡ ከ

ልኤቱ ፡ በዓል ፡ የ፡ም ፡ በዓለ ፡ ሚካኤል ፡ ቅዱስ ፡ ሊቀ ፡
መላእክት ፡ ወበዓለ ፡ እሑድ ፡ ትንሣኤሁ ፡ ለመድኃኒነ ፡
ናሁ ፡ እሬኢ ፡ ህድአተ ፡ ዓቢየ ፡ ወአልቦ ፡ ሀከክ ፡ ዘይክል
እነ ፡ ወባሕቱ ፡ ተዶለው ፡ ኵልክሙ ፡ ትስምዑ ፡ ነገረ ፡
ትምህርት ፡ ዘንነግረክሙ ። ወእንትሙሂ ፡ እለ ፡ ትሰ|ምዑ ፡
በአማን ፡ ዝንቱ ፡ ነገረ ፡ ስምዑ ፡ ዘይቤ ፡ በዘምእት ፡
ወበ ፡ ዘስሳ ፡ ወበ ፡ ዘሡላሳ ፡ ከመ ፡ ታእምሩ ፡ እኂነ ፡ ርሑ
ቀ ፡ እምኔነ ፡ ዘይዑብ ፡ ዕሴተ ፡ በአማን ፡ እግዚአን ፡ ኢየ
ሱስ ፡ ክርስቶስ ፡ ወልደ ፡ እግዚአብሔር ፡ ሕያው ፡ እስመ ፡
ይቤ ፡ እምእቶሙ ፡ ዘምሉእ ፡ ሕይወት ፡ ወኵሎ ፡ ጽድቀ ።
ነበ ፡ ሀለው ፡ ክልኤቱ ፡ ወሠለስቱ ፡ ጉቡአን ፡ በስምየ ፡
ህየ ፡ ሀሎኩ ፡ ማእከሎሙ ፡ ወእመሰ ፡ እምላእክ ፡ ምስሌ
ነ ፡ ንትወከፍ ፡ እንከ ፡ ነገረ ፡ ነቢይ ፡ ዳዊት ፡ መዘምር ፡
ዘይቤ ፡ በፍሥሓ ። እስም ፡ ንጉሥ ፡ እግዚአብሔር ፡ ዲ
በ ፡ ኵሉ ፡ ምድር ፡ ዘምሩ ፡ ልበወ ፡ ነግሠ ፡ እግዚአብሔ
ር ፡ ላዕለ ፡ ኵሉ ፡ አሕዛብ ። አእምሩ ፡ ፍቁራንየ ፡ ከመ ፡
በዓሉ ፡ ለመድኃኒነ ፡ የም ፡ እንተ ፡ ይእቲ ፡ ሰንበት ፡ ቅ
ድስት ፡ ይደልወነ ፡ ንስብሐ ፡ ወንባርክ ፡ ወናክብሮ ፡ ለእ
ግዚአብሔር ፡ ቀዱሙ ፡ እስመ ፡ ይደልዎ ፡ ኵሉ ፡ ክብር ፡
በኵሉ ፡ ጊዜ ፡ ለዓለመ ፡ ዓለም ፡ አሜን ። 20

ወእምዝ ፡ ንንግር ፡ ክብር ፡ ለሚካኤል ፡ ዓቢይ ፡ ሊ
ቀ ፡ መላእክት ፡ ቅዱሳን ፡ ሰማዕክሙ ፡ ማቴዎስ ፡ ዘይቤ ፡
በወንጌል ፡ ቅዱስ ። ይቤሎን ፡ መልአክ ፡ ለአንስት ፡ ኢ
ትፍርሀ ፡ እንትንስ ፡ አአምር ፡ ከመ ፡ ኢየሱሰየ ፡ ዘተሰቅ
ለ ፡ ተነሣ ፡ ኢሀሎ ፡ ግሃየ ፡ ትንሥአ ፡ በከመ ፡ ይቤሎ
ሙ ፡ ለአርዳኢሁ ፡ ወረአዩ ፡ ከመዝ ፡ ሙብረቅ ፡ ወአልባ
ሲሁ ፡ ጸዳዳ ፡ ከመ ፡ በረድ ፡ ዝውእቱ ፡ ሊቀ ፡ መላእክት ፡
ቅዱስ ፡ ሚካኤል ፡ ቀዳሜ ፡ ሓራ ፡ እምንየል ፡ ሰማያት ፡

ENCOMIUM OF SEVERUS.

ንግበር ፡ በዓለ ፡ ዮም ፡ አፍቁራንየ ፡ እስመ ፡ እግዚእነ ፡
ሀሎ ፡ ማእከሌነ ፡ ወኵሎሙ ፡ ሰራዊተ ፡ መላእክት ፡ ይገ
ብሩ ፡ በዓለ ፡ ለበዓለ ፡ ሚካኤል ፡ መልአክ ፡ ቅዱስ ፡ ወ
ሚካኤልኒ ፡ ይስእሎ ፡ ለእግዚአብሔር ፡ በእንተ ፡ ዘመየ ፡
ሰብእ ፡ በኵሉ ፡ ጊዜ ፡ ወእግዚአብሔር ፡ ይኔድግ ፡ ሎሙ ፡ 5
ኀጢአቶሙ ። መኑ ፡ እምኵሉ ፡ ቅዱሳን ፡ ዘኢሀሎ ፡ ምስ
ሌሁ ፡ ሊቀ ፡ መላእክት ፡ ወኢያድኅኖ ፡ እምኵሉ ፡ ምን
ዳቤሁ ። መኑ ፡ እምኵሉ ፡ ሰማዕት ፡ ዘኢሀሎ ፡ ምስሌ
ሁ ፡ ሚካኤል ፡ ሊቀ ፡ መላእክት ፡ ወዘኢያጸንዖ ፡ ለትእ
ዛዘ ፡ እግዚአብሔር ፡ ከመ ፡ ይንሣእ ፡ አክሊሎ ። ወለእ 10
መ ፡ ፈቀድክሙ ፡ ታእምሩ ፡ ፍቁራንየ ፡ ከመ ፡ ሚካኤል ፡
ሊቀ ፡ መላእክት ፡ ይሀሉ ፡ ምስለ ፡ ኵሉ ፡ ሰብእ ፡ እለ ፡
ይቀርቡ ፡ ኀበ ፡ እግዚአብሔር ፡ በኵሉ ፡ ልቦሙ ፡ ወይስ
እሎ ፡ ለእግዚአብሔር ፡ በእንቲአሆሙ ፡ ከመ ፡ ይኵኖ
ሙ ፡ ረዳኤ ። ስምዑ ፡ እንግሪክሙ ፡ ዘንተ ፡ ታእምረ ፡ 15
ዓቢየ ፡ ዘኮነ ፡ እምነይኤል ፡ እግዚአብሔር ፡ ወሚካኤል ፡
ሊቀ ፡ መላእክት ፡ በስእለቱ ፡ ዘነገርናክሙ ፡ በእንተ ፡
ሰብእ ፡ እለ ፡ የአምኑ ። ሀሎ ፡ ብእሲ ፡ ዘየአምን ፡ ቀዳሚ ፡
ስሙ ፡ ቂሶን ፡ እምሰብአ ፡ ደወለ ፡ ቆሉ[ን]ያ ፡ ወባዕል ፡ ውእ
ቱ ፡ ፈድፋደ ፡ ወይገብር ፡ ዓቢየ ፡ መንግደ ፡ ወኢያምር ፡ ለእ 20
ግዚአብሔር ፡ አላ ፡ መስግል ፡ ውእቱ ፡ ወያመልክ ፡ ጣዖ
ተ ፡ ከመዝ ፡ ኮነ ፡ በእበዱ ። ወእግዚአብሔርሰ ፡ ፈቀደ ፡
ያድኅኖ ፡ ወእንዘ ፡ ይወስድ ፡ መንግዶ ፡ በሐመር ፡ በጽሐ
ሀገረ ፡ እንተ ፡ ሰሚ ፡ ቀሎንያ ፡ ወሰብአ ፡ ያመልክዎ ፡
ለእግዚአብሔር ፡ ወበጽሐ ፡ ህየ ፡ እመ ፡ አሚሩ ፡ ለንዳር ፡ 25
ወሀሎ ፡ ውስተ ፡ ሀገር ፡ ምስያጠ ፡ ሐንግዱ ። ወአመ ፡
ከነ ፡ ? ወፅ ፡ ለወርኅ ፡ ንዳር ፡ በይእቲ ፡ ዕለት ፡ ጊዜ ፡ ቀ
ትር ፡ ኀለፈ ፡ ሚካኤል ፡ ሊቀ ፡ መላእክት ፡ እንተ ፡ ምሥ

ያጥ ፡ ወርእዮሙ ፡ ለሠየጥ ፡ እንዘ ፡ ያሤኒዩ ፡ መኃትወ ፡
ወአልባበ፡ወአንክረ፡ፈድፋደ ፡ ወነበረ ፡ ህየ ፡ ወበምክሩ ፡
ለእግዚአብሔር ፡ ርእየ ፡ ተፍጻሜተ ፡ ግብሩ ። ወመሲ
ዩ ፡ ርእዮሙ ፡ ለኵሉ ፡ ሕዝብ ፡ እለ ፡ ተጋብኡ ፡ በውእ
ቱ ፡ መካን ፡ ወገብሩ ፡ ጸሎተ ፡ ሰርክ ፡ ወይቤሉ ፡ ግማሬ ፡ 5
ጥዑም ። ወውእቱ ፡ ብእሲ ፡ አንከረ ፡ ወእምብዝኅ ፡ ዘር
እየ ፡ ኖመ ፡ አንቀጸ ፡ ቤተ ፡ ክርስቲያን ። ወበሌሊት ፡ ከ
ዐበ ፡ ተጋብኡ ፡ ካህናት ፡ ወጠቢባን ፡ ከመ ፡ ይጸልዩ ፡ ጸ
ሎተ ፡ ነግህ ፡ ወውእቱሰ ፡ ብእሲ ፡ አንከረ ፡ ፈድፋደ ፡ በ
እንተ ፡ ዘሰምዐ ። ወጸቢሐ ፡ ረከበ ፡ ክልኤተ ፡ ዕደ | ወ ፡ 10
ክርስቲያን ፡ እምሰብእ ፡ ይእቲ ፡ ሀገር ፡ ወተስእሎሙ ፡
ወይቤ ፡ አንዊየ ፡ ምንትኑ ፡ ዝከን ፡ በዛቲ ፡ ዕለት ፡ ወሌሊ
ት ፡ ውስተ ፡ ዛቲ ፡ ሀገር ፡ ብዝኅን ፡ ዘምር ፡ ወፍሥሓ ። ወ
ይቤልዎ ፡ ክልኤሆሙ ፡ ዮም ፡ ፲ወ፪ ፡ ለነዳር ፡ ንገብር ፡
በዓለ ፡ ለሊቀ ፡ መላእክት ፡ ቅዱስ ፡ ሚካኤል ፡ እስመ ፡ 15
ይስእሎ ፡ ለእግዚአብሔር ፡ በእንቲአነ ፡ ከመ ፡ ይስረይ ፡
ለነ ፡ ኃጢአተነ ፡ ወያድኅነነ ፡ እምኵሉ ፡ እኩይ ፡ ወይቤ
ሎሙ ፡ ውእቱ ፡ ብእሲ ፡ አይቴ ፡ ሀሎ ፡ ከመ ፡ እትነገር ፡
ምስሌሁ ፡ ወእስአሎ ፡ ከመ ፡ ያድኅነኒ ፡ እምኵሉ ፡ ምን
ዳቤየ ፡ አውሥኡ ፡ ወይቤልዎ ፡ ኢትክል ፡ ትርእዮ ፡ ይ 20
እዜ ፡ እስከ ፡ ትከውን ፡ ፍጹመ ፡ ወለአመ ፡ ኮንከ ፡ ክርስ
ቲያናዊ ፡ አኮ ፡ ገብረ ፡ ባሕቱ ፡ ዘትስእል ፡ አላ ፡ ትሬእዮ ፡
ለእግዚኡ ፡ ወታነክር ፡ እምስብሐቲሁ ፡ ወውእቱ ፡ ያድ
ኅነከ፡እምኵሉ ፡ እኩይ ፡ ወይቤሎሙ ፡ ውእቱ ፡ ብእሲ ፡
አስተበቁዓክሙ ፡ አንዊየ ፡ ትሰዱኒ ፡ ምስሌክሙ ፡ ወእ 25
ኩን ፡ ክርስቲያናዊ ፡ ወእሁብክሙ ፡ በበ ፡ ዲናር ፡ ወርቅ ፡
እስመ ፡ ተመይጠ ፡ ልብየ ፡ ኃበ ፡ አምልኮትክሙ ፡ ነቡረ ፡
ወይቤልዎ ፡ እሉ ፡ ዕደው ፡ ኢትክውን ፡ ከማነ ፡ እስከ ፡ ይ

ኤሊ ፡ ለዕሴክ ፡ አቡነ ፡ ጻጸስ ፡ ወየናትመክ ፡ ወያጠምቀ
ከ ፡ በስመ ፡ አብ ፡ ወወልድ ፡ ወመንፈስ ፡ ቅዱስ ፡ ወትክ
ውን ፡ ክርስቲያናዊ ፡ ዳእሙ ፡ ፡ | ተሀገስ ፡ እስከ ፡ ይፈጸ
ም ፡ አቡነ ፡ ኤጲስ ፡ ቆጶስ ፡ ወንጸስዬክ ፡ ነቤሁ ፡ ወይሬ
ስየክ ፡ ከማነ ፡ ወገብረ ፡ በከመ ፡ ይቤልዎ ፡ ወተገስ ፡ ይ 5
እተ ፡ ዕለተ ፡ ወበሳኒታ ፡ በጽሐ ፡ ነቤሆሙ ፡ ወይቤሉ
ሙ ፡ አንዊየ ፡ ኤራን ፡ ተወክፉኒ ፡ ነቤክሙ ፡ ከመ ፡ እግ
ዚአብሔር ፡ ዘንገርክሙ ፡ ኪያሁ ፡ የሀብክሙ ፡ ዕሴትክ
ሙ ። ወክልኤሆሙ ፡ መሃይምናን ፡ ወሰዶም ፡ ነበ ፡ ኤ
ጲስ ፡ ቆጶስ ፡ ወይቤሎ ፡ ለውእቱ ፡ ብእሲ ፡ እምአየ ፡ ብ 10
ሔር ፡ አንተ ፡ ወይቤ ፡ አንሰ ፡ እምደወለ ፡ ቀ[ሎ]ንያ ። ወይ
ቤሎ ፡ ኤጲስ ፡ ቆጶስ ፡ ሥምረኑ ፡ ልብክ ፡ ትኩን ፡ ክርስቲ
ያናዊ ፡ ወይቤ ፡ ውእቱ ፡ ነጋዲ ፡ እወ ፡ አባ ፡ ዘኢኩ ፡
ወዘሰማዕኩ ፡ በዛቲ ፡ ሀገር ፡ ሥምረኑ ፡ እኩን ፡ ክርስቲያና
ዊ ። ወይቤሎ ፡ ጻጸስ ፡ መኑ ፡ ታመልክ ፡ እምአማልክት ፡ 15
ወአውሥአ ፡ ወይቤ ፡ አመልክ ፡ ፀሐየ ፡ ወይቤሎ ፡ ጻጸ
ስ ፡ ሰብ ፡ የዐርብ ፡ ፀሐይ ፡ ውስተ ፡ ምድር ፡ ወይረክበከ
ምንዳቤ ፡ በእይቴ ፡ ትረክበ ፡ ከመ ፡ ይርዳአከ ። ወአው
ሥአ ፡ ውእቱ ፡ ነጋዲ ፡ ወይቤ ፡ ምሕረትክ ፡ ትብጽሐኒ ፡
ከመ ፡ ታጥምቀኒ ፡ ወአስተብቁዓክ ፡ ትረሲየኒ ፡ ክርስቲያ 20
ናዊ ፡ ከመ ፡ ኲሎሙ ፡ ሰብአ ፡ ዛቲ ፡ ሀገር ። ወይቤሎ ፡
ጻጸስ ፡ ብክሁ ፡ ብእሲት ፡ ወውሉደ ፡ ወይቤ ፡ ቢየ ፡ ሀየ ፡
ብእሲተ ፡ ወውሉደ ፡ በሀገርየ ፡ ወይቤሎ ፡ ጻጸስ ፡ በእንተ
ዝ ፡ ኢይክል ፡ ናጥምቀ ፡ ይእዜ ፡ እስከ ፡ ተሐውር ፡ ነቤ
ሆሙ ፡ ከመ ፡ ኢትትናፈቱ ፡ በበይናቲክሙ ፡ ወኢትትረፉ 25
ለቡ ፡ አው ፡ ትክሕድ ፡ ቅኔክ ፡ ወጥምቀትክ ፡ እንተ ፡ ተ
ወክፍክ ፡ እስመ ፡ ቀዳሚት ፡ ዕልወት ፡ ኮነት ፡ እምነበ ፡
ብእሲት ። ወባሕቱ ፡ ለአመ ፡ ሰምረ ፡ ልባ ፡ ምስሌከ ፡ ን

ሁ ፡ ወእሬስዮክሙ ፡ ክርስቲያን ፡ ወውእቱ ፡ ነግድ ፡ ሶ
በ ፡ ሰምዐ ፡ ዝንተ ፡ ተፈሥሐ ፡ ፈድፋደ ፡ ወሰቤሃ ፡ ተባረ
ከ ፡ እምኤጲስ ፡ ቆጶስ ፡ ወወዕአ ፡ ወተደለወ ፡ ይሑር ፡ ብ
ሔር ። ወናሁ ፡ ሰይጣን ፡ ጸላኤ ፡ ኵሉ ፡ ሠናይት ፡ አእ
ሚሮ ፡ ከመ ፡ መጠወ ፡ ልበ ፡ ውእቱ ፡ ብእሲ ፡ ኀበ ፡ እግ 5
ዚአብሔር ፡ ቀንአ ፡ ላዕሌሁ ፡ ወሰበ ፡ በጽሐ ፡ ማእከለ ፡
ባሕር ፡ አንሥአ ፡ ዐውሎ ፡ ጽኑዐ ፡ ወረሰየ ፡ ማዕበለ ፡ ዘይ
ትሴዓል ፡ እም ፡ ሐመር ፡ እስከ ፡ ሕቀ ፡ ከመ ፡ ዘእምተሰ
ጥመት ፡ ወእሞቱ ፡ ኵሎሙ ፡ እለ ፡ ውስተ ፡ ሐመር ። ወ
ውእቱሰ ፡ ብእሲ ፡ ነግድ ፡ ከልሐ ፡ ወይቤ ፡ እግዚአ ፡ ኢ 10
የሱስ ፡ ክርስቶስ ፡ ርድአኒ ፡ በዝንቱ ፡ ዓቢይ ፡ ምንዳቤ ፡
ወአነ ፡ እአምን ፡ በእንተ ፡ ስብሐት ፡ ዓቢይ ፡ ዘርእኩ ፡
በዝ ፡ ቤተ ፡ ክርስቲያኑ ፡ ለሊቀ ፡ መላእክት ፡ ሚካኤል ፡
ቅዱስ ፡ እስመ ፡ እመጽእ ፡ አነ ፡ ወኵሉ ፡ ቤትየ ፡ ወንክ
ውን ፡ ክርስቲያነ ፡ እስከ ፡ ዕለተ ፡ ንመውት ። ወሰቤሃ ፡ 15
መጽአ ፡ ኀቤሁ ፡ ቃል ፡ እንዘ ፡ ይብል ፡ ኢትፍራህ ፡ አል
በ ፡ እኩየ ፡ ዘይቀርብ ፡ ኀቤከ ፡ ወበጊዜሃ ፡ አርመመ ፡ ማ
Fol. 159 b. ዕበል ፡ እስከ ፡ ታሕቱ ፡ ወከነ ፡ ዝሕነ ፡ ወተወረየ ፡ ሐመሪ ፡
ወሐረ ፡ ብርቱዕ ፡ በትእዛዘ ፡ እግዚአብሔር ፡ ወበጽሐ ፡
ብሔር ፡ ወኢረከበ ፡ ምንተኒ ፡ እኩየ ፡ ወአቲዎ ፡ ቤቶ ፡ 20
ተፈሥሐ ፡ ዓቢየ ፡ ፍሥሐ ፡ ወነገሮሙ ፡ ለሰብአ ፡ ተአ
ምረ ፡ ዘከነ ፡ ኀቤሁ ፡ በውስተ ፡ ሐመር ። ወኵሎ ፡ ዘከነ ፡
እስከ ፡ ነገረ ፡ ቆ[ሉ]ንያ ፡ ወይቤሎሙ ፡ በአግንኢኩነ ፡ ዐ
ሐይ ፡ አምላክ ፡ ዝንቱ ፡ ዘናመልክ ፡ ዳእሙ ፡ ናምልክ ፡
ለአምላክ ፡ ሰማይ ፡ ኀያል ፡ ኢየሱስ ፡ ክርስቶስ ፡ ወልደ 25
እግዚአብሔር ፡ ሕያው ፡ ውእቱኬ ፡ አምላክ ፡ ኵሉ ፡ ወ
ኵሉ ፡ እምነቤሁ ፡ ወነገሮሙ ፡ ዕበየ ፡ ክብሩ ፡ ለሊቀ ፡ መ
ላእክት ፡ ሚካኤል ። ወአንከረ ፡ ፈድፋደ ፡ ዘየህቢ ፡ ወል

ዓ ፡ ወሐረ ፡ ውእቱ ፡ ብእሲ ፡ ኀበ ፡ ብእሲቱ ፡ ወይቤላ ፡
እመ ፡ ሰማዕክኒ ፡ ተንሥኢ ፡ ምስለየ ፡ ንኩን ፡ ክርስቲያነ ፡
ወንትቀነይ ፡ ለክርስቶስ ፡ ወኢትኩኒ ፡ ዘከልአ ፡ ልቡ ፡
ግሙራ ። ወለእመ ፡ ኢሠምረ ፡ ልብኪ ፡ እንሰ ፡ ኢያአዝ
ዘኪ ፡ ናሁ ፡ ሰማንያ ፡ ምእት ፡ ወርቅ ፡ ዘተርፈኒ ፡ ወአነ ፡ 5
እሁብኪ ፡ ወሠርት ፡ ምእተ ፡ ዲናረ ፡ ወንበራ ፡ በአምልኮ
ትኪ ። ወአንሰ ፡ አሐውር ፡ እንዛእ ፡ ስርየተ ፡ ኃጢአት
የ ። ወትቤሎ ፡ ብእሲቱ ፡ ሠናይ ፡ እግዚእየ ፡ እኑየ ፡ በ
አማን ፡ ኩሎ ፡ ፍኖተ ፡ ኀበ ፡ ተሐውር ፡ አነሂ ፡ አሐውር ፡
ምስሌክ ፡ ወሞተ ፡ እንተ ፡ ትመውት ፡ እመውት ፡ ምስሌ 10
Fol. 160a. ከ ። ወከማሁ ፡ ተሡ ናእው ፡ ኵሎሙ ፡ ወዐርጉ ፡ ሐመ
ረ ፡ ወመርሐሙ ፡ እግዚአብሔር ፡ በረድኤቱ ፡ ወበጽሑ ፡
ሀገረ ፡ ቆሎንያ ፡ ወሐሩ ፡ ኀበ ፡ ክልኤ ፡ ዕደው ፡ እለ ፡ ት
ክት ፡ ወአምኖሙ ፡ ወነገርዎሙ ፡ ከመ ፡ መጽኡ ፡ ይኩ
ኑ ፡ ክርስቲያነ ። ወእሙንቱኒ ፡ ወሰድዎሙ ፡ ኀበ ፡ ቅዱ 15
ስ ፡ ወይቤልዎ ፡ ውእቱ ፡ ብእሲ ፡ ዘመጽአ ፡ ቀዳሙ ፡ ይ.
ኩን ፡ ክርስቲያነ ፡ ናሁ ፡ መጽአ ፡ ምስለ ፡ ብእሲቱ ፡ ወው
ሉዱ ፡ ይኩኑ ፡ ክርስቲያነ ፡ ወተፈሥሐ ፡ ቅዱስ ፡ ዓቢየ ፡
ፍሥሓ ፡ በእንተ ፡ መድኃኒተ ፡ ነፍስ ። ወቀርቡ ፡ ኀቤሁ ፡
ወይቤሎሙ ፡ በአማንኑ ፡ ትፈቅዱ ፡ ትኩኑ ፡ ክርስቲያነ ፡ 20
ወአውሥኡ ፡ በትሕትና ፡ ወይቤሉ ፡ አቡነ ፡ ለእመ ፡ ፈ
ቀደ ፡ እግዚአብሔር ፡ ወጸሎትከ ፡ ቅድስት ። ወዕበየ ፡
አስተዳለወ ፡ ቅዱስ ፡ ጥምቀተ ፡ በቤተ ፡ ክርስቲያን ፡ ዘሊ
ቀ ፡ መላእክት ፡ ቅዱስ ፡ ሚካኤል ፡ ወመሀሮ ፡ ለውእቱ ፡
ብእሲ ፡ ወለብእሲቱ ፡ ወለአርባዕቱ ፡ ውሉዱ ፡ ወለእግብ 25
ርቲሆሙ ፡ ወአጥመቆሙ ፡ በስመ ፡ አብ ፡ ወወልድ ፡ ወ
መንፈስ ፡ ቅዱስ ፡ ወቀዳሚ ፡ ስሙ ፡ ለውእቱ ፡ ባዕል ፡
ቄሰን ፡ ወወለጠ ፡ ስሞ ፡ ወሰመዮ ፡ ማቴዎስ ፡ ወለብእሲ

ቱ ፡ ሰመያ ፡ ኔራና ፡ ወለአርባዕቱ ፡ ሙሉዳ ፡ ሰመዮ ፡ ለ
ቀዳሚ ፡ ዮሐንስ ፡ ወለካልኡ ፡ እስጢፋኖስ ፡ ወለሣልስ ፡
ዮሲፍ ፡ ወለራብዕ ፡ ዳንኤል ። ወሠርዐ ፡ ቅዳሴ ፡ ወመጠ
ዎሙ ፡ እምስጢር ፡ ቅዱስ ፡ ወደሞ ፡ ለእግዚእነ ፡ ኢየ
ሱስ ፡ ክርስቶስ ።   5

ወእምድኅረ ፡ ተጠምቁ ፡ ነብሩ ፡ ወርኅ ፡ ፍጹም ፡ ኃ
በ ፡ ጳጳስ ፡ እንዘ ፡ ይማህሮሙ ፡ ነገረ ፡ ሃይማኖት ፡ ርትዕ
ት ። ወማቴዎስ ፡ ነግድ ፡ እምብዝኅ ፡ ፍሥሓ ፡ ዘረከበ ፡
ወሀበ ፡ ፸፪ ፡ ዲናር ፡ ለቤተ ፡ ክርስቲያን ፡ ሊቀ ፡ መላእክ
ት ፡ በእንተ ፡ መድኃኒቱ ። ወእምዝ ፡ ተባረኩ ፡ እምጳጳስ ፡ 10
ወሖሩ ፡ ብሔሮሙ ፡ እንዘ ፡ ይኔኒያሙ ፡ ዐቢየተ ፡ ሀገ
ር ፡ ወጠቢባን ፡ በዐቢይ ፡ ፍሥሓ ፡ ወበ ፡ ፈቃደ ፡ እግዚ
አብሔር ፡ አትው ፡ ሃገሮሙ ፡ እንዘ ፡ ይመርሐሙ ፡ ሊቀ ፡
መላእክት ፡ ሚካኤል ። ወአቲዎሙ ፡ ቤቶሙ ፡ ገብሩ ፡ በ
ዓለ ፡ ዐቢየ ፡ ለአዝማዲሆሙ ፡ ወወሀቡ ፡ ብዙኅ ፡ ምጽ 15
ዋተ ፡ ለነዳያን ፡ ወለምበለታት ፡ ወለእጓለ ፡ ማውታ ፡ እስ
ከ ፡ ያነክሮሙ ፡ ኩሎ ፡ ሰብእ ፡ ወጥዑም ፡ አስማቲሆሙ ፡
በአፈ ፡ ኩሉ ። ወተሰምዐ ፡ በብሔሮሙ ፡ ሠናይ ፡ ምግባ
ሮሙ ። ወእምድኅረ ፡ ክልኤ ፡ አውራኅ ፡ አዕረፉ ፡ ውእ
ቱ ፡ ብእሲ ፡ ማቴዎስ ፡ ነሩይ ፡ እስመ ፡ መጽአ ፡ በ፲ወ፪ 20
ሰንት ፡ ወነሥአ ፡ ዐስብ ፡ መዓልት ፡ ፍጹም ፡ በስእለቱ ፡
ለቅዱስ ፡ ሚካኤል ፡ ሊቀ ፡ መላእክት ። ወደቂቱሰ ፡ ምስ
ለ ፡ እምሙ ፡ ኢያንተጉ ፡ ሠናየ ፡ ዘይገብሩ ፡ ፈድፋዶ ፡
እመዋዕለ ፡ አባሆሙ ። ወዳያብሎስ ፡ ምስለ ፡ ኢጋንንቲ
ሁ ፡ ኢተገሰጸ ፡ ይርአይ ፡ ኔራተ ፡ ዘይገብሩ ፡ እለ ፡ ቅዱስ 25
ን ፡ አላ ፡ እቀመ ፡ ላዕሌሆሙ ፡ መኳንንተ ፡ ሀገር ፡ ወእስ
ተጸልአሙ ፡ ዐቢየ ፡ ጽልአ ፡ ወቆመ ፡ ላዕሌሆሙ ፡ ወነ
ሥኡ ፡ ንዋዮሙ ፡ በዐመፃ ፡ ወዘወስተ ፡ መዛግብቲሆሙ ።

ወዮ፡ ሐንስሁ ፡ ይቤሎሙ ፡ ለእሙ ፡ ወለእኅዊሁ ፡ ናሁ ፡ ን
ሬኢዮሙ ፡ ለእሉ ፡ እንዘ ፡ ይሣቲዮን ፡ ፈድፋደ ፡ እምእ
መ ፡ ሞተ ፡ አቡነ ፡ ተንሥኤ ፡ ንንድጋ ፡ ለዛቲ ፡ ሀገር ፡
ወንሐር ፡ ሀገረ ፡ ንጉሥ ፡ ወንንድር ፡ ህየ ፡ እስመ ፡ ጽሑ
ፍ ፡ በወንጌል ፡ ቅዱስ ፡ ሰብ ፡ ይሰዱክሙ ፡ እምዛቲ ፡ ሀገ 5
ር ፡ ጉዩ ፡ ውስተ ፡ ካልእታ ። ወይእዜኒ ፡ ናሁ ፡ ሰደዱነ ፡
ወሣቀዩነ ፡ ወአሕመሙነ ፡ ዳእሙ ፡ ይኩን ፡ ፈቃደ ፡ እግ
ዚአብሐር ፡ በላዕሌነ ። ወእምዝ ፡ ተንሥኤ ፡ በነቡእ ፡
ወነሥኤ ፡ ዘተርፈ ፡ ንዋዮሙ ፡ ወሐሩ ፡ ውስተ ፡ ሀገረ ፡
ንጉሥ ፡ ወኣደሩ ፡ ህየ ፡ እንዘ ፡ ይብሉ ፡ እግዚኡ ፡ ለሚካ 10
ኤል ፡ ሊቀ ፡ መላእክት ፡ ኩነነ ፡ ረዳኤ ። ወወሰበ ፡ ክዕበ ፡
ምጽዋተ ፡ እምዝ ፡ ይገብሩ ፡ ቀዳሚ ። ወሰይጣንሰ ፡ ኢተ
ዐገሰ ፡ አላ ፡ ተሀውከ ፡ ሰብ ፡ ርእዮሙ ፡ ለቅዱሳን ፡ እንዘ ፡
ይሁቡ ፡ ምጽዋተ ፡ በሀይማኖት ፡ ወኢያእመረ ፡ ከመ ፡
ያስተነፍሮ ፡ ቅዱስ ፡ ሚካኤል ፡ ሊቀ ፡ መላእክት ። ወእን 15
ዘ ፡ ይጠሐር ፡ ከመ ፡ አንበሳ ፡ ወእምድኔረ ፡ ሐዳጦ ፡ መዋ
ዕል ፡ ሐሩ ፡ ዐቀብተ ፡ ሀገር ፡ ኃበ ፡ ቤተ ፡ እሐዱ ፡ ባዕል ፡
ወሠረቁ ፡ ቤቶ ፡ በይእቲ ፡ ሀገር ፡ ወነሥኡ ፡ ብዙኅን ፡ ንዋ
የ ፡ ወነገሩ ፡ ባዕል ፡ ለመስፍን ፡ ዘይኳንን ፡ ይእቲ ፡ ሀገ
ረ ። ወሐተቶሙ ፡ መስፍን ፡ ለሰገርት ፡ እለ ፡ ይእቲ ፡ ሀገ 20
ር ። ወሰገራትኒ ፡ እንዝሞሙ ፡ ለእለ ፡ የወቡ ፡ ወአሰር
ዎሙ ፡ ከመ ፡ ያርኢዩ ፡ ንዋየ ፡ ውእቱ ፡ ባዕል ፡ ወእንዘ ፡
ይሀውክሞሙ ፡ በእንተዝ ። ወናሁ ፡ ሰይጣን ፡ ተመሰለ ፡
ከመ ፡ ሰብእ ፡ ወእንሰሰወ ፡ ውስተ ፡ ኵሉ ፡ ሀገር ፡ እንዘ ፡
ይኬልሕ ፡ ወይብል ፡ አነ ፡ አአምር ፡ ዘሰረቀ ፡ ንዋዮ ፡ ለሴ 25
ሎም ፡ ባዕል ፡ ወአነ ፡ ርእክምሙ ፡ ለእሉ ፡ አርባዕቱ ፡
ወራዙት ፡ ፈላሲያን ፡ እለ ፡ መጽኡ ፡ ዝየ ፡ በዝንቱ ፡ መ
ዋዕል ፡ ከመ ፡ ቦኡ ፡ ቤቶ ፡ ወእእመርኩ ፡ ጥዮቀ ፡ ከመ ፡

ዝንቱ ፡ ምግባሮሙ ፡ እም ፡ አመ ፡ ሀለው ፡ ብሔሮሙ ።
ወሰሚያሙ ፡ ዘንተ ፡ ሰብአ ፡ ሀገር ፡ ነገርዎ ፡ ለመስፍን ፡
ወበጊዜሃ ፡ ሰሐብዎሙ ፡ በሥዕርተ ፡ ርእሶሙ ፡ በትእዛዘ ፡
መስፍን ፡ ወአምጽእዎሙ ፡ ቅድሜሁ ፡ እንዘ ፡ ይስሕብ
ዎሙ ፡ ዘእንበለ ፡ ምሕረት ። ወሀለወት ፡ እሞሙ ፡ ተሐ 5
ውር ፡ ድኅሬሆሙ ፡ ወትበከ ፡ ወትናዝዘሙ ፡ እንዘ ፡ ትብ
ል ፡ ኢትፍርሁ ፡ ደቂቅየ ፡ አነ ፡ አአምን ፡ ከመ ፡ እግዚአብ
ሔር ፡ ወሊቀ ፡ መላእክት ፡ ሚካኤል ፡ ዘተአመነ ፡ ኪያሁ ፡
ይክል ፡ አድኅኖትክሙ ፡ እምኵሉ ፡ እኩይ ፡ በእንተ ፡ ዘ
ሐሰው ፡ ላዕሌክሙ ። ወዝንተ ፡ እንዘ ፡ ትብል ፡ ወናሁ ፡ 10
ቃል ፡ እምሰማይ ፡ ዘይብል ፡ ኢትፍርሁ ፡ አነ ፡ ኢየንድ
ግ ፡ ምንት ፡ ኂ ፡ እኩይ ፡ ኢይርክብክሙ ፡ አነ ፡ ሚካኤል ፡
ዘአሀቅበክሙ ፡ እምኵሉ ፡ እኩይ ። ወእንዘ ፡ ይቀውሙ ፡
ቅድመ ፡ መስፍን ፡ ወያአምንዎሙ ፡ ወናሁ ፡ ሊቀ ፡ መላ
እክት ፡ በአምሳለ ፡ መልእክተ ፡ ንጉሥ ፡ መጽአ ፡ እምር 15
ሑቅ ። ወሰብ ፡ ርእዮ ፡ መስፍን ፡ ተንሥአ ፡ ወአስተብ
ቊዖ ፡ ይንብር ፡ ከመ ፡ ይስመዕ ፡ ውእቱ ፡ ፍትሐ ፡ ወነበ
ረ ፡ ወአዘዘ ፡ መስፍን ፡ ያምጽእዎሙ ፡ ለደቂቅ ፡ ወይቤ
ሎሙ ፡ አፍጥኑ ፡ አንተሙሰ ፡ ሀቡ ፡ ንዋዮ ፡ ለባዕል ፡ እ
ምቅድመ ፡ ትትኰነኑ ። ወአውሥኤ ፡ ወይቤልዎ ፡ ሕያ 20
ው ፡ እግዚአብሔር ፡ እምላከሙ ፡ ለክርስቲያን ፡ ወክብ
ሩ ፡ ለቅዱስ ፡ ሚካኤል ፡ ሊቀ ፡ መላእክት ፡ ከመ ፡ ኢ ተደ
መርነ ፡ በዝንቱ ፡ ግብር ። ወይቤሎ ፡ ሊቀ ፡ መላእክት ፡
ሚካኤል ፡ ለመስፍን ፡ አነ ፡ አአምር ፡ ዘከመ ፡ ይትከሡት ፡
እሙነ ፡ አነብዎ ፡ ለዘ ፡ ይንእስ ፡ እንሆሙ ፡ ለእሉ ፡ ዕደ 25
ው ፡ ወአብእም ፡ ውስተ ፡ ቤተ ፡ ዐቀብት ፡ እለ ፡ አጻመ
ውዎሙ ፡ ለእለ ፡ ሰብአ ፡ ወይክላሕ ፡ ወይብል ፡ በስሙ ፡
ለእግዚእን ፡ ኢየሱስ ፡ ክርስቶስ ፡ ይትከሡት ፡ ንዋዮ ፡ ለ

ሴሎም ፡ ባዕል ፡ ዘበእንቲአሃ ፡ ረክቡ ፡ ምክንያተ ፡ ወሰቢ
ሃ ፡ በአማን ፡ ያስተርእዪ ።
ወእምዝ ፡ አዘዘ ፡ መስፍን ፡ ይንሥእዎ ፡ ለዝ ፡ ይንእ
ስ ፡ ወልድ ፡ ወያብእዎ ፡ ውስተ ፡ ቤተ ፡ ሊቀ ፡ ዐቀብት ፡
በከመ ፡ ይቤ ፡ ሊቀ ፡ መላእክት ፡ ሚ | ካኤል ፡ ወከልሐ ፡ 5
ወይቤ ፡ በስመ ፡ እግዚእነ ፡ ኢየሱስ ፡ ክርስቶስ ፡ ወሊቀ ፡
መላእክት ፡ ቅዱስ ፡ ሚካኤል ፡ ይትከሥት ፡ ንዋየ ፡ ለሴ
ሎም ፡ ባዕል ። ወበጊዜሃ ፡ ኮነ ፡ ቃል ፡ ወሰምዑ ፡ ኵሎ
ሙ ፡ ዘይብል ፡ ረዱ ፡ ውስተ ፡ ዛቲ ፡ በዓት ፡ ወትረክቡ ፡
ኵሎ ፡ ወገዚኂ ፡ ወልድ ፡ ዘይንእስ ፡ ወአነዊሁ ፡ ንጽሓን ፡ 10
እምነጢአት ። ወሶቤሃ ፡ ወረዱ ፡ ውስተ ፡ በዓት ፡ ወረክ
ቡ ፡ ኵሎ ፡ ንዋየ ፡ ወነገርዎ ፡ ለመስፍን ፡ ዘከነ ፡ ወእንከ
ረ ፡ ፈድፋደ ። ወሰብ ፡ ተመይጠ ፡ ከመ ፡ ይንግሮ ፡ ለዝ ፡
መስሎ ፡ ላእክ ፡ ዝውእቱ ፡ ሚካኤል ፡ ወኢረክበ ። ወሰ
ቤሃ ፡ እንከረ ፡ ፈድፋደ ፡ ወፈነዎሙ ፡ ለአርበዕቱ ፡ ዶቂቅ ፡ 15
ግዑዛኒሆሙ ፡ ወአተው ፡ ቤቶሙ ፡ እንዘ ፡ ይሴብሕዎ ፡
ለእግዚአብሔር ፡ ወለሊቀ ፡ መላእክት ፡ ሚካኤል ፡ ቅዱ
ስ ፡ ወእሙንቱሰ ፡ ቅዱሳን ፡ ኢያንተጉ ፡ ኔሩት ፡ ዘይገ
ብሩ ፡ ኵሎ ፡ ጊዜ ፡ እስከ ፡ ያነክር ፡ ኵሉ ፡ እምሥናይ ፡
ግዕዞሙ ። ወካዕበ ፡ እምድኅረ ፡ ሕዳጥ ፡ መዋዕል ፡ እስ 20
ተዋደዮሙ ፡ ብእሲ ፡ ለክልኤ ፡ ዕደው ፡ በቅድመ ፡ ንጉ
ሥ ፡ ባዕደ ፡ ዘላዕሌሆሙ ፡ እምቅድም ፡ ወመጠዎሙ ፡
ንጉሥ ፡ ውስተ ፡ እደ ፡ ሐራ ፡ ከመ ፡ ይንሥእዎሙ ፡ በበ ፡
ምእት ፡ ዲናር ፡ ወአልበሙ ፡ ዘይሁብ ፡ ወናሁ ፡ ቅዱስ ፡
ዮሐንስ ፡ ተራክበሙ ፡ በቅሩብ ፡ ወርእዮሙ ፡ ለሐራ ፡ እ 25
ንዘ ፡ ይቀሥፍዎሙ ፡ ለዕደው ፡ ዘእ | ንበለ ፡ ምሕረት ።
ወይቤሎሙ ፡ ለሐራ ፡ ምንትኑ ፡ ገብሩ ፡ ዘትዘብጥዎሙ ፡
ለእሉ ፡ ዕደው ፡ በእንቲአሁ ። ወይቤሉ ፡ ሐራ ፡ ንሕነ ፡ ን

እንዘሙ ፡ በእንተ ፡ ምእት ፡ ዲናር ፡ ወይቤሎሙ ፡ ለእ
ሙ ፡ ወሀቡክሙ ፡ ክልኤተ ፡ ምእተ ፡ ዲናሪ ፡ ተነድግዎ
ሙኑ ፡ ወይቤሉ ፡ ሐራ ፡ እወ ። ጸእሙ ፡ ለእመ ፡ ኢወሀቡ ፡
ንሕነ ፡ ንቀትሎሙ ። ወዮሐንስ ፡ ሰአሎሙ ፡ ላሐራ ፡ ወ
ይቤ ፡ ተዓገሱኒ ፡ ንስኒተ ፡ እስከ ፡ እገብእ ፡ ኀቤክሙ ፡ 5
ወሐሪ ፡ ወአምጽአ ፡ ክልኤተ ፡ ምእተ ፡ ዲናረ ፡ ወወሀበ
ሙ ፡ ወፈትሐሙ ፡ ለክልኤ ፡ ዕደው ፡ ወለአርባዕቱ ፡ ሐ
ራ ። ዘስሉጣን ፡ ላዕሌሆሙ ፡ ወሀቦሙ ፡ በበ ፡ ዲናር ። ወ
ክዕበ ፡ ሰይጣን ፡ ጸላኤ ፡ ኩሉ ፡ ሠናይ ፡ ኢተወገስ ፡ እላ ፡
መልአ ፡ ቅንአት ፡ ላዕለ ፡ ቅዱሳን ፡ በእንተ ፡ ሠናይ ፡ ግ 10
ብሮሙ ፡ ወእንሥአ ፡ ዐቢየ ፡ መከራ ፡ ላዕሌሆሙ ፡ ወዕ
ጹብ ፡ ወናሁ ፡ ንነግር ።

ወእምዝ ፡ ሀሎ ፡ ብእሲ ፡ ውስተ ፡ ሀገር ፡ ወጸውዓ
ሙ ፡ ለፍቁራኒሁ ፡ ሰርከ ፡ ወውእቱ ፡ ብእሲ ፡ ይነድር ፡
እንጻረ ፡ እንቀጸሙ ፡ ለእሉ ፡ ቅዱሳን ፡ ወእምድኀረ ፡ በ 15
ልዑ ፡ ወሰተዮ ፡ ተነሥአ ፡ እሐዱ ፡ እምኔሆሙ ፡ ይእቱ ፡
ቤቶ ፡ ወእንዘ ፡ የሐውር ፡ ውስተ ፡ ጽጌ ፡ ሀገር ፡ ኖሰከ ፡
አቅረበ ፡ ወወድቀ ፡ ወሞተ ፡ ሰቤሃ ፡ ወአልቦ ፡ ዘአእመሮ ፡
ዘከነ ፡ እምሰብእ ። ወሐበይተ ፡ ሀገር ፡ እለ ፡ የአውዱ ፡
ረኩብዎ ፡ ለውእቱ ፡ ብእ ሲ ፡ ምዉተ ፡ ወወሰድዎ ፡ ውስ 20
ተ ፡ መርነብ ፡ ወነሠሡ ፡ ኩሎ ፡ ሥጋሁ ፡ ወኢያእመሩ ፡
ዘከነ ፡ ወበጽባሕ ፡ ሐሩ ፡ ይቀብርዎ ፡ ወናሁ ፡ ሰይጣን ፡
ከነ ፡ በአምሳለ ፡ ሰብእ ፡ ወክልሐ ፡ ውስተ ፡ ኩላ ፡ ሀገር ፡
እንዘ ፡ ይብል ፡ ግንቱ ፡ ብእሲ ፡ ዘሞተ ፡ አልቦ ፡ እም ፡ ሰ
ብእ ፡ ዘአእመረ ፡ ሞቶ ፡ ወእንሰ ፡ አአምር ፡ ዘቀተሎ ፡ ወ 25
ኢኮነ ፡ ግንቱ ፡ ግብር ፡ እምካልእ ፡ ሰብእ ፡ ዘእንበለ ፡ እ
ሉ ፡ አርሳዕቱ ፡ ደቂቅ ፡ ነኪራን ፡ ወእነ ፡ ስምዕ ፡ በግንቱ ፡
ግብር ። ወተሰምህ ፡ ግንቱ ፡ ነገር ፡ ውስተ ፡ ኩላ ፡ ሀገር ፡

ወሐረ ፡ መስፍን ፡ ወነገር ፡ ለንጉሥ ፡ ከሜቴጦስ ፡ ወበጊ
ዜሃ ፡ እዘዘ ፡ ንጉሥ ፡ ያምጽእዎሙ ፡ ለቱአር ፡ ደባዕቂቅ ፡
እሱራነ ፡ እደዊሆሙ ፡ ዲነፋቱ ፡ ወጋግ ፡ ውስተ ፡ ክሳው
ዲሆሙ ፡ እንዘ ፡ ይስሕብዎሙ ፡ ኀበ ፡ ንጉሥ ። ወመጽ
አ ፡ ኀቤሆሙ ፡ ቃል ፡ ዘይብል ፡ ኢትፍርሁ ፡ ናሁ ፡ መዋ 5
ዕለ ፡ ጻማ ፡ ኀለፈ ፡ ወቀርብ ፡ ኀቤክሙ ፡ ዕረፍት ፡ እምነ
በ ፡ እግዚአብሔር ፡ ወእቀምዎሙ ፡ ቅድመ ፡ ንጉሥ ፡
ከመዝ ፡ አባሲያን ። ወሶቤሃ ፡ ናሁ ፡ ሊቀ ፡ መለእክት ፡
ቅዱስ ፡ ሚካኤል ፡ ተመሰለ ፡ በአመሳለ ፡ ወቢይ ፡ ላእክ ፡
ዘንጉሠ ፡ ሮም ፡ ወሰበ ፡ ርእዮ ፡ ንጉሥ ፡ ከሜቴጦስ ፡ ቆ 10
መ ፡ ቅድሜሁ ፡ ወቀሪበ ፡ ኀቤሁ ፡ ወነበፈ ፡ ነቡረ ፡ ወሜ
ካኤል ፡ ሊቀ ፡ መላእክት ፡ ሶበ ፡ ይሬኢዮሙ ፡ ለደቂቅ ፡
እንዘ ፡ ይቀውሙ ፡ ይቤሎ ፡ ለንጉሥ ፡ ከሜቴጦስ ፡ ምን
ተ ፡ ገብሩ ፡ እሉ ፡ ሕፃናት ፡ ወነገር ፡ ንጉሥ ፡ ኵሉ ፡
ዘከነ ፡ ወይቤሎ ፡ ሚካኤል ፡ በእማንኑ ፡ ኢያእመርክሙ ። 15
ዘከነ ፡ ብእሲሁ ፡ ወይቤሎ ፡ ንጉሥ ፡ እምጽእዎሙ ፡ ሊ
ተ ፡ ለእሉ ፡ ወይቤሉ ፡ እሉ ፡ እሙንቱ ፡ እለ ፡ ቀተሉ ፡
ወይቤሎ ፡ ሚካኤል ፡ በኅቤነስ ፡ ሶበ ፡ ይከውን ፡ ከመዝ ፡
ወይመውት ፡ ብእሲ ፡ ወኢያእምሩ ፡ ዘከነ ፡ ናመጽአ ፡ ለ
ውእቱ ፡ ብእሲ ፡ ዘሞተ ፡ ማእከለ ፡ ወንሴእሎ ፡ ወውእቱ ፡ 20
ይትናገር ፡ ምስሌን ፡ ወይነግረነ ፡ ዘቀተሎ ። ወይእዜሂ ፡
እመ ፡ ፈቀድከ ፡ ታእምር ፡ ጽድቀ ፡ ያምጽእ ፡ ለውእቱ ፡
ዘሞተ ፡ ውስተ ፡ ዝንቱ ፡ መካን ፡ ወንሴአሎ ፡ ወውእቱ ፡
ይትናገር ፡ ምስሌን ፡ ወናእምር ፡ ዘቀተሎ ። ወበጊዜሃ ፡
አዘዘ ፡ ንጉሥ ፡ ያምጽእ ፡ ለዘ ፡ ሞተ ፡ ማእከለ ፡ ወይቤ 25
ሎ ፡ ሊቀ ፡ መላእክት ፡ ሚካኤል ፡ ለዳንኤል ፡ ዘይንስእ
እኑሆሙ ፡ ሐር ፡ ወበሎ ፡ ለዝንቱ ፡ ምውት ፡ በስመ ፡ እ
ግዚእየ ፡ ኢየሱስ ፡ ክርስቶስ ፡ ንጉሡ ፡ ሰማይ ፡ ወምድር ፡

ንግረኂ ፡ ዘከንከ ። ወገብረ ፡ ውእቱ ፡ ወልድ ፡ ንኡስ ፡ ከ
ማሁ ፡ ወእግዚአብሔር ፡ መፍቀሬ ፡ ሰብእ ፡ ፈቀደ ፡ ይሰ
ባሕ ፡ ስሙ ፡ ቅዱስ ፡ በኩሉ ፡ መካን ፡ ወይእመኑ ፡ ቦቱ ፡
ወእግብአ ፡ ነፍሰ ፡ ውእቱ ፡ ብእሲ ፡ ዳግመ ፡ ወሐይወ ፡ በእ
ንተ ፡ መድኀኒተ ፡ ንጉሥ ፡ ወለኵሎሙ ፡ ሰብእ ፡ ይእቲ ፡ 5
ብሔር ፡ ወክልሐ ፡ ውእቱ ፡ ብእሲ ፡ ወይቤ ፡ አለለከ ፡ ከ
ሚትጦስ ፡ ንጉሥ ፡ እስመ ፡ ደፈርከ ፡ ወነበርከ ፡ ምስለ ፡
ሊቀ ፡ መላእክት ፡ ቅዱስ ፡ ሚካኤል ፡ ሊቀ ፡ ኃይል ፡ ሰማ
ያት ፡ ወእሉኒ ፡ ዕደው ፡ እለ ፡ ተአገልክምዎሙ ፡ ቅዱሳን ፡
ወንጽሐን ፡ ወአልቦሙ ፡ ኀጢአት ። ወእከ ፡ እሙንቱ ፡ 10
እለ ፡ ቀተሉኒ ፡ እላ ፡ አቅረብ ፡ ነሰከኒ ፡ ወሞትኩ ፡ ወበእ
ንተ ፡ ዘተነርዮ ፡ እሉ ፡ ዕደው ፡ ረከበተኒ ፡ ዛቲ ፡ ዐባይ ፡
ሠናይት ፡ ወከንኩ ፡ ድልወ ፡ እርአዮ ፡ ለሊቀ ፡ መላእክ
ት ፡ ቅዱስ ፡ ሚካኤል ። ወይእዜኒ ፡ ናሁ ፡ ርኢክሙ ፡ ተ
አምረ ፡ እግዚአብሔር ፡ ተመየጡከ ፡ ኵሌሁ ፡ በኵሉ ፡ 15
ልብክሙ ፡ ወነድጉ ፡ እምኔክሙ ፡ ዘንተ ፡ ፍትወተ ፡ ወዘ
ንተ ፡ አማልክተ ፡ ምውታን ፡ እለ ፡ አልቦሙ ፡ ነፍሰ ፡ ከመ
ይስረይ ፡ ለክሙ ፡ እግዚአብሔር ፡ ኃጢአትክሙ ፡ ዘትካ
ት ፡ ወሊተኒ ፡ ሀቢየ ፡ ዷጋ ፡ ረከበተኒ ፡ እስመ ፡ ርኢክዎ ፡
ለሊቀ ፡ መላእክት ፡ ሚካኤል ፡ በእንተ ፡ እሉ ፡ ዕደው ፡ 20
ቅዱሳን ፡ ወበጊዜሃ ፡ ሐረ ፡ ሊቀ ፡ መላእክት ፡ ሚካኤል ፡
ውስተ ፡ አርያም ፡ በዐቢይ ፡ ስብሐት ፡ ወርእዮ ፡ ንጉሥ ፡
ወኵሉ ፡ ሕዝብ ፡ እንዘ ፡ የዐርግ ፡ ውስተ ፡ ሰማይ ፡ ወወ
ሰደ ፡ ምስሔሁ ፡ ነፍሰ ፡ ለዘ ፡ ሞተ ፡ ወንጉሥ ፡ ወኵሎ
ሙ ፡ ፈርሁ ፡ ፈድፋደ ። ወእምድኅረ ፡ ኵንዱይ ፡ ገብአ ፡ 25
ልቡ ፡ ለንጉሥ ፡ እምፍርሀት ፡ በእንተ ፡ ዐቢይ ፡ መንክር ፡
ዘርእየ ፡ ወተንሥአ ፡ ወሰዓሞ ፡ አፉሁ ፡ ለዮሐንስ ፡ ወ
ይቤ ፡ ቡርክት ፡ ሰዓት ፡ እንተ ፡ ቦእክሙ ፡ ውስተ ፡ ዛቲ ፡

Fol. 165a ሀገር ፡ ወ ንስእለክሙ ፡ ትንግሩነ ፡ አምላክክሙ ፡ ዘተአ
ምኑ ፡ ቦቱ ፡ ከመ ፡ ንሕነኒ ፡ ንእመን ፡ ቦቱ ፡ ወንድኀኖ ፡፡
ወይቤሎሙ ፡ ዮሐንስ ፡ ንሕነሰ ፡ ነአምን ፡ በእግዚእነ ፡
ኢየሱስ ፡ ክርስቶስ ፡ ወልደ ፡ እግዚአብሔር ፡ ሕያው ፡፡
ወከልሐ ፡ ንጉሥ ፡ ወኵሎሙ ፡ ሕዝብ ፡ እንዘ ፡ ይብሉ ፡ 5
በአማን ፡ አምላክ ፡ ሕያው ፡ ኢየሱስ ፡ ክርስቶስ ፡ ወአል
ቦ ፡ አምላክ ፡ ዘእንበሌሁ ፡፡ ወይቤሎ ፡ ዮሐንስ ፡ ለንጉሥ ፡
ተንሥእ ፡ ወለአክ ፡ ኀበ ፡ ቴስጠንጢኖስ ፡ ንጉሥ ፡ ሮም ፡
ወንግሮ ፡ ኵሎ ፡ ወሰአሎ ፡ ከመ ፡ ይፈኑ ፡ ለነ ፡ አሐዶ ፡
እምኤጲስ ፡ ቆጶሳት ፡ እለ ፡ ብሔሩ ፡ ዘይሜህረክሙ ፡ ወ 10
ያጠምቀክሙ ፡ በስመ ፡ አብ ፡ ወልድ ፡ ወመንፈስ ፡ ቅዱ
ስ ፡፡ ወለአክ ፡ ንጉሥ ፡ ኪሊቂጦስ ፡ ኀበ ፡ ቴስጠንጢኖስ ፡
ንጉሥ ፡ እንዘ ፡ ይብል ፡ ከመግ ፡ ኪሊቂጦስ ፡ ዘተሰምየ ፡
ንጉሥ ፡ ይትናበል ፡ ይልአክ ፡ ለንጉሥ ፡ ዐቢየ ፡ አነዜ ፡
ቴስጠንጢኒያ ፡ ገብሩ ፡ ለኢየሱስ ፡ ክርስቶስ ፡ ሰላም ፡ ለ 15
ከ ፡ አ ፡ ወወባይ ፡ ጸጋ ፡ እንተ ፡ ረከበተነ ፡ እምነበ ፡ እግ
ዚአብሔር ፡ ኔር ፡፡ ወተዘክረነ ፡ ወአንገፈነ ፡ እምተቀንዮ ፡
ለአማልክት ፡ ርኩሳን ፡ ወሜጠነ ፡ ኀቤሁ ፡ በእንተ ፡ ዕበየ ፡
ኂሩቱ ፡ ዘኢያት ፡ ንዑለኵ ፡ ወስአለቱ ፡ ለዐቢይ ፡ ሊቀ ፡
መላእክት ፡ ቅዱስ ፡ ሚካኤል ፡ ዘረሰየኒ ፡ ድልወ ፡ እርአ 20
ዮ ፡ በዐይንትየ ፡ ወረሰዮ ፡ ለምውት ፡ ይትናገር ፡ ምስ
Fol. 165b ሌነ ፡ አፈ ፡ በእፍ ፡ እምድኀረ ፡ ሞተ ፡፡ ወእምገ ፡ ሑረ
ውስተ ፡ አርያም ፡ በዓቢይ ፡ ስብሐት ፡ እንዘ ፡ ይሬኢዮ ፡
ኵሎ ፡፡ ወዓዲ ፡ ንስእል ፡ ዕበየክ ፡ ትፈኑ ፡ ለነ ፡ አሐዶ ፡
እምኤጲስቆጶሳት ፡ እለ ፡ ምኵናንክ ፡ ከመ ፡ ያብርህ ፡ ላዕ 25
ሌነ ፡ በብርሃነ ፡ ሀይማኖት ፡ ርትዕት ፡ ወይንግረነ ፡ ፍኖተ ፡
እንተ ፡ ታብጽሕ ፡ ኀበ ፡ እግዚአብሔር ፡ ወየሀበነ ፡ ማኅተ
መ ፡ ቅዳሴ ፡፡ ወእመ ፡ ዘንተ ፡ ገበርከ ፡ ለነ ፡ ትነሥእ ፡ ዓ

ቢየ ፡ አክሊለ ፡ በነበ ፡ ክርስቶስ ፡ በእንተ ፡ ገነቱ ፡ መድ
ኃኒት ፡ ለንጉሥ ፡ መህይምን ፡ በእንተ ፡ ኃይሉ ፡ ለክርስ
ቶስ ፡ ንጉሥ ፡ ኩሉ ። ወበፍሥሐ ፡ ወቢየ ፡ ነሥእ ፡ ለይ
እቲ ፡ መጽሐፍ ፡ ቴስጠንጢኖስ ፡ ንጉሥ ፡ ወእንበባ ፡ ወ
እንከረ ፡ ፈድፋደ ፡ በእንተ ፡ ዘከነ ፡ ወሰብሐ ፡ ለእግዚአ 5
ብሔር ፡ ወወባይ ፡ ጽሒቅ ፡ ጸሐፉ ፡ ኃበ ፡ ቅዳስ ፡ የሐንስ ፡
ሊቀ ፡ ጳጳሳት ፡ ዘኤፌሶን ፡ እንዘ ፡ ይብል ፡ ቅድመ ፡ ኩሉ ፡
እስዕም ፡ እደዊከ ፡ ቅዳሳተ ፡ እለ ፡ ይእንዛ ፡ ሥጋሁ ፡ ለ
ወልደ ፡ እግዚአብሔር ፡ በአማን ። ዓቢየ ፡ ፍሥሐ ፡ ዘከ
ነ ፡ ለነ ፡ እምነበ ፡ እግዚአብሔር ፡ ናሁ ፡ ልእከነ ፡ ኃቤከ 10
እስመ ፡ ነአምር ፡ ከመ ፡ ትትፌሣሕ ፡ ወትወስክ ፡ ፈድፋ
ደ ፡ ወንፈቅድ ፡ ትጸር ፡ ጋግ ፡ ወትደለው ፡ በኵሉ ፡ ልብ
ከ ፡ እስመ ፡ ታአምር ፡ ከመ ፡ አየወድቅ ፡ ጸጋከ ፡ እስመ ፡
ትገብር ፡ በእንተ ፡ ክር ስቶስ ፡ ዘጸመወ ፡ በእንተ ፡ ሰብእ ፡
ወተአዝገ ፡ ለሊከ ፡ ወሐር ፡ ሀገረ ፡ ዲድያስ ፡ ከመ ፡ ትፈ 15
ውስ ፡ ሕመማን ፡ እለ ፡ ህየ ፡ በስመ ፡ ለክርስቶስ ፡ ወትክ
ልኡሙ ፡ እምተቀንዮ ፡ ለአማልክት ፡ ርኵሳን ፡ ወታጠም
ቆሙ ፡ በስመ ፡ አብ ፡ ወወልድ ፡ ወመንፈስ ፡ ቅዳስ ። ወ
ዝንቱ ፡ ይከውነክ ፡ ምክሐ ፡ በነበ ፡ ክርስቶስ ፡ ወመላአ
ክቲሁ ፡ ቅዳሳን ፡ ከመ ፡ ትድኅነ ፡ ኃቡረ ፡ በነይሉ ፡ ለክ 20
ርስቶስ ፡ እምላክን ። ዘንተ ፡ መጽሐፈ ፡ ለእከ ፡ ንጉሥ ፡
ቴስጠንጢኖስ ፡ ለአባ ፡ ዮሐንስ ፡ ሊቀ ፡ ጳጳሳት ፡ ዘኤፌ
ሶን ። ወካልእት ፡ መልአክክት ፡ ዘኮኂቲጦስ ፡ ንጉሥ ።
ወሊቀ ፡ ጳጳሳት ፡ እንቢበ ፡ መጽሐፈ ፡ ትፈሥሐ ፡ ፈድፋ
ደ ፡ በእንተ ፡ ተመይጠቶሙ ፡ ለኵሉ ፡ እዳያም ። ወሶቤ 25
ሃ ፡ ነሥእ ፡ ምስሌሁ ፡ ዲያቆናተ ፡ ወቀሲሰ ፡ ወእናጉኅንስ
ጢስ ፡ ወሡለስተ ፡ መጻሕፍተ ፡ ጸሎት ፡ ወ ፲ ወ ፪ ፡ መ
ምህራን ፡ ወነሥእ ፡ ምስሌሁ ፡ በዘ ፡ ይትገብር ፡ ምስጢር

ENCOMIUM OF SEVERUS.

ወማእደ ፡ ዘወርቅ ፡ ወርባዕተ ፡ ጽዋዓተ ፡ ብሩር ፡ ወሡለ
ስተ ፡ ጽዋዓተ ፡ ወርቅ ፡ ወሰበን ፡ ዘሐሪር ፡ ወመክየነ ፡
ዘዲባግ ፡ ወአርባዕተ ፡ ወንጌላተ ፡ ወመጽሐፈ ፡ ጳውሉስ ፡
ወግብረ ፡ ሐዋርያት ፡ ወመጽሐፈ ፡ መዝሙር ፡ ፍጹመ ፡
ኵሎ ፡ ዘይትፈቀድ ፡ ለቤተ ፡ ክርስቲያን ፡ ወጸለዩ ፡ ወሔ 5
Fol. 166b. ሩ ፡ በፍ ኖት ፡ እንዘ ፡ ይትፌሥሑ ። ወሰብ ፡ አልጸዉ ፡
ሀገረ ፡ ነገርዎ ፡ ለንጉሥ ፡ ምጽአቶሙ ፡ ለሊቃን ፡ ጻጻሳተ ፡
ወእለ ፡ ምስሌሁ ፡ ወተፈሥሑ ፡ ንጉሥ ፡ ወዮሐንስ ፡ ወ
ኵሎሙ ፡ ሕዝብ ፡ ወወዕእ ፡ ይትራክብዎ ፡ ለሊቀ ፡ ጻጻ
ሳት ፡ ወሰብ ፡ ቀርቡ ፡ ኀቤሁ ፡ ሰገዱ ፡ ሎቱ ፡ ንጉሥ ፡ ወ 10
ኵሎ ፡ ሕዝብ ፡ ወተባረኩ ፡ በኔቤሁ ፡ ወነገሮ ፡ ንጉሥ ፡
ለሊቀ ፡ ጻጻሳት ፡ ኵሎ ፡ ዘከነ ፡ ወአርእዮ ፡ ዮሐንስሃ ፡ ወ
ይቤሎ ፡ በእንተ ፡ ዝንቱ ፡ ወአንዊሁ ፡ ተማህለነ ፡ እግዚ
አብሔር ። ወከማሁ ፡ ሐሩ ፡ በዐቢይ ፡ አስተርክቦ ፡ ውስ
ተ ፡ ሀገር ፡ ወአስተብቍዖ ፡ ንጉሥ ፡ ለሊቀ ፡ ጻጻሳት ፡ ከ 15
መ ፡ ይባእ ፡ ጽርሐ ፡ እስመ ፡ ዓዲሆሙ ፡ ኢሐነጹ ፡ ቤተ ፡
ክርስቲያን ፡ በይእቲ ፡ ሀገር ። ወበሳኒታ ፡ ይቤሎ ፡ ሊቀ ፡
ጻጻሳት ፡ ለንጉሥ ፡ ንሕንጽ ፡ ቤተ ፡ ክርስቲያን ፡ ወይቤ
ሎ ፡ ንጉሥ ፡ ዘሎ ፡ መካን ፡ ሐዲሳ ፡ ኀበ ፡ ይትሐነጽ ፡ ተ
ንሥእ ፡ ንርአይ ፡ ለእመ ፡ ይደሉ ፡ ወንሬሲዮ ፡ ቤተ ፡ ክርስ 20
ቲያን ፡ ወሐሩ ፡ ኀቡረ ፡ ወርእይም ፡ ለውእቱ ፡ መካን ፡ ኀ
በ ፡ የሐንጹ ። ወሠምረ ፡ ሊቀ ፡ ጻጻሳት ፡ ወእዚዘ ፡ ንጉሥ ፡
አዋዬ ፡ ዘይሰብክ ፡ ውስተ ፡ ኵሎ ፡ ሀገር ፡ ከመ ፡ ይምጽ
ኡ ፡ ኵሎ ፡ ሰብእ ፡ ወይግበሩ ፡ ቤተ ፡ ክርስቲያን ፡ እመሂ ፡
ባዕል ፡ ወእመሂ ፡ መኰንን ፡ ወእመሂ ፡ ነዳይ ፡ ወንጉሥኒ ፡ 25
Fol. 167a. ይትገበር ፡ በእ ዴሁ ፡ ከመ ፡ ኵሎሙ ፡ ተስፈዉ ፡ ይንሣ
እ ፡ በረከተ ፡ እምነበ ፡ ክርስቶስ ፡ ወበፈቃዴ ፡ እግዚአብ
ሔር ፡ ፈጸሙ ፡ ሕንጻተ ፡ በ ፲ ወ ፮ ፡ ዕለት ። ወሊቀ ፡ ጻጻ

27*

ሳተ ፡ ቀደሳ ፡ ለይእቲ ፡ ቤተ ፡ ክርስቲያን ፡ በሰማ ፡ ለቅድ
ስት ፡ ድንግል ፡ ማርያም ፡ እሙ ፡ ለእግዚእን ። ወርኢዮ ፡
ብዙኃን ፡ ሕዝብ ፡ እለ ፡ ይጠመቁ ፡ ይቤ ፡ ንጉሥ ፡ በአይቱ ፡
ታጠቆሙ ፡ ለእሉ ፡ እምቅድመ ፡ ይትሐንጽ ፡ ምጥማቃ
ት ፡ ዘቤተ ፡ ክርስቲያን ። አውሥአ ፡ ጠቢብ ፡ ዮሐንስ ፡ 5
ወይቤሎሙ ፡ ለንጉሥ ፡ ወለሊቀ ፡ ጳጳሳት ፡ ሀሎ ፡ ባሕር ፡
እንተ ፡ ምስራቀ ፡ ሀገር ፡ ወይመስለኒሰ ፡ ዘይደሉ ፡ ለገብ
ተ ፡ ዓቢይ ፡ ክብር ። ወበጊዜሃ ፡ መጽአ ፡ ቃል ፡ እምሰማ
ይ ፡ ወሰምዑ ፡ ኵሎሙ ፡ ዘይብል ፡ ግንቱ ፡ ዘንሥእ ፡ እ
ምነበ ፡ እግዚአብሔር ፡ ዮሐንስ ፡ ወልደ ፡ ላእክ ፡ ወንጉ 10
ሥ ፡ ወሊቀ ፡ ጳጳሳት ፡ ወኵሉ ፡ ሕዝብ ፡ ሰሚዖሙ ፡ አንከ
ሩ ፡ ወይቤሉ ፡ ዪት.ጋባእ ፡ ኵሉ ፡ ሕዝብ ፡ ለቡራኬ ፡ ወጸ
ለየ ፡ ሊቀ ፡ ጳጳሳት ፡ ባዕሌዝሙ ፡ ፍጹመ ፡ ጥምቀተ ።
ወከነ ፡ ዐቢይ ፡ ተእምር ፡ በይእቲ ፡ ዕለት ፡ ሰበ ፡ ቀርበ ፡
ይ ነ ት ጥ ሙ ፡ ሰምዑ ፡ ኵሎሙ ፡ ሕዝብ ፡ ቃለ ፡ እምያት ፡ 15
ዘይብል ፡ ቅዳሴ ፡ ምስለ ፡ ሊቀ ፡ ጳጳሳት ። ወፈጺሞ ፡ ጸ
ሎተ ፡ አዘዘሙ ፡ ለኵሉ ፡ ሕዝብ ፡ ይረዱ ፡ ውስተ ፡ ምጥ

Fol. 167b. ማቀት ፡ ወተወርው ፡ ኵሎሙ ፡ ውስተ ፡ ማይ ፡ | እንዘ ፡
ይኬልሑ ፡ ወይብሉ ፡ ንጠመቅ ፡ በስመ ፡ አብ ፡ ወወልድ ፡
ወመንፈስ ፡ ቅዱስ ። ወተጠሚቆሙ ፡ ንጉሥ ፡ ወኵሎ 20
ሙ ፡ ሕዝብ ፡ በአ ፡ ሊቀ ፡ ጳጳሳት ፡ ውስተ ፡ ቤተ ፡ ክርስቲ
ያን ፡ ወሚሞ ፡ ለዮሐንስ ፡ ኤጲስ ፡ ቆጶስ ፡ ወለሥለስቱ ፡
አንዋሁ ፡ አሐዶ ፡ ቀሲሰ ፡ ወክልኤ ፡ ዲያቆናተ ፡ ወበቱ ፡
ንጉሥ ፡ ወልደ ፡ ዘስሙ ፡ አግላስ ፡ ወረሰዮ ፡ ዲያቆን ፡
ወኵሎ ፡ ሕዝብ ፡ ይትፌሥሑ ፡ በእግዚአብሔር ። ወእ 25
ነዘ ፡ ሊቀ ፡ ጳጳሳት ፡ ይሡራዕ ፡ ቅዳሴ ፡ ወአንከሩ ፡ ንጉ
ሥ ፡ ወኵሉ ፡ ሕዝብ ፡ በዘርኣዩ ፡ ወሰምዑ ፡ እስመ ፡ አ.ር
አ.ዮ ፡ ዘከመገ ፡ ግብረ ፡ ወአ.ሰምዑ ፡ ዘከመገ ፡ ነገረ ።

እስመ ፡ ዝንቱ ፡ ቀዳሚሁ ፡ ዘተውህበ ፡ ቍርባን ፡ በውእ
ቱ ፡ ብሔር ፡ ወተመጢዎሙ ፡ ኵሎሙ ፡ እምስጢር ፡ ቅ
ዱስ ፡ ወሀቦሙ ፡ ሊቀ ፡ ጳጳሳት ፡ ሰላም ። ወለለ ፡ አሐዱ ፡
አሐዱ ፡ አቶው ፡ ውስተ ፡ ማንደሮሙ ፡ ወነበረ ፡ ሊቀ ፡
ጳጳሳት ፡ ኅቤሆሙ ፡ ወርኅ ፡ ፍጹመ ፡ እንዘ ፡ ይገሥጾሙ ፡ 5
ወይሜህሮሙ ፡ ኵሎ ፡ ሥርዓተ ፡ ቤተ ፡ ክርስቲያን ። ወ
እምዝ ፡ አተወ ፡ ብሔሮ ፡ በዓቢይ ፡ ፍሥሓ ። ወንጉሥሰ ፡
ከሂቲዎስ ፡ ወኵሎሙ ፡ ሕዝብ ፡ ሰብሕዎ ፡ ለእግዚአብሔ
ር ፡ ወአክበርዎ ፡ ለቅዱስ ፡ ዮሐንስ ፡ ኤጲስ ፡ ቀጶስ ፡ ወለእነ
ዊሁ ፡ እስመ ፡ ይትወሰኩ ፡ ለትምህርተ ፡ እግዚአብሔር ። 10

Fol. 168a. ወእምድኅ|ረ ፡ ሕዳጥ ፡ መዋዕል ፡ ይቤሎ ፡ ቅዱስ ፡
ኤጲስ ፡ ቆጶስ ፡ ለንጉሥ ፡ ንሕንጸ ፡ ቤተ ፡ ክርስቲያን ፡
በስመ ፡ ለሚካኤል ፡ ሊቀ ፡ መለእክት ። ወይቤሎ ፡ ንገ
ሥ ፡ አብ ፡ ግበር ፡ ፈቃደከ ፡ ናሁ ፡ ንሕነ ፡ ድልዋን ፡ ንስ
ማዕከ ፡ ወቅዱስ ፡ ኤጲስ ፡ ቆጶስ ፡ ዮሐንስ ፡ ሰረፈ ፡ ለቤተ ፡ 15
ክርስቲያን ፡ ወኵሉ ፡ ሰብአ ፡ ሀገር ፡ ይትራድኡ ፡ ምስሌ
ሁ ፡ ወበዐቢይ ፡ ጽሂቅ ፡ ፈጸሙ ፡ በሰመንቱ ፡ አውራኅ ፡
ወቅዱስ ፡ ኤጲስ ፡ ቆጶስ ፡ ቀደሰ ፡ ለቤተ ፡ ክርስቲያን ፡ እ
ሙ ፡ ፲ወ፪ ፡ ለወርኅ ፡ ኅዳር ፡ በስመ ፡ ለቅዱስ ፡ ሚካኤ
ል ፡ ሊቀ ፡ መለእክተ ፡ ወነበረ ፡ በዓሉ ፡ ለቅዱስ ፡ ሚካ 20
ኤል ፡ ምስለ ፡ ቅዱሲ ፡ ቤተ ፡ ክርሰቲያኑ ። ወእምድኅረ ፡
ቅደሴ ፡ ሐሩ ፡ ኤጲስ ፡ ቆጶስ ፡ ወንጉሥ ፡ ወኵሉ ፡ ሕዝብ ፡
ኀበ ፡ ቤተ ፡ ጌርስ ፡ ጠዓት ፡ ወነሥአዎ ፡ ወአውሀዩ ፡ መ
ንበሮ ፡ ለኤርስ ፡ ወጋኤን ፡ ዘይኅድር ፡ ውስተ ፡ ጣዖቱ ፡
ክልሔ ፡ ወይቤ ፡ አጸመውክኒ ፡ ፈድፋዶ ፡ አዮሐንስ ፡ ወ 25
አውዐእከኒ ፡ እማንደርየ ፡ ወአዘዘ ፡ ንጉሥ ፡ ይሕንጹ ፡
ኀባየ ፡ ቤተ ፡ ክርስቲያን ፡ ኅባ ፡ ውእቱ ፡ መከን ፡ ወረሰይ
ዋ ፡ በስመ ፡ ሐዋርያት ። ወቅዱስ ፡ ዮሐንስ ፡ ያጸንፖሙ ፡

ለኩሎሙ ፡ ውስተ ፡ ሀይማኖት ፡ ጠያክብርዎ ፡ ኵሎሙ ።
ወሰሚዖ ፡ ቄስጠንጢኖስ ፡ ንጉሥ ፡ በእንተ ፡ ኵሉ ፡ ኂሩ
ት ፡ ዘገብረ ፡ ዮሐንስ ፡ ወሰብሐ ፡ ለእግዚአብሐር ፡ ወለእ
ከ ፡ ነቤሁ ፡ መጽሐፈ ፡ እንዘ ፡ ይስእሎ | ፡ ከመ ፡ ይባርክ ፡
ላዕሌሁ ፡ ወላዕለ ፡ መንግሥቱ ፡ ወሰመዮ ፡ ቢቲ ፡ ዳንኤል ፡ 5
ሐዲስ ፡ ነዋቴ ፡ አማልክት ። ወብሐረ ፡ አብድያኖስ ፡ ይ
ሁቡ ፡ ምሕረተ ፡ ኵሎ ፡ ዕለተ ፡ በኵሎ ፡ መዋዕሊሁ ፡ ለቅ
ዱስ ፡ ዮሐንስ ፡ በእንተ ፡ ብዝኅ ፡ ተአምር ፡ ዘገብረ ፡ እግ
ዚአብሐር ፡ በደዊሁ ።

ርእዩኬ ፡ አፍቁራንየ ፡ ኃይሉ ፡ ለእግዚአብሐር ፡ ወ 10
ሃሎሉ ፡ ለቅዱስ ፡ ሚካኤል ፡ ሊቀ ፡ መላእክት ፡ ይትረከ
ብ ፡ ስእለቱ ፡ ለሚካኤል ፡ በእንተ ፡ ፍሬ ፡ ኵሉ ፡ ዘርአ ፡
ገራውህ ። ወበስእለቱ ፡ ለሚካኤል ፡ ዕፀው ፡ ይሁቡ ፡ ፍ
ሬሆሙ ፡ ይትረከብ ፡ ሰአለቱ ፡ ለሚካኤል ፡ ላዕለ ፡ አሕማ
ር ፡ ሰብ ፡ ይነግዱ ፡ ወያዓርፉ ፡ ይትረከብ ፡ ስእለቱ ፡ ለሚ 15
ካኤል ፡ ለእለ ፡ ይዓይሉ ፡ ውስተ ፡ ኤድባር ፡ ከመ ፡ ያጽን
ዖሙ ፡ ለፍልስቶሙ ፡ ይትረከብ ፡ ስእለቱ ፡ ለሚካኤል
ኅበ ፡ ይትጋብኡ ፡ መነክሳት ፡ የሃብ ፡ ሰላመ ፡ ማእከሎሙ ።
ይትረከብ ፡ ስእለቱ ፡ ለሚካኤል ፡ ላዕለ ፡ ጸሎቶሙ ፡ ለኤ
ጲስ ፡ ቆጶሳት ፡ ወቀሳውስት ፡ ወዲያቆናት ፡ ዲበ ፡ ማእድ ፡ 20
ይትረከብ ፡ ጸሎቱ ፡ ለሚካኤል ፡ ዘይረድአሙ ፡ ለግፉዓን
ወለእለ ፡ ውስተ ፡ መዋቅሕት ። ይትረከብ ፡ ጸሎቱ ፡ ለ
ሚካኤል ፡ ዘይረድአሙ ፡ ለእለ ፡ ውስተ ፡ መንሱት ። ወ
ያጸንዖሙ ፡ ለሕያዋን ፡ በመንዳቤሆሙ ፡ ወይስእሎ ፡ ለእ
ግዚአብሐር ፡ በእንተ ፡ ምውታን ፡ ከመ ፡ ይምሐሮሙ ፡ 25
ለመኑ ፡ እምጻድቃን ፡ ዘአመጽአ ፡ ኃቤሁ ፡ ሚካኤል ፡
ወዘአ.ረድአ ፡ በኵሉ ፡ ምንዳቤሁ ። ወመኑ ፡ እመሰማዕ
ት ፡ ዘአ.መጽአ ፡ ኃቤሁ ፡ ሊቀ ፡ መላእክት ፡ ወአ.ረድአ

ENCOMIUM OF SEVERUS. 215

ሙ ፡ በኵሉ ፡ ምንዳቤሆሙ ፡ ወሐዘኖሙ ፡ ወሥቃዮሙ ።
ናሁኬ ፡ ፍቁራኒየ ፡ እአምርን ፡ ፍቅሮ ፡ ለእግዚአብሔር ፡
ላዕለ ፡ ሰብእ ፡ ወስእለቱ ፡ ለሚካኤል ፡ ሊቀ ፡ መለእክት ፡
እስመ ፡ ይተነብል ፡ ለኵሉ ፡ ሰብእ ፡ ወይስእል ፡ በእንቲአ
ሆሙ ፡ ቅድመ ፡ እግዚአብሔር ፡ አብ ፡ ከመ ፡ ይምሐር 5
ሙ ፡ ለኵሎሙ ፡ ወይስርሐሙ ፡ ወለነኒ ፡ ይምሐረነ ፡ በእ
ንቲአሁ ፡ ከመ ፡ ይምጽአነ ፡ ፈድፋደ ፡ ወይስእል ፡ በእን
ቲአነ ፡ ቅድመ ፡ እግዚአብሔር ። ወንፋቅር ፡ በበይናቲነ ፡
በፍቅረ ፡ እግዚአብሔር ፡ ወነሀሉ ፡ ኵልን ፡ በአሐዱ ፡ ፍ
ቅር ። ወኢ ንደይ ፡ ውስተ ፡ አፉነ ፡ ሕብለ ፡ እስመ ፡ እኩ 10
ይ ፡ መዝገብ ፡ ይእቲ ፡ ሕብል ፡ ወጽያእት ፡ ኀጢአት ፡
ግሙት ፡ ወምንት ፡ በቅድመ ፡ እግዚአብሔር ፡ ወመላ
እክቲሁ ፡ ወሞት ፡ ወንየት ፡ ለነፍስ ። ወቅንአት ፡ ፍቁ
ራ ፡ ለሰይጣን ፡ ወጽልእ ። ለእግዚአብሔር ፡ ወመለእክ
ቲሁ ፡ ወታጸልአሙ ፡ ለክርስቲያን ፡ ወዓርኩ ፡ ለሐጉኣል ። 15
ወይእዜኒ ፡ አኀዊነ ፡ ንግድፍ ፡ እምኔነ ፡ ፍኖተ ፡ ርኩሰ ፡
ወንሐር ፡ በፍኖት ፡ ሠናይ ፡ ወምሕዎር ፡ ርቱዕ ፡ ወ ንሐ
ር ፡ ዘእንበለ ፡ ኀጢአት ፡ ወዘእንበለ ፡ ነውር ። ኢከነ ፡ አ
ውስበ ፡ ንጹሕ ፡ ዘያረኵሶ ፡ ለሰብእ ፡ እምአመ ፡ ኮነ ፡ ርእ
ዩ ፡ ሙሴ ፡ አመ ፡ ተናገረ ፡ ምስለ ፡ እግዚአብሔር ፡ ዘ፺ 20
ወ፷ ፡ ቃለ ፡ ወቦቱ ፡ ብእሲቶ ፡ ወውሉደ ፡ ወኢከኖ ፡ ዕቅ
ፍተ ፡ ለበእቱ ፡ ውስተ ፡ ሠናይ ፡ ወባሕቱ ፡ ኢያጽንዐ ፡
ቃሎ ፡ ፈድፋደ ። ዳእሙ ፡ ግንቱ ፡ ይአክል ፡ ስምዕ ፡ ዘ
ብሉይ ፡ ወዘሐዲስ ፡ ዳእሙ ፡ ንፈጽም ፡ ነገረ ፡ ወንቅረብ ፡
ንግበር ፡ በዓለ ፡ ዮም ፡ ለቅዱስ ፡ ሚካኤል ፡ ሊቀ ፡ መላ 25
እክት ። እስመ ፡ ግንቱ ፡ በዓል ፡ ኢይፈቅድ ፡ በዕለ ፡ ዘይ
በልዕ ፡ ወይስቲ ፡ ወይትፌሣሕ ፡ ባሕቲቱ ፡ ወይድኅሙ ፡
ለነዳያን ፡ ወምስኪናን ፡ ርኁባኒሆሙ ፡ ወጽሙአኒሆሙ ።

Fol. 169b.

ዝንቱ ፡ በዓል ፡ ኢ፡ይፈቅድ ፡ ባዕል ፡ ዘይለብስ ፡ አልባሰ ፡
ክብር ፡ ወነዳይስ ፡ ዕራቁ ፡ ይቄርር ፡ በአስሐቲያ ። ዝንቱ ፡
በዓል ፡ ኢ፡ይፈቅድ ፡ ሰብአ ፡ እለ ፡ ይዴለው ፡ ለእብያተ ፡
ስርግው ፡ ወነዳይስ ፡ ይስክብ ፡ እፍአ ፡ በቈኆር ። ዝንተ ፡
በዓል ፡ ኢ፡ይፈቅድ ፡ ዘይበልዕ ፡ በፍሥሓ ፡ እንዘ ፡ ይዴን ፡ 5
ስ ፡ ነዳይ ፡ በውስተ ፡ መዋቅሕት ። ዝንቱ ፡ በዓል ፡ ኢ፡ይ
ፈቅድ ፡ ዘይረፍቅ ፡ ባሕቲቱ ፡ እንዘ ፡ ይዴዊ ፡ ነዳይ ፡ ወ
ኢ፡ይረክብ ፡ ዘይነውጾ ፡ እሉ ፡ ትእዛዝ ፡ ጽሑፍ ፡ ውስተ ፡
Fol. 170a. ወንጌል ። ወይእዜኒ ፡ አንዋኒ ፡ ንስአሎ ፡ ለሚካኤል ፡
ሊቀ ፡ መላእክት ፡ በርቱዕ ፡ ልብ ፡ ከመ ፡ ይንሣእ ፡ ለነ ፡ 10
ጸጋ ፡ በቅድመ ፡ እግዚአብሔር ። ወዓዲ ፡ እብለክሙ ፡
ከመ ፡ ይቀውም ፡ ዓለም ፡ በእለቱ ፡ ለሚካኤል ፡ ወቅ
ድስት ፡ ድንግል ፡ ማርያም ፡ እሙ ፡ ለእግዚእን ፡ ወይእ
ዜኒ ፡ ንሰብሐሙ ፡ በስብሐት ፡ ዘይደሉ ፡ ለዝንቱ ፡ በዓል ፡
እስመ ፡ ንሬኢ ፡ ከመ ፡ ቀርብ ፡ ጊዜሁ ፡ ከመ ፡ ይቅረቡ ፡ 15
ወይፈጽሙ ፡ ምስጢረ ፡ ቅዳስ ፡ ወንሰብሖ ፡ ለዘ ፡ ይደል
ዎ ፡ ኵሉ ፡ ስብሐት ፡ እግዚእን ፡ ወእምላክን ፡ ወመድኃኒ
ን ፡ ኢ፡የሱስ ፡ ክርስቶስ ፡ ዘሎቱ ፡ ይደሉ ፡ ኵሉ ፡ ስብሐት ፡
ወዝሉ ፡ ክብር ፡ ወዝሉ ፡ ሰጊድ ፡ ወለአብ ፡ ምስሌሁ ፡ ወ
መንፈስ ፡ ቅዳስ ፡ ማሕየዊ ፡ ዘዕሩይ ፡ ምስሌሁ ፡ ይእዜኒ ፡ 20
ወዘልፈኒ ፡ ወለዓለመ ፡ ዓለም ፡ አሜን ።

ስብሐት ፡ ለእግዚአብሔር ፡ ለዓለም ።

COPTIC FORMS

OF GREEK AND OTHER WORDS WHICH OCCUR IN THE THREE ENCOMIUMS ON SAINT MICHAEL.

Coptic.	Greek etc.	Passages.
ⲀⲂⲂⲀ	אַבָּא, Ἀββᾶ	1.4; 63.2; 83.3; 125.16.
ⲀⲄⲀⲐⲞⲤ	ἀγαθός	19.11; 30.4; 35.23; 36.18; 42.14; 56.15; 81.20; 104.14; 107.22; 109.5; 114.24; 121.8; 135.5; ⲘⲈⲦⲀⲄⲀⲐⲞⲤ 11.17; 30.9; 81.22.
ⲀⲄⲀⲐⲞⲚ	ἀγαθόν	11.8; 19.28; 25.17; 31.26; 32.17; 47.19; 49.12; 52.12; 94.21; 107.8; 116.22.
ⲀⲄⲀⲠⲎ	ἀγάπη	1.11; 9.21; 22.27; 24.25; 25.10; 26.3; 28.13; 29.23; 45.10; 49.27; 51.10; 54.11; 56.2; 96.7; 97.17; 102.28; 103.11; 115.23; 116.21; 117.1; 118.14; 120.10; 128.3.
ⲀⲄⲀⲠⲎⲦⲞⲤ	ἀγαπητός	39.17.
ⲀⲄⲄⲈⲖⲞⲤ	ἄγγελος	1.6; 7.15; 9.8; 11.5; 14.2; 19.10; 94.2; &c.
ⲀⲄⲄⲈⲖⲒ	ἄγγελαι	116.4; 121.4; 122.3.
ⲀⲄⲄⲈⲖⲒⲔⲎ	ἀγγελική	113.18.
ⲀⲄⲒⲀ	ἅγια	60.24; 63.8; 64.24.
ⲀⲄⲒⲀⲌⲒⲚ	ἁγίζω	68.2; 84.21; 87.2.

28

COPTIC FORMS OF GREEK &c. WORDS.

Coptic.	Greek etc.	Passages.
ⲀⲄⲒⲀⲤⲘⲞⲤ	ἁγιασμός	85.12; 98.7.
ⲀⲄⲒⲞⲤ	ἅγιος	61.3; 73.7; 82.12; 87.15; 93.3; 130.21; &c.
ⲀⲄⲒⲞⲦⲀⲦⲞⲤ	ἁγιότατος	1.2.
ⲀⲄⲰⲚ	ἀγών	19.27; 132.27.
ⲀⲄⲰⲚⲒⲌⲈⲤⲐⲈ	ἀγωνίζομαι	54.3.
ⲀⲆⲀⲘⲎⲚⲦⲒⲚⲞⲚ	ἀδαμάντινον	115.24; 130.3.
ⲀⲎⲢ	ἀήρ	112.16; 129.21; 130.1.
ⲀⲔⲦⲒⲚ	ἀκτίν (ἀκτίς)	116.3.
ⲀⲖⲎⲐⲒⲚⲞⲚ	ἀληθινόν	2.11.
ⲀⲖⲎⲐⲰⲤ	ἀληθῶς	60.24; 70.13; 71.2; 81.6; 126.10; 132.6.
ⲀⲖⲖⲀ	ἀλλά	3.20; 4.9; 5.25; 6 3; 7.13; 10.10; 20.5; 21.27; 22.7; 24.17; 25.13; 30.24; 32.28; 33.4; 34.25; 40.16; 42.18; 43.23; 46.3; 59.7; 64.7; 65.7; 66.9; 67.19; 69.12; 70.15; 73.7; 77.10; 80.6; 89.22; 90.13; 94.8; 95.6; 97.22; 98.26; 104.3; 107.9; 115.12; 119.10; 123.11; 130.2; 133.3.
ⲀⲖⲖⲞⲐⲢⲒⲞⲄⲚ	ἀλλότριον (?)	50.4.
ⲀⲘⲎⲚ	אָמֵן	1.23; 25.6; 31.11; 42.15; 50.13; 61.21; 63.21; 91.5; 93.18.
ⲀⲚⲀⲄⲔⲀⲌⲒⲚ	ἀναγκάζω	3.18; 4.8; 70.25; 74.10.
ⲀⲚⲀⲄⲔⲎ	ἀνάγκη	1.22; 8.12; 19.23; 46.11; 68.25; 69 26; 88.17; 110.8; 123.17.
ⲀⲚⲀⲄⲚⲰⲤⲦⲎⲤ	ἀναγνώστης	83.8.
ⲀⲚⲀⲤⲦⲀⲤⲒⲤ	ἀνάστασις	64.5.
ⲀⲚⲀⲦⲞⲖⲎ	ἀνατολή	108.2.
ⲀⲚⲀⲪⲞⲢⲀ	ἀναφορά	42.1.

Coptic.	Greek etc.	Passages.
ⲁⲛⲁⲭⲱⲣⲓⲛ	ἀναχωρέω	86.11.
ⲁⲛⲉⲭⲉⲥⲑⲉ	ἀνέχω	105.23.
ⲁⲛⲟⲙⲓⲁ	ἀνομία	106.1.
ⲁⲛⲧⲓⲗⲟⲅⲓⲁ	ἀντιλογία	75.13.
ⲁⲝⲓⲱⲙⲁ	ἀξίωμα	59.3; 123.20.
ⲁⲡⲁⲛⲧⲁⲛ	ἀπαντάω	63.10; 77.3; 83.21; 127.9; 130.12.
ⲁⲡⲁⲝ ⲁⲡⲗⲱⲥ	ἅπαξ ἁπλῶς	15.5; 21.23.
ⲁⲡⲁⲣⲭⲏ	ἀπαρχή	114.18.
ⲁⲡⲁⲣⲭⲟⲥ	ἄπαρχος	103.23.
ⲁⲡⲗⲱⲥ	ἁπλῶς	7.26; 15.5; 21.23; 83.16; 88.16; 97.1; 112.11; 114.20.
ⲁⲡⲟⲕⲣⲓⲥⲓⲥ	ἀπόκρισις	41.11.
ⲁⲡⲟⲗⲟⲅⲓⲁ	ἀπολογία	123.1.
ⲁⲡⲟ[ⲥ]ⲧⲁⲍⲉⲥⲑⲉ	ἀποστατέω	69.9.
ⲁⲡⲟⲥⲧⲏⲙⲁ	ἀπόστημα	131.7.
ⲁⲡⲟⲥⲧⲟⲗⲟⲥ	ἀπόστολος	1.5; 5.20; 7.9; 18.12; 49.24; 55.23; 61.6; 83.15; 85.5; 87.14; 108.26; 109.17; 133.17.
ⲁⲡⲟⲅⲑⲏⲕⲏ	ἀποθήκη	73.11.
ⲁⲣⲉⲧⲏ	ἀρετή	1.4; 5.8; 8.28; 39.2; 51.19.
ⲁⲣⲓⲥⲧⲟⲛ	ἄριστον	8.2; 11.9; 13.4; 16.11; 20.24; 22.9; 94.11. ⲁⲣⲁⲥⲧⲟⲛ 94.22.
ⲁⲣⲕⲟⲥ	ἀργός	23.17; ⲙⲉⲧⲁⲣⲕⲟⲥ 5.5; 26.23.
ⲁⲣⲭⲉⲟⲥ	ἀρχαῖος	41.22; 100.9; 105.19.
ⲁⲣⲭⲏ	ἀρχή	2.1; 5.12; 25.27; 58.7; 132.21.
ⲁⲣⲭⲏⲁⲅⲅⲉⲗⲟⲥ	ἀρχιάγγελος	7.15; &c.
ⲁⲣⲭⲏⲅⲟⲩⲥ	ἀρχηγός	2.15; 10.17.
ⲁⲣⲭⲏⲇⲓⲁⲕⲱⲛ	ἀρχιδιάκονος	19.6.
ⲁⲣⲭⲏⲉⲡⲓⲥⲕⲟ-ⲡⲟⲥ	ἀρχιεπίσκο-πος	1.6; 63.2; 82.12; 83.4; 84.2; 85.5; 86.9; 133.5.

Coptic.	Greek etc.	Passages.
ⲁⲣⲭⲏⲡⲣⲟⲫⲏ-ⲧⲏⲥ	ἀρχιπροφή-της	55.3.
(ⲁⲣⲭⲏⲣⲉϥⲣⲱⲓⲥ		75.24; 76.4).
ⲁⲣⲭⲓⲥⲧⲣⲁⲧⲏ-ⲅⲟⲥ		20.22; 65.11.
ⲁⲣⲭⲓⲥⲧⲣⲁⲧⲓ-ⲕⲟⲥ		94.13; 132.9.
ⲁⲣⲭⲏⲥⲧⲣⲁ†-ⲅⲟⲩⲥ	ἀρχιστρά-τηγος	47.26.
ⲁⲣⲭⲓⲥⲧⲣⲁⲧⲓ-ⲕⲟⲩⲥ		80.3.
ⲁⲣⲭⲏⲥⲧⲣⲁⲧⲩ-ⲅⲟⲩⲥ		4.16; 6.20; 20.26; 21.15; 22.26; 23.3; 58.4.
ⲁⲣⲭⲏⲥⲧⲣⲁⲧⲩ-ⲗⲁⲧⲏⲥ	ἀρχιστρατη-λάτης	94.17.
ⲁⲣⲭⲱⲛ	ἄρχων	4.15; 5.27; 7.18; 8.18; 9.1; 14.20; 36.10; 37.2; 38.4; 39.2; 40.1; 41.28; 42.4; 43.2; 44.9; 45.2; 46.6; 47.6; 57.3; 59.6; 72.15; 74.4; 75.15; 76.9; 84.15; 94.18.
ⲁⲥⲕⲓⲧⲏⲥ	ἀσκητής	88.5.
ⲁⲥⲕⲩⲥⲓⲥ	ἄσκησις	5.21; 88.6.
ⲁⲥⲡⲁⲍⲉⲥⲑⲉ	ἀσπάζομαι	71.8; 82.14; 109.8; 122.25; 128.5.
ⲁⲥⲡⲁⲥⲙⲟⲥ	ἀσπασμός	103.24.
ⲁⲥⲱⲙⲁⲧⲟⲥ	ἀσώματος	4.11.
ⲁⲩⲗⲏ	αὐλή	7.21; 20.24; 21.13; 22.13: ⲁⲩⲗ-ⲏⲟⲩ 22.24; 25.26; 52.22; 118.22.
ⲁⲩⲧⲟⲕⲣⲁⲧⲱⲣ	αὐτοκράτωρ	81.18.
ⲃⲁⲡⲧⲓⲥⲧⲏⲥ	βαπτιστής	61.4.
ⲃⲁⲥⲁⲛⲓⲍⲓⲛ	βασανίζω	74.16.

COPTIC FORMS OF GREEK &c. WORDS.

Coptic.	Greek etc.	Passages.
ⲂⲀⲤⲀⲚⲞⲤ	βάσανος	19.26; 88.24.
ⲂⲀⲤⲒⲖⲒⲔⲞⲚ	βασιλικόν	63.13; 123.20; 134.18.
ⲂⲎⲖⲖⲞⲚ	βῆλον	66.22.
ⲂⲎⲘⲀ	βῆμα	127.3.
ⲂⲒⲀ	βία	ⲱ̄ ⲂⲒⲀ̀ 111.14; 113.9.
ⲂⲒⲞⲤ	βίος	30.11; 50.20; 76.24; 113.14.
ⲂⲒⲦⲎⲤ	πίθος (?)	41.13.
ⲂⲞⲎⲐⲒⲀ	βοήθεια	100.20; 101.7; 103.16; 108.13.
ⲂⲞⲎⲐⲒⲚ	βοηθέω	29.20; 31.6; 52.18; 68.26; 69.25; 88.16; 110.8; 111.7; 114.2; 120.28; 123.16.
ⲂⲞⲎⲐⲞⲤ	βοηθός	11.26; 17.22; 26.4; 65.28; 73.24; 88.13; 107.20; 114.14; 119.25.
ⲂⲞⲨⲖⲎ	βουλή	99.15; 100.18.
ⲄⲀⲘⲞⲤ	γάμος	89.18; 120.8.
ⲄⲀⲢ	γάρ	65.18; 74.16; 77.23; 81.19; 86.6; 88.19; 89.18; 90.3; 94.10; 95.26; 96.26; 98.14; 104.7; 107.27; 116.23; 118.6; 121.18; 122.5; 124.2; 125.7; 134.28; 135.1.
ⲄⲈⲚⲚⲎ	καινή	89.25.
ⲄⲈⲚⲞⲤ	γένος	8.9; 12.24; 13.17; 45.11; 55.17; 60.6; 65.17; 82.22; 90.14; 100.14; 101.20; 103.26; 119.12.
ⲄⲢⲀⲪⲎ	γραφή	1.18; 4.5; 95.11; 118.14.
ⲆⲀⲌⲒⲤ	τάξις	8.19; 24.12; 58.26.
ⲆⲈ	δέ	5.23; 32.12; 35.23; 43.1; 46.23; 51.18; 52.18; 56.1; 68.6; 70.25; 76.21; 77.2; 79.23; 82.13; 96.17; 109.22; 110.14; 114.2; 122.13; 123.5; 124.10; 127.4; 128.7; 129.3.

Coptic.	Greek etc.	Passages.
ⲆⲈⲘⲰⲚ	δαίμων	73.5; 87.9; 101.27; 117.17; 122.17.
ⲆⲎⲘⲞⲤⲒⲞⲚ	δημόσιον	76.27.
ⲆⲒⲀⲂⲞⲖⲞⲤ	διάβολος	63.7; 69.17; 73.26; 74.12; 77.16; 78.6; 89.12; 100.18; 101.19; 102.12; 103.12; 104.22; 105.25; 106.17; 107.12; 108.14; 109.3; 110.17; 114.10; 115.5; 117.12; 118.11; 120.17; 121.7; 122.27; 123.18; 134.11.
ⲆⲒⲀⲆⲒⲔⲒⲀ	διαδικέω	56.20.
ⲆⲒⲀⲐⲎⲔⲎ	διαθήκη	54 22.
ⲆⲒⲀⲔⲞⲚ } ⲆⲒⲀⲔⲰⲚ }	διάκων	83 8. 4 13; 85.24; 126 19.
ⲆⲒⲀⲔⲰⲚⲞⲤ	διάκονος	85.26.
ⲆⲒⲀⲔⲰⲚⲒⲚ	διακονέω	25.24; 27.4; 42.28; 45.24; 48.12; 52.13; 124.20; 125.28.
ⲆⲒⲀⲖⲞⲄⲞⲤ	διάλογος	63.15.
ⲆⲒⲔⲀⲤⲦⲎⲢⲒⲞⲚ	δικαστήριον	88.14.
ⲆⲒⲔⲈⲞⲤ	δίκαιος	44.28; 54.6; 80.5; 88.19; 104.2.
ⲆⲒⲞⲒⲔⲒⲦⲎⲤ	διοικητής	74 8.
ⲆⲒⲠⲖⲞⲨⲚ	διπλόον	87.5.
ⲆⲒⲠⲚⲞⲚ	δεῖπνον	6 26; 11.6; 94.22.
ⲆⲰⲢⲈⲀ	δωρεά	45.28; 51.7; 132.28.
ⲆⲰⲢⲞⲚ	δῶρον	23 26; 24 4; 25 8; 26.8; 28.13; 29.7; 30.8; 31.25; 32.14; 33.8; 34.3; 42.18; 45.18; 48 9; 52.14; 54.4; 59.14; 107.23; 134.17.
ⲈⲄⲔⲰⲘⲒⲞⲚ } ⲈⲚⲔⲰⲘⲒⲞⲚ }	ἐγκώμιον	58.10; 93.5; ⲈⲨⲈⲄⲔⲰⲘⲒⲞⲚ 5.11. 93.1.
ⲈⲐⲚⲞⲤ	ἔθνος	5.28; 64.22; ⲘⲈⲦⲈⲐⲚⲞⲤ 66.10.

COPTIC FORMS OF GREEK &c. WORDS. 223

Coptic.	Greek etc.	Passages.
ⲉⲕⲕⲗⲏⲥⲓⲁ	ἐκκλησία	22.19; 26.21; 34.15; 35.5; 42.7; 53.20; 83.17; 84.3; 85.21; 86.14; 87.6; 125.15; 127.6; 129.15.
ⲉⲗⲁⲭⲓⲥⲧⲟⲛ	ἐλάχιστον	126.33.
ⲉⲗⲉⲩⲑⲉⲣⲟⲥ	ἐλεύθερος	39.16.
ⲉⲗⲉⲫⲁⲛⲧⲓⲛⲟⲛ	ἐλεφάντινον	126.18.
ⲉⲛⲉⲣⲅⲓⲁ	ἐνέργεια	110.18.
ⲉⲛⲉⲣⲅⲓⲛ	ἐνεργέω	87.25.
ⲉⲛⲓⲱⲭⲟⲥ	ἡνίοχος	132.26.
ⲉⲛⲟⲭⲟⲥ	ἔνοχος	108.23.
ⲉⲛⲧⲟⲗⲏ	ἐντολή	90.13; 105.1; 111.24; ⲛⲧⲟⲗⲏ 11.26; 108.15; 121.19.
ⲉⲝⲉⲣⲏⲍⲓⲛ	ἐξηγέομαι	133.10.
ⲉⲝⲉⲣⲏⲥⲓⲥ	ἐξήγησις	133.10.
ⲉⲝⲱⲣⲓⲍⲓⲛ	ἐξορίζω	93.3; 134.1.
ⲉⲡⲁ	κἄν	93.1.
ⲉⲡⲁⲅⲅⲉⲗⲓⲁ	ἐπαγγελία	15.19
ⲉⲡⲓ ⲇⲉ ⲉⲡⲓ ⲇⲏ	ἐπὶ δέ	107.27. 67.26; 86.4; 102.22; 103.2; 108.20; 111.9; 114.22; 117.3; 120.16; 122.2; 124.18; 127.11.
ⲉⲡⲓⲃⲟⲩⲗⲏ	ἐπιβουλή	99.15; 110.14.
ⲉⲡⲓⲑⲣⲟⲡⲟⲥ	ἐπίτροπος	48.5.
ⲉⲡⲓⲑⲩⲙⲓⲁ	ἐπιθυμία	18.2.
ⲉⲡⲓⲥⲕⲟⲡⲟⲥ	ἐπίσκοπος	68.1; 69.1; 71.10; 72.8; 81.11; 82.1; 85.22; 86.18; 87.1; 88.9; 93.2; 125.16; 126.2; 127.4; 128.1; 129.15.
ⲉⲡⲓⲥⲧⲟⲗⲏ	ἐπιστολή	83.4; 87.20; 109.18.
ⲉⲡⲓⲥⲧⲟⲗⲏ ⲕⲁⲑⲟⲗⲓⲕⲟⲛ		83.15.
ⲉⲡⲓⲧⲓⲙⲁⲛ	ἐπιτιμάω	119.29; 120.1; 121.13.

Coptic.	Greek etc.	Passages.
ϥⲣⲗⲁⲣⲓⲟⲛ	ἀρητήριον	42.10.
ⲉⲣⲉⲧⲓⲛ	ἐρωτάω	5.2; 6.9; 11.16; 23.15; 29.5; 99.17; 101.7; 108.13; 115.1; 120.18.
ⲉⲣⲙⲏⲛⲓⲁ	ἑρμηνεία	49.14.
ⲉⲣⲟⲩⲯⲁⲗⲧⲏⲥ	ἱεροψάλτης	93.21.
ⲉⲧⲏⲙⲁ	αἴτημα	1.16; 24.1; 113.25.
ⲉⲧⲓ ⲁⲉ	ἔτι δέ	75.3; 123.17.
ⲉⲩⲁⲅⲅⲉⲗⲓⲟⲛ	εὐαγγέλιον	53.5; 65.3; 73.16; 83.14; 90.15; 121.6.
ⲉⲩⲅⲉⲛⲏⲥ	εὐγενής	103.10.
ⲉⲩⲕⲉⲗⲗⲁ		41.7.
ⲉⲩⲕⲉⲣⲓⲁ	εὐκαιρία	77.3.
ⲉⲩⲥⲉⲃⲏⲥ	εὐσεβής	26.5; 28.20; 31.23; 34.4; 35.17; 36.3; 95.25; 106.23; 101.8; 119.6.
ⲉⲩⲭⲏ	εὐχή	13.8; 85.15.
ⲉⲫ ⲟⲥⲟⲛ	ἐφ' ὅσον	106.10.
ⲉⲭⲙⲁⲗⲱⲥⲓⲁ	αἰχμαλωσία	134.16.
ⲉⲭⲙⲁⲗⲱⲧⲉⲩⲓⲛ	αἰχμαλωτίζω	134.12.
ⲉⲭⲙⲁⲗⲱⲧⲟⲥ	αἰχμάλωτος	134.9.
ⲉⲱⲛ	αἰών	25.26; 47.28.
ⲍⲱⲅⲣⲁⲫⲓⲁ	ζωγραφία	112.28; 121.27.
ⲍⲱⲅⲣⲁⲫⲓⲛ	ζωγραφέω	99.21; 111.4.
ⲍⲱⲅⲣⲁⲫⲟⲥ } ⲍⲱⲕⲣⲁⲫⲟⲥ }	ζωγράφος	99.4; 121.28. 98 1.
ⲑⲁⲗⲁⲥⲥⲁ	θάλασσα	3.3.
ⲑⲁⲛⲉⲥⲟⲩ	θανατόω	118 10.
ⲑⲁⲣⲓⲛ	θαρσέω	100.23; 113.12; 123 12; ⲑⲁⲣⲡⲓ (sic) 99.14.
ⲑⲉⲟⲇⲟⲕⲟⲥ	θεοτόκος	84.22; 90.21.
ⲑⲉⲟⲥⲉⲃⲏⲥ	θεοσεβής	34.16.

COPTIC FORMS OF GREEK &c. WORDS.

Coptic.	Greek etc.	Passages.
θεωριλ	θεωρία	127.17.
θλιψιc	θλῖψις	24.21; 65 21; 88.24.
θριτοn	τρίτον (?)	44.26; 45.13.
θροnoc	θρόνος	7.16; 44.5; 53 9; 61.12; 126.18; 132.12.
θγcιλ	θυσία	24.5; 26.20; 31.20; 49.4; 54.15; 59.11; 115 23; 118.21; 126.11.
θγcιλcτηριοn	θυσιαστήριον	83 10; 129.18.
ιδωλοn	εἴδωλον	80.13; 81.21; 82.25; 87.10; 134.5.
ιτε	εἴτε	25.11; 64.9; 84 15; 114.17.
καζοφγλλ-γιωn	γαζοφυλάκιον	52.6; καζωφγλλγιοn 52.2.
κλθλροc	καθαρός	20.15.
κλθηκιn	καθήγύεμαι	71.21; 72.8; 85.13; κλθηιrιιι 81.12.
κλθολικοn	καθολικόν	83.16.
κλι γλρ	καὶ γάρ	98.15.
κλλιn	καλέω	77.22.
κλλοc	καλός	24.7; κλλογ 33.9.
κλλωc	καλῶς	4.2; 5.24; 22.14; 32.3; 33.22; 36.23; 39.20; 40.3; 43.6; 71.1; 114.21.
κλn	καὶ ἄν	8.6; 107.11; 122.10.
κλπnoc	καπνός	107.18.
κλρпoc	καρπός	88.2; 131.2.
κλτλ	κατά	1.13; 7.25; 8.20; 10.21; 19 4; 23.24; 24.2; 26.19; 28.10; 31.21; 40.14; 42.3; 46.8; 47.12; 54.7; 65.3; 68.7; 71.7; 74.22; 77.3; 93.20; 96.8; 99.10; 103.11; 107.27; 114.21; 116.12; 117.2;

Coptic	Greek etc.	Passages
		121.24; 129.19; 130.27; 131.3; 133.16.
κατΑδικος	κατάδικος	78.22.
κατακιοη	κατάγειον	76.11.
κατακλγςμος	κατακλυσμός	121.1.
καταλαλια	καταλαλιά	10.8; 89.7; 112.19.
καταπετας̄μα	καταπέτασμα	113.18; 132.16.
καταρακτης	καταρράκτης	13.18; 128.14.
καταφροηιη	καταφρονέω	97.13.
κε γαρ	καὶ γάρ	68.19; 80.4; 82.5; 99.26; 105.3; 109.20; 118.16; 127.23.
κε περ	καὶ πέρ	117.13.
κελεγιη	κελεύω	76.3; 79.17.
κεφαλεοη	κεφάλαιον	126.22.
κληρικος	κληρικός	67.1.
κληροηομια	κληρονομία	26.12; 129.8.
κληροηομιη	κληρονομέω	47.9; 107.23; 116.22; 117.27; 125.11.
κοιτωη }	κοιτών	41.19; 103.1; 104.24; 105.13; 106.5; 124.25; 125.3; 107.3; 111.2; 114.5; 126.16.
κωιτωη }		101.2; 102.24.
κοιηομιη	οἰκονομέω	4.1; 13.22.
κοιηωηι	κοινωνέω	75.20; κωιηωηιη 106.28.
κολαςις	κόλασις	75.19; 88.16.
κολιη	κωλύω	132.17; κωλιη 113.6.
κολλαριοη	collarium	78.16.
κολγμβηθρα	κολυμβήθρα	84.26; κολγμβητρα 85.10.
κοργμφεος	κορυφαῖος	61.6.
κοςμος	κόσμος	3.8; 6.12; 9.16; 10.11; 12.22;

Coptic.	Greek etc.	Passages.
		13.15; 24.21; 25.25; 26.16; 48.28; 51.17; 55.25; 90.19; 97.6; 105.25; 107.6; 121.11; 128.25.
ΚΟⲤⲘⲒΚΟⲚ	κοσμικόν	108.18.
ΚΟⲤⲘⲎⲤⲒⲤ	κόσμησις	26.15; 104.10; 106.21; 121.28.
ΚΟⲨⲖⲀⲦⲰⲢ	curator	104.16; 106 5; 107.3; 108.5; 109.25.
ΚⲢⲀⲚⲒΟⲚ	κρανίον	131.22.
ΚⲢⲒⲤⲒⲤ	κρίσις	97.1; 118.19.
ΚⲢⲒⲦⲎⲤ	κριτής	15.25.
ΚⲨⲂⲰⲦΟⲤ	κιβωτός	2.21; 3.11; 13.16; 54 19; 58.11.
ΚⲨⲐⲀⲢⲀ	κιθάρα	16.11; 94.1.
ΚⲨⲢⲒ	κύριος	39.19; 43.7; 45.21; 103.23.
ΚⲨⲢⲒⲀΚⲎ	κυριακή	18.21; 63.8; 64.25.
ΚⲨⲢⲒⳄ	κῆρυξ	84.12.
ⲖⲀΚΚΟⲤ	λάκκος	18.7.
ⲖⲀⲘⲠⲀⲤ	λαμπάς	115.22.
ⲖⲀΟⲤ	λαός	15.17; 17.4; 26.26; 33.9; 55.11; 60.21; 61.15; 95.26; 111.18; 114.19.
ⲖⲈⲠⲦΟⲚ	λεπτόν	52.5.
ⲖΟⲄⲒⲤⲘΟⲤ	λογισμός	107.10.
ⲖΟⲄΟⲤ	λόγος	2.6; 5.13; 60.23; 61.13; 63 1; 95.7; 96.14; 97.12; 132.22.
ⲖΟⲄⲬⲎ	λόγχη	89.8.
ⲖΟⲒⲠΟⲚ	λοιπόν	73.9; 74.2; 81.28; 80.10; 89.25; 90.16; 97.4; 100.5; 103.19; 104.15; 115.26; 113.25; 117.19; 120.7; 135.2.
ⲖⲨⲘⲎⲚ	λιμήν	3.1; 98.2.

Coptic.	Greek etc.	Passages.
λγΝΗΗ		3 1; 84.28; 85.8; 100.11; 111.3; 112.14.
λγΧΝΙΚΟΝ	λυχνικόν	66.26.
ΜΑΘΗΤΗC	μαθητής	65.8; 109.6.
ΜΑΚΑΡΙΑ	μακαρία	28.21; 32 2; 129.2.
ΜΑΚΑΡΙCΜΟC	μακαρισμός	52.7; 115.21.
ΜΑΚΑΡΙΟC	μακάριος	93.8; 103.5; 104.17; 105.20; 106.27; 110.11; 115.20; 116.20; 117.23; 124.20; 126.27; 127.1; 130.16.
ΜΑΛΙCΤΑ	μάλιστα	4.7; 21.25; 34.15; 39.28; 122.18.
ΜΑΛΛΟΝ	μᾶλλον	117.15; 133.6.
ΜΑΠΠΑ	μάππα	83.12.
ΜΑΡΓΑΡΙΤΗC	μαργαρίτης	115.11.
ΜΑΡΤΥΡΙΑ	μαρτυρία	19.27.
ΜΑΡΤΥΡΟC	μάρτυρος	19.20; 61.4; 65.21; 88.22.
ΜΑΧΕΡΑ	μάχαιρα	14.15.
ΜΕΔΡΙΤΗC	μετρητής	41.14.
ΜΕΛΕΤΑΝ	μελετάω	133 27.
ΜΕΝ	μέν	119.1.
ΜΕΡΟC	μέρος	34.22; 113 28.
ΜΕCΙΤΗC	μεσίτης	8.18.
ΜΕΤΑΝΟΙΑ	μετάνοια	54.12.
ΜΕΤΡΟΝ	μέτρον	134.25.
ΜΗΠΟΤΕ	μήποτε	2.18; 3.12; 20.11; 21.22; 25.12; 29.22; 30.16; 32.13; 46.13.
ΜΗΠΩC	μήπως	3.10; 69.6; 116.26; 121.13.
ΜΗΤΕ	μήτε	31.24.
ΜΟΝΑΧΗ	μοναχή	120.20; ΜΟΥΝΑΧΗ 101.26; 102.5; 103.13; 106.17; 107.25.
ΜΟΥΝΑΧΟC	μοναχός	88.7.

COPTIC FORMS OF GREEK &c. WORDS. 229

Coptic.	Greek etc.	Passages.
ⲙⲟⲩⲛⲁⲥⲧⲏⲣⲓⲟⲛ	μοναστήριον	133.21.
ⲙⲟⲛⲟⲛ	μόνον	106.20.
ⲙⲟⲣⲫⲏ	μορφή	110.3; 112.27.
ⲙⲟⲩⲥⲓⲕⲟⲛ	μουσικόν	94.1.
ⲙⲩⲥⲧⲏⲣⲓⲟⲛ	μυστήριον	26.27; 33.27; 42.20; 72.5; 86.9; 90.24.
ⲛⲏⲥⲟⲥ	νῆσος	14.25; 93.2; 95.25; 96.25; 125.20; 129.24; 130.11; 133.3; 134.2.
ⲛⲟⲏⲙⲁ	νόημα	95.11.
ⲛⲟⲙⲓⲥⲙⲁ	νόμισμα	67.25.
ⲛⲟⲙⲟⲥ	νόμος	108.21.
ⲛⲟⲩⲥ	νοῦς	95.13.
ⲛⲩⲙⲫⲓⲛ	νυμφιάω	59.21.
ⲟⲓⲕⲟⲛⲟⲙⲓⲁ	οἰκονομία	66.23.
ⲟⲓⲕⲟⲛⲟⲙⲓⲛ	οἰκονομέω	132.7.
ⲟⲓⲕⲟⲛⲟⲙⲟⲥ	οἰκονόμος	28.25; 34.1.
ⲟⲓⲕⲟⲩⲙⲉⲛⲏ	οἰκουμένη	115.24; 133.6.
ⲟⲗⲟⲥⲓⲣⲓⲕⲟⲛ	ὁλοσηρικόν	85.13.
ⲟⲙⲟⲗⲟⲅⲓⲛ	ὁμολογέω	108.4; 124.7.
ⲟⲙⲟⲟⲩⲥⲓⲟⲥ	ὁμοούσιος	10.25; 61.19; 91.3.
ⲟⲣⲑⲓⲛⲟⲛ		67.2.
ⲟⲣⲑⲟⲇⲟⲍⲟⲥ	ὀρθόδοξος	xi.8
ⲟⲣⲫⲁⲛⲟⲥ	ὀρφανός	23.4; 27.2; 72.22; 90.2.
ⲟⲩⲇⲉ	οὐδέ	4.3; 10.6; 13.20; 32.26; 37.5; 42.17; 46.27; 86.5; 105.22; 108.18; 118.14; 122.3.
ⲟⲩⲛ	οὖν	1.17.
ⲡⲁⲑⲟⲥ	πάθος	118.12.
ⲡⲁⲗⲉⲁ	παλαιά	89.24.

Coptic	Greek etc.	Passages
ⲡⲁⲗⲓⲛ	πάλιν	23.22; 53.28; 119.7.
ⲡⲁⲗⲁⲧⲓⲟⲛ	παλάτιον	134.8; ⲡⲁⲗⲗⲁⲧⲓⲟⲛ 6.20; 84.2; 104.8; 106.22; 134.22; ⲡⲁⲗⲗⲁⲇⲓⲟⲛ 11.11.
ⲡⲁⲛⲧⲟⲕⲣⲁⲧⲱⲣ	παντοκράτωρ	100.15; 105.17; 115.27; 132.12.
ⲡⲁⲛⲧⲱⲥ	πάντως	64.10.
ⲡⲁⲣⲁ	παρά	101.18; 104.2; 131.24.
ⲡⲁⲣⲁⲃⲁⲥⲓⲥ	παράβασις	54.13; 69.11.
ⲡⲁⲣⲁⲃⲉⲛⲓⲛ	παραβιάζομαι	11.25; 106.26; 108.24; ⲡⲁⲣⲁⲃⲁⲛⲓⲛ 111.23.
ⲡⲁⲣⲁⲃⲟⲗⲏ	παραβολή	93.19.
ⲡⲁⲣⲁⲇⲓⲥⲟⲥ	παράδεισος	11.25; 111.25.
ⲡⲁⲣⲁⲑⲏⲕⲏ	παραθήκη	98.5; 100.17.
ⲡⲁⲣⲁⲛⲟⲙⲓⲁ	παρανομία	112.3.
ⲡⲁⲣⲁⲛⲟⲙⲟⲥ	παράνομος	18.17.
ⲡⲁⲣⲑⲉⲛⲟⲥ	παρθένος	55.21; 60.24; 84.21; 90.20; 95.1; 96.10; 101.28; 102.5.
ⲡⲁⲣⲟⲩⲥⲓⲁ	παρουσία	63.4; 83.19; 126.5.
ⲡⲁⲣⲣⲏⲥⲓⲁ	παρρησία	8.16; 21.1; 24.22; 60 7.
ⲡⲁⲧⲣⲓⲁⲣⲭⲏⲥ	πατριάρχης	5.27; 13.26; 14.20; 61.4; 63.1.
ⲡⲁⲧⲣⲓⲕⲓⲟⲥ	πατρίκιος	75.9; 76 17.
ⲡⲉⲇⲁⲗⲟⲛ	πέταλον	99.7.
ⲡⲉⲗⲁⲅⲟⲥ	πέλαγος	2.19; 58.8; 119.5.
ⲡⲓⲣⲁⲍⲓⲛ	πειράω	121.8; 124.9.
ⲡⲓⲣⲁⲥⲙⲟⲥ	πειρασμός	77.19.
ⲡⲓⲥⲧⲉⲩⲓⲛ	πιστεύω	59.25; 115.25.
ⲡⲓⲥⲧⲟⲥ	πιστός	31.22; 36.18; 39.7; 68.12.
ⲡⲗⲁⲧⲓⲁ	πλατεῖα	77.26.
ⲡⲗⲏⲛ	πλήν	9.21; 24.8; 33.24; 51.26; 53.26; 57.12; 58.22; 68.4; 73.18; 97.23; 100.3; 120.13.

COPTIC FORMS OF GREEK &c. WORDS. 231

Coptic.	Greek etc.	Passages.
πληροφορίη	πληροφορέω	97.24.
πολεμος	πόλεμος	48.1.
πολις	πόλις	66.13; 67.6; 68.20; 69.4; 70.7; 72.15; 73.8; 74.5; 78.2; 80.2; 80.28; 83.21; 84.3; 85.1; 87.8; 123.6; 125.17; 133.25.
ποηηρια	πονηρία	78.10.
πορηια	πορνεία	22.21; 89.12; 112.18.
ποτηριοη	ποτήριον	2.8; 83.11.
πραγματια	πραγματεία	66.8.
πραγματεγτης	πραγματευτής	63.12; 66.5; 67.13; 68.14; 69.14; 71.25; 72.10.
πραξις	πρᾶξις	72.25; 83.15.
πρεπι	πρέπω	20.10; 26.25; 40.27; 90.22; 91.1.
πρεςβεγιη	πρεσβεύω	6.19; 30.2; 57.21; 60.11; ρεqερπρεςβεγιη 4.21; 56.4; 59.17.
πρεςβεγτης	πρεσβευτής	88.27.
πρεςβια	πρεσβεία	60.25.
πρεςβγτεροc	πρεσβύτερος	83.8; 85.23; 88.10; 126.19; 127.15.
πρετα	praeda	74.6; 75.15; 76.8.
προδομαρτγρος	προτομάρτυρος	19.6.
προδρομος	πρόδρομος	61.4.
προνοια	πρόνοια	
προκοπτιη	προκόπτω	86.19.
προςεγχη	προσευχή	16.6; 22.20; 49.20; 108.3.
προςεγχηςθη	προσεύχομαι	16.3.

COPTIC FORMS OF GREEK &c. WORDS.

Coptic.	Greek etc.	Passages.
προσκγνнсιс	προσκύνησις	61.17; 91.1.
προσκγνιν	προσκυνέω	102.6.
προстатнс	προστάτης	29.28; 30.1; 31.3; 32.12; 39.7; 57.11.
προсφεριν	προσφέρω	86.2.
προсφορα	προσφορά	34.22; 35.4; 40.8; 41.6; 85.28; 86.7; 96.10; 97.13; 114.18; 116.24; 118.15; 120.10
προφнтεγιν	πρόφημι	133.17.
προφнтнс	προφήτης	7.7; 17.7; 18.1; 25 1; 61.6; 64.19; 94.5; 118.20; 132.20.
προφнтιa	προφητεία	18 1.
προεερεсιс	προαίρεσις	33.23; 34.8; 39 13; 44.2; 51.24.
πωс	πῶς	13.5; 20.19.
ρωмεοс	Ῥωμαῖος	78.25; 81.9; 118.9.
сαλπιΓΓοс	σάλπιγγος	128.20.
сερκιнοн	σάρχινον	4.10: 94.28.
сαρξ	σαρξ	3.28; 10.1; 16.10; 19.4; 55.20; 58.23; 56.28; 82.15; 93.22; 94.15; 109.14; 133.13.
сεραφιм	שְׂרָפִים	7.16; 34.28.
сκαнδαλοн	σκάνδαλον	9.22; 25.14; 69.8.
сκεπαсмα	σκέπασμα	83.13.
сκεπн	σκέπη	37.15.
сκεγοс	σκεῦος	40.25; 56.22; 74.10.
сοφοс	σοφός	16.22; 33.18; 84.26; 98.15; 99.4.
сποδαζιν	σπουδάζω	20.7; сποτaζιн 52.10.
сπογδн	σπουδή	2.5; 26.23; 35.10; 42.23; 59.15; 60.12; 82.8; 86.27.
сταγροс	σταυρός	95.7; 111.22; 113.3; 115.13; 121.23; 122.2; 123.22; 128.23.

COPTIC FORMS OF GREEK &c. WORDS. 233

Coptic.	Greek etc.	Passages.
ϲτΑγροφωροϲ	σταυροφόρος	61.11.
ϲτΑγρωΝΙΝ	σταυρόω	18.18; 65.6.
ϲτεφΑΝΟϲ	στέφανος	19.5.
ϲτεφΑΝΟγ	στεφανόω	66.21.
ϲτολΗ	στολή	9.4; 20.11; 22.18; 42.6; 52.27; 112.28; 128.28; 129.3.
ϲτολιζιΝ	στολίζω	134 14.
ϲτρΑτεγΜΑ	στράτευμα	107.15; 118.7.
ϲτρΑτγλΑτΗϲ	στρατηλάτης	36.28; 78.24; 95.27; 96.4; 98.28; 100.1; 101.9; 102.4; 104.1; 106.27; 117.24; 124.21; 127.2.
ϲτγλλοϲ	στῦλος	130.3.
ϲγΓΓεΝΗϲ	συγγενής	19.4; 43.26; 46.2; 103.25; 106.13; ϲγΝΓεΝΗϲ 5.15.
ϲγΜΒΑλΟΝ	σύμβαλον	94.1.
ϲγΜΜεΝΙΝ	συμμένω	83.18.
ϲγΜΝΗΙ		104.12.
ϲγΜφΟΝΙΑ	συμφωνία	32.4.
ϲγΜψελιΟΝ	συμψέλλιον	126.18.
ϲγΝΑΓεϲθε	συνάγω	64.17.
ϲγΝΑζιϲ	σύναξις	72.4; 87.7; 125.24; 129.15.
ϲγΝΗΙΔεϲιϲ	συναίτησις	26.17; 35.11.
ϲγΝΗθΙΑ	συνήθεια	31.21; 42.5; 48.24; 129.19.
ϲγΝθΗΚΗ	συνθήκη	106.26.
ϲγΝΚλΗτΙΚΗ	συγκλητική	93.12; 95.23; 96.19; 101.11; 102.3; 103.10; 104.4; 105.26; 109.3; 110.1; 113.9; 114.18; 121.5; 124.16; 128.18; 129.2.
ϲγΝΧωρΗϲιϲ	συγχώρησις	21.3; 134.2.
ϲγΝΧωρΙΝ	συγχωρέω	124.3.
ϲφρΑΓΙζιΝ	σφραγίζω	18.7; 19.1; 110.15; 131.27.

234   COPTIC FORMS OF GREEK &c. WORDS.

Coptic.	Greek etc.	Passages.
cфрагіс	σφραγίς	18.8; 45.8; 82.4; 122.12.
схнма	σχῆμα	101.26; 102.13; 108.16.
сωма	σῶμα	2.7; 4.23; 10.1; 20.12; 22.1; 23.6; 34.15; 45.25; 53.23; 72.6; 78.4; 89.11; 93.9; 97.25; 98.6; 99.15; 103.9; 104.18; 105.11; 106.7; 107.21; 110.12; 118.1; 127.21; 128.6; 129.6; атсωматос 61.1.
сωтнр	σωτήρ	2.10; 10.23; 30.3; 31.7; 34.28; 51.28; 56.8; 64.5; 90.27; 109.5; 121.8.
тагма	τάγμα	7.14; 9.8; 20.1; 24.11.
талепωрос	ταλαίπωρος	97.18; 127.3.
тапанн	δαπάνη	41.11; 43.1.
теλіос	τέλειος	67.19.
термнс		85.21; 37.21; 38.16; 46.6.
тімн	τιμή	126.15.
толман	τολμάω	5.26; 6.4; 21.6; 80.2; 81.17; 123.28; 133.28.
топос	τόπος	63.17; 67.1; 69.27; 71.20; 72.11; 87.2; 95.26; 114.19; 129.15; 130.25; 131.11.
тоте	τότε	3.3; 27.6; 76.18.
трапнζа	τράπεζα	10.19; 23.1; 35.6; 42.4; 83.11; 88.10.
тріас	τριάς	93.15.
трісмакаріос	τρισμακάριος	96.24.
трохос	τροχός	128.21.
тγпос	τύπος	86.6; 123.22.
фанос	φανός	66.21; 101.4; 131.26.

COPTIC FORMS OF GREEK &c. WORDS.

Coptic.	Greek etc.	Passages.
ϥιλονοΜοc	φιλόνομος	67.2.
ϥιλοποΝοc	φιλόπονος	72.16; 83.9.
ϥopιн	φορέω	90.3; 94.19; 102.13; 108.19; 110.3; 120.14; 121.18; 123.20; 128.23; ϥωριн 9.2.
ϥγλακτнριoN	φυλακτήριον	133.27.
ϥγcιaλoroc	φυσιολόγος	119.8.
ϥγcιc	φύσις	46.28; 133.25; 134.3.
χaλιΝογc	χαλινός	119.4.
χaλκωN		131.7.
χaМoc	χαμός	36.16.
χapaктнp	χαρακτήρ	99.5; 100.7; 100.28; 121.25; 124.24; 125.1.
χapιzecθe	χαρίζομαι	113.20.
χapιc	χάρις	54.26.
χapтнc	χάρτης	17.27.
χepe	χαῖρε	8.7; 36.17; 115.19.
χepeтe	χαιρετίζω	81.19.
χepeтιcМoc	χαιρετισμός	8.12.
χepoγвιМ	כְּרֻב	7.16; 34.29.
χнpa	χήρα	23.4; 27.3; 52.4; 72.21; 90.2. 99.27.
χιМωΝ	χειμών	69.20.
χιωΝ	χιών	65.10.
χorкн	κόγχη	129.22.
χoλн	χολή	100.2.
χpнМa	χρῆμα	26.13; 46.21; 47.9; 52.1; 106.20; 118.8; 126.25.
χpιa	χρεία	38.3; 39.1; 43.16; 89.28; 90.3; 103.9; 107.7; 114.17; 133.12.

30*

Coptic.	Greek etc.	Passages.
ⲭⲣⲏⲥⲧⲓⲁⲛⲟⲥ	Χριστιανός	67.6; 68.4; 69.13; 70.1; 71.9; 75.18; 89.14.
ⲭⲩⲣⲟⲇⲟⲛⲓⲛ	χειροτονέω	85.21.
ⲭⲱⲣⲁ	χώρα	24.10; 27.15; 66.13; 68.15; 72.17; 74.14; 79.27; 81.12; 83.7; 86.8; 87.22; 133.26; ⲣⲉⲙⲛϯ-ⲭⲱⲣⲁ 66.6.
ⲭⲱⲣⲓⲥ	χωρίς	8.18; 15.9; 26.23; 30.15.
ⲭⲱⲣⲟⲥ	χορός	7.11; 8.19; 19.19; 60.28; 61.10; 65.14.
ⲯⲁⲗⲓⲛ	ψάλλω	16.17; 129.7; ⲣⲉϥⲉⲣⲯⲁⲗⲓⲛ 64.20.
ⲯⲁⲗⲙⲟⲥ	ψαλμός	105.7.
ⲯⲁⲗⲙⲱⲇⲟⲥ	ψαλμῳδός	63.22; 83.9.
ⲯⲁⲗⲙⲱⲇⲓⲁ	ψαλμῳδία	16.16.
ⲯⲁⲗⲧⲏⲣⲓⲟⲛ	ψαλτήριον	83.14.
ⲯⲩⲭⲏ	ψυχή	3.4; 4.22; 20.8; 21.10; 27.5; 32.6; 33.21; 43.23; 55.21; 71.15; 79.25; 80.21; 86.23; 89.11; 97.3; 98.14; 116.21; 127.3; 129.1; 134.20.
ϩⲁⲣⲁ	ἄρα	5.9; 131.4.
ϩⲁⲣⲙⲁ	ἅρμα	128.22.
ϩⲉⲗⲗⲏⲛⲟⲥ	Ἕλλην	66.9.
ϩⲉⲗⲡⲓⲥ	ἐλπίς	9.9; 27.23; 29.23; 32.1; 48.28; 98.12; 99.25; 100.21; 118.2.
ϩⲉⲍⲓⲥ	ἕξις	24.21.
ϩⲉⲣⲉⲥⲓⲥ	αἵρεσις	27.20.
ϩⲉⲣⲉⲧⲓⲕⲟⲥ	αἱρετικός	119.2.
ϩⲏⲅⲏⲙⲱⲛ	ἡγεμών	24.6; 75.13; 76.2, 78.13.
ϩⲓⲕⲱⲛ	εἰκών	2.13; 7.28; 11.14; 42.12; 100.15;

COPTIC FORMS OF GREEK &c. WORDS.

Coptic.	Greek etc.	Passages.
		101.3; 102.24; 111.3; 113.5; 114.4; 121.25; 122.25; 123.3; 124.1; 126.16; 128.4; 129.4; 130.14; 131.1; 132.1.
ϩⲓⲛⲁ	ἵνα	3.4; 4.6; 5.6; 7.24; 21.14; 24.1; 25.19; 29.21; 35.7; 40.23; 45.23, 56.17; 80.14; 126.28; 127.19.
ϩⲓⲣⲏⲛⲏ	εἰρήνη	1.23; 3.14; 4.27; 16.26; 22.23; 27.10; 35.16; 36.22; 39.16; 42.21; 50.10; 52.22; 57.9; 58.19; 63.20; 86.10; 93.17; 109.9; 114 20; 125.11; 132.4.
ϩⲓⲣⲏⲛⲓⲕⲟⲛ	εἰρηνικόν	88.8; 122.11.
ϩⲟⲗⲱⲥ	ὅλος	24.17; 25.13; 29.15; 31.6; 47.20; 52.5; 53.4; 103.14; 109.27; 123.28; ϩⲱⲗⲟϩ 6.4.
ϩⲟⲡⲗⲟⲛ	ὅπλον	122.20.
ϩⲟⲥⲟⲛ	ὅσος	64.18; ⲉϥ ⲟϩⲟⲛ 106.10.
ϩⲩⲇⲟⲛⲏ	ἡδονή	80.13.
ϩⲩⲗⲓⲕⲟⲛ	ὑλικόν	95 4.
ϩⲩⲙⲛⲟⲥ	ὕμνος	66.27.
ϩⲩⲡⲁⲣⲭⲟⲛⲧⲁ	ὑπάρχοντα	73.10; 117.3; 125.22.
ϩⲩⲥⲟⲛ	ἴσος	10.5.
ϩⲱⲥ	ὡς	76.23; 82.20; 123.5; 130.19; 131.18.

LIST OF PROPER NAMES.

Ⲁⲁⲣⲱⲛ		7.4; 15.23; 112.8.
Ⲁⲃⲃⲁⲕⲟⲩⲙ		18.11.
Ⲁⲃⲇⲉⲛⲁⲅⲱ		61.9.
Ⲁⲃⲉⲗ		49.10; 54.15; 126.11.
Ⲁⲃⲏⲗ		12.3.
Ⲁⲃⲣⲁⲁⲙ		5.27; 7.3; 13.26; 49.11; 54.21.
Ⲁⲇⲁⲙ		7.2; 8.1; 11.16; 13.7; 54.11; 55.18; 60.6; 111.23.
Ⲁⲍⲁⲣⲓⲁⲥ		7.6; 19.12.
Ⲁⲙⲉⲛϯ,	𓇋𓏠𓈖𓏏𓉐 *Amentet*,	53.17; 55.23.
Ⲁⲛⲁⲛⲓⲁⲥ		7.6; 19.12.
Ⲁⲛⲑⲩⲙⲟⲥ		125.16; 127.12.
Ⲁⲛⲛⲁ		15.24.
Ⲁⲛⲧⲓⲟⲭⲓⲁ		63.2.
Ⲁⲣⲓⲥⲧⲁⲣⲭⲟⲥ		93.10; 95.24; 96.4; 101.9; 102.4; 103.5; 106.27; 117.23; 124.21; 127.2; 129.13.
Ⲁⲫⲱⲫ,	𓆣𓂀 *Āpep*,	14.22; 111.28.
Ⲁⲭⲁⲃ		112.6.
Ⲃⲁⲃⲩⲗⲱⲛ		
Ⲃⲁⲣⲁⲭ		7.4.
Ⲅⲁⲃⲣⲓⲏⲗ		14.3.
Ⲅⲉⲱⲛ,	גיחון,	28.6.
Ⲅⲉⲇⲉⲱⲛ		7.4; 15.20; 112.2.

LIST OF PROPER NAMES.

ⲆⲀⲚⲒⲎⲖ	18.1; 87.21.
ⲆⲀⲚⲒⲎⲖ, son of Ketsón.	72.4.
ⲆⲀⲚⲒⲎⲖ, son of Kesanthos.	79.19.
ⲆⲀⲞⲨⲂⲒⲀ, Tobit,	117.9.
ⲆⲀⲨⲒⲆ	7.5; 16.9; 50.27; 55.9; 63.22; 64.20; 93.21; 105.6; 132.20; 133.16.
ⲆⲱⲢⲞⲐⲈⲞⲤ	26.4; 36.17; 37.1; 38.4; 39.10; 40.1; 41.2; 42.25; 43.4; 44.6; 45.2; 46.24; 47.17; 49.14; 50.1; 51.8.
ⲈⲖⲒⲤⲀⲂⲈⲦ	19.3.
ⲈⲖⲒⲤⲈⲞⲤ	7.7.
ⲈⲚⲦⲒⲀⲤ	82.23; 87.22.
ⲈⲚⲦⲒⲔⲎ	66.6; 68.16.
ⲈⲚⲰⲬ	7.2; 12.21; 54.17.
ⲈⲢⲔⲀⲆⲒⲞⲤ	130.9.
ⲈⲨⲀ	11.26; 54.12; 111.23.
ⲈⲨⲆⲞⲜⲒⲀ	130.9.
ⲈⲨⲤⲦⲀⲐⲒⲞⲤ	93.1.
ⲈⲨⲪⲎⲘⲒⲀ	93.11; 95.23; 96.18; 100.16; 101.11; 102.3; 104.4; 105.14; 106.15; 108.1; 109.3; 110.1; 111.14; 113.8; 114.8; 121.5; 122.4; 124.16; 128.18; 129.2.
ⲈⲪⲈⲤⲞⲤ	82.13; 83.4; 85.26.
ⲌⲀⲬⲀⲢⲒⲀⲤ	7.8; 18.26.
ⲌⲈⲨⲤ	87.9.
ⲌⲰⲂⲞⲒⲚ	112.3.
ⲎⲖⲒⲀⲤ	7.6.
ⲎⲖⲖⲀⲢⲒⲬⲞⲤ	103.23; ⲎⲖⲖⲀⲢⲒⲬⲞⲤ 118.5.
ⲎⲤⲀⲨ	14.25; 54.27.

Ⲏⲥⲁⲓⲁⲥ   7.5; Ⲏⲥⲓⲁⲓⲥ 17.6.
Ⲏⲥⲟⲩ   15.4; 55.5.
Ⲑⲉⲇⲱⲓⲙ   112.2.
Ⲑⲉⲟⲇⲟⲥⲓⲟⲥ   1.5.
Ⲑⲉⲟⲡⲓⲥⲑⲉ   26.5; 36.25; 39.15; 40.2; 41.27;
                                    42.26; 43.4; 45.2; 46.24; 47.17;
                                    49.15; 50.7; 51.8.
Ⲓⲁⲕⲱⲃ   7.3; 14.21; 54.26.
Ⲓⲉⲍⲁⲃⲉⲗ   112.6.
Ⲓⲉⲍⲉⲕⲓⲁⲥ   16.28; 55.15.
Ⲓⲉⲍⲉⲕⲓⲏⲗ   7.5; 17.23.
Ⲓⲣⲉⲙⲓⲁⲥ   7.6; 17.15.
Ⲓⲉⲫⲑⲁⲓⲉ   7.5; 15.23.
Ⲓⲏⲥⲟⲩ   7.4.
Ⲓⲗⲏⲙ,   Jerusalem,   50.5.
Ⲓⲟⲣⲇⲁⲛⲛⲏⲥ   71.20.
Ⲓⲟⲩⲇⲁ   17.19.
Ⲓⲟⲩⲇⲁⲓ   18.17; 111.18.
Ⲓⲥⲁⲁⲕ   7.3; 14.4; 54.24.
Ⲓⲥⲗ̄,   Israel,   15.1; 112.8.
Ⲓⲱⲁⲛⲛⲏⲥ, the Baptist,   5.15; 7.8; 18.26; 19.2; 61.4.
Ⲓⲱⲁⲛⲛⲏⲥ, Bishop of Ephesus,   82.12; 83 3.
Ⲓⲱⲁⲛⲛⲏⲥ Chrysostom   93.4; 96.6; 97.4; 125.19; 127.14;
                                    130.17; 133.5.
Ⲓⲱⲁⲛⲛⲏⲥ, son of Ketsôn.   72.2; 73.11; 77.2; 80.27; 81.3;
                                    83.20; 86.17; 87.1.
Ⲓⲱⲁⲛⲛⲏⲥ, the Patriarch,   xi.6.
Ⲓⲱⲃ   117.3.
Ⲓⲱⲥⲏⲫ, son of Jacob,   7.3; 15.2; 54.28.
Ⲓⲱⲥⲏⲫ, son of Ketsôn.   72.3.
Ⲕⲁⲓⲛ   12.15.
Ⲕⲁⲗⲱⲛⲓⲁ   66.14; 70.12; 71.6.

LIST OF PROPER NAMES.

Κϵcλnθοc	78.14; 79.3; 80.1; 81.14; 83.5; 86.16.
Κϵτcωn	66.5; 71.25.
Κορnнλιοc	96.3.
Κωcτλntinοc	81.9; 82.9; 87.17; 83.3.
Κωcτλntinογπολιc	125.19; 130.9; 133.2.
Λλβλn	14.26.
Μλδιλм	15.23.
Μλθογcλλλ	7.2; 13.1.
Μλмрн	14.5.
Μλнλccн	17.11.
Μλριλм	84.22; 90.21; 95.1; 96.11; 103.18.
Μλριλ	18.20; 19.4; 60.24.
Μλθϵοc	63.11; 65.3.
Μλθϵοc, son of Ketsón	9.72; 71.26.
Μϵλοχ	xi.17.
Μϵλχιcϵδϵκ	126.13.
Μϵcιλc	111.19.
Μнχλнλ	xi.18.
Νιcλнλ	7.6; 19.12.
Μιcλκ	61.9.
Μωγcнc	7.3; 15.13; 55.3; 89.19.
Νλβοχοδοnοcορ	19.15.
Νλγн	15.14; 55.6.
Νωϵ	7.2; 13.10; 49.10; 54.19.
Οnнογριοc	95.25; 103.25; 106.23; 118.6; 119.6; 130.10.
Πλγλοc	5.21; 32.16; 33.26; 98.15; 118.25.
Πϵτροc	49.24.
Ρλκοϯ *Raqetit.*	1.7.

Ⲣⲁⲥ ⲉⲗ ⲃⲁⲗⲓⲝ راس الكليم   xi.18.
Ⲣⲏ,   66.10; 68.24; 70.14.
Ⲣⲱⲙⲏ   130.10.
Ⲥⲁⲇⲁⲛⲁⲥ   10.16.
Ⲥⲁⲗⲏⲙ   126.13.
Ⲥⲁⲙⲯⲱⲛ   7.4; 16.8.
Ⲥⲉⲇⲣⲁⲕ   61.9.
Ⲥⲉⲛⲁⲅⲱⲣ, سنجور,   26.2.
Ⲥⲉⲩⲏⲣⲟⲥ   63.2.
Ⲥⲏⲑ   7.2.
Ⲥⲟⲗⲟⲙⲱⲛ   7.5; 16.21; 55.12; 119.8.
Ⲥⲧⲉⲫⲁⲛⲟⲥ   7.10; 61.10.
Ⲥⲧⲉⲫⲁⲛⲟⲥ, son of Ketsòn.   72.3.
Ⲥⲩⲗⲱⲛ   74.15.
Ⲥⲩⲗⲱⲙ   75.28; 76.8.
Ⲥⲩⲙⲉⲱⲛ   7.10.
Ⲥⲩⲣⲓⲟⲥ   17.3.
Ⲥⲱⲇⲱⲙⲁ   112.2.
Ⲧⲣⲁⲕⲏ   93.2; 129.24.
Ⲫⲓⲗⲓⲡⲡⲟⲓⲥ   66.13.
Ⲭⲏⲙⲓ   15.17; 27.16; 28.2.
Ⲭⲟⲗⲇⲟⲅⲟⲙⲟⲣ   133.1.
Ⲭⲣⲏⲥⲟⲥⲧⲟⲙⲟⲥ   93.4; 125.18; 127.14; 130.17; 133.11.
Ⳓⲓⲣⲏⲛⲏ, Irene.   72.1.

www.ingramcontent.com/pod-product-compliance
Lightning Source LLC
Chambersburg PA
CBHW030346230426
43664CB00007BB/555